Roman Köster

Müll

Roman Köster

Müll

Eine schmutzige Geschichte der Menschheit

C.H.Beck

Mit 40 Abbildungen

2. Auflage. 2024

www.chbeck.de
Umschlaggestaltung: Kunst oder Reklame, München
Umschlagabbildung: oben: © Margyt – stock.adobe.com;
unten: frührömische Wein-Amphore, Archäologisches Museum Gozo, Malta
© akg-images / Album / Prisma
Satz: Fotosatz Amann, Memmingen
Druck und Bindung: CPI, Ulm
Gedruckt auf säurefreiem und alterungsbeständigem Papier
Printed in Germany
ISBN 978 3 406 80580 6

verantwortungsbewusst produziert
www.chbeck.de/nachhaltig

Inhalt

Einleitung

Waste is a luxury [...]

(John E. Young[1])

Eine Welt voller Müll

Mensch und Müll – sie führen eine lange und intime Beziehung. Wo Müll ist, da sind Menschen. Menschen produzieren immer Müll. Bereits die Neandertaler haben Dinge für nutzlos befunden, aussortiert und weggeworfen. Das alte Rom kämpfte mit seinen Müllproblemen, und der Dichter Juvenal beschrieb die Stadt als einen rechten Schweinestall. In Kairo wurde im 13. Jahrhundert in regelmäßigen Abständen ein Großreinemachen durchgeführt, um die engen Straßen der Stadt von den Abfällen zu befreien. Schnell wachsende Metropolen wie London und Paris hatten im 17. und 18. Jahrhundert große Schwierigkeiten, ihren Unrat aus der Stadt zu schaffen – ein Problem, das sich dann während des 19. Jahrhunderts noch dramatisch verschärfen sollte und sich bis heute angesichts weltweit steigender Abfallmengen nicht gemildert hat. Ganz im Gegenteil.

Müllprobleme sind insofern nicht neu, und doch haben sie sich durch die Geschichte hindurch grundlegend verändert. In der Vormoderne waren Abfälle vor allem ein praktisches Problem. Sie lagen herum, rochen schlecht und behinderten den Verkehr. Es ging darum, die Städte sauber zu halten und gut dazustehen, etwa wenn herrschaftlicher Besuch vorbeikam. Im Zuge des starken und weltweiten Städtewachstums seit dem späten 18. Jahrhundert stieg indes die Aufmerksamkeit für durch Abfälle erzeugte hygienische Probleme, die die Ausbreitung von Typhus oder Cholera begünstigten. Nach dem Zweiten Weltkrieg hingegen musste man lernen, dass im Müll noch ganz andere Gefahren lauerten: Infektionskrankheiten bekam man zunehmend in den Griff, doch seine schiere Menge und die Belastungen der Umwelt durch giftige Substanzen eben nicht.

Das vorliegende Buch geht den Ursachen dieser Entwicklung nach. Es bietet eine Globalgeschichte des Mülls – von der menschlichen Frühgeschichte bis heute. Und damit erzählt es eine Geschichte, die davon handelt, was Menschen für schmutzig, gefährlich, störend oder funktionslos erklärt haben. Das Buch beschreibt, welches Problem Abfälle für die Menschen darstellten, wie sie damit umgingen und welche Lösungen sie über die Zeit entwickelten. Es wird gezeigt, wie sich das Wegwerfen, Entsorgen und Wiederverwerten im Lauf der Geschichte verändert haben – und wie der Müll von einer Frage städtischer Sauberkeit zu einem globalen Umweltproblem wurde.

Sich mit der Geschichte des Mülls zu beschäftigen, ist aus vielerlei Gründen interessant, nicht zuletzt, weil der Müll viel über die Menschen und ihre Geschichte erzählt: So wüssten wir heute viel weniger über Lebensweise, Ernährung und Sitten der Frühgeschichte, würde die Archäologie nicht deren Abfälle ausgraben. Das gilt genauso für das Mittelalter und die Frühe Neuzeit, deren Abfallgruben Aufschlüsse über den Alltag und die Wirtschaftsweise der damals lebenden Menschen zulassen. Und überraschenderweise gilt das auch noch heute: Mit der sog. *Garbology* hat sich mittlerweile ein ganzer Forschungszweig entwickelt, der in mitunter gar nicht so alten Deponien gräbt, um beispielsweise etwas über die Konsumgewohnheiten der Menschen während der 1970er Jahre zu erfahren.[2]

Genauso interessant ist allerdings das, was sich gerade *nicht* in den Müllgruben findet. Menschen haben über viele Jahrhunderte umfangreiche Praktiken des Wiederverwendens und -verwertens entwickelt. Steine, Schiffsplanken, Kochtöpfe oder Texte wurden wiedergenutzt und lassen beispielsweise Rückschlüsse über Netze der Kommunikation, Wertschöpfungsketten, maritime Verbindungen sowie Vorstellungen von Wert und Unwert zu, die Gesellschaften über die Zeit entwickelten. Die Rekonstruktion dieser Praktiken erlaubt mannigfaltige Erkenntnisse über die materiellen Grundlagen und die Wirtschaftsweise vergangener Zeiten – aber auch zu sich verändernden Wahrnehmungen von Schmutz und Sauberkeit, Ordnung und Gefahr, die sich mit der Existenz von Müll und im Umgang mit ihm manifestierten.

Nicht zuletzt liefert die Betrachtung des Mülls auch Ansatzpunkte für eine Konsumgeschichte *von unten*. Sie nimmt weniger den Konsum von Adel und Bürgertum in den Blick, als das, was von ihren Tischen herunterfiel. Die Sammlung und Verwertung von Abgelegtem, scheinbar Nutz-

Müllberg in Bulawayo, Simbabwe[3]

losem ermöglichte zahllosen armen Menschen, ein bescheidenes Auskommen zu finden und kreative Überlebensstrategien zu entwickeln. Bis zu einem gewissen Maße schuf das Wiedernutzen aber auch immer wieder die Möglichkeit, an der Konsumgesellschaft teilzunehmen und sich in der sozialen Welt nach eigenen Vorstellungen zu präsentieren: etwa durch gebrauchte Kleider, Möbel oder Accessoires. Hier bieten sich Einblicke in eine Welt, die von der Konsumgeschichte oft genug außen vor gelassen wird und deren Mechanismen vielleicht weniger in Westeuropa, aber an zahllosen Orten der Welt nach wie vor eine große Rolle spielen.

So viel Rückschlüsse das Thema in wirtschafts-, sozial-, umweltgeschichtlicher Hinsicht bietet: Im Hintergrund verfolgt das Buch – naheliegenderweise – noch eine andere Absicht: Es geht darum, die Wurzeln unserer gegenwärtigen Müllprobleme freizulegen, die dramatischer kaum sein könnten. Laut einer Studie der Weltbank fielen im Jahr 2016 geschätzte 2,01 Milliarden Tonnen Hausmüll an: eine tatsächlich kaum fassbare Menge. Allein an Plastikmüll produziert die Menschheit jeden Tag das Gewicht von etwa 100 Eiffeltürmen.[4] Die Müllmengen sind insbesondere seit dem Zweiten Weltkrieg exponentiell angestiegen.[5] Und die Prognosen stimmen wenig optimistisch. Werden keine drastischen Maßnahmen ergriffen, fallen weltweit im Jahr 2050 etwa 3,4 Mrd. Tonnen Hausmüll an, also noch einmal etwa 75 Prozent mehr als gegenwärtig.[6] Die Reduzierung des Mülls gehört seit den 1970er Jahren zu den großen Zielen der Umweltpolitik, und seit mindestens 15 Jahren ist *Zero Waste* ein vielgebrauchtes Schlagwort. Tatsächlich sind wir von diesem Ziel aber weiter entfernt als je zuvor.[7]

Diesen Müll zu sammeln, zu entsorgen, zu recyceln, ohne dass er die Umwelt vergiftet oder im Meer landet, gehört gegenwärtig zu den großen Menschheitsaufgaben. Das Buch beschreibt jedoch nicht nur, wie es so weit kommen konnte. Es geht auch darum, zu zeigen, wie eng Müll mit der Art und Weise verbunden ist, wie wir unseren täglichen Lebensvollzug organisieren, Nahrung beschaffen, wohnen, uns kleiden, bewegen und unterhalten. Das galt für die Vormoderne genauso wie für die heutigen Zeiten des Massenkonsums – insofern ist der Müll auch ein Spiegel der jeweiligen historischen Zeiten. Gerade darum hat er aber mehr mit uns zu tun, als uns lieb ist.

Verschwendung, Entwertung, Effizienz

Müll reiht sich ein in die bedrückende Phalanx von Umweltproblemen, die das Leben auf unserem Planeten bedrohen. Die Art und Weise jedoch, wie er in der gesellschaftlichen Debatte verhandelt wird, unterscheidet sich deutlich von anderen: Der Klimawandel bleibt häufig abstrakt, und im Grunde – wenn wir im Internet surfen oder ein Flugzeug besteigen – wissen wir nicht, wie hoch unser individueller Beitrag ist. Man liest viel über die Umweltbilanzen der Herstellung von Elektroautos, aber dem Fahrzeug selbst sieht man diese nicht an. Unseren Müll hingegen haben wir täglich vor Augen, und viele Menschen bekommen ein schlechtes Gewissen, wenn sie Lebensmittel wegwerfen oder große Mengen Plastikmüll zurücklassen. Abfälle konfrontieren uns auf eine sehr direkte Weise mit unserem persönlichen Beitrag zur Umweltverschmutzung.

Es kommt aber noch etwas anderes hinzu: Über Müll lässt sich offensichtlich nicht nur unsere individuelle Verantwortung für Umweltprobleme adressieren, sondern zugleich eine Zustandsbeschreibung der Gesellschaft leisten. Das große Thema der Ressourcenverschwendung betrifft uns direkt, steht aber zugleich sinnbildlich für die krankhaften Auswüchse eines Wirtschaftssystems, das nicht nur Luft und Wasser vergiftet, sondern riesige Überschüsse produziert, die anschließend weggeworfen werden. Gerade weil wir den Müll zwar selbst produzieren, aber nicht aus freien Stücken, legen Abfallströme offen, wie der Kapitalismus offensichtlich daran scheitert, die Produktion unseren Bedürfnissen anzupassen. Manche sprechen von einer *Waste economy*, und neuerdings ist das Schlagwort des *Wasteocene* (in Anlehnung an das bekannte Schlagwort *Anthropocene*, also einer durch den Menschen geprägten Epoche der Erdgeschichte) aufgekommen, um den vergeudenden und kontaminierenden Charakter des Kapitalismus zuzuspitzen.[8]

Es geht bei solchen Debatten aber nicht nur um *Verschwendung*, sondern auch um *Entwertung*: Bezeichnen wir eine Sache als Müll, stellen wir ihre Nutz- und Wertlosigkeit fest. Daraus folgt dann der starke soziale Druck, sie auch wegzuwerfen. Diese Entwertung betrifft aber nicht nur Sachen, sondern auch Menschen. Das provoziert das Interesse von Kunst und Literatur an dem Thema. In der bildenden Kunst ist Abfall als Gegenstand und Material allgegenwärtig: von Joseph Beuys' Installationen bis hin zu den ehrfurchtgebietenden Recyclingskulpturen eines El Anatsui. Die Zahl der Abfall- und Müllkippen-Romane – von Charles Dickens «Our Mutual Friend» (1865) bis Hwang Sok-Yongs «Vertraute Welt» (2021) – ist kaum zu überblicken. Im Zustand der Entwertung lösen sich gesellschaftliche Hierarchien auf und neue Konstellationen werden möglich. Auf der Deponie treffen sich der bankrotte Banker und die alleinerziehende Mutter – Menschen, die in der Welt der Hochhäuser und lichtdurchfluteten Einkaufsstraßen nie in eine engere Beziehung zueinander treten würden.

Die Motive *Verschwendung* und *Entwertung* ziehen sich durch die reichhaltige Literatur zum Müll. Das ist manchmal brillant, manchmal erhellend, manchmal ziemlich banal. Gemeinsam ist dieser Literatur allerdings die Neigung, vom konkreten Müll – dem Müll, den wir sehen, wenn wir den Deckel unserer Tonne öffnen, der Haufen auf der Straße bildet oder auf Deponien vor sich hin rottet – tendenziell abzulenken. Allzu oft dient er vor allem als Metapher, als soziale Unterscheidungsoperation, Dingen und Menschen einen Wert zuzuweisen oder ihnen diesen Wert gerade abzusprechen.[9] Über Müll zu reden produziert einen ständigen Bedeutungsüberschuss, hinter dem seine konkrete Materialität zu einer bloßen Randnotiz wird: Alles kann Müll sein, alles kann zu Müll werden.[10] Letztlich ist es dann nur konsequent, wenn Richard Girling in seinem Buch «Rubbish!» unter der Kategorie Müll auch Stadtplanung und moderne Popmusik behandelt.[11] Dem mögen zwar viele insgeheim zustimmen, trotzdem ist das ein gutes Beispiel für das Gemeinte: Ein zu umfassender Abfallbegriff führt dazu, den eigentlichen Gegenstand aus den Augen zu verlieren.[12]

Das vorliegende Buch geht von einem engeren Verständnis von Abfall aus, das sich stark auf seine *Materialität* fokussiert: die Dinge, die Menschen als schmutzig, störend, gefährlich, nutzlos deklarieren und absondern, also vorrangig *wegwerfen*. Es zeigt sich wenig interessiert daran, eine Müllgeschichte «quasi psychanalytique» (Sabine Barles) zu schreiben.[13] Dass Müll im strengen Sinne etwas Subjektives ist, wie in der Literatur häufig betont wird, soll gar nicht bestritten werden. Selbstverständlich gibt es keine Eigenschaften, die etwas von vornherein dazu verurteilen, Müll zu sein. Doch dieser Subjektivismus hilft im Alltag nicht weiter, und es gibt Gründe, warum wir mit einer benutzten Käseverpackung wenig anfangen können oder warum wir Fleisch unverbraucht wegwerfen. Und das liegt nicht allein daran, dass Gesellschaften die Unterscheidung von *schmutzig* und *sauber*, von *Wert* und *Unwert* benötigen, um soziale Ordnung zu schaffen, wie Mary Douglas in ihrem Buch *Purity and Danger* von 1966 gemeint hat – der wohl am häufigsten zitierten Arbeit in der Müllforschung überhaupt.[14]

Diese Gründe haben vielmehr ganz wesentlich mit der Art und Weise zu tun, wie Gesellschaften ihre materielle Reproduktion und die Versorgung mit Konsumgütern organisieren. Eine Müllgeschichte, so wie sie hier vorgestellt wird, möchte im Blick behalten, unter welchen Bedingungen das Weggeworfene einmal hergestellt wurde. Der Hinweis auf die enge Verbindung zwischen der Art und Weise, wie Menschen historisch gewirtschaftet haben, welche Abfälle sie produzierten und wie sie mit ihnen umgingen, ist dann von grundlegender Bedeutung. Das bedeutet aber zugleich, einen *Topos* öffentlicher Mülldebatten zu hinterfragen. Denn wird der Abfall zum Thema, dauert es nicht lange, bis tatsächlich die Rede auf *Verschwendung* kommt. Und das liegt ja auch nahe: Wie sollte man zum Beispiel die Tatsache, dass in den reichen westlichen Ländern über die Hälfte der Lebensmittel unverbraucht weggeworfen wird, anders bezeichnen? Dass Tiere geboren, aufgezogen, geschlachtet werden, nur damit ihr Fleisch in der Mülltonne endet? Dass global gesehen riesige Mengen an Kleidung genäht werden, die kurze Zeit – wenn überhaupt – getragen werden, um dann in der Altkleidersammlung zu landen?

Bei genauerem Hinsehen sieht sich die Rede von der Verschwendung jedoch mit einem eigenartigen Paradox konfrontiert. Aus historischer Perspektive ist nämlich auffällig, dass Gesellschaften mit geringer Arbeitsproduktivität – also vor allem im vorindustriellen Zeitalter bis zum 18. Jahrhundert – sehr wenig Abfälle produzierten, während Gesellschaften mit hoher Arbeitsproduktivität – in denen wir heute leben – im Müll geradezu ersticken. Wie passt die Fähigkeit, Waren extrem effizient zu produzieren, mit der enormen Verschwendung von Ressourcen zusammen? Die Antwort, die ich darauf zu geben versuche, lautet: Müll ist nichts, was sich wohlhabende Gesellschaften *leisten*. Müll ist vielmehr eine Nebenfolge davon, *warum* Gesellschaften wohlhabend sind. Die entscheidende Frage ist nämlich, warum wir in der Lage sind, so viel wegzuwerfen und auf fundamentale Weise das zu vernachlässigen, was die amerikanische Kulturhistorikerin Susan Strasser mit einem schönen Ausdruck als «Stewardship of Objects» bezeichnet hat: die Fürsorge für Sachen, das Bewusstsein, sie wiedernutzen und reparieren zu können.[15] Die Antwort liegt in der Fähigkeit moderner Gesellschaften, Lebensmittel, Gebrauchsgüter, Elektrogeräte global, arbeitsteilig, in großen Mengen und mit einer wachsenden Arbeitsproduktivität herzustellen, zu transportieren und zu verteilen. Erst das Zusammenspiel von Massenproduktion und Logistik ermöglicht Verschwendung im großen Stil – und aus diesem Zusammenspiel entsteht am Ende der meiste Müll.

So gesehen ist Abfall aber vor allem anderen eine Sache der *Effizienz* – eine These, die sich noch schärfen lässt, wechselt man die Perspektive: So wurde über vormoderne Gesellschaften – von den alten Griechen bis zu den Azteken – oft gesagt, sie seien *bereits* (!) Recyclinggesellschaften gewesen. Tatsächlich wäre den Menschen im Mittelalter die Vorstellung, noch genießbares Fleisch wegzuwerfen, als geradezu frivol erschienen. Metalle wurden nahezu immer wiederverwertet. Lumpen dienten als Rohstoff der Papierherstellung. Fäkalien wurden in vielen Fällen als Dünger verwendet. Um diese vielfältigen Praktiken des Wiedernutzens zu erklären, wurde häufig darauf verwiesen, frühere Gesellschaften hätten ein anderes Verhältnis zur Natur gehabt und eine spezifische Nachhaltigkeitsethik ausgebildet.[16] Doch diese Gesellschaften mussten vor allem mit einer existentiellen Knappheit zurechtkommen, und der Alltag stellte für einen Großteil der Menschen einen Kampf ums Überleben dar. Die Nachhaltigkeitsethik vormoderner Gesellschaften war eine naheliegende Reaktion auf diese Knappheit und schulte sich an ihrer täglichen Erfahrung. Deswegen macht es wenig Sinn, auf die Verwertungspraxis der Azteken zu verweisen: Würden die Azteken heute leben, würden sie genauso viel wegwerfen wie wir.

Die Verbindung von Müll und Effizienz betrifft zugleich die Frage, warum wir mit einem Übermaß an Dingen konfrontiert sind, mit denen wir nichts anfangen können und die unser Nutzenkalkül tangieren, indem sie Platz wegnehmen und sich in unser Nahfeld drängen. Funktionslosigkeit ist, wie der französische Soziologe Georges Bataille gemeint hat, eine *Störung* unseres Alltags, der Schmutz erzeugt *Schrecken*.[17] Über längere Zeit ignorieren lassen sich Abfälle allein deshalb kaum, weil jeden Tag mehr hinzukommt. Jenseits von Schmutz und Gestank neigt der Müll zum Verstopfen.[18] Manche Beobachter verweisen darauf, Funktionslosigkeit sei nur das Resultat eines Mangels an Kreativität, und sicherlich lässt sich eine Plastikflasche auch als Blumenvase verwenden. Aber am nächsten Tag ist da bereits eine neue, am Tag darauf vielleicht sogar zwei – und das geht dann immer so weiter. An der Menge der herandrängenden Dinge muss auf kurz oder lang jede Anstrengung scheitern, die Existenz von Abfall durch unser Alltagshandeln zu kompensieren.[19] Darum reicht es auch nicht aus, sich auf ein Stück Müll zu konzentrieren. Vielmehr müssen *Müllströme* in den Blick genommen werden.

Hinzu kommt schließlich noch ein weiterer Aspekt: Die ökonomischen Mechanismen, die dazu führen, dass so große Mengen an Abfällen entstehen, erweisen sich als viel weniger wirksam, wenn es um seine Sammlung und Entsorgung geht. Wie es der Politikwissenschaftler Russell Hardin einmal auf den Punkt gebracht hat: Die Effizienz der Produktion und Verteilung von Müll ist viel größer als die seiner Sammlung und Entsorgung.[20] Kapitalistische Gesellschaften sind virtuos darin, immer mehr Güter zu immer geringeren Kosten zu produzieren. Aber dem gegenüber steht eine viel geringere Kompetenz, wenn es darum geht, die daraus resultierenden Überreste des Konsums zu sammeln, zu entsorgen, in den Produktionsprozess zurückzuführen. Daraus entstehen spezifische Probleme des Umgangs mit Abfall, die seine gesellschaftliche Problemwahrnehmung entscheidend geprägt haben.

Teilweise macht der Müll an sich diese Aufgabe aber auch besonders schwer: In der Vormoderne war der meiste Abfall organisch und wurde, von Gegenständen aus Metall oder Keramik abgesehen, auf kurz oder lang zu Kompost. In modernen Massenkonsumgesellschaften hingegen hat sich seine Materialität stark verändert. Er ist diverser und komplexer geworden. Immer öfter – gerade im Fall von Kunststoffen oder bestimmten Chemikalien – «vergeht» er nicht mehr, sondern behält seine Integrität über viele Jahrzehnte und noch deutlich länger. Diese neue Materialität des Mülls stellt jedoch nicht einfach eine kapitalistische Bösartigkeit dar, sondern ist eng verknüpft mit der Organisation der Massenproduktion. Das betrifft nicht nur die für die moderne Logistik unverzichtbaren Kunststoffe, sondern auch zahlreiche Verbundstoffe oder Chemikalien. Die materielle Komplexität unseres Lebens hat spätestens seit den 1950er Jahren stark zugenommen und das ist auch ein wichtiger Aspekt, wenn man erklären will, warum Müll entsteht und warum der Umgang mit ihm so schwierig ist.

Der Hinweis auf den Zusammenhang von Abfall und Wohlstand ist nicht als eine Apologie des Mülls gemeint. Es geht vielmehr darum, aufzuzeigen, wie eng verknüpft er mit der materiellen Organisation der Welt ist, in der wir leben. Gerade deshalb reicht es nicht aus, Abfall so zu diskutieren, als seien es allein unsere subjektiven Wertvorstellungen, die eine Sache zu Müll machen oder auch nicht. Mary Douglas hat dem Umweltdiskurs einen unschätzbaren Dienst erwiesen, indem sie auf die Wirkmächtigkeit und Komplexität solch normativer Vorstellungen hingewiesen hat. Zugleich gab sie aber auch den Anstoß zu einer Überpolitisierung dieser Debatten in dem Sinne, Vorstellungen von Wert und Unwert, Schmutz und Reinheit vorrangig als politische Ausgrenzungsstrategien zu behandeln. Verschwendung und Entwertung werden als Pathologien moderner Gesellschaften beklagt, aber die dahinter stehenden grundlegenden ökonomischen Beziehungen und Kausalitäten kaum noch beachtet. Will man aber Müll *verstehen*, ist es notwendig, die materielle Organisation unserer Welt mit der Frage, was wir unter welchen Umständen zu Müll erklären, in eine sinnvolle Beziehung zu setzen. Das historisch zu leisten, ist das Ziel des vorliegenden Buchs.

Eine Globalgeschichte des Mülls

Es gehört zu den eher irritierenden Standardmotiven der Forschung, zu behaupten, beim Müll handele es sich um ein Problem, vor dem die Welt die Augen verschließen und das auch die Forschung nur mit spitzen Fingern anfassen würde. Tatsächlich ist das Gegenteil der Fall: Die Literatur zum Müll ist unübersehbar, und auch über seine Geschichte – von der Frühgeschichte bis in die Gegenwart – ist bereits viel Tinte vergossen worden.

Leider gilt das nicht für alle Themen gleichermaßen, die eine Globalgeschichte des Mülls behandeln möchte. Bei vielen Aspekten existiert bereits ein beachtlicher Forschungsstand, während bei anderen noch große Lücken vorhanden sind. Gleichwohl reicht es aus, um das umzusetzen, was die Darstellung beabsichtigt: die wirkenden Kräfte, die Konstellationen und Verbindungen herauszuarbeiten, welche Veränderungen der Entstehung und des Umgangs mit Abfällen erklären können. Nicht jede Müllkippe und jede Müllabfuhr sollen portraitiert, sondern die globalen Trends der Produktion und des Umgangs mit Müll im Sinne *vergleichbarer Antworten auf vergleichbare Probleme* herausgearbeitet werden. Kommunikation und Wissenstransfers spielten für die Ausbildung dieser Trends eine wichtige Rolle, vor allem aber auch *Konstellationen*, die sich nicht allein über Verbindungen und Vernetzungen erklären lassen. Vielmehr gab es vergleichbare soziale Entwicklungen, die immer wieder zu vergleichbaren Problemlagen führten. Das stimulierte den Wissenstransfer und gegenseitige Wahrnehmungen etwa bezüglich städtehygienischen Wissens.

Gegliedert ist die Darstellung in drei große Abschnitte, nämlich Vormoderne, Industriezeitalter und Massenkonsum. Diese lassen sich charakterisieren durch bestimmte Formen des Wirtschaftens und Handelns, bestimmte Formen des Zusammenlebens in Städten, spezifische

Umgangsformen mit und Problemwahrnehmungen von Abfällen sowie politische Maßnahmen, Müllprobleme in den Griff zu bekommen. In ein Schaubild gefasst sieht das dann folgendermaßen aus:

	Vormoderne	Industriezeitalter	Massenkonsum
Abfallproduktion	Städtische Verdichtungsräume Wenig Abfall	Städtische Verdichtungsräume Steigende Abfallmengen	Müll als ubiquitäres Problem Stark steigende Abfallmengen
Wiedernutzung	Wiederverwendung + Wiederverwertung auf regionaler Basis (Austausch zwischen Stadt und Land)	Dominanz der *Wiederverwertung* Ausweitung der räumlichen Beziehungen des Altstoffhandels	Globalisiertes Materialrecycling Müll als globale Handelsware
Repräsentation	Störung, Ärgernis, Ressource	Hygienisches Problem, Ressource	Umweltproblem, Ressource
Politik	Vereinzelt institutionelle Regelungen der Abfallsammlung	Institutionelle Regelung der Abfallsammlung in den Städten Steigende Hygieneanforderungen	Institutionelle Regelungen der Abfallsammlung Unterschiedliche Standards der Müllentsorgung
Periodisierung	Westeuropa/USA ~ 1850	Westeuropa/USA: Ab ~ 1850 China: Ab ~ 1920	USA: Ab ~ 1920 Westeuropa: Ab ~ 1950 China: Ab ~ 1990

Was hier in schöner Ordnung erscheint, ist allerdings lediglich der analytische Rahmen für eine Darstellung, der es darum geht, einfache Erklärungen gerade zu vermeiden. Das gilt beispielsweise für Diagnosen, in der Vormoderne sei *alles* recycelt worden, während wir heute *alles* wegwerfen. Durch die Jahrhunderte ergaben sich immer wieder überraschende Konjunkturen von Wiederverwertung und Wegwerfen, von Frugalität und Verschwendung, die sich nicht in das Schema einer linearen Verfallsgeschichte – von einer *zirkulären* hin zu einer *linearen* Wirtschaftsweise – pressen lassen.[21] Die Welt ist in materieller und organisatorischer Hinsicht durch die letzten Jahrhunderte immer komplexer geworden – und gerade aus dieser steigenden Komplexität lässt sich erklären, warum Klischeebilder der Herausbildung der modernen Wegwerfgesellschaft uns oft genug in die Irre führen.

I. VORMODERNE

1. Frühgeschichte: Erste Erfahrungen mit dem Müll

Given the choice, a human being's first inclination is always to dump. From prehistory through the present day, dumping has been the means of disposal found everywhere.

(William L. Rathje[1])

Abfallhaufen

Die frühgeschichtliche Archäologie betreibt ihre Forschung auf den Müllhalden der Menschheit. Das meiste, was Ausgrabungen heute zu Tage fördern, finden sie dort, weil es irgendwann nutzlos wurde. Es gibt wichtige Ausnahmen wie Gräber, wo gewissermaßen eine Selektion unter umgekehrten Vorzeichen stattfand: Beigegeben wurde, was den Toten im Jenseits gute Dienste leisten sollte. Solche Beigaben waren aber zumeist auch im Diesseits wertvoll, und Gräber wurden entsprechend häufig geplündert.[2] Vergrabene Schätze, so selten sie vorkommen, sollten zumeist nur versteckt werden. Schiffe wurden nicht absichtlich auf dem Grund des Meeres versenkt, und Varus' römische Soldaten ließen ihre Schwerter nicht freiwillig im Teutoburger Wald liegen. Aber ansonsten gehorcht die Forschung einer einfachen Logik: Wenn etwas noch gebraucht worden wäre, wäre es nicht weggeworfen worden. Insofern sind die meisten archäologischen Funde tatsächlich «Müll».[3]

Der Archäologie ist natürlich bewusst, dass ihre Funde zumeist einen Ausschnitt unter Nützlichkeitskriterien darstellen, und es wurden intensive Debatten geführt, was dieser Umstand für die Rekonstruktion der Lebensumstände frühgeschichtlicher Menschen bedeutet. Nur selten stößt man auf Artefakte aus Metall oder Glas, denn diese waren knapp und konnten leicht eingeschmolzen werden. Noch bei Fundstellen aus dem 18. Jahrhundert finden sich kaum Metalle oder Textilien, und 1736 wurde die Pariser Polizei misstrauisch, als sie in einem Aschehaufen Metallstücke fand.[4] Äußerst wichtige Artefakte für die Archäologie sind darum Keramiken, denn sie waren praktisch nützlich, ihre Wiederverwertung aber kompliziert. Zwar gab es beispielsweise für Amphoren alle möglichen Formen der Zweitverwertung, vom Blumentopf bis zum Ausguss. Zerbrochene Keramik ließ sich aber häufig nur noch als Füllmaterial beim Hausbau verwenden.[5]

Zu den ersten Funden aus der Steinzeit gehören Knochen, die Rückschlüsse auf die Ernährungsgewohnheiten der damals lebenden Menschen zulassen. Auch lassen sich auf diese Weise die Wanderungsbewegung von Tieren nachvollziehen und ob sie menschliche Gruppen begleiteten. Pfeilspitzen gehören ebenfalls zu den frühesten gefundenen Artefakten sowie – vereinzelt – Keramiken. Vor ihrer Sesshaftwerdung handelte es sich aber in der Regel um Überreste, die die Menschen liegen ließen, wenn sie sich zu einem neuen Ort aufmachten. Nicht die Rückstände fester Siedlungen also, sondern von Gelegenheitslagern. Die Archäologie beschäftigt sich zwar mit diesem urgeschichtlichen Müll, die eigentliche Abfallgeschichte beginnt damit aber noch nicht. Das ist erst ab dem Zeitpunkt der Fall, an dem die Menschen anfingen, nicht einfach nur Dinge wegzuwerfen, sondern *mit* ihren Abfällen zu leben.

Der Anfang der so verstandenen Abfallgeschichte lag in der Sesshaftwerdung, die sich in einem graduellen Prozess in einem Zeitraum zwischen 10 000 und 6000 Jahren v. u. Z. durchsetzte. Wenn der Ort der eigenen Hinterlassenschaften nicht mehr verlassen wurde, war man mit Fäkalien und Essensresten, Asche oder zerbrochenem Werkzeug konfrontiert. All diese Sachen konnte man achtlos liegen lassen, aus der Behausung bringen oder sogar auf einen Haufen schichten. Mit den frühesten menschlichen Siedlungen konnte (und musste) der Müll irgendwann zu einem Problem werden.

Bei der Sesshaftwerdung handelte es sich um einen langfristigen Vorgang, der sich räumlich langsam vom *Fruchtbaren Halbmond* in Kleinasien zunächst nach Europa und in den westasiatischen Raum ausdehnte. Er durchlief mannigfache Übergangsformen – von Jäger- und Sammlergruppen mit einem oder mehreren «Basislagern» oder sesshaften Gruppen, die weiter vom Jagen und Sammeln lebten und sich erst nach und nach den Ackerbau aneigneten. In dem Moment jedoch, wo der Siedlungsplatz nicht mehr oder nur noch selten gewechselt wurde, sammelten sich Fäkalien, Essensreste, Knochen oder Asche rasch zu beträchtlichen Mengen an. Archäologische Untersuchungen verschiedener neolithischer Siedlungen haben gezeigt, wie voll mit Müll diese waren. Dementsprechend streng müssen sie gerochen haben. Ihre Bewohner hatten darüber hinaus mit allerlei Krankheiten und Parasiten zu kämpfen, die durch vom Müll angezogene Tiere wie z. B. Insekten übertragen wurden.[6]

Haben der Gestank und die Abfälle den Menschen damals etwas ausgemacht? Mit Sicherheit lässt sich das natürlich nicht sagen. Die Geschichtswissenschaft arbeitet häufig – implizit oder explizit – mit Differenzierungstheorien, die davon ausgehen, die Kontrolle von Gewaltimpulsen, sexuelle Disziplin oder auch so etwas wie Tischmanieren hätten sich erst im Laufe der Neuzeit entwickelt. Vormoderne Menschen wären in dieser Logik entsprechend unempfindlicher gegenüber dem Anblick und den Gerüchen von Abfällen und Fäkalien gewesen. Darüber ist lang und ausführlich diskutiert worden. Hier soll zunächst folgende Feststellung genügen: Die Menschen im Neolithikum waren sicher weniger sensibel gegenüber solchen Gerüchen, als wir das heute im Zeitalter der Volldeodorisierung sind. Anders wäre es auch gar nicht gegangen. Zugleich ist die Vorstellung, vormoderne Menschen hätten von Schmutz und Gestank überhaupt kein Konzept gehabt, wahrscheinlich wenig mehr als ein bloßes Klischee.

Darauf deuten jedenfalls bereits die frühen Versuche hin, mit Abfällen umzugehen. So lässt sich anhand von Ausgrabungen im Natufien – einer frühen Kultur in der Levante, die auf den Zeitraum zwischen 12 000 und 9500 v. u. Z. datiert wird – ein Übergang von achtlosem Wegwerfen, wo man sich gerade befand, zu einem Wegwerfen auf den Wegen zwischen den Behausungen nachvollziehen. Dafür kann es verschiedene Gründe gegeben haben: Vielleicht störte der Müll bei den alltäglichen Verrichtungen, vielleicht war er zu attraktiv für Tiere, vielleicht wurde er als stinkend und unangenehm empfunden. Trotzdem waren die Menschen offensichtlich in der Lage, die frühneolithische Müllkrise zu bewältigen, indem sie den Abfall vor ihre Tür «kehrten».[7] Möglicherweise geschah damit mehr, als bloß die Beseitigung eines Ärgernisses: Es wurde eine Grenze zwischen drinnen und draußen markiert, das Heim als separate Sphäre abgegrenzt und der Müll als etwas Störendes gekennzeichnet. War der Müll einmal draußen, lag es vielleicht auch nahe, ihn zu einem Haufen zusammenzubringen: gewissermaßen die frühesten geordneten Kleindeponien der Menschheitsgeschichte. Der Abfallhaufen stellte insofern eine beachtliche zivilisatorische Leistung der Menschheit dar, die langsam lernte, mit ihren Überresten umzugehen.

Frühgeschichtliche Ablagerungsstätten werden in der Archäologie üblicherweise als *Middens* bezeichnet. Dabei handelt es sich um ein dänisches Wort für Küchenabfälle – ein Hinweis auf die vielen aus Skandinavien stammenden Pioniere der Erforschung der Ur- und Frühgeschichte im 19. Jahrhundert. In bronzezeitlichen Siedlungen lassen sich immer wieder Abfallgruben ausmachen,[8] ohne dass sich jedoch eine lineare Fortschrittsentwicklung zu stärker geordneten Entsorgungspraktiken feststellen ließe: Manchmal wurde der Müll in eine Grube geworfen, manchmal einfach um das Haus herum entsorgt. Teilweise lassen sich große Abfallgruben identifizieren, bei denen tatsächlich von frühgeschichtlichen Deponien gesprochen werden kann: Eine in Norwegen freigelegte steinzeitliche *Midden* erreichte beispielsweise eine Länge von mehr als 300 Metern und eine Schichthöhe von über acht. Brandspuren weisen auf Versuche hin, diese Abfälle anzuzünden, wahrscheinlich, um ihr Volumen zu reduzieren.[9]

Solche Abfallgruben sind für die Archäologie interessant, weil sie Rückschlüsse auf die Ernährung, Bekleidung, Tierhaltung frühgeschichtlicher Menschen zulassen – ein Ansatz, den die sog. *Garbology* im Übrigen auch bei modernen Deponien anwendet. Die Anordnung und der Vergleich der frühgeschichtlichen Abfälle lassen aber auch Rückschlüsse auf den Umgang mit ihnen zu. Ein wichtiger Aspekt ist dabei die räumliche Ordnung der Aktivitäten in einer Siedlung: So spielten an den Stellen, wo Tiere geschlachtet und verarbeitet wurden, Knochen in den Middens üblicherweise eine größere Rolle. Allerdings wurde eine geordnete Entsorgung häufig durch Hunde oder Schweine sabotiert, denen Knochen zugeworfen wurden oder die sie auflasen und herumtrugen.[10] Tiere brachten die geordnete Abfallwirtschaft einer Siedlung also häufig durcheinander.

Insofern war der frühgeschichtliche Umgang mit Abfällen im Grunde zwar höchst einfach, aber es wurde eben mit Abfällen umgegangen, und das ist hier das Entscheidende. Der Geograph William E. Doolittle hat darüber hinaus spekuliert, ob Abfallhaufen für die frühzeitlichen Menschen nicht eine wichtige Lektion bereithielten: An den Stellen, wo die häuslichen Überreste entsorgt wurden, bildete sich ein nährstoffhaltiger Kompost, zumal diese Haufen durch das Wegschütten von Küchenwasser stetig bewässert wurden. Wie ein mexikanisches Sprichwort besagt: In der Nähe des Hauses wächst der Weizen am besten. Tatsächlich müssen Abfallhaufen das Wachstum von Pflanzen stimuliert haben. Auf diese Weise konnten die Menschen etwas über die Wirkung von Fäkalien und Küchenabfällen als Dünger lernen, was über Jahrtausende den Umgang mit ihnen wesentlich bestimmen sollte.[11]

Das ist in der Tat eine faszinierende These: Vielleicht erklären die mit Abfallhaufen und Kompost gemachten Erfahrungen sogar, warum Menschen damit anfingen, hinter ihren Häusern Gärten zu kultivieren und dort Gemüse und andere Pflanzen anzubauen, denen die Nährstoffzufuhr in besonderem Maße guttat. Dann aber würden Fäkalien und Abfälle gewissermaßen am Beginn einer besonderen Weise stehen, die Natur zu manipulieren und einen der wichtigsten Bereiche menschlicher Kulturschöpfung zu begründen, nämlich den Garten. Gerade für einen Müllhistoriker ist es natürlich in hohem Maße attraktiv, sich Abfall am Beginn humaner Kulturentwicklung vorzustellen. Aber wie bereits gesagt: Belege gibt es dafür leider keine.

Die Domestizierung von Tieren

Die Sesshaftwerdung war ein komplexer Vorgang, der sich nicht auf den Übergang von einer nomadischen zu einer eher stationären Lebensweise reduzieren lässt. Die Menschen entwickelten über tausende von Jahren verschiedene zivilisatorische Praktiken: den Übergang vom Konsum von Wildpflanzen zum Ackerbau, den Bau fester Behausungen sowie die Entwicklung und Perfektionierung des Gebrauchs von Feuer und Werkzeugen.[12] Schließlich gingen sie von der Jagd und dem Fischfang «for one dinner only» zur Domestizierung von Tieren über.[13] Dieser Aspekt ist für die Müllgeschichte besonders wichtig: Tiere wurden durch Abfälle angezogen, sie verkonsumierten sie, produzierten sie aber auch. Die Beziehungsgeschichte des Menschen zu seinen Abfällen kommt nicht ohne einen weiteren Akteur aus, und das sind seine tierischen Begleiter.

Domestizierung bedeutet, Tiere von der Wildpopulation zu trennen und dabei neue Formen des Mensch-Tier-Verhältnisses zu entwickeln. Das war ein sowohl biologischer wie kultureller Vorgang: Die physische Gestalt der Tiere veränderte sich, zugleich wurden Tiere als Begleiter angenommen, woran diese wiederum ihr Verhalten orientierten. Das konnte sehr unterschiedliche Formen annehmen, aber eine intensive Domestizierung, in der die Menschen die Reproduktion und Aufzucht der Tiere eng kontrollierten, war in der Frühgeschichte selten. Auch waren die Grenzen zwischen der tatsächlichen Domestizierung und dem sog. «Kommensalismus», bei dem Mensch und Tier ohne Trennung von der Wildpopulation und ohne kontrollierte Aufzucht zum Vorteil wenigstens einer Seite koexistierten, häufig fließend – mit Ausschlägen in die eine oder andere Richtung. Aus diesem Grund fällt es der Zooarchäologie auch immer wieder schwer, Domestizierungserscheinungen wie Veränderungen des Körperbaus, des Gebisses oder des Fells eindeutig festzustellen.[14]

Die ersten durch den Menschen domestizierten Tiere waren Hunde, die eher selten gegessen wurden oder als Zugtiere dienten.[15] Vielmehr waren sie vor allem Begleiter und Helfer bei der Jagd. Die frühesten Hinweise auf die Domestizierung von Schweinen lassen sich ungefähr ab 8000 v. u. Z. in Ausgrabungsstätten im heutigen Anatolien finden. Für die im Fruchtbaren Halbmond gelegenen Siedlungen Çayönü Tepesi, Hallan Çemi oder Gürcütepe lässt sich Schweinehaltung belegen, was sich anhand von Domestizierungserscheinungen gegenüber den Wildschweinen festmachen lässt: Das Körpergewicht nahm ab, das Fell wurde dünner, die Zähne kürzer.[16] In China wurden Schweine im Yellow River Valley und einigen nördlichen Regionen um etwa 7000 v. u. Z. domestiziert. Ein Vorgang, der sich noch mehrfach wiederholen sollte.[17] Domestizierungen konnten nämlich auch reversibel sein, gerade wenn man es mit solchen Freigeistern wie Schweinen zu tun hatte.[18] Als weitere Domestizierungen kamen mit der Sesshaftwerdung Schafe, Hühner, Rinder, Ziegen und schließlich Pferde hinzu.[19]

Domestizierung erfolgte auf verschiedenen, einander keineswegs ausschließenden Wegen: Intensive Jagd brachte die Menschen dazu, den Tieren über lange Wegstrecken nachzuspüren, ihr Verhalten zu studieren und sich ihnen anzupassen. Daraus ergaben sich neue Wechselbeziehungen, die nach und nach in einer Domestizierung münden konnten. Umgekehrt wurden Tiere von menschlichen Gemeinschaften angezogen, weil dort Nahrung zu finden war. Attraktiv waren besonders Abfälle, die möglicherweise sogar – darauf wird gleich zurückgekommen – eine ganz entscheidende Rolle in der frühen Zivilisationsgeschichte spielten.

Tiere haben einen unterschiedlichen Nutzen für die Menschen. Rinder können als Zugtiere dienen, wofür aber verschiedene technische Innovationen vorhanden sein mussten, vor allem das Rad und der Pflug, aber auch geeignete Technologien der tierischen Anspannung, vor allem das Joch. Entsprechende Kombinationen lassen sich zwar bereits für das alte China und Mesopotamien nachweisen, jedoch waren sie keineswegs global verbreitet, und manche Gesellschaften wie die Azteken kannten sie gar nicht.[20] Die weiblichen Tiere gaben Milch, ihre Fäkalien waren ein guter Dünger und im Winter konnten sie Wärme liefern. Zudem dienten Rinder als Lieferant von Fleisch und Häuten. Ihre Reproduktionsfähigkeit war aber vergleichsweise gering, weshalb männliche Tiere bevorzugt aus der Herde aussortiert wurden. Anders als Schweine oder Ziegen bedurften sie zumeist der Aufsicht, was jedoch bei einem noch wenig intensiv betriebenen Ackerbau kein allzu großes Problem darstellte.

Schweine haben ein etwas anderes Profil: Zunächst ließen sie sich vergleichsweise einfach domestizieren. Bereits Wildschweine wurden von menschlichen Siedlungen als Nahrungsquelle angezogen, was bis heute eine alltägliche Erscheinung ist und in einer Metropole wie Rom sogar eine echte Landplage. Oftmals begleiteten sie menschliche Siedlungen in einem halbdomestizierten Status. Schweine taugten nicht als Zugtiere, dafür entwickelten sie sich schnell und konnten jung geschlachtet werden, ohne den Fortbestand der Population zu gefährden. Das wies ihnen potentiell eine wichtige Rolle im Risikomanagement früher Gemeinschaften zu, um sich gegen Missernten und andere Wechselfälle des Lebens abzusichern, zumal sie auch in mageren Jahren ihre Population zu halten vermochten.[21] Sie ermöglichten Siedlern dadurch ein hohes Maß an Autonomie, weswegen sie beispielsweise auch für die europäischen Einwanderer nach Nordamerika seit dem 16. Jahrhundert von großer Bedeutung waren.[22]

Schweine haben zudem einen großen Vorteil: Sie sind, anders als Rinder, keine Wiederkäuer, sondern Allesfresser. Sie können sich von menschlichen Abfällen ernähren und letztere auf diese Weise in tierische Proteine umwandeln. Zwar besitzen sie einen feinen Geruchssinn und sind durchaus wählerisch, wenn sie eine Wahl haben. Im Zweifelsfall essen sie jedoch beinahe alles, weshalb sie in frühen menschlichen Siedlungen gewissermaßen die Müllabfuhr darstellten. Ausgrabungen in Chabar Nazar im Norden Syriens ergaben Hinweise darauf, dass Schweine bereits vor dem zweiten Jahrtausend v. u. Z. innerhalb der Stadt gehalten wurden und sie Essensreste zu fressen bekamen.[23] Eine Funktion, die sie in veränderter Form in Kairo und anderen Orten bis heute erfüllen.

Es ist ein häufig geäußerter Verdacht, gerade das habe dazu geführt, insbesondere in Judentum und Islam die Haltung von Schweinen und vor allem den Verzehr von Schweinefleisch zu verbieten oder einzuschränken. Besonders streng waren diese Vorschriften im Judentum. Das alttestamentliche Buch Leviticus verbot den Verzehr und die Haltung von Schweinen, aber ebenso von vielen anderen Tieren. Konsequent umgesetzt wurde es jedoch beinahe nur bei ersteren, was oftmals damit erklärt wurde, Schweine hätten als unrein gegolten, weil sie sich von Abfällen ernährten.[24]

Das mag durchaus ein Grund gewesen sein, aber es spricht wenig dafür, dass dies allein ausschlaggebend gewesen ist. Schweine sind eigentlich nicht schmutziger als andere Tiere, und solche Reinheitsvorstellungen hätten beispielsweise auch das Verbot von Hunden begründen können: Diese wurden schon im Alten Testament als Aasfresser charakterisiert und ihr Fleisch galt als unrein.[25] Darum sind verschiedene andere Erklärungen dafür angeboten worden, etwa dass sich das Judentum gegenüber konkurrierenden religiösen Kulten und Ethnien – insbesondere den Philistern – in der Region abgrenzen wollte, oder dass Schweine den Menschen anatomisch besonders ähnlich sind und deswegen ihr Verzehr tabuisiert worden sei.[26] Eine sympathische Erklärung ist auch, die Haltung von Schweinen sei deshalb geächtet worden, weil sie menschlichen Gemeinschaften ein so hohes Maß an Autonomie ermöglichte, dass sie kaum effektiv beherrscht werden konnten.[27] Aber auch das bleibt letztlich spekulativ.

Jedenfalls führte besonders die Ausbreitung des Islams seit dem 7. Jahrhundert dazu, Schweine als Haustiere vielerorts zurückzudrängen.[28] Das geschah selbst an einem Ort wie Madagaskar, wo sich der

Islam nach seiner Einführung im 10. Jahrhundert nicht dauerhaft etablieren konnte.[29] Eine den Schweinen vergleichbare Rolle spielten höchstens noch die Hunde, die bevorzugt Knochen und andere tierische Abfälle verspeisten, was sich an Bissspuren zeigen lässt. Hier zeigt sich aber auch, warum das Graben im Abfall für die Archäologie so große methodische Probleme aufwirft: Wo sich Hunde und Schweine an den Resten zu schaffen machten, blieb oftmals wenig übrig – und ganz sicher keine geordneten Ablagerungsstätten.[30]

Neben den Tieren, die der Mensch domestizieren konnte, gab es verschiedene tierische Begleiter, bei denen man eher von einem *Kommensalismus* sprechen sollte: Die Koexistenz (und Interaktion) zwischen Mensch und Tier spielte bereits für die Domestizierung eine wichtige Rolle, zog aber auch Tiere an, die zu dauerhaften Begleitern menschlicher Siedlungen wurden, ohne sich domestizieren zu lassen. Ratten stammten aus Kleinasien und sind, wie die Schweine, Allesfresser. Auch sie wurden von menschlichen Siedlungen und ihren Abfällen angezogen und zu ihren ständigen Begleitern.[31] Sie hatten, wie die Mäuse, den Vorteil, klein zu sein und sich so leichter unbemerkt an den Überresten der Menschen bedienen zu können. Sie revanchierten sich, indem sie ihre Eingeweide in die Nahrungsmittel- und Wasserspeicher der Menschen entleerten und so entscheidend zur Übertragung von Krankheiten beitrugen.[32]

Zu den Begleiterscheinungen der im Zuge der Sesshaftwerdung veränderten Mensch-Tier-Verhältnisse gehörten insofern nicht nur neue Lebensformen, sondern auch, wie bereits erwähnt, Krankheiten. Ian Morris hat argumentiert, die Bevölkerung sei nach der Sesshaftwerdung über viele tausende Jahre nur langsam gewachsen. Das ist deswegen erklärungsbedürftig, weil diese Lebensweise das Bevölkerungswachstum eigentlich fördert: Frauen wurden früher fruchtbar und konnten mehr Kinder bekommen, zumal Schwangerschaften die Mobilität der Gruppen nicht einschränkten. Tatsächlich wuchs die Zahl der Menschen aber lange Zeit nur langsam, weil Krankheiten und Epidemien die Population immer wieder dezimierten. Einen Grund dafür erblickt Morris in den Abfällen, die die sesshafte Lebensweise produzierte, die nicht nur domestizierte Nutztiere, sondern eben auch ungebetene Gäste wie Ratten oder Insekten anzogen. Erst als die Menschen zunehmend Resistenzen gegen häufig vorkommende Krankheiten ausbildeten, stieg die Bevölkerungszahl dauerhaft an.[33]

Damit stände der Müll gewissermaßen am Beginn einer menschlichen Zivilisationsgeschichte, die langfristig dramatische Folgen hatte. Die Resistenz gegen Krankheiten war eine der wichtigsten Folgen des langfristigen Zusammenlebens von Mensch und Tier. Diese gestaltete sich aber global sehr unterschiedlich, was später immer wieder als Argument in der Debatte darum verwendet wurde, warum es den Europäern seit dem späten 15. Jahrhundert gelang, große Teile der Welt zu unterwerfen. Tatsächlich gehört ihre fehlende Resistenz gegen die in Europa vorherrschenden Infektionskrankheiten zu den wichtigsten Gründen, warum die Völker der Amerikas den europäischen Kolonisten so wenig entgegensetzen konnten – und warum einige tausend spanische Soldaten (mit Verbündeten) ausreichten, um das mächtige Aztekenreich in die Knie zu zwingen.[34]

Siedlungen und Städte

Die Müllprobleme der Frühgeschichte bekamen ab dem Zeitpunkt eine neue Dimension, als die Menschen damit begannen, in größeren Siedlungen oder in Städten zu leben. Das geschah in den Hochkulturen der Frühgeschichte, vor allem in Mesopotamien, Ägypten, Kreta und dem Indus-Delta. Das Zusammendrängen vieler Menschen auf engem Raum – häufig umschlossen von einer Mauer – provozierte neue Lösungen für den Umgang mit Fäkalien und Abfällen.

Zwangsläufig war das allerdings nicht unbedingt. Viele frühe Siedlungen, angefangen mit Çatalhöyük, begnügten sich damit, Fäkalien und Abfälle in den Häusern und um sie herum zu entsorgen. Auch die Toten wurden unter den Häusern bestattet. Viele der frühen Städte waren dabei tatsächlich bereits auf Müll gebaut und produzierten zugleich den Müll, auf dem sich ihre Nachkommen ansiedeln würden.[35] Das sollte noch lange Zeit so bleiben, und Grabungen nach mittelalterlichen und frühneuzeitlichen Überresten ergaben immer wieder, dass Marktplätze und Straßen früher deutlich tiefer lagen.[36] Infolge der hinterlassenen menschlichen Überreste wurde das Bodenniveau angehoben, wobei im

Römischen Reich häufig einfach Kiesschichten auf die mit Dreck übersäten Straßen gekippt wurden.[37] Die Anhebung des Bodenniveaus war in der Frühgeschichte aber auch der Verwendung ungebrannter Lehmziegel als Baumaterial geschuldet. Diese ließen sich kaum wiederverwenden, und im Niedergang befindliche Siedlungen konnten darum nur sehr begrenzt – wie das später der Fall war – als Materiallager dienen. Stattdessen sanken sie gewissermaßen in sich zusammen, wurden üblicherweise wenig instand gehalten, Abfälle kaum noch achtsam entsorgt.[38]

Trotzdem lassen sich für viele frühe Städte beachtliche zivilisatorische Techniken ausmachen, um mit ihren Überresten umzugehen. In Uruk, der größten Stadt Mesopotamiens, waren nicht nur Schrift und Geld in Gebrauch, sondern es existierte auch bereits ein Kanalsystem zur Abfuhr von Fäkalien und Abfällen.[39] Im altägyptischen Herakleopolis wurden zur Zeit der 9. und 10. Dynastie (ca. 2170 v. u. Z.) die Abfälle der Eliten gesammelt und im Nil entsorgt. Die Maya wiesen Plätze für die Entsorgung organischer Abfälle aus. In Troja scheint der Müll einfach vor die Tür gekehrt worden zu sein, aber in Athen lassen sich im 5. Jahrhundert v. u. Z. bereits eine Straßenreinigung (durch die sog. *Koprologoi*) und so etwas wie eine Mülldeponie nachweisen.[40]

Nur in wenigen frühen Siedlungen und Städten gelang es, Exkremente und Trinkwasser getrennt zu halten. Das schuf regelmäßig einen nahezu perfekten Nährboden für Parasiten und Infektionskrankheiten wie Cholera und Ruhr.[41] Ein besonders bemerkenswertes Beispiel für eine frühe Form einer avancierten Abfallentsorgung war allerdings Mohenjo-Daro im Indus-Delta, der wichtigsten Stadt der Harappa-Kultur. Archäologische Ausgrabungen identifizierten ein dichtes Netz von gemauerten Kanälen, die aus den Häusern zum Indus führten und die der Abfuhr von Fäkalien und häuslichen Abfällen dienten. Besonders waren dabei zum einen die Hinweise darauf, diese Kanäle seien mit Holzbrettern bedeckt gewesen, was auf ein frühes «geschlossenes» Kanalsystem hindeutet. Zum anderen wurden die Kanäle immer wieder von Sickergruben unterbrochen, in denen sich feste Abfälle ansammelten und die öfter geleert werden mussten.[42]

Weil dieses Kanalsystem folglich einen regelmäßigen Arbeitseinsatz erforderte, wurde gefolgert, Mohenjo-Daro hätte zu den ersten Städten der Menschheitsgeschichte mit einer Müllabfuhr gehört. Es ist allerdings keineswegs klar, ob es dafür wirklich spezialisierte Dienste gab, zumal die Schrift der Harappa-Kultur noch nicht entziffert ist. Das ist aber vielleicht auch gar nicht so entscheidend angesichts der Lösungen, die hier für Fäkalien und Abfälle gefunden wurden. Das Beispiel Mohenjo-Daro macht deutlich, wie das Zusammendrängen von Menschen in Städten regelmäßig zu einem Innovationsschub führte. Hier wurde – offensichtlich auch als Reaktion auf klimatische Veränderungen – ein System der Wasserversorgung, Fäkalienabfuhr und Abfallentsorgung entwickelt, dessen technisches Niveau erst tausende Jahre später in Rom wieder erreicht werden sollte.[43]

Wann immer man die humane Frühgeschichte enden lässt: Es waren die frühen städtischen Zivilisationen, die neue Wege entwickelten, mit Abfällen umzugehen, weil sich das Problem in Städten eben auch auf eine ganz andere Art und Weise stellte. Zugleich blieben diese Lösungen aber vereinzelt und reversibel. Ganz sicher lässt sich nicht von einem eisenzeitlichen Niveau der Städtehygiene sprechen. Dafür waren die Verbindungen noch zu dünn und das Moment gegenseitiger Beobachtung und des Wissenstransfers, das für die Städtehygiene später so wichtig werden sollte, kaum vorhanden. Es zeigt sich jedoch: In dem Moment, wo viele Menschen an einem Ort zusammenlebten, entstanden nicht nur neue Müllprobleme, sondern es wurden auch immer wieder kreative Lösungen dafür gefunden.

2. Die Stadt: Ungesunder Ort und Evolutionsbeschleunigerin

The art of living together without turning the city into a dunghill has [to be] repeatedly discovered.

(Aldous Huxley[1])

Die Stadt als gebaute Umwelt

Das alte Rom wurde bekanntlich auf (tatsächlich mehr als) sieben Hügeln errichtet. Wer allerdings heute durch die Stadt läuft, kann leicht feststellen, dass nicht alle diese Hügel auf natürlichem Wege entstanden sind: Am Ostufer des Tibers, in der Nähe des früheren Hafens, befindet sich der Monte Testaccio. Dieser *Berg*, 50 Meter hoch und 1000 Meter im Umfang, ist tatsächlich eine ehemalige Großdeponie, auf die die Römer die zerbrochenen Amphoren vom Typ *Dressel 20* entsorgten. Diese Behälter mit einem Fassungsvermögen von 70 Litern waren gewissermaßen die Transportfässer des Römischen Reiches. Darin wurden Weizen und anderes Getreide, vor allem aber Olivenöl transportiert. Erst der Bau der Aureleanischen Mauer im 3. Jahrhundert ließ die Deponie nach und nach außer Gebrauch geraten.[2] Rom gehörte zwar zur Zeit Kaiser Augustus' mit etwa einer Million Einwohnern zu den größten Städten der Welt und war wegen seiner hohen Abhängigkeit vom Handel ein Sonderfall.[3] Trotzdem ist der Monte Testaccio ein Hinweis darauf, wie lange die Anstrengungen in den Städten zurückreichen, mit ihren Abfällen tatsächlich *umzugehen*.

Das gilt es zunächst festzuhalten angesichts häufig zu lesender Beschreibungen, vormoderne Städte seien unsagbar schmutzig gewesen und die Menschen hätten Fäkalien und Müll einfach aus dem Fenster geworfen. Eine solche Sorglosigkeit findet sich praktisch nirgendwo. Abfälle stellten schließlich nicht nur ein hygienisches Problem dar, sondern auch ein praktisches: Sie nahmen Platz weg, wurden zu einem Verkehrshindernis und zogen Tiere an. Selbst dort also, wo sich die Menschen am Anblick von Abfallhaufen nicht störten und die Nasen

Monte Testaccio 1940/45[4]

unempfindlich waren, musste in irgendeiner Form für ihre Beseitigung gesorgt werden.

Die historische Forschung zum Müll kennt, abseits seiner Behandlung als archäologische Quelle, eigentlich nur einen Gegenstand, und das ist die Stadt. Der Umgang mit Abfällen in ländlichen Regionen wird höchstens am Rande behandelt, woraus sich aber auch eine gewisse Verlegenheit ergibt: Der Urbanisierungsgrad in der Vormoderne war niedrig, und noch um 1800 lebten nicht einmal zehn Prozent der Weltbevölkerung in urbanen Räumen.[5] Gewichtet man darum nicht falsch, wenn man sich zu stark auf die Städte konzentriert?

In Bezug auf den Müll ist dieser *Urban Bias* jedoch berechtigt. Es waren vor allem die Städte, wo der Abfall zum Problem wurde. Hier wurden die frühesten Vorschriften erlassen und Maßnahmen ergriffen, um der Müllprobleme Herr zu werden. In ländlichen Räumen war das nicht so: Dort fanden sich zumeist naheliegende und einfache Wege, mit Abfällen umzugehen. Ein gutes Beispiel dafür ist China: Städte waren dort über Jahrhunderte dafür bekannt, über Senkgruben und öffentliche Toiletten Fäkalien und Abfälle für die landwirtschaftliche Nutzung zu sammeln. Die Landbevölkerung hingegen musste während Maos großangelegter Gesundheitskampagnen in den 1950er und 60er Jahren von den staatlichen Medizinern erst über den Nutzen von Senkgruben aufgeklärt werden, die sie dann auch noch häufig «falsch» benutzte.[6] Zudem nahm während des 19.

Urbanisierung in den letzten 500 Jahren, 1500 bis 2016
Anteil der städtischen Bevölkerung an der Gesamtbevölkerung

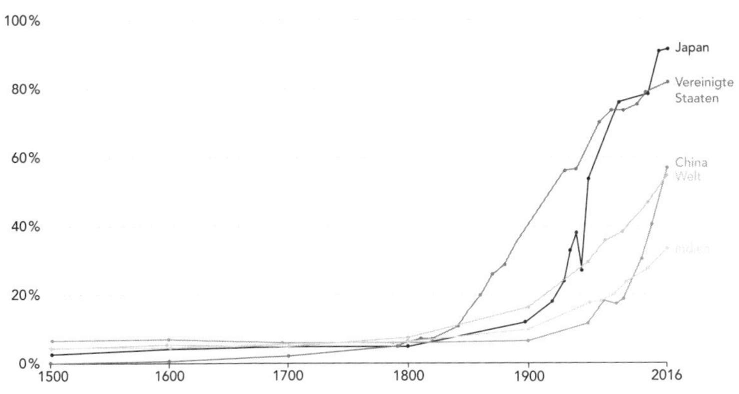

Urbanisierung 1500 bis 2016[7]

und 20. Jahrhunderts der Urbanisierungsgrad stark zu. Der Fokus auf die Stadt legt somit auch die Vorgeschichte der modernen Müllprobleme frei, die – bis heute – in urbanen Räumen am größten sind.

Die US-amerikanischen Umwelthistoriker Joel Tarr und Martin Melosi haben mit einem treffenden Ausdruck von der Stadt als der *Gebauten Umwelt* des Menschen gesprochen.[8] Mit diesem Ansatz eröffneten sie in den 1980er Jahren ein neues Feld für die Umweltgeschichte, die sich bis dahin fast ausschließlich auf die natürliche Umwelt des Menschen konzentriert hatte: also Meere, Berge, Wälder und ihre Gefährdung durch menschliche Eingriffe. Doch bei genauerem Hinsehen ist es bereits gar nicht so einfach, zu bestimmen, was diese «natürliche» Umwelt genau sein soll, denn Menschen haben seit langem und auf schwerwiegende Weise in die Natur eingegriffen.[9] Wenn sich aber die natürliche Umwelt als gestaltet erweist, wie lässt sie sich dann konsequent von der «gebauten» Umwelt unterscheiden? Tritt sie den Menschen nicht ganz ähnlich wie die «natürliche» gegenüber, und ließe sich das Wechselverhältnis zwischen ihnen nicht auf ähnliche Weise beschreiben? Die Konsequenz daraus wäre, Städte als menschliche Artefakte zu begreifen, die die Spielräume menschlichen Handelns und Wirtschaftens zugleich bestimmen und begrenzen.

Ein solches Verständnis urbaner Räume ist für eine Müllgeschichte sehr nützlich. Die Stadt selbst tritt aus dieser Perspektive in gewisser Weise als ein Naturprodukt hervor: Ihre bauliche Gestalt hing von topographischen und klimatischen Bedingungen ab. In wärmeren Regionen wurden die Häuser anders gebaut als in kälteren. Die Straßen unterschieden sich, je nachdem wie viel Regen fiel, ob die Städte auf Erhebungen gebaut waren oder auf einer flachen Ebene. Ob die Stadt an einem Gewässer lag, spielte ebenfalls eine große Rolle, und auch der Sicherheitsaspekt war wichtig, ob es eine Mauer und andere Verteidigungsanlagen brauchte oder ob darauf verzichtet werden konnte. Diese bauliche Gestalt entschied in der Vormoderne über den Stoffwechsel der Städte mit ihrem Umland und ihr Umweltmanagement.

Mit *Stoffwechsel* und *Umweltmanagement* ist gemeint: Menschen, Güter, Wasser kamen in die Stadt, aber auch wieder aus ihr heraus. Städte konnten höchstens bei Belagerungen über kurze Zeit und unter Austestung der absoluten Belastungsgrenzen autark bleiben. Vielmehr definierten sie sich geradezu über Austauschbeziehungen mit ihrem näheren und weiteren Umland, das sie auf diese Weise gewissermaßen in Beschlag nahmen. Das galt für Waren, Menschen und Ressourcen. Zugleich erzeugten Städte Belastungen, mit denen sie in irgendeiner Weise umzugehen hatten: Sie mussten Abfälle und Tierkadaver beseitigen, Leichen beerdigen, dafür sorgen, dass die verschiedenen schmutzigen Gewerbe – besonders Färber, Gerber und Metzger – sich möglichst wenig in die Quere kamen und die urbane Umwelt nicht zu stark verschmutzten. Auch dieses Umweltmanagement stellte also letztlich eine Form des Stoffwechsels dar.

Ein solches Umweltmanagement war auch deshalb geboten, weil bei allen Unterschieden die Städte in der Vormoderne eine große Gemeinsamkeit hatten: Sie waren ungesunde Orte. Der Ausdruck *Urban Graveyard Effect* (oder auch *Urban Penalty*) bezeichnet anschaulich den Tatbestand, dass in einer Stadt üblicherweise mehr Menschen starben als geboren wurden, was nicht zuletzt mit der hohen Kindersterblichkeit zu tun hatte.[10] Städte konnten ihre Bevölkerung nur durch Zuwanderung halten oder vergrößern – womit aber zugleich fortgesetzt Menschen in urbane Räume kamen, die an deren spezifisches epidemiologisches Umfeld nicht gewöhnt waren. Städte waren am stärksten von Epidemien wie der Pest betroffen, die seit dem 14. Jahrhundert global verstärkt auftraten und einen späten Höhepunkt in den Choleraepidemien des 19. Jahrhunderts erlebten.

In welchem Maße der Müll dabei zum Problem wurde, hing von mehreren Faktoren ab. Die Zahl der Bewohner und wie eng sie zusammenlebten, waren wichtig, und bis heute haben größere Städte tendenziell größere Müllprobleme als kleinere. Es war aber insgesamt das Zusammenspiel von Klima, Topographie, Bevölkerungsdichte, baulicher Gestaltung, Wirtschaftsstruktur und Außenbeziehungen, die bestimmten, wie dringend Lösungsstrategien für urbane Abfälle gefunden werden mussten. Im Folgenden soll anhand verschiedener Aspekte, die von der Stadtmauer bis zur Straßenpflasterung reichen, gezeigt werden, wie die gebaute Umwelt von Städten und der Umgang mit Abfällen miteinander zusammenhingen. Dabei gilt es aber stets zu bedenken: Städte bestehen nicht nur aus Steinen, Holz und Mörtel, sondern auch aus sozialen Strukturen und Gegebenheiten. Sie sind nicht einfach eine Zusammendrängung von Menschen in einen Rahmen aus Holz, Lehm und Stein, sondern Evolutionsbeschleuniger, die eine differenzierte Sozial- und Gewerbestruktur hervorbrachten, neue Formen sozialer Repräsentation und Selbstdarstellung begünstigten. Lewis Mumford hat es klassisch zugespitzt:

> Die grundlegenden physischen Mittel der Stadt sind der dauerhafte Schutz, die ständigen Einrichtungen zur Versammlung, Austausch und Lagerung; das soziale Mittel ist die Arbeitsteilung, die nicht nur dem wirtschaftlichen Leben dient, sondern auch der kulturellen Entwicklung. Die Stadt ist zusammengefasst ein geographischer Plexus, eine wirtschaftliche Organisation, ein institutioneller Prozess, ein Theater sozialer Handlungen und ein ästhetisches Symbol kollektiver Einheit. Die Stadt beschirmt die Kunst und ist die Kunst; die Stadt schafft das Theater und ist das Theater.[11]

Dieses *Theater* fand seinen Ausdruck nicht zuletzt in der Austragung und Moderation von Konflikten zwischen verschiedenen Parteien und Interessengruppen. Praktische Maßnahmen zum Umgang mit Abfällen und Fäkalien mussten im Rahmen einer komplizierten Sozialstruktur und gravierender Interessenkonflikte verhandelt werden. Es galt einen Ausgleich zu finden, der zugleich die Ordnung der alten Stadt bestätigte.[12] Hierarchien und die konkreten Praktiken der Konfliktaustragung konnten ein effektives Umweltmanagement dabei auch immer wieder behindern. Es gab insofern keinen Lösungsautomatismus für die sanitären Probleme einer Stadt. Keineswegs diente das Umweltmanagement unbesehen dem Gemeinwohl und war darum im Interesse aller. Vielmehr schränkte es immer wieder die Handlungen von Personen oder Handwerkern ein, die sich das regelmäßig nicht gefallen ließen. Nicht zuletzt erforderte es Aufwand und Arbeit – und war auch darum immer wieder kompliziert durchzusetzen.

Topographie und Klima

Ein wesentlicher Aspekt dieser gebauten Umwelt und für die vormoderne Abfallgeschichte von kaum zu überschätzender Bedeutung waren Topographie und Klima. Das wird leicht übersehen, denn neue Bautechniken und die technischen Infrastrukturen der Abfallsammlung ermöglichten es seit dem 19. Jahrhundert, sich von diesen natürlichen Voraussetzungen nach und nach zu emanzipieren. Tatsächlich könnte die Abfallsammlung heute in Nairobi prinzipiell mit denselben technischen Mitteln durchgeführt werden wie in Tromsø. In der Vormoderne sah das aber noch völlig anders aus, weil technische Infrastrukturen der Abfallsammlung höchstens rudimentär vorhanden waren und die Entsorgung zumeist auf Selbstorganisation beruhte.

Topographie und Klima beeinflussten aber auch die *Art* von Überresten, die in vormodernen Städten anfielen. Gelegentlich finden sich in der Literatur Schätzungen zu den Mengen von Abfällen und Fäkalien. So spricht J. Theodore Peña beispielsweise von etwa 190 Kilogramm, die ein römischer Bürger pro Jahr an Abfällen (ohne Fäkalien) produzierte – eine Menge im Übrigen, die ein Italiener heute in einem Monat wegwirft.[13] Krakóws 20 000 Einwohner sollen im 15. Jahrhundert im Jahr um die 110 000 m³ Reststoffe hinterlassen haben, wovon etwa neun Zehntel Fäkalien und ein Zehntel eigentlicher Abfall waren. Eine Familie von fünf Personen benötigte zur Füllung einer Senkgrube mit einem Kubikmeter Inhalt etwa sieben Jahre.[14] Tiere waren in diese Rechnungen aber offensichtlich nicht einbezogen: Gerade in europäischen Städten wurden in Mittelalter und Früher Neuzeit viele Tiere gehalten, und eine ausgewachsene Kuh konnte am Tag 27–35 kg, ein Pferd 20–40 kg Dung absondern.[15] Sicher sind solche Schätzungen – wie die Abfallstatistik bis heute – mit äußerster Vorsicht zu behandeln. Sie verdeutlichen dennoch, dass die Entsorgungsprobleme vormoderner Städte zu einem guten Teil in menschlichen und tierischen Fäkalien bestanden, weniger in dem, was wir heute landläufig in einer Mülltonne vermuten würden.

Die konsequente Trennung zwischen Abwässern, Fäkalien und festen Abfällen sollte sich erst seit dem 19. Jahrhundert im Rahmen der Installierung technischer Infrastrukturen – vor allem von Kanalisationssystemen – durchsetzen. Allerdings gab es etwa in Bologna oder Florenz in der Frühen Neuzeit schon die Trennung zwischen *nassen* und *trockenen* Senkgruben.[16] Gerade wenn etwas wiedergenutzt werden sollte, war es sinnvoll, Fäkalien getrennt zu halten. Aber trotzdem vermischten sich Küchenabfälle, Knochen, zerbrochene Gegenstände oder Fäkalien immer wieder, und in den Verordnungen zur Sauberhaltung einer Stadt gingen die Begriffe aus heutiger Sicht zumeist munter durcheinander.[17] Erst in der zweiten Hälfte des 19. Jahrhunderts lässt sich eine schärfere begriffliche Abgrenzung beobachten.[18] Abfälle waren insofern in der Regel schlammiger und feuchter als heutzutage, zumal häufig noch Küchenwasser hinzukam.

In der Vormoderne gab es hauptsächlich zwei Wege, Abfälle aus der Stadt zu schaffen: Sie wurden abgeschwemmt oder sie sammelten sich in Senkgruben oder Latrinen an und wurden dann nach kürzerer oder längerer Zeit abtransportiert.[19] Sie zu verbrennen, war aufgrund der Zusammensetzung schwierig. Dafür konnten Abfälle jedoch umso leichter ins Fließen gebracht werden. Inwiefern das wiederum gelang, hing nicht zuletzt mit der Topographie einer Stadt zusammen. Es ging vor allem darum, ob sie Gefälle nutzen konnte oder nicht, ob sie auf einem Hügel lag oder sich über eine flache Ebene erstreckte.[20] Rom profitierte von seiner hügeligen Topographie und konnte über die Cloaca Maxima, deren Bau sich bis auf das 6. Jahrhundert v. u. Z. zurückführen lässt, die aber lange Zeit lediglich aus offenen Kanälen bestand, große Mengen Abwässer und Abfälle in den Tiber abschwemmen.[21] Konstantinopel hatte die längste Zeit seiner Geschichte wenige Probleme mit der Entsorgung, weil die Stadt sowohl ausgeprägte Gefälle nutzen konnte, als auch mit dem Bosporus und dem Marmarameer Gewässer mit starker Strömung vorhanden waren.[22] Erst in der zweiten Hälfte des 19. Jahrhunderts sollte die hügelige Topographie der Stadt die Etablierung einer regulären Abfallsammlung behindern, weil sie den Einsatz von Fuhrwagen erschwerte.[23]

Andere Städte hingegen, etwa die jungen Städte an der amerikanischen Ostküste oder das indische Madras, konnten praktisch kein natürliches Gefälle zur Abfuhr ausnutzen.[24] Wenn die Abfälle nicht innerhalb der Stadt landwirtschaftlich genutzt wurden, dann blieb nur die Lösung, sie mit Karren oder anderen Hilfsmitteln aus der Stadt zu transportieren. Dabei stellte sich aber immer die Frage des Aufwands: Je größer die Stadt, umso komplizierter wurde es, den Müll herauszuschaffen. Zu den Gründen, warum in der zweiten Hälfte des 19. Jahrhunderts die bis dahin oftmals übliche Nutzung städtischer Abfälle für die Landwirtschaft in der Umgebung nicht mehr gut funktionierte, gehörte auch, dass viele Städte zu groß und zu bevölkerungsreich geworden waren, um bis dahin praktizierte Austauschverhältnisse fortzusetzen.[25]

In engem Zusammenhang mit der Topographie stand die Frage, ob die Stadt an einem Fluss, einem See oder am Meer lag. In der Regel waren Flüsse für die Entsorgung hilfreich, denn ihre Strömung ließ sie nicht so leicht verlanden. Sedimente setzten sich vor allem im Bereich der Mündungen ab, die darum später ebenfalls zu einem Ziel archäologischer Untersuchungen wurden. Sofern es eine Wahl gab – etwa in Städten mit mehreren Flussarmen –, bevorzugte man Gewässer mit starker Strömung. Die Entsorgung von Abfällen in Kanälen – wie das beispielsweise aus China überliefert ist – war hingegen zumeist verboten, weil diese später freigeräumt werden mussten.[26] Das Meer mit seinen Gezeiten war für die Entsorgung wiederum besonders kompliziert, denn mit der Ebbe abgeschwemmter Müll kam bei Flut oft zurück. Damit machten beispielsweise Amsterdam, Nizza, London oder Liverpool im 19. Jahrhundert schlechte Erfahrungen, als sie ihre Müllprobleme durch das Abkippen im Meer zu lösen versuchten: Die Abfälle wurden regelmäßig wieder angeschwemmt oder landeten in den Netzen der Fischer.[27] Schwimmer vor der Küste New Jerseys fanden sich im späten 19. Jahrhundert sprichwörtlich in einem Teppich aus schwimmendem Unrat der benachbarten Metropole New York wieder, den letztere 20 Meilen vor der Küste in Sandy Hook entsorgte.[28]

Genauso wie das Meer seine Tücken hatte, so hatten auch an Seen gelegene Städte mit der Entsorgung im Wasser große Probleme. Hier gab es praktisch keine Strömung, die die Abfälle vom Land wegtrug. Gleichzeitig mussten die Städte darauf Acht geben, die Trinkwasserversorgung nicht zu gefährden, die zumeist ebenfalls aus dem See erfolgte. Darum musste man Abfälle weiter entfernt vom Ufer abkippen. Dieses Problem sollte Chicago über die gesamte zweite Hälfte des 19. Jahrhunderts beschäftigen, obwohl der riesige *Dumping Ground* Lake Michigan direkt vor der Haustür lag.[29]

Neben der Topographie spielte das Klima eine große Rolle: Bei heißen Temperaturen verwesten organische Abfälle viel schneller. Das erhöhte nicht nur die Geruchsbelastung, sondern zog auch wie beschrieben Tiere an, die Krankheiten übertrugen. Bis heute unterscheidet sich deswegen die Abfallentsorgung in vielen afrikanischen oder arabischen Ländern von der in Russland oder Skandinavien. Zudem konnten die Häufigkeit der Niederschläge, Herbststürme oder andere Wetterextreme ebenfalls bedeutsam für die Entsorgung sein. Starke Regenfälle setzten den Müll regelmäßig in Bewegung und trugen dazu bei, Straßen und Wege in Matsch zu verwandeln. In vielen afrikanischen Städten ist die Regenzeit bis heute kompliziert, weil lose deponierte Abfälle weggeschwemmt werden. Demgegenüber haben Gegenden mit weniger intensiven Niederschlagsphasen dieses Problem in geringerem Maße.[30] Oftmals halfen starke Regenfälle aber gerade dabei, den Abfall zu bewegen, wobei Bäche oder Kanäle zu diesem Zweck weiter ausgebaut wurden.[31]

Die klimatischen Bedingungen trugen auch zu einer unterschiedlichen Zusammensetzung des Mülls bei: In kalten Regionen war der Anteil der Asche im Müll höher, weil die Menschen mehr heizen mussten, während sich in der Frühen Neuzeit im gesamten Osmanischen Reich lediglich im Topkapi-Palast ein Kamin fand.[32] Dafür hatten kältere Regionen in der Regel einen niedrigeren Anteil an Resten von Früchten und Gemüse.[33] Die Jahreszeiten konnten das jeweils noch verstärken. Überhaupt froren Abfälle im Winter häufig ein und meldeten sich dann in Tauperioden eindrucksvoll zurück.[34]

Gräben und Mauern

Schon in den frühen Zivilisationen hatten sich Städte mit Schutzwällen umgeben. Diese dienten vorrangig der Sicherheit gegen äußere und innere Feinde, aber ihre konkrete Performanz ging darüber weit hinaus: Sie zogen die Grenze zum Umland und markierten weithin sichtbar den Anspruch auf Autonomie von Regierung und Gesetzgebung, auch wenn dieser in vielen Fällen nur ein scheinbarer war. Mauern ermöglichten es, den Warenverkehr effizient zu kontrollieren und Abgaben dafür zu erheben. Häufig hatten sie auch eine sakrale Funktion, etwa im Römischen Reich ein Heiligtum zu umgrenzen. In China umschlossen die Stadtmauern einen rechteckigen, durch schachbrettartige Muster strukturierten Raum, der den Regeln des Feng-Shui entsprechen musste.

Längst nicht alle Städte besaßen allerdings eine Mauer. Im alten Ägypten waren Mauern nicht nötig, denn die naturräumlichen Bedingungen schützten die Städte bereits wirksam, und lange Zeit mangelte es an äußeren Feinden. Erst unter der Herrschaft der Fatimiden seit dem 10. Jahrhundert wurden ägyptische Städte mit Schutzwällen umzogen. Venedig konnte aufgrund der schützenden Rolle des Meeres auf Mauern weitgehend verzichten, und auch englische Städte kamen in vielen Fällen ohne sie aus. Da sie auch den Anspruch auf städtische Autonomie repräsentierten, führten die Bildung von Imperien und damit einhergehende Herrschaftsansprüche und Sicherheitsversprechen oftmals dazu, auf bewehrte Verteidigungsanlagen zu verzichten. Zur Zeit der Herrschaft von Kaiser Augustus, als Rom sich auf dem Höhepunkt seiner Macht befand, hatten viele Städte des Römischen Reiches wie Bologna (Bononia) lediglich einen Graben zur Verteidigung, und auch Rom entwickelte sich zunehmend zu einer offenen Stadt.[35] Die Städte im Osmanischen Reich besaßen üblicherweise keine Mauern oder es blieben dort nur noch die Reste der alten Befestigung erhalten.[36]

Gräben hatten eine ähnliche Funktion, auch wenn ihre Symbolik schwächer und ihr Grenzcharakter weniger eindeutig war. Zugleich unterschieden sich Gräben von Mauern dadurch, dass man etwas in sie hineinwerfen konnte. Bei Belagerungen füllten sie sich schnell mit Tierkadavern und Leichen. Aber auch in Friedenszeiten war es eine verbreitete Praxis – wenn auch zumeist verboten –, Abfälle in den Gräben zu entsorgen.[37] Vor allem zur Entsorgung toter Tiere waren sie beliebt, was urbane Umwelten regelmäßig stark belastete. Wie Kanäle mussten Gräben darum regelmäßig freigegraben werden, zumal sie häufig auch eine militärische Funktion hatten. So wurden in Wien beispielsweise 1683 bei der Vorbereitung auf die Belagerung durch die Türken die Donaukanäle mühsam freigeschaufelt, in welche die Bürger lange Zeit ihren Unrat geworfen hatten.[38] Auch bei Häfen kam es darauf an, diese von Abfällen frei zu halten, denn die Verlandung der Hafenbecken war ein großes Problem. Die meisten Hansestädte untersagten es Schiffen bereits im 14. Jahrhundert, ihre Abfälle im Hafen über Bord zu kippen.[39]

Anhand von Gräben und Kanälen lässt sich die Bedeutung der Strömung anschaulich zeigen: Gräben waren stehende Gewässer oder hatten nur eine schwache Strömung, die nicht ausreichte, um die Abfälle abzuführen. Zudem waren Tierkadaver träge, ihre Verwesung führte zu Gestank und sie verschmutzten das Wasser. In chinesischen Städten, häufig von Kanälen durchzogen und deswegen immer wieder als kleine Venedigs beschrieben, war deshalb ein sorgfältiges Wassermanagement notwendig.[40] Zahlreiche Vorschriften stellten die Entsorgung von Abfällen in die Kanäle unter Strafe. Diese wurden allerdings regelmäßig nicht beachtet, und Kanäle mussten darum auch dort immer wieder freigegraben werden.[41]

Die Bedeutung von Gräben und Kanälen für die Müllentsorgung erscheint offensichtlich, aber Mauern spielten für die Abfallentsorgung ebenfalls eine wichtige Rolle. Letztere grenzten den Stadtraum nicht nur nach außen hin ab, sondern begrenzten ihn auch nach innen. Dabei prägten sie städtische Umwelten bereits durch ihre physische Präsenz: Am Rande der Mauer war es schattig. Gerade wenn es sich um dicke und hohe Mauerwerke handelte, strahlten sie eine ungesunde Feuchtigkeit aus.[42] Das Wohnen am Stadtrand war darum unbeliebt und unterstützte ein – modern gesprochen – *Zoning*: Wohnhäuser und Arbeitsstätten der unteren sozialen Schichten und unehrlichen Berufe fanden sich häufig an den Rändern der Stadt wieder.[43]

Mauern provozierten die bauliche Verdichtung der Stadt: Wenn die Bevölkerungszahl auf begrenztem Raum anstieg, wurden die Häuser höher, die Straßen enger, die in der Stadt betriebene Landwirtschaft weniger. Platz war entscheidend: In lose bebauten Städten gab es mehr Spielräume für den Anbau von Gemüse oder Getreide sowie für die Haltung von Tieren. Das bedeutete vielfältige Möglichkeiten der innerstädtischen Nutzung von Abfällen. Das gestaltete sich aber umso schwieriger, je mehr Menschen auf begrenztem Raum lebten: Die Abfälle ließen sich schwerer einsammeln, und es mangelte an innerstädtischen Verwertungsmöglichkeiten. Dass ein dichtes Zusammenleben die Ausbreitung von Krankheiten beförderte, wurde insbesondere während Pestepidemien immer wieder thematisiert.

Diese Zusammenhänge lassen sich anhand verschiedener Beispiele konkretisieren: Die weitläufigen chinesischen Städte während der Tang-Dynastie (6.-9. Jh.) mit ihren breiten Straßen und großzügigen Wards hatten geringe Entsorgungsprobleme, auch wenn etwa die Entsorgung von Abfällen auf den Hauptstraßen von Chang'an im 8. Jahrhundert untersagt war.[44] Bevölkerungswachstum und Kommerzialisierung der Städte während der Song-Zeit im 12. Jahrhundert machten dann aber ein verstärktes Umweltmanagement notwendig. In Rom lebten zur Zeit der Herrschaft von Kaiser Augustus etwa eine Million Menschen, womit die Stadt zusammen mit dem gerade erwähnten Chang'an die größte Stadt der Antike gewesen sein dürfte. Im Hochmittelalter waren es dann aber gerade noch etwa 30 000, und innerhalb des durch die Aurelianische Mauer aus dem 3. Jahrhundert umgrenzten riesigen Stadtgebiets wurde nun viel Landwirtschaft betrieben. Die Bürger einer Stadt wie Boston, die sich lediglich mit einer Palisade schützte, führten noch im 18. Jahrhundert häufig eine Doppelexistenz als Bauern und Stadtbürger, was sich erst mit der Industrialisierung während des 19. Jahrhunderts ändern sollte.

Eine mögliche Antwort auf das Problem der durch Mauern provozierten Verdichtung des Stadtraums stellten Vorstädte außerhalb des Mauerrings dar. Diese übernahmen viele Funktionen: Sie waren nicht nur ein Ventil für den Bevölkerungsdruck, es ließen sich auch schmutzige Gewerbe dorthin verlagern. Um es in Fernand Braudels bildhafter Sprache auszudrücken: «In diesen Vorstädten hausen die Armen, die Handwerker und Flußschiffer, hier finden sich die lärmerzeugenden, übelriechenden Gewerbe, die billigen Wirtshäuser und Herbergen, die Relaisstationen und Stallungen für die Postpferde, die Quartiere der Lastträger [...] Wer sich in die Vorstadt begibt, steigt stets eine Stufe tiefer […].»[45] Nicht selten zeichneten sich solche Vorstädte durch einen regen Handel aus und wurden sogar zu kommerziellen Zentren, wie das etwa für das chinesische Suzhou im 13. Jahrhundert bezeugt ist.[46] Zugleich konnten sie ihren prekären, weil ungeschützten Status kaum loswerden. In Zeiten militärischer Bedrohung wurden sie regelmäßig dem Erdboden gleichgemacht, damit sie Belagerern nicht als Schutz dienen konnten.

Die Vorstädte stehen im Mittelpunkt einer interessanten Arbeit, in der sich die Archäologin Allison L. C. Emmerson den Beziehungen zwischen Stadt und Vorstadt im Römischen Reich zur Zeit Kaiser Augustus' gewidmet hat: Ihr zufolge übernahmen die Vorstädte gerade in Zeiten einer vergleichsweise hohen inneren Sicherheit eine wichtige Funktion für die Abfallentsorgung. Anhand der Beispiele Ostia, Bologna und Pompeji – wo ein Graffito mit der Aufforderung entdeckt wurde, die Abfälle außerhalb der Mauer zu bringen – konnte sie zeigen, dass die urbanen Abfälle zwischen Mauer und Vorstädte gebracht wurden, um sie dort zu sortieren und zu verkaufen. Das lohnte sich nur, wenn genug «Masse» vorhanden war, um signifikante Mengen verwertbarer Materialien aus dem Müll herauszuziehen.[47]

Möglicherweise wird hier bereits früh ein Standardmodell der Abfallsammlung in vormodernen Städten mit vergleichsweise offenen Außenbeziehungen sichtbar: Es machte einfach Sinn, die aus der Stadt transportierten Abfälle außen an der Stadtmauer bzw. in der Nähe einer Vorstadt aufzuschichten. Der Stadtraum war den Müll los und die Lagerung war sinnvoll, um seine Qualität als Dünger zu verbessern. Gleichzeitig ließen sich auf diese Weise noch brauchbare Dinge leichter aussortieren, was bei Senkgruben zumeist schwierig war. Vorstädte boten zudem potentiell Lagermöglichkeiten und Verkaufsstellen für noch Verwertbares sowie Wohnstätten für diejenigen, die ihren Lebensunterhalt mit der Sortierung und Verarbeitung von Abfällen bestritten. Zugleich fanden sich in den Vorstädten – wie es in Braudels Zitat anklingt – genau die Leute und die Gewerbe, die mit Überresten etwas anzufangen wussten.

Ein solches System hatte zudem noch weitere Vorteile: Die Transportwege waren kürzer und weniger mühselig, als wenn etwa die Senkgruben von Bauern entleert wurden, die den Müll als Dünger auf ihre Felder aufbrachten.[48] Darüber hinaus wurden die Müllablagerungen dem Sichtfeld entzogen, was auch für die gegenüber Schmutz und Gerüchen recht abgehärteten Menschen der Vormoderne ein relevanter Aspekt war: Jedenfalls erwähnten im Verlauf der Frühen Neuzeit viele Reisende die großen Abfallhaufen an den Rändern osmanischer Städte, wo keine Mauern den Blick versperrten und sie darum für alle sichtbar waren.[49]

Es gab allerdings verschiedene Faktoren, die ein solch einfaches und praktisches Entsorgungs- und Verwertungssystem erschwerten oder gar verhinderten. Die Praktiken, die Emmerson für Ostia und Pompeji identifiziert, gerieten beispielsweise in Rom an ihre Grenzen. Dafür war die Stadt schlicht zu groß und produzierte zu viele Abfälle. Darüber hinaus erfolgte die Versorgung der Metropole zu einem großen Teil über den Handel.[50] Das erklärt ja auch das eigenartige Artefakt des Monte Testaccio. Darüber hinaus war eine Voraussetzung für die von Emmerson beschriebenen Praktiken vergleichsweise offene Außenbeziehungen einer Stadt. Militärische Bedrohung stellte diese jedoch immer wieder in Frage. Der französische Umwelthistoriker André Guillerme hat auf die nachhaltige Veränderung der urbanen Bedingungen in Mitteleuropa seit dem 14. Jahrhundert hingewiesen. Ausschlaggebend dafür waren Umweltfaktoren und Bevölkerungsdruck, vor allem aber die Zunahme militärischer Konflikte. In Frankreich begann das mit dem Hundertjährigen Krieg ab 1337 und sollte erst mit dem Pyrenäenfrieden 1659 enden. Das zwang die Städte dazu, die Mauern zu verstärken, die Gräben zu vertiefen, zu verbreitern und weiter außerhalb des Mauerrings anzulegen. Darüber hinaus wurden zahlreiche Vorstädte geschleift, damit sie Angreifern nicht als Schutz dienen konnten.

Die Anstrengungen, sich gegen eine größer werdende militärische Bedrohung zu wappnen, führten nach Guillerme zu drastischen Veränderungen der städtischen Umwelt. Die Städte schotteten sich ab und wurden auf diese Weise zu Biotopen, die zunehmend Probleme hatten, ihr Umweltmanagement vernünftig zu betreiben. Das Klischeebild der schmutzigen mittelalterlichen Stadt sei somit erst die Folge der zunehmenden militärischen Bedrohung seit dem Spätmittelalter gewesen. Während offene Städte unter den Bedingungen der Vormoderne ein effektives Umweltmanagement hätten betreiben können, fiel das einer Stadt, die sich zu ihrem Schutz hinter dicken Mauern und Gräben verschanzte, sehr viel schwerer. Der Müll konnte nur noch unter Schwierigkeiten entsorgt werden und Städte wurden zur Brutstätte der Epidemien, die seit der Mitte des 14. Jahrhunderts der Bevölkerung immer wieder zusetzten.

In ihrer Zuspitzung ist diese These vielleicht zu stark: In den letzten Jahrzehnten wurde immer wieder gezeigt, wie sehr das Klischeebild der schmutzigen vormodernen Stadt erst durch den städtehygienischen Diskurs des 19. Jahrhunderts hervorgebracht wurde. Zudem führten gerade die Herausforderungen durch erschwerte Außenbeziehungen immer wieder zu Anstrengungen, die Straßen sauber zu halten. Das städtische Regiment der *Guten Polizey* widmete sich nicht zuletzt der Aufgabe, die Sauberkeit der Stadt zu gewährleisten.[51] Die Abdrängung der schmutzigen Gewerbe an die Stadtränder, die sich im europäischen Mittelalter noch selten fand und wo Metzgereien häufig in den Innenbezirken der Stadt lagen, gehörte ganz wesentlich dazu.[52] Aber Guillerme hat trotzdem eindrucksvoll gezeigt, in welchem Maße die Möglichkeiten, Abfälle loszuwerden, von den Austauschbeziehungen mit dem Umland und den Möglichkeiten ihrer Verwertung und Kommerzialisierung abhingen. Die bauliche Gestalt einer Stadt bestimmte in hohem Maße die Spielräume für den Umgang mit Abfällen. Dafür waren die Mauern der Stadt, die Vorstädte, die Gräben und Flüsse wichtige Faktoren.

Häuser, Straßen, Gärten

Mehrstöckige Gebäude, Folgen der baulichen Verdichtung der Stadt, warfen andere Entsorgungsprobleme auf als einstöckige: Plumpsklos wurden gemeinsam benutzt, und ein einfaches Loch im Boden reichte nicht mehr aus. Dann lag auch die so häufig beklagte Praxis näher, den Inhalt von Nachttöpfen aus dem Fenster zu schütten. Zugleich wurde die innerstädtische Landwirtschaft, die noch weit bis ins 19. Jahrhundert – und teilweise darüber hinaus – eine große Rolle spielte, durch solche Verdichtungen begrenzt. In Edinburgh beispielsweise gab es im späten 17. Jahrhundert bereits Häuser mit bis zu vierzehn Stockwerken.[53] Wenn insbesondere japanische Städte in der Frühen Neuzeit als besonders sauber beschrieben wurden, lag das auch an den dort vorherrschenden eingeschossigen Gebäuden.[54]

In der vormodernen Stadt waren Straßen und Wege häufig ungepflastert. Ausnahmen waren – jedoch keinesfalls durchgehend – ihre Basisachsen. In China wurden im Zuge des florierenden Wirtschaftslebens während der Song-Dynastie die Straßen seit dem 12. Jahrhundert zunehmend gepflastert.[55] In europäischen Städten nahm die Straßenpflasterung vor allem seit dem 14. Jahrhundert zu.[56] Sie machte den Warentransport leichter und verhinderte, wenn richtig ausgeführt, dass sich Straßen bei starkem Regen in kaum passierbare Matschpfützen verwandelten. Eine Pflasterung war aber auch aufwendig und teuer, sodass sie sich längst nicht alle Städte leisten konnten.[57] Das reiche Florenz gehörte 1339 zu den ersten Städten mit vollständig gepflasterten Straßen.[58] Auch wenn seit dem 14. Jahrhundert Straßenpflasterung in französischen Städten zunehmend üblich wurde, fing doch selbst Paris erst ab 1822 damit an, die Straßen durchgängig zu pflastern, während das zum Beispiel in St. Petersburg oder Moskau am Ende des 19. Jahrhunderts noch lange nicht der Fall war.[59]

Ungepflasterte Straßen und Wege verhielten sich gegenüber den Abfällen anders als gepflasterte: Bei ersteren versickerten Fäkalien leichter und rieben sich in den Boden ein. Feste Abfälle, die auf die Straße geworfen wurden, blieben erst einmal liegen.[60] Häufig bildeten sich Misthaufen vor den Häusern, die irgendwann beseitigt wurden oder nach und nach vom Boden nicht mehr zu unterscheiden waren. Das änderte sich mit der Pflasterung der Straßen, womit zugleich auch die Ansprüche an Sauberkeit stiegen. Das etwa war der Hintergedanke der 1184 in Paris erlassenen Anordnung, einige Hauptachsen zu pflastern.[61] Allerdings veränderte die Pflasterung oftmals grundlegend den Charakter von Straßen. Schweine konnten nicht mehr graben, die Abfälle wurden deutlicher sichtbar, Urin versickerte schlechter und drohte an vielen Stellen die Qualität des Pflasters zu beeinträchtigen.[62] Das zeigt erneut, wie Veränderungen der baulichen Struktur einer Stadt traditionelle Praktiken, mit Abfällen umzugehen, begrenzten und problematisierten.

Dieser ambivalente Charakter der Straßenpflasterung verstärkte sich noch dadurch, dass in den meisten Fällen zunächst die Straßen im Zentrum mit hohem Aufkommen an Menschen und Handel gepflastert wurden. Häufig geschah dies auf Eigeninitiative wohlhabender Bürgerhaushalte. Auf diese Weise wurde nach und nach ein repräsentativer öffentlicher Raum geschaffen, der anders behandelt wurde als der Rest der Stadt: Es mussten größere Anstrengungen zu seiner Sauberhaltung unternommen werden, er war von Tieren freizuhalten, es sollten sich dort keine schmutzigen Gewerbe ansiedeln. Es entstand gewissermaßen die Schauseite einer Stadt.[63] Auch die vormoderne Staatsbildung trug zu dieser Entwicklung bei, allein schon, weil gelegentlich herrschaftlicher Besuch vorbeikam und man sich gut präsentieren wollte. Schmutzige Straßen mit Tieren und Abfällen hätten ein schlechtes Licht auf die Bürgerschaft geworfen und wären als Affront empfunden worden.[64]

Diese Verdrängung aus dem Zentrum unterstützte eine Entwicklung, die für den christlichen und islamischen Kulturkreis während der Frühen Neuzeit charakteristisch war: Verstärkt wurden schmutzige Gewerbe und die Haltung von Tieren an die Stadtränder abgedrängt. Ähnliches lässt sich aber auch – zeitlich bereits deutlich früher – für eine chinesische Stadt wie Suzhou feststellen, wo ein Gewerbe wie die Färberei während des 13. Jahrhunderts aus dem Mauerring heraus in die Vorstädte verlegt wurde.[65] Das führte im Fall der europäischen Stadt schließlich zu einer langsamen Veränderung ihrer räumlichen Gliederung: Die Stadtzentren wurden zunehmend von der Kirche und dem Patriziat dominiert, während schmutzige Gewerbe wie Schlachthäuser, Gerbereien oder Färbereien eher in den Randbezirken zu finden waren. Strukturen sozialer Ungleichheit prägten sich stärker aus.

Schließlich war es für den Umgang mit Abfällen von Belang, ob Gärten in der Stadt vorhanden waren. Im englischen Norwich beispielsweise besaßen viele Häuser in der Frühen Neuzeit einen kleinen Garten, in dem Gemüse oder Kräuter angebaut wurden.[66] In italienischen Städten, die besonders dicht bebaut waren, war das hingegen nur vergleichsweise selten der Fall. Üblich war hier allerdings ein Gürtel von Gartenwirtschaften um die Städte herum. In islamischen Ländern mündeten die Abflusskanäle der Straßen häufig direkt in die an das Stadtgebiet angelagerten Gärten, um sie zu düngen.[67] Auch hier war wieder Platz entscheidend: Je dichter eine Stadt bebaut und besiedelt war, umso mehr wurden solche naheliegenden Formen der Verwertung zurückgedrängt.

Immer wieder sind die schwierigen hygienischen Zustände der europäischen vormodernen Stadt mit den vergleichsweise sauberen Verhältnissen in anderen Teilen der Welt kontrastiert worden. Breite Straßen, ausreichend Platz, wenige Tiere, öffentliche Toiletten: Das zeichnete Städte wie Tenochtitlán, Chang'an oder weitere asiatische Städte in der Vormoderne aus, die einen besonders hohen sanitären Standard hatten.[68] Dass die Europäer diese Lektion nicht lernten, lag aber weniger an ihrer Borniertheit als an der gebauten Umwelt der Stadt, die nicht zuletzt auf eine ständige militärische Bedrohung reagierte. Hinzu kam noch eine weitere Feinheit, auf die im nächsten Kapitel eingegangen wird, nämlich das Zusammenleben mit Tieren, das die frühen Metropolen Ostasiens oder Mittelamerikas in dieser Form nicht kannten.[69]

Abfall sammeln

Der vormoderne Umgang mit Abfällen beruhte vorrangig auf Selbstorganisation. Üblicherweise bedurfte es keiner von den Städten bezahlten Personen, die die Straßen sauber hielten und die Abfälle abtransportierten. Dafür mussten die Bürger vielmehr selbst sorgen, und gerade deswegen waren auch die topographischen und klimatischen Aspekte so wichtig, weil sie die Formen dieser Selbstorganisation bereits zu einem großen Teil bestimmten. Die Kombination aus Kanälen, Senkgruben, Tieren und Kehrwoche funktionierte über lange Zeit zumindest so gut, dass die Beschwerden über den Zustand der Straßen im Rahmen blieben. Auch große Städte wie das antike Rom oder das mittelalterliche Kairo besaßen offensichtlich keine Müllabfuhr.[70]

Je dichter Städte bebaut waren, umso weniger ließen Ackerbau und Tierhaltung eine Verwertung der häuslichen Abfälle zu. Wenn es aber keine direkte Verwertung gab und keine Gräben oder fließende Gewässer die Abfallentsorgung erleichterten, boten sich als Alternative Senkgruben an. Bis weit in das 20. Jahrhundert spielten sie eine zentrale Rolle für die Zwischenlagerung der Abfälle in der Stadt. Dabei handelte es sich um Vertiefungen im Boden, oder gelegentlich eine Art Container, in die Abfälle und Fäkalien hineingeworfen wurden.[71] Im alten Rom waren sie oftmals das Privileg vergleichsweise wohlhabender Haushalte gewesen, die über einen Hinterhof oder einen Garten verfügten. Im Laufe von Mittelalter und Früher Neuzeit wurden sie jedoch

Stich, Hamburg 1610[72]

mehr und mehr zu üblichen Zwischendeponien. Eine Alternative waren etwa auch die besonders in Schweizer Städten anzutreffenden Ehgräben: Schmale, hinter dem Haus verlaufende Gräben, in die der Unrat geworfen wurde.[73]

Senkgruben waren praktisch, erzeugten aber viele Probleme. Sie entwickelten einen starken Geruch, kontaminierten städtische Brunnen und zogen Ratten und Ungeziefer an.[74] Nahe am Haus oder sogar im Keller gelegen, konnten sie die Bausubstanz angreifen. Darum wurden Senkgruben ab dem Spätmittelalter immer häufiger mit Holz bzw. Stein ausgebaut, was solche Probleme verringerte, aber nicht beseitigte. Die Entleerung der Senkgruben stellte oft genug ein Drama dar. Gerade während der Sommermonate wurden dabei eine große Zahl an Insekten und Ratten aufgeschreckt. In Augsburg durften Senkgruben seit dem 16. Jahrhundert deshalb nur noch im Winter entleert werden.[75] Das lässt sich im Übrigen auch an den städtischen Verordnungen nachvollziehen, die sich mit der Anlage von Senkgruben beschäftigten. Die Stadt Dordrecht beispielsweise erließ im 16. Jahrhundert verschiedene Verordnungen zum Bau von Senkgruben: Sie waren in einigem Abstand hinter dem Haus und ausgebaut mit Holz oder Stein zu errichten. Seit dem 17. Jh. wurden sie dort zunehmend durch Abwasserkanäle ersetzt.[76] Bei tief gebauten Senkgruben dauerte die Entleerung oftmals mehrere Tage und erwies sich teilweise sogar als recht gefährlich.[77]

Anschließend musste der Abfall mit Fuhrwerken aus der Stadt geschaffen werden, was ebenfalls aufwändig war.[78] In der Regel ging es jedoch darum, die Abfälle aus oder – wenn es keine Stadtmauer gab – an den Rand der Stadt zu schaffen. Dieses mühsame Geschäft macht plausibel, warum Senkgruben oftmals nur unregelmäßig entleert wurden und häufig bis zum Bersten gefüllt waren. Geleistet wurde diese Arbeit zumeist von Bauern aus der Umgebung, wozu ein Haushalt allerdings einen solchen an der Hand haben musste.[79]

Wenn kein Platz für Senkgruben vorhanden war oder diese schon voll waren, worin bestanden dann die Alternativen? Das Verbrennen von Abfällen innerhalb der Stadtmauern war – abgesehen vom heimischen Herd – häufig verboten; nur allzu verständlich bei der ständigen Brandgefahr vormoderner Städte.[80] Am Ende blieb in vielen Fällen nur noch die Straße, aber auch hier ist Vorsicht angebracht: Leona Skelton hat sehr plausibel begründet, wieso die Reise- und Erlebnisberichte, die die Vorstellung verbreiteten, die Menschen hätten Abfälle und Fäkalien grundsätzlich und ohne Weiteres aus dem Fenster geworfen, nur eine begrenzte Aussagekraft haben: Berichtet wurde in der Regel das Außergewöhnliche, Sensationelle – und gerade Geschichten über den Schmutz der anderen waren gut geeignet, die Leser in den Bann zu ziehen.[81] Außerdem war man der Verantwortung für die Abfälle, wenn sie auf der Straße landeten, nicht unbedingt enthoben. In vielen Fällen gab es die Pflicht, die Straße vor seinem Haus sauber zu halten. Die Kehrwoche gehörte in Europa seit dem Spätmittelalter zum Standard. Ein Keurboek von 1401 aus Dordrecht verpflichtete zum Beispiel die Dienstmägde dazu, jeden Samstag die Straße vor dem Haus ihres Herrn zu fegen und zu säubern.[82]

Wenn es keine innerstädtische Nutzung gab, mussten die Abfälle zumindest aus dem Stadtraum hinausgeschafft werden. Gelegentlich gibt es zwar Berichte über öffentliche Müllablagerungsplätze innerhalb der Stadt. Aus Norwich wird für das 14. Jahrhundert von einer Art Zwischenlager innerhalb der Stadtmauern berichtet, und in Bologna wurden Abfälle im 16. Jahrhundert teilweise auf Abbruchgrundstücken entsorgt.[83] Üblicherweise war das bei Städten im Niedergang der Fall: Wenn die Bevölkerung sank, wurden Grundstücke frei, die sich für die Ablagerung von Abfällen anboten. Der Umgang mit dem Stadtbild wurde nachlässiger.[84] In Bologna häuften sich die Probleme nach dem großen Stadtbrand von 1507, als zahlreiche Abbruchgrundstücke als Behelfsdeponien dienten.[85]

In der Regel wurden die Abfälle, wenn sie nicht direkt den Weg zu den Bauern fanden, vor den Mauern der Stadt deponiert. Augsburg besaß im 16. Jahrhundert dutzende solcher Ablagerungsplätze. Es gibt darüber hinaus aber auch viele Belege für die Versuche, Abfälle sortierfreundlich vor der Stadtmauer zu lagern und zugleich den Blicken zu entziehen. 1558 mietete beispielsweise in Montpellier ein Jacques de Cauchac einen Turm, wahrscheinlich ein Teil der Stadtmauer, der als *Tour de cochons* (Schweineturm) bekannt war, weil an seiner Außenmauer Abfälle deponiert wurden, mit denen Schweine gefüttert wurden.[86] In Florenz wurde der Abfall im 17. Jahrhundert an der Mauer zwischen zwei Stadttoren deponiert.[87] In Paris wurden Abfälle ebenfalls außerhalb der Stadt in Vorstädten abgelagert.[88] In Neapel diente die Discariche als Ablagerungsplatz für die Sachen, die nicht recycelt oder repariert werden konnten.[89]

Auch wenn die Wegschaffung des Abfalls in Selbstorganisation, wie sie in der Vormoderne üblich war, einigermaßen funktionierte, unterlagen die Hygienebedingungen in vormodernen Städten starken Schwankungen. Mal ging es besser, mal schlechter. Das hatte nicht zuletzt mit dem besonderen Charakter städtischer Herrschaft in der Vormoderne zu tun. Jürgen Schlumbohm hat in einem bekannten Aufsatz von den «Gesetzen, die nicht durchgesetzt werden» gesprochen und damit zugespitzt, wie groß die Vollzugsprobleme in der Vormoderne waren.[90] Es hing von lokalen Umständen und pragmatischen Faktoren ab, ob Verordnungen tatsächlich befolgt wurden und Nichtbeachtung effektiv sanktioniert werden konnte. Zudem stellten solche Verordnungen zumeist kein echtes Elitenprojekt dar: Eher handelte es sich um die oft unvollständigen, sporadischen, manchmal fehlgeleiteten Anstrengungen einer Klasse lesekundiger, engagierter politischer Führer auf lokaler Ebene, die versuchten, eine vernünftige Lebensqualität für ihre Bürger und ihre Gemeinschaft zu schaffen.[91]

Gerade diese Schwankungen schufen Anreize, die Sammlung und

Wegschaffung von Abfällen und Fäkalien stärker zu organisieren. Eine Möglichkeit bestand beispielsweise in Sauberkeitsaktionen. Aus Kairo, das mit seinen engen Gassen und mehrstöckigen Häusern schon im Mittelalter große Müllprobleme hatte, wird für das 13. Jahrhundert von regelmäßigen Säuberungsaktionen berichtet.[92] Eine naheliegende Alternative bestand jedoch darin, bestimmte Menschen dauerhaft mit der Beseitigung von Abfällen zu betrauen. Wie im letzten Kapitel gesehen, wird bereits für Mohenjo-Daro die Existenz einer Art Müllabfuhr angenommen. Am häufigsten finden sich entsprechende Hinweise allerdings für den chinesischen Raum: Bereits für die Zeit aus dem 2. Jahrhundert vor unserer Zeit gibt es Berichte, Fäkalien seien systematisch gesammelt worden, um als Dünger in der Landwirtschaft zu dienen.[93] Aus Chang'an wird für die Zeit der Tang-Dynastie von einer Familie berichtet, die durch die Abfuhr von Abfällen und Fäkalien aufs Land zu beträchtlichem Wohlstand gelangt sei.[94]

In Frankreich und Italien besaßen viele Städte schon im Mittelalter so etwas wie eine regelmäßige Abfuhr.[95] Montpellier bestimmte bereits im 13. Jahrhundert jährlich die Leute, die für die Sauberhaltung der Straßen verantwortlich waren. Cambrai, Compiègne und Valenciennes betrieben Mitte des 15. Jahrhunderts eine regelmäßige Abfuhr der Abfälle. In Amiens wurden die Bürger aufgefordert, ihre Abfälle zu Haufen zu schichten, damit sie leichter auf die Fuhrwerke verladen werden konnten.[96] London wiederum scheint die erste englische Stadt gewesen zu sein, die Mitte des 14. Jahrhunderts ein bezirksbasiertes System der Abfallbeseitigung einführte.[97] Norwich verpflichtete 1352 jede Person unter 60 Jahren, die körperlich dazu in der Lage war, Dung und Dreck von den Straßen zu beseitigen und die Straßen vor den Häusern zu pflastern, um künftig die Reinigung einfacher zu machen.[98] Englische Städte verhängten regelmäßig Strafen, wenn Abfälle illegal in die Wasserwege gekippt oder der Schmutz vor der eigenen Haustür nicht beseitigt wurde.[99]

Auch an anderen Orten gab es vergleichbare Maßnahmen. In deutschen Kaufmannsstädten wurden zahlreiche Verordnungen erlassen, um den Gestank zu beseitigen, der von Müll, Fäkalien, Tieren, verwesenden Kadavern ausging.[100] Die Reichsstadt Nürnberg schuf 1599 das Amt eines Mistmeisters, der mit Gehilfen für die Beseitigung der Misthaufen auf den Straßen verantwortlich war.[101] 1490 bestimmte ein bürgerliches Verordnungsbuch (civic account book) im holländischen Dordrecht, einem Willem van Loven ein kleines Gehalt dafür zu bezahlen, damit er die Gegend um den Hafen herum sauber hielt.[102] 1592 wurde in Kraków ein Stanislaw Wegrzynek damit beauftragt, sich für 80 Polnische Zlotys um die Sauberkeit der Straßen zu kümmern.[103] Seit etwa 1600 wurde die Müllsammlung im holländischen Leiden verpachtet.[104] Auch in den kolonialen Stadtgründungen in Lateinamerika findet sich Ähnliches. In Guayaquil war es ab 1538 verboten, Abfälle auf die Straße zu werfen, und 1636 musste jeder Haushalt 6 Pesos Strafe bezahlen, der sein Anwesen nicht sauber hielt.[105]

Ein wesentlicher Faktor, der die Regulierung und Organisation einer Art von Müllabfuhr bedingte, war die Bevölkerungsdichte.[106] So hatte das äußerst eng bebaute Edinburgh bereits 1684 ein Team von 30 *Muckmen*, während eine Stadt wie York, mit sehr viel geringerem Bevölkerungsdruck, gerade einmal zwei Personen beschäftigte. Das enge Zusammenleben war oft ein Hinweis auf eine prosperierende urbane Wirtschaft, die immer wieder die Ansprüche an Sauberkeit und Repräsentativität steigen ließ. Städte im Niedergang hingegen waren zumeist besonders dreckig: Für öffentliche Investitionen fehlte das Geld, viele Gesetze wurden nicht mehr eingehalten. Schließlich konnten Städte selbst zu einer Art Wertstoffhof werden, wo die Menschen sich nahmen, was sie brauchten.[107]

Insgesamt erscheint die Geschichte der städtisch organisierten Sammlung von Abfällen bis zu der großen globalen Welle des Städtewachstums seit dem späten 18. Jahrhundert als wechselhaft. Sie lässt sich kaum in das Schema einer Fortschrittsentwicklung hin zu der städtisch organisierten Müllabfuhr pressen, wie sie sich Ende des 19. Jahrhunderts nach und nach etablieren sollte. Zwar fand während des 17. und 18. Jahrhunderts in Metropolen wie Neapel oder Paris durchaus eine intensivierte Abfallsammlung statt.[108] Das waren aber Städte, die ein starkes Bevölkerungswachstum erlebten und repräsentative Aufgaben zu erfüllen hatten. Das macht es sehr fraglich, ob sich diese Fälle verallgemeinern lassen. Zudem machte die – noch zu behandelnde – enge Verbindung von Abfallsammlung und der Wiederverwertung die Lage oftmals kompliziert. Die *Escoubiers* etwa, die in Marseille während des 17. und 18. Jahrhunderts mit dem Wegschaffen der Abfälle und dem Transport aufs Land beauftragt waren, verschlechterten die hygienische Lage der Stadt eher, weil sie sich auf die wirtschaftlich verwertbaren Abfälle konzentrierten.[109]

3. Vom schwierigen und nützlichen Zusammenleben mit Tieren in der Stadt

Dichter begeisterst du, Eicheln bemeisterst du, Alles verzehrest du, Christen ernährest du, Gütiges Schwein.

(Aloys Blumauer[1])

Der Nutzen der Tiere

Die Bewohner vormoderner Städte waren keineswegs gleichgültig gegenüber Schmutz, Belastungen des Wassers oder üblen Gerüchen. Die Pflasterung von Straßen, der Ausbau von Senkgruben, Maßnahmen zum Wasserschutz oder auch die erhöhte Sensibilität gegenüber Belastungen der urbanen Umwelt bei Pestepidemien machen das deutlich. Eine der größten Herausforderungen, die sich in diesem Zusammenhang stellten, resultierte aus dem Zusammenleben mit Tieren – und die längste Zeit ihrer Geschichte lebten die Menschen, zumindest in den europäischen Städten, mit Tieren zusammen. Ihre Präsenz, Fäkalien, Geräusche und Gerüche waren Teil des Alltags.[2] Selbst an einem so vornehmen Ort wie Versailles verrichtete das Vieh überall sein Geschäft – und dementsprechend roch es dort.[3] Zugleich war aber auch der Umgang mit und die Beseitigung von Abfällen in vielen Fällen ohne Tiere nicht zu denken. Zur Müllgeschichte der Vormoderne gehören sie unweigerlich dazu.

In den europäischen Städten wurden vor allem Rinder, Schweine, Hunde, Ziegen und Hühner gehalten. An anderen Orten dominierten hingegen andere Tiere, und manche Gesellschaften waren regelrecht tierarm. In China war die Tierhaltung weniger stark verbreitet als in Europa.[4] In Japan wurden Schweine praktisch nicht domestiziert, und bereits im 3. Jahrhundert bestand dort eine große Skepsis gegenüber dem Fleischkonsum.[5] Im späten 7. Jh. gab es sogar einen offiziellen Bann auf den Verzehr von Pferde-, Rinder- und Hühnerfleisch.[6] Die Versorgung mit tierischen Proteinen fand in Japan hauptsächlich über Wild und Fisch statt, die aber – ganz offensichtlich – keine Stadttiere sind.[7] Die Azteken hielten in ihren Städten lediglich Hunde und Truthähne, und erst der sog. *Columbian Exchange* seit dem späten 15. Jahrhundert, also der Austausch von Pflanzen, Tieren, Mikroben zwischen der «alten» und der «neuen» Welt, machte sie mit Kühen, Pferden, Schweinen und Schafen bekannt.[8]

Welche Tiere gehalten wurden, hing mit Domestizierungen, aber auch mit Migrationsbewegungen zusammen. Tatsächlich sind zahllose Pflanzen und Tiere irgendwann eingewandert. Fast immer brachten wandernde Menschen auch Ratten mit: eine der frühesten tatsächlich globalen Arten, die ihren weltweiten Siegeszug bereits im 18. Jahrhundert – abgesehen von wenigen abgelegenen Regionen etwa im Mittleren Westen der Vereinigten Staaten – abgeschlossen hatten.[9] Seit dem späten 15. Jahrhundert führten Spanier und Portugiesen hingegen ganz bewusst Nutztiere wie Pferde, Rinder und Schweine in die Amerikas ein. Ab diesem Zeitpunkt wurden die großen Unterschiede in der Tierhaltung zwischen den Weltregionen mehr und mehr eingeebnet, auch wenn der Fleischkonsum in Japan erst im Zuge der Meiji-Restauration seit den späten 1860er Jahren dauerhaft anzusteigen begann.[10]

Andere Faktoren kamen hinzu: Die Tabuisierung von Schweinen in Judentum und Islam war einer davon. Der Einfluss des Buddhismus trug zur Zurückdrängung des Fleischkonsums in Japan und anderswo bei. Manche Tiere kamen aber auch mit dem Klima nicht zurecht oder passten nicht gut zur gebauten Umwelt einer Stadt. Auch die Ausrichtung der Landwirtschaft spielte eine große Rolle, und gerade auf Getreide- und Reisanbau spezialisierte Agrarwirtschaften ließen wenig Platz für die Viehhaltung.[11] China ist dafür ein gutes Beispiel: Der Anbau dieser «tyrannischen Kulturpflanze», wie Fernand Braudel den Reis genannt hat, war zwar eine sinnvolle Antwort auf ertragsarme Böden.[12] Zugleich war er jedoch äußerst arbeitsintensiv und ließ wenig Fläche und Zeit für eine ausgedehnte Viehhaltung übrig. Gerade im Yangtse-Delta bildete der Reis die Voraussetzung dafür, eine hohe Bevölkerungszahl zu erhalten. Für vormoderne Gesellschaften war das von fundamentaler Bedeutung: Mit Ackerbau lassen sich 10- bis 20-mal mehr Menschen ernähren als mit Viehzucht. Der vergleichsweise hohe Fleischkonsum im europäischen Mittelalter war darum ein absoluter Sonderfall.[13]

Obwohl viele Tiere in China bereits in frühgeschichtlicher Zeit domestiziert wurden, handelte es sich über viele Jahrhunderte um ein vergleichsweise tierarmes Land.[14] Es gab aber Ausnahmen: Hausschweine gehörten zu den wenigen Schlachttieren, die in China anzutreffen waren, allerdings vorrangig auf dem Land.[15] Bereits aus antiker Zeit sind dabei Vorschriften überliefert, die Tiere nahe am Haus zu halten, damit sie Abfälle fressen konnten.[16] Es gibt zwar Berichte über die öffentliche Schlachtung von Schweinen auf Märkten, unklar bleibt dabei aber, in welchem Ausmaß sie auch tatsächlich in Städten gehalten wurden.[17] Immer wieder wird als Beleg für die große Bedeutung des Schweins angeführt, Teil des Schriftzeichens für «Haus» zu sein, was sich jedoch wohl in erster Linie phonetisch erklären lässt.[18]

Eine Stadt ohne oder mit nur wenigen Tieren hatte mit geringeren Belastungen zu leben. Allein schon deshalb, weil ihre Fäkalien nicht den öffentlichen Raum kontaminierten. Das war ein Grund dafür, warum insbesondere japanische Städte von europäischen Reisenden während der Frühen Neuzeit als ausgesprochen sauber beschrieben wurden.[19] Durch den Mangel an Tieren stand aber eine der wichtigsten Düngerquellen vormoderner Gesellschaften nicht im selben Maße wie in Europa zur Verfügung: Tierische Fäkalien haben einen hohen Stickstoffgehalt und sie werden bereits nach kurzer Zeit – anders als bei vielen anderen Materialien der Fall – im Boden wirksam.[20] Sie sind überdies effektiver als menschliche Fäkalien, auch wenn von Plinius d. Ä. bis zu Schriftstellern des 19. Jahrhunderts immer wieder das Gegenteil behauptet worden ist.[21]

Die europäischen Städte waren als Quelle tierischer Fäkalien von großer Bedeutung, zumal sich die Tierhaltung auf dem Land im Zuge der Vergetreidung zwischen dem Spätmittelalter und dem 19. Jahrhundert verringerte.[22] In den Zeiten einer chemischen Intensivlandwirtschaft werden heute etwa bei Weizen *Sow-to-Reap-Ratios* von bis zu 1:50 erreicht – für ein Samenkorn bekommt man also 50 heraus –, während man von der Antike bis vielerorts weit in das 19. Jahrhundert mit einer *Sow-to-Reap-Ratio* von lediglich 1:4 bis 1:6 auskommen musste.[23] Da ein Samenkorn bereits für die neue Aussaat abgezogen wurde und die Grundherrschaft auch noch ihren Anteil verlangte, lässt sich ermessen, wie dringend vormoderne Gesellschaften auf alles angewiesen waren, was den Nährstoffgehalt der Böden erhöhte.[24]

In China gibt es, wie schon erwähnt, bereits aus dem 2. Jahrhundert v. u. Z. Berichte über die Sammlung menschlicher Fäkalien in den Städten, während für Japan die frühesten Berichte über die Sammlung und Nutzung von solchen Fäkalien als Dünger aus dem 12. Jahrhundert datieren.[25] Intensiv wurde die Sammlung in beiden Ländern allem Anschein nach aber erst seit dem 16. Jahrhundert betrieben, als sich vermehrt das sog. *Double Cropping* durchsetzte.[26] Neben Reis – der üblicherweise 120 bis 140 Tage bis zur Reife benötigte – baute man auf dem gleichen Feld zumeist noch ein Gemüse an. Dafür mussten dem Boden aber nach Möglichkeit Nährstoffe von außerhalb zugefügt werden. Reis hingegen wurde durch das schlammige Wasser, das die Felder bewässerte, häufig schon ausreichend gedüngt, weshalb die Gefahr der Erschöpfung des Bodens geringer war.[27]

Auf dieser Grundlage entwickelte sich bald ein florierendes Geschäft mit Kot und Urin. In Edo (Tokyo), damals mit ca. einer Million Einwohnern vermutlich die größte Stadt der Welt, bildete sich in der zweiten Hälfte des 17. Jahrhunderts ein ganzer Wirtschaftszweig heraus, der sich mit der Sammlung, Verarbeitung und dem Transport von Fäkalien beschäftigte.[28] Der italienische Weltreisende Gemelli Careri berichtete zu Beginn des 18. Jahrhunderts, die chinesischen Bauern würden in die Städte kommen, um Abfälle, Fäkalien oder Straßenschlamm zu kaufen. Dafür bezahlten sie mit Gemüse, Essig oder Geld.[29] In Japan verwendete man u. a. Mulch und Fischmehl als Dünger, betrieb aber seit der Frühen Neuzeit auch vermehrt die Sammlung menschlicher Fäkalien: nicht nur von Kot, sondern auch von Urin, der außerdem für viele Handwerke verwendet wurde.[30] Besonders öffentliche Toiletten spielten dafür eine große Rolle. Es entwickelte sich ein florierender Handel mit den Fäkalien einer großen urbanen Bevölkerung. In chinesischen Städten war die Sammlung menschlicher Fäkalien vereinzelt sogar noch in den 1980er Jahren zu beobachten.[31]

Gelegentlich sind diese Praktiken als Hinweis auf eine frühe Kommerzialisierung der chinesischen und japanischen Landwirtschaft verstanden worden. Sie dienten sogar als Argument in der Debatte um die *Great Divergence*, warum sich die Industrialisierung seit dem späten 18. Jahrhundert zuerst in Großbritannien und nicht in bestimmten hochentwickelten Regionen Asiens entwickelt habe.[32] Gerade der hohe Entwicklungsstand der chinesischen Landwirtschaft soll die Bedeutung des britischen Ressourcenvorteils deutlich machen, der durch den glücklichen Zufall reichhaltiger und leicht zu erschließender Steinkohlevorkommen sowie die *Geisteräcker* der Kolonien zustande gekommen sei.[33]

Mit solch zugespitzten Thesen wird man allerdings der Komplexität agrarischer Bedingungen in der Vormoderne nicht gerecht, zumal bereits der Hinweis auf Angebot und Nachfrage hier einiges aufklären kann: Tiere spielten, wie gesagt, in Japan und China als Düngerlieferanten eine viel geringere Rolle, weshalb eine erhöhte Nachfrage nach menschlichen Fäkalien nahelag. Dafür spricht auch, dass sich ähnliche Praktiken gleichfalls in anderen tierarmen Gesellschaften beobachten lassen. So dienten beispielsweise in der aztekischen Hauptstadt Tenochtitlán im 15. Jahrhundert öffentliche Toiletten zur Sammlung von Fäkalien, die man mit Kanus auf die schwimmenden Inseln namens *Chinampas* brachte, auf denen Getreide und Gemüse angebaut wurden. Dafür gab es sogar Verkaufsstellen am Tlatelolco-Markt innerhalb der Stadt.[34]

Da aber Dünger trotzdem generell knapp war, stellt sich die Frage, warum menschliche Fäkalien in vielen Fällen nicht *kommerzialisiert* wurden. In der zweiten Hälfte des 18. Jahrhunderts unternahm man in Gegenden mit einer intensiven, marktorientierten Landwirtschaft wie beispielsweise Flandern durchaus Versuche, aus Abfällen und Fäkalien ein Geschäft zu machen. Das erwies sich aber vor allem aufgrund der hohen Transportkosten als wenig erfolgreich.[35] Diese spielten auch in Ostasien eine zentrale Rolle, und in Japan entwickelte sich vor allem dort ein reges Geschäft mit Fäkalien, wo sie sich leicht über Kanäle und andere Wasserwege transportieren ließen.[36] Yong Xue hat in einem instruktiven Aufsatz für die chinesische Provinz Jiangning im 18. und 19. Jahrhundert gezeigt, wie auch dort die Infrastrukturen der Fäkaliensammlung ganz wesentlich von der Möglichkeit abhingen, sie über Wasserwege transportieren zu können. Er weist aber auch darauf hin, dass die Marktorientierung und der Entwicklungsstand der jeweiligen lokalen Landwirtschaft einen Einfluss darauf hatte, ob urbane Fäkalien nachgefragt wurden und ob dafür bezahlt wurde. Das war nämlich auch im wirtschaftlich hochentwickelten Yangtse-Delta von Stadt zu Stadt verschieden.[37] Davon abgesehen, ließ sich aber vielleicht auch deswegen aus Fäkalien so schwer ein Geschäft machen, weil ihre ursprünglichen Besitzer wenig Alternativen dazu hatten, als sie loszuwerden.[38]

Sieht man von solchen grundlegenden Fragen des Kulturvergleichs einmal ab, so war die Haltung von Tieren in der Stadt mit Vor- und Nachteilen verbunden. Aus ihnen lassen sich nicht zuletzt wesentliche Unterschiede in der Erscheinungsform urbaner Zivilisationen in Ostasien und Europa ableiten. Auch wenn sie beständig Lärm und Dreck verursachten, gab es zugleich gute Gründe, warum in europäischen Städten – mit regionalen Unterschieden – vergleichsweise viele Tiere gehalten wurden. Sie waren nützlich; so nützlich, dass die offensichtlichen Nachteile ihrer Präsenz in Kauf genommen wurden. Dieser Nutzen war allerdings bei verschiedenen Tierarten unterschiedlich, und es ist an dieser Stelle darum hilfreich, ein kurzes Nutzenprofil zu erstellen.

Kühe und Ochsen waren gewissermaßen multifunktional. Sie lieferten nicht nur Fleisch, sondern auch Milch und Häute. Vor allem aber konnten sie, anders als Hühner oder Schweine, sinnvoll als Zugtiere eingesetzt werden. Ihre Reproduktionszyklen waren vergleichsweise lang, und sie wurden wegen des gerade beschriebenen Nutzens, wenn man sie über den Winter bringen konnte, erst dann geschlachtet, wenn sie bereits alt waren. Das hohe Schlachtalter bedeutete aber geringere Mengen Fleisch, das zudem als schwer genießbar galt. Das war auch bei Hühnern der Fall, die normalerweise erst dann geschlachtet wurden, wenn sie keine Eier mehr legten. Hühnerfleisch galt darum, genauso wie das von Kaninchen, zumeist als minderwertig.[39] Die *Poultry Revolution*, der stark steigende Anteil von Geflügel am Fleischkonsum, sollte erst um die Mitte des 20. Jahrhunderts stattfinden.[40]

Schweine wiederum taugten nicht recht als Zugtiere, lieferten dafür jedoch Fleisch und Häute. Sie wachsen schnell und können in vergleichsweise jungem Alter, oftmals bereits nach einem Jahr, geschlachtet werden, ohne die Reproduktionsfähigkeit der Population zu gefährden. Dadurch galt ihr Fleisch häufig als schmackhafter. Ihre Ernährungsgewohnheiten waren zudem andere als die von Rindern: Letztere sind Vegetarier und Wiederkäuer. Schweine hingegen sind grundsätzlich Allesfresser. So sollten die niedrigen Mauern, die im Mittelalter beispielsweise in England oder den Niederlanden um viele Friedhöfe gezogen wurden, auch verhindern, dass Schweine Leichen ausgruben.[41] Vor allem aber können sich Schweine von Müll ernähren. Abfälle, deren Bakterien eine Gefahr für die Menschen darstellten, ließen sich so in wertvolle tierische Proteine umwandeln. Tatsächlich wird darin auch einer der Ursprünge der Domestizierung von Wildschweinen gesehen, denn sie wurden von menschlichen Siedlungen und den durch sie bereitgestellten Nahrungsquellen angezogen.[42] Abfälle machten die Haltung von Schweinen in vielen Fällen überhaupt erst sinnvoll. Die Produktion von tierischem Protein ist üblicherweise deutlich aufwändiger als von pflanzlichem. Auf diese Weise ließ sich also vergleichsweise billig Fleisch produzieren, das gerade bei Schweinen ansonsten zumeist ein Zuschussgeschäft darstellte.[43] Das war auch ein Vorteil der Haltung von Hühnern in der Stadt, die bis weit in das 20. Jahrhundert andauerte. Häufig waren sie die letzten Nutztiere, die aus urbanen Räumen verdrängt wurden.[44]

Das Fleisch, die Häute, das Fett und die Innereien von Tieren dienten zudem als Ausgangsmaterialien für allerlei städtische Handwerke: Von der Metzgerei bis hin zur Kerzenherstellung. Tierische Öle und Fette konnten als Brennstoffe und Leuchtmittel dienen, aber etwa auch zur Herstellung von Klebstoff und Seife.[45] Urin benötigte die Gerberei für die Vorbehandlung der Häute. Zudem konnten Tiere und ihre Stallungen im Winter Wärme liefern, weshalb sich die Schlafstellen der Menschen häufig nahe an denen der Tiere befanden: Wand an Wand – und das Gesinde schlief sogar oft gleich im Stall.

Dieser vielfache Nutzen wog bis weit in das 19. Jahrhundert die zahlreichen Probleme auf, die Tiere in der Stadt mit sich brachten: Sie stellten ein permanentes Ärgernis dar. Sie machten Lärm und Dreck. Auch die von ihnen ausgehenden Gerüche führten immer wieder zu heftigen Beschwerden.[46] Damit jedoch nicht genug: Sie behinderten den Verkehr, mussten gefüttert werden und – was die vormodernen Menschen nicht wissenschaftlich begründen konnten, was sie aber oftmals aus ihrer Erfahrung ableiteten – begünstigten die Übertragung von Krankheiten. In Pestzeiten wurde der Umgang mit Tieren teilweise drastisch eingeschränkt. Der städtehygienische Diskurs des 19. Jahrhunderts sollte Tiere in der Stadt schließlich zunehmend als eine Gefährdung der öffentlichen Gesundheit und Ausweis eines niedrigen Zivilisationsstandes betrachten. Aber das kam alles später. In der Vormoderne waren Tiere oftmals ein wichtiger Bestandteil alltäglicher Überlebensstrategien.

Abfall «fressen»

An kaum einem anderen Tier zeigen sich Vorzüge und Probleme der urbanen Tierhaltung so deutlich wie am Beispiel der Schweine, den Müllmännern der vormodernen Stadt. Einerseits gehörten sie zum Bild der (europäischen) Stadt dazu. Sie waren nützliche, kluge und in der Regel freundliche Tiere,[47] deren Geruch, Bewegungsdrang und Fäkalien aber viele Probleme bereiteten und deren Fressdrang auch vor Friedhöfen nicht haltmachte. Zudem blockierten sie häufig den Verkehr. Deswegen wurde ihre Haltung gerade in dichtbebauten Siedlungen seit dem Mittelalter zu regulieren versucht.

Heute sind wir an die industrialisierte Massentierhaltung gewöhnt, in der Schweine in großen Stallanlagen gehalten werden. Zu Gesicht bekommt man sie, wenn überhaupt, auf Wanderungen oder gewissermaßen im Vorbeifahren bei Tiertransporten. In der Vormoderne war Massentierhaltung aber nicht möglich. Da Schweine nicht als Zugtiere taugten, lohnte sich ihre Haltung nur, wenn genug Futter vorhanden war. Hier gab es global unterschiedliche Praktiken: In China hielt man Schweine auf dem Land bereits früh in kleinen Ställen und mästete sie mit Küchenabfällen sowie etwas Reis.[48] In Mitteleuropa wurden sie hingegen zur Mast häufig in den Wald getrieben, wo sie sich den Sommer über von Eicheln und anderen Waldfrüchten ernährten.[49] Ähnliches praktizierten Siedlerfamilien in Nordamerika: Die Schweine wurden im Frühjahr losgelassen, und wenn alles gut ging, kamen sie im Spätsommer wohlgenährt zurück. Gab es genug Land und Wald, die genutzt werden konnten, ließ sich die Fleischversorgung auf diese Weise deutlich verbessern.[50]

Es waren hauptsächlich zwei Entwicklungen, die solche Praktiken in Frage stellten: Zum einen führten Kriege immer wieder zu einer starken Reduzierung der Schweinebestände. In Deutschland markierte der Dreißigjährige Krieg (1618–1648) sogar einen Wendepunkt, weil er die Zahl der Schweine so stark verringerte, dass danach bis weit ins 19. Jahrhundert frühere Bestandszahlen nicht mehr erreicht wurden. Aber auch die vormoderne Staatsbildung machte der Waldmast einen Strich durch die Rechnung: Die Durchsetzung einheitlicher Verfügungsrechte über den

Wald, der damit einhergehende Bau von Zäunen und die Jagdbedürfnisse der Obrigkeit erschwerten diese Praxis. Über kurz oder lang machte das die Haltung von Schweinen zu einem Wohlstandsindikator. Die Möglichkeit, ein Tier zu halten, das hauptsächlich als Fleischlieferant diente, keine Milch gab und auch nicht als Zugtier taugte, musste man sich leisten können.[51]

In den Städten war hingegen eine kontinuierlichere Schweinehaltung möglich, denn dort fielen viele Abfälle an. Das waren nicht nur die Küchenabfälle der Haushalte, sondern auch die Abfälle vieler Gewerbe und Märkte. Bereits im Mittelalter war es aber *common sense*, die Tiere nicht einfach sich selbst zu überlassen. Ihre unruhige Natur und ihre beständige Suche nach Nahrung machten Schweine zu einem Verkehrshindernis. Bekannt ist der Fall des jungen französischen König Philippe, der 1131 tödlich verunglückte. Sein Pferd stolperte in einem Pariser Vorort über ein kreuzendes Schwein, warf ihn ab und begrub ihn unter sich. Michel Pastoureau hat überlegt, ob die Einführung der Lilie als Wappenzeichen und des Blaus als Farbe der französischen Könige nicht eine Reaktion auf diesen Vorfall gewesen sei, um die Reinheit der Linie wiederherzustellen, nachdem der König von einem Schwein getötet worden war. Das ist eine schöne Idee, die er allerdings – wie er zugibt – leider nicht beweisen kann.[52]

Das Herumstreunen der Schweine war der hauptsächliche Anlass für die zahllosen Versuche, ihre Haltung in der Stadt zu begrenzen oder sogar ganz zu verbieten.[53] Auch ihre Präsenz im öffentlichen Raum – etwa bei Wasserspendern – versuchte man zu regulieren.[54] Die Stadt Dordrecht verordnete 1446 und 1449 als Folge zahlreicher Beschwerden, Schweine seien im Stall oder Bretterverschlag im Hinterhof zu halten, und die Zahl der Tiere pro Haushalt wurde begrenzt.[55] In Bologna bezog sich im 15. und 16. Jahrhundert ein Großteil der städtischen Verordnungen auf die Regulierung der Schweinehaltung.[56] Im Fall deutscher Städte findet sich ein entsprechendes Verbot bereits in den ersten überlieferten Statuten mit Ausnahme gehüteter Schweineherden außerhalb der Mauern. Durchsetzen ließ sich das bezeichnenderweise in den meisten Fällen auf längere Sicht nicht.[57] Bäcker, denen es erlaubt war, Waffen zu tragen, durften nach einer Bestimmung der Reichsstadt Frankfurt von 1355 acht Schweine halten, während Mitgliedern des

Stadtrats sogar die Haltung von zwölf Schweinen erlaubt war. Die Zahlen variierten jeweils nach Einfluss der Zünfte. Im 15. Jahrhundert wurde, um die Ehrbarkeit der Reichsstadt zu bewahren, verschiedentlich versucht, öffentliche Plätze von Schweinedung freizuhalten.[58] Auch hier spielte die Staatsbildung im weitesten Sinne eine Rolle, weil sie die Ausweitung eines vorzeigbaren öffentlichen Raums beförderte, in dem Tiere nichts zu suchen hatten.

Die Veränderungen, die europäische Städte seit der Frühen Neuzeit durchliefen, ließen das Leben für die Schweine zunehmend kompliziert werden. Mehr und mehr wurden sie aus den Zentren der Städte verdrängt, und die Pflasterung der Straßen erschwerte das Wühlen im Boden. Wie noch zu sehen sein wird, verschwanden sie aber auch im 19. Jahrhundert keineswegs aus urbanen Räumen, fanden ihre Heimat nun aber eher an den Rändern der Stadt, oft konzentriert in Herden und weniger als nützliche Mitbewohner eines Haushalts. Interessanterweise ernährten sie sich trotzdem weiterhin von Abfällen, auch wenn sich ihre Rolle in urbanen Verwertungskreisläufen stark verändern sollte.

Neben den Schweinen gab es auch noch andere Tiere, die sich von Abfällen ernährten und darum eine wichtige Funktion für die Sauberkeit der Straßen übernahmen. In Japan galten Krähen weniger als Todesboten, sondern waren durchaus willkommen, um den Stadtraum sauber zu halten.[59] Der eigentliche Rivale des Schweins bei der Müllentsorgung war allerdings der Hund. Das war zum Beispiel in islamischen Ländern der Fall, wo keine Schweine gehalten wurden. In Istanbul spielten noch bis in das frühe 20. Jahrhundert Straßenhunde eine große Rolle bei der Abfallentsorgung.[60] Sie verhielten sich in der Stadt allerdings anders als Schweine, und bezeichnenderweise wurden sie bei Epidemien häufig systematisch gefangen und getötet. Mitte des 15. Jahrhunderts wurde im holländischen Dordrecht die Haltung von Hunden streng reguliert, viele eingefangen und deportiert.[61] Bei der Pestepidemie in Norditalien 1630 wurden Kopfprämien auf Hunde ausgesetzt und allein in Florenz über 300 Tiere getötet. Das scheint nicht recht zu passen zum *ersten Freund* des Menschen, dem Tier, das er am frühesten als seinen Jagdgenossen domestizierte.[62]

Es hat darum Versuche gegeben, die Verfolgung von Hunden ihrer engen Verbindung mit den Menschen zuzuschreiben: Aufgrund ihrer

Rolle als Mittler zwischen Mensch und Tier – viele Hunde trugen Menschennamen – seien sie für die Ausbreitung und Übertragung von Krankheiten verantwortlich gemacht worden.[63] Das ist eine subtile Interpretation, jedoch sollte auch hier auf einige praktische Umstände verwiesen werden: Unter den Hunden in der Stadt gab es viele wilde Tiere, und sie waren, gerade wenn sie in Rudeln auftraten, weniger freundlich als Schweine.[64] Ihr Fleisch wurde nur in Notsituationen gegessen, und oftmals ängstigten sie die Menschen, was besonders für die berüchtigten Metzgerhunde galt. Sie ließen sich schwerer zähmen und regulieren als Schweine, und als wendige, springende Tiere drangen sie häufig in die Häuser ein.[65] Nicht selten übernahmen sie auch deren schlechteste Sitten: So mussten die Florentiner während der Pestepidemie 1630 Zäune um die Begräbnisgruben ziehen, weil Hunde damit begonnen hatten, Leichen auszugraben.[66]

Tatsächlich waren es auch längst nicht nur Hunde, die während der Pestepidemien der Frühen Neuzeit verfolgt wurden. Während solcher Extremsituationen gewannen alltägliche Phänomene stark an Bedeutung: Streunende Schweine, Dreck in den Höfen, überflutete Keller wurden mit dem großen Sterben in Verbindung gebracht.[67] Dementsprechend – gerade weil eine große Unsicherheit über die Ursachen der Pest bestand – wandte man im Kampf gegen sie alle möglichen Maßnahmen an. Dazu gehörten auch die Versuche, Tiere überhaupt aus dem öffentlichen Raum zu entfernen.[68] Der große Pestausbruch in Marseille 1720 führte europaweit zu Verordnungen gegen herumstreunende Schweine.[69]

In der langfristigen historischen Betrachtung ist es durchaus bemerkenswert, wie lange in der Stadt Nutztiere gehalten wurden: Die durchgehend asphaltierte und saubere Stadt setzte sich erst nach dem Zweiten Weltkrieg durch und war auch dann keineswegs unumstritten. In der Zwischenkriegszeit erlebte die Haltung von Tieren in der Stadt vielerorts sogar ein Comeback, um als «Sozialstaat hinter dem Haus» (Michael Prinz) ein wenig Absicherung gegen die ökonomischen Krisen der Zeit zu bieten.[70] Noch heute ist die Nutztierhaltung in vielen asiatischen oder afrikanischen Städten weit verbreitet. Aber das stellt keine wirkliche Umkehr des Trends dar, die Tiere aus den Städten zu verdrängen bzw. auf die Haltung von Haustieren zu reduzieren.[71] Insofern wanderten die Tiere zunehmend an den Rand der Stadt – und schließlich aus ihr heraus.

Tiere töten

Tiere in der Stadt zu halten hieß mit einer gewissen Zwangsläufigkeit, falls sie nicht eines natürlichen Todes starben, sie dort auch umzubringen. Verschiedentlich gab es obrigkeitliche Verordnungen, Tiere außerhalb der Stadtmauern zu schlachten.[72] Aber das erwies sich regelmäßig als nicht durchsetzbar, war es doch eine ziemlich unpraktische Lösung für Probleme, die in den vormodernen Städten ständig verhandelt wurden: nämlich wo Tiere geschlachtet werden sollten und was mit den Schlachtabfällen zu geschehen hatte. Hinzu kamen die Tierkadaver, für die die Menschen keine rechte Verwendung mehr hatten und die dann oftmals auf der Straße oder in Wassergräben landeten. Schon im alten Rom stellten Tierkörper in verschiedenen Stadien der Zersetzung eine große Belastung dar, während zugleich andere Tiere darauf lauerten, sie zu verspeisen.[73] Martial, der sprachgewaltige Protagonist des Straßenlebens der Metropole, beschrieb in einem Epigramm den grausamen Tod eines Bettlers, dessen letzte Handlung darin bestand, die Hunde abzuwehren, die seinen Leichnam bereits auf die Speisekarte gesetzt hatten.[74]

Tierkadaver stellten immer wieder ein großes Problem dar – gerade von kranken Tieren, die auf der Straße verendeten. Die Verordnungen zur Sauberkeit der Straßen in Buenos Aires im 17. und 18. Jahrhundert beschäftigten sich wiederholt und vorrangig mit der Beseitigung von Kadavern; ein Problem, das man offensichtlich nicht in den Griff bekam.[75] Das war keineswegs ungewöhnlich: Gerade wenn große Tiere auf der Straße lagen, stellten sie ein echtes Entsorgungsproblem dar. Die naheliegende Lösung bestand darin, wo es möglich war, sie ins Wasser zu werfen. Dadurch wurden aber Gewässer immer wieder stark verschmutzt. Gräben und Kanäle von Tierkadavern freizuhalten war eines der zentralen Probleme, mit denen sich die Obrigkeit vormoderner Städte befassen musste.

Dass Tierkadaver ein solch großes Entsorgungsproblem darstellten, erklärt sich allerdings nicht von selbst, denn prinzipiell konnten vormoderne Gesellschaften einen großen Teil ihres Bedarfs an Gebrauchsgütern aus der Verarbeitung von Tieren decken: Seife, Saiten, Leim, den man etwa für die Herstellung höherwertiger Papiere brauchte, Angelschnüre usw.[76] Schweinefett wurde zur Herstellung von Seife und Kerzen verwendet.[77] Aus Knochen konnten Alltagsgegenstände wie Kämme gefertigt werden.[78] Pferdehaar diente zur Herstellung von Sieben, Pinseln, Angeln oder auch als Polsterungsmaterial.[79] Tierblut wurde in Paris im späten 17. Jahrhundert zur Klärung in Zuckerraffinerien oder auch zur Herstellung von Preußisch-Blau verwendet.[80] Aber diese Formen der Wiederverwertung waren nicht immer sinnvoll. Häufig waren sie arbeits- und vor allem: energieintensiv. Für die Herstellung von Gelatine, um nur ein Beispiel zu nennen, mussten Knochen, Knorpel oder Häute stundenlang ausgekocht werden, und Brennholz war fast überall knapp. Wenig verwunderlich darum, dass sie hauptsächlich in kleinen Mengen zu medizinischen Zwecken produziert wurde.[81] Nicht alle Tiere eigneten sich zudem für eine Verwertung, besonders dann, wenn sie krank gewesen waren.

Für die Verwertung von Tierkörpern bedurfte es einer bestimmten Expertise, die sich vor allem bei den Metzgern fand. Diese mussten zunächst das Schlachten beherrschen, und in jeder mittelgroßen europäischen, chinesischen oder indischen Stadt wurden jährlich tausende von Tieren getötet.[82] In der heutigen industrialisierten Landwirtschaft handelt es sich dabei um einen mechanisierten Vorgang, der früher jedoch viel komplizierter war. Gerade für das Schlachten der Schweine bedurfte es besonderer Fähigkeiten, damit der Vorgang ohne übermäßigen Widerstand des Tieres und damit einhergehende Geräuschentwicklung und Blutvergießen vor sich ging. Bei Hausschlachtungen wurden die Kinder häufig weggeschickt, damit sie den Tod eines Freundes nicht miterleben mussten.[83]

Von der Abschottung der industrialisierten Tierschlachtung konnte in der Vormoderne keine Rede sein. Heikel war bereits, auf welchen Wegen Tiere von außerhalb in die Stadt hineingetrieben wurden.[84] Auch die ewige Streitfrage, ob Tiere auf der Straße geschlachtet werden durften, blieb vom Römischen Reich bis in die Frühe Neuzeit ungeklärt. Das bot für die Metzger praktische Vorteile, verschärfte jedoch das Problem der Umweltbelastung: Das fing schon mit dem Blut der Tiere an, das häufig in Bächen über die Straßen lief. Darüber hinaus blieben Teile der Tiere als Abfälle übrig, und die Frage war kontrovers, was mit ihnen passieren sollte. Die Problemwahrnehmung war dabei teilweise sehr unterschiedlich: Aus mittelalterlichen französischen Städten gibt es Berichte, die Schlachtabfälle seien absichtlich vor den Metzgereien liegen gelassen worden, um damit ein florierendes Geschäft anzuzeigen.[85] Sie wären dann gewissermaßen das Pendant zu den rauchenden Schloten der Industrialisierung gewesen, die symbolisch für eine prosperierende Wirtschaft standen. In deutschen Städten galt gelegentlich auch die Größe der Misthaufen als Wohlstandsindikator.[86]

Von solchen Fällen abgesehen, war aber der Umgang mit Schlachtabfällen eine der drängendsten Fragen, die innerhalb einer Stadt geklärt werden mussten. Es gibt zwar verschiedene Berichte, etwa aus dem Paris des 16. und 17. Jahrhunderts, Schlachtabfälle hätten als Armenspeise gedient, was aber insgesamt nicht üblich gewesen zu sein scheint.[87] Tatsächlich beschäftigte sich nämlich die große Mehrheit an Verordnungen mit der Regelung ihrer Entsorgung. In London gab es 1388 eine Verordnung, die sich mit der Entsorgung von Schlachtabfällen an den Ufern der Themse beschäftigte.[88] Italienische Städte erließen seit dem Spätmittelalter Verordnungen, damit die Metzger Schlachtabfälle nicht auf die Straße warfen. Die Stadt Ferrara verfügte im 14. Jahrhundert mehrfach, Metzgereien müssten sich an Wasserwegen befinden und eine Senkgrube besitzen.[89]

Gerade weil das Gewerbe urbane Umwelten so stark belastete, versuchte man häufig, die Metzger an wenigen Orten zusammenzuziehen. Italienische Städte richteten seit dem Spätmittelalter Schlachthallen in der Stadt ein. Das machte die Kontrolle von Gerüchen und Abfällen um Vieles leichter und blieb tatsächlich bis ins 19. Jahrhundert weit verbreitet, bevor nach und nach zentrale Schlachthöfe an den Stadträndern platziert wurden. Es gab allerdings auch gute Gründe, die gegen eine solche sinnvolle sanitäre Maßnahme sprachen: Die Metzgerzünfte stellten ein dauerhaftes Unruhepotential dar, zumal sie mit ihrem Arbeitswerkzeug bereits eine gefährliche Waffe bei der Hand hatten. Immer wieder führten sie Aufstände gegen die städtische Oberschicht an, etwa bei dem Lübecker Knochenhaueraufstand von 1384. In Siena galt die Metzgerzunft im 14. Jahrhundert als so große Bedrohung, dass man immer wieder versuchte, die Betriebe über die Stadt zu verteilen, damit sie sich schwerer organisieren konnten.[90]

Tierische Abfälle spielten auch an dem Ort eine große Rolle, der gewissermaßen im Zentrum urbaner Müllprobleme stand: dem Marktplatz.[91] Um dort die Entsorgung zu regeln, wurden die frühesten bekannten Verordnungen erlassen, und dort installierte man als Erstes so etwas wie öffentliche Mülltonnen. Die holländische Stadt Leiden schuf beispielsweise 1461 einen Fischmarkt, der üblicherweise besonders starke Geruchsbelastungen erzeugte. Zugleich wurden Mülltonnen aufgestellt (wohl umfunktionierte Fässer), in die die Marktabfälle entsorgt werden sollten, bevor die Tiere damit gefüttert wurden.[92] Die traditionelle Praxis, nach dem Markt die Schweine auf den Platz zu treiben, betrachtete man offensichtlich als problematisch. Das Dorchester Domesday Book von 1414 bestimmte, dass die Beseitigung der Marktabfälle einmal in der Woche zu erfolgen habe.[93] Märkte stellten insofern zwar eine große Umweltbelastung dar, waren für die Städte aber viel zu wichtig, als dass sie sich hätten verbieten oder zu stark regulieren lassen.

Gerade der Umgang mit urbaner Tierhaltung und mit Schlachtungen und Schlachtabfällen zeigt, dass es um ein konkretes Konfliktmanagement ging. Maßnahmen und Einschränkungen mussten mit den praktischen Erfordernissen des Lebens in der Stadt vereinbar sein. Ansonsten ließen sie sich in den seltensten Fällen durchsetzen. Wirtschaftliche und sanitäre Interessen waren gegeneinander abzuwägen und es galt, eine allgemein verträgliche Lösung zu finden. Es zeichnete die vormoderne Stadt aber gerade aus, dass dieses Konfliktmanagement zumeist noch möglich war: Die Belastungen hielten sich trotz allem in Grenzen, die Zahl der Geschädigten blieb überschaubar, und die Parteien kannten sich persönlich. Mit Städtewachstum und Industrialisierung sollte das dann im 19. Jahrhundert ganz anders werden.

Tiere oben, Tiere unten

Bislang war von den Tieren die Rede, die die Menschen domestiziert hatten, die Nutztiere, die in den Gärten, den Hinterhöfen, in kleinen Ställen lebten: Pferde, Rinder, Esel, Ziegen, Schweine und Hühner. Neben den domestizierten Tieren gab es aber auch noch diejenigen, die die Menschen nicht hielten und nicht nutzten, die sich aber trotzdem in der Stadt aufhielten: Ratten, Mäuse, Marder, alle möglichen Arten von Schaben (vor allem das Stadtinsekt schlechthin, die Kakerlake), Fliegen und Mücken. Wie bereits erläutert, spricht man hier von Kommensalismus: Menschen und Tiere lebten zusammen, weil zumindest eine Seite davon profitierte. Die meisten Menschen wären Ratten und Insekten gerne losgeworden. Das lag aber nicht in ihrer Macht. Vielmehr bot die Stadtökologie so gute Voraussetzungen für sie, dass Städte gar nicht vorstellbar erschienen, wo solche Tiere nicht im Untergrund an ihr teilhatten.

Bei Ratten lassen sich zwei Hauptarten unterscheiden, nämlich die Schwarze (*Rattus rattus*) und die Braune Ratte (*Rattus norvegicus*), gelegentlich auch als Haus- und Wanderratte bezeichnet. Die braune Ratte ist größer als die schwarze, und die Arten bekämpfen sich auf brutale Weise gegenseitig. Sie sind äußerst zäh und besitzen eine enorme Reproduktionsfähigkeit, weshalb bis heute noch jede Kampagne zur Reduzierung der Zahl der Ratten über kurz oder lang zum Scheitern verurteilt war. Entscheidend ist vielmehr der vorhandene Nahrungsmittelspielraum, und hier stellten Abfälle die wichtigste, nicht selten einzige Nahrungsquelle dar. Bis heute bestimmen die Müllmenge und die Art und Weise, wie Abfälle gesammelt werden, wie viele Ratten in einer Stadt überleben können.[94]

Auch wenn Ratten noch nicht in dem Maße die Herrschaft über den Untergrund der Städte an sich rissen, wie das dann in Zeiten großflächiger Kanalisationssysteme der Fall war, so begleiteten sie menschliche Siedlungen genauso wie Schaben und Fliegen. Insgesamt waren sie weniger zahlreich als in heutigen Großstädten, wo die Abfälle von Haushalten, Geschäften oder Restaurants ausreichend Nahrung bieten. Dafür konzentrierten sie sich in bestimmten Teilen der Stadt, besonders an Häfen und Märkten. Zwar wurden häufig Rattenfänger eingesetzt, und bereits im alten Ägypten benutzte man mechanische Apparaturen, um Mäuse und Ratten zu fangen, deren Wirksamkeit aber noch lange zu wünschen übrig ließ.[95] Das vergleichsweise beste Gegenmittel war der Einsatz ihrer natürlichen Feinde, nämlich Hunde und Katzen, wobei sich erstere bei der Jagd nach Ratten regelmäßig als erfolgreicher erwiesen. Dass sowohl Hunde als auch Katzen während Pestepidemien häufig systematisch gejagt und getötet wurden, war aus dieser Perspektive also ziemlich kontraproduktiv.[96]

Auch Insekten wie Fliegen oder Schaben wurden durch Abfälle direkt oder indirekt angezogen. Misthaufen und andere Abfallablagerungen lieferten besonders für Larven und Maden eine ausgezeichnete Nahrungsgrundlage. Vormoderne Städte boten darüber hinaus ohnehin günstige Bedingungen für zahlreiche Insekten: Ratten, Mäuse und viele andere dienten als Wirtstiere für Flöhe und Läuse. Das kann erklären, dass die Menschen sowohl auf dem Land wie auch in vormodernen urbanen Räumen in hohem Maße unter Insekten zu leiden hatten. Besonders arme Menschen kämpften mit Flöhen am Leib, die aber auch bei den besser gestellten Schichten nicht unbekannt waren.[97] Läuse, Mücken und Schaben stellten gleichfalls eine ewige Plage dar, der man durch Kammerjagden Herr zu werden versuchte. Zumeist war das vergeblich, boten doch Bodenspalten und Mauerritzen stets sichere Rückzugsorte.[98]

Die Anwesenheit von Insekten im Stadtraum war vor allem deswegen ein Problem, weil sie Krankheiten übertrugen. Die Anopheles-Mücke übertrug die Malaria, die vor allem dort auftrat, wo es warm und feucht war: In afrikanischen, indischen und chinesischen Städten war die Krankheit besonders weit verbreitet, aber auch in den Amerikas oder in Italien.[99] Die Rolle, die Kleintiere und Insekten wie Flöhe bei der Pest oder Läuse bei der Übertragung von Typhus und Fleckfieber spielten, sind heute gut bekannt. Alan Macfarlane geht sogar so weit, in der Holzbauweise der Japaner eine Ursache für das starke Bevölkerungswachstum Japans während der Frühen Neuzeit zu erblicken. Die dadurch begünstigten zahllosen Stadtbrände hätten die Zahl der Insekten immer wieder wirksam vermindert.[100]

Die Zeitgenossen in Mittelalter und Früher Neuzeit machten zwar richtige empirische Beobachtungen, etwa dass die Pestepidemien besonders im Sommer auftraten, brachten dies aber nicht mit dem Schlüpfen der Flohlarven in Verbindung.[101] Man beobachtete auch, was tatsächlich nicht besonders kompliziert war, dass Fäkalien und Abfälle Ratten, Mäuse und Fliegen anzogen und sich vermehren ließen. Am Ende galten sie aber doch vorrangig als Störenfriede, die den Menschen zwar die Nachtruhe raubten und ihre Vorräte dezimierten, die man aber nicht konsequent mit der Übertragung von Krankheiten und dem Entstehen von Epidemien in Verbindung brachte. Erst in der zweiten Hälfte des 19. Jahrhunderts, nicht zufällig einhergehend mit der Expansion der europäischen Kolonialimperien, fand eine intensive Beschäftigung mit Insekten und der Übertragung von Krankheiten statt.[102]

Und schließlich machte erst die dritte große Pestwelle, die in der zweiten Hälfte des 19. Jahrhunderts begann und in den 1890er Jahren zu zahlreichen spektakulären Ausbrüchen führte, Kampagnen gegen Ratten zum Standardrepertoire.[103] Erst um 1900 begann man die Übertragung der Pest durch Rattenflöhe wirklich zu verstehen. Erst dann setzten systematische Versuche ein, Ratten und Insekten aus den Wohnräumen zu vertreiben.[104] So wurden nach dem großen Erdbeben in San Francisco 1906 drohende Pestausbrüche mit einer intensiven Kampagne gegen die Ratten beantwortet.[105] Und schließlich war es die Bakteriologie seit den 1880er Jahren, die es ermöglichte, die Übertragung von Krankheiten durch Insekten und Kleintiere zu erklären und in wirksame Kampagnen zu übersetzen.[106]

4. Das Diktat der Knappheit: Recycling in der Vormoderne

Tu m'as donné ta boue et j'en ai fait de l'or.

(Charles Baudelaire[1])

Die Logik des Recyclings

In vielen Fällen ging es in den Städten aber nicht nur darum, Abfälle loszuwerden, sondern sie auf irgendeine Art und Weise weiter- und wiederzunutzen. Tatsächlich betrieben alle vormodernen Gesellschaften, solange sie sesshaft waren, ein mehr oder weniger umfassendes *Recycling*. Sicher gab es Unterschiede, wie sie bereits hinsichtlich der öffentlichen Toiletten in China oder Japan angesprochen wurden. Doch grundsätzlich konnten sich vormoderne Gesellschaften das Wegwerfen noch verwertbarer Ressourcen gar nicht leisten. Es existierten starke – und naheliegende – Anreize, Dinge und Materialien soweit es ging erneut zu verwenden oder zu verwerten. Um es in den Worten Susan Strassers zu sagen: «everyone was a *bricoleur*».[2]

Der Frühneuzeithistoriker Reinhold Reith hat die dahinterstehende Logik in einer einfachen Faustformel zusammengefasst: Ob Recycling stattfand oder nicht, hing in erster Linie von den relativen Kosten von Kapital und Arbeit ab. War Arbeitskraft reichlich verfügbar und billig, während Metalle, Glas und andere wiederverwertbare Rohmaterialien oder Gebrauchsgüter knapp und teuer waren, dann bestand ein starker Anreiz zur Wiedernutzung.[3] Diese Konstellation war in der Vormoderne beinahe immer gegeben, und das hatte nicht zuletzt mit der großen sozialen Ungleichheit zu tun. In europäischen Städten lebten im Durchschnitt über die Hälfte der Menschen in Armut. Viele besaßen keinen festen Wohnsitz, und der Alltag stellte einen permanenten Kampf ums Überleben dar. Zugleich gab es für viele alltägliche Gebrauchsmaterialien naheliegende Formen der Wiedernutzung: Glas konnte eingeschmolzen werden, Textilien waren der Rohstoff der Papierherstellung. Metalle waren selten, teuer und ließen sich vergleichsweise leicht wiederverwerten. Angesichts dessen bedurfte es keiner besonderen Moral und auch keiner obrigkeitlichen Eingriffe, damit Recycling stattfand. Das geschah zumeist ganz von allein.

Tatsächlich lassen sich bereits seit der Antike umfassende Praktiken der Wiederverwertung nachweisen.[4] Schiffswracks, die mit Kupfer oder Glasscherben beladen waren, weisen auf einen Fernhandel zur Wiederverwertung von Glas und Metallen bereits im Römischen Reich hin.[5] Ganze Städte konnten, wenn sie in Verfall gerieten, nach und nach zu Recyclingzentren werden. Dafür ist Ostia ein gutes Beispiel: Die einst blühende Hafenstadt westlich von Rom verlor ab dem 3. Jahrhundert zunehmend an Bedeutung, und spätestens im 5. Jahrhundert verfiel sie. Abfälle wurden – analog zum bereits dargestellten Beispiel Bologna – jetzt nicht mehr außerhalb der Stadtmauern, sondern in verlassenen Häusern entsorgt. Zugleich deckte sich die Bevölkerung aber auch mit Baumaterial und anderen Dingen ein. Antike Ruinenlandschaften, die im 19. Jahrhundert bei so vielen Beobachtern romantische Gefühle weckten, waren nicht zuletzt eine Folge der Recyclingmöglichkeiten, die absteigende Städte boten.[6]

Auch in materielle Artefakte schrieben sich immer wieder Praktiken der Wiederverwertung ein. Wissenschaftliche Instrumente wie Fernrohre fertigte man häufig aus gebrauchten Komponenten.[7] Aus Mittelalter und Früher Neuzeit stammende Schiffswracks geben Auskunft über die maritimen Verbindungen, weil Holz aus anderen Teilen der Welt – zumeist aus anderen Schiffen – dort verbaut wurde.[8] Für die Bindungen von Büchern wurde in der Frühen Neuzeit Altpapier verwendet, das interessante Rückschlüsse darauf zulässt, welche Texte etwa im Zeitalter der Reformation außer Gebrauch gerieten.[9] Amphoren ohne Boden konnten als Abfluss dienen.[10] Daneben gab es aber auch die stoffliche Wiederverwertung, die vor allem darauf zielte, aus den Rohstoffen neue Produkte herzustellen. Das bekannteste Beispiel dafür ist das Lumpensammeln, denn alte Textilien waren der wichtigste Rohstoff der Papierherstellung. Aber auch Knochen, Glas, Metalle wurden häufig nicht in ihrer ursprünglichen Form weitergenutzt, sondern weiterverarbeitet, zerkleinert, gekocht, eingeschmolzen.

Trotz der Allgegenwart und Selbstverständlichkeit des Wiedernutzens waren vormoderne Gesellschaften aber im strengen Sinne keine *Zero-*

Waste-Gesellschaften – auch wenn sie diesem Ideal sehr viel näherkamen als wir heutzutage. Vieles wurde auch nicht wiedergenutzt. Sonst hätten die Verordnungen zur Entsorgung von Tierkadavern von Moskau bis Buenos Aires nicht einen so großen Raum in den städtischen Verordnungen eingenommen. Auch die Probleme mit Abfällen und Fäkalien wären wahrscheinlich deutlich geringer ausgefallen. Selbst wenn fast immer ein prinzipieller Anreiz bestand, Dinge wiederzuverwerten, gab es doch Engpässe, die einem noch umfassenderen Recycling entgegenstanden. Das waren vor allem Transport und Energie.

Der Transport von Waren und Rohmaterialien, gerade wenn er über Land erfolgte, war beschwerlich, gefährlich und teuer. Er lohnte sich deshalb hauptsächlich bei Waren, die gute Erträge versprachen und nicht viel Platz beanspruchten. Aber auch auf nahe Entfernungen war der Transport ein mühseliges Geschäft. Eine Senkgrube zu entleeren kostete einen Bauern mindestens einen ganzen Arbeitstag, häufig mehr. Er musste mit dem Fuhrwerk erst in die Stadt fahren, dort die Grube entleeren, um dann schwer beladen zurückzukehren. Auch das Lumpensammeln blieb dadurch zumeist lokal begrenzt, und Papiermühlen besaßen in der Regel feste Sammelbezirke. Dass viele Papiermühlen in England einen Sammelbereich von 30 bis 40 Meilen besaßen, spricht für die enorme Nachfrage nach Papier. Wo die Nachfrage jedoch geringer und keine Papiermühle im Umkreis war, blieben Lumpen oftmals ungesammelt.[11]

Der andere Engpass bestand in der Knappheit an Energie. Im letzten Kapitel wurde das bereits angesprochen: An Tieren ließ sich fast alles verwerten, die dafür notwendigen Techniken waren jedoch häufig energieintensiv, und Energie – zumeist in Form von Brennholz – war generell knapp. Holz musste gesammelt oder erworben werden, und es verbrannte vergleichsweise schnell, zumal es energetisch wenig effizient genutzt wurde.[12] Das setzte gerade der Wiederverwertung von Tieren Grenzen, die deshalb häufig eher verscharrt oder ins Wasser geworfen wurden.

Diese Engpässe sollten sich erst im 19. Jahrhundert durch neue Transporttechnologien – vor allem Eisenbahn und Dampfschifffahrt – sowie die vermehrte Nutzung fossiler Energieträger verschieben. Gerade weil dieses Materialrecycling aber begrenzt war, blieben die Reparatur und die *Wiederverwendung* gebrauchter Gegenstände so wichtig: Töpfe, Gerätschaften, Werkzeuge ließen sich ausbessern und reparieren, wofür bereits im Mittelalter besondere Märkte entstanden. Mitunter nutzte man kaputte Gegenstände auch in anderer Form weiter, wie die bereits erwähnten Amphoren. Wenn Töpfe teuer waren und eine hohe Nachfrage nach ihnen bestand, wurden sie eher wiederverwendet. War hingegen nur eine geringe Nachfrage vorhanden, dann wurden sie tendenziell eher als Altmetall betrachtet, eingeschmolzen oder in anderer Form wiederverwertet. Die Industrialisierung sollte später – von Nischen abgesehen – die *Wiederverwendung* (nicht die Wiederverwertung!) nach und nach zurückdrängen, weil Massenwaren vermehrt billig und neu angeboten wurden.

Um vormodernes Recycling zu verstehen, muss man zunächst seine wirtschaftliche Logik freilegen. Dabei handelt es sich keineswegs um weltfremde Abstraktionen, wie das ökonomischen Ansätzen in der Geschichtswissenschaft gerne vorgeworfen wird. Vielmehr ging es um Zusammenhänge, die in einer Welt der Knappheit unmittelbar auf der Hand lagen: Recycling war in den meisten Fällen das Geschäft armer Leute, für die es schlicht ums Überleben ging.[13] James L. Huffmann hat das in seiner Untersuchung über die *Hinmin,* die Angehörigen der Unterschicht in japanischen Städten der späten Meiji-Zeit, höchst anschaulich dargelegt: Arme Leute taten alles, was notwendig war, um ihr Leben in der Stadt zu bestreiten. Der Umfang ihrer Tätigkeiten war viel zu groß, um von irgendeinem Schema der Berufsstatistik erfasst zu werden.[14] Um einer zähen Realität das Notwendigste abzuringen, wurden immer neue Wege ausprobiert, und stets ging es um die Habseligkeiten: «Für die armen Leute in der Stadt drehte sich alles ums Geld: es zu erlangen, mit ihm klar zu kommen, es verrinnen sehen, zu leiden, wenn es nicht reichte, davon zu träumen, mehr zu haben.»[15]

Das soll nicht heißen, dass eine *Ethik* keine Rolle spielte, und es soll keinem ökonomischen Reduktionismus das Wort geredet werden. Sicher gab es in der Vormoderne – wie Richard Wines es so schön formuliert hat – eine *Recycling-Mentality*, oder, um es mit dem bereits zitierten Ausdruck Susan Strassers zu sagen, eine *Stewardship of Objects*: ein Bewusstsein für und die aktive Suche nach Möglichkeiten, Dinge zu reparieren, sie wieder und weiter zu nutzen.[16] Eine solche Fürsorge entwickelte sich aber doch am ehesten in einer Welt, für die die *Begrenztheit der Reichthümer* ein fragloser Tatbestand war. Die Dinge auf Erden waren knapp und ließen sich nicht einfach vermehren. Eine Recycling-Mentalität entwickelte und schulte sich an der täglichen Erfahrung dieser Knappheit.

Solche mentalen Dispositionen besaßen immer wieder eine starke Beharrungskraft, selbst wenn sich die Dinge grundlegend änderten. Ein Beispiel dafür wäre die mitunter exzessive Sparsamkeit, die viele Menschen noch Jahrzehnte später an den Tag legten, die im Zweiten Weltkrieg fundamentale Verlusterfahrungen gemacht hatten. Zu Beginn der 1990er Jahre wurde darüber berichtet, russische Seeleute seien nahezu die einzigen, die ihren Müll nicht einfach ins Meer warfen, sondern sorgsam aufbewahrten und wiederverwerteten.[17] Es liegt nahe, dieses Verhalten als ein Fortleben sowjetischer Recyclingpraktiken zu verstehen, auf die an späterer Stelle detaillierter eingegangen wird. Aber es lässt sich eben auch der umgekehrte Fall beobachten: In der DDR wurde über viele Jahre ein intensives Recycling etwa über die sog. SERO-Sammelstellen betrieben. Nach dem Fall der Mauer dauerte es aber nur wenige Monate, bis die Müllmengen pro Kopf auf Westniveau lagen. Und auch russische Seeleute sind heute nicht mehr für das Aufbewahren ihrer Dosen auf den Weltmeeren bekannt.

Arm und Reich

Die Geschichte des vormodernen Recyclings hat tatsächlich viel mit Armut zu tun. Mit den Verhältnissen der städtischen Unterschichten vor allem, für die das Wiedernutzen eine Möglichkeit war, unter prekären Bedingungen zu überleben. In den gegenwärtigen Debatten ist soziale Ungleichheit ein großes Thema, jedoch waren die Verhältnisse in vormodernen Gesellschaften zumeist deutlich drastischer: Für die deutschen Städte wird beispielsweise geschätzt, etwa die Hälfte der Bevölkerung sei in einem absoluten Sinne arm gewesen, hatte also beständig um ausreichend Nahrung zu kämpfen.[18] Ausbessern, Reparieren, Wiedernutzen war für arme Menschen alltägliche, aus der Not geborene Praxis.

Überraschenderweise war aber «Recycling» im weitesten Sinne auch in den Oberschichten weit verbreitet. Ein schönes Beispiel dafür sind die kostbaren Kleidungsstücke, die der europäische Adel tragen musste, wollte er im 17. und 18. Jahrhundert das höfische Spiel des Absolutismus mitspielen. Besonders begehrt waren etwa am Wiener Kaiserhof oder in Versailles teure Goldfäden, die glänzten, wenn das Licht auf sie fiel. Viele Adlige konnten sich die teuren Gewänder, die neu und abwechslungsreich sein mussten, allerdings kaum leisten, und im 18. Jahrhundert wurde die *Parfilage* eine beliebte Handarbeit adliger Frauen: Goldfäden aus alten Kleidungsstücken herauszuziehen und in kleinen Säckchen zu sammeln.[19] Frankreich war bekannt für seine Herstellung kostbarer Luxusgegenstände, die im diplomatischen Verkehr gerne zur Bestechung verwendet wurden. Zugleich betrieben Adlige aber mit ihnen auch einen regen Gebrauchthandel. Mit den Erlösen ließen sich fällige Rechnungen begleichen oder Geld besorgen, um die neusten Gegenstände zu erwerben, die gerade in Mode waren.[20]

Der in aller Frugalität akkumulierte Reichtum konnte insofern zwar als bürgerliche Tugend gelten, für den Adel und seine Repräsentationsbedürfnisse taugte er nicht. Wenn man sich die Wiederverwertung in der Vormoderne genauer betrachtet, so fällt immer wieder der adlige Überkonsum als Anlass ins Auge. Das Streben nach Prestige setzte voraus, stets das neueste Döschen oder andere Accessoires zu besitzen. Das ließ sich aber häufig nur finanzieren, weil für die abgelegten Gegenstände eine Nachfrage existierte. Der adlige Überkonsum schuf für die bürgerlichen Schichten häufig überhaupt erst die Möglichkeit, sich ein Stück gediegener Konsumkultur anzueignen, ohne den brutal feinen kulturellen Codes bei Hofe gehorchen zu müssen. Auf diese Weise wurde die Verfügbarkeit preziöser Waren erhöht, was besonders in Frankreich und England zur Ausprägung einer spezifischen Konsumkultur beitrug.[21]

Ein interessantes Beispiel für diesen *Second-Hand*-Handel der Oberschichten sind die Märkte für gebrauchte Möbel oder Gemälde, die im Holland des 16. Jahrhunderts durch Formatverkleinerungen überhaupt erst zu echten Gebrauchs- und Handelswaren wurden. Dadurch waren sie nicht länger allein dem Adel vorbehalten, sondern auch für bürgerliche Schichten erreichbar.[22] Im 18. Jahrhundert gab es in Paris bereits Geschäfte für Möbel oder Kunstgegenstände, deren Funktion sich irgendwo zwischen Antiquitätengeschäft und Pfandhaus bewegte.[23] Zur selben Zeit entstanden in London und Paris Auktionshäuser, während sich für den Gebrauchthandel mit alten Möbeln, Kunstgegenständen oder Büchern Antiquariate entwickelten.[24]

Der adlige und bürgerliche Überkonsum spielte aber auch für die Schichten der Gesellschaft eine Rolle, die weit davon entfernt waren, sich jemals ein Silberdöschen oder ein Ölgemälde leisten zu können. Bei Festmählern beispielsweise, deren Opulenz nicht zuletzt den Wohlstand der Gastgeber verdeutlichen sollte, spielte schon bei der Vorbereitung Unterschlagung eine große Rolle. War das Gelage vorüber, fielen regelmäßig reichhaltige Überreste an, die dann von armen Leuten gegessen und getrunken wurden.[25] Schon im alten Rom gab es die *Sportulae*: Körbchen, in denen die Reste der Patriziertische an die Klienten verteilt wurden. In Italien bezeichnete man dieselbe Praxis im 19. Jahrhundert als *Panieri*: das Festmahl nach dem Festmahl.[26]

Doch auch abseits des adligen Überkonsums war die Wiederverwendung von benutzten und abgenutzten Waren eine weitverbreitete Praxis. In Venedig bildeten die *Strazzaroli*, die Gebrauchtwarenhändler, während der Frühen Neuzeit eine eigene Gilde und hatten bei Auktionen der Pfandhäuser ein Vorkaufsrecht.[27] Georg Stöger hat am Beispiel von Salzburg und Wien im 17. und 18. Jahrhundert die Entstehung von regulären Marktveranstaltungen für Gebrauchtgegenstände wie Küchenutensilien oder Bekleidung beschrieben. Reparatur war eine übliche Praxis und Bestandteil der Versorgung mit Gütern des täglichen Bedarfs.[28] Und auch so etwas wie Sperrmüllsammlungen gab es bereits. So baten etwa die französischen Jesuiten im 17. Jahrhundert die Gläubigen immer wieder darum, Möbel, die sie nicht mehr benötigten, für ihre Schulen und Häuser zu spenden. Diese wurden dann auf hohen Wagen herangekarrt.[29]

Eine besonders große Rolle spielte der Handel mit gebrauchter Kleidung – zumal es kaum andere Gegenstände des Alltags gab, mit denen sich für vergleichsweise wenig Geld soziale Identitäten verflüssigen ließen. Gerade koloniale Räume boten häufig Spielräume, Status und Identität neu zu verhandeln.[30] So war der Gebrauchthandel bereits seit dem 17. Jahrhundert in Louisiana fest etabliert, das später durch die Adaption extravaganter französischer Kleidungsstile bekannt wurde.[31] Faszinierend erscheinen diesbezüglich insbesondere die Forschungen der französischen Historikerin Laurence Fontaine, die sich die *Recycling Economy* unterständischer Schichten im Paris des 18. Jahrhunderts genauer angesehen hat. Ihre Ergebnisse demonstrieren sowohl den Umfang wie die soziale Mobilität des Gebrauchtwarenhandels. Insbesondere auf Flohmärkten wurden gebrauchte und teilweise regelrecht extravagante Bekleidungsstücke angeboten. Diese wurden erworben, oftmals aber nur wenige Wochen getragen und dann weiterverkauft. Ganz offensichtlich ging es dabei längst nicht nur um die Deckung von Grundbedürfnissen. Vielmehr diente der Handel mit gebrauchter Kleidung dazu, sich trotz begrenzter wirtschaftlicher Mittel modisch und abwechslungsreich zu kleiden. Zugleich dienten Kleider und andere Gegenstände vermittelt über Pfandhäuser auch als ein Zahlungsmittel und bildeten die Basis einer Mikrokreditwirtschaft der kleinen Leute. Diese konnten damit Zeiten überbrücken, in denen das Geld besonders knapp war. Zugleich erweiterten sie die Spielräume individueller Ausdrucksmöglichkeiten.[32]

Auch in London gab es im 17. und 18. Jahrhundert hochentwickelte Märkte für gebrauchte Kleidung.[33] In seiner 1797 veröffentlichten Untersuchung über die Unterschichten der Themse-Metropole bemerkte Frederick Eden, die *Labouring classes* würden Kleidung kaum jemals anders als gebraucht kaufen:

> Im Umkreis der Metropole kauft die arbeitende Bevölkerung kaum jemals neue Kleidung; Sie begnügt sich mit einem abgetragenen Mantel, der sich üblicherweise für 5s erwerben lässt, einer Weste aus zweiter Hand und Einsätzen. Die Frauen nähen kaum jemals Kleidung, abgesehen vom Nähen und Ausbessern für ihre Kinder.[34]

Das hatte mit hohen Stoffpreisen zu tun, folgte allerdings eventuell auch noch einer anderen Logik: Das Nähen von Kleidung, soweit es über das Ausbessern hinausging, erforderte eine hohe Konzentration und war zeitaufwändig. Viele Frauen aus armen Verhältnissen hatten dafür schlichtweg keine Zeit, weswegen *Second Hand* eine erhebliche Erleichterung bedeutete. Das rückt vielleicht auch den Näh- und Stickkult des Bürgertums im Zeitalter der Aufklärung in ein anderes Licht: Die bürgerliche Ehefrau in der Nähstube leistete etwas Nützlich-Moralisches, hatte aber eben auch – anders als viele andere – die Muße, das zu tun.[35]

Diese hier knapp skizzierten Beispiele verdeutlichen einen in der Konsumgeschichte bislang noch vergleichsweise wenig beachteten Aspekt:

Die Entstehung einer neuen Konsumkultur seit dem 17. Jahrhundert, die vor allem in britischen und französischen Städten stattfand, war begleitet und abgestützt von einem Gebrauchtwarenhandel. Dieser ermöglichte es auch den Mittel- und Unterschichten, in einem gewissen Maße an dieser Kultur teilzuhaben. Insofern ging es hier nicht einfach darum, Grundbedürfnisse zu befriedigen und Zeiten der Knappheit zu überbrücken. Der Gebrauchtwarenhandel erweiterte vielmehr die Konsummöglichkeiten armer Leute. Zugleich spielte er eine große Rolle bei der Verbreitung städtischer Konsumformen in ländliche Regionen, wie Susan Strasser am Beispiel der USA gezeigt hat, wo Hausierer die Landbevölkerung vorrangig mit gebrauchten Waren versorgten.[36]

Die skizzierten Praktiken verweisen nicht nur auf die große Bedeutung des Gebrauchtwarenhandels in der Vormoderne. Sie zeigen zugleich, wie viel Wiedernutzen mit sozialer Ungleichheit zu tun hatte. Aus der Aneignung des adligen Überkonsums ergaben sich Spielräume, die engen Grenzen der eigenen Standeszugehörigkeit aufzuweichen und sich spielerisch eine andere Identität zuzulegen. Im vorrevolutionären Frankreich wurde das soziale *Cross Dressing* beinahe zu einem Volkssport. Handwerker kleideten sich wie Adlige, und eine Frau aus einfachen Verhältnissen war aufgrund ihrer Aufmachung leicht mit einer *Lady of Quality* zu verwechseln – wären nicht die Fehler im Detail gewesen.[37] Während der Revolutionsjahre ab 1789 sollte sich das dann noch steigern und dazu beitragen, den Firnis der Selbstverständlichkeit des *Ancien Régimes* abzuschlagen.[38] Die Konsumkritik insbesondere nach dem Zweiten Weltkrieg hat immer wieder die Verflachung der Existenzweise durch Konsum beklagt. Aber gerade der Blick auf die Vormoderne zeigt, wie gebrauchte Waren selbst für die städtischen Unterschichten temporäre Ausbrüche aus einer rigiden Sozialstruktur ermöglichten.

Auch wenn die Forschung dazu noch dürftig ist, so liegt die Vermutung nahe, darin ein globales Phänomen zu erblicken. Pfandhäuser waren von Europa über Indien bis China in der Frühen Neuzeit – in mehr oder weniger differenzierter Form – überall anzutreffen. In buddhistischen Tempeln in China wurden genauso Waren in Zahlung genommen wie in den europäischen Städten.[39] Das musste notwendigerweise den Handel mit Gebrauchtwaren beflügeln, weil viele Menschen das geliehene Geld nicht zurückzahlen konnten.[40] Wenn sich die Überlegungen von Fontaine verallgemeinern lassen, dann besteht hier ein noch wenig bearbeitetes, aber umso ergiebigeres Forschungsfeld: Wie die Menschen mit ihren gebrauchten Sachen umgingen, wie sie diese nutzten, um ihre soziale Identität zu gestalten, und welche Rolle Pfandhäuser für die soziale Mobilität und Durchlässigkeit sozialer Schichten spielten.[41]

Sammeln und verwerten

Neben der Wiederverwendung von Waren gab es vielfältige Praktiken der *Wiederverwertung* von Materialien. Das bekannteste Beispiel dafür, und wohl die klassische Recyclingpraktik schlechthin, war das Lumpensammeln. Doch die Wiederverwertung erschöpfte sich darin nicht. Erstaunlich ist bereits, wie viele Bezeichnungen es in Neapel während der Frühen Neuzeit für die Tätigkeiten gab, die sich in der einen oder anderen Weise mit ihr befassten. Die Gebrauchtwarenhändler firmierten hier unter der Bezeichnung *Bancaruzzari*. Ein *Capillo* sammelte Haarflechten und Frauenhaare, um sie an Perückenmacher zu verkaufen. Ein *Ceneraro* verkaufte Asche, die für die große Wäsche gebraucht wurde. *Latrenare* verkauften Schlamm aus den Abflussgräben als Dünger, fungierten aber auch als Zwischenhändler für die *Lutammari*, die Latrinen säuberten, und die *Puzzari*, die Senkgruben entleerten. Die *Mussolinare* wiederum sammelten Stofffetzen und andere noch verwertbare Materialien von den Straßen und Hinterhöfen auf. Ein faszinierendes Kaleidoskop von Namen für diejenigen, die sich in irgendeiner Form mit urbanen Überresten über Wasser hielten.[42]

Textilien in allen möglichen Zuständen wurden gesammelt und verarbeitet. Oft speisten sie den Markt für gebrauchte Kleidung, vor allem aber stellten sie den wichtigsten Rohstoff der Papierherstellung dar. Papier wurde über einen längeren Zeitraum seit dem 3. Jh. v. u. Z. in China entwickelt, bevor es im 7. Jahrhundert in Persien eingeführt wurde und im 13. Jahrhundert schließlich Italien erreichte. Es handelte sich bis ins späte 19. Jahrhundert um ein aufwendiges handwerkliches Verfahren, bei dem die Lumpen zunächst zerkleinert, angefault und noch auf andere Weise bearbeitet wurden, bevor der eigentliche Herstellungsprozess beginnen konnte. Bei diesem wurde das Papier anschließend geschöpft, entwässert, gepresst, verleimt und geglättet.[43] Das war ein kompliziertes, einträgliches Handwerk, das allerdings häufig durch Rohstoffengpässe gehemmt wurde. Es gab einen beständigen Nachfrageüberhang, und selbst in Kriegszeiten ging das Lumpensammeln häufig weiter.[44]

Lumpen waren keine homogenen Materialien. Gebrauchte Textilien durchliefen häufig mehrere Runden der Wiederverwendung, bevor sie am Ende zu Papier verarbeitet wurden. Aber selbst heruntergewirtschaftete Textilien ließen sich ganz unterschiedlich verwenden: So wurden in London im 18. Jahrhundert hauptsächlich Lumpen aus Leinen, also pflanzlichen Fasern, für die Papierherstellung verwendet, während Wollreste eher zu Scheuerlappen verarbeitet wurden.[45] Auch Altpapier selbst konnte wieder für die Papierherstellung verwendet werden oder allen möglichen anderen Zwecken dienen. Vielleicht hat es eine heimliche innere Logik, dass in der englischen Gesellschaft mit ihrem hohen Papierverbrauch das Einpacken – bis hin zu *Fish and Chips* – besonders ausgiebig und virtuos betrieben wurde.[46]

Die Sammlung selbst erfolgte prinzipiell auf zwei Wegen. Entweder gingen die Sammler laut rufend auf den Straßen herum oder sie fragten an der Haustür. In der Regel mussten sie für die Lumpen ein geringes Entgelt entrichten.[47] Eine Alternative bestand höchstens im Herausziehen aus Abfallhaufen, wobei sich die Textilien dann aber üblicherweise bereits in einem schlechten Zustand befanden. Verkauft wurden die Lumpen anschließend an Zwischenhändler, die wiederum die Papiermühlen belieferten. In großen Städten bildeten sich im Laufe der Frühen Neuzeit oftmals feste Verkaufsstellen und teilweise – wie in London und Paris – regelrechte Börsen für gebrauchte Kleidung und Textilien.[48]

Lumpen waren allerdings keineswegs der einzige Rohstoff der Papierherstellung. In China wurden neben Hanffasern bereits früh im 8. Jahrhundert pflanzliche Fasern für die Papierherstellung verwendet. Das waren insbesondere die Rinde des Maulbeerbaums oder auch Bambusfasern, die zumeist gemischt und aufwendig bearbeitet wurden.[49] Während im 17. Jahrhundert im Süden zumeist ausreichend Rohmaterialien vorhanden waren, recycelte man Papier insbesondere im Norden und bezeichnete es dort als «Wiedergeborenes Papier» (*huanhun zhi*).[50] Gleichwohl fand in China gerade auch in Städten bereits früh eine intensive Sammlung gebrauchter Textilien statt.[51] So lebten, wie Braudel

«In the Rag Trade» (Anonymus um 1870)[52]

berichtet, in den chinesischen Städten im 17. Jahrhundert zahllose Menschen vom Sammeln von Seiden-, Baumwoll- oder Hanffetzen, Papierschnitzeln und ähnlichen Dingen, die sie auf den Straßen zwischen den Straßenfegern auflasen, reinigten und an Zwischenhändler verkauften.[53]

Neben den Lumpen war auch die Sammlung alter Metalle bedeutsam. Diese waren wertvoll, knapp sowie häufig leicht und mit geringem Qualitätsverlust wiederzuverwerten, was sie für das Recycling geradezu prädestinierte. Wie anfangs schon erwähnt: Metallfunde sind in der Archäologie, abgesehen von Gräbern, äußerst selten. Schon in der Frühgeschichte gab es ausgefeilte Formen, Metalle einzuschmelzen oder durch mechanische Umformung einer anderen Nutzung zugänglich zu machen. Praktiken der Wiederverwertung konnten dabei bis in die höchsten Kreise reichen: Die ottomanischen Sultane ließen teure Kunstgegenstände, die ihnen von ausländischen Diplomaten geschenkt wurden, nach einer gewissen Schamfrist häufig einschmelzen, was die okzidentalen Herrscher kaum anders gehandhabt haben dürften.[54]

Das Recycling gestaltete sich je nach Metallsorte allerdings unterschiedlich. So ließ sich Blei aufgrund seines niedrigen Schmelzpunktes, für den bereits ein Holzfeuer genügte, besonders leicht wiederverwerten.

Hier gab es bereits in der Frühen Neuzeit gut funktionierende Märkte. Das galt genauso für Zinn, das insbesondere für Teller und andere Küchenwaren genutzt wurde.[55] Wie schon bei den Büchern hatte allerdings auch hier die Reformation einen starken Einfluss: Die Aufhebung der Klöster in England in den 1530er Jahren brachte die Märkte für Blei, Messing oder Zinn völlig durcheinander. Es wurden so viele Kelche, Schalen oder Verzierungen eingeschmolzen, dass sich das Angebot stark erhöhte und die Preise in den Keller fielen.[56] Das Recycling von Buntmetallen war generell intensiv, weil ihr Angebot knapp und ihre Verwertung leicht war.[57] All das war bei Eisen hingegen nicht so sehr der Fall, darum wurde es weniger intensiv wiederverwertet, und es lag näher, Eisenwaren zu reparieren. Entsprechend war das Metall zumeist in langlebigen Gebrauchsgegenständen gebunden.[58]

Ein wichtiges Gebiet des Metallrecyclings war überdies der Bergbau. Saul Guerrero hat für die Silbergewinnung in Lateinamerika gezeigt, dass beim Schmelzen und Amalgamieren von Silbererzen Überreste wie beispielsweise Blei oder Quecksilber anfielen, die in anderer Weise wiederverwertet wurden, teilweise aber auch für die Raffinierung von Silber selbst genutzt werden konnten. Während sich am hohen Energieverbrauch zur Metallgewinnung wenig ändern ließ – was im mexikanischen San Luis de Potosí zur Abholzung ganzer Landstriche führte –, war der Herstellungsprozess an sich sehr avanciert und nahm durchaus Rücksicht auf die Belastung von Mensch und Umwelt.[59]

Aufgrund der günstigen Recyclingeigenschaften und der hohen Nachfrage entwickelten sich bereits früh überregionale Märkte für Schrott. Aus Palästina gibt es bereits für 120–70 v. u. Z. Hinweise auf spezialisierte Altmetallhändler.[60] Bis heute hat man insgesamt vier römische Schiffe im Mittelmeer geborgen, die gebrauchte Kupferwaren wie Töpfe oder Statuen bzw. Glasscherben geladen hatten, die offensichtlich für die Wiederverwertung gedacht waren und die aus dem 3.-5. Jahrhundert stammen;[61] bei Glas handelte es sich um eine Ware, die hohe Preise erzielte und die zumeist den besser gestellten Schichten vorbehalten war.[62]

In Afrika wurden zahlreiche, vor allem aus Europa und dem arabischen Raum eingeführte Metalle wiederverwertet und einer neuen Nutzung zugeführt. Dabei handelte es sich um Kupfer oder Zinn bis hin zu Blei, Silber und Eisen. Importierte Artefakte wurden kaum jemals in ihrer ursprünglichen Funktion genutzt, sondern routinemäßig umgearbeitet. Auch die politisch heute so kontroversen Benin-Bronzen sind eigentlich Recyclingprodukte. In Westafrika gab es bereits in der Frühen Neuzeit einen ausgedehnten Schrotthandel, und zahlreiche Händler zogen herum, um Gegenstände aus Metall zu sammeln und später zu verkaufen.[63]

Lumpen, Metalle oder Glas gehörten sicherlich zu den wichtigsten Recyclinggütern in der Vormoderne. Grundsätzlich war das Spektrum der Wiederverwertung aber äußerst breit und umfasste alle möglichen Materialien: von Baustoffen bis hin zu tierischen Innereien. Ein interessantes Beispiel ist der sog. *Grum*, der beim Kehlen der Heringe anfiel und der zu Heringstran weiterverarbeitet wurde. An großen Marktplätzen an Nord- und Ostsee wie Falsterbo gab es bis ins 16. Jahrhundert lizensierte Grumkerle, die diese Tätigkeit abseits der Marktplätze verrichteten, was an der kaum zu ertragenden Geruchsbelastung lag.[64]

Mikrotoponymien

Recycling in der Vormoderne – und nicht nur dort – lässt sich nicht verstehen, ohne die *Mikrotoponymien* von Märkten zu beachten. Der Begriff bezieht sich eigentlich auf eine Methode, von den Namen von Straßen, Gassen oder Plätzen Rückschlüsse auf die früheren Bewohner und die von ihnen betriebenen Gewerbe zu ziehen.[65] In einem etwas weiteren Sinne lassen sich damit aber auch die sozialen Beziehungen und Spezialisierungen beschreiben, die konkret an einen bestimmten Ort gebunden waren.[66] Dieser Aspekt war für das vormoderne Recycling von größter Bedeutung: Sammler und Sammlerinnen benötigten ein hochspezialisiertes Wissen über die Beschaffenheit und Verwendungsmöglichkeiten von Altstoffen. Sie brauchten Kontakte und Zwischenhändler, um die gesammelten Materialien zu einem angemessenen Preis verkaufen zu können.[67] Darum hatten auch diejenigen, die sich nur gelegentlich im Recycling betätigten, signifikante Nachteile.[68] Das alles fand statt in einer Zeit, in der Märkte kaum anonym, sondern an die konkreten Bedingungen und sozialen Beziehungen vor Ort gebunden waren.

In gewisser Weise lag das in der Natur der Sache: Einfache und transparente Märkte für gebrauchte Materialien gab es praktisch nicht und konnte es auch gar nicht geben. Das war schon allein deshalb der Fall, weil die gesammelten Materialien nicht einfach und transparent waren; Lumpen waren nicht gleich Lumpen, Knochen nicht gleich Knochen, Metall nicht gleich Metall. Erst die besondere Expertise derjenigen, die Altstoffe sammelten, verwandelte diese zu etwas, womit sich der Lebensunterhalt bestreiten ließ. Das Handeln mit gebrauchten Waren und Materialien stellte in vielen Fällen hohe Anforderungen an die Sammler, an ihr Wissen, ihre Kontakte, ihre vielleicht rauen, aber doch häufig wirksamen Strategien, neue Geschäfte anzubahnen und die gesammelte Ware loszuwerden.

Das betraf zunächst die Frage, wo handelbare Wertstoffe zu finden waren. Weiter oben wurde gefragt, inwiefern die Praxis, Abfälle aus der Stadt zu schaffen und die Vorstädte als Orte zu gebrauchen, wo die Abfälle sortiert, gelagert, verkauft wurden, charakteristisch für den Umgang mit Müll in der Vormoderne war; einfach aus dem Grund, weil diese Vorgehensweise praktisch und naheliegend war. Damit wurden Belastungen verringert, während vor der Stadt zugleich Wertstoffhöfe entstanden, die das Aussortieren, Verarbeiten und Verteilen erleichterten. Das war allerdings nur möglich, wenn die Städte vergleichsweise offen waren, sich nicht aus Furcht vor Angreifern hinter schwere Mauern zurückzogen und ihre Vorstädte niederlegten.

Zugleich hatte die beschriebene Praxis den Nachteil, eine offene Sortierfläche zu schaffen, von der konkurrierende Ausleser nur schwer ausgeschlossen werden konnten. Hier machte die Auslese vor Ort besonders für Materialien wie Lumpen Sinn. Darüber hinaus war die Frage entscheidend, für welche Materialien man gute Preise bekam. Sonst bestand schnell die Gefahr, zu viele oder die falschen Wertstoffe zu sammeln. Das ist noch heute vielerorts ein großes Problem: Auf eigene Rechnung arbeitende Sammler und Sammlerinnen zogen nur die einträglichen Materialien aus dem Müll heraus und vernachlässigten den Rest. Darüber hinaus musste man persönliche Kontakte zu Zwischenhändlern besitzen, die vernünftige Preise bezahlten und nicht betrogen.

Wer in einem solch prekären Geschäft überleben wollte, brauchte also ein hochspezifisches Wissen und persönliche Beziehungen, um stets auf dem Laufenden zu bleiben und keine Möglichkeit für ein Geschäft zu verpassen.[69] Zugleich musste man in der Lage sein, das eigene Revier zu verteidigen. Der Haken der Pariser Lumpensammler, der berühmten *Chiffonniers*, mit dem sie den Müll auslasen, war auch eine wirksame Waffe, um sich die Konkurrenz vom Hals zu halten. Das war besonders dann notwendig, wenn in wirtschaftlich schweren Zeiten immer mehr Menschen in das Geschäft hineindrängten. In den ehrbaren Gewerben verhinderten die Zünfte einen offenen Wettbewerb effektiv, wobei Ansätze dazu über die Sammelbezirke der Papiermühlen auch beim Lumpenhandel existierten.[70] Bei der Altstoffsammlung war das – anders als beim Handel mit gebrauchten Waren – aber zumeist nicht der Fall, und entsprechend häufig wurde sie von Juden betrieben, denen der Zugang zu den Zünften verwehrt war. Um sich aber in einem solch hartumkämpften Markt zu behaupten, half häufig nur körperliche Gewalt.

Handelspraktiken, die persönliche Kontakte und ein spezialisiertes Wissen erforderten, waren eng mit der gebauten Umwelt der Stadt verwoben. Es ging um spezifische, an bestimmte Orte gebundene, mit ihnen verhaftete Wissensbestände, ohne die solche Geschäfte nicht funktionieren konnten. Diese Märkte konnten überhaupt nur dort stattfinden, wo sie stattfanden. Anderswo hätten sie sich sozial erst wieder neu konstituieren müssen – ein Aspekt, den man bei «Schattengeschäften» im Übrigen bis heute beobachten kann. Ähnliches hat etwa Suddhir Venkatesh am Beispiel der *Robert-Taylor-Homes* in Chicago beschrieben: Die einzige Möglichkeit, den Drogenhandel in den Griff zu bekommen, bestand im Abriss der Siedlung. Aufgrund der engen Bindung von Netzwerken an die gebaute städtische Umwelt konnte sich der Drogenhandel nicht einfach anderswo reorganisieren.[71] Das ist im Vorgriff darauf im Blick zu behalten, dass erst die Industrialisierung im 19. Jahrhundert die Voraussetzungen dafür schuf, auf Recyclingmärkten im großen Maßstab so etwas wie standardisierte Materialien zu schaffen. Die vormoderne Realität des Recyclings war davon noch weit entfernt.

5. Exkurs: Hygiene – eine saubere Geschichte?

Hygiene als kultureller Code

Bis zu dieser Stelle wurde der Umgang der Menschen mit ihren Abfällen in erster Linie aus den praktischen Umständen ihres Daseins erklärt, der gebauten Umwelt und der Außenbeziehungen einer Stadt, der Verfügbarkeit von Gütern und Rohmaterialien, der agrarischen Verhältnisse und der Kommerzialisierung des Alltagslebens. Ein Aspekt ist dabei weitgehend außen vor geblieben, nämlich welche Einstellungen und Erwartungen Obrigkeit und Bevölkerung in Bezug auf Schmutz, Gerüche, Gesundheit hatten. Führten kulturell unterschiedliche Hygienevorstellungen zu einem anderen Umgang mit Abfällen?

Will man diese Frage beantworten, ist zunächst zu klären, was Hygiene eigentlich meint. Die Etymologie des Wortes Hygieia verweist auf Maßnahmen zur Erhaltung der Gesundheit. Die Humoralpathologie, die Lehre von den Körpersäften, war bis weit in das 18. Jahrhundert die Grundlage des europäischen medizinischen Wissens, das zunehmend Mittel integrierte, die Gesundheit zu erhalten oder wiederherzustellen.[1] Die wichtigste Rolle spielte dabei die Ernährung. Im Mittelalter und im Laufe der Frühen Neuzeit – mit einer signifikanten Unterbrechung im Spätmittelalter – wurde aber auch Reinlichkeit immer wieder als Mittel in Betracht gezogen.[2] Hier zeigte sich ein Doppelsinn von Hygiene, der im Grunde erst während der 1960er Jahre mit der Durchsetzung eines spezifischen Umweltvokabulars langsam verblasste: als Bezeichnung für (körperliche) Reinlichkeit und zugleich Maßnahmen, um die Gesundheit zu erhalten und zu verbessern.[3]

Hier fangen die Schwierigkeiten aber bereits an: Die Sauberkeit der Körper ist nicht dasselbe wie die Sauberkeit öffentlicher Räume (und der Wohnungen) – und tatsächlich wurde beides lange Zeit nur sehr bedingt als Aspekte *eines* Problems betrachtet. Zudem hat sich Hygiene als Norm stark verändert. Gemessen an unseren heutigen Maßstäben waren die allermeisten Menschen noch bis in die 1960er Jahre geradezu skandalös schmutzig.[4] Gleichzeitig haben sich die sozialen Sanktionen gegenüber der Verletzung von Hygienenormen gewandelt, und verändert hat sich auch, mit welchen anderen Eigenschaften Hygiene verbunden wurde. Die Assoziierung von Hygiene und Moral beispielsweise, die sich in bürgerlichen Diskursen in der zweiten Hälfte des 18. Jahrhunderts durchsetzte, ist ja keineswegs selbsterklärend: Warum sollte jemand, der sich die Füße wäscht, ein guter Mensch sein?

Hygiene als soziale Praxis macht – mit Gregory Bateson gesprochen – einen Unterschied, der einen Unterschied macht. Durch Hygienepraktiken präsentierte man sich auf eine bestimmte Weise in der sozialen Welt, die von anderen als akzeptabel, angemessen, merkwürdig, interessant, verrückt, nachahmenswert oder was auch immer betrachtet werden konnte. Wurden Hygienepraktiken beispielsweise als Ausdruck eines sozialen Elitestatus gedeutet, konnte das ihre Wirkung begrenzen, denn in stratifizierten Gesellschaften gehörten nur sehr wenige Personen zur Elite, so dass die Reinlichkeitsnormen die meisten Leute nichts angingen.[5] Anders sah es tendenziell aus, wenn Hygienevorschriften religiös aufgeladen waren. Hier konnte der Zwang zur Nachahmung bedeutend größer sein.

So konnte Hygiene Bestandteil eines sozialen Überbietungswettbewerbs werden, der nicht nur eine schmale Elite betraf, sondern für immer größere Teile der Gesellschaft relevant wurde. Nichts von dem, was Hygiene als kulturellen Code seit der zweiten Hälfte des 18. Jahrhunderts ausmachte, war vollständig neu. Erstaunlich war aber die Fähigkeit, sich mit anderen Werten zu verbinden, etwa Anstand, Fleiß, Moral oder nationaler Stärke. Einmal als kultureller Code etabliert, konnte Hygiene die ihr eigene Steigerungslogik beständig weiter entfalten: Mehr Sauberkeit war immer besser als weniger. Erst da, wo sie alltagspraktisch zu aufwändig wurde, Überdruss erzeugte oder Subkulturen sich dagegen auflehnten, geriet sie seit den 1960er Jahren an ihre Grenzen.

Das wiederum verweist auf einen anderen Gesichtspunkt: Hygienenormen übersetzen sich nicht einfach in die Wirklichkeit. Sauberkeitswünsche prallten immer wieder ab an einer gebauten Umwelt, die ihre Umsetzung erschwerte. Welchen Unterschied machte es darum, ob man – wie in Japan – in Städten ohne Tiere lebte oder – wie in Europa – mit! Wie sollte jemand, der ein Handwerk betrieb oder auf einem Markt arbeitete, je sauber bleiben? Zur Durchsetzung von Hygienenormen brauchte es eine Welt, in der man sauber sein konnte und in der Sauberkeit sich lohnte. Dafür wurden erst nach und nach die baulichen und infrastrukturellen Voraussetzungen geschaffen, und das passierte nicht ohne allerhand soziale Kreuzungen – die feinen Damen etwa, die allzu leicht im berüchtigten Pariser Straßenschlamm ausrutschten. Generell sollten Hygienepraktiken gerade für die Vormoderne nicht als Resultat abstrakter Normen begriffen werden. Letztere mussten vielmehr zu den Lebensumständen passen – und umso erstaunlicher sind darum die Fälle, in denen Normen Anreize schufen, an den Umständen etwas zu ändern, ihre eigene Wirklichkeit hervorzubringen.

Religion und Hygiene

Vorstellungen von Reinlichkeit und Schmutz sind keine Erfindung der Moderne: Eine große Zahl literarischer Zeugnisse quer durch alle Epochen und Kulturkreise arbeitete damit, und offensichtlich hat es den Menschen schon immer Freude bereitet, andere Leute als schmutzig zu bezeichnen.[6] Bereits bei den alten Griechen spielte Sauberkeit von Körper und Kleidung eine große Rolle, um Rangunterschiede innerhalb der Polis zu markieren.[7] Solche Beschreibungen konzentrierten sich schon damals hauptsächlich auf die Metropolen mit ihrer dichten Bebauung und Zusammenballung von Menschen, die in jedem Fall als schlechtes Beispiel dienen konnten: Der Schmutz des alten Roms wurde durch die Jahrhunderte angeprangert, und bezeichnenderweise stammte die Kritik häufig von Schriftstellern, die tatsächlich in der Stadt wohnten.[8] Juvenal etwa beschrieb die Stadt als Schweinestall und beklagte die beständige Gefahr, auf der Straße mit Fäkalien überschüttet zu werden.[9]

Das soll nicht heißen, es handele sich hier um anthropologisch fundierte Normen und die Ausdünstungen der Latrinen hätten nicht auch als Moschus empfunden werden können.[10] Aber von Vorstellungen von Schmutz und Reinheit konnte sich letztlich keine Gesellschaft ganz freimachen. Insbesondere gab es religiös bestimmte Kulturkreise, die bereits früh striktere Ideen der Körperhygiene entwickelten. Im Buddhismus sollte die Reinheit des Körpers nicht nur die strikte Einhaltung der religiösen Regeln verdeutlichen, sondern auch die Reinheit der Seele.[11] Der islamische Kulturkreis entwickelte bereits früh hohe Hygienenormen, die nicht zuletzt in Reiseberichten fassbar werden:[12] So wunderte sich beispielsweise der islamische Reisende Ibn Fadlan, der im 10. Jahrhundert die Wolga bereiste, über das Volk der Rus, die zwar «groß wie Palmen» seien, aber die schmutzigsten Kreaturen auf Gottes weiter Erde. Sie wuschen sich weder nach ihrem Geschäft noch nach dem Essen oder dem Geschlechtsverkehr.[13] Im Zeitalter der Kreuzzüge wurde es im Heiligen Land üblich, Christen und Muslime nach ihrem Geruch zu unterscheiden.[14]

Früh konnte dabei auch Müll zum Thema werden. So beschimpfte der marokkanische Reisende Al-Abdari im 13. Jahrhundert die Bewohner Kairos als schmutzigen Abfall.[15] Der Schriftsteller Hanna Diyab aus Aleppo, Autor der Erzählung von Aladins Wunderlampe, stellte 1707 in Marseille erschrocken das Fehlen von Latrinen fest. Nachdem er in höchster Not aus der Stadt geeilt war, um sein Geschäft zu verrichten, wurde er später aufgeklärt:

> Erstaunt über das Geheimnis des Nachttopfs fragte ich einen Mann aus Aleppo […] nach einer Erklärung. Er berichtete: «Es gibt keine Latrinen in der Stadt, weil sie so nah am Meer liegt, was das Graben im Boden erschwert. Darum beantwortet jeder den Ruf der Natur in seinem eigenen Zimmer, wie Du gesehen hast, in einen Nachttopf. Nachts werden diese auf die Straßen entleert und die Abfallsammler kommen früh am Morgen und lesen den Unrat auf. Die Straßen der Stadt haben alle in der Mitte einen Abflusskanal, durch den […] beständig Wasser fließt. Jeder säubert seinen Hauseingang von diesen Fäkalien, indem er dieses Wasser nutzt.»[16]

Europäische Beobachter fanden die Hygienestandards im Islam umgekehrt gelegentlich obskur, und ein Gesandter der Fugger machte sich im 16. Jahrhundert über die Bevölkerung Istanbuls lustig, weil diese sich so oft waschen würde.[17] Häufig wurde aber auch Respekt gezollt. So bezeichnete Pierre Belon 1553 die Straßen der osmanischen Städte als bemerkenswert sauber, und ein Beobachter aus dem Jahr 1660 bemerkte die besondere Reinheit persischer Städte, in denen über Gräben und Gärten Abfälle und Fäkalien beseitigt wurden. Ein Eindruck freilich, der sich – zumindest aus Sicht europäischer Beobachter – seit dem späten 17. Jahrhundert einzutrüben schien.[18]

Die Wahlverwandtschaft zwischen Hygiene und religiöser Initiative lässt sich auch an den konfessionellen Gegensätzen in Europa seit dem 16. Jahrhundert beobachten. So war körperliche, aber eben auch urbane Sauberkeit Thema und Argument im Zivilisationswettstreit zwischen Protestanten und Katholiken. Peter Hersche zufolge waren in der Schweiz Konfessionsgrenzen oftmals auch Schmutzgrenzen.[19] Die für ihre sauberen Häuser berühmten Holländer waren nicht zuletzt größtenteils Calvinisten, und insofern ist es vielleicht tatsächlich plausibel, Hygiene zu den Praktiken zu zählen, die mit der Ausprägung einer spezifisch protestantischen Kultur in der Frühen Neuzeit einhergingen, die nach Weber und Sombart am Ursprung des kapitalistischen «Geistes» stand.[20] Simon Schama interpretierte in seiner Kulturgeschichte der Niederlande während des *Goldenen Zeitalters* seit dem späten 16. Jahrhundert das Putzen der Häuser und Straßen als Ausdruck eines bürgerlichen Selbstverständnisses, als Form einer gegen die habsburgisch-spanische Bedrohung gerichteten inneren Staatsbildung. Das wurde bestärkt durch das strikte Verhaltensprogramm der calvinistischen Lehre, das Hygienepraktiken beförderte.[21]

Der Gegensatz zwischen protestantischen und katholischen Städten zog sich ausgesprochen oder nicht durch die Reiseberichte seit dem 18. Jahrhundert. Der schottische Aufklärer (und Protestant) Lord Kames etwa zeigte sich auf seinen Reisen insbesondere von Madrid beeindruckt; eine Stadt voller Dreckhaufen ließ «in dem warmen Klima einen bestialischen Gestank entstehen, der jeden Fremden umzuhauen droht».[22] Goethe lieferte in seiner *Italienischen Reise* allerhand kuriose Anekdoten über den Schmutz italienischer Städte, die früher als so sauber gegolten hatten. Den schlussendlichen Höhepunkt bildete Palermo, wo ein Handwerker dem Dichter berichtete, man solle die Straßen lieber nicht vom Schmutz befreien. Schließlich käme dann der schlechte Zustand des Straßenpflasters zu Tage.[23] Die katholischen Iren galten in der englischen Öffentlichkeit im 19. Jahrhundert als besonders schmutzig und wurden immer wieder so dargestellt, als hätten sie «eine besondere Liebe zum Dreck».[24]

Auffällig ist das Motiv der Abgrenzung: Genauso wie sich der Islam seit dem 7. Jahrhundert als *neue* Religion etablierte und sich gegenüber konkurrierenden Kulten im arabischen Raum abzugrenzen verstand, gab es Mechanismen kultureller Abgrenzung des Protestantismus gegenüber der alten Religion. Diese frühneuzeitlichen Konstellationen wurden freilich seit der zweiten Hälfte des 18. Jahrhunderts weniger bedeutsam. Von der Hochschätzung islamischer Hygienestandards blieb im 19. Jahrhundert kaum noch etwas übrig. Nun unterstrichen westliche Beobachter ihre kulturelle Überlegenheit gegenüber asiatischen oder arabischen Ländern gerne mit Beschreibungen vor Schmutz triefender Straßen. Nicht zufällig wurden solche Motive insbesondere bei der Beschreibung Jerusalems verwendet, weil hier Muslime über die Heilige Stadt der Christenheit regierten.[25]

Kommerzialisierung

Die Denunziation des eigenen Wohnorts war häufig anzutreffen. Im 19. Jahrhundert stritten sich verschiedene Orte darum, die schmutzigste Stadt Europas zu sein, wobei Marseille und Lissabon häufig die Nase vorn hatten.[26] Doch auch das Selbstlob gab es: So beschrieb Leonardo Bruni in seinem idealisierenden Traktat *Laudatio Florentinae* um 1404 die Straßen von Florenz als besonders sauber und die Luft als frisch, was er als Beleg für ihre *Civilitas* betrachtete.[27] Diesen Punkt hatten Schultexte dort bereits im 13. Jahrhundert stark gemacht: Die Stadtbewohner sollten höflich und beflissen sein, sich regelmäßig die Hände und das Gesicht waschen.[28] Der britische Mediziner William Heberden schrieb stolz über seine Heimatstadt London, sie sei nach dem Feuer von 1666 wieder aufgestiegen «wie ein Phönix aus der Asche mit größerer Kraft und Schönheit».[29]

Wie lassen sich diese verschiedenen Wahrnehmungen sauberer und schmutziger Städte erklären? Neben der Religion ist auch ein Einfluss praktischer Anforderungen denkbar. Der *Schwarze Tod* kostete allein in den Jahren 1348/49 etwa einem Drittel der europäischen Bevölkerung das Leben und verschwand danach nicht mehr, sondern kehrte in kürzeren oder längeren Zeitabständen wieder. Die wiederholten Ausbrüche führten zu Maßnahmen wie dem Fangen und Töten von Hunden, Quarantäne, dem Ausräuchern von Wohnungen oder dem Verbrennen von Bettlaken und Kleidungsstücken.

Die Pest führte allerdings nicht zwangsläufig zu dauerhaften Anstrengungen zur Verbesserung der hygienischen Verhältnisse in den Städten. Wie Guy Geltner für die italienischen Städte im Spätmittelalter gezeigt hat, gingen Maßnahmen zur Verbesserung der öffentlichen Hygiene dem Schwarzen Tod voraus und wurden aufgrund der Schwächung urbaner Infrastrukturen in der zweiten Hälfte des 14. Jahrhunderts sogar teilweise weniger durchgesetzt.[30] Dass die Pesterfahrung die Aufmerksamkeit für öffentliche Hygiene verstärkte, würde aber zumindest nicht überraschen. Viele der gegen die Pest ergriffenen Maßnahmen beruhten auf empirischer Erfahrung, die zu der Isolierung von Kranken und anderen Quarantänemaßnahmen führten. Bereits im späten 13. Jahrhundert findet sich in den städtischen Akten von Straßburg oder Augsburg der Begriff «ansteckend».[31] Gelegentlich waren die ergriffenen Maßnahmen allerdings auch kontraproduktiv, etwa wenn beim Pestausbruch in London 1665 die Senkgruben geöffnet wurden oder man in Madrid 1760 Jauche auf die Straße kippte, weil man glaubte, das würde die Krankheit vertreiben.[32]

Um hier einen Schritt weiter zu kommen, ist vor allem der nochmalige Hinweis darauf notwendig, wie stark Hygiene in der Vormoderne von äußeren Umständen abhing. Die Pflasterung der Straßen war teuer, der Ausbau von Kanälen war teuer, jemanden damit zu beauftragen, für die Reinhaltung der Straßen zu sorgen, ebenfalls. Die Fähigkeit, den Reichtum der Bürger für die Verbesserung der Sauberkeit zu mobilisieren, erwies sich immer wieder als zentral. Dieser Hinweis könnte beispielsweise erklären, warum gerade wohlhabende (Kaufmanns-)Städte häufig für ihre Sauberkeit gelobt wurden. In Deutschland waren das beispielsweise Nürnberg, Breslau, Köln oder auch Augsburg, das die Entsorgung über ein ausgeklügeltes System von Kanälen regelte.[33] Noch deutlicher wurde dies freilich bei den italienischen und holländischen Städten. Diese waren bereits früh in der Lage, viele, wenn nicht einen Großteil der Straßen zu pflastern und die regelmäßige Abholung von Fäkalien und Abfällen zu bezahlen. Insbesondere ein Ring von Gartenwirtschaften um die Städte herum schuf eine Nachfrage nach urbanem Dünger. In den holländischen Städten kamen die Lage am Wasser und die zahlreichen Kanäle hinzu, die die Entsorgung wie auch die Abholung der Abfälle erleichterten.

Das Vorhandensein praktischer Bedingungen für eine besondere

Hygiene hieß jedoch nicht zwingend, dass diese auch genutzt wurden. Darum ist es sinnvoll, nach weitergehenden Begründungen zu fragen. In Betracht kommt dabei etwa eine Wahlverwandtschaft zwischen den Anforderungen des Kaufmannsberufs, einem relativen wirtschaftlichen Wohlstand und Hygienepraktiken. Frank Rexroth stellte bereits für London im späten 14. Jahrhundert eine verstärkte Aufmerksamkeit für die Sauberkeit der Straßen und insbesondere den Umgang mit Schlachtabfällen fest. Er erklärte dies mit einer spezifischen Kaufmannskultur, bei der Reinlichkeit zum Ausweis von Sitte und Wohlstand wurde. Zugleich ging es aber auch um die Kontrolle der Umwelt durch Wiegen, Messen und die Garantie der Reinheit der Ware. Sauberkeit war eine Technik, die Wirkungen der Handwerke kontrollierbar zu machen.[34]

Hier werden zwei unterschiedliche Erklärungen urbaner Hygienepraktiken sichtbar. Simon Schama hatte wie erwähnt die protestantische Bürgerkultur der Niederlande als Aspekt einer inneren Staatsbildung präsentiert. Bas van Bavel und Oscar Gelderblom haben jedoch eine andere Erklärung vorgeschlagen. Ihnen zufolge resultierte die niederländische Neigung zur Sauberkeit aus den Anforderungen der Herstellung von Butter und Käse. Durch Sauberkeit konnte die Qualität der Produkte stark verbessert werden. Die Niederlande waren seit dem späten 16. Jahrhundert die möglicherweise am stärksten kommerzialisierte Gesellschaft überhaupt und verkauften diese Produkte auf überregionalen Märkten. Butter- und Käseherstellung war hier tatsächlich ein *Big Business*, und geschätzt die Hälfte der holländischen Haushalte war im 16. Jahrhundert auf die eine oder andere Weise an der Milchwirtschaft beteiligt.[35] Eine vergleichbare These ließe sich vielleicht für Japan und die Seidenraupenzucht formulieren, die eine ähnlich hohe Aufmerksamkeit für Hygiene erforderte.[36] Frank Platt wiederum betrachtete die Brauereien des 19. Jahrhunderts als Labore der Kontrolle städtischer Umwelten.[37]

Das niederländische Beispiel ist deswegen so interessant, weil sich an ihm exemplarisch die Wechselwirkungen technisch-praktischer Anforderungen von Handel und Handwerk auf der einen, der kulturellen Annahme und Verarbeitung von Sauberkeit als kulturellem Code auf der anderen Seite diskutieren lassen. Innere Staatsbildung und Milchwirtschaft schließen sich als Erklärung ja nicht aus, vielmehr erscheint es plausibel, eine *Wahlverwandtschaft* von bürgerlich-calvinistischen Verhaltensweisen und den praktischen Anforderungen des Geschäfts zu vermuten. Zusammen bildeten sie den Nährboden für einen Diskurs, in dem Sauberkeit als Norm mit moralischen Konnotationen dienen konnte und zugleich mit kommerziellem Erfolg assoziiert wurde. War diese Idee einmal in der Welt, erwies sie sich als außerordentlich nützlich. Als Chiffre ließ sie sich in verschiedenen sozialen Zusammenhängen verwenden: etwa um saubere protestantische Städte von schmutzigen katholischen zu unterscheiden.[38]

Und doch war das offensichtlich nur die Vorprägung einer Entwicklung, die seit der zweiten Hälfte des 18. Jahrhunderts eine besondere Eigendynamik entwickeln sollte. Eine bekannte Interpretation der Entwicklung von Hygienenormen lautet, es habe zwar in der Vormoderne schon Konjunkturen der Hygiene gegeben – im Mittelalter eher gut, im Spätmittelalter eher schlecht –, der Durchbruch zur gesellschaftlichen Norm sei aber erst mit dem bürgerlichen Reinheitsdiskurs seit der Mitte des 18. Jahrhunderts erfolgt. Die Aufklärung hatte schon dem Blick in die Natur neue Legitimität verliehen. Jetzt aber ging das Auge ein Bündnis mit der Nase ein, und es entwickelte sich eine verfeinerte Sensibilität für Schmutz, Gestank und die mit ihnen verbundenen Gefahren.[39] Hygieneanforderungen wurden nicht nur deutlich strikter, sondern verbanden sich mit moralisch aufgeladenen Verhaltenslehren: Wer sich wusch, hatte bessere Chancen, ein guter Mensch zu sein.

Tatsächlich scheint hier ein Bruch stattgefunden zu haben: Bei den Sauberkeitspraktiken vormoderner Städte ging es um die Kontrolle urbaner Umwelten. Es ging um die Qualitätskontrolle sensibler Waren oder auch um den Zusammenhang von Städtehygiene und Gesundheit, für den vielerorts bereits ein deutliches Bewusstsein existierte.[40] Das alles verband sich mit einer spezifischen Form von *Bürgerstolz*, der urbane Sauberkeit als Ausweis von wirtschaftlichem Erfolg und *Civilitas* betrachtete. Die neue Sensibilität für Gerüche und Schmutz, deren Herausbildung Alain Corbin für das Pariser Bürgertum gezeigt hat, wäre in diesen sozialen Zusammenhängen mit hoher Wahrscheinlichkeit als merkwürdig und kaum nachvollziehbar erschienen.

Differenzierung

Die Voraussetzung dafür, dass Hygiene als soziale Norm ihre Steigerungslogik seit dem 18. Jahrhundert zunehmend entfalten konnte – bis hin zu den feinen und feinsten Unterscheidungen –, waren tiefgreifende Veränderungen der Sozialstruktur, die seit dem 18. Jahrhundert stattfanden: die Auflösung der Ständegesellschaft und der Aufstieg des Bürgertums als neuer sozialer Klasse. Dazu passte ein kultureller Code, der gesellschaftliche Rangunterschiede nicht mehr als gottgegeben, sondern als Resultat einer Klassenmoral verstand. Letztere galt es zu heben, um mit der Abwehr von Schmutz und Gestank nicht nur Krankheiten vorzubeugen, sondern zugleich Indolenz und Verderbnis zu beseitigen.[41] Da dieser kulturelle Code nicht mehr an die soziale Ordnung der alten Stadt rückgebunden war, gab es für die Entfaltung der Steigerungslogik der Hygiene kaum noch Hindernisse – und sie erwies sich als äußerst flexibel darin, sich neue Verbündete zu suchen und mit den großen Integrationsideologien des 19. Jahrhunderts ein Bett zu teilen.

Ältere Schmutzzuweisungen konnten zwar durchaus drastisch ausfallen, aber sie hatten gerade bei Reiseberichten oft etwas Obskures: Man berichtete über die merkwürdigen Sitten anderer Leute, ohne sie damit unbedingt moralisch zu verurteilen. Das Eindringen der Moral in den Hygienediskurs verstärkte indes die beschriebene Steigerungslogik: Mehr davon schien immer besser zu sein und konnte zugleich negativ auf andere zurückgespiegelt werden, die sich weniger häufig wuschen, weniger um Abfälle kümmerten oder auf die Straße urinierten. Auf diese Weise wurde Hygiene zu einer Wirkgröße aus eigenem Recht. Dem Hygienediskurs der Vormoderne hingegen fehlte noch die scharfe Moralität und der Wille, eine umfassende Transformation urbaner Zustände herbeizuführen und dies mit der zivilisatorischen Hebung bestimmter sozialer Schichten zu verbinden.

Zugleich begann der moderne Hygienediskurs, verschiedene Bereiche miteinander zu verknüpfen, die vorher nur lose zusammenhingen. Die Reinlichkeit der Körper und die Sauberkeit der Häuser und Straßen wurden zunehmend als Aspekt *eines* Problems betrachtet. In dem Moment, wo Körper- und öffentliche Hygiene sich enger miteinander verzahnten, wurden die Beschreibungen von Schmutz und Gestank drastischer. Der angebliche Schmutz chinesischer Kaufleute wurde in der zweiten Hälfte des 18. Jahrhunderts genauso zum Problem wie der Gestank der Straßen italienischer Städte. Insgesamt scheint sich während des 19. Jahrhunderts die Neigung verstärkt zu haben, andere Leute als schmutzig zu bezeichnen. Der Hygienediskurs verband sich mit dem Nationalismus und goss dies zugleich in eine Gesamtdiagnose von Moral und Zivilisation.

Die Folgen wurden besonders dort sichtbar, wo Menschen unterschiedlicher Herkunft miteinander in Kontakt kamen: Westeuropäische Beobachter fanden die Russen schmutzig, die – wie ein Beobachter 1843 feststellte – die Angewohnheit hatten, bei Tisch die Servietten an den nächsten Gast weiterzureichen.[42] Die Russen fanden die Chinesen schmutzig, die ihre Abfälle auf den Boden warfen.[43] Besonders drastisch zeigte sich das in kolonialen Räumen. Gerade hier wurde deutlich, wie sehr sich im Laufe des 19. Jahrhunderts die Grenze verschoben hatte, ab der der Ekel einsetzte. Es entwickelte sich eine emotionale Intensität vergleichbar dem indischen Kastensystem und der untrennbaren Verbindung von Schmutz und Berührung.[44] Zugleich konnte Hygiene aber auch in als dreckig denunzierten Gesellschaften als Argument dienen, neue soziale Schichtungen zu legitimieren, wie an späterer Stelle noch gezeigt wird.[45]

Und schließlich ging es um Gesundheit: Während des 19. Jahrhunderts wuchs das Wissen um die Risiken des Schmutzes. Mit der Verwissenschaftlichung der Städtehygiene, die nicht erst mit der Durchsetzung der Bakteriologie im letzten Viertel des 19. Jahrhunderts einen Schub bekam, gewann Hygiene weiter an Durchschlagkraft und konnte damit paradoxerweise als moralisch und wertfrei zugleich erscheinen. Selbst die schärfste persönliche Abwertung ließ sich als Sorge um das körperliche Wohlergehen camouflieren. Mit der dadurch verstärkten Sensibilität für Schmutz verschob sich auch die ästhetische Wahrnehmung. Rousseau erzeugte in seinen *Confessions* einen schönen literarischen Effekt, wenn er Paris als aus der Ferne ehrfurchtgebietend und prachtvoll beschrieb, der Eindruck sich aber sofort änderte, sobald man die Stadt betrat und des Schmutzes und Gestanks gewahr wurde.[46] Der britische Hygieniker Edwin Chadwick trieb dieses Motiv auf die Spitze, wenn er ausgerechnet die prachtvollen italienischen Städte wie Neapel als die gefährlichsten überhaupt charakterisierte.[47]

Am Ende brachten solche Diskurse eine genuine Geschichtsphilosophie hervor, in der die Menschen durch Aufklärung, Rationalität und bürgerlichen Anstand gesünder, sauberer und wohlhabender wurden – und die im Übrigen die schmutztriefende Stadt der Vormoderne erst erfand.[48] Zugleich war es aber charakteristisch für diesen Hygienediskurs, zunächst einmal nur das zu sein: ein Diskurs. Die praktischen Anforderungen, Hygienenormen zu erfüllen, waren in der zweiten Hälfte des 18. Jahrhunderts kaum erfüllt, und es ist sehr fraglich, ob sich das in naher Zukunft bessern sollte: Die Städte wurden zunächst sicher nicht sauberer – in vielerlei Hinsicht schufen Industrialisierung und Städtewachstum diesbezüglich ganz neue Herausforderungen.

Hygiene war letztlich eine Frage ihrer sozialen Einbettung: In der stratifizierten Gesellschaft der Vormoderne blieb sie als Norm stets an soziale Hierarchien gekoppelt. Sie war eine Angelegenheit der besseren Leute und ging die anderen nicht wirklich etwas an. Es gab Tendenzen, wie sie hier in Religion und stadtbürgerlicher Kultur ausgemacht wurden, die in Richtung einer Universalisierung wirkten. Diese kamen aber erst seit der zweiten Hälfte des 18. Jahrhunderts zum Durchbruch und wurden auch erst dann zu einer historischen Potenz – zunehmend strenger, zunehmend mit Wissen angereichert und zunehmend mit dem Vorschlaghammer der Volksgesundheit im Anschlag. Allein die Welt und die sozialen Dynamiken, die sie zur gleichen Zeit erfassten, erwiesen sich als widerständig.

II. INDUSTRIEZEITALTER

6. Die zweite Revolution: Industrialisierung und ihre Folgen

Give me your tired, your poor, your huddled masses yearning to breathe free, the wretched refuse of your teeming shore, send these, the homeless, tempest-tossed, to me: I lift my lamp beside the golden door.

(Emma Lazarus, «The New Colossus»[1])

Die Verwandlung der Welt

Um 1900, in einer Phase der intensiven Reflexion über historische Veränderungen und Erwartungen hinsichtlich des anbrechenden Jahrhunderts, kam ein rhetorischer Kniff in Mode: die eigene Gegenwart der Welt gegenüberzustellen, wie sie vor 100 Jahren ausgesehen hatte.[2] Das Ergebnis war erstaunlich. Der bekannte Ökonom Werner Sombart beschrieb das eindrücklich in seinem populären Buch über die *Deutsche Volkswirtschaft im neunzehnten Jahrhundert*: Die Mühen des Reisens mit Pferdewagen, die auf schlechten Wegen im Schlamm stecken blieben und unendlich lange brauchten, waren durch die bequeme Eisenbahnfahrt abgelöst worden. Hatte man um 1800 für eine Reise mit der Postkutsche von Frankfurt nach Stuttgart mehr als 40 Stunden benötigt, dauerte es nunmehr lediglich drei. Die Städte waren noch klein, die Dörfer ganz verschieden, das Land von zahllosen Weiden bedeckt. Berlin, um 1900 eine vibrierende Millionenmetropole und das politische und kulturelle Zentrum des Deutschen Reiches, erschien rückblickend mit seinen weniger als 200 000 Einwohnern im Jahr 1800 noch vergleichsweise wenig beeindruckend.[3]

Solche Motive wurden seitdem immer wieder genutzt, um das Ausmaß der «Verwandlung der Welt» (Jürgen Osterhammel) im langen 19. Jahrhundert zu veranschaulichen, das die Geschichtswissenschaft üblicherweise erst mit dem Ausbruch des Ersten Weltkriegs 1914 enden lässt. Die welthistorischen Veränderungen waren nicht nur in Europa, sondern global betrachtet fundamental: Die Bevölkerung stieg von ungefähr einer auf 1,7 Milliarden, nachdem sie über viele Jahrhunderte nur langsam (wenn überhaupt) gewachsen war.[4] Der Urbanisierungsgrad hatte sich von etwa zehn auf über zwanzig Prozent mehr als verdoppelt. Die Industrialisierung erzeugte eine bis dahin beispiellose Wachstumsdynamik. Neue Transport- und Kommunikationsmittel wie Eisenbahn, Dampfschifffahrt oder Telegraphen trugen zu einer engeren globalen Vernetzung bei. Der Imperialismus sollte die globalen Herrschaftskonstellationen grundlegend verändern.

Diese Transformationen waren umfassend und zugleich äußerst *ungleichmäßig*. Es entstanden politische und ökonomische Machtgefälle, für die es in der Geschichte wenige Vorbilder gibt. Große Unterschiede zwischen Arm und Reich, Macht und Ohnmacht hatte es natürlich auch in der Vormoderne gegeben. Diese waren allerdings vor allem *innerhalb* einzelner Länder und Territorien ausgeprägt gewesen. Doch selbst Venedig, Song-China oder die Niederlande im «Goldenen Zeitalter» waren anderen Regionen hinsichtlich ihrer wirtschaftlichen und militärischen Leistungsfähigkeit nie so weit voraus gewesen wie England am Ende des 19. Jahrhunderts gegenüber dem Großteil der Länder der Erde.

Dieses Machtgefälle spiegelte sich in einem dynamisch fortschreitenden Imperialismus wider. Wenige Länder unterwarfen sich einen Großteil des Planeten, und der afrikanische Kontinent befand sich am Ende des 19. Jahrhunderts beinahe vollständig unter Fremdherrschaft. Besonders die Briten arbeiteten unermüdlich daran, ihr *Empire* weiter auszudehnen. Seinen Höhepunkt erreichte dieses Streben nach dem Ersten Weltkrieg, als sie – wenn auch nur für kurze Zeit – ein Viertel der Landmasse der Erde und der Weltbevölkerung beherrschten. Aber auch Frankreich, Holland, Belgien, Deutschland, Russland sowie seit den 1890er Jahren die USA und Japan traten als Kolonialmächte hervor. Dabei ging es kaum allein um die Ausdehnung von Herrschaft. Als Machtattribute waren Kolonien immer wieder auch Arenen des Zivilisationswettstreits, in dem die Rangfolge der großen Mächte verhandelt wurde.

Auch in wirtschaftlicher Hinsicht vergrößerten sich die Unterschiede. Wenige Länder preschten vor, andere hingegen entwickelten sich langsam oder kaum. Seit dem letzten Viertel des 18. Jahrhunderts prägte sich eine Entwicklung aus, die als *Great Divergence* bezeichnet wird: Während die Wirtschaftsleistung zuerst in Großbritannien, dann in Belgien, Frankreich, Deutschland und den USA während des 19. Jahrhunderts stark anstieg, stagnierte das Bruttoinlandsprodukt pro Kopf in China oder Indien während dieser Zeit oder fiel sogar etwas ab.[5] Die «außergewöhnliche Episode im wirtschaftlichen Fortschritt der Menschheit», als die der berühmte Ökonom John Maynard Keynes die Zeit vor 1914 bezeichnete, schuf für einige Länder eine ungeahnte Prosperität.[6] Neue Transport- und Kommunikationsmöglichkeiten wurden geschaffen, Investitionen aus Europa waren über den gesamten Globus verteilt, während andere Länder zu stagnieren schienen. Das konnte leicht zu der – falschen – Schlussfolgerung verleiten, für sie hätte sich gar nicht so viel verändert.

Jahr	1700	1820	1870	1913
Großbritannien	1250	1706	3190	4921
Frankreich	910	1135	1876	3485
Deutschland	910	1077	1893	3648
Indien	550	533	533	673
China	600	600	530	552

Entwicklung Bruttoinlandsprodukt pro Kopf 1700–1913 (in Geary-Khamis-Dollar)[7]

Seitdem die Geschichtswissenschaft in den 1960er Jahren dazu überging, nicht nur die Wege der hohen Politik nachzuzeichnen, sondern gesellschaftliche Wandlungsprozesse umfassender in den Blick zu nehmen, wurde mit einer gewissen Zwangsläufigkeit die industrielle Dynamik als das auslösende Moment dieser Veränderungen betrachtet. Der US-amerikanische Ökonom Walt W. Rostow sprach von einer *Take-off*-Phase zwischen 1780 und 1802, in der die Wirtschaft stark gewachsen und sich eine Industriegesellschaft ausgeprägt habe.[8] Alles, was im 19. Jahrhundert an fundamentalen Veränderungen folgen sollte – Bevölkerungs- und Städtewachstum, neue soziale Schichtungen oder auch der Kolonialismus –, waren aus dieser Perspektive als direkte oder indirekte Folge dieser Dynamik zu verstehen.[9]

Von einer solchen Sichtweise ist man heute allerdings wieder ziemlich weit entfernt. Dabei wird nicht nur auf die verschiedenen Wege in die Moderne, die die einzelnen Länder einschlugen, und die Bedeutung unterschiedlicher kultureller Voraussetzungen hingewiesen. Generell spielen in den aktuellen historischen Großerzählungen des 19. Jahrhunderts ökonomische Dynamiken eine untergeordnete Rolle. Ein zentrales Argument dafür lautet, die ökonomische sei am Ende nur eine von mehreren Entwicklungsdynamiken gewesen, welche die Welt seit der zweiten Hälfte des 18. Jahrhunderts grundlegend umgestaltet hätten. Die wirtschaftshistorische Forschung selbst trug zu dieser Einschätzung bei: Die intensiven Debatten über das Entwicklungstempo der britischen Volkswirtschaft während der Industrialisierung führten zu der Einsicht, am Ende des 18. Jahrhunderts habe keineswegs eine Wachstumsexplosion stattgefunden. Vielmehr habe es sich bis zum Wachstumsschub der 1830er Jahre um eine eher kontinuierliche Entwicklung gehandelt, deren Anfänge bis weit in das 18. Jahrhundert zurückreichen. Der Sensationscharakter der Industrialisierung wurde von der quantitativen Wirtschaftsgeschichte gewissermaßen weggerechnet.[10]

Ein weiteres Argument lautet, die Industrialisierung sei während des 19. Jahrhunderts auf wenige Länder beschränkt geblieben. Dem britischen Beispiel folgten zwar nach einiger Zeit Belgien, Frankreich, Deutschland und die USA. In der zweiten Hälfte des 19. Jahrhunderts kamen Industrialisierungsansätze in Russland, Japan und weiteren Ländern hinzu. Aber selbst dort waren es vorrangig Zonen gewerblicher Verdichtung oder bestimmte Branchen, bei denen man tatsächlich von einer Industrialisierung sprechen kann. Verkennt die Betonung der industriellen Dynamik also nicht den geringen Industrialisierungsgrad der Welt insgesamt – und hatten vor diesem Hintergrund Entwicklungen wie der Kolonialismus nicht eine viel stärkere Wirkung?[11]

Beide Argumente stehen allerdings vor dem gleichen Problem: Sie legen ein viel zu enges Verständnis von Industrialisierung zugrunde und übersehen, wie tiefgreifend deren Auswirkungen waren. Die Etablierung einer maschinengestützten und energieintensiven Produktionsweise geschah zunächst tatsächlich nur in wenigen Bereichen – bei Textil, Eisen oder Gebrauchsgütern wie Keramik –, was die handwerkliche Organisation der gewerblichen Produktion noch nicht grundsätzlich in Frage stellte. Die Lerneffekte waren jedoch gewaltig: Auf diese Weise wurde die preisgünstige Produktion großer Mengen von Waren möglich, und es wurde zunehmend verstanden, wie sich diese Produktionsweise auf andere Bereiche übertragen ließ. Die in Lancashire, Birmingham und anderswo erprobten Neuerungen enthielten in sich den Keim einer Entwicklungsdynamik, welche den Globus auf lange Sicht grundlegend umgestalten sollte. Aber auch abseits der industriellen Kernbranchen blieb keineswegs alles beim Alten. Die Technologien der gewerblichen Produktion machten auch da große Fortschritte, wo sich nicht im strengen Sinne von einer industriellen Produktionsweise sprechen ließ. Darauf hat die Forschung in den letzten Jahren verstärkt hingewiesen: Die Industrialisierung ging mit der Ausprägung einer spezifischen Innovationskultur einher, die zunehmend die gesamte Wirtschaft erfasste.[12]

Darüber hinaus führt es auf eine falsche Fährte, die Auswirkung der Industrialisierung auf Nachahmung zu reduzieren: Zahlreiche Länder, in denen noch auf viele Jahrzehnte hinaus keine industrielle Textilspinnerei errichtet, keine Eisenbahn gebaut, kein Stahl produziert wurde, wurden durch die Industrialisierung und die mit ihr einhergehende Vertiefung und Ausweitung von Handelsbeziehungen tief geprägt.[13] Allein die Fähigkeit der britischen Industrie, Baumwollgarne und -tuche zu äußerst niedrigen Preisen herzustellen und sie überall zu verkaufen, stellte auf kurz oder lang eine Herausforderung für Textilproduzenten auf der ganzen Welt dar. Der daraus resultierende Anpassungszwang musste keineswegs auf die Etablierung eigener Industrien hinauslaufen: Gerade weil Großbritannien hier lange Zeit einen extrem großen Vorsprung hatte, war es häufig sinnvoll, auf andere Produkte oder arbeitsintensive Formen der Urproduktion auszuweichen.[14]

Und schließlich war die Industrialisierung deshalb eine umfassende Entwicklung, weil sie die Breite des Angebots ausweitete und auf diese Weise zu einer Konsumrevolution beitrug. Eine bürgerliche Konsumkritik thematisierte das bereits seit der zweiten Hälfte des 18. Jahrhunderts: Nicht nur, dass die Massenproduktion immer mehr Güter für die einfachen Leute erreichbar machte, sondern auch die Vielzahl an neuen Produkten erschien verdächtig.[15] Allein, die Menschen kümmerte das wenig. Der fortgesetzte Konsum wiederum gab Städten als Produktionszentren eine wachsende Bedeutung: Seife, Kerzen, Accessoires, Wäsche, Stärke wurden nicht nur vorrangig in urbanen Räumen hergestellt, sondern dort auch verkauft.[16] Neue Herstellungsverfahren etablierten sich. Die Industrialisierung war nicht nur eine mechanische, sondern in hohem Maße eine chemische Revolution, die zudem ihre Rohstoffbasis häufig in den Städten fand.

Der ein wenig spröde Begriff Industrialisierung bezeichnet insofern nichts weniger als die zweite Revolution der Menschheitsgeschichte nach ihrer Sesshaftwerdung über 10 000 Jahre zuvor.[17] Es entwickelte sich ein neues Bewusstsein über die Gestaltbarkeit der Welt: Jede wirtschaftliche Handlung bekam potentiell einen neuen Horizont, weil sich ihre Bedingungen und Folgen im Rahmen globaler Konkurrenzen kaum noch abschätzen ließen. Die Technologien, um Länder zu erschließen, Kriege zu führen, Städte zu gestalten, Infrastrukturen zu errichten, wurden wesentlich in industriellen Zusammenhängen entwickelt. Gesellschaften fingen an, sich auf Wachstum einzustellen. Wenn *Modernität, Dynamik, Gegenseitige Beobachtung* und *Nachahmung* die großen Themen des 19. Jahrhundert waren, dann war die Industrialisierung stets Teil davon. Durch sie wurde die Welt zunehmend vernetzt und sie führte an vielen Orten zu vergleichbaren Problemen – und vergleichbaren Lösungen.

Urbanisierung

Eine der wichtigsten, das 19. Jahrhundert prägenden Entwicklungen war die Urbanisierung: nicht immer kontinuierlich, nicht für alle Typen von Städten gleichermaßen, aber eben doch ein allgemeines und globales Phänomen. Hatten um 1800 etwa 10 Prozent der Weltbevölkerung in urbanen Räumen gelebt, waren es bei Ausbruch des Ersten Weltkriegs bereits etwa 25 Prozent. Besonders ausgeprägt war diese Entwicklung in den Vereinigten Staaten, wo der Urbanisierungsgrad um 1900 bereits die 50 Prozent überschritt.[18]

Über das Wachstum von Metropolen wie London, Paris oder New York ist viel geschrieben worden, doch kam es an zahllosen Orten zu erstaunlichen Zuwächsen: Moskau wuchs allein zwischen 1870 und 1910 von ca. 600 000 auf 1,6 Millionen Einwohner. Buenos Aires hatte 1833 noch 60 000 Einwohner, zählte 1914 aber bereits 1,6 Millionen. Die Einwohnerzahl Berlins betrug um 1900 schon 2,5 Millionen.[19] Und diese Entwicklung blieb nicht auf die Metropolen beschränkt. Santiago de

Chile war um 1800 noch eine Mittelstadt mit etwa 20 000 Einwohnern, wuchs aber um 1920 bereits auf eine halbe Million. Das verschlafene Nest Jerusalem hatte 1850 weniger als 20 000 Einwohner, bei Ausbruch des Ersten Weltkriegs aber schon 75 000. Einer der wenigen Ausreißer in diesem globalen Trend war China, das während des 19. Jahrhunderts ein vergleichsweise schwaches Bevölkerungswachstum erlebte und wo die Einwohnerzahl der Städte stagnierte oder sogar – wie im Falle Pekings und Shanghais – zurückging.[20]

Die Ursachen für diese Wachstumsentwicklung der Städte sind zunächst in der allgemeinen Zunahme der Bevölkerung zu suchen. Dieses war seit der zweiten Hälfte des 18. Jahrhunderts ein globales Phänomen, und ökonomische Dynamiken stellten eine wichtige, aber keineswegs zureichende Hintergrundentwicklung dar.[21] Hinzu kamen Fortschritte des medizinischen Wissens, bessere Techniken der Geburtshilfe oder die Durchsetzung neuer Anbaumethoden und Fruchtsorten wie der Kartoffel.[22] Bevölkerungswachstum führte wiederum mit einer gewissen Notwendigkeit zu einer verstärkten Urbanisierung, denn auf dem Land konnten viele Menschen nicht länger überleben. Die Folge war eine starke Binnenmigration. Städte entwickelten dabei immer wieder eine erstaunliche Fähigkeit, Menschen zu absorbieren.

Wie konnte das funktionieren? In vielen Fällen schuf eine dynamische gewerbliche Entwicklung die Voraussetzung, um innerhalb der Städte den Lebensunterhalt bestreiten zu können. Um 1850 war das Ruhrgebiet noch eine wenig aufregende, agrarisch geprägte Gegend mit einigen Ackerbürgerstädten entlang des Hellwegs. Bis 1914 hatte die Entwicklung von Zechen und Stahlwerken dazu geführt, dass sich zwischen Duisburg und Dortmund mehr als fünf Millionen Menschen ansiedelten. Chicago wuchs seit der Mitte des 19. Jahrhunderts nicht zuletzt auf der Basis von Holz, Fleisch und Getreide zu einer Millionenmetropole. London war um 1900 die größte Stadt der Welt und damals, genauso wie Berlin, noch ein dynamisches gewerblich-industrielles Zentrum. Für New York, das sich zunehmend anschickte, London seinen Status streitig zu machen, oder auch Tokyo galt dasselbe.[23]

Trotz des deutlichen Zusammenhangs zwischen Industrialisierung und Urbanisierung gab es viele Fälle, in denen Städte wuchsen, obwohl eine gewerblich-industrielle Entwicklung nur in geringem Maße stattfand. Teilweise konnte die Einbindung in koloniale Netzwerke Städten einen Wachstumsschub geben, wofür Kalkutta ein gutes Beispiel ist.[24] Häufig waren aber vor allem starke *Rural-Push-* und weniger *Urban-Pull-*Effekte ausschlaggebend: Wenn das Land die Menschen nicht mehr ernähren konnte, zogen sie notgedrungen in die Städte. Wenn dann noch, wie beispielsweise in Indien, die Migrationsmöglichkeiten in die Amerikas begrenzt waren, wuchsen Städte auch ohne eine ausgeprägte gewerbliche Entwicklung. Mancherorts hielten sich die Menschen über Wasser, indem sie eine semiagrarische Existenzweise aufrechterhielten und zwischen Stadt und Land pendelten.

In gewisser Weise schuf die Zusammenballung von Menschen selbst die Voraussetzung dafür, dass sie in urbanen Räumen überleben konnten: Ein Geschäftsleben entwickelte sich, wobei ein florierender Gebraucht- und Kleinhandel daran häufig großen Anteil hatte. Städte brauchten eine Verwaltung und allerlei Dienstleistungen, die Arbeitsmöglichkeiten schufen.[25] Die Eliten beschäftigten Dienstpersonal, das vielerorts erstaunliche Zahlen erreichte. Auf diese Weise entstand ein *Urban Service Sector*, der einer großen Anzahl an Menschen das Überleben ermöglichte, wenn auch in großer Armut. Städte brachten neue Formen sozialer Differenzierung hervor und immer wieder auch eine urbane Mittelschicht.

Wenn Städte wuchsen, veränderte sich ihre räumliche Gliederung. Das fing schon mit der Entfestigung an: Staatsbildung und imperiale Durchdringung führten im Frankreich des 17. Jahrhunderts immer häufiger dazu, die Stadtmauern niederzulegen. In Deutschland geschah dies im Wesentlichen zwischen 1789 und 1815 aus einem ganzen Bündel von Motiven: Mauern standen der urbanen Expansion im Weg, behinderten die Anlage von Verkehrswegen und ihre Steine wurden als Baumaterial benötigt. Paradoxerweise wurde ihnen aber auch ihr eigentlicher militärischer Nutzen zum Verhängnis: Denn wer die Mauern niederlegte, verringerte die Wahrscheinlichkeit, von Napoleons Armeen angegriffen zu werden.[26] Anderswo, von Rom über Jerusalem bis hin zu einer indischen Stadt wie Ahmedabad ließ man die Mauern hingegen einfach stehen.[27] Diese Städte wuchsen dann durch Anlagerung weiter, was aber in vielen Fällen bedeutete, Funktionsbauten wie etwa Bahnhöfe außerhalb des Mauerrings anzulegen.[28]

Mit dem sukzessiven Bedeutungsverlust der Stadtmauern fiel ein wichtiger Faktor urbaner Verdichtung weg. Die Folge musste jedoch keineswegs die Auflockerung der Bebauung sein, wie Anthony Wohl für London festgestellt hat: «Mit dem fortgesetzten Wachstum der städtischen Bevölkerung wurde jedes verfügbare Stück Land genutzt, Plätze, Gassen, Hinterhöfe, bis die Gebäude aufeinander hockten wie in den alten italienischen Städten.»[29] Der wichtigste Faktor für die bauliche Verdichtung war wiederum Armut. Wenn sich gerade in Stadtzentren die Menschen zusammendrängten, ging es vor allem darum, die Kosten für Wohnraum gering zu halten. Doch auch die Entstehung gewerblich-industrieller Cluster beförderte die bauliche Verdichtung, damit in einer Welt ohne Automobil und Fahrrad die Arbeitsstätten erreichbar blieben. Menschen, die gar keine Landwirtschaft mehr betrieben, ließen sich kostengünstig in Mietskasernen zusammenpferchen.

Daneben gab es allerdings auch viele Fälle von *extensivem* Wachstum: Städte faserten dann nach außen in eine halbagrarische Lebensweise aus, die erst durch die nach dem Zweiten Weltkrieg um sich greifende Suburbanisierung wirksam zurückgedrängt wurde. War ausreichend Platz vorhanden und Land vergleichsweise günstig, konnte sich wie in Melbourne das eingeschossige Einfamilienhaus mit Garten durchsetzen, das allerdings auch eine Antwort auf die Härten des australischen Sommers darstellte.[30] Moskau wuchs außerhalb des Stadtzentrums vor allem in die Breite, und am Ende des 18. Jahrhunderts nahm die Stadt doppelt so viel Platz ein wie Paris – bei lediglich einem Drittel der Bevölkerung.[31] Außerhalb der von Ferne prachtvoll wirkenden *Weißen Stadt* dominierten eingeschossige Häuser. Die äußeren Bezirke mit ihren Holzhäusern, ungepflasterten Straßen und dörflicher Armut galten als schäbig und unterentwickelt, «unberührt von Öllampen, Straßenpflasterung und Polizeikontrollen».[32]

Gemeinsam war den rasch expandierenden urbanen Räumen, die Strukturen der alten Stadt herauszufordern, sie nach und nach aufzulösen oder – im Fall von neuen Städten – gar nicht erst zu entwickeln. Sie verlor sukzessive ihre auf das Zentrum hin orientierte sozialräumliche Gliederung und wurde gewissermaßen multipolar: Die besseren Leute wanderten vermehrt aus den Stadtzentren heraus, in denen die Belastung durch Gewerbe und Industrie die Lebensqualität stark einschränkte. Das britische *Westend* war eine typische Antwort: gehobene Stadtteile dort anzulegen, wo der Wind den schweren Rauch der industriellen Gewerbe verwehte. Gute und schlechte Bezirke bildeten sich aus, während im Zentrum die Gewerbe mit Repräsentationsbauten konkurrierten, die von ersteren oft mit einer dicken Rußschicht überzogen wurden. Gerade Industriestädte entwickelten häufig eine ziemlich wahllose Durchmischung von Industriebetrieben, Verkehrsanlagen und Wohngebieten.[33]

Zugleich griffen die Städte räumlich weiter aus, okkupierten immer mehr Fläche und erweiterten ihre Außenbeziehungen. Sabine Barles hat für die Zeit um 1880 von einem Bruch im Metabolismus gesprochen: Von ihrem Umland nahmen die Städte zunehmend mehr auf, als sie abgaben, Austauschbeziehungen wurden einseitig, und es kam zu einer «Desurbanisierung» (Sabine Barles) der Rohmaterialien.[34] Zugleich spannen Städte immer weitere Netze von Beziehungen. Nicht immer war das so extrem wie in dem von William Cronon beschriebenen Fall Chicagos, wo das Wachstum der Metropole in der zweiten Hälfte des 19. Jahrhunderts mit der grundlegenden Umgestaltung des weiträumigen Umlands einherging.[35] Trotzdem wurde das urbane Umweltmanagement, das so stark auf dem Austausch zwischen Stadt und Umland beruhte, immer stärker zurückgedrängt.

Reformaufgaben

Jede Stadt ist ein Individuum und besitzt eine besondere Geschichte und Identität. Zugleich darf nicht übersehen werden, in welchem Maße sich städtebauliche Trends aus der zunehmenden globalen Vernetzung speisten und Metropolen zu globalen Fixpunkten wurden. Vergleichbare Entwicklungsverläufe ergaben sich nicht zuletzt deswegen, weil Städte vor vergleichbaren Problemen standen: Schnell steigende Bevölkerungszahlen, bauliche Verdichtung, urbane Umweltbelastung, soziale Probleme und die mangelnde herrschaftliche und administrative Durchdringung von Ballungsräumen schufen die Stadt als die große Reformaufgabe des 19. Jahrhunderts.[36] Ein *Munizipaler Planungswille* wurde wirksam, um sie beherrschbar und regierbar zu machen, die Wohnsituation zu verbessern, die soziale Lage der Bewohner zu heben, ihr Umweltmanagement auf eine neue Basis zu stellen.[37]

Der darin zum Ausdruck kommende Anspruch auf Neugestaltung reagierte gerade im Falle der Metropolen auf die Herausforderungen, die mit Machtverschiebungen, leichthändigen Eroberungen, wirtschaftlichen Entwicklungsgefällen einhergingen. Es brauchte neue Ansätze, und nicht zuletzt deswegen führte die Städtereform im 19. Jahrhundert immer wieder zu radikalen Eingriffen in bestehende Stadtstrukturen. Historisch war das sicher nichts vollkommen Neues, denn geplante Städte hatte es in China und anderswo schon lange gegeben. Diese waren aber entweder bereits bei ihrer Gründung so konzipiert worden oder Stadtbrände oder andere Katastrophen hatten eine Neugestaltung ermöglicht. Das war aber alles gering im Ausmaß verglichen mit den Interventionen, die im 19. Jahrhundert nicht nur zur Erweiterung, sondern zur grundlegenden Umgestaltung urbaner Räume führen sollten.

Woran konnte man sich dabei orientieren? Während des 19. Jahrhunderts gab es vor allem zwei Städte, die eine globale Ausstrahlung entfalteten: London und Paris galten, obwohl sie keineswegs ihre hygienischen und baulichen Probleme befriedigend lösen konnten, als Vorbilder für das, was städtebauliche Modernisierung leisten konnte.[38] London war seit langem im Vergleich zu anderen europäischen Metropolen eine pragmatische, funktionale Stadt gewesen. Das unglückselige Zusammentreffen von Pestepidemie und Stadtbrand hatte hier bereits 1665/66 zu einer städtebaulichen Neugestaltung geführt: Straßen wurden verbreitert, Grundstücksgrenzen begradigt, Durchgangsstraßen angelegt.[39] In den 1850er Jahren wurde dann mit dem Bau eines umfassenden unterirdischen Kanalsystems begonnen, das die Abwässer hinter der Stadt in die Themse einleitete.

Paris hingegen war lange Zeit innerhalb des Mauerrings gewachsen. Obwohl unbestrittenes Herrschaftszentrum, galt die Stadt selbst durch enge Bebauung, dichte Straßen und Netzwerke der unteren Schichten im 19. Jahrhundert als kaum beherrschbar. Hier bedeutete die Umgestaltung der Stadt unter der Ägide von Baron Haussmann seit den 1850er Jahren einen radikalen Wandel: Nicht nur wurden Alleen und Durchgangsstraßen angelegt, sondern tatsächlich große Teile der Stadt abgerissen und neu gebaut. Gelegentlich wurde in der Forschung die Meinung geäußert, eine revolutionstraumatisierte Obrigkeit hätte in Frankreich in ständiger Furcht vor der eigenen Bevölkerung gelebt.[40] Das steht aber doch in einem Widerspruch dazu, dass in kaum einer anderen Stadt auf der Welt der munizipale Planungswille so rabiat durchgriff und so konsequent historisch gewachsene Stadtstrukturen demolierte wie in der Metropole an der Seine.

Was London und Paris hinsichtlich der Errichtung von Repräsentationsbauten – von Bahnhöfen, Ministerien, Museen – bis hin zu einer umfassenden infrastrukturellen Erschließung – Straßen und Kanalisation – exemplarisch realisierten, entfaltete eine globale Vorbildwirkung. Es waren die Hauptstädte der beiden mächtigsten Länder im 19. Jahrhundert. Sie hatten ein starkes demographisches Wachstum erlebt, so dass die Meinung vertreten wurde, die Europäer seien nach Amerika, die Franzosen aber nach Paris ausgewandert. Daraus resultierten nicht nur große soziale Probleme, sondern auch erhebliche Belastungen der urbanen Umwelt. Schließlich ließen sich hier die adäquaten finanziellen Mittel mobilisieren, um neue Lösungen umzusetzen. Viele Städte standen vor vergleichbaren Problemen, nämlich einen dynamisch wachsenden Stadtraum zu erschließen, zu organisieren und zu beherrschen. Zugleich wurden in einer Zeit wachsender globaler Vernetzung die Metropolen zum Ausweis von Macht und Zivilisation eines Landes. Städtereform war darum auch Teil eines Zivilisationswettstreits.[41] Standards der Wasserversorgung, Abwasserentsorgung, des Straßennetzes, der Verkehrsmittel und der städtischen Sauberkeit – die nicht zuletzt durch eine geordnete Müllsammlung gewährleistet wurde – spielten dabei eine große Rolle.

Das kann erklären, warum sich diese städtebaulichen Trends an zahllosen Orten beobachten lassen. Obwohl durch den Bau des Suez-Kanals die wichtigsten Handelsrouten seit den 1870er Jahren an Damaskus vorbeigingen, modernisierte sich die Stadt, verbreiterte und pflasterte viele Straßen, verbesserte die Wasserversorgung und legte neue Stadtviertel an.[42] Obwohl sich die wirtschaftlichen Verhältnisse in Ägypten relativ langsam entwickelten, fand in Kairo in der zweiten Hälfte des 19. Jahrhunderts bei der Stadtplanung und bei Repräsentationsbauten eine klare Orientierung an westlichen Vorbildern statt. In Japan, das sich selbst seit längerem als Zivilisationsführer Ostasiens betrachtete, ließ sich im Zuge der Meiji-Restaurierung ganz Ähnliches beobachten.[43]

Solche Adaptionen waren nicht zuletzt das Resultat großer – und zunehmender – Diskrepanzen wirtschaftlicher und militärischer Potenz, die ein Denken in Kulturstufen, in Kategorien von Fortschritt und Rückständigkeit zu plausibilisieren schienen. Ein solches Denken wäre aber nicht so wirksam gewesen, hätte es sich nicht als geeignet erwiesen, Differenzen und Statusunterschiede innerhalb einer Gesellschaft zu kommunizieren oder überhaupt erst hervorzubringen. Der Diskurs lieferte die Argumente, die den Modernisierungsagenten einen Vorteil verschafften. Die Traditionsbewahrer konnten hingegen leicht in Verdacht geraten, wirtschaftliche Rückständigkeit und militärische Unterlegenheit festzuschreiben, die im 19. Jahrhundert so oft zu Demütigungen geführt hatten.

Das Vorhandensein eines Planungswillens bedeutete indes noch lange nicht, dass er auch umgesetzt werden konnte. Denn am Ende war der Anspruch der Städtereform pompös und unangemessen angesichts der sozialen und baulichen Eigendynamiken der Urbanisierung. Besonders an den dicht bebauten Innenstädten prallte er häufig ab, gerade wenn die sich aus durchgreifenden Reformlösungen ergebenden Konflikte um Verletzung von Eigentumsrechten, Umsiedlung und Geldeinsatz kaum kalkulierbar erschienen.[44] An die Zentren von Madras, Kalkutta oder Bombay beispielsweise wagten sich die britischen Kolonialherren nicht recht heran. Ein zentraler Faktor waren dabei aber auch immer wieder die Finanzen: Die Umgestaltung der Städte erforderte den Einsatz erheblicher Geldmittel, und unter der Haussmannisierung hatte selbst das reiche Paris noch während der Zwischenkriegszeit finanziell zu leiden.[45] Die Erneuerung von Kairo seit den 1880er Jahren zerrüttete die Staatsfinanzen in einem Ausmaß, das Ägypten der britischen und französischen Kolonialpolitik auslieferte.[46] Solche Projekte mussten darum gut überlegt sein, was natürlich keineswegs heißt, dass sie es auch waren; zumal bis zum Ersten Weltkrieg – und oftmals auch noch lange danach – die Städte überall auf der Welt strukturell unterfinanziert waren. Die Steuerquoten lagen niedrig. Große Infrastrukturprojekte aus den regulären Einnahmen einer Stadt zu bestreiten war folglich schwer bis unmöglich.

Eine gerade in Europa von einer schmalen bürgerlichen Schicht dominierte Stadtführung sträubte sich zudem gegen Projekte, die zu Steuererhöhungen führen und sie selbst im Zweifelsfall finanziell belasten mussten.[47] Stadtregierungen, die ambitiöse Hygieneprojekte planten, wurden im Frankreich der Dritten Republik häufig abgewählt.[48] In Indien sah das nicht anders aus: Nach der Stärkung des *Self-Government* 1884 wurde die Führung in den Städten von Grundbesitzern dominiert, welche die Steuerbelastung – die nicht zuletzt sie selbst betraf – niedrig halten wollten. Hier führte erst der Erste Weltkrieg, der nicht nur in den kriegsführenden Staaten die Einwohner an höhere Steuern gewöhnte, zu erweiterten Handlungsspielräumen. Es gab allerdings durchaus alternative Finanzierungsmöglichkeiten. Städte mit hohen Bevölkerungszahlen wie Kalkutta veranstalteten Lotterien, um Infrastrukturprojekte voranzutreiben.[49] Wichtiger war indes die Aufnahme von Anleihen auf dem Kapitalmarkt, wobei aber gerade kleinere Städte Probleme hatten, hier souverän zu agieren. Schwankende Zinsen für Anleihen spielten selbst für die britischen Städte eine große Rolle.[50]

Das ist *eine* Erklärung dafür, warum besonders in ärmeren Ländern die verfügbaren Ressourcen auf die Metropolen konzentriert wurden, wie das in Kairo oder Istanbul der Fall war. In Russland besaßen Moskau und St. Petersburg nicht nur die eindrucksvollste Bausubstanz. Vielmehr waren sie noch in der Endphase der stalinistischen Herrschaft zu Beginn der 1950er Jahre die einzigen russischen Städte, die über eine ausgebaute Kanalisation verfügten, während ein Großteil der anderen weiterhin auf die Kombination von Senkgrube, Plumpsklo und offenen Kanälen vertraute.[51] Städtereform blieb insofern lange Zeit auf die Metropolen fixiert und in den Metropolen auf die Innenstädte und repräsentativen Bezirke.[52] Im Zuge der umfassenden Modernisierung von São Paulo oder Rio de Janeiro seit den 1890er Jahren wurden die großen Alleen im Stadtzentrum ausgebaut, aber in den Armenvierteln geschah wenig zur Verbesserung der Verhältnisse.[53] Ganz im Gegenteil: Immer wieder mussten solche Viertel auf rücksichtslose Weise der Stadterneuerung weichen. Infrastrukturen der Abwasserentsorgung oder Abfallsammlung hielten mit dem schnellen Wachstum von Rio de Janeiro oder São Paulo nicht Schritt.[54]

Insofern gelang es der Städtereform global gesehen in den seltensten Fällen, zu ihren Zielen voll durchzudringen: den Stadtraum zu vereinheitlichen und soziale Ungleichheit abzuschwächen. Infrastrukturelle

Erschließung und städtehygienische Verbesserung blieben immer wieder auf bestimmte Bezirke beschränkt und ließen andere außen vor. Immer wieder waren Slums berüchtigt für ihre schlechte hygienische Lage wie Chicagos *Little Hell* oder Teile von Manchester, wo Schmutz und Abfall auf den Straßen in den 1840er Jahren schon Friedrich Engels schockiert hatten.[55] Selbst in Japan, wo die Städte als sehr sauber galten, schrieb der Journalist Matsubara Iwagorō um 1890 über den Tokyoer Bezirk Shin'am-chō:

> Die Gassen sind ein Sumpf von schmutzigem Wasser, tote Ratten verfaulen in der Sonne […], Haufen von alten Holzschuhen, verdorbenem Reis und Fisch liegen herum, die Dächer sind mit Stücken von zerbrochenen Matten repariert, und der Ort sieht aus wie ein Fort in einer von Schüssen und Granaten durchlöcherten Wildnis […]. Es ist der letzte Zufluchtsort auf Erden, so überfüllt, ach so überfüllt mit all dem Elend, und so bar von allem, was das Leben angenehm oder gar erträglich macht, und diejenigen, die ihn betreten, haben […] die Hoffnung aufgegeben.[56]

Die neue Stadt des 19. Jahrhunderts fand trotz aller Anstrengungen nur selten Auswege aus den oft so prekären Verhältnissen der Vormoderne. Sanitäre Infrastrukturen wurden immer wieder nur mit erheblicher Verzögerung eingeführt. Städtereform blieb als Projekt in vielen Fällen unvollendet, auf wenige Stadtteile beschränktes Stückwerk – oder bloßes Versprechen auf die Zukunft. Während eines Großteils des 19. Jahrhunderts blieb die *Urban Penalty* in Kraft, und selbst das städtehygienisch progressive Großbritannien hatte mit einer weiterhin bedrückend hohen Kindersterblichkeit zu kämpfen.[57] Die Versorgung einer stark wachsenden urbanen Bevölkerung war häufig nicht gesichert, und Armut wurde zu einem Problem, das die traditionellen Praktiken der Armenfürsorge überforderte. Erst um 1900 wurde es zumindest in Westeuropa, den USA oder Japan gesünder, in der Stadt als auf dem Land zu leben.[58]

Städtehygiene als Wissenschaft und Ideologie

Um die Stadt als Reformaufgabe entwickelten sich schließlich neue wissenschaftliche Disziplinen. In gewisser Weise war das angesichts der zahlreichen Probleme, zu denen das dynamische Wachstum der Städte führte, beinahe unvermeidlich. Die vielerorts erbärmlichen Lebensbedingungen der unteren Schichten in schlecht gebauten, verdichteten Wohnquartieren, einhergehend mit Krankheiten oder Prostitution, erhöhten die Belastung urbaner Umwelt auf eine kaum tolerierbare Weise. Das betraf die *Shock Cities* der Industrialisierung wie Manchester oder Chicago. Es betraf aber zunehmend auch indische Städte wie Madras oder Bombay, deren rapides Wachstum gerade in der ersten Hälfte des 19. Jahrhunderts zunehmend die traditionellen Praktiken des Umweltmanagements überforderten.

Ein Faktor, der die aus dem Städtewachstum resultierenden Probleme besonders deutlich hervortreten ließ, war die Cholera. Infektionskrankheiten wie Pest oder Pocken hatten die Menschheit seit langem begleitet, aber die *Cholera Asiatica* war etwas Neues: Diese Infektionskrankheit war seit langem hauptsächlich in Teilen Indiens endemisch gewesen, zeigte aber nur selten schwere Verläufe. Ähnliche Krankheiten – in Form eines ruhrähnlichen Brechdurchfalls – gab es auch in Europa.[59] Die Form der Cholera jedoch, die 1817 zunächst in Bengalen ausbrach und dann bald auf andere indische Städte übergriff, führte in vielen Fällen zu schweren Verläufen und hohen Opferzahlen.[60] 1820 erlebte China seine erste Cholera-Epidemie.[61] Seit den 1830er Jahre brach die asiatische Cholera über Osteuropa kommend vermehrt auch in westeuropäischen und amerikanischen Städten aus. Wien erlebte seinen ersten Ausbruch 1831, und schon ein Jahr später war New York betroffen. Innerhalb eines vergleichsweise kurzen Zeitraums wurde die Krankheit zu einem globalen Problem.

Ihren Höhepunkt erreichten die Cholerawellen während der 1830er Jahre, aber auch danach kam es immer wieder zu Ausbrüchen. In Westeuropa und den USA lief sie seit den 1860er Jahren langsam aus, aber noch 1884 starben in Neapel aufgrund katastrophaler sanitärer Zustände viele tausend Menschen, wonach die Stadt in Italien zur dringlichsten sanitären Reformaufgabe erklärt wurde.[62] Das in städtehygienischer Hinsicht eigentlich auf Stand befindliche Hamburg verlor bei der letzten großen Choleraepidemie in Deutschland 1892 etwa 8000 Menschen.[63] Das waren in Europa aber die letzten Ausläufer von Infektionswellen, die in chinesischen, indischen oder russischen Städten weiter wüteten und wo die Sterberaten auch in der zweiten Hälfte des 19. Jahrhunderts noch anstiegen. Selbst im 20. Jahrhundert kam es, besonders während der beiden Weltkriege, immer wieder zu größeren Ausbrüchen. China hatte noch zu Beginn der 1960er Jahre eine schwere Cholera-Epidemie zu verkraften.[64]

Die Cholera schuf immer wieder den Druck, um an den hygienischen und baulichen Zuständen in der Stadt tatsächlich etwas zu ändern, die Straßen sauber zu halten, Tiere zu verdrängen, die Abfallentsorgung zu verbessern. Aber in einem ganz umfassenden Sinne dynamisierte sie die Debatten um urbane Zustände: Es handelte sich um eine «neue», unbekannte Krankheit, die großen Schrecken erzeugte und – anders als etwa die Tuberkulose – in kurzer Zeit tötete. Im Unterschied zum Gelbfieber breitete sie sich weltweit aus und wurde zum Anlass eines globalen Transfers medizinischen und städtehygienischen Wissens.[65] Und schließlich war die Cholera nicht demokratisch: Auch wenn die wohlhabenden Schichten immer wieder Möglichkeiten hatten, sich räumlich zu entziehen, machten Pest und Pocken am Ende wenig Unterschiede zwischen Ständen und Schichten. Die Sterberaten von Adligen und Tagelöhnern lagen gerade bei den Pocken oftmals dicht beieinander.[66] Die Cholera hingegen befiel – genauso wie der über Läuse übertragene Typhus – vor allem arme Menschen, die in dicht bebauten Stadtvierteln zusammenlebten.[67] Aus diesem Grund wirkte sie als Verstärker einer ohnehin schon in Gang befindlichen Debatte um die sozialen Folgen baulich verdichteter Armenviertel. Sie deutete auf die sozialen Ursachen der Krankheit hin und erzwang die wissenschaftliche Auseinandersetzung.

Die daraus entstehenden Konstellationen beförderten die Städtehygiene als eine Wissenschaft, die ein besseres Verständnis davon ermöglichte, welche Faktoren Seuchen und Epidemien bedingten und wie sich Ausbrüche der Cholera besser beherrschen ließen. Im Verlauf des 19. Jahrhunderts entstand eine neue Klasse gut vernetzter städtehygienischer Experten. Um 1900 gab es bereits 13 angelsächsische, elf deutsche, sechs italienische, fünf belgische, vier russische Zeitschriften, die sich vorrangig mit Fragen der Städtehygiene beschäftigten.[68] Seit den 1850er Jahren fanden viele internationale Kongresse statt, die als Multiplikatoren von Wissen und Technologien der Städtehygiene dienten.[69] Es entstand eine internationale Gemeinschaft von Städtehygienikern, die auch nach den beiden Weltkriegen innerhalb kürzester Zeit wieder deutsche Experten in ihrer Mitte willkommen hieß.[70] Nicht zuletzt verschiedene internationale Cholera-Konferenzen trugen – neben den noch zu behandelnden kolonialen Zusammenhängen – zur globalen Verbreitung städtehygienischen Wissens bei.

Die Entwicklung der wissenschaftlichen Städtehygiene ist oft als die Geschichte großer Entdeckungen und eines damit einhergehenden Paradigmenwechsels erzählt worden: Der britische Arzt John Snow formulierte 1854 die These, verseuchtes Wasser befördere die Ausbreitung der Cholera. Der französische Chemiker Louis Pasteur machte zahlreiche bedeutsame Entdeckungen auf dem Gebiet der Hygiene, während der deutsche Arzt Robert Koch durch neue Nachweistechniken das Verständnis bakteriell ausgelöster Infektionen seit den 1870er Jahren entscheidend vertiefte. Zudem bewährte er sich und seine Lehren in schweren Krisensituationen: etwa bei dem Ausbruch der Cholera in Hamburg 1892, der in Deutschland den Paradigmenwechsel von der Miasmenlehre zur Bakteriologie beschleunigte.[71] Während die Miasmenlehre die Entstehungen von Krankheiten auf Ausdünstungen des Bodens zurückführte und insgesamt schlechte Luft als wichtigste Krankheitsursache betrachtete, ging die Bakteriologie von Erregern aus, die eine Krankheitsübertragung von Mensch zu Mensch, aber auch über das Wasser ermöglichte; William Sedgwick, ein Bakteriologe aus Massachusetts, schrieb um 1900: «Vor 1880 wussten wir nichts; nach 1890 wussten wir alles; es waren glorreiche zehn Jahre.»[72] Die Wendung zur Bakteriologie wurde immer wieder als ein entscheidender wissenschaftlicher Fortschritt angesehen, der die Städtehygiene überhaupt erst auf eine wissenschaftliche Grundlage gestellt habe.

Eine Geschichte der Städtehygiene entlang des Paradigmenwechsels zur Bakteriologie zu schreiben, funktioniert allerdings nicht besonders gut. Dieser fand schließlich erst gegen Ende des 19. Jahrhunderts statt, und da war die Städtehygiene als Wissenschaft bereits fest etabliert.[73] Bei genauerem Hinsehen ist es auch gar nicht so einfach, zu benennen, was sich wie und wann aus welchen Gründen genau veränderte: Viele der baulichen städtehygienischen Maßnahmen waren auf der Basis der Miasmen-Lehre geplant und durchgeführt worden. Der Münchener Hygieniker Carl Pettenkofer verewigte sich nicht zuletzt dadurch in der Medizingeschichte, indem er, um die Bakteriologie zu widerlegen, 1892 öffentlich ein Glas choleraverseuchten Wassers trank. Damit wurde er gewissermaßen zum Inbegriff des starrsinnigen, an widerlegten Ansichten festhaltenden Wissenschaftlers, und es mag tatsächlich sein, dass Pettenkofer und seine Schüler ihre städtehygienischen Vorschläge «mit einer Mischung aus halbseidener Theorie und bedeutungslosen Daten» begründeten.[74] Er war aber eben auch wesentlich verantwortlich für die Planung und den Ausbau der Münchener Wasserversorgung und Kanalisation sowie vieler weiterer Infrastrukturprojekte.[75]

Wenn die Miasmen-Lehre wissenschaftlich auch nicht haltbar war, so ließen sich auf ihrer Grundlage dennoch deutliche Verbesserungen der Städtehygiene erzielen. Das betraf im Übrigen längst nicht nur die Kanalisation, sondern auch Maßnahmen wie die Verlegung von Friedhöfen und Schlachthäusern an die Stadtränder. Darüber hinaus waren schon seit dem Mittelalter gesundheitspolitische Praktiken angewendet worden, die aufgrund der Erfahrung mit dem Verlauf von Erkrankungswellen nahelagen, sich aber mit der Miasmen-Lehre strenggenommen gar nicht begründen ließen. Den Verdacht, Abfallablagerungen in den Straßen könnten zur Ausbreitung von Epidemien beitragen, hegten Menschen in französischen Städten beispielsweise schon im 15. Jahrhundert.[76] Und schließlich war die Miasmen-Lehre keine historisch überkommene Mysterienkunde, sondern sie wurde im Zeitalter der Aufklärung in intensiven Debatten verfeinert und weiterentwickelt. Sie passte in gewisser Weise gut zur Stadt des 19. Jahrhunderts, in der es knirschte, zischte und brummte, in der es streng roch und an allen Ecken qualmte. Gerade dort, wo sie sich betont aufgeklärt gab, handelte es sich um eine geradezu sinnliche Doktrin, die die Stadt als dynamisches Inter- und Konteragieren natürlicher Potenzen auffasste: von Dämpfen und Winden, Hitze und Kälte, Sonne und Schatten.[77] Eine solche Auffassung inspirierte eine bauliche Gestaltung der Stadt, die darauf ausgelegt war, den guten Potenzen den Weg zu bahnen, die schlechten hingegen zu verteilen und zu verdünnen: Feste Untergründe, breite Straßen, in denen die Luft nicht stand, sondern frei zirkulieren konnte. Tatsächlich handelte es sich um eine Doktrin, die die Städtehygiene durch bauliche Maßnahmen zu verbessern ermöglichte. Ihr Beharren darauf, es könne niemals nur eine Ursache für bestimmte Phänomene geben, lieferte für lange Zeit auch einleuchtende Erklärungen. Etwa wenn es darum ging, warum sich die Cholera an bestimmten Orten scheinbar spontan, ohne Einfluss von außen und nur aufgrund lokaler Bedingungen ausbreitete.[78]

Zudem lassen sich bereits um die Mitte des 19. Jahrhunderts Mischformen aus der Miasmenlehre und der Ansteckungstheorie (Contagionismus) beobachten. Sei es bei dem italienischen Anatom Filippo Pacini, der schon 1854 das Cholerabakterium identifizierte, oder dem französischen Ingenieur Eugène Belgrand, der 1877 auf die durch das Wasser und Abwässer bestehenden Ansteckungsgefahren hinwies.[79] Der britische Kolonialarzt James Christie gelangte ebenfalls bereits in den 1870er Jahren durch seine Erfahrungen in Afrika und Indien zu der Ansicht, die Cholera würde sich über das Wasser ausbreiten.[80] Schon vor der Entdeckung des Tuberkelerregers durch Koch und die Forschungen Pasteurs ließen sich contagionistische Elemente immer wieder in städtehygienischen Diskursen antreffen. Die Vorstellung, erst durch die Bakteriologie sei das Licht der wissenschaftlichen Aufklärung auf die Städtehygiene gefallen, ist also falsch. Vielmehr handelte es sich um einen keineswegs sprunghaft verlaufenden Übergang als Folge einer langwierigen Auseinandersetzung mit den hygienischen Problemen und der hohen Sterblichkeit in schnell wachsenden urbanen Räumen.

Die Bakteriologie führte nicht zuletzt zu einer Fokussierung auf den individuellen Körper, der nun – viel stärker als die sanitären Verhältnisse einer Stadt – zum Ausgangspunkt und potentiellen Emittenten von Krankheiten erklärt wurde.[81] Darin lag durchaus bösartiges Potential, denn Sauberkeitsgrenzen ließen sich so definitorisch immer weiter hinausschieben. Unterschiede ließen sich dann auch dort noch markieren, wo sichtbare Differenzen gerade nicht mehr bestanden. Wie ein US-amerikanischer Mediziner 1903 über die Bewohner der Philippinen schrieb, die wenige Jahre zuvor von den USA kolonialisiert worden waren: «Die Einheimischen halten ihre Hände nicht sauber. Obwohl es heißt, dass sie ihre Körper täglich waschen […], sind sie auf alle Fälle nicht mikroskopisch sauber.»[82] Unter dem Mikroskop war es schwierig zu bestehen und entscheidend darum vielmehr, wer durch es hindurch blickte. Auf diese Weise ließen sich dann bequem westliche, saubere, asketische Körper mit den offenen, ansteckenden Körpern der Landbewohner oder der Bevölkerung kolonialisierter Länder kontrastieren.[83] In Kolonialdiskursen wurde seit den 1870er Jahren immer wieder behauptet, schwarze Körper würden die weißen anstecken.[84]

Hygiene wurde so verstärkt zu einem individuellen Verhaltensprogramm. Die Bakteriologie schuf eine neue Basis für die Verknüpfung von individueller Hygiene und Städtehygiene, die sich im gesellschaftlichen Diskurs bereits seit dem 18. Jahrhundert zunehmend herausgebildet hatte. Beides konnte nun auf eine gemeinsame Ursache zurückgeführt werden.[85] Obrigkeit und wissenschaftliche Expertise entdeckten die Desinfizierung als Möglichkeit, den öffentlichen Raum vor Krankheiten zu schützen. Diese hatte zwar ebenfalls eine lange Tradition und wurde insbesondere bei Pestepidemien – durch Ausräuchern oder den Einsatz von Essigessenzen – praktiziert, aber sie bekam jetzt eine neue wissenschaftliche Basis. Die Bakteriologie schien die Annahmen zu bestätigen, die die Städtehygieniker ohnehin von den unteren sozialen Schichten hatten, und sie bestärkte das Gefühl moralischer Überlegenheit, das sich im 20. Jahrhundert immer wieder zu rassistischer Eugenik steigern sollte. Allerdings waren viele der im späten 19. Jahrhundert angewandten Desinfektionsmittel auf der Basis von Quecksilber, Chlor oder Schwefelsäure der Gesundheit auch nicht immer besonders zuträglich.[86]

Vielleicht lag in der Fokussierung auf den individuellen Körper die eigentliche Veränderung, die mit der Bakteriologie in städtehygienischer Hinsicht einherging. Das liest man gelegentlich anders mit dem Hinweis darauf, die Bakteriologie habe nun einen Faktor ins Spiel gebracht, der sich nicht mehr mit den Sinnen entdecken ließ. Wie es Henry Bouley, ein Verbündeter Pasteurs, in den 1880er Jahren ausdrückte: Nicht alles, was stinkt, ist gefährlich. Nicht alles, was gefährlich ist, stinkt.[87] Nicht mehr der Geruch an sich stellte für die Menschen ein Risiko dar, sondern höchstens das, was der Geruch anzeigte. Doch die praktischen Auswirkungen blieben überschaubar: Zwar ließen sich Bakterien und andere potentielle Krankheitsüberträger nicht mit den Sinnen entdecken, aber sie blieben doch in der Regel an Gefahr signalisierende materielle Träger gebunden: Abfallhaufen, Ratten, Ungeziefer. Die Angst, es würde gerade dann gefährlich werden, wenn etwas *nicht* roch oder qualmte, wurde erst in den Umweltdebatten nach dem Zweiten Weltkrieg zu einem hervorstechenden Merkmal.

Insofern waren die praktischen Konsequenzen des Übergangs von der Miasmen-Lehre zur Bakteriologie eher gradueller Natur und führten nicht zu einem echten Bruch in den gesundheitspolitischen Praktiken. Jedoch verstanden Wissenschaftler, Experten und städtehygienische Praktiker zunehmend besser, was sie eigentlich taten, und das bildete die Grundlage für eine fortschreitende Verwissenschaftlichung der Städtehygiene – stets folgend dem Ideal der assanierten, weitläufigen, von technischen Infrastrukturen durchzogenen und strukturierten Stadt. Diese Vorstellung sollte erst in den 1960er Jahren herausgefordert werden.

7. Die Erfindung der Müllabfuhr

Perhaps the greatest contribution made by the industrial town was the reaction it produced against its own greatest misdemeanors.
(Lewis Mumford[1])

Kritische Infrastrukturen

Die seit der zweiten Hälfte des 18. Jahrhunderts schnell wachsenden Städte hatten mit großen Umweltbelastungen zu kämpfen. Besonders in den Verschmutzungsinseln der Industrialisierung stieg die Belastung so stark an, dass bereits aus ganz praktischen Gründen das traditionelle Konfliktmanagement, das auf den Ausgleich zwischen den streitenden Parteien und die Schadensregulierung im Einzelfall abzielte, nicht mehr funktionierte. Viele Städte waren räumlich zu stark gewachsen, zu viele Menschen hatten unter den Umweltbedingungen zu leiden, die Belastungsquellen hatten zu stark zugenommen. Für Geräusche, Gerüche, die Entsorgung von Abfällen und Fäkalien mussten neue Lösungen gefunden werden.[2]

Eine große Belastung waren weiterhin die Tiere. Diese legten eine erstaunliche Beharrungskraft an den Tag, die sich erst nach dem Zweiten Weltkrieg nach und nach erschöpfen sollte. Eine besondere Bedeutung kam dabei den Pferden zu. Das «letzte Jahrhundert der Pferde», von dem Ulrich Raulff in seiner populären Kulturgeschichte der Mensch-Pferd-Beziehung bis zum Zweiten Weltkrieg gesprochen hat, war zugleich die Zeit, in der die Tiere in nie gekannter Zahl die Städte bevölkerten.[3] Sie dienten dem Transport und waren eine Kraftquelle im Gewerbe.[4] Große Stallanlagen prägten die bauliche Gestalt vieler Metropolen, und Buenos Aires beherbergte um 1880 über 2700 Pferdeställe.[5] Immer wieder kam es dabei auch zu tragischen Unglücken wie dem großen Stallbrand in New York 1887, bei dem über 1000 Pferde ums Leben kamen, deren Kadaver anschließend in den Hudson geworfen wurden.[6]

Pferde waren unverzichtbar und eine Plage zugleich. Sie verrichteten ihr Geschäft auf den Straßen, und das war nicht wenig, denn ein ausgewachsenes Pferd produzierte 20–40 kg Fäkalien pro Tag. So ist es wenig verwunderlich, dass die Orte, an denen die Kutschen warteten, in Paris als besonders schmutzig galten.[7] Auf Pferdetransport eingestellte Städte hatten zudem regelmäßig mit Fliegenplagen zu kämpfen.[8] Allerdings übertraf in New York bereits 1912 die Zahl der Autos die der Pferde, und während der 1920er Jahre wurden sie mehr und mehr aus dem Stadtraum verdrängt. In London waren sie ab 1950 auf großen Verkehrsadern verboten. Spätestens die Motorisierungswellen während der 1960er Jahre und die Bereitstellung entsprechender Infrastrukturen ließen für Pferde keinen Platz mehr.

Pferde waren bei weitem nicht die einzigen Tiere in der Stadt. Catherine McNeur und Thomas Almeroth-Williams haben in Fallstudien zu New York und London gezeigt, in welchem Umfang diese Metropolen in der ersten Hälfte des 19. Jahrhunderts zugleich *Agropolen* waren.[9] Neben zahllosen Pferden wurden dort beispielsweise hunderttausende von Schweinen gehalten. In Manhattan gehörten sie vielerorts zum Straßenbild, und insbesondere Immigranten verteidigten vehement ihr Recht auf Schweinehaltung gegen alle amtlichen Verbote. Erst im Zuge des sog. *Pig War* 1858 gelang es der Stadtverwaltung, die Tierhaltung an die Peripherie abzudrängen. In London war das schon deutlich früher passiert: Bereits in den 1830er Jahren waren Schweine dort fast nur noch in äußeren Stadtteilen zu finden. Brauereien und Gin-Destillerien wurden zu den Schweinebaronen der Großstadt, weil ihre Produktionsrückstände – der sog. *Treber* – die Fütterung großer Herden ermöglichten. In einer mexikanischen Stadt wie Puebla waren die *Zahurdas*, große, offen gehaltene Schweineherden, noch in den 1920er Jahren im Stadtraum weit verbreitet.[10]

Noch länger überdauerte die Praxis, Abfälle an die Tiere zu verfüttern. «Der durchschnittliche chinesische Landwirt betrachtet das Schwein wahrscheinlich als eine Maschine oder einen Konverter, in den er so viele Abfälle oder Rohstoffe einspeist, um im Gegenzug Dünger zu erhalten, der für die Steigerung seiner Ernten unerlässlich ist», schrieb der US-amerikanische Agrarökonom Earl B. Shaw über die chinesische Landwirtschaft der 1930er Jahre.[11] Auch in den USA war dies in den 1940er Jahren noch durchaus üblich, und erst die zunehmende Sorge vor einer Ausbreitung der Trichinose sowie die sich häufenden Klagen über negative Auswirkungen auf den Fleischgeschmack machten dieser Praxis nach und nach ein Ende, bevor sie 1955, nach einem Ausbruch der Schweinepest, endgültig verboten wurde.[12] Anderswo, insbesondere in Kairo, lebt diese Praxis allerdings bis heute weiter fort und leistet einen großen Beitrag zur Entsorgung.[13]

Auch in den alltäglichen Überlebensstrategien spielten Tiere eine wichtige Rolle. Besonders in eng bebauten Armenvierteln – von Rio de Janeiro bis San Francisco – lebten die Menschen mit Kleintieren wie Hunden, Katzen, Kaninchen oder Hühnern zusammen.[14] Anschaulich hat der Ökonom Alfred Sohn-Rethel die Tierhaltung in Neapel in den 1920er Jahren beschrieben: Kühe wurden dort teilweise noch im vierten oder fünften Stock gehalten. Gelegentlich nahmen sie am Gottesdienst teil, und selbst in der altehrwürdigen Universität hielten die Angestellten Hühner in den Papierkörben.[15] Auf längere Sicht erwiesen sich die Verdrängungsmechanismen aber als stärker: Das verheerende Erdbeben 1906 in San Francisco brachte auch Maßnahmen zur Verbesserung der Städtehygiene mit sich, wie etwa die durchgehende Pflasterung der Straßen und den Ausbau des Kanalisationssystems. Im Zuge dessen wurde die Haltung von Tieren zunehmend an die Stadtränder abgedrängt. Die *Chicken Yards* innerhalb des Stadtraums wurden geschlossen, während nun *Dairy* und *Chicken Farms* den urbanen Markt versorgten.[16]

Eine weitere Belastung ergab sich schließlich aus den an vielen Orten immer größer werdenden Viehmärkten. Der Londoner Smithfield Market wurde aufgrund der enormen Mengen an tierischen Fäkalien, Schlachtabfällen und sonstigen Überresten zum Menetekel. Seit dem späten 18. Jahrhundert häuften sich zwar die regulierenden Eingriffe der Obrigkeit, doch lange Zeit gab es keine gute Alternative, und erst 1855 wurde der Markt an den Stadtrand verlagert.[17] Anders verfuhren die rasch expandierenden Metropolen an der US-Ostküste, die in der zweiten Hälfte des 19. Jahrhunderts ihr Fleisch zunehmend von außerhalb bezogen und es mehr und mehr zu einer *Handelsware* machten. Aber in Chicago oder Cincinnati, der als *Porkopolis* bekannten Hauptstadt des amerikanischen Schweinehandels, waren Tiere und Tiertransporte im Alltag ein gewohntes Bild. Auch das Problem der Schlachtabfälle blieb lange Zeit ungelöst und konnte erst durch die seit den 1830er Jahren stattfindende Verlegung der Schlachthäuser an den Stadtrand bewältigt werden.[18]

Hinzu kam das Gewerbe. Nicht verallgemeinerbar, aber doch eindrücklich hat das Thomas Le Roux für Paris gezeigt: Um 1780 war Schweres Wasser nahezu die einzige chemische Substanz, die den Stadtraum belastete. Fünfzig Jahre später hatte sich die Zahl der chemischen Gewerbe vervielfacht, und die Belastungen urbaner Räume durch Rauch und Abfälle war stark gestiegen. Die Schadensregulierung im Einzelfall – ähnliches hat Franz-Josef Brüggemeier für das Ruhrgebiet gezeigt – funktionierte nicht mehr.[19] Auch die Obrigkeit schlug sich in den meisten Fällen auf die Seite des Gewerbes, was im vorrevolutionären Frankreich noch durchaus anders ausgesehen hatte. Darüber hinaus erzeugte die gewerblich-industrielle Produktion in den Städten nicht nur Belastungen von Luft und Wasser, sondern auch ihre Abfälle erwiesen sich als ein drängendes Problem: von Sägemehl bis zu den Überresten der chemischen Industrie. Mit fortschreitender Industrialisierung wurde das immer gravierender: New York fand angesichts der zahlreichen Umweltbelastungen, die lokale Gewerbe erzeugten, in der zweiten Hälfte des 19. Jahrhunderts kaum noch gute Lösungen.[20]

Wenn das traditionelle Konfliktmanagement angesichts der Belastungen nicht mehr funktionierte, was waren die Alternativen? Eine Zeit lang ließ sich sicher auf den Gang der Dinge vertrauen in der Erwartung, die Menschen würden sich schon daran gewöhnen. Das war nicht vollständig aus der Luft gegriffen: Noch in den 1960er Jahren wurde Bettwäsche, die man im Ruhrgebiet in den Garten zum Trocknen hängte, innerhalb von zwei Stunden grau. Trotzdem – oder vielleicht gerade deswegen – waren dort später die Proteste gegen Chemiemüll oder neue Verbrennungsanlagen viel schwächer ausgeprägt als in ländlichen Regionen, wo die Menschen nicht über Jahrzehnte hatten lernen müssen, mit gravierenden Umweltbelastungen zu leben. Aber der Handlungsdruck stieg, und dabei ging es nicht nur um die Abwehr von Gestank oder die Beseitigung von Müllhaufen: Der Zusammenhang von Städtehygiene und Sterberaten durch Cholera, Typhus und andere Infektionskrankheiten erzwang eine Reaktion. Diese bestand vor allem in der Schaffung von Infrastrukturen für den Abtransport bzw. die Entsorgung von Fäkalien und Abfällen.[21]

Hinsichtlich des Umgangs mit Fäkalien bedeutete das auf längere Sicht den Bau von Kanalisationssystemen. Städte wie Paris oder London besaßen bereits ältere, historisch gewachsene, teilweise offene Kanalsysteme, die jedoch schon seit den 1840er Jahren zunehmend erweitert, neu- und ausgebaut wurden.[22] In Hamburg wurde bereits nach dem großen Stadtbrand von 1842 mit dem Bau einer unterirdischen Kanalisation begonnen. Auch anderswo brauchte es zumeist Aktivierungsereignisse, zusammen mit den nötigen Finanzmitteln, um Kanalnetze zu errichten. Das städtehygienische Vorbild war dabei für lange Zeit die Londoner Kanalisation, hauptsächlich in den 1860er Jahren gebaut und auch eine Reaktion auf den *Big Stink* 1858, als die Bewohner über Tage von einem bestialischen Gestank gepeinigt wurden. In Paris wurde im Zuge der *Haussmannisierung* in den 1850er Jahren ebenfalls ein Kanalisationssystem errichtet, das allerdings zunächst nur zur Ableitung von Regen- und Sturmwasser diente. Erst in den 1890er Jahren wurde auch die Einleitung von Abwässern und Fäkalien unter dem Schlagwort *tout-à-l'égout* («alles in die Kanalisation») diskutiert und durchgeführt. In den USA baute man in den 1860er Jahren erste Kanalisationen, wobei die meisten Großstädte dort allerdings erst ab den 1880er Jahren ernsthaft mit dem Bau begannen.[23]

Der Blick auf prominente Bauprojekte verdeckt allerdings, wie kompliziert die Errichtung von Kanalisationssystemen war.[24] Jenseits der Metropolen dauerte es noch viele Jahrzehnte, bevor sie – selbst in den industrialisierten Ländern – zum Standard gehörten und ihre Kinderkrankheiten einigermaßen überwunden hatten. Zumeist sollten sie vorrangig die Probleme in bestimmten Teilen der Stadt lösen und erfassten darum bei weitem nicht das gesamte Stadtgebiet.[25] Eine häufig gewählte Übergangslösung bestand darin, Fäkalien in verschließbaren Kübeln zu sammeln, die dann abgeholt und entleert wurden. Dieses System, das in zahlreichen Ländern zu finden war, litt allerdings darunter, geradezu grotesk arbeitsintensiv zu sein: Im südafrikanischen Johannesburg waren um 1900 bei noch nicht einmal 100 000 Einwohnern zeitweise etwa 2000 Menschen mit der Sammlung und Leerung dieser Behälter beschäftigt.[26]

Die Diffusion technischer Infrastrukturen verlief häufig von den wohlhabenden Metropolen der industrialisierten Länder über andere Großstädte, während Mittel- und Kleinstädte erst deutlich später folgten.[27] Ab einem bestimmten Verbreitungsgrad wurde aber ein informeller städtehygienischer Standard geschaffen, der zum Kennzeichen urbaner Modernität wurde. Das Fehlen solcher technischer Infrastrukturen ließ sich dann immer schwerer rechtfertigen. So wurde das australische Melbourne bereits Ende der 1880er Jahre als «Smelbourne» verunglimpft, weil die Stadt kein richtiges Kanalisationssystem besaß. Ein britischer Beobachter bemerkte: «Man kann sich kaum etwas Schändlicheres für eine schöne Stadt vorstellen, als wenn nachts Kübelwagen durch die Straßen ziehen oder man Fäkaliensammler auf der Treppe eines stattlichen Hotels antrifft, wo sie die Luft mit einem abscheulichen Gestank verpesten.»[28] Und das war längst nicht nur ein Problem übler Gerüche. Melbourne hatte am Ende der 1880er Jahre mit einer hohen Typhusrate zu kämpfen. Das gab ab 1892 den Ausschlag für den Baubeginn eines Kanalisationssystems, das bis dahin an den Bürgern gescheitert war, die sich vehement gegen eine höhere Besteuerung gewehrt hatten.[29] In der polnischen Industriemetropole Łódź galt das Fehlen einer Kanalisation zu Beginn der 1920er Jahre zwar als skandalös. Doch auch hier musste erst der Widerstand gegen höhere Steuern gebrochen werden, bevor mit dem Bau begonnen werden konnte.[30]

Eine Kanalisation löste Probleme und schuf zugleich neue: Selbst ein so großer Fluss wie die Themse konnte die Überreste einer Metropole wie London nicht einfach verdauen. Bereits in den 1820er Jahren hatte sich die Wasserqualität dramatisch verschlechtert und in den 1880er Jahren war sie schließlich, in den Worten Christopher Hamlins, zu einer «großen, sauerstoffbefreiten Kloake» geworden.[31] Während es zwar zumeist – anders als in früheren Zeiten – gelang, Wasserversorgung und Abwasserentsorgung getrennt zu halten, raubte die Kanalisation vielen Fischern und anderen Menschen, die in der einen oder anderen Weise vom Fluss lebten, die Existenzgrundlage. New York galt vor dem Ersten Weltkrieg aufgrund der gewaltigen Menge an Fäkalien, die ungeklärt in die Hudson Bay eingeleitet wurde, als Abwasserhauptstadt der Welt. Das setzte der Fauna schwer zu, und in den 1890er Jahren kam es zu mehreren Fischsterben. Auch die Austern verschwanden, für die die Gewässer um Manhattan bis dahin bekannt gewesen waren.[32] Das waren keine Einzelfälle: Mit dem Bau von Kanalisationssystemen wurden die Wasserverschmutzung und die begrenzten biologischen Tragekapazitäten von Gewässern vermehrt zum Thema. Auch hier setzten sich technische

Lösungen nur langsam und unvollständig durch. Der Bau von Kläranlagen erfolgte größtenteils erst nach dem Zweiten Weltkrieg.[33]

Solche Installationen veränderten die räumliche Ordnung der Stadt. Sie wurde sauberer, aber auch sozial exklusiver. Zunehmend verlagerte sie nun Teile ihrer Infrastruktur unter die Erde: Abwässer, Wasser, sogar den Transport durch den Bau von Tunneln; ein vergleichsweise junger Begriff, der erst in den 1820er Jahren üblich wurde.[34] Das hatte auch Konsequenzen für die Menschen, die vom Abfall lebten und zunehmend in die dunkle Unterwelt der Kanalisation verdrängt wurden – anschaulich beschrieben in Charles Dickens' letztem Roman *Our mutual friend* von 1865.[35] Aber wie gesagt: Das war ein gradueller Prozess. Der Bau von Kanalisationssystemen zog sich oftmals über viele Jahre und Jahrzehnte hin, und die Armenviertel kamen – wenn überhaupt – erst ganz zum Schluss an die Reihe.

Der lange Abschied von der Senkgrube

Neue technische Infrastrukturen hatten einen wichtigen, aber leicht zu übersehenden Effekt: Sie führten zu einer deutlicheren Unterscheidung zwischen «festem» Hausmüll und Fäkalien. Über Jahrhunderte hatten sie sich auf den Straßen und in den Senkgruben immer wieder miteinander vermischt und gerade auf den Straßen einen Schlamm gebildet, der eine «matière première urbaine» war: eine Mischung aus Sand, Abfällen, Abwässern, Fäkalien von Mensch und Tier.[36] Das veränderte sich jetzt: Feste Haushaltsabfälle wurden zu einer *Restekategorie*, nämlich das, was nicht in der Kanalisation landete oder was anderweitig verwertet wurde. Einerseits erleichterte das den Umgang mit ihnen erheblich, weil die zu entsorgenden Mengen geringer wurden.[37] Andererseits trugen sie dazu bei, Unrat in Abfall zu verwandeln: Ohne die Zusammenmischung mit Fäkalien waren viele Haushaltsabfälle für eine landwirtschaftliche Verwendung kaum zu gebrauchen und blieben tatsächlich übrig. Erst im letzten Viertel des 19. Jahrhunderts setzte sich damit ein Verständnis von *Hausmüll* durch, das dem ähnelte, wie wir es heute kennen: nutzlos gewordene Reste mit separaten Infrastrukturen der Sammlung und Entsorgung.[38]

Von diesem Hausmüll produzierten vor allem die Menschen in den industrialisierten Ländern zunehmend mehr. Das war eine Folge steigender Reallöhne und wachsender Konsumoptionen, aber nicht nur. So fand ein Public-Health-Experte 1905 heraus, dass Stadtbewohner in den Vereinigten Staaten 430 Kilogramm vermischte Abfälle im Jahr wegwarfen, englische hingegen gerade einmal 225 und deutsche nur 120.[39] Die enormen methodischen Probleme der Abfallstatistik werden im dritten Teil dieses Buches noch genauer besprochen, weshalb hier zunächst die Feststellung genügen soll, dass solche Zahlen mit Vorsicht zu behandeln sind. Doch wenn diese Unterschiede tatsächlich existiert haben, sind sie deshalb bemerkenswert, weil Großbritannien und die USA hinsichtlich der Wirtschaftsleistung pro Kopf damals noch ungefähr gleichauf lagen. Die frühere Durchsetzung moderner Konsumformen – vom Warenhaus bis zum Versandhandel – mit dem damit einhergehenden Verpackungsaufwand in den USA könnte eine mögliche Erklärung darstellen.[40] Analysen aus den späten 1920er Jahren deuten ebenfalls auf einen besonders hohen Anteil von Verpackungen im amerikanischen Müll hin.[41]

Aufgrund der steigenden Müllmengen blieben Senkgruben im Zweifelsfall auch ohne Fäkalien ein städtehygienisches Ärgernis. Mit zunehmender Dichte der Bebauung war immer weniger Platz für sie vorhanden. In Paris wurden sie teilweise in die Keller der Wohnhäuser verlegt, wo sie aber regelmäßig die Bausubstanz angriffen. Aber auch sonst machten die urbanen Veränderungen im 19. Jahrhundert Senkgruben zu einer ungeeigneten Lösung: In vielen Städten bekamen die Häuser immer mehr Stockwerke, was auch eine Reaktion auf eine schnell ansteigende Nachfrage nach Wohnraum war, die sich mit der Mietskaserne – für die beispielsweise Berlin bekannt war – effektiv befriedigen ließ. Zugleich wurde die kleinagrarische Nutzung von Freiflächen zurückgedrängt. Immer mehr Bewohner produzierten aber immer mehr Abfälle, die kaum noch im Stadtraum entsorgt werden konnten.

Für den Umgang mit diesen Problemen war erneut der Platz entscheidend: Städte, die wie Moskau stärker in die Breite wuchsen und wo außerhalb des Zentrums einstöckige Häuser und eine lose Bebauung dominierten, hatten mit der Abfallentsorgung weniger Probleme. In den äußeren Stadtteilen von Melbourne mussten volle Senkgruben häufig noch nicht einmal entleert werden: Man bedeckte sie einfach mit Erde und grub anderswo ein neues Loch.[42] Dort jedoch, wo gerade in den Zentren eine starke bauliche Verdichtung stattfand, wurde die Entsorgung zunehmend schwierig. Dass europäische Beobachter viele Städte etwa im arabischen Raum oder in Asien insbesondere seit der zweiten Hälfte des 19. Jahrhunderts als schmutzig wahnahmen und über Abfallhaufen auf den Straßen die Nase rümpften, hatte mit der bequemen Verdrängung der städtehygienischen Zustände zu tun, die in den meisten europäischen Städten noch kurze Zeit vorher geherrscht hatten. Es zeigte aber auch, wie das Städtewachstum die traditionellen Strukturen des urbanen Stoffwechsels überforderte: zu viele Abfälle, zu weite Wege, zu wenig Platz.

Wann genau die Städte die Senkgruben loswurden, ist bislang kaum erforscht. In Neapel zählte man um die Mitte des 19. Jahrhunderts noch 5000 *Pozzi neri* («Schwarze Brunnen»), was aber bereits eine deutliche Verringerung gegenüber früheren Zeiten darstellte.[43] In Manhattan gab es 1849 noch etwa 30 000 Senkgruben, bis zum Ersten Weltkrieg waren sie nahezu verschwunden.[44] Eine Fallstudie für die Niederlande erwies eine graduelle Reduzierung: Die Senkgruben wurden eine nach der anderen beseitigt, nachdem Kanalisationssysteme die Entsorgung von Fäkalien und Abwässern übernahmen, und bis zum Beginn des Ersten Weltkriegs waren sie in holländischen Städten kaum noch anzutreffen.[45] Anderswo dauerte dieser Prozess aber viel länger, und selbst heute besitzt etwa ein Drittel der Weltbevölkerung keinen Zugang zu einer vernünftigen Kanalisation. Senkgruben sind insofern noch lange nicht Geschichte.[46]

Was den Verzicht auf die Senkgruben abseits von Kanalisationssystemen ermöglichte, war die sukzessive Ausweitung der Abfallsammlung. Wie im vorhergehenden Teil gezeigt, lassen sich deren Anfänge bereits im Mittelalter verorten, doch bis ins frühe 19. Jahrhundert blieben die Sammelbrigaden in der Regel klein. Die Sammlung beruhte vielerorts immer noch auf Selbstorganisation, wobei die Zahl der Lumpensammler in großen Städten allerdings in die tausende gehen konnte. Im 19. Jahrhundert weiteten die Städte aber notgedrungen ihre Anstrengungen aus, Abfälle und Fäkalien abzutransportieren. Das mexikanische Puebla verstärkte seit dem frühen 19. Jahrhundert die Abfallsammlung mit über einem Dutzend Eselskarren. Die Stadt organisierte die Sammlung und verkaufte die Überreste für eine Pauschalsumme an eine Firma.[47] Im ecuadorianischen Guayaquil gab es ab 1825 eine Abfallsammlung mit einigen Eselskarren, die in der Folgezeit immer wieder ausgeweitet wurde.[48] Vielerorts gab es auch privatwirtschaftliche Sammeldienste, die direkt von den Bürgern entlohnt wurden, wie die *Spazzaturai* in Neapel, die dort bis in die 1880er Jahre ihre Dienste verrichteten.[49] In Marseille wurde 1832 beschlossen, für die Abfallsammlung eine Privatfirma zu beauftragen.[50]

Durch die steigende Zahl der Pferde – und Esel – nahmen die Transportkapazitäten in den Städten zu, wovon auch die Sammlung des Mülls profitierte. Fuhrwerke dienten dabei eher selten allein diesem Zweck, zumal der Transport von Abfällen helfen konnte, Leerfahrten zu vermeiden. Gleichwohl entstanden auf diese Weise nach und nach spezielle Dienstleister, die Sammeldienste gegen Geld anboten und den Müll zu Ablagerungsplätzen an den Stadträndern brachten.[51] Diese Entwicklung, die sich in verschiedenen Metropolen insbesondere an der US-amerikanischen Ostküste beobachten lässt, stellte einen großen Schritt hin zur Entwicklung einer Müllabfuhr im modernen Sinne dar, offenbarte aber auch gravierende Strukturprobleme: Solche Firmen verfügten oftmals über wenig Kapital und eine geringe technische Expertise. Die Grenzen zum traditionellen *Scavenging* waren durchlässig. Auf private Rechnung arbeitende Sammler wurden immer wieder verdächtigt, nur die Materialien aus dem Müll zu ziehen, die sich verkaufen ließen. Das führte in New York schon zu Beginn des 19. Jahrhunderts zu einer Abfallkrise und großen Müllbergen auf den Straßen, so dass sich die Stadt 1810 wieder des Problems annahm und die Vertragsnehmer dazu zwang, zwei Arten von Wagen einzusetzen: die einen für Dung, die anderen für den Rest.[52]

Es waren nicht zuletzt die offensichtlichen Defizite der privaten Müllsammlung, die seit der Mitte des 19. Jahrhunderts zu der Schaffung kommunaler Müllabfuhren beitrugen, also einer von der Stadt bereitgestellten technischen Einheit, die damit beauftragt war, städtische Abfälle einzusammeln. In Chicago ersetzte eine kommunale Müllabfuhr bereits 1850 die Sammlung durch private Lumpensammler. Das war allerdings noch keine dauerhafte Systementscheidung: Nicht selten waren kommunale Sammler, Privatfirmen und Lumpensammler gleichzeitig an der Abfallentsorgung beteiligt. In Chicago wurden wenige Jahre nach Einführung der kommunalen Abfuhr wieder private Sammler angeheuert, weil diese den Dienst trotz allem anscheinend besser erledigten. New York wechselte bis 1895 ebenfalls immer wieder zwischen privater und öffentlicher Müllsammlung hin und her.[53]

Spätestens seit den 1880er Jahren wurde die Tendenz hin zur Kommunalisierung aber immer stärker, und viele Städte nahmen die Müllabfuhr in eigene Hand. In Deutschland war Frankfurt am Main 1873 Vorreiter, Mannheim folgte 1880, Hamburg 1886, Dortmund 1889. Die Müllabfuhr in Berlin war immerhin kommunal organisiert, auch wenn private Anteilseigner bis in die späten 1920er Jahre die Mehrheit an der «Berliner Müllabfuhr-Aktiengesellschaft» hielten. In Paris erfolgte die Kommunalisierung 1883, in Rom 1886, in Neapel 1892, in Buenos Aires 1895, in Oslo 1897, in Marseille 1914.[54] In Istanbul wurde seit den 1880er Jahren die Müllabfuhr deutlich erweitert und technisch aufgerüstet.[55] Teheran erließ 1914 eine *Hygieneverordnung*, die einer Kommunalisierung gleichkam: Sie regelte die Reinhaltung von Straßen, Märkten und Basaren. Vor allem aber verpflichtete sie die Hausbesitzer dazu, standardisierte Mülltonnen aus Metall und mit Deckel bereitzustellen, die in der Frühe entleert wurden. Nun war es bei Strafe verboten, Abfälle auf die Straße zu werfen. Die Sammlung sollte mittels Gespannen erfolgen, und nur auf Gassen, wo das nicht möglich war, mit Handkarren.[56]

Dieser Trend zur Kommunalisierung war Ausdruck einer wachsenden Sorge um städtische Umwelten: In den USA war Städtereform ein zentrales Anliegen der *Progressive Era* (ca. 1890–1920), und insbesondere bürgerliche Frauenvereine traten unter der Devise des *Municipal Housekeepings* als lautstarke, gut vernetzte Advokatinnen einer besseren Städtehygiene auf.[57] In Deutschland bekam Städtehygiene in diesem Zeitraum einen fast religiösen Charakter und wurde zum Sinnbild der Möglichkeiten einer aufgeklärten Reformpolitik, die vor den Folgen von Industrialisierung und Städtewachstum nicht kapitulierte, sondern die Probleme geschlossen anging.

Diese Reformideologien fokussierten sich auf den Staat, dem die Lösung des Abfallproblems viel eher zugetraut wurde als Privatwirtschaft und Selbstregulation. Dieser Trend hatte sich seit den 1840er Jahren bereits bei der Wasserver- und -entsorgung gezeigt.[58] Allgemein ging man davon aus, Städte könnten städtehygienische Aufgaben besser erfüllen: Durch ihre fachliche Leitung besaßen sie eine bessere Expertise, um

Standards der Städtehygiene zu garantieren. Sie verfügten über ein größeres finanzielles Potential, um in die technischen Infrastrukturen der Abfallsammlung zu investieren. Schließlich sollte es ihnen nicht um Profitmaximierung gehen, sondern darum, Hygiene durchzusetzen und Infektionskrankheiten einzudämmen. Sie verfolgten einen ingenieurstechnischen Ansatz, während viele Privatfirmen vom Land kamen und ehemalige *Scavenger* waren – auf alle Fälle mit dieser «wissenschaftlichen» Herangehensweise nicht mithalten konnten.

Die städtehygienische Expertise wuchs durch Vernetzung noch weiter. Die neuesten Innovationen wurden in städtehygienischen Fachzeitschriften wie *Public Cleansing*, *Städtehygiene* oder *La Technique Sanitaire et Municipale* beschrieben und mit einer Zeichnung oder Photographie veranschaulicht. Seit den 1850er Jahren fanden internationale Kongresse statt, die als Multiplikatoren von Wissen und Technologien der Städtehygiene dienten.[59] Es waren städtische Ingenieure, die bis in die 1960er Jahre Innovationen in der Stadtreinigung wesentlich vorantrieben und verbreiteten. Sie trugen dazu bei, das europäische Modell der Müllsammlung zum Inbegriff abfallwirtschaftlicher Modernität zu machen, das besonders in der Zwischenkriegszeit eine starke internationale Ausstrahlung entfaltete.

Die Ausprägung dieses Trends zur Kommunalisierung konnte sich gleichwohl von Land zu Land unterscheiden. In den USA war die Lage besonders angespannt, weil es zwar einen starken öffentlichen Druck gab, die urbanen Verhältnisse dem rapiden Städte- und Wirtschaftswachstum anzupassen. Trotzdem behielt die privatwirtschaftliche Müllsammlung lange Zeit eine große Bedeutung: Es ging um Kostenfragen und Standards der Städtehygiene, oft genug aber auch um Patronage und städtische Korruption, was etwa in San Francisco eine Kommunalisierung der Müllabfuhr verhinderte.[60] Das war speziell dann der Fall, wenn die Müllsammlung von bestimmten Einwanderergruppen – etwa Iren oder Italienern – monopolisiert wurde, die als Wählergruppen wichtig waren. Häufig schlossen private Müllfirmen individuelle Vereinbarungen mit den Kunden ab, was leicht dazu führte, dass die Bürger nach anderen Wegen suchten, ihre Abfälle loszuwerden.[61] Die Frauenvereine des *Municipal Housekeepings* sahen all das mit Argwohn und forderten eine stärkere Kommunalisierung. Im Ersten Weltkrieg besaßen

Parade der «White Wings» in New York, 1913[65]

aber lediglich 50 Prozent der US-amerikanischen Städte eine kommunale Müllabfuhr, und erst in den 1930er Jahren war die Kommunalisierung hier wieder auf dem Vormarsch, ohne sich freilich jemals so stark durchsetzen zu können wie in den meisten europäischen Ländern.[62]

Solche Fragen wurden nicht zuletzt deswegen so emotional diskutiert, weil es nicht einfach nur um die Sauberkeit des öffentlichen Raums und die Abwehr von Infektionskrankheiten ging. Städtehygiene galt vielmehr als Gradmesser von Zivilisation überhaupt. Wenn Gustav Stresemann sie 1927 als Deutschlands besten Botschafter in der Welt bezeichnete, dann schwang darin der Stolz über die Fähigkeiten zu munizipaler Reform mit.[63] Welche Potenziale die Müllabfuhr besaß, den öffentlichen Raum zu einer Arena für die Politikinszenierung zu machen, lässt sich besonders gut an George E. Waring zeigen. Dieser nutzte in seiner nur dreijährigen Amtszeit von 1895 bis 1898 militärischen Drill, um die Müllabfuhr New Yorks grundlegend zu verbessern. Diese war bis dahin wenig mehr als ein Patronage-System für die Demokratische Partei gewesen. Waring änderte das, führte ein Drei-Tonnensystem ein, bei dem organischer Müll, Asche und sonstige Abfälle getrennt gesammelt wurden. Die Müllmänner wurden in weiße Uniformen gesteckt («White Wings») und einmal pro Jahr ließ Waring eine große Parade abhalten, in der er hoch zu Pferd eine Armee von 3000 Müllmännern und Straßenfegern befehligte.[64] Paraden dieser Art wurden später auch in vielen anderen Städten durchgeführt.

Waring verstarb 1898 am Gelbfieber, aber er hatte trotzdem in seiner kurzen Amtszeit die Potentiale eines praktischen und nachvollziehbaren Systems der Abfallwirtschaft aufgezeigt.[66] Er fand öffentlichkeitswirksame Wege, die Verantwortung der Obrigkeit für die Sauberkeit der Stadt zu zelebrieren. Das war eines der prominentesten Beispiele, in denen dem Müll der *Krieg* erklärt wurde. Solche bellizistischen Sprachfiguren spielen bis heute überall auf der Welt eine große Rolle, um die «stillen Arbeitssoldaten des Rinnsteins» zu feiern und Behörden und Bevölkerung für eine saubere Stadt zu mobilisieren.[67]

Insofern entwickelte sich vor dem Ersten Weltkrieg Schritt für Schritt das heute noch vorherrschende System der Müllabfuhr, das auf individuellen Sammelgefäßen und organisierten Sammeldiensten beruht. Gab es Alternativen dazu? Viele chinesische Städte schufen während des 19. Jahrhunderts neue Infrastrukturen, um die Sammlung urbaner Fäkalien zu erleichtern und zu optimieren. An den Stadträndern hob man große Gruben aus, in denen Abfälle und Fäkalien zwischengelagert wurden, bevor man sie weiter aufs Land transportierte. Am Ende des 19. Jahrhunderts gab es in einer Metropole wie Suzhou bis zu tausend Menschen, die ganz oder teilweise ihren Lebensunterhalt mit der Sammlung von Abfällen und Fäkalien bestritten.[68] Diese Praktiken dienten gewissermaßen als Mischung aus Müllabfuhr und Kanalisation und stellten eine Modernisierung und Verfeinerung des traditionellen urbanen Stoffwechsels dar.

In China sollte die Mischung aus Fäkaliensammlung und Altstoffsammlung tatsächlich erst in der zweiten Hälfte der 1960er Jahre langsam auslaufen.[69] Zugleich häuften sich aber während des 19. Jahrhunderts die Berichte, die auf die Grenzen dieser Praktiken hinwiesen: Ein Stadtbeamter aus Nanjing schrieb 1815, kaum ein Graben sei nicht verstopft, und Abfälle würden offen in die Wasserwege entsorgt, was der Stadt im Sommer einen üblen Geruch verleihe.[70] Viele westliche Beobachter nahmen chinesische Städte als äußerst schmutzig wahr, während japanische Städte in höchsten Tönen gelobt wurden.[71] Aber auch in Tokyo funktionierte das traditionelle System der Fäkaliensammlung

Napoleone come un rifiuto (Napoleon als Zurückgewiesener) um 1815[81]

nach dem Ersten Weltkrieg nicht mehr reibungslos und wurde teilweise in kommunale Hand überführt.[72]

In der zweiten Hälfte des 19. Jahrhunderts gab es zahlreiche Versuche, die Sammlung der Abfälle zu verbessern. Teilweise geschah das in kolonialen Kontexten wie im *International Settlement* in Shanghai, wo seit den 1860er Jahren eine verbesserte Müllsammlung eingeführt wurde.[73] Yu Xinzhong spricht von hybriden Maßnahmen, um das alte System der Fäkaliensammlung mit den neuen Hygienestandards zu versöhnen.[74] Als eine echte Alternative zu den neuen Formen der Müllsammlung erwies sich das auf längere Sicht aber nicht.

Die Mülltonne

Das zentrale technische Artefakt, um das sich die neue Abfallsammlung herum organisierte, war die Mülltonne. Dabei waren Gefäße, um Abfälle in den Wohnräumen zwischenzulagern, seit langem in Gebrauch.

Zumeist wurden dafür – und vielerorts noch lange Zeit – Körbe genutzt.[75] In Marseille verwendeten die *Eboueurs*, wie die Müllsammler dort bezeichnet wurden, seit Beginn des 19. Jahrhunderts aus Esparto-Gras gefertigte Taschen, in denen sie Abfälle sammelten und abtransportierten.[76] Verbreitet waren auch Fässer oder – wie in Rom, Florenz oder Genua – Säcke.[77] Ein anderer Vorläufer der Mülltonne waren die Fäkalienkübel, die in vielen Städten als Übergangslösung zwischen Senkgrube und Kanalisation dienten.[78] In China experimentierte man teilweise, wie in Suzhou, mit Mülltonnen aus Holz.[79] In Wuxi und Shanghai wiederum wurden um 1900 Abfallbehälter aus Beton aufgestellt, die über das gesamte Stadtgebiet verteilt waren und in die die Bevölkerung ihren Müll werfen konnte.[80] Ein Urahn der modernen Mülltonnen schließlich, rund und aus Blech gefertigt, waren Aschetonnen. Diese wurden vor allem in großen, wohlhabenden Haushalten benutzt, um die noch heiße Asche aus Kaminen und Öfen zu sammeln. Das Aussehen dieser Tonnen war wenigstens so geläufig, dass in einer italienischen Karikatur Napoleon in einer solchen *entsorgt* werden konnte.Die Entwicklung von standardisierten Mülltonnen, die seit den 1870er Jahren an Dynamik gewann, setzte vor allem auf Behälter aus verzinktem Stahlblech. In Frankreich, Deutschland, England oder den USA wurden nahezu parallel verschiedene Modelle entwickelt. Das geschah keineswegs zufällig in diesen Ländern: Sie heizten hauptsächlich mit Kohle, weshalb dort viel heiße Asche anfiel. Hier fand eine intensive Auseinandersetzung mit städtehygienischen Standards statt, und aufgrund städtebaulicher Entwicklungen war man dazu gezwungen, mit neuen Abfuhrsystemen zu experimentieren.[82]

Das war keine einfache Aufgabe: Mülltonnen sind keine Hochtechnologie, und doch sollte man nicht unterschätzen, in welchem Maße ihr Design auf die Bedürfnisse der Sammlung abgestimmt war, sie zugleich aber auch für die Bürger handhabbar bleiben mussten. Sie hatten sich im rauen Alltag des Sammelgeschäfts zu bewähren und heiße Asche auszuhalten. Sie mussten «tragbar» bleiben, und sie durften bei ihrer Entleerung nicht zu viel Staub entwickeln. Gerade letzteres war lange Zeit ein zentrales Problem der Hausmüllabfuhr. In einer Zeit, in der der Hausbrand – Heizung und Kochen – in Ländern wie England oder Deutschland hauptsächlich auf Kohle basierte, fielen große Mengen

Verschiedene Müllsammelgefäße, 1928[83]

Asche an, die im Winter bis zu zwei Drittel des Hausmülls ausmachten. Bei der Entleerung der Tonnen in die häufig nicht abgedeckten Abfuhrwagen wurden immer wieder ganze Straßenzüge eingenebelt.

Eine Rolle spielte aber auch die technische Kompetenz für die industrielle Massenproduktion solcher Tonnen, die standardisiert, mit einem Hoheitszeichen versehen und vor allem stabil sein mussten. Experimentiert wurde mit verschiedenen Typen von Mülltonnen: viereckig, rund, mit oder ohne Deckel. Eine durchgreifende Standardisierung, wie sie sich auf längere Sicht nach dem Zweiten Weltkrieg durchsetzen sollte, fand zu diesem Zeitpunkt aber noch nicht statt. Berlin leistete sich – als Reaktion auf die Entsorgungsanforderungen in Mietskasernen – eine besonders große Mülltonne mit einem Fassungsvermögen von 160 Litern. Diese Behälter erreichten gefüllt ein Gewicht von bis zu 200 Kilogramm und mussten von mindestens zwei Arbeitern getragen werden. Die städtehygienische *Best Practice* machte die Abfallsammlung zu einer kaum erträglichen Knochenarbeit. Bereits eine volle 110 Liter Mülltonne wog, bei hohem Ascheanteil, bis zu 85 Kilogramm. Sie konnte oftmals nur zu zweit und mit speziellen Gurten oder Griffen getragen werden, zumal sie häufig auch noch aus Kellern an die Oberfläche geschleppt werden musste.

Abfallsammlung, Stockholm 1941[84]

Wie bei vielen anderen städtehygienischen Entwicklungen war auch bei der Einführung der Mülltonne Paris eine Vorreiterin: Dort wurde 1883 unter der Ägide des Stadtpräfekten Eugène Poubelle – dessen Nachname in Frankreich bald zum Begriff für die Mülltonne werden sollte – ein System von Standardmülltonnen mit Deckel eingeführt, die regelmäßig von der Stadt entleert wurden. Das Pariser System beruhte vor allem auf der intensiven Beobachtung der Verhältnisse in Lyon, wo man bereits in den 1870er Jahren mit einem solchen System experimentiert hatte und 1878 den Tonnentyp einführte, der Paris als Vorbild diente. Was jedoch das dortige Vorgehen 1883/84 so bemerkenswert machte, war die Art der Einführung: In einer konzertierten Aktion und mit beträchtlichem Geldeinsatz wurden die bisher gebräuchlichen Sammelgefäße durch ein einheitliches Tonnensystem ersetzt. Nachdem die zunächst eingeführte Einheitsmülltonne auf massive Gegenwehr der

Chiffonniers gestoßen war, ging man ab 1884 zu einem dreiteiligen Tonnensystem über.

Erst bei genauerem Hinsehen wird die Komplexität dieser Maßnahme deutlich: Mülltonnen mit Deckel hatten unzweifelhaft Vorteile: Sie waren stabil und hitzebeständig, sie boten die Möglichkeit der hygienischen Sammlung und hielten Ratten und Ungeziefer vom Hausmüll fern. Sie machten Abfälle aber auch schwerer zugänglich: Um noch brauchbare Materialien auszusortieren, hätten die Chiffonniers die Tonnen auskippen müssen, was die städtehygienische Absicht dahinter konterkariert hätte. Dabei war mit Lumpensammlern nicht zu spaßen: Sie waren in der Vergangenheit mit gewaltsamen, häufig erfolgreichen Protesten hervorgetreten. Das dreiteilige Tonnensystem war insofern eine Möglichkeit, die städtehygienischen Standards zu verbessern und zugleich den sozialen Frieden zu wahren.[85]

Die Pariser Tonnen wurden bald von anderen Städten adaptiert: London führte die Mülltonnen mit Deckel noch in den 1880er Jahren ein, auch wenn die Bevölkerung mit dem System noch einige Zeit fremdelte.[86] In japanischen Städten wurden in den 1920er Jahren Mülltonnen aus Metall zunehmend üblich. Warschau richtete 1927 ein Stadtreinigungsamt ein, das die Müllabfuhr nach und nach motorisierte und den städtehygienischen Standard inklusive der Einführung einheitlicher Mülltonnen verbesserte.[87] In Madrid wurden Mülltonnen aus Metall und mit Deckel ab 1928 in bestimmten Stadtteilen verpflichtend. Die Straßen waren sauber zu halten und die *Traperos*, die Lumpensammler, durften nur noch zu bestimmten Stunden am Tag ihr Geschäft betreiben. Gleichzeitig wurde die Tierhaltung stärker reguliert.[88] Rom machte ab 1927 Metalltonnen mit 30 Liter Fassungsvermögen für die Haushalte zum Standard.[89] In der Zwischenkriegszeit wurden Metalltonnen auch in vielen Kolonien eingeführt, weil sie als geeignetes Mittel galten, die Städtehygiene wirksam zu verbessern. So wurden im indonesischen Surabaya ab 1922 Mülltonnen verpflichtend. Die Briten führten in den 1930er Jahren in Tel Aviv eine Metalltonne mit Deckel und Fußpedal ein.[90]

Standen die Jahrzehnte vor dem Ersten Weltkrieg im Zeichen der Durchsetzung der kommunalen Müllabfuhr, so erlebte die Zwischenkriegszeit in vielerlei Hinsicht einen Spurt abfalltechnischer Modernisierung. Das hatte zunächst mit der mittlerweile vorhandenen Vielzahl an Innovationen zu tun. Dabei ging es nicht nur um Sammelgefäße, sondern auch um motorisierte Sammelfahrzeuge mit speziellen Aufbauten, die vor dem Ersten Weltkrieg bei weitem nicht so leistungsfähig gewesen waren. Aber auch die Mülltonnen wurden technisch verbessert, und es wurden zunehmend integrierte Sammelsysteme entwickelt, in denen Tonnen, Sammelfahrzeug und Entleerung als technische Einheit konzipiert wurden.[91]

Hier taten sich besonders deutsche Firmen hervor, was vor allem mit einer speziellen Eigenheit des hier vorherrschenden Hausbrands zu tun hatte: Verfeuert wurde zumeist Steinkohle, die im Ofen nahezu vollständig verbrannte und dabei eine feine Asche hinterließ. Schütteten die Arbeiter diese Asche in die Sammelfahrzeuge, nebelten sie oftmals ganze Straßenzüge ein. Die Lösung hierfür war genauso einfach wie praktikabel, nämlich ein Haken am Deckel der Tonne, der sie beim Einschütten eng mit dem Wagen verband. Die Siegerländer Firma Schmidt & Melmer meldete hierfür 1925 ein Patent an, welches das Design der Mülltonne grundlegend verändern sollte. Diese Lösung war nicht nur vergleichsweise einfach. Vor allem führte sie auch dazu, Mülltonne und Sammelfahrzeug stärker als Einheit zu betrachten. Wenn der deutsche *Munizipalsozialismus* vielerorts als städtehygienisches Vorbild galt, hatte das ganz wesentlich mit solchen Innovationen zu tun.[92]

Kommunale Technik war aber nur ein Grund, und andere Faktoren kamen hinzu: So verfügte die vom Magistrat dominierte Stadt vor dem Ersten Weltkrieg über ein vergleichsweise schmales Budget. Die Steuersätze waren niedrig, und für große Projekte der Stadterneuerung fehlte häufig das Geld.[93] Das änderte sich nach 1918 trotz der komplizierten wirtschaftlichen Rahmenbedingungen: Es gab einen globalen Trend zur Erhöhung der Steuern, die die Spielräume für die Städte vergrößerten. Daraus leiteten sich allerdings auch Verpflichtungen ab: Die Vernachlässigung technischer Infrastrukturen war vor der Öffentlichkeit auch aufgrund stärkerer demokratischer Teilhabe immer schwerer zu rechtfertigen. Dieser Trend erfasste gerade auch Mittel- und Provinzstädte. Vielerorts hatte der Erste Weltkrieg den Modernisierungsstau urbaner Infrastrukturen verschärft.

Das beförderte die Kommunalisierung der Abfallsammlung, die in der Zwischenkriegszeit weiter voranschritt. Das hatte sich auch der italienische Faschismus auf die Fahnen geschrieben; durchaus bezeichnend für einen um sich greifenden Nationalismus, der in der Sauberkeit einen Ausweis des gesellschaftlichen Durchgriffs der Politik sah. Was konnte Mussolini mehr schmeicheln als der Hinweis eines prominenten britischen Wirtschaftsjournalisten, die Straßen italienischer Städte seien noch nie so sauber gewesen wie unter dem Faschismus?[94] Zugleich äußerte sich aber auch hier ein durchaus typischer *Metropolitan Bias*, also die Konzentration der verfügbaren Ressourcen auf Metropolen und Hauptstädte, um Maßnahmen der Städtemodernisierung durchzuführen.[95]

Daraus eine Erzählung von partieller Modernisierung und Vernachlässigung der Peripherie zu stricken, übersieht aber einen zentralen Punkt: Eine sauberer werdende Metropole entfaltete eine enorme Ausstrahlungskraft. Nicht zuletzt über technische Fachzeitschriften wurden Innovationen kommuniziert und popularisiert. Auf diese Weise bildete sich ein informeller Standard städtehygienischer Modernität, an dem sich andere Städte – wenn sie es sich denn leisten konnten – orientieren konnten. Machte man das nicht, war die Reaktion oft genug Gespött. Bürger und Bürgerinnen schrieben wütende Briefe an die Verwaltung, warum die Straßen so schmutzig seien. Von den Metropolen ging insofern ein erheblicher Modernisierungseffekt aus.[96]

Solche Dynamiken blieben keineswegs auf einen kleinen Kreis wirtschaftlich entwickelter Länder beschränkt. Traditionelle Sammelsysteme mit Pferdewagen wurden nun beinahe überall als altmodisch und herabwürdigend empfunden. Viele lateinamerikanische Metropolen erweiterten ihre Müllabfuhr und erhöhten die Zahl der Sammelbehälter und Sammelfahrzeuge. In mexikanischen Städten wurden in den 1920er Jahren in den Boden eingelassene Sammelbehälter aus Metall eingeführt, die sich direkt unter Straßenlaternen befanden, so dass man sah, was man wohin warf.[97] Die peruanische Hauptstadt Lima beauftragte 1927 den früheren Leiter des Dortmunder Stadtreinigungsamtes, Georg Ladwig, ihre Müllabfuhr zu modernisieren. Die Stadtverwaltung von Buenos Aires unternahm in der Zwischenkriegszeit ebenfalls beträchtliche Anstrengungen, die Müllsammlung auf den neuesten Stand zu bringen.[98]

Die Entstehung der modernen Müllabfuhr war gewissermaßen eine Folge aus dem Zusammenspiel einer sich intensivierenden Industrialisierung, von Bevölkerungswachstum und städtebaulicher Verdichtung. Die sich hier entwickelnde *Best Practice* entwickelte eine beträchtliche internationale Ausstrahlungskraft. Sie galt als unverzichtbarer Teil des Ideals einer funktionierenden Stadt und stieß auf einen global anzutreffenden Modernisierungswillen. Ihr Kernstück war die Mülltonne.

Ablagern und verbrennen

Was aber geschah mit dem eingesammelten Müll? Auch die Praktiken der Entsorgung mussten sich verändern. Paris schloss bereits Mitte des 18. Jahrhunderts Ablagerungsplätze ein, die vormals außerhalb der Stadt gelegen hatten.[99] Die städtische Müllabfuhr war in der Regel Teil eines städtehygienischen Gesamtkonzeptes, dem es vor allem wichtig erschien, die Abfälle aus dem Stadtraum räumlich zu entfernen. Der Müll an sich stellte kein Risiko dar, solange die Menschen nicht in Kontakt mit ihm kamen. Doch der Faktor Nähe ließ sich angesichts mit großer Geschwindigkeit expandierender urbaner Räume schwer einschätzen. Ablagerungen, die sich kurz zuvor noch in sicherer Distanz zum Stadtraum befunden hatten, konnten wenig später bereits von ihm umschlossen werden. Wie ein New Yorker Stadtdirektor 1849 anmerkte: «Unsere Stadt ist so schnell gewachsen, dass von keinem Teil mehr gesagt werden kann, er sei ‹außerhalb der Mauer›, und wenn wir den Dreck vor unserer Haustür entfernen, haben wir kein Recht, ihn vor die unserer Nachbarn zu werfen.»[100] Solange der Müll mit von Pferden und Eseln gezogenen Fuhrwerken eingesammelt wurde, legten es die Transportzeiten nahe, Ablagerungsplätze in allen Himmelsrichtungen einer Stadt anzulegen. Aber das Problem der Nähe ließ sich durch die bloße Vermehrung der Deponien nicht lösen. Es führte eher dazu, immer mehr Menschen der Belastung auszusetzen.

Insofern veränderten sich nicht nur die Anforderungen an die Sammlung, sondern auch die Entsorgung musste neue Wege finden. Das bedeutete in den meisten Fällen die Ausweisung von Flächen, um Abfälle abzulagern. Dazu gab es allerdings auch Alternativen: Eine davon war die Verwendung urbaner Abfälle zur Landgewinnung. In der Zeit, bevor Verpackungsmaterialien und Kunststoffe im Müll immer stärker zunahmen, war das noch möglich, auch wenn die Zersetzungsprozesse den Verantwortlichen einige Sorgen bereiteten. Dass Müll zum Verfüllen von Löchern verwendet wurde, lag nahe und war seit ewigen Zeiten übliche Praxis. Die marschige, von Wasserlöchern übersäte Geographie New Yorks bot zahllose Gelegenheiten, Abfälle loszuwerden. In Delhi dienten in der ersten Hälfte des 19. Jahrhunderts mittlerweile nutzlos gewordene Kanäle und Verteidigungsgräben zur Müllentsorgung, was an vielen Orten so gemacht wurde.[101]

Insbesondere Küsten wurden immer wieder zur Abfallentsorgung verwendet. Die berühmte Küstenlinie des Boston Harbor entstand ganz wesentlich durch die Ablagerung von Schutt und Abfällen.[102] Chicago deponierte den Abfall in der zweiten Hälfte des 19. Jahrhunderts ebenfalls an der Küstenlinie zum Lake Michigan. Dafür wurde in den 1870er Jahren eigens eine Sturmmauer errichtet, um ein Reservoir zwischen der Stadt und dem See für die Entsorgung zu schaffen.[103] Mehr noch: Aufgrund der enormen Abfallaufschüttungen war Chicago am Beginn seiner rapiden Expansion im Grunde auf Müll gebaut.[104] In vielen asiatischen Städten, die am Meer oder an anderen Gewässern lagen, geschah dasselbe. In Hong Kong wurden Abfälle vor allem an der Küste von Kowloon entsorgt und sie schufen dort einen großen Teil der Küstenlinie.[105] In Tokyo blieb die Landgewinnung durch Müllablagerung noch bis in die 1960er Jahre die wichtigste Form der Müllentsorgung, und die *Insel der Träume* Yumenoshima in der Tokyer Bucht ist nichts anderes als eine ehemalige Deponie.[106]

Löcher und Gräben waren aber irgendwann gefüllt, und längst nicht alle Städte verfügten über eine Küstenlinie. Boston designierte in den 1930er Jahren die in der Bucht gelegene *Spectacle Island* zur Müllablagerung.[107] In den meisten Fällen ging es allerdings um die Ablagerung in der Umgebung der Städte. Am einfachsten war es, wenn sich eine große Grube mit Schüttkante fand, so dass der Müll einfach abgekippt werden konnte. Deshalb waren Steinbrüche als Ablagerungsplätze so beliebt. In Mexiko Stadt befanden sich die Ablagerungsplätze um 1800 in allen vier Windrichtungen der Stadt.[108] Kairo machte sich in den 1880er Jahren Gedanken über neue Ablagerungsplätze für seinen Müll.[109] In den 1890er

Jahren ließen sich allerdings bereits vereinzelt Versuche beobachten, die sich am ehesten als Vorläufer moderner Großdeponien betrachten lassen. Beim Konzept des *Müllbergs* ging es darum, eine zentrale Ablagerungsfläche zu schaffen und den Müll hier aufzuschichten. Hier bestand das sprichwörtliche Problem darin, den Abfall auf den Berg zu bringen, ohne ihn zu sehr in die Breite wachsen zu lassen. Hierfür wurden erste Formen der Mechanisierung entwickelt. Zudem warf der von Fäkalien befreite, trockenere Müll auch das Problem auf, leichter zu verwehen.[110]

Das Entscheidende war stets die Entfernung der Abfälle aus dem Stadtraum. Was machte man jedoch, wenn Siedlungen zu nah an Ablagerungen heranrückten und man nicht einfach eine Alternative an der Hand hatte? Schließlich blieb nicht unbemerkt, dass Abfälle auf einer Deponie nicht friedlich vor sich hin rotteten, sondern einen gewaltigen Gestank erzeugten, der häufig über die gesamte Stadt wehte.[111] Immer wieder kam es zu Rattenplagen und einer starken Vermehrung der Insekten. Es gab Berichte über Verätzungen und fauliges Trinkwasser in der Nähe von Ablagerungen. Das mochte im Vergleich zu später, als Haushaltschemikalien und Verpackungen Deponien in leicht entflammbare Umweltrisiken verwandelten, noch als vergleichsweise harmlos erscheinen. Die Belastungen durch Deponien waren jedoch bereits früher nicht zu unterschätzen.

Wie weit sollte eine Ablagerungsfläche aber vom Stadtraum entfernt sein? In Buenos Aires oder Paris verlegte man die Abfallablagerungen ab 1865 so weit außerhalb der Stadt, dass zumindest für die nahe Zukunft keine konkreten Gefahren mehr drohten.[112] Doch wie bekam man den Müll dorthin? Eine Antwort waren Umladestationen, um den Müll mit Eisenbahnwagons zur Kippe zu bringen.[113] Hier wird nochmals deutlich, wie eng neue Formen der Abfallablagerung mit der Schaffung einer Müllabfuhr zusammenhingen: Es brauchte eine ordnungsgemäße Sammlung allein dafür, dass die Abfälle genau dort landeten, wo sie dann deponiert oder auf Eisenbahnwaggons verladen werden konnten. Das wäre ohne ein zentralisiertes Sammelsystem schlicht nicht möglich gewesen. Eisenbahnunternehmen zeigten auch durchaus Interesse an diesem Geschäft, weil die Güterwaggone, die die Stadt verließen, häufig leer waren.[114]

Eine Alternative dazu bestand darin, die Art und Weise der Ablagerung zu verändern. Seit 1900 diskutierte man in Großbritannien vermehrt das *Controlled Tipping*, was in den Vereinigten Staaten als *Sanitary Landfill* bekannt werden sollte. Es ging darum, den Müll gewissermaßen in die Deponie einzubauen, also mit Erde zu bedecken und zu verdichten.[115] Auf diese Weise konnten die Geruchsbelastung deutlich verringert und vor allem Fliegenplagen effektiv eingedämmt werden. In den USA wurden erste Versuche mit Sanitary Landfills bereits in den 1910er Jahren unternommen.[116] Wirklich durchsetzen sollte sich das Konzept allerdings erst nach dem Zweiten Weltkrieg, wie an späterer Stelle noch gezeigt wird. Viele Experten glaubten in der Zwischenkriegszeit nicht daran, dass sich auf diese Weise die hygienischen Probleme wirklich lösen ließen.[117] Als der Ingenieur William Carey in New York 1939 die *Land-fill method* für die städtischen Abfälle propagierte – die dann ab 1948 in Form der Großdeponie Fresh Kills auf Staten Island umgesetzt wurde –, da war dieser Ansatz noch neu und nahezu unbekannt.[118]

Zugleich wurde das Controlled Tipping Teil eines bis heute virulenten Konflikts: Eine geordnete Deponie machte das Leben für die Menschen, die von der Sammlung und Sortierung des Abfalls lebten, zunehmend schwer. Das fing bereits damit an, dass Zäune um die Deponien gezogen wurden. Vorrangig hatten diese den Zweck, zu verhindern, dass lose Materialien von der Deponie geweht wurden. Zugleich erwiesen sie sich aber auch als ein probates Mittel, den Zugang zur Deponie zu kontrollieren und Lumpensammler von den Ablagerungsplätzen fernzuhalten. Zusätzlich erschwerte der Einbau des Mülls die Sammlung von Altstoffen, die – je nachdem wieviel schweres Gerät auf der Kippe zum Einsatz kam – auch tatsächlich lebensgefährlich werden konnte. Nach der Einführung der städtischen Mülltonne in Paris ist das ein weiteres Beispiel für etwas, das sich später noch zahllose Male wiederholen sollte: Städtehygienische Maßnahmen entzogen den Müll der traditionellen Verwertungsarbeit.

Seit den 1870er Jahren tat sich eine weitere Alternative auf, Abfälle loszuwerden, und zwar die Müllverbrennung. Der meiste vormoderne Müll war tendenziell eher feucht und schlammig, deswegen war die Verbrennung schwierig. Jedoch wurden Garten- oder landwirtschaftliche Abfälle gerade in den Sommermonaten häufig verbrannt. Das alles hatte aber keinen systematischen Charakter und wenig damit zu tun, was seit den 1870er Jahren zunächst in Großbritannien erprobt wurde: der Bau von speziellen Anlagen, mit denen sich der Müll einer Stadt verfeuern ließ. Die Separierung der Fäkalien, die Ausbreitung des Hausbrands und die vermehrte Verwendung von Kohle als Brennmaterial ließen den Müll trockner werden und erhöhten den Ascheanteil.

Tatsächlich war die Müllverbrennung eine britische Technologie und nirgendwo sonst – außer vielleicht noch in den Vereinigten Staaten – konnte sie sich so durchsetzen wie dort. Eine der ersten Anlagen zur Müllverbrennung wurde 1874 in Nottingham eröffnet, und die zahlreichen Anlagen, die folgten, bewiesen scheinbar, um was für eine zukunftsträchtige Technologie es sich handelte.[119] Vor dem Ersten Weltkrieg gab es in Großbritannien bereits über zweihundert dieser *Incinerators*.[120] In den USA wurde die erste Verbrennungsanlage 1885 auf Governor's Island eröffnet, worauf bald weitere in kleineren Städten folgten.[121] Seit den 1890er Jahren adaptierten dann auch zunehmend Großstädte die Müllverbrennung. Denn die Einäscherung des Mülls galt als besonders hygienisch. Das war auch ein Grund für die Errichtung der ersten deutschen Verbrennungsanlage 1896 in Hamburg: Nach der verheerenden Choleraepidemie 1892 weigerten sich viele Bauern, die Abfälle der Stadt anzunehmen. Bakteriologisch fundierte Angst führte hier zu einem Entsorgungsengpass.[122]

Das war aber nur einer von mehreren, zumindest scheinbaren Vorteilen: Verbrennungsanlagen machten die Wege von der Sammlung zur Entsorgung in der Regel kürzer.[123] Das war gerade deshalb relevant, weil die Müllabfuhr erst langsam motorisiert wurde und zumeist Gespanne die Arbeit erledigten. Die Verbrennung hatte darüber hinaus den Vorteil, als eine Art Recyclingtechnologie zu gelten: Schon in den 1890er Jahren wurden in Großbritannien *Waste-to-Energy*-Konzepte umgesetzt, also die Verbrennung zur Gewinnung von Strom und Wärme genutzt.[124] Sie antwortete auch auf die vielen Stimmen, die angesichts der rückläufigen landwirtschaftlichen Verwertung der Abfälle auf andere Formen der Wiedernutzung drängten. Die Schlacke konnte beispielsweise als Baumaterial, insbesondere im Straßenbau verwendet werden. Teilweise überlegte man auch, sie als Dünger oder sogar als Basis für Parfüme zu benutzen.[125]

Bald wurden weltweit in Großstädten Verbrennungsanlagen errichtet.[126] In San Francisco reagierte man mit einer neuen Verbrennungsanlage auf die gestiegene Pestgefahr nach dem Erdbeben 1906.[127] Eine *Public Bond Initiative* erbrachte dafür 1908 immerhin eine Million Dollar.[128] Zürich nahm die erste Kehrichtverbrennungsanlage 1904 in Betrieb.[129] Während der New-Deal-Jahre in den USA ab 1933 finanzierte die *Public Works Administration* den Bau einiger Verbrennungsanlagen.[130] In Guayaquil wurden 1907 zwei Verbrennungsöfen für die Müllverbrennung eröffnet, die aber offensichtlich nicht lange in Betrieb blieben.[131] In St. Petersburg, der Vorzeigemetropole der Sowjetunion, errichtete man Mitte der 1920er Jahre, weil immer wieder große Mengen Müll in der Newa landeten, zwei Verbrennungsanlagen in Vasilevskii-Ostrov und im Stadtzentrum.[132] Genua besaß seit 1933 eine kleine Verbrennungsanlage, Marseille seit 1937.[133]

In Fukagawa, einer Stadt am östlichen Rand von Tokyo, wurde in den 1920er Jahren Japans erste und zugleich größte Müllverbrennungsanlage gebaut – in einer ärmlichen Kommune, die sich nicht nur auf durch Abfall geschaffenem Land befand, sondern deren Bewohner vielfach selbst als Lumpen- und Müllsammler ihren Lebensunterhalt verdienten. Weil Entsorgungsfragen im schnell expandierenden Tokyo eine große Rolle spielten, wurden 1932 noch zwei weitere Verbrennungsanlagen in Fukagawa errichtet, die schließlich zu untragbaren Zuständen führten. Frauenverbände begannen, sich gegen diese Praxis zu wehren. Fragen von *Environmental Justice* spielten also bereits damals eine große Rolle.[134]

Tatsächlich ist die frühe Geschichte der Müllverbrennung eher ein Beispiel für eine Stadttechnologie, die zwar als *modern* und *hygienisch* wahrgenommen wurde, aber trotz hoher Investitionen enorme Probleme bereitete. Bei der Rezeption des britischen Vorbildes übersah man zumeist, dass der Müll dort einen hohen Anteil nicht vollständig verbrannter Kohle enthielt, was die Brennbarkeit der Abfälle erhöhte. Das große technische Problem war aber gerade, die Abfälle zum Brennen zu bringen.[135] Das sollte technisch erst dann gut funktionieren, als nach dem Zweiten Weltkrieg der Anteil leicht brennbarer Verpackungen aus Papier und Kunststoffen zunahm. Zudem stießen die frühen Verbrennungsanlagen gewaltige Mengen an Rauch und Asche aus und verdunkelten ganze Stadtviertel. In Fukagawa mussten die Bewohner einen Rauch einatmen, der roch wie «brennende Leichen».[136] Keinesfalls zufällig befanden sich die Anlagen oft in der Nähe anderer belastender Betriebe wie Schlachthäusern.[137]

Insgesamt erwies sich die frühe Geschichte der Müllverbrennung in Europa und Amerika als wenig erfolgreich. Ein Kolonialbeamter in Delhi urteilte 1928, die Verbrennung sei «alt wie ein Huhn aus einer Poststation» («as old as a dak bungalow chicken») und die entsprechenden Anlagen hätten sich als kostspielige Fehlschläge erwiesen.[138] Tatsächlich wurden immer wieder hohe Summen in Anlagen investiert, deren Betreiber den Kommunen große Versprechungen machten, die sie aber kaum jemals einhalten konnten.[139] In Deutschland entstanden so in den 1920er Jahren einige Investitionsruinen wie etwa in Köln, wo die 1928 durch die Firma Humboldt errichtete Müllverbrennungsanlage die Stadt finanziell stark belastete. Buenos Aires begann schon in den 1870er Jahren mit der Verbrennung, aber auch hier verpestete sie die Luft und wurde 1895 wieder aufgegeben.[140] In San Francisco wurde der bestehende Incinerator 1913 durch eine neue Anlage ersetzt, die aber ebenfalls zu zahlreichen Beschwerden aus der Bevölkerung führte. Auch hier, wie so oft, konnte der Vertragsnehmer die in der Projektplanung gemachten Zusagen nicht einhalten.[141]

8. Koloniale Städtehygiene: Macht und Modernisierung

The only excuse for colonialism is medicine.
(Louis-Hubert Lyautey 1912[1])

Überlegenheitsdiskurse

Der sich entwickelnde städtehygienische Diskurs, befeuert durch die prekären sozialen Verhältnisse und die vielen Choleraepidemien, war dezidiert *aufgeklärt*, verstand sich also als empirisch, technisch, wissenschaftlich. Er manifestierte sich in Institutionen, Zeitschriften und Expertenaustausch. Zugleich war er aber auch hochgradig moralisierend und getragen von einer starken Abscheu gegenüber Schmutz, Exkrementen oder Abfall auf den Straßen. Er vermittelte die Überzeugung, die Verbesserung der öffentlichen Gesundheit hinge wesentlich vom Stand der Zivilisation ab. Einfache Ermahnungen und Regelungen genügten nicht, zumal sie sich leicht ignorieren ließen: die Existenzweise musste ganzheitlich gehoben werden.[2] Das geschah am besten durch Erziehung im weitesten Sinn des Wortes – und wie Lehrer gegenüber ihren Schülern verhielten sich dann auch viele Städtehygieniker gegenüber denjenigen, die die von ihnen formulierten Standards verfehlten.

Auf diese Weise wurden die Grenzlinien zunächst innerhalb der Gesellschaft gezogen, um ein sauberes, gesundes, wissenschaftlich aufgeklärtes Bürgertum von den städtischen Unterschichten und der Landbevölkerung zu unterscheiden. Erfahrungsberichte aus Armenvierteln oder Dörfern hatten oftmals einen voyeuristischen Zug und provozierten Reaktionen zwischen Spott und Schrecken bei der Frage, wie Menschen nur so schmutzig sein konnten. Die bretonische Landbevölkerung etwa wurde seit den 1880er Jahren in Frankreich zum Inbegriff ignoranter Rückständigkeit.[3] Schauriges Entsetzen lösten Fälle wie der dreier Teiche in einem Dorf im Département Ille-et-Vilain aus, von dem ein Beobachter 1901 berichtete: Sie wurden angeblich aus Güllehaufen gespeist, die Bevölkerung wusch darin ihre Wäsche, zudem wurde ihr Wasser zur

Herstellung des besten Cidres der Gegend genutzt![4] Es fiel offensichtlich leicht, sich moralisch und intellektuell der Landbevölkerung überlegen zu fühlen, die immer neue Wege fand, die öffentliche Gesundheit zu gefährden.[5]

Im Zeitalter des Kolonialismus wurden solche Unterscheidungen und Grenzziehungen aber auch auf die Völker angewendet, die man unterworfen hatte und nun zivilisieren zu müssen meinte. Das konnte auch auf die Gesellschaft zuhause zurückwirken: So hat Joseph W. Childers argumentiert, seit den 1860er Jahren hätten in Großbritannien nicht mehr die *Shock Cities* der Industrialisierung wie Manchester oder Birmingham als soziales Menetekel gegolten, sondern das Londoner East End mit seinen vielen Einwanderern aus den Kolonien.[6] Die Bewunderung, die viele europäische Beobachter noch im 18. Jahrhundert für China, Indien und viele andere Teile der Erde empfunden hatten, wich zunehmend einem abschätzigen Überlegenheitsgefühl.[7] Deutlich wie kaum irgendwo sonst zeigte sich das im Fall von Jerusalem, bis 1917 Teil des Osmanischen Reiches. Ein Arzt namens Dr. Schwartz, der die Heilige Stadt 1881 bereiste, verglich sie auf unvorteilhafte Weise mit London, Wien oder Paris und dem dort erreichten städtehygienischen Standard:

> Nicht so im Oriente. Hier ist Higiene ein unbekanntes Ding. Ein jeder Tourist, welcher den Orient bereist, kennt wohl die Indolenz der orientalischen Behörden in Bezug auf Reinlichkeit der Strassen, wo Thierkadaver und Unrath ganze Stadtviertel verpesten. Der Türke mit seinen zerrütteten Finanzen bietet reisenden Fürsten königliche Gastfreundschaft auf Kosten der betreffenden Districte, hat aber keinen Kreuzer für die Assanierung seiner Städte übrig. Wozu auch? Allah Kerim! Gegen den Fatalismus kämpfen Götter selbst vergebens.[8]

Solche Beobachtungen illustrieren nicht nur die allmähliche Wahrnehmungsverschiebung. Sie wurden historisch wirkmächtig, weil die globalen Kontakte während des 19. Jahrhunderts stark zunahmen, und dies vor allem aus zwei sich gegenseitig ergänzenden Ursachen: der ökonomischen Globalisierung und dem politisch-militärischen Imperialismus. Ermöglicht durch neue Technologien des Transports von Waren und Menschen sowie der Kommunikation konnten vormals vereinzelte Kontakte in dauerhafte Geschäftsbeziehungen umgewandelt werden. Immer mehr Europäer verlegten zeitweise oder dauerhaft ihren Wohnsitz in Orte, die weit außerhalb ihres bisherigen Sichtfeldes lagen. Das war ein wichtiger Faktor, warum die Standards der Städtehygiene in der zweiten Hälfte des 19. Jahrhunderts global wirksam wurden: Sie waren Teil eines Modernisierungsideals, das die europäische Entwicklung zum Vorbild nahm.[9]

Die Gründe dafür sind komplex und lassen sich nicht allein mit der Hegemonie der europäischen Mächte im Zeitalter des Imperialismus erklären. Sicherlich spielte das eine große Rolle, und die Kolonialmächte versuchten, durch administrative und technische Maßnahmen die sanitäre Situation in den Städten zu verbessern – was ihnen häufig nicht gelang.[10] Jedoch fingen auch einheimische Eliten an, selbst in Ländern, die nicht formal kolonialisiert waren, ihre Gesellschaft und urbane Situation als rückständig wahrzunehmen und daraus einen Modernisierungsbedarf abzuleiten. Bekannt ist das für den Fall Japans, wo sich die Meiji-Restauration ab 1868 ausdrücklich an europäischen Vorbildern orientierte und sie – in der Architektur oder der Verfassung von 1889, die sich stark an der preußischen orientierte – sogar bewusst nachahmte. So war es beispielsweise auch im Osmanischen Reich, wo die hygienische Lage besonders in Istanbul in der zweiten Hälfte des 19. Jahrhunderts zunehmend als untragbar empfunden wurde. In Kairo, um einen weiteren Fall zu nennen, kommunizierten die einheimischen Eliten gleichfalls einen starken Modernisierungsbedarf, und die Neubauwelle seit den 1870er Jahren folgte hier dezidiert europäischen Prinzipien der Stadtplanung und Architektur.[11]

Ein wichtiger Grund dafür bestand in den machtpolitischen Verschiebungen des 19. Jahrhunderts und den ausgeprägten militärischen Asymmetrien, die im Zuge der kolonialen Expansion sichtbar wurden. Immer wieder gab es Auseinandersetzungen, angefangen von Napoleons Ägyptenfeldzug 1798 bis hin zur Schlacht von Omdurman 1898, die ein groteskes Missverhältnis zwischen den Opferzahlen der beiden Seiten mit sich brachten.[12] Im Fall der Öffnung Japans genügten 1853 eine Handvoll US-amerikanischer Kriegsschiffe unter der Führung von Matthew Perry, um Japan seine technologische und militärische Rückständigkeit vor Augen zu führen. Die ökonomischen Entwicklungsunterschiede verstärkten diese Wahrnehmung, zumal eine starke Wirtschaft die Voraussetzung war, um im Konzert der Großmächte noch eine Rolle zu spielen. Das musste seit dem Ende des 19. Jahrhunderts auch Russland erkennen, als es den Anschluss an die westlichen Mächte zu verlieren drohte und schließlich im Konflikt mit Japan 1904/05 militärisch gedemütigt wurde.

Das Modernisierungsideal versprach die Erneuerung politischer Stärke, gab aber auch eine Antwort auf das fortgesetzte Wachstum der Städte. Nicht nur in den Metropolen der industrialisierten Länder wuchs die Zahl der Einwohner, sondern es handelte sich um einen weltweiten Trend. Daraus ergaben sich aber gravierende Probleme: Wie waren die neuen Einwohner untergebracht? Wie konnten sie ein Auskommen finden? Wie sollte die Versorgung mit Wasser gewährleistet werden? Wie ließen sich Abwässer entsorgen und Abfälle loswerden? Das städtebauliche Modernisierungsideal besaß den großen Vorteil, darauf bereits erprobte Antworten geben zu können. Das ging einher mit dem Versprechen, auf diese Weise Anschluss an die städtebaulichen Entwicklungen zu finden, die bei den politischen und wirtschaftlichen Großmächten bereits – zumindest wenn man den Blick auf die Metropolen beschränkte – zum Standard gehörten.

Dass eine solche Wahrnehmung nicht unproblematisch ist, liegt auf der Hand. Gerade die «Kolonialpartnerschaft» wird heute als eine Form von innerer Kolonialisierung problematisiert. So beklagte Dipesh Chakrabarty am Beispiel der Hygiene das machtvolle Nachwirken kolonialer Modernisierungsvorstellungen bis in die Gegenwart.[13] Zudem ist die Geschichte kolonialer Hygieneprojekte oft auch die Geschichte des Scheiterns oder wenigstens Nichtzueinanderfindens. Technische Infrastrukturen mögen auf den ersten Blick durch ihre nüchterne Funktionalität bestechen. Gerade in kolonialen Räumen waren sie aber alles andere als neutral: Ihr Bau und ihre Nutzung waren in Diskurse von Ungleichheit, Rassismus und Hygiene eingebettet, in denen die Kolonialisten die Kolonialisierten als schmutzig und einer niedrigen Zivilisationsstufe zugehörig degradierten.[14]

Unweigerlich gerät man hier in normative Konflikte. Der französische Kolonialist Louis-Hubert Lyautey spitzte das im Jahr 1912 zu: «the only excuse for colonialism is medicine»: Also nicht Zivilisation, nicht Kultur, nicht Städtebau, sondern das medizinische Wissen, Krankheiten zu heilen und vor allem zu verhüten, sei die einzige Entschuldigung für

Kolonialismus.[15] Und die Funktionalität technischer Infrastrukturen war ja nicht nur eingebildet: Im besten Fall halfen sie das Zusammenleben in urbanen Räumen erträglicher zu gestalten, die Sauberkeit zu verbessern, die Sterberaten und insbesondere die Kindersterblichkeit zu senken, eine bessere Prävention gegen Infektionskrankheiten – insbesondere Cholera und Typhus – zu ermöglichen.[16] Das half nicht zuletzt den unteren sozialen Schichten, die oftmals kaum Möglichkeiten hatten, sich ausreichend vor Epidemien zu schützen.[17]

Gegen autoritäre Herrschaft, soziale Ungerechtigkeit, koloniale Baustile ließ sich insofern trefflich rebellieren. Die Städtehygiene wurde in der Zwischenkriegszeit aber auch von antikolonialen Befreiungsbewegungen zum Thema gemacht. Nationalistische Bewegungen wie die chinesischen Guomindang schrieben sie sich explizit auf die Fahnen und sahen in ihr einen unverzichtbaren Faktor der Staatsbildung.[18] Nicht anders war es bei den mit ihnen verfeindeten Kommunisten, die nach Schaffung der Volksrepublik 1949 großangelegte Gesundheitskampagnen starteten. Für Jawaharlal Nehru, den langjährigen indischen Premierminister, stellten sanitäre Infrastrukturen geradezu den Ausweis der neuen Staatlichkeit Indiens nach der Erringung der Unabhängigkeit im Jahr 1947 dar.[19] Andersherum untergrub es die Legitimität der alten Ordnung, wenn sie, wie das im russischen Zarenreich der Fall war, immer wieder daran scheiterte, grundlegende städtehygienische Standards zu gewährleisten. Tatsächlich offenbarte auch die städtehygienische Bilanz kolonialer Regime viele Defizite und provozierte scharfe Kritik.[20]

Der Kolonialismus trug insofern dazu bei, eine Vorstellung der *Hygienic Modernity* (Ruth Rogaski) zu vermitteln, die aber aus einer Vielzahl von Gründen adaptiert, integriert, fortgeschrieben wurde: Sie war eine Antwort auf die mit dem globalen Städtewachstum zunehmenden hygienischen Probleme. Sie ermöglichte es zugleich, in einer sich wandelnden Gesellschaft neue soziale Grenzlinien einzuziehen. Und sie war Ausdruck einer Staatsbildung, die sich Fürsorge für die Bürger und den Anschluss an die städtebauliche Moderne auf die Fahnen geschrieben hatte. Hygiene hatte dabei laut Nancy Tomes den Vorteil, als wertfrei kommuniziert werden zu können, denn schließlich ging es stets um die Gesundheit der Menschen.[21] Letztlich war sie alles andere als das, aber der Anschein von Wertfreiheit kann vielleicht erklären, warum sich kaum eine andere koloniale Ideologie als so dauerhaft und wirksam erwies. Die daraus resultierende Ambivalenz städtehygienischer Reformprojekte schreibt sich vielerorts bis heute fort.

Die Grenzen der alten Stadt

Der Anstieg der Bevölkerungszahl überforderte gerade ländliche Regionen und führte seit der zweiten Hälfte des 18. Jahrhunderts zu den Wanderungsbewegungen in die Städte. Das war auch deshalb ein komplizierter Vorgang, weil die Strukturen urbaner Räume in der Vormoderne nicht auf den begrenzten und begrenzbaren Stadtraum beschränkt blieben. Vielmehr standen sie in einem Austauschverhältnis mit ihrem Umland und nahmen es in Beschlag. Diese Strukturen konnten mit dem Städtewachstum nicht bewahrt werden. Neue Bezirke schnitten in den Gürtel von Gartenwirtschaften ein, die sich besonders um viele Städte der islamischen Welt angelagert hatten und die üblicherweise einen großen Teil der städtischen Abfälle und Überreste verwerteten.[22] Was vormals das urbane Umweltmanagement begründet hatte, erwies sich als nicht länger praktikabel.

Die Reaktionen darauf waren unterschiedlich, teilweise hilflos, manchmal desaströs. So etwa im Fall von Aleppo, wo man sich angesichts zunehmender Entsorgungsprobleme im frühen 19. Jahrhundert dazu entschloss, die alten Fluchttunnel der Stadt für die Entsorgung von Fäkalien und Abfällen zu nutzen. Das führte zu einer kaum erträglichen Geruchsbelästigung sowie großen Schäden an der Bausubstanz der Stadt.[23] Gerade ein solcher Fehlschlag zeigt aber auch, dass anders als viele europäische Beobachter feststellen zu müssen meinten, die Obrigkeit in afrikanischen oder asiatischen Städten keineswegs die Belastungen einfach so hinnahm. Es existierte durchaus ein Problembewusstsein, nur waren Lösungen nicht einfach zu erzielen. Oftmals fehlte es an der technischen Expertise, neue städtehygienische Lösungen nicht nur zu entwickeln, sondern auch baulich und technisch umzusetzen. Städtehygienische Projekte waren komplexe Bauaufgaben, die an der industriellen Produktion geschulte Fertigkeiten voraussetzten; etwa bei Zementbau und Eisenguss. Zugleich verfügten Länder wie Großbritannien und Frankreich über viel größere finanzielle Mittel als etwa das Osmanische Reich, dessen Modernisierungsbemühungen immer wieder am Geld scheiterten und wo auch die Städte auf dem freien Kapitalmarkt oftmals schlechte Karten in der Hand hatten.

Vincent Lemire hat solche Konflikte für den Fall der Wasserversorgung Jerusalems detailliert nachgezeichnet. Er konnte zeigen, dass die Stadt keineswegs vom *Waqf*, der für die Bauten Jerusalems zuständigen religiösen Stiftung, vernachlässigt wurde, wie es viele europäische Beobachter immer wieder behauptet hatten. Die ottomanischen Eliten machten sich intensive Gedanken, wie die Wasserversorgung der Stadt verbessert werden konnte, da Jahre mit geringen Regenfällen zu einer dramatischen Wasserknappheit führten. Der Waqf blieb allerdings den traditionellen Lösungsstrategien der vormodernen Stadt verhaftet, die auf Kanäle und Zisternen zum Auffangen des Regens setzten. Die neuen britischen Mandatsherren konnten deshalb nach dem Ersten Weltkrieg mit großem Brimborium eine Pipeline aus Metall als Lösung der Wasserprobleme Jerusalems präsentieren und damit den Anschluss der Stadt an die Moderne in Szene setzen. Diese leistete allerdings nicht einmal annähernd das, was die Briten versprachen, und eine leistungsfähigere Wasserversorgung sollte schließlich erst in der zweiten Hälfte der 1930er Jahre installiert werden.[24]

Die Kontraste zwischen den traditionellen Praktiken und Technologien des urbanen Umweltmanagements und den neuen technischen Infrastrukturen wurden im Rahmen kolonialer Selbst- und Fremdwahrnehmung besonders akzentuiert. Der britische Forschungsreisende Richard Burton fand die marokkanische Stadt Tangier beispielsweise einfach entsetzlich: «Die Straßen sind für Kamele und nicht für Kutschen gemacht, mit Steinen gepflasterte Gassen, die wie Bachbette aussehen und hauptsächlich als Abflüsse, Abwasserkanäle und Senkgruben dienen: jede Art von verwesenden Abfällen beleidigt Auge und Nase, von Geflügelfedern und Küchenabfällen bis hin zu Ratten- und Katzenkadavern – auch tote Babys sind nicht völlig unbekannt.»[25] Zugleich zeigte sich hier aber auch, wie bei den europäischen Beobachtern die hygienischen Instinkte ausgeprägter und die Nasen sensibler geworden waren. Die Ehefrau eines französischen Kolonialoffiziers beschwerte sich 1914 über die vielen Tiere in den Gassen und das Ungeziefer in Rabat. In allen Ecken stapelten sich stinkende Müllhaufen. Das alltägliche Leben hatte offensichtlich eine demoralisierende Wirkung, denn sogar die Europäer entleerten hier ihre Nachttöpfe auf die Straße.

Solche Beschreibungen mochten Ausdruck eines ehrlich empfundenen Ekels gewesen sein, aber sie waren zugleich voller Ambivalenzen. Die städtehygienischen Reformen in Großbritannien waren zu dem Zeitpunkt, als diese Aussagen getätigt wurden, noch nicht besonders alt. Allzu leicht wurde die Lage vergessen, in der sich zahllose europäische und amerikanische Städte immer noch befanden. Geflissentlich wurde ausgeblendet, wie sich die hygienische Lage in der zweiten Hälfte des 19. Jahrhunderts darstellte, wagte man sich in London oder Paris einmal aus den anständigen bürgerlichen Vierteln heraus. Zugleich können solche Beschreibungen in ihrer Farbigkeit und sinnlichen Drastik nur mühsam die Faszination für den Schmutz verdecken: Städte mochten Abscheu erregen, aber sie sprachen zugleich etwas an. In der Zeit einer *Colonisation Triomphante* galten die Einheimischen als faul und kindisch, aber eben auch sinnlich.[26] Die sich aufdrängende Frage, wie man nur so schmutzig sein konnte, erschien sowohl als abscheulich als auch attraktiv.

Städtehygiene als koloniales Projekt

Für die Bemühungen der Kolonialisten, die hygienischen Zustände vor allem in den Städten zu verbessern, gab es verschiedene Beweggründe, aber von besonders großer Bedeutung war die hohe Sterblichkeit von Europäern in kolonialen Räumen. Bereits die Ostindiengesellschaften des 17. Jahrhunderts veranschlagten für eine Expedition nach Asien drei Jahre und rechneten nicht damit, eines der ursprünglichen Besatzungsmitglieder wäre bei der Rückkehr noch an Bord.[27] Besonders militärische Expeditionen wurden immer wieder durch das Gelbfieber oder die Malaria gefährdet, und üblicherweise starb eine größere Zahl von Menschen durch diese Krankheiten als durch Kampfhandlungen. In Nordamerika begründete das im 18. Jahrhundert eine *Strategy of Haste*: anzugreifen, bevor Krankheiten zu viele Menschenleben gekostet hatten.[28]

Mit dem Siebenjährigen Krieg (1756–1763), der wichtige Schauplätze auch in Indien und Nordamerika hatte, entwickelte sich die Militärmedizin als eine anwendungsbezogene Wissenschaft, die auch die Verbesserung der Abfall- und Abwasserentsorgung in Feldlagern thematisierte.[29] Im 19. Jahrhundert setzte sich das fort: Während des Krimkriegs (1853–1856) wurden die hygienischen Verhältnisse in den Feldlagern zu einem großen Thema in der britischen Öffentlichkeit, obwohl die Sterblichkeit der französischen und russischen Armee deutlich höher lag.[30] Auch die hohe Sterblichkeit der britischen Truppen während des indischen Sepoy-Aufstands 1857 dynamisierte die Debatte um die Verbesserung der hygienischen Verhältnisse.[31] Bei der US-amerikanischen Kolonisierung der Philippinen ab 1898 spielten Militärmedizin und Militärhygiene bei der Reform der sanitären Verhältnisse ebenfalls eine große Rolle.[32]

Die Militärmedizin war eine wichtige Quelle der Ausarbeitung eines städtehygienischen Programms, das in kolonialen Räumen zur Anwendung kommen konnte. Die große Frage, wie Europäer auf Dauer mit dem besonderen Klima und den Krankheiten leben konnten, betraf aber naheliegenderweise auch die Gesundheit und Sicherheit der dort ansässigen europäischen Bevölkerung.[33] Eine Antwort darauf war Segregation, also indigene und europäische Bevölkerung räumlich voneinander zu trennen. Hygienepraktiken bestärkten während des 19. Jahrhunderts in Städten wie Kalkutta oder Madras die Trennlinien zwischen einer *White Town* und einer *Black* bzw. *Brown Town*, die zunehmend durch einen *Cordon Sanitaire* voneinander getrennt wurden.[34] Segregation entwickelte sich in der ersten Hälfte des 19. Jahrhunderts zu einer immer wieder angewandten städtehygienischen Praxis. Die indischen White Towns begannen den britischen Westends zu ähneln, wo sich die besser gestellten Schichten am Rande der Städte ansiedelten.[35] Solche Praktiken gingen mit rassistischen Abgrenzungsdiskursen einher, konnten ihre Widersprüchlichkeit aber nur schwer verdecken: Die hygienische Lage für die einen zu verbessern hieß in vielen Fällen zugleich, sie für die anderen zu verschlechtern.[36] Selbst besonders chauvinistischen Kolonialisten musste aber klar sein, wie wenig epidemische Lagen eine solche Trennung de facto zuließen – zumal die Bewohner der White Towns auf große Zahlen von Dienstpersonal aus anderen Teilen der Stadt angewiesen waren.[37]

Doch auch als Herrschaftstechnik stieß Segregation in der zweiten

Hälfte des 19. Jahrhunderts immer wieder an ihre Grenzen. Am Ende blieb gerade in indischen Städten wenig anderes übrig, als städtehygienische Maßnahmen auch auf nicht von Europäern bewohnte Stadtviertel auszuweiten. Sanitäre Infrastrukturen waren insofern keineswegs unschuldig, sondern manifestierten Herrschaft. Ein entscheidender Moment für die britische Kolonialherrschaft in Indien war der Sepoy-Aufstand 1857, den die Briten nur mit allergrößter Kraftanstrengung niederhalten konnten. Die Reformmaßnahmen, die dem Konflikt nachfolgten, dienten wesentlich dem Ziel, die Autorität der britischen Krone zu stärken und zugleich den dynamisch wachsenden Stadtraum einer stärkeren Kontrolle zu unterwerfen.[38] Das war schon bei der Umgestaltung von Paris unter der Ägide von Baron Haussmann in den 1850er Jahren handlungsleitend gewesen: Die große, unkontrollierte Stadt galt als Nukleus politischer Spannungen und Revolten.

Betrachtet man sich indes die konkreten kolonialen Assanierungsprojekte, dann zeigten sich in vielen Fällen die Grenzen solcher Unternehmungen. Sie scheiterten oft genug an der Beharrungskraft gebauter Umwelten, an den fehlenden finanziellen Mitteln wie auch an Widerständen aus der Bevölkerung. Nicht selten ging das Hand in Hand: Es galt häufig als überzeugendes Argument, sanitäre Neuerungen sollten keinen zu starken Bruch mit den bisherigen Praktiken, Fäkalien und Abfälle zu beseitigen, darstellen. Zugleich wurden auf diese Weise die städtischen Finanzen geschont und die Steuerbelastung niedrig gehalten. Das lag sowohl im Interesse der europäischen Bevölkerung wie der einheimischen Eliten: Europäer waren in vielen Kolonien, wie etwa Ägypten, generell steuerfrei und wollten das auch bleiben.[39] Der schmalen Schicht von einheimischen Landbesitzern war, wie bereits beschrieben, ebenfalls daran gelegen, die Steuerbelastung – die vor allem sie selbst betraf – niedrig zu halten.[40]

Aus diesem Grund ist das langsame Tempo nicht verwunderlich, in dem die Kanalisierung indischer Städte voranschritt: Seit den 1870er Jahren fing man damit an, in Kalkutta, Madras oder Delhi offene Abwasserkanäle zu bauen.[41] Eine größere Dynamik bekamen diese Projekte erst, als es dort ab 1896 zu mehreren großen Ausbrüchen der Pest kam.[42] Interessanterweise hatte das langsame Tempo des Kanalbaus seit den 1860er Jahren sogar positive Auswirkungen auf die Organisation der Müllsamm-

Old Style, Bombay.

New Style, Bombay.

Abfallsammlung in Bombay «gestern und heute» (1914)[45]

lung, denn auf diesem Gebiet ließ sich die sanitäre Lage leichter und mit geringerem finanziellen Aufwand verbessern: 1868 wurde in Kalkutta die erste kommunale Mülldeponie in Betrieb genommen, was mit der Einrichtung einer regulären Müllabfuhr zumindest für einige zentrale Stadtbezirke einherging.[43] In Delhi wurden gleichfalls kommunale Deponien eingerichtet, die nicht zuletzt die Abfallablagerungen an der alten Stadtmauer ersetzen sollten.[44] Die traditionelle Vorgehensweise, auf die Straße geworfene Abfälle von Straßenfegern in Abflüsse und Sammelbehälter kehren zu lassen, von wo sie mit Pferdegespannen abtransportiert wurden, sollte verbessert werden. Seit der Jahrhundertwende wurden teilweise sogar motorisierte Fahrzeuge in der Müllabfuhr eingesetzt:

Ein Bild wie das obige war allerdings nicht zuletzt Teil kolonialer Propaganda: Motorisierte Müllfahrzeuge erwiesen sich in Anschaffung und Wartung als zu teuer, weshalb man sukzessive zu den Pferdegespannen zurückkehrte.[46] Der Ethnologe Vinay Kumar Srivastava erinnerte sich, noch in den 1950er Jahren sei in Delhi der Müll mit Pferdegespannen abgeholt und dann in ein *Garbage House* verfrachtet worden, um noch verwertbare Materialien auszusortieren.[47]

Doch trotz der Hindernisse, die das Alltagsgeschäft der Müllsammlung bereithielt, spielte die Abfallsammlung eine wichtige Rolle. In einer kolonialen Neugründung wie Nairobi (1899) wurde – als ordnungsstiftende Maßnahme angesichts der mehr oder weniger gesetzlosen Anfangsphase der Stadt – großer Wert auf die Sauberkeit der Straßen und die Sammlung und Entsorgung der Abfälle gelegt. Ein System, das im Großen und Ganzen bis in die 1970er Jahre gut funktionierte, bevor die Stadt anfing, zu einem der größten urbanen Ballungsräume weltweit anzuwachsen.[48] Auf Madagaskar begannen die Franzosen nach 1900 mit dem Bau von offenen Kanälen, Brunnen und Latrinen – immer auch in der Hoffnung, damit ihre Herrschaft zu legitimieren und zu erleichtern.[49]

Auffällig ist nicht nur, in welchem Maße Städteassanierung und Hygiene zu den zentralen Herrschaftstechniken des Kolonialismus gehörten, sondern auch, wie stark sich Vorgehensweise und Rhetorik der Kolonialmächte dabei ähnelten. Die Deutschen spitzten ihre Rhetorik noch weiter zu, weil sie sich offensichtlich in einem kolonialen Überbietungswettbewerb wähnten. Diesen Eindruck gewinnt man jedenfalls im Falle des chinesischen Tsingtau. Die Stadt sollte von den deutschen Kolonialherren seit der Wende zum 20. Jahrhundert zu einer hygienischen Musterkolonie, zur «saubersten Stadt Asiens» ausgestaltet werden.[50] Das betraf praktische Maßnahmen, wie etwa Abfälle und Fäkalien nicht mehr in Abtritten und Senkgruben zu entsorgen, sondern in Tonnen zu sammeln. Das verschaffte diesen allerdings eine ganz neue Sicht- und Hörbarkeit, weil die Abholung viel Lärm machte und den Verkehr durcheinanderbrachte. Zugleich ging das einher mit intensiven Belehrungen über den richtigen Umgang mit Schmutz und Standards der Körperhygiene, die als Weg zum zivilisatorischen Fortschritt kommuniziert wurden.[51]

Bei der kurzen Kolonialisierung Kubas 1879 und der längeren der Philippinen ab 1898 durch die USA finden sich vergleichbar stereotype Beschreibungen der Bevölkerung: Die Einheimischen wurden als Kinder beschrieben, die sich aber immerhin potentiell zivilisieren ließen. Das US-amerikanische National Board of Health schickte 1879 eine Kommission nach Havanna, um die sanitären Verhältnisse der Hafenstadt einzuschätzen. Der Bericht beklagte ungepflasterte Straßen voll mit Müll, dicht bevölkerte Stadtteile ohne zureichende Luftzirkulation und Abfuhr der Fäkalien: «Die Abwässer durchdringen das Haus, und der flüssige Inhalt sättigt den Boden und das weiche, poröse Korallengestein, auf dem die Stadt errichtet ist. Alles Wasser ist daher verdorben, und jeder Straßengraben verströmt einen üblen Geruch. Man kann sagen, Havanna ist auf einem Abort gebaut.»[52] Nachdem es den Amerikanern gelungen war, Kuba zu befrieden, wurden unter der Ägide des Arztes William Gorgas, der sich große Verdienste bei der Bekämpfung von Malaria und Gelbfieber erworben hatte, Maßnahmen zur Reinigung der Städte ergriffen: Unter anderem wurden die Straßen gereinigt und desinfiziert, Abfälle abtransportiert, die Kadaver toter Tiere beseitigt und kranke Personen aus der Öffentlichkeit entfernt.[53]

Auf den nach dem Krieg mit Spanien 1898 kolonialisierten Philippinen sah die Lage ähnlich aus. Städtehygienische Maßnahmen ließen sich durchaus ergreifen, das änderte aber wenig daran, dass die Einwohner ihre Abfälle um ihre Häuser herum entsorgten und dort auch urinierten. Wie es ein US-amerikanischer Offizier ausdrückte: «Die Behausungen der Eingeborenen waren in der Regel von Schmutz aller Art umgeben – Schlamm, Müll, Fäkalien, Abraum und anderer Unrat.»[54] Auch die städtischen Märkte stellten einen Grund zur Besorgnis dar, und zu allem Überfluss aßen die Einheimischen auch noch mit den Fingern.[55] Gleichzeitig – und bezeichnenderweise – ignorierten die US-amerikanischen Kolonialisten bereits existierende Hygienevorrichtungen. So hatten viele Kommunen bereits eine regelmäßige Abfallsammlung.[56] Statt darauf aufzubauen wurde aber lieber der öffentliche Raum desinfiziert, was sich mittlerweile zu einer üblichen städtehygienischen Maßnahme entwickelt hatte.[57]

Vergleichbare Phänomene lassen sich auch in anderen kolonialen Räumen beobachten; etwa bei dem gelehrigsten Schüler der westlichen Kolonialmächte, nämlich Japan. Das Land hatte im Zuge der Meiji-Restauration westliche Institutionen, Technologien, aber auch Alltagspraktiken in großer Geschwindigkeit adaptiert. Das betraf beispielsweise die Übernahme des Fleischkonsums, den viele als verantwortlich für die «rohe tierische Kraft» der Europäer ansahen. Das ging mitunter so weit, selbst die Fäkalien von Menschen mit hohem Fleischkonsum als besonders potenten Dünger zu betrachten – was sogar stimmte, denn der Nitratgehalt im Stuhl ist bei einer fleischlastigen Ernährung deutlich höher.[58] Weil sich die japanische Entwicklung aber als erfolgreich erwies, konnte Japan nun wiederum zum Modernisierungsvorbild in Ostasien werden, während sich das Land ab 1894 in Taiwan und 1905 in Korea selbst zum Kolonialisten entwickelte.

Das bedeutete auch hier nicht nur formale Herrschaft, sondern auch die Durchsetzung eines Zivilisationsprogramms. So sollten insbesondere während der 1920er Jahre in Seoul – von den Japanern Keijō genannt – Durchgangsstraßen angelegt und die Straßen verbessert werden, was aber größtenteils Stückwerk blieb.[59] Um die öffentliche Gesundheit zu verbessern, wurden Maßnahmen zur Hygieneaufklärung ergriffen. In halbjährigen *Cleanups* säuberte man die Straßen von Dreck und beseitigte die Müllhaufen. Zudem sollten Abfälle und Fäkalien regelmäßig eingesammelt werden. Doch hatten diese Maßnahmen oftmals andere Auswirkungen, als von den Kolonialisten geplant: Die Müllabfuhr störte das traditionelle System der Fäkaliensammlung, die zudem vormals kostenlos erfolgt war, da sie ja als Dünger verwendet wurden. Seit 1914 erhoben die Kolonialisten hingegen eine Gebühr für die Müllsammlung, die viele Einwohner der Stadt als ungerecht empfanden, weil erstere die Abfälle wiederum an die Bauern verkauften.[60] Die Japaner schienen regelrecht zu verzweifeln an der Störrigkeit der Verhältnisse und verunglimpften Seoul immer wieder als «Hauptstadt der Scheiße».[61]

Hygienische Moderne

Randall M. Packard hat sicher recht, wenn er die Kontinuität zwischen den kolonialen Assanierungsprogrammen und den globalen Gesundheitskampagnen hervorhebt, die seit den 1920ern von internationalen Organisationen gestartet wurden, um die hygienische Lage rund um die

Welt zu verbessern und Infektionskrankheiten effektiv zu bekämpfen.[62] Besonders wichtig waren dafür die *League of Nation Health Organization*, eine vom Völkerbund geschaffene Gesundheitsorganisation, sowie die US-amerikanische *Rockefeller-Foundation*. Die Kolonialisten sahen sich durch diese internationalen Organisationen herausgefordert, gerade *weil* diese keine Regierungen repräsentierten.

Trotzdem führt es in die Irre, Städtehygiene ausschließlich als beherrschten Völkern aufgezwungenes koloniales Projekt zu interpretieren. Sicher war es eine praktikable Unterwerfungsstrategie, Chinesen oder Inder als schmutzig zu portraitieren und aus den daraus resultierenden zivilisatorischen Unterschieden das Recht abzuleiten, über fremde Völker zu herrschen. Wer aber nur diesen Aspekt betrachtet, verkennt, in welchem Maße imperialistisch bedrängte Gesellschaften städtehygienische Modernisierungsideale rezipierten und adaptierten. Das war nicht nur eine Reaktion auf drastische Asymmetrien militärischer und wirtschaftlicher Macht. Vielmehr fand eine Aneignung solcher Modernisierungsideale in vielen lateinamerikanischen, afrikanischen oder asiatischen Gesellschaften auch deshalb statt, weil sie es ermöglichten, in einer Zeit großer soziokultureller Veränderungen soziale Unterschiede und Hierarchien innerhalb der Gesellschaft neu auszuhandeln.

Genau dieser Gesichtspunkt macht die Geschichte allerdings auch besonders kompliziert. Städtehygienische Belehrungen erzeugten schließlich bei vielen Menschen aus verständlichen Gründen eine Abwehrhaltung.[63] Niemand lässt sich gerne als schmutzig bezeichnen, und als die Rockefeller-Stiftung zu Beginn der 1930er Jahre in Ägypten ein Programm zur Verbesserung des öffentlichen Gesundheitswesens auflegen wollte, reagierten viele Menschen skeptisch. Schließlich hatten sie über Jahrzehnte den Snobismus britischer Kolonialbeamter ertragen müssen.[64] Zugleich wurde Hygiene aber seit der zweiten Hälfte des 19. Jahrhunderts zu einem Projekt der Eliten. Diese orientierten sich wirtschaftlich und kulturell an europäischen Standards und verbanden dies zugleich mit dem Hinweis auf die Rückständigkeit der eigenen Gesellschaft. Als Modernisierungsagenten konnten sie so ihren eigenen Macht- und Superioritätsanspruch legitimieren und erneuern.

Die US-amerikanische Historikerin Ruth Rogaski hat diese Konstellation mit dem Begriff der *Hygienic Modernity* zu fassen versucht. Diese

Hygienische Moderne als Weiterentwicklung des traditionellen *Weisheng* («das Leben schützen») begann in China mit der Übersetzung einiger europäischer Texte seit den 1880er Jahren, entwickelte sich dann aber zu einer nationalen Bewegung, die frische, reine Luft, Sauberkeit und Sonnenschein als zentrale Elemente der Schaffung einer robusten chinesischen Nation betrachtete. Die urbanen Eliten und die publizistische Öffentlichkeit eigneten sich aus dieser Perspektive Vorstellungen von Luft, Miasmen, Schmutz, Gesundheit und Hygiene an.[65] Das versprach die Erneuerung nationaler Stärke und zog neue Grenzlinien in eine sich wandelnde Gesellschaft ein. Es stellte als individuelles Verhaltensprogramm aber auch eine Antwort auf die beständigen Demütigungen dar, die mit dem Kolonialismus einhergingen. Gerade in China war das von großer Bedeutung, einem Land, das auf viele tausend Jahre Hochkultur zurückblickte, sich lange Zeit als das Zentrum der Welt angesehen und den Rest der Welt mit selbstbewusster Gleichgültigkeit behandelt hatte. Noch 1793 hatte der Kaiser von China in einem Brief an King George England als kleine, abgeschiedene Insel in den Weiten des Ozeans bezeichnet, abhold jeglicher Kultur und verfeinerter Sitten.[66]

Europäisch orientierte Eliten wurden gerade seit dem letzten Drittel des 19. Jahrhunderts vielerorts zu den stärksten Befürwortern grundlegender Reformen von Staat, Militär und Wirtschaft, aber auch der Metropolen selbst. Im Falle der Modernisierung von Kairo, Istanbul oder Teheran in der zweiten Hälfte des 19. Jahrhunderts spielte darüber hinaus die Präsenz von Europäern, also Kaufleuten oder diplomatischem Personal, eine große Rolle, selbst wenn es sich nicht formal um Kolonien handelte. Stadtteile, in denen viele Europäer wohnten, wurden immer wieder zu Modernisierungszellen, wo neue städtebauliche und städtehygienische Lösungen ausprobiert werden konnten, die dann wiederum als Vorbild für den Rest der Stadt dienten. Das hatte verschiedene Gründe: Zunächst waren solche Stadtteile zumeist relativ wohlhabend, und da jede Stadterneuerung vor dem Problem der Finanzierung stand, war das ein wichtiger Aspekt. Darüber hinaus waren hier die Widerstände gegen Eingriffe in traditionelle Stadtstrukturen geringer. Zwar ging ohne einen Modernisierungswillen «von oben» in der Regel nichts. Doch machte die Präsenz vieler Europäer die Stadterneuerung in vielen Fällen leichter durchsetzbar.

Ein gutes Beispiel dafür ist der Istanbuler Bezirk Galata (heute Karaköy) auf der europäischen Seite im Bezirk Beyoğlu, einer ehemaligen genuesischen Handelskolonie. Hier lebten viele Juden und Armenier, aber auch zahlreiche europäische Botschaften und Handelsdependancen waren dort angesiedelt. 1858 wurde Galata ein eigenständiger Stadtbezirk, was während der 1860er Jahre verschiedene Reformmaßnahmen ermöglichte: Die Verbreiterung, Pflasterung und Neuanlage von Straßen, häufigere und regelmäßige Leerung der Senkgruben, Verbesserung der Abwasserentsorgung sowie der Abriss der noch aus Zeiten der genuesischen Handelskolonie stammenden Mauer. Die Stadterneuerung war allerdings durchaus kein Erfolg auf ganzer Linie. Der Bezirk war bald völlig überschuldet, da die Möglichkeiten der Steuereintreibung stark überschätzt worden waren.[67]

Am Ende diente Galata aber durchaus dem beabsichtigten Zweck, ein Vorbild für den Rest der Stadt abzugeben. Da die Bevölkerungszahl Istanbuls bis zum Ersten Weltkrieg stark anstieg, stellten sich Reformfragen ohnehin: Woher sollten die vielen Menschen ihr Wasser bekommen? Reichten die noch aus dem 15. Jahrhundert stammenden *Schwarzen Kanäle* zur Entsorgung der Abwässer länger aus?[68] Brauchte die Metropole nicht eine deutlich verbesserte Sammlung der Abfälle? Seit den 1880er Jahren setzten sich, nicht zuletzt aufgrund der militärisch und finanziell äußerst angespannten Lage des Osmanischen Reiches, reformorientierte Eliten durch, zu deren Zielen auch die Verbesserung der sanitären Verhältnisse gehörte.[69] 1885 wurde in Istanbul ein Gesetz erlassen, das wilde Müllablagerungen untersagte und die Abfuhr verbessern sollte. Drastische Maßnahmen wurden nicht zuletzt gegen die Abertausend Hunde ergriffen, die Istanbuls Straßen bevölkerten. Diese wurden zunehmend als hygienisches Problem betrachtet, zumal man sie mit steigenden Tollwutzahlen in Verbindung brachte. 1910 pferchte man die Tiere, derer man habhaft werden konnte, in Topkapi in Käfige und deportierte sie schließlich auf die im Marmarameer abgelegene Insel Oxia.[70] Das verzweifelte Bellen und Jaulen der eingesperrten Straßenhunde hat sich tief in das kollektive Gedächtnis der Stadt eingebrannt.

Dieser Fall zeigt, welch herausgehobene Rolle die Hauptstädte als Vorreiter der Städteassanierung spielten: Wenige Ausländer erkundeten jemals Anatolien, aber in Istanbul kamen alle vorbei. Viele kannten die

Landmarken der Stadt, die Hagia Sophia oder die Moscheen Sinans. Seit den 1880er Jahren gab es Postkarten mit fotografischen Motiven der attraktivsten Sehenswürdigkeiten.[71] Der beschriebene Rousseau'sche Effekt wurde gewissermaßen räumlich erweitert: Wer Istanbuls großartige Moscheen von Fotografien kannte, reagierte leicht verstört, wenn Hunde den Abfall fraßen und ungepflasterte Straßen nach Fäkalien rochen. Istanbul war das Aushängeschild des Osmanischen Reiches und ein Vorbild für den Rest des Landes. Das machte schließlich auch der Hohen Pforte den Reformbedarf deutlich. In Kairo war die Städteassanierung bereits Teil eines Modernisierungsprogramms unter Muhammad Ali Pascha gewesen, der in den 1840er Jahren nicht nur Kanäle freischaufeln ließ, sondern auch die Straßenreinigung verbesserte. Unter der Herrschaft seines Sohns Ibrahim wurde die Abfallsammlung durch den Einsatz von Ochsenkarren stark ausgeweitet sowie eine bessere Verwertung der städtischen Abfälle angeregt.[72]

9. Globale Kreisläufe: Recycling im Industriezeitalter

Les choses plus sales sont le plus utiles, [...] les plus indispensables á la prosperité matérielle de l'univers monde.

(E. Rocco, 1860[1])

Industrielles Recycling

Der württembergische Graf Ferdinand von Zeppelin erlebte im Jahr 1890 die größte Demütigung seines Lebens: Er blamierte sich beim prestigeträchtigen Kaisermanöver, wurde ungünstig beurteilt und reichte anschließend seinen Abschied vom Militär ein. Diese Schmach versuchte er anschließend wettzumachen, indem er mit der Entwicklung eines Luftschiffes seinem Vaterland eine neuartige Waffe schenkte. Dabei gab es jedoch ein Problem: Das Füllmaterial Wasserstoff war leicht brennbar, weshalb für die Gaszellen ein elastisches, stabiles und feuerfestes Material benötigt wurde. Vor der Entwicklung geeigneter Kunststoffe benutzte man dafür das sog. Goldschlägerhäutchen, ein Teil des Rinderdarms, wobei die Herstellung eines einzigen Zeppelins davon etwa 600 000 Stück erforderte. Tatsächlich gelang es, für dutzende *Zeppeline* Goldschlägerhäutchen zu mobilisieren, die teilweise bis hoch in den russischen Norden gesammelt wurden.[2]

Dieses Beispiel demonstriert die Leistungsfähigkeit von Märkten für wiederverwertete Materialien und zeigt: Der Ausgang aus der großen Knappheit, welche die Vormoderne gekennzeichnet hatte, bedeutete keineswegs eine Zurückdrängung des Recyclings. In vielerlei Hinsicht stellte gerade die Zeit vor dem Ersten Weltkrieg einen Höhepunkt des Handels mit solchen Materialien dar, der sich nun auch nicht länger hauptsächlich auf lokale Märkte beschränkte. Die Entwicklung eines globalen Altstoffhandels in der zweiten Hälfte des 19. Jahrhunderts ist ein faszinierender, noch wenig erforschter Aspekt der industriellen Wiederverwertung. Auch die beiden Weltkriege – nun allerdings im Zeichen des Autarkiegedankens – führten zu intensiven Anstrengungen in diese Richtung.

Um das zu erklären, ist es zunächst notwendig, auf die im vierten Kapitel erwähnte *Recyclingformel* Reinhold Reiths zurückzukommen: Ist das Angebot von Kapital teuer und unelastisch, während das Angebot von Arbeit günstig und elastisch ist, steigt demzufolge die Wahrscheinlichkeit, dass Recycling stattfindet. Besteht also eine große Nachfrage nach bestimmten Rohstoffen, deren Angebot nicht einfach erhöht werden kann, und ist Arbeit gleichzeitig billig, dann wird sehr wahrscheinlich nach Möglichkeiten zur Wiederverwertung gesucht werden. Das war der wesentliche Grund, warum sich vormoderne Gesellschaften dem Ideal des *Zero waste* annäherten. Vollständig erreichten sie es freilich selten: vor allem weil die Wiederverwertung zu energieintensiv und der Transport zu aufwändig war.

Die von Reith identifizierten *Economics* des Recyclings waren im 19. Jahrhundert keineswegs außer Kraft gesetzt. Nicht zuletzt durch die Wanderung in die Städte existierte dort ein großes Arbeitsangebot, das selbst in industriellen Metropolen wie Manchester oder London nie vollständig vom Gewerbe absorbiert werden konnte.[3] Zudem gab es zahllose Menschen, die sich von einem kurzfristigen Arbeitsverhältnis zum nächsten hangelten und die Phasen dazwischen überbrücken mussten. Recycling diente hier – und das tut es vielerorts bis heute – als ein soziales Sicherungsnetz. Für die Angehörigen der *Industriellen Reservearmee*, von der Karl Marx gesprochen hatte, war die prekäre Selbständigkeit des Wiedernutzens stets eine Option.

Darüber hinaus bedeutete ein vergrößertes und breiteres Angebot an Konsumgütern zugleich eine starke Nachfrage nach Rohstoffen. Für die Herstellung von Seife, Kerzen, Bügelstärke oder Ölen existierten bisher kaum chemisch hergestellte Ersatzstoffe. Die dafür benötigten Rohstoffe konnten auf Schlachthöfen gesammelt werden, die – wie Upton Sinclair in seinem Klassiker *The Jungle* über Chicago schrieb – alles am Schwein verwerteten «außer dem Quieken».[4] Sie konnten aber beispielsweise auch durch die Sammlung und Verarbeitung von Küchenabfällen gewonnen werden. Sabine Barles hat am Beispiel von Paris gezeigt, wie groß der Umfang der Sammlung und Verwertung von Abfällen gewesen ist.[5] Die Industrialisierung besaß ein chemisches Rückgrat, das aber lange Zeit ganz wesentlich auf einer organisch-urbanen Rohstoffbasis operierte.

Es gab aber auch Entwicklungen, die diesem industriellen Recycling entgegenwirkten. Dazu gehörten die Müllabfuhr und die Durchsetzung von Mülltonnen mit Deckel, die das Sortieren der Abfälle erschwerten und auf die Deponien abdrängten. Dazu gehörte die Entwicklung alternativer Produktionsverfahren, wie etwa die Durchsetzung des Holzschliffs in der Papierproduktion, die dem Lumpenhandel auf längere Sicht einen großen Teil seines Marktes nahm. Dazu gehörte insbesondere in der Zwischenkriegszeit die Entwicklung zahlreicher chemischer Ersatzstoffe für Fette, Öle und andere Substanzen, welche die Ausgangsbasis vieler Konsumgüter darstellten.[6] Dazu gehörte schließlich generell das billige Angebot an Neuwaren und die Entwicklung neuer Vertriebsformen, die in den industrialisierten Ländern die Nachfrage nach Gebrauchtem zurückdrängten.

Das Recycling im Zeitalter der Industrialisierung war insofern voller sich widersprechender Entwicklungen: Auf der einen Seite schuf die Industrialisierung die Voraussetzungen, um zahlreiche Engpässe des vorindustriellen Recyclings zu überwinden, vor allem Transport und Energie. Gleichzeitig gab es immer avanciertere Techniken, Materialien wiedernutzbar zu machen. Die Entwicklung der chemischen Gewerbe und Nahrungsmittelindustrien führte zu einer verstärkten Nachfrage, was vor 1914 globale Märkte für viele wiederverwertete Materialien entstehen ließ. Auf der anderen Seite gab es aber auch Trends, die das Recycling zurückdrängten und in Frage stellten. Und schließlich kamen noch die Auswirkungen der beiden Weltkriege hinzu, die zwar besonders in den kriegsführenden Staaten die Recyclinganstrengungen verstärkten, zugleich aber ein Großteil der Handelsbeziehungen zerrissen, die ihnen in vielen Fällen erst ihren Sinn gegeben hatten.

Braunes Gold

Ein gutes Beispiel für diese gegenläufigen Entwicklungen ist die Verwendung von tierischen und menschlichen Fäkalien und Abfällen als Dünger. Das Angebot dafür war prinzipiell groß. Allein die gewaltigen Mengen an Pferdemist, die in einer Großstadt täglich anfielen, boten sich für die landwirtschaftliche Verwendung an. Teilweise war dieser auch vergleichsweise einfach zu sammeln, wenn beispielsweise große Stallanlagen entmistet wurden.[7] Und tatsächlich lässt sich mancherorts gerade für die erste Hälfte des 19. Jahrhunderts eine Intensivierung der Austauschbeziehungen zwischen Stadt und Land feststellen. Die Metropolen an der US-amerikanischen Ostküste nutzten bis in die 1840er Jahre intensiv urbane Abfälle als Dünger.[8] Jan Luiten van Zanden urteilt für die Niederlande in der ersten Hälfte des 19. Jahrhunderts, nie seien sie dem Ideal einer *Recycling Economy* nähergekommen: Die Bauern brachten Nahrungsmittel in die Stadt und kamen mit Abfällen und Fäkalien nach Hause zurück.[9] In Japan spielte die Sammlung von *Night Soil* bis nach dem Zweiten Weltkrieg eine große Rolle, und in chinesischen Städten ließ sich die Sammlung von Fäkalien und Urin teilweise noch in den 1980er Jahren beobachten.[10]

Diese Austauschverhältnisse gerieten an vielen Orten allerdings bereits in der zweiten Hälfte des 19. Jahrhunderts unter Druck. Zwar verstand man – nicht zuletzt durch die Forschungen Justus von Liebigs – seit den 1840er Jahren zunehmend besser, was Fäkalien im Boden «anrichteten».[11] Doch bereits in den 1860er Jahren wurde zunehmend beklagt, urbane Abfälle würden verschwendet, und es gab intensive Debatten darüber, wie sie sich effizienter nutzen ließen. Bis in die 1930er Jahre startete man immer wieder Versuche, die Wiederverwertung zu reaktivieren, und entwickelte dafür innovative Technologien. Das war aber selten von Dauer, und spätestens die Durchsetzung preisgünstiger Stickstoffdünger nach dem Zweiten Weltkrieg bereitete diesen Versuchen ein Ende.

Um das besser zu verstehen, lohnt es sich, einen Klassiker der Standorttheorie ins Spiel zu bringen: Johann Heinrich von Thünen ist durch sein Ringmodell (1842) in die Geschichte des ökonomischen Denkens eingegangen. Demzufolge lohnen sich verschiedene landwirtschaftliche Aktivitäten je nach der Entfernung von der Stadt. Der erste Ring um die Stadt war dabei die Zone einer freien Wirtschaft, in der Milchwirtschaft betrieben oder leicht verderbliche Früchte und Gemüse angebaut wurden, die schlecht eingelagert werden konnten und darum schnell auf den städtischen Markt gebracht werden mussten. In solchen Gartenwirtschaften spielte die Brache praktisch keine Rolle: «Erstens, weil die Landrente zu hoch ist, um einen großen Teil des Feldes unbenutzt lassen zu dürfen; zweitens, weil durch den unbegrenzten Ankauf des Dungs die Kraft des Bodens so hoch gehoben werden kann, dass die Gewächse auch ohne die sorgfältige Bearbeitung des Bodens durch die Brache dem Maximum ihres möglichen Ertrages nahe kommen.»[12]

Thünen argumentierte radikal abstrakt, aber seine Argumente waren stets an praktischer Erfahrung geschult. Tatsächlich helfen sie dabei, eine komplexe Empirie aufzuschlüsseln: Das Problem, den Dung und den Inhalt der Senkgruben über weite Strecken zu transportieren, verhinderte häufig die Nutzung auf weiter entfernten Äckern. Insofern lag es nahe, sie dort zu verwerten, wo die Wege kurz und die Nachfrage nach Dung besonders hoch war, und das war in den Gartenwirtschaften der Fall. Die Alternative waren solche Äcker, wo besonders starke ökonomische Anreize für den Transport von Fäkalien auch über längere Strecken existierten, wo die Subsistenzwirtschaft kaum noch eine Rolle spielte und insbesondere für den Export produziert wurde.[13]

Das waren Bedingungen, die an der US-amerikanischen Ostküste, in Großbritannien oder den Niederlanden mit ihren stark kommerzialisierten, marktorientierten Agrarwirtschaften gegeben waren.[14] Sie waren dadurch am ehesten in der Lage, die Probleme zu überwinden, die der Nutzung von Fäkalien und Abfällen entgegenstanden. Das war, wie dargestellt, zunächst der Transport: Viele Städte waren schlichtweg zu stark gewachsen und hatten die Gartenwirtschaften abgedrängt.[15] Damit wurde aber der Weg, den der Abfall bis zur landwirtschaftlichen Nutzung zurücklegen musste, immer länger. Zudem war das Auftragen der Fäkalien auf die Felder arbeitsintensiv und darum etwa bei Plantagenwirtschaften in vielen Fällen unwirtschaftlich. Schließlich fermentierten die Abfälle an der freien Luft, was ihre Nutzung als Dünger ebenfalls beeinträchtigen konnte.[16] Die Niederlande hingegen profitierten von einem ausgedehnten Kanalnetz, welches den Transport von Abfällen und Fäkalien erleichterte und beschleunigte.

Eine Antwort auf Transportprobleme bestand darin, Fäkalien und Abfälle besser handhabbar zu machen. Dafür wurde bereits in den 1780er Jahren in Paris die sog. *Poudrette*, der Fäkaldünger entwickelt.[17] Fäkalien und Abfälle wurden gesammelt, sortiert, behandelt, getrocknet (wodurch sich ihr Gewicht deutlich verringerte[18]), zerkleinert und teilweise auch mit Kalk vermischt, bevor sie als Dünger auf den Markt kamen.

Vielerorts, beispielsweise in Bremen, Kiel, St. Petersburg oder Helsinki entstanden gewerbliche Betriebe außerhalb der Stadt, die sich mit der Herstellung von Poudrette beschäftigten.[19] Die Firmen priesen sie immer wieder als äußerst wirksamen Dünger an, der Fäkalien in Reinform in den Schatten stellte. Das waren allerdings zumeist leere Versprechungen, zudem stellten Poudrette-Fabriken eine große Belastung dar. Der Pariser *Great Stink* – nach Londoner Vorbild – 1889 wurde unter anderem auf einen solchen Betrieb im Südwesten der Stadt zurückgeführt.

Vor dem Ersten Weltkrieg wurde es vielerorts auch noch als sinnvoll betrachtet, die verstärkte Nutzung von Fäkalien zu fordern, wobei Rieselfelder eine Zwischenlösung darstellten.[20] Dann kam jedoch eine Entwicklung hinzu, welche die Anwendung urbaner Abfälle in der Landwirtschaft zurückdrängte, ja global gesehen der wichtigste Grund dafür war, warum sie außer Gebrauch geriet: das Aufkommen kommerzieller Stickstoffdünger. Den Anfang machte seit den 1830er Jahren peruanisches Guano, das zu erstaunlichen Ertragszuwächsen führte und zu einem globalen Handelsgut wurde. Dabei handelte es sich um stickstoffhaltigen Vogelkot, der sich auf Inseln vor der peruanischen Küste ansammelte und dort abgebaut werden konnte. Guano war hauptsächlich verantwortlich dafür, warum in den Städten der US-amerikanischen Ostküste bereits um 1850 herum die Sammlung von Fäkalien zu Düngerzwecken auf dem Rückzug war.[21]

Die Vorkommen waren jedoch vergleichsweise schnell erschöpft, was in Peru den Anlass für eines der ersten Vogelschutzprogramme der Welt lieferte.[22] Es folgte Salpeter, wobei die größten Vorkommen in der seit den 1880er Jahren von Chile kontrollierten Atacama-Wüste abgebaut wurden. Damit war der Durchbruch zu mineralischen Düngern erzielt, die wirksamer und in ihrer Wirkung berechenbarer als Fäkalien waren. Seit dem Ersten Weltkrieg konnte Stickstoff durch das sog. Haber-Bosch-Verfahren auch industriell hergestellt werden. Die dafür notwendige Technologie war produktionstechnisch zwar aufwändig und energieintensiv, verbreitete sich aber trotzdem erstaunlich schnell, zumal Deutschland nach dem verlorenen Krieg die entscheidenden Patente abgeben musste.[23] Zwar sollte es noch bis weit nach dem Zweiten Weltkrieg dauern, bis diese Dünger tatsächlich in globalem Maßstab eingesetzt wurden. Aber der Diffusionsprozess war signifikant: Gerade in den

Verkaufsstelle für Dünger am oberen Yangtse-Kiang (ca. 1916)[26]

Regionen, in denen urbane Abfälle kommerzialisiert wurden, griff man früh auf solche Dünger zurück. Der Anbau von hauptsächlich dem Export dienenden *Cash Crops* wie Baumwolle, Tabak oder Zuckerrüben schuf eine verstärkte Nachfrage nach Düngemitteln, die sich nicht aus dem natürlichen Reproduktionskreislauf der Landwirtschaft gewinnen ließen – zumal gerade die Exportpflanzen häufig auf viele Nährstoffe im Boden angewiesen waren.

Auch beim Einsatz von Stickstoffdüngern handelte es sich um einen graduellen Durchsetzungsprozess, der über einen längeren Zeitraum erfolgte und die Nutzung von Fäkalien als Dünger erst nach und nach verdrängte.[24] In China wurden solche Düngemittel beispielsweise nicht vor den 1930er Jahren in größerem Maße verwendet. Das lag nicht nur an der mangelnden Verfügbarkeit, sondern auch daran, dass sich Stickstoffdünger zwar bei Exportgütern wie Sojabohnen durchaus bewährten, ihre Anwendung sich beim Reis aber als weniger erfolgreich erwies, weshalb die Bauern viele Fehlschläge zu verkraften hatten.[25] Entsprechend blieben Fäkalien zur Düngung des Bodens weiterhin unverzichtbar. Umfassend angewendet wurden Kunstdünger in China erst seit den 1960er Jahren in Reaktion auf die durch den *Großen Sprung* 1958–1962 ausgelöste humanitäre Katastrophe.

Japanischer Sammler von *Night Soil* (1880er Jahre)[30]

Viele Praktiken der Sammlung und Verwertung von Fäkalien in asiatischen Städten überlebten bis in die Zeit nach dem Zweiten Weltkrieg. Schließlich wurden sie auch benötigt, um die Städte sauber zu halten. Wirtschaftlich machten sie aber zunehmend weniger Sinn und konnten in japanischen Städten nur beibehalten werden, weil sich die Stadtverwaltung einschaltete und viele Sammler finanziell unterstützte.[27] Schließlich kam ein letzter Punkt hinzu, der vor dem Hintergrund des neuen bakteriologischen Wissens zunehmend relevant wurde: Wenn Abfälle, Abwässer und Fäkalien die Stadt «infizierten», bestand dann nicht auch die Gefahr, auf den Feldern dasselbe anzurichten?[28] Noch die Vertreter der Müllkompostierung während der 1950er und 60er Jahre sprachen ständig davon, Bakterien oder Keime sterilisieren und stillstellen zu wollen. Zu diesem Zeitpunkt wurde allerdings bereits das eigentliche relevante Problem diskutiert: Viele urbane Abwässer und Abfälle waren so stark mit Schwermetallen belastet, dass es nicht ratsam erschien, sie auf Ackerböden aufzutragen.[29]

Dass die Städte mit der Einführung der Kanalisation darauf verzichteten, einen Großteil ihrer Überreste wiederzuverwerten, führte zu hitzigen Debatten.[31] Der Ausdruck *Matter out of Place*, den Mary Douglas später bekannt machen sollte, stammte aus Diskussionen seit den 1860er Jahren, die nach neuen Wegen suchten, urbane Abfälle wiederzuverwerten. Noch 1909 beklagten sich Wissenschaftler in New York, all der potentielle Dünger würde im Meer landen, nur um dort das Wasser zu verschmutzen und die Fische zu töten: «Wenn diese zwei Millionen Tonnen Material, die jährlich verschwendet werden, auf freie Flächen auf Long Island gebracht werden könnten, würde dies eine große Ersparnis für die Menschen bedeuten und das Schwinden der Fruchtbarkeit des Landes stoppen.»[32] Christopher Hamlin argumentiert sogar, die Dominanz des städtehygienischen Diskurses durch Ingenieure und Mediziner hätte eine bessere Nutzung urbaner Abfälle in der zweiten Hälfte des 19. Jahrhunderts verhindert, während die Chemiker, die es besser gewusst hätten, an den Rand gedrängt worden seien.[33]

Der langsame Abschied von der Gebrauchtware

Die Vormoderne zeichnete sich nicht zuletzt durch die lange Verwendung von Gebrauchtgütern und die große Bedeutung der Reparatur aus. In London und Paris waren gebrauchte Waren für den schmalen Geldbeutel eine Möglichkeit, an der neuen Konsumkultur teilzunehmen. Es ging nicht allein um die Deckung von Grundbedürfnissen, sondern auch darum, sich in der sozialen Welt nach eigenen Vorstellungen zu präsentieren. Die Wiederverwendung von Gebrauchtem veränderte aber im Laufe des 19. Jahrhunderts nach und nach seinen Charakter. Stöger und Reith sehen für Westeuropa um ca. 1850 einen Übergang vom *Wiederverwenden* zum *Wiederverwerten:* Immer weniger Dinge wurden in ihrer ursprünglichen Funktion weiterverwendet – also etwa der Kochtopf als Kochtopf. Letzterer wurde nun eher als Metall weiterverkauft, eingeschmolzen oder anderweitig verarbeitet. Während sich für wiederverwertete Rohstoffe bis zum Ersten Weltkrieg globale Märkte entwickelten, befand sich, das Wiederverwenden gebrauchter Dinge auf dem Rückzug.[34]

Das ist eine wichtige Beobachtung. Und doch erscheint weniger der Zeitpunkt entscheidend, als die dahinter stehende Logik – gerade, wenn man den Blick über Westeuropa hinaus richtet. Der Bedeutungsgewinn der *Wiederverwertung* war nämlich zunächst einmal die Reaktion auf die Ausweitung der industriellen Neuproduktion, die zu einem billigen Angebot von immer mehr Gütern führte. Neuware wurde bevorzugt, weil sie höheres Prestige versprach und als hygienischer galt. Gleichzeitig machte die Industrieproduktion die lange Zeit noch beträchtlichen Qualitätsnachteile gegenüber dem Handwerk zunehmend wett. Das war gerade bei Bekleidung der Fall, zumal sich die Textilindustrie in der zweiten Hälfte des 19. Jahrhunderts global ausbreitete und immer wieder als eine *First Industry* agierte.

Lange Zeit hatten jedoch längst nicht alle Menschen gleichermaßen Zugang zu guten Neuwaren. Susan Strasser hat für die USA nachdrücklich darauf hingewiesen, welche Rolle es spielte, *wie* die Ware zum Konsumenten kam. Gebrauchtwaren wurden in den Straßen New Yorks vor allem von fahrenden Händlern verkauft, die ihre Waren auf Handkarren präsentierten und deren Kundschaft hauptsächlich die zahllosen Einwanderer waren, die die Vereinigten Staaten über Ellis Island erreichten. In ländlichen Regionen spielten ebenfalls Hausierer mit Handkarren eine große Rolle, die gebrauchte Waren anboten. Im letzten Drittel des 19. Jahrhunderts verschwanden diese zunehmend und Neuware setzte sich durch, zumal man sie sich nun auch auf dem Land über Versandkataloge bequem schicken lassen konnte.[35]

Gebrauchtwaren gerieten zudem unter hygienischen Verdacht: Zwar wurde bereits im Mittelalter geargwöhnt, getragene Kleidung würde die Ausbreitung von Krankheiten befördern – was immer wieder zu Verdächtigungen gegenüber den zumeist jüdischen Kleiderhändlern führte.[36] Im 19. Jahrhundert bekam das jedoch eine neue Dimension, und als die Cholera in den 1830er Jahren nach Europa gelangte, glaubten viele Beobachter, in getragener Kleidung würden sich die indischen Miasmen verstecken, die man für die Ausbreitung der Krankheit verantwortlich machte.[37] Damit war man ja auch auf der richtigen Fährte. So wurde etwa der Choleraausbruch im Jüdischen Viertel Teherans 1904 durch gebrauchte Kleidung von Choleraopfern ausgelöst, mit denen die Lumpenhändler gehandelt hatten.[38] Mit dem Aufkommen der Bakteriologie wurden diese Ängste noch verstärkt, und sogar bei neuwertiger Bekleidung befürchtete man, sie könne Krankheiten übertragen.[39]

Ausweitung der Neuproduktion, zunehmender Handel und hygieni-

Junk Market, New York City 1933[42]

sche Bedenken sind gut geeignet, den langsamen Abschied von der Gebrauchtware in den industrialisierten Ländern zu erklären. Diese Entwicklung ist jedoch keineswegs stetig verlaufen. So stieg die Bedeutung der Gebrauchtware gerade in Krisenzeiten: um billiger an Waren zu kommen oder um sich notdürftig den Lebensunterhalt zu verdienen.[40] Eindrücklich waren etwa die *Junk Markets* in den USA während der Großen Depression ab 1929, die unwillkürlich eher an Veranstaltungen erinnerten, mit denen sich Kinder heutzutage ihr Taschengeld aufbessern. Tatsächlich stand dahinter aber bitterste Armut in einer Zeit, in der der Staat selbst in der größten Volkswirtschaft der Welt praktisch keine soziale Absicherung gewährleistete.[41]

Ein wichtiges Relais für Gebrauchtwaren war zudem weiterhin – und teilweise verstärkt – das Pfandhaus. Der Ruf der Händler war zwar schlecht, und immer wieder wurden sie verdächtigt, gestohlene Waren anzunehmen.[43] Trotzdem blieben Pfandhäuser lange Zeit unverzichtbar und erlebten während der Weltwirtschaftskrise sogar noch einmal einen Aufschwung.[44] Spätestens nach dem Zweiten Weltkrieg blieb von dieser Institution, die über Jahrhunderte zentral für den Gebrauchtwarenhandel gewesen war, kaum noch etwas übrig.[45]

Das ist aber nur ein Teil der Geschichte. Während der Handel mit Gebrauchtwaren in den industrialisierten Ländern an Bedeutung verlor, spielte er eine große Rolle für den Austausch mit den Kolonien. So blieb der Export von gebrauchter Kleidung in koloniale Märkte noch lange ein großes Geschäft, um textile Überschüsse abzubauen. In der ersten Hälfte des 19. Jahrhunderts wurden die in Paris traditionell auf dem Marché du Temple angebotenen gebrauchten Kleider zunehmend in den Provinzen abgesetzt.[46] Dann aber schufen die Millionen Menschen, die während des 19. Jahrhunderts Europa verließen, den wichtigsten Markt für gebrauchte Kleidung. Zugleich wurde aber auch die einheimische Bevölkerung in kolonialen Räumen mit Waren aus zweiter Hand versorgt.[47]

Die globale Ausbreitung des Gebrauchtwarenhandels hatte aber auch mit der besonderen Form weltwirtschaftlicher Arbeitsteilung vor dem Ersten Weltkrieg zu tun, die als *Import-Export-System* bezeichnet wird. Ein Großteil der Produktion von Fertigwaren konzentrierte sich in vergleichsweise wenigen Ländern, die global Handel trieben und ihre Produkte gegen Agrargüter und Rohstoffe tauschten. Diese Konzentration der industriellen Produktion schuf aber einen Überhang von Gebrauchtwaren, die bald überall auf der Welt gehandelt wurden. Der deutsche Industrielle Walther Rathenau beklagte in seinem vielgelesenen Werk *Von kommenden Dingen* 1917, der deutsche «Tand» würde über alle Welt ausgeschüttet.[48] In ärmeren Ländern gab es noch bis weit in die Zeit nach dem Zweiten Weltkrieg hinein umfangreiche Märkte für gebrauchte Güter. Frank Dikötter zufolge kamen die Waren der industriellen Moderne in China vor allem über die weit verbreiteten Straßenmärkte und *Second Hand* in den Verkehr.[49]

Der Handel mit industriell hergestellten Waren hatte aber auch – wie schon in der Vormoderne – kulturelle Nebenwirkungen. Im Fall gebrauchter Kleidung konnte der Statusaspekt zum Ausgangspunkt eines sozialen Spiels zwischen Schichten und Klassen werden. Das wiederholte sich nun in ganz anderen Zusammenhängen. So wurden seit den 1860er Jahren europäische Uniformen als Kleidungsstücke in afrikanischen Ländern wie dem Senegal populär – wobei sie häufig subversiv getragen wurden und dazu dienten, sich über die Kolonialherren lustig zu machen.[50] Laut dem Journalisten Albert Londres, der in den 1920er Jahren in aufrüttelnden Reportagen auf das Leid der kolonialisierten Völker in Afrika aufmerksam machte, verbot der englische Gouverneur der

Goldküste sogar den Import gebrauchter Smokings. Den Londoner Herrenschneidern erschien es Londres zufolge unerträglich, Menschen mit dunkler Hautfarbe könnten ihre Kreationen am Leib tragen.[51]

Der Handel mit gebrauchten Waren entfaltete gerade in armen Städten immer wieder eine bemerkenswerte ökonomische Dynamik. Die US-amerikanische Lehrerin Mildred White beispielsweise beschrieb Ramallah 1950 als eine typische *Rag-and-Tatter-Town*: eine Siedlung mit einer hektischen wirtschaftlichen Aktivität. Straßenmärkte, auf denen Waren zum niedrigsten Preis feilgeboten wurden, die anderswo niemals in den Verkauf gekommen wären: billiger Schmuck, Kleidung oder Süßigkeiten. Allein war das Ergebnis durchaus hoffnungsvoll:

> Hier kann man sehen, wie Menschen, die alles verloren haben, was sie besaßen, mit bloßen Händen darum kämpfen, ihre Familien vor Hunger, Nacktheit und dem unbarmherzigen Winterhimmel zu schützen. Aufgrund dessen, was Sie hier sehen, zahlen viele Familien, die vor einem Jahr keine Unterkunft hatten, jetzt Miete für ein Zimmer, in dem alle zusammengekauert auf dem Boden schlafen können, geschützt vor dem Wetter. Einige, die vor einem Jahr nur die Rationen des Roten Kreuzes vor dem Hungertod schützte, haben jetzt auch Gemüse und Obst zur Verfügung. Seife ist in vielen Zelten, Hütten und gemieteten Räumen aufgetaucht, wo sie vor einem Jahr noch völlig fehlte.[52]

Selbst in den drastischen Beschreibungen von Armut verstecken sich die Hinweise auf Selbstorganisation, das Aufkommen kleiner Geschäfte und Menschen, die trotz widrigster Umstände in der Lage waren, irgendwie über die Runden zu kommen. Das hat bei vielen Beobachtern immer wieder die Phantasie angeregt: eine Gemeinschaft an den Rändern der Gesellschaft, die dabei neue Formen von gemeinschaftlicher Solidarität entwickelte. Aus wirtschaftsliberaler Perspektive aber auch ein nahezu perfekter Markt, der allein durch Preise und Gelegenheiten bestimmt wurde, ohne Staat, Mindestlohn, Sozialversicherung und Rentenkasse. In gewisser Weise die Verwirklichung einer kapitalistischen Utopie.[53]

Von der Romantik der Kreativität sollte man sich nicht verführen lassen. Sicher gehörte der Gebrauchtwarenhandel zu den Strategien, mit den Widrigkeiten einer Welt der Knappheit zurechtzukommen. Reparatur war ein Mittel, sie sich anzueignen.[54] Am Ende war es aber eben doch immer Armut, die alldem zugrunde lag. Die Menschen wurden in dieses

Feld gedrängt als – in den Worten von Barry Ratcliffe – «eine Strategie der letzten Zuflucht».[55] Das Resultat war aber gerade eben nicht immer Verzweiflung, sondern oft genug auch ein Behauptungswille, der die vielfältigsten Überlebensstrategien hervorbrachte.

Verwerten

Der Handel mit Gebrauchtwaren wurde in den industrialisierten Ländern langsam zurückgedrängt, während sich parallel dazu ein reger globaler Handel entwickelte, der zur Güterversorgung an vielen Orten auf der Welt beitrug. Zugleich verstärkte sich in besonderem Maße die *Wiederverwertung*, und das Materialrecycling trat zunehmend stärker hervor. Vor dem Ersten Weltkrieg konnten Materialien wie Knochenmehl, Rinderdärme oder Kohlenteer zu globalen Handelswaren werden. Tatsächlich stellte die dynamische wirtschaftliche Globalisierung vor 1914 zugleich eine Phase einer intensiven Recyclingwirtschaft dar, die für das Gewerbe unverzichtbare Rohstoffe lieferte.

Ein gutes Beispiel dafür ist das klassische Recyclingfeld schlechthin, nämlich das an früherer Stelle bereits ausführlich beleuchtete Lumpensammeln. Die Preise für Lumpen stiegen aufgrund der großen Nachfrage nach Papier in Westeuropa im frühen 19. Jahrhundert teilweise beträchtlich, während die Ausweitung der Sammelgebiete von der Obrigkeit immer wieder mit Ausfuhrverboten beantwortet wurde. In Baden provozierte das in den 1820er Jahren intensive Debatten über die Freigabe des Lumpenhandels – ein Stein des Anstoßes zum Freihandel.[56] In Großbritannien führte die zunehmende Lesekultur und Lesefähigkeit um die Mitte des 19. Jahrhunderts zu gravierenden Papierengpässen, weshalb man in steigendem Maße auf den Import von Leinenlumpen aus Russland, Ägypten und Kontinentaleuropa angewiesen war. Diese Knappheit führte auch zu einer Vergrößerung der Sammelbezirke und einer aggressiv ausgetragenen Konkurrenz zwischen Sammlern und Händlern.[57]

Nicht zuletzt wegen dieser Knappheit war über Jahrzehnte mit möglichen Ersatzstoffen experimentiert worden. Tatsächlich kompensiert wurden die Lumpenengpässe jedoch erst durch verschiedene technische

Lumpensortieren in New Yorks «Hell's Kitchen» (1890)[63]

Entwicklungen. So breitete sich von England die Mechanisierung der Papierherstellung aus. In den 1840er Jahren war man in der Lage, Papier auf der Basis von Holzschliff mittels Maschinen in endlosen Bahnen herzustellen. Es konnte chemisch gebleicht, mit vegetabilischen Stoffen in der Masse geleimt und in Minutenschnelle dampfgetrocknet werden.[58] Erst der Holzschliff vereinbarte günstige Materialeigenschaft, ausreichende Verfügbarkeit und entsprechende Preise. Seit den 1860er Jahren setzte er sich langsam in der Produktion durch und gewann um 1900 die Oberhand.[59]

Erst um die Jahrhundertwende war die technische Entwicklung so weit, auf der Basis von Holzschliff alle möglichen Sorten von Papier in guter Qualität herstellen zu können.[60] Insofern wurde der Lumpenhandel keineswegs bedeutungslos. Für Packpapier und höherwertige Papiersorten verwendete man sie weiterhin, und noch bis in die 1890er Jahre lässt sich ein genereller Anstieg der Preise für hochwertige Lumpen beobachten.[61] Hinzu kamen neue Recyclingmöglichkeiten wie etwa *Shoddy*, also Textilien, die unter Beimischung eines gewissen Anteils neuwertiger Wolle aus Wollresten hergestellt wurden. Shoddy wurde seit den 1810er Jahren attraktiv, nachdem das Zerreißen der Lumpen mechanisiert werden konnte. Diese Technik machte es zudem einfacher, Lumpenreste als Dünger auf die Felder aufzutragen.[62]

Ein anderes Feld, in dem sich früh professionelle Strukturen der Altstoffwirtschaft entwickelten, war der Schrotthandel. Wie bereits angesprochen, wurden Metalle seit langem wiederverwertet, aber erst verschiedene Entwicklungen der industriellen Herstellung von Stahl machten Eisenschrott zu einem bedeutenden Handelsgut. Eisen ließ sich schwerer verwerten als Buntmetalle, darum blieb es vormals vor allem in dauerhaften Verwertungsformen gebunden. Eine große Rolle für die Entwicklung globaler Märkte für Eisenschrott spielte die Entwicklung und Perfektionierung des Siemens-Martin-Verfahrens, das unter den drei Massenstahlverfahren – neben dem Bessemer- und Thomas-Verfahren – einen Nachzügler darstellte. Zwar schon 1856 patentiert, verbreitete es sich erst im Laufe der 1890er Jahre, bevor es in der Zwischenkriegszeit zum dominanten Verfahren der Stahlherstellung wurde. Beim Siemens-Martin-Verfahren erzeugte man die notwendige Hitze nicht durch die Kohlenfeuerung, sondern durch Elektroöfen. Um einen qualitativ hochwertigen Stahl herzustellen, war jedoch die Zugabe von Schrott notwendig.[64]

Die stark wachsende Nachfrage nach Eisen- und Stahlschrott führte zur Entstehung leistungsfähiger Recyclinginfrastrukturen. Bestimmte technische Entwicklungen – insbesondere Kräne und Schneidbrenner – erleichterten die Verarbeitung und den Transport des Schrotts.[65] Auf diese Weise entstanden immer mehr spezialisierte Firmen, und in den Vereinigten Staaten lösten die *Scrap Dealer* (Schrotthändler) seit den 1860er Jahren zunehmend die *Junk Dealer* (Altwarenhändler) ab, die noch mit allem Möglichen gehandelt hatten.[66] Große Unternehmen wie Thyssen schufen ihre eigenen, bald international agierenden Schrottabteilungen.[67] Das passierte auch bei anderen Metallen, zumal das metallurgische Wissen während der zweiten Hälfte des 19. Jahrhunderts einen großen Sprung machte. Beispielsweise entwickelte die Berliner Firma Hans Goldschmidt in den 1890er Jahren ein Verfahren, um Dosen zu verarbeiten und das wertvolle Zinn zurückzugewinnen.[68]

Freetown, Sierra Leone: Hilfsmittel zur Wegschaffung von Altmaterialien (1911)[71]

Daneben lebten auch viele eher handwerkliche Traditionen des Metallrecyclings weiter fort. Der arabische Ausdruck für das französische Bidonville in Marokko lautet *Mudun Safi*. Das bedeutet so viel wie *Metallstadt*, weil Altmetall zum Bau der Häuser verwendet wurde.[69] Zu den wichtigsten Gewerbegruppen in afrikanischen Kolonialstädten während der Zwischenkriegszeit gehörten neben Schneiderhandwerk und Baugewerbe vor allem auch die Blechschmiede, die Haushaltswaren aus gewerblichen Abfällen herstellten.[70]

Recycling verband sich in vielen Branchen flexibel mit der eigentlichen Produktion und war oft sehr profitabel. Ein Beispiel dafür ist auch der Umgang mit Samen im US-amerikanischen Baumwollanbau.[72] Noch bis Mitte der 1850er Jahre wurden diese und andere Überreste einfach weggeworfen – zumeist in Flüsse, was im Süden der USA große Umweltprobleme erzeugte. Die Lösung bestand in der Verarbeitung der Samen zu Öl, und sogar die Schalen waren noch zu etwas zu gebrauchen.[73] Im Fall der Textilindustrie im englischen Lancashire war die Verarbeitung des *Cotton Waste* ein eigener Industriezweig, der besonders dann florierte, wenn der Preis für Rohbaumwolle stieg.[74] Auch die Stahlherstellung bot überraschende Verwertungsmöglichkeiten: Das Thomas-Verfahren, um aus phosphorhaltigem Roheisen einen Stahl zu produzieren, erzeugte als Überrest das *Thomas-Mehl*, das sich als ausgezeichneter Dünger erwies.[75]

Zu den erstaunlichsten Fällen der Wiederverwertung gehören diejenigen, in denen wiederverwertete Materialien zu globalen Handelsgütern wurden. Das waren etwa Knochen und Knochenmehl, die als Tierkohle, Düngemittel oder Tierfutter verwendet, aber auch in zahlreichen gewerblichen Produktionen eingesetzt wurden.[76] Mitunter führte das zu grausigen Gerüchten: So wurde gemunkelt, die vielen tausend Leichen der Schlacht bei Waterloo wären in britischen Fabriken zu Dünger verarbeitet worden. Auch wenn es sich nur um ein Schauermärchen handelte, so war die Verarbeitung von Knochen in Großbritannien um 1815 bereits eine umfassend angewandte Praxis. Die zunehmend effiziente Verwertung von Pferdekadavern gehörte zu den großen Leistungen der Pariser Industrie in der ersten Hälfte des 19. Jahrhunderts.[77] Was in der Vormoderne noch zu den größten urbanen Umweltproblemen gehört hatte, nämlich Tierkadaver auf den Straßen, wurde mehr und mehr zum Rohstoff einer effizient arbeitenden Verwertungsindustrie.

Knochenmehl stellte dabei als Düngemittel sowie als Rohstoff in der Nahrungsmittelindustrie ein global bedeutsames Handelsgut dar. Knochen waren zudem ein wesentlicher Grundstoff für die Herstellung von Gelatine.[78] Asche aus dem Hausbrand wurde bis in die 1860er Jahre als Baumaterial stark nachgefragt, bevor die Konkurrenz durch mit der Eisenbahn gelieferte Steine und Zement zu einem massiven Preissturz führte.[79] Für Fette, Öle oder Düngemittel existierten nur wenige chemische Ersatzstoffe. Eine dynamisch wachsende, zunehmend komplexe gewerbliche Produktionsweise war auf wiederverwertete, in Städten gesammelte Materialien zwingend angewiesen. In dieser Konstellation lag der Grund für den Höhepunkt der Recyclingwirtschaft und die Entstehung globaler Märkte für die Zeit vor Ausbruch des Ersten Weltkriegs.

Doch war dieser Trend nicht von Dauer. Zunehmend wurden Substitute für viele klassische Recyclinggüter entwickelt. Im Fall der Asche waren es Steine und Zement, bei den Fäkalien und organischem Müll die Kunstdünger, bei den Lumpen der Holzschliff. Und auch die vielen Nebenprodukte der Schlachthäuser und Lebensmittelindustrien sollten seit den 1920er Jahren zunehmend durch chemische Substitute herausgefordert werden. Der Aufstieg der organischen und anorganischen Chemie ermöglichte es, immer mehr Rohstoffe künstlich herzustellen, die vormals aus der Wiederverwertung gewonnen worden waren, oder Funktionsäquivalente zu produzieren. Insofern schufen Industrialisierung und Städtewachstum einerseits hervorragende Bedingungen für das Recycling, während Ersatzprodukte, Produktinnovationen und hygienische Bedenken es zugleich in Frage stellten.

In England waren die *Dustmen* das Pendant zu den französischen Chiffonniers und ebenfalls Teil des Alltags; sie ähnelten in vielerlei Hinsicht ihren französischen Verwandten: Sie waren am unteren Rand der Gesellschaft angesiedelt, aber wirtschaftlich selbständig und darauf bedacht, es auch zu bleiben. Brian Maidment sieht in ihnen den Inbegriff des *Penny Capitalism* der kleinen Leute, der den viktorianisch-bürgerlichen Anstand provozierte. Das schließt er nicht zuletzt aus der bemerkenswerten Häufigkeit, mit der *Dusty Bob* in Schauspiel und Roman im England des 19. Jahrhunderts seinen Auftritt hatte: als Stereotyp des rauen Gesellen, der keiner Schlägerei aus dem Weg ging und mit einem großen sexuellen Appetit ausgestattet war.[80] Ein Pariser Polizeibericht schrieb 1828 über die Chiffonniers, sie hielten sich an keine Regel, kannten keine Grenzen, seien von einer «fast schon wilden Unabhängigkeit».[81] Im selben Jahr wurde eine Metallplakette eingeführt, die die Chiffonniers bei sich führen mussten und auf der Name, Rufname und körperliche Eigenschaften vermerkt waren.[82]

In den industrialisierten Ländern verlor die Sozialfigur des Chiffonnier oder Dustman etwa um 1900 an Bedeutung. Stephane Frioux urteilt, bereits zu diesem Zeitpunkt sei der Chiffonnier eine Erinnerung an vergangene Zeiten gewesen.[83] Das war aber nicht zuletzt der Effekt davon, dass die Kommunalisierung und die Durchsetzung neuer städtehygienischer Standards die traditionelle Müllarbeit erschwerten und an die Ränder der Stadt abdrängten. Hier konnte man vielleicht noch Arbeit in einem Betrieb finden, der Müll verarbeitete. Mit der selbstständigen Sammelarbeit im eigenen Revier hatte das aber nichts mehr zu tun.[84]

Dass urbanes Recycling eine so große Rolle spielte, hatte auch mit den Fluktuationen urbaner Arbeitsmärkte, unsicheren Beschäftigungsverhältnissen und prekärer Selbständigkeit zu tun. Viele Menschen, Frauen wie Männer und häufig auch Kinder, hielten sich mit Gelegenheitsarbeiten über Wasser. Dazu gehörten fast immer das Altstoff- und Lumpensammeln wie auch Botendienste oder der Straßenverkauf gebrauchter Waren.[85] Moskau zählte im Jahr 1902 152 registrierte Lumpensammler, davon 64 Frauen, 1092 Straßenfeger und 811 Abfallsammler. Diese offiziellen Zahlen spiegelten aber bei Weitem nicht die tatsächlichen Verhältnisse wider: Die Märkte für gebrauchte Waren und Altstoffverwertung waren auf ungelernte Arbeiter und Arbeiterinnen angewiesen, die erst zum Sammelplatz kamen, wenn es sonst keine Arbeit gab. In Paris soll es in der zweiten Hälfte des 19. Jahrhundert zeitweise bis zu 50 000 Chiffonniers gegeben haben.[86]

Am Beispiel von St. Petersburg lässt sich der Zusammenhang zwischen den Sozialformen urbaner Armut und Recyclingpraktiken anschaulich nachvollziehen. Am Ende des 19. Jahrhunderts hatte die Stadt zwei berühmt-berüchtigte Armenviertel, die *Lavra* und *Vasjas Dorf*, auf der Vasilij-Insel in der Newa-Mündung gelegen. Beide Slums, später Gegenstand reißerischer Erlebnisberichte, waren eng mit Recyclingpraktiken verwoben. In der Lavra beispielsweise gab es den *Lumpenflügel.* Dort wurden alle möglichen Kleiderreste gesammelt und aufgestapelt, was große hygienische Probleme durch Ungeziefer und Ratten mit sich brachte. Zugleich war der Lumpenflügel aber auch eine Unterkunft für obdachlose Frauen, die offensichtlich beim Lumpensammeln und -verwerten eine zentrale Rolle spielten; von den Pariser Chiffonniers war ebenfalls etwa ein Drittel Frauen.[87] Vasjas Dorf war sogar aus einer ehemaligen Müllhalde hervorgegangen: Egor Vasil'ev war als Müllsammler nach St. Petersburg gekommen und hatte mit den Erlösen ein Stück Land auf der Insel erworben. Dort eröffnete er seine eigene Müllhalde, und als er genug Materialien beisammen hatte, baute er Häuser auf dem Gelände. In den 1890er Jahren lebten dort zeitweise 5000 Menschen unter prekären Bedingungen: Gewalt und Alkohol waren allgegenwärtig, und Müll wurde aus dem Fenster geworfen.[88]

In Tokyo, Osaka und anderen japanischen Städten spielten das Recycling und das Müllsammeln neben Kleinhandel, Prostitution oder Rikschadiensten ebenfalls eine große Rolle. Besonders das Lumpensammeln gehörte hier zu den wichtigen Tätigkeiten.[89] Aufschlussreich ist dabei die

Chiffonniers in Paris um 1920[94]

interne Organisation der Abfallsammler, die außenstehenden Betrachtern zumeist verborgen blieb: So gab es spezialisierte Sammler und Sortierer, bevor die Erträge von Zwischenhändlern abgenommen wurden, die sie dann schließlich an die Kaufleute, die mit Recyclingprodukten handelten, absetzten.[90] Die meisten Sammler waren jung, in ihrer Mehrheit unter 17 Jahren.[91] Gerade in den USA war Recycling häufig auch migrantische Arbeit. Juden etwa dominierten lange Zeit den New Yorker Schrotthandel, in dem aber auch Italiener wichtig waren.[92] Insbesondere aus dem Handel mit gebrauchter Kleidung waren Juden kaum wegzudenken.[93]

Zugleich fand im letzten Viertel des 19. Jahrhunderts eine Professionalisierung der Verarbeitung und des Handels mit wiederverwerteten Materialien statt. Speziell in den 1880er und 1890er Jahren nahm die Zahl der Firmen, die auf die eine oder andere Weise mit der Wiederverwertung städtischer Abfallstoffe ihr Geld verdienten, stark zu. Das war speziell beim Schrott der Fall. Daneben gab es aber zahllose Privatfirmen, die seit den 1890er Jahren eine Vielzahl von Innovationen entwickelten: So etwa die Berliner Firma Gerson, die festere organische Bestandteile zu sog. *Müllwolle* verarbeitete, die sich für die Papierherstellung verwenden ließ. Die Gewinnung von Düngemitteln aus Abfällen war weiterhin ein großes Thema genauso wie deren Verarbeitung zu Baustoffen.[95]

Zu dieser Verlagerung und Professionalisierung trugen aber auch die Debatten um Verschwendung anlässlich der Durchsetzung von Kanalisation und Müllabfuhr bei. Die Fürsorge für die städtische Umwelt spielte dabei eine große Rolle, das betraf insbesondere die Belastungen durch die Einleitung von Fäkalien in die Flüsse. Zugleich bedienten solche Überlegungen ein zeittypisches Effizienzdenken: Auf zahlreichen industriellen Feldern gelang es seit den 1880er Jahren, Energie und Rohmaterialien effizienter zu nutzen und den Rohstoffverbrauch zu verringern.[96] Warum sollte das nicht auch mit den städtischen Abfällen möglich sein? Daraus ergab sich ein gewisser Hang zum Utopischen – wie etwa bei dem Breslauer Unternehmer Franz Boerner, der in den 1920er Jahren glaubte, durch einen chemischen Zuschlagstoff Müll in wirksamen Dünger verwandeln und damit das Müllproblem insgesamt lösen zu können.[97]

George E. Waring, der trotz seiner nur dreijährigen Amtszeit 1895 bis 1898 die New Yorker Müllabfuhr nachhaltig prägte, sah in der Versenkung des Mülls im Meer bei Sandy Hook eine bloße Verschwendung von Ressourcen. Er ließ große Teile des Stadtmülls nach Barren Island an der Südspitze Brooklyns bringen, wo durch verschiedene Koch- und Pressprozesse Dünger und andere Materialien extrahiert wurden, die man anschließend an Seifenhersteller oder Baumwollproduzenten im Süden verkaufte. Vorher musste der Müll allerdings von Hand sortiert werden, damit er sich verwerten ließ. Was dann noch übrig blieb, wurde verbrannt. Genauso interessant wie dieses Projekt sind allerdings die Gründe für sein Scheitern: Die Verwertung war energieintensiv, die Nebenprodukte der Verwertung wurden zunehmend weniger nachgefragt und schließlich beschwerte sich die Nachbarschaft lautstark über die Geruchsbelästigung, die von der Anlage ausging. Im Ersten Weltkrieg nahm die Stadt die Versenkung des Mülls im Meer darum wieder auf.[98]

Diese Anlage – vergleichbare Betriebe gab es auch in anderen US-amerikanischen Städten wie Philadelphia – war aber nur ein Beispiel dafür, wie auf das Unbehagen über die Entsorgung reagiert wurde. So entstanden in Frankreich, Deutschland oder Großbritannien seit den

1890er Jahren zunehmend Firmen, die Lösungen für die Verschwendung urbaner Ressourcen entwickeln wollten.[99] Zum Beispiel wurde im an Berlin angrenzenden Charlottenburg das sog. Dreiteilungssystem eingeführt, bei dem die Bürger den Abfall in drei unterschiedliche Behälter warfen. Budapest eröffnete 1895 eine Müllsortieranlage, auf die wenig später eine vergleichbare Anlage in Puchheim bei München folgte. Die meisten dieser Einrichtungen hatten Schweineherden bei der Hand, um sie mit verarbeiteten Küchenabfällen zu füttern.[100] Doch auch diese Einrichtungen überlebten selten längere Zeit, und die Puchheimer Müllsortieranlage war ständig auf Zuschüsse angewiesen.[101]

Mobilisierung der Heimat: Kriegsrecycling

Keine Geschichte des Recyclings vor dem Zeitalter des Massenkonsums ist vollständig ohne Berücksichtigung der beiden Weltkriege. Besonders während des Zweiten Weltkriegs veranstalteten die meisten kriegsführenden Staaten Sammelaktionen für Metalle und forderten Betriebe auf, noch verwertbare Altstoffe abzuliefern. Die Bevölkerung wurde aufgerufen, Küchenabfälle und andere verwertbare Materialien zu trennen. Diese Praktiken sollen hier der Einfachheit halber als *Kriegsrecycling* bezeichnet werden, doch ist dieser Begriff eigentlich ungenau: Teilweise wurden wirklich Abfälle gesammelt, es wurden aber auch Materialien mobilisiert, die sich noch in Gebrauch befanden und die eigentlich niemand wegwerfen wollte. Das war bei den tausenden von Kirchenglocken der Fall, die im Deutschen Reich eingeschmolzen wurden. Das war in Großbritannien bei den vielen Gittern und Geländern im öffentlichen Raum der Fall, die man während des Zweiten Weltkriegs abmontierte. Das war auch bei den Haushaltsgegenständen aus Bronze in Korea der Fall, die der Staat einsammelte und durch billige Keramikwaren ersetzte.[102] Ihre schreckliche Extremform fand die Mobilisierung von Materialien in den nationalsozialistischen Konzentrationslagern, wo Haare, Schuhe und viele andere Habseligkeiten der Opfer gesammelt und sortiert wurden.

Militärische Konflikte hatten bereits früher für ein verstärktes «Recycling» gesorgt. Victor Hugo beschrieb in einer berühmten Szene in *Les*

Misérabiles das Fleddern der Leichen nach der Schlacht von Waterloo. Während des Amerikanischen Bürgerkrieges fanden in den Städten an der Ostküste Metallsammelaktionen statt.[103] Trotzdem bekamen solche Anstrengungen während der beiden Weltkriege eine neue Dimension: Ihr *totaler* Charakter führte vor allem in den kriegsführenden Staaten zu enormen Anstrengungen, alles Mögliche zum Einsatz im Krieg wiederzuverwerten. Das Einschmelzen von Kirchenglocken war dabei nur das bekannteste Beispiel für die Versuche, die durch den Krieg und den blockierten internationalen Handel entstandenen Rohstoffengpässe auszugleichen. Das galt besonders für die Länder, die während des Krieges wirksam von auswärtigen Lieferungen abgeschnitten werden konnten. Im Ersten Weltkrieg waren das vor allem Deutschland und die Habsburgermonarchie. Aber auch Frankreich, Japan, Großbritannien und sogar die Vereinigten Staaten versuchten, durch Sparsamkeitsappelle und Recycling einen Beitrag zur Kriegswirtschaft zu leisten.

Beim Kriegsrecycling ging es längst nicht nur darum, Knappheiten auszugleichen. So sahen viele Verantwortliche darin auch eine Möglichkeit, die Verschwendung von Ressourcen zu vermeiden – mit einer Signalwirkung über den Krieg hinaus.[104] Zugleich erwies es sich als probates Mittel, die Bevölkerung in ihrem Alltag und insbesondere Frauen und Kinder an der Kriegsanstrengung zu beteiligen. Den Kampf gegen die Verschwendung im Alltag führten dabei eigentlich alle Kriegsparteien, und viele Motive ähnelten sich. Etwa der Appell an die sparsame Hausfrau, deren sorgsame Wirtschaftsführung in der Küche zum Vorbild für die gesamte Wirtschaft werden sollte. Durch den mobilisierenden Charakter hatte es aber auch eine symbolische Funktion: Auf wenig anderen Gebieten ließ sich die Kriegswirtschaft so überzeugend als Gemeinschaftsaufgabe inszenieren. Gelegentlich führte das allerdings dazu, den konkreten wirtschaftlichen Ertrag in den Hintergrund treten zu lassen und darüber hinwegzusehen, wie viele gesammelte Materialien zwar gesammelt, aber nicht verwertet wurden.

Die kriegsführenden Parteien waren im Ersten Weltkrieg hochgerüstet und dennoch auf die allumfassenden Herausforderungen eines mehrjährigen «totalen» Krieges nicht vorbereitet. In besonderer Weise galt das für Deutschland und Österreich-Ungarn, die durch die alliierte Blockade wirksam von einem Großteil ihrer bisherigen Handelspartner abgeschnitten werden konnten. Daraus ergaben sich für die Kriegsführung zunächst die Deckung des Bedarfs an Metallen, wobei es längst nicht nur um Eisen und Stahl ging, sondern insbesondere um Kupfer und Zinn, die dringend für die Herstellung von Munition benötigt wurden. Das noch junge Metall Aluminium wurde ebenfalls für zahlreiche Kriegszwecke eingesetzt, konnte aber auch Kupfer in Produktionsbetrieben und als Stromleitungen ersetzen und ersteres dadurch freisetzen. Aber auch viele andere Nichteisenmetalle wie Nickel oder Wolfram waren kriegswichtig, weil sie für zahlreiche Legierungen benötigt wurden. Die Metallmobilisierung fand vor allem mittels Sammelaktionen statt, die in Deutschland im Frühjahr 1915 begannen.[105]

Neben der Sammlung von Metallen sollten die Haushalte den Müll getrennt sammeln und besonders Küchenabfälle der Kriegswirtschaft zur Verfügung stellen. In Deutschland kam es bereits im Herbst 1914 zu ersten Aufforderungen an die Städte, dafür Sorge zu tragen. Dabei ging es vor allem darum, Abfälle entweder zu Fetten oder Ölen zu verarbeiten oder als Tierfutter zu benutzen.[106] Nachdem im Frühjahr 1915 ein «kurzer» Krieg endgültig zu einer Illusion geworden war, wurde in der Öffentlichkeit intensiv die Frage der Ernährungssicherheit diskutiert. Kontrovers war insbesondere, nachdem der russische Markt verschlossen war, der hohe Anteil an Getreide für die Fütterung der Tiere. Das führte im Mai 1915 zu einer später als «Professorenschlachtung» bezeichneten Aktion, bei der etwa neun Millionen Schweine getötet wurden. Das Resultat war im weiteren Verlauf des Krieges jedoch eine Fettlücke und ein gravierender Mangel an tierischem Protein.[107]

Diese bald als Fehlentscheidung erkannte Maßnahme führte zu größeren Anstrengungen, Abfälle zu trennen und damit mehr Spielraum für die Tierzucht zu gewinnen. Doch nicht nur Küchenabfälle wurden intensiv gesammelt, sondern auch Papier und Textilien.[108] Darüber hinaus spielten Metalle eine besondere Rolle, was gegen Ende des Krieges extreme Formen annahm, als kaum noch ein Türknauf oder Metallteller vor Akquisitionen sicher war. Aktionen zur Sammlung von Metallen, Papier oder Küchenabfällen gab es zwar auch in England und Frankreich, aber Aufrufe zur Sammlung von Bucheckern, Eicheln oder Maikäfern – aus denen sich Tierfutter gewinnen ließ – eher nicht.[109] Noch die abseitigsten Materialien wurden plötzlich als potentieller Beitrag zur

Volksernährung betrachtet, und es wurde sogar versucht, die Waldmast der Schweine – mit geringem Erfolg – wiederzubeleben.[110]

Die Blockade erwies sich insofern als wirksam, als die Versorgungslage während des Krieges bei den Mittelmächten deutlich schlechter aussah als bei den Alliierten, die trotz des unbeschränkten U-Boot-Krieges nicht vom auswärtigen Handel abgeschnitten werden konnten. Mitunter zeigte sich das an feinen, aber bedeutsamen Unterschieden: So veröffentlichte das US-amerikanische Landwirtschaftsministerium 1917 einen Sparappell, der die Hausfrauen dazu aufforderte, die Mahlzeiten so zu proportionieren, dass nichts übrig blieb und keine wertvollen Lebensmittel an «hogs and chicken» verfüttert werden mussten.[111] Das Problem zu opulenter Mahlzeiten stellte sich in Deutschland gerade im Steckrübenwinter 1916/17 hingegen eher nicht.

Der Erste Weltkrieg zerriss die globalen Handelsverbindungen. Viele Staaten fokussierten ihre ökonomischen Aktivitäten allein darauf, einen Krieg zu gewinnen. Auf den Handel mit gebrauchten Materialien hatte das aber keineswegs einen ausschließlich negativen Effekt. Durch den großen Bedarf der kriegsführenden Staaten kam es zu einem Aufschwung des Schrotthandels. Auch bei anderen Materialien war das der Fall: So schaffte es beispielsweise der japanische Altstoffhändler Takahashi, sich im Ersten Weltkrieg ein Geschäft aufzubauen, weil der Krieg die globale Nachfrage nach Altpapier stark erhöht hatte.[112] Tatsächlich führte der Konflikt vielerorts zu einem deutlichen Professionalisierungsschub der Branche, der durch den Preisverfall in der Nachkriegszeit sogar eher noch befördert wurde.[113]

Nach den schmerzhaften Lernprozessen und eher improvisierten Anstrengungen im Ersten wussten die kriegsführenden Parteien im Zweiten Weltkrieg im Prinzip, was sie erwartete. Das Lernen aus der Erfahrung des Ersten Weltkriegs war etwas, was sich die Nationalsozialisten explizit auf die Fahnen geschrieben hatten – auch wenn nicht immer klar war, welche Schlüsse genau sie zogen.[114] Den Fehler einer millionenhaften Schlachtung von Schweinen vermieden sie jedenfalls diesmal, vielmehr spielte die Frage der Versorgung der Bevölkerung mit Fett und Ölen eine große Rolle in der Autarkiepolitik.[115] Die Trennung von Abfällen und die Mobilisierung kriegswichtiger Metalle gehörten aber von Beginn an zur Politik des Regimes.[116] Bereits ab 1934 wurde mit der staatlichen Organisierung von Altstoffsammlungen unter der Ägide des Winterhilfswerks begonnen. Hermann Göring ließ sich mit den Worten zitieren, er sei «der größte Lumpensammler und Altwarenhändler. Ich nehme alles und brauche alles!»[117]

Die Altstoffverwertung war ein zentraler Bestandteil des 1936 ins Leben gerufenen Vierjahresplans mit dem Ziel, das Deutsche Reich so weit wie möglich wirtschaftlich unabhängig vom Ausland zu machen. Das beinhaltete die verstärkte inländische Produktion von strategischen Rohstoffen wie Stahl, Treibstoff oder künstlichem Gummi. Es beinhaltete die Entwicklung und Produktion von Ersatzstoffen, was – trotz häufig zweifelhafter Qualität – die Materialwissenschaft ein gutes Stück voranbrachte.[118] Hinzu kam aber eben auch die möglichst effiziente Sammlung und Wiedernutzung von Abfällen. Im August 1937 wurde das Amt eines Reichskommissars für die Altmaterialverwertung geschaffen und mit Karl Ziegler besetzt, der die Aufgabe hatte, die zahllosen Sammelaktionen zu koordinieren. Es fand eine durchgreifende Regulierung der Altstoffbranche statt: Für jede Firma wurden Pflichtsammelbezirke eingeführt und regionale Sammelmonopole geschaffen. Ab 1937 wurde das sog. Zweiteilungssystem eingeführt, wonach in einer Stadt mit mehr als 35 000 Einwohnern jeder Haushalt die Küchenabfälle trennen musste.[119]

Das Kriegsrecycling begann in Deutschland insofern zeitlich bereits deutlich vor Ausbruch des Zweiten Weltkriegs und entwickelte dabei einen wachsenden Zugriff auf die Materialreserven der deutschen Volkswirtschaft, später dann auch der besetzten Gebiete.[120] Das beinhaltete – wie schon im Ersten Weltkrieg – zahlreiche Aktionen zur Metallmobilisierung, vor allem von Kupfer und Zinn.[121] Daneben spielten auch Küchenabfälle und die Sammlung von Altpapier und Textilresten wieder eine große Rolle.[122]

Auch wenn die Organisation der Altstoffwirtschaft selbst mit zahlreichen Ineffizienzen zu kämpfen hatte, sah die Wahrnehmung von außen ganz anders aus. In Frankreich fürchtete man den deutschen «génie d'Ersatz», der Blockademaßnahmen angeblich wirkungslos machte.[123] In Vichy-Frankreich oder auch in Japan – Chad Denton hat das jüngst gezeigt – imitierte man die in Deutschland angewandten Praktiken des Altstoffwirtschaft: In Japan, obwohl es ohnehin als *Land ohne Müll* galt und seit den frühen 1930er Jahren Autarkiepolitik betrieben wurde, zog man ab 1939 ein dem deutschen System vergleichbares Kriegsrecycling auf.[124] Die Altstoffsammlung und -verwertung, die das Vichy-Regime ab 1941 betrieb, orientierte sich in seiner Organisation ebenfalls stark an deutschen Praktiken. Dass ein Großteil der gesammelten Materialien allerdings ins Deutsche Reich transportiert wurde, blieb selbst den meisten Offiziellen unbekannt.[125]

Bereits seit der zweiten Hälfte der 1930er Jahre nahmen die Anstrengungen zur Materialmobilisierung in vielen Ländern zu, wobei sich autoritäre Regime besonders stark engagierten. In Italien gab es im Zuge des Abessinien-Konflikts ab 1935 einen Übergang zur Autarkiewirtschaft, und das bedeutete auch hier verstärkte Recyclinganstrengungen. Zahlreiche Sammelaktionen für Metalle wurden initiiert und die Haushalte zur Mülltrennung aufgerufen. Mitunter gingen diese Anstrengungen so weit, den gesamten urbanen Metabolismus umzugestalten. Nicht nur, dass die Tierhaltung eine neue Aufmerksamkeit bekam, sondern teilweise betrieb man – wie in Neapel – in der Stadt Landwirtschaft und baute sogar auf der Piazza Municipio Gemüse an.[126] *Urban Gardening* war während des Ersten und Zweiten Weltkriegs überhaupt ein weit verbreitetes Phänomen: In Großbritannien organisierte die *Victory-Garden*-Bewegung Landwirtschaft in der Stadt und Volksküchen.[127] An vielen Orten versuchte man die während der Weltkriege grassierende Knappheit an Lebensmitteln durch Ackerbau und Viehhaltung in der Stadt abzumildern.[128]

In der Sowjetunion wurde die staatlich forcierte Industrialisierung in Form des Ersten (1928–1932) und des Zweiten (1933–1937) Fünfjahresplans von umfangreichen Sammlungen von Altmetall, Altpapier und anderen Materialien begleitet. Wie stark diese Anstrengungen ideologisch kontaminiert waren, lässt sich allein daran erkennen, wie unerwünschte Publikationen als Papierverschwendung und damit Schädigung der Volkswirtschaft gebrandmarkt wurden.[129] Ähnliches lässt sich auch für das Deutsche Reich beobachten, wo bei Metallaktionen bevorzugt die Denkmale unerwünschter Personen eingeschmolzen wurden.[130]

Auch in Großbritannien und den Vereinigten Staaten gab es verstärkte Versuche, Altstoffe zu mobilisieren. Das konnte ganz unterschiedliche Formen annehmen und unterschiedliche Ausmaße an Freiwilligkeit beinhalten. Wenn im September 1942 die Brooklyn Dodgers ihren Fans freien Eintritt garantierten, wenn diese mindestens 5 Kilogramm Metallschrott mitbrachten, war das Ausmaß des Zwangs eher gering einzuschätzen.[131] In Großbritannien setzte man anfangs auch vor allem auf Freiwilligkeit und Überzeugungsarbeit – was sich auch als durchaus erfolgreich erwies.[132] Im November 1939 wurde ein *Salvage Department* unter der Ägide des *Ministry of Supply* eingerichtet, das die verschiedenen Recyclinganstrengungen koordinierte. Nach den anfänglichen Kriegserfolgen der Deutschen wurden die Anstrengungen ausgeweitet. Insbesondere das militärische Desaster bei Dünkirchen und die fortgesetzte Bombardierung britischer Städte führten zu großen Sammelaktionen für Papier und Metalle, bei denen die Bevölkerung zu tausenden Töpfe und Küchenutensilien aus Metall ablieferte.[133] In London wurden an vielen Straßenecken Sammeltonnen für Küchenabfälle aufgestellt.[134]

Wie auch anderswo verschärften sich die Recyclinganstrengungen während des Krieges, und der Aspekt der Freiwilligkeit trat mehr und mehr zurück. Die finanziellen Spielräume, Rohstoffe zu importieren, wurden immer geringer. Darum erklärte die *Waste of Materials Order* vom März 1942 das Wegwerfen oder Verbrennen von Papier zu einem Verbrechen.[135] Zu einem Einschmelzen von Kirchenglocken kam es in Großbritannien zwar nicht, gleichwohl wurden auch hier große Anstrengungen unternommen, Nicht-Eisenmetalle zu rekrutieren, insbesondere Zinn. Auch im Empire führten die Briten umfangreiche Metallsammelaktionen durch. Erst der seit 1944 absehbare Kriegserfolg führte zu einer langsamen Entspannung der Maßnahmen.[136]

Kriegsrecycling war in letzter Instanz nahezu immer staatlich organisiert. Damit stellte sich aber zwangsläufig die Frage, was mit den privaten Akteuren in diesem Bereich geschehen sollte. Deren ökonomisches Interesse orientierte sich nicht unbedingt an der Kriegswichtigkeit, und das hatte schon im Ersten Weltkrieg zu allerhand Spannungen geführt.[138] In Japan gelang es dem Staat in hohem Maße, die private Recyclingwirtschaft – wie den bereits erwähnten Takahashi – für das Kriegsrecycling einzuspannen und private Firmen zu quasi-staatlichen Akteuren zu machen. Im «Dritten Reich» hingegen war die Verdrängung privater Recyclingbetriebe einkalkuliert und erwünscht. Zunächst hing das mit dem

Papiersammlung, Colorado USA 1942[137]

zentralisierten staatlichen Zugriff zusammen und mit der Absicht, private als Konkurrenz zu den staatlichen Sammelaktivitäten auszuschalten. Wichtiger aber war noch, dass ein großer Teil der Altstoffhändler Juden waren, die systematisch aus der Wirtschaft herausgedrängt und zum Opfer der Verfolgungspolitik wurden. Stattdessen installierten die Nationalsozialisten mit einem Armband gekennzeichnete, sog. Pflichtsammler.

Darüber hinaus wurden vor allem Frauen und Kinder – nicht zuletzt in Öffentlichkeitskampagnen – aufgefordert, einen Beitrag zur Altstoffsammlung zu leisten. Italien startete ab 1935 Metallsammelaktionen, bei denen u. a. Frauen ihre Eheringe spenden sollten. Darüber hinaus spannte man sie verstärkt in Metallsammelaktionen ein.[139] Autarkie sollte außerdem ganz wesentlich durch sparsames Wirtschaften und Wiederverwertung im eigenen Haushalt stattfinden. Wie es die neapolitanische Abteilung der *Dopolavoro*, dem italienischen Pendant zur nationalsozialistischen *Kraft durch Freude*, 1941 zusammenfasste:

> Die Hauswirtschaft ist die Wissenschaft von der guten Leitung des Haushalts. Sein gutes Funktionieren ist Aufgabe der Frau, Mutter, Schwester, Gattin [...]. Sie weiß sparsam mit Geld umzugehen und Verschwendung zu vermeiden, eine so wichtige Aufgabe heutzutage, wo wir den edelsten Kampf kämpfen, nämlich den der Autarkie.[140]

Nicht nur die faschistischen Regime gingen so vor. In Großbritannien wurde zur Sammlung von Altpapier auf Schulkinder und Pfadfinder zurückgegriffen – auch als Teil eines pädagogischen Programms zur nationalen Erziehung.[141] Zum Erfolg dieser Bemühungen dürften aber auch die eingängigen Slogans beigetragen haben, die sich daraus formen ließen: «Das ist eine Aufgabe für uns alle [...] aber besonders ist es eine Aufgabe für die Frauen. Los, Hausfrauen, und auf sie.»[142] Eine Ausnahme stellte hier höchstens die Sowjetunion dar, wo Frauen eher als Teil von *Kollektiven*, von Lebens- und Arbeitsgemeinschaften betrachtet wurden. Sammlung, Sortierung und Verwertung wurde als ein gemeinsamer Dienst an der Sowjetunion propagiert.[143]

Der Rückgriff auf nichtprofessionelle Akteure barg freilich seine Risiken. So erbrachten die durch Kinder durchgeführten Haussammlungen von Abfällen im Deutschen Reich immer wieder schlechte Ergebnisse, weshalb diese Aufgabe wieder der Müllabfuhr übertragen wurde, die während des Zweiten Weltkriegs – auch unter dem massiven Einsatz von Zwangsarbeit – immer mehr zu einem integralen Bestandteil der Altstoffwirtschaft wurde.[144] Für viele Materialien fehlten auch schlichtweg die Ressourcen, um sie adäquat wiederzuverwerten. Aus diesem Grund wurden beispielsweise die Papiersammelaktionen in der Sowjetunion 1941 gestoppt, obwohl dort immer wieder über eine dramatische Papierknappheit berichtet wurde und selbst Konstruktionspläne für komplexe Maschinen und Raketen mitunter auf der Rückseite amtlicher Verordnungen gezeichnet wurden.[145] Ein großer Teil der Küchenabfälle, die im «Dritten Reich» gesammelt wurden, verdarben, bevor sie die Mägen der Schweine erreichten.[146]

III. MASSENKONSUM

10. Die Entstehung der Wegwerfgesellschaft

Trash is our only growing resource.
(Hollis Dole, Unterstaatssekretär des US-Innenministeriums 1969[1])

Mülllawinen

Der Zweite Weltkrieg führte in Deutschland jenseits der staatlichen Eingriffe zu stark sinkenden Müllmengen. Die Müllabfuhr konnte aufgrund des Mangels an Fahrzeugen und Arbeitskräften nur noch eine rudimentäre Abfuhr gewährleisten. Abfälle wurden häufig auf Trümmergrundstücken entsorgt. Nach dem Ende des Krieges rechneten die Stadtreinigungsämter dann allgemein mit einer langsamen Erholung und einer Rückkehr zu den Vorkriegsverhältnissen. Doch erlebten sie eine Überraschung: Zwar wurden Mitte der 1950er Jahre die Müllmengen der 1930er Jahre wieder erreicht, doch hörten sie dann nicht auf, anzusteigen. Ganz im Gegenteil: Ihr Wachstum beschleunigte sich. In den 1960er Jahren zeigte sich dann, dass man es mit einem ganz neuen Problem zu tun hatte. Auch während der 1970er und 1980er Jahre stiegen die Müllmengen weiter und begannen erst dann, auf hohem Niveau, zu stagnieren. Zu diesem Zeitpunkt jedoch hatte sich das Feld der Abfallwirtschaft bereits grundlegend verändert.

Diese Erfahrung machte man längst nicht nur in Deutschland: Tatsächlich trat die Menschheit nach dem Zweiten Weltkrieg global in ein neues Müllzeitalter ein. Alles, von der Sammlung über die Entsorgung bis zum Recycling wurde vor neue, gravierende Herausforderungen gestellt und musste vollkommen neu gedacht werden. Denn nicht allein die schieren Mengen stiegen an, sondern es veränderte sich auch die Zusammensetzung. Ging es vormals in erster Linie darum, den Stadtraum sauber zu halten, Geruchsbelästigungen zu vermeiden, die Ausbreitung von Infektionskrankheiten zu verhindern, erfuhr man jetzt von ganz anderen Gefahren, die im Müll lauerten: Die Vergiftung der Umwelt durch Müll wurde zu einem großen Thema und sollte die Debatte um Produktion und Umgang mit Abfällen grundlegend verändern. Das führte zu einer umfassenden wissenschaftlichen Auseinandersetzung, die geradezu eine Explosion des Wissens über den Abfall – seine Menge, seine Zusammensetzung, die technischen Anforderungen der Sammlung, die Schwierigkeiten seiner Entsorgung – zur Folge hatte. So entstanden die *Müllsyndrome*, die Erkenntnis der Verzahnung von Massenkonsum und Müllproduktion, der Allgegenwart der Belastung, der Schwierigkeiten, die Probleme wirksam anzugehen.

Will man indes konkret benennen, um wie viel genau die Müllmengen anstiegen, wird es kompliziert. Trotz aller Anstrengungen, Müll zu messen, ist er in vielerlei Hinsicht ein Verzweiflungsgebiet der Statistik geblieben. Das liegt zunächst daran, dass er offensichtlich stark verteilt anfällt – nämlich in Abermillionen von Mülltonnen, Containern, Behelfsdeponien. Zudem ist «Müll» eine unscharfe, wandelbare Kategorie. Was genau als welcher Müll gefasst wurde, veränderte sich ständig. Oftmals führten gerade die Versuche, ihn genauer zu kategorisieren, zu statistischer Verwirrung. Wer beispielsweise zwischen «Hausmüll» und «hausmüllähnlichem Gewerbeabfall» – was beispielsweise Restaurants wegwerfen – unterscheidet, trifft zwar eine sinnvolle Unterscheidung, handelt sich aber zugleich statistische Probleme ein: Gehört der hausmüllähnliche Gewerbeabfall beispielsweise zum privaten Müll oder ist er dem Gewerbeabfall zuzuschlagen? Statistische Unschärfen sind auch das Resultat unterschiedlicher Definitionen dessen, was überhaupt gemessen werden soll. Japan beispielsweise zählt nur als Müll, was nicht bereits recycelt wurde, während in anderen Ländern die Müllmengen zumeist *vor* dem Recycling angegeben werden.[2] Die Abgrenzung von Hausmüll, gewerblichem Müll, Industriemüll oder «Sonder»-Müll ist kompliziert und wandelbar. Häufig hatten im Übrigen gerade Länder mit einer vergleichsweise ausgefeilten Sammlung und Entsorgung besonders mit statistischen Problemen zu kämpfen, weil sie die Kategorisierungen von Müll aufgrund neuer Erkenntnisse und Entsorgungstechnologien immer wieder anpassten.[3]

Insofern macht es wenig Sinn, sich auf die verführerische Sicherheit einer Linie in einem Diagramm zu verlassen. Aber Aussagen über die Entwicklung der Müllmengen sind – ohne den geringsten Anspruch auf Präzision zu erheben – trotzdem möglich: Zunächst lässt sich in den

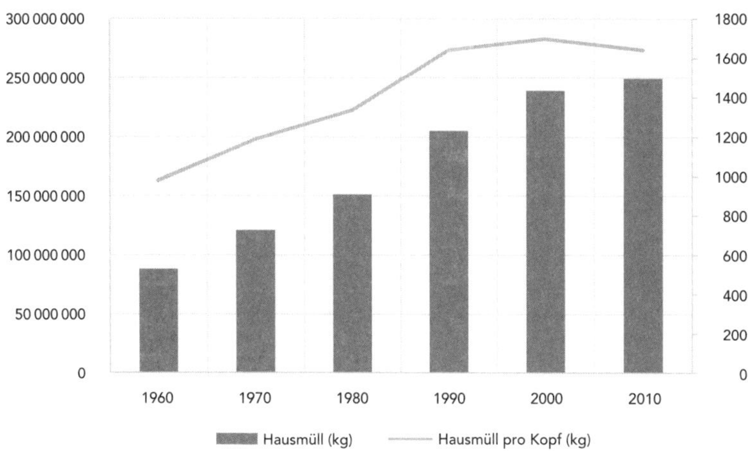

Entwicklung der Müllmengen absolut und pro Kopf/Jahr in den USA 1960–2010[5]

Ländern Westeuropas, die nach dem Zweiten Weltkrieg einen starken wirtschaftlichen Aufschwung erlebten, seit der zweiten Hälfte der 1950er Jahre eine deutliche Zunahme der Mengen an Hausmüll feststellen. Vor allem die 1960er Jahre waren eine Zeit mit stark wachsenden Müllmengen; in Japan oder Westdeutschland verdoppelten sie sich in etwa. Deren fortgesetztes Wachstum setzte sich durch die 1970er Jahre hindurch fort und schwächte sich erst in den 1980er Jahren ab.[4] Danach verlief die Entwicklung uneinheitlich: Während in der BRD die Abfallmengen seit Mitte der 1980er Jahre zunächst stagnierten, stiegen sie beispielsweise in Italien und Frankreich weiter an. Der Aufstieg des Versandhandels seit den 2000er Jahren führte dann zu einem erneuten Wachstumsschub, der bis heute anhält.

Steigende Abfallmengen betrafen zunächst vor allem die westlichen Konsumgesellschaften, waren aber nicht ihr exklusives Problem. So stiegen die von der Müllabfuhr erfassten Abfälle in der DDR zwischen 1970 und 1990 etwa um das Vierfache, auch wenn die Mengen insgesamt deutlich hinter den westeuropäischen Ländern zurückblieben.[6] Die staatssozialistischen Länder erzeugten große Umweltprobleme, ihre eigene Müllproduktion war dafür jedoch nicht ausschlaggebend – sieht man einmal von den Abfällen der chemischen Industrie ab. Ein größeres

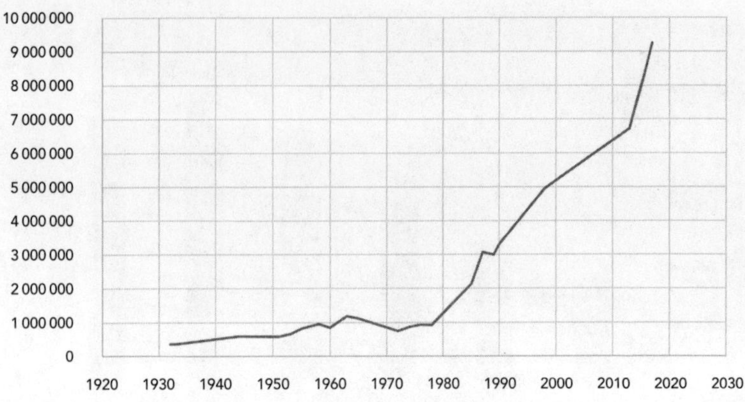

Müllmengen Peking 1930–2017 (Tonnen)[8]

Problem war hingegen der *Westmüll*, der seit den 1970er Jahren gegen Devisen in die DDR und andere Ostblockländer exportiert wurde.

Mit dem starken Globalisierungsschub seit den späten 1960er Jahren erlebten schließlich auch viele asiatische Länder ein rapides Anwachsen ihrer Abfallberge. In Taiwan oder Singapur wuchsen die Müllmengen seit den 1960er Jahren zunehmend. In den 1990er Jahren begannen auch in China und Indien die Müllmengen deutlich anzuwachsen, wo das aufgrund der großen Bevölkerungszahlen besonders ins Gewicht fiel. Heute wird das fortgesetzte Wachstum der Müllmengen hauptsächlich von asiatischen Ländern mit hohen ökonomischen Wachstumsraten getragen, in denen sich bestimmte Konsummodelle zunehmend ausbreiten.[7]

Der reine Anstieg der Mengen war das eine, die sich verändernde Zusammensetzung des Mülls das andere. Dabei ist zwischen *Volumen* und *Gewicht* zu unterscheiden. Das Müllvolumen stieg nämlich um ein Vielfaches stärker als das Gewicht, der Abfall wurde also im Durchschnitt um Vieles leichter. Zunächst nahm die vergleichsweise schwere Asche aus dem Hausbrand mit der Durchsetzung von Öl- und Gasheizungen ab, und auch der Anteil schwerer organischer Bestandteile sank.[9] Insofern lässt sich ein hoher Anteil von letzteren als Charaktermerkmal einer eher «traditionellen» Zusammensetzung des Mülls betrachten, während in der Konsumgesellschaft ein erhöhter Anteil leichter Verpackungsmaterialien – zunächst Papier, seit den späten 1960er Jahren dann zuneh-

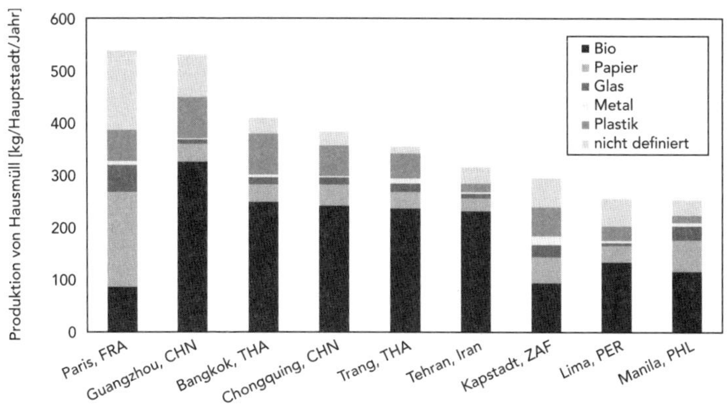

Zusammensetzung des Hausmülls in verschiedenen Städten 2017[12]

mend Plastik – als Müll produziert wird. Folglich ist die starke Erhöhung der Abfallmengen eng verbunden mit der wachsenden Bedeutung von Verpackungsmaterialien im Müll.[10] So stieg der Anteil der Kunststoffe im Hausmüllaufkommen in den USA zwischen 1960 und 1990 vom Gewicht her «lediglich» von 0.5 auf 8.5 Prozent, vom Volumen machten sie aber 1990 bereits 25 Prozent aus.[11]

Es ist zu erwarten, dass die gegenwärtig noch beträchtlichen globalen Unterschiede in der Müllproduktion pro Kopf sich zunehmend abschwächen werden. Das ist ganz sicher keine gute Nachricht.[13] Ebenfalls ist es keine gute Nachricht, dass der *Municipal Solid Waste* längst nicht der einzige Abfall ist, der anfällt. Gilt allgemein der Bauschutt und Aushub als größte Müllfraktion, so kommen große Mengen Gewerbeabfälle hinzu, die gerade bei der Chemie- und Schwerindustrie häufig eine starke Umweltbelastung darstellen. Die Verwissenschaftlichung der Abfallwirtschaft seit der zweiten Hälfte der 1960er Jahre führte nicht zuletzt zu einem Verständnis, welchen Umfang das Müllproblem tatsächlich besitzt. Bereits im Jahr 1990 gab es weltweit 2 bis 3 Milliarden ausgemusterte Autoreifen.[14] Schwer verwertbare Überreste aus der Landwirtschaft – nicht zuletzt Gülle – stellten eine große Abfallfraktion dar. Der Atommüll erzeugte seit den 1970er Jahren ganz eigene Entsorgungsprobleme. Die Überreste des privaten Konsums sind insofern der am besten sichtbare Teil eines Problems, das oftmals kaum noch überblickbar erscheint.

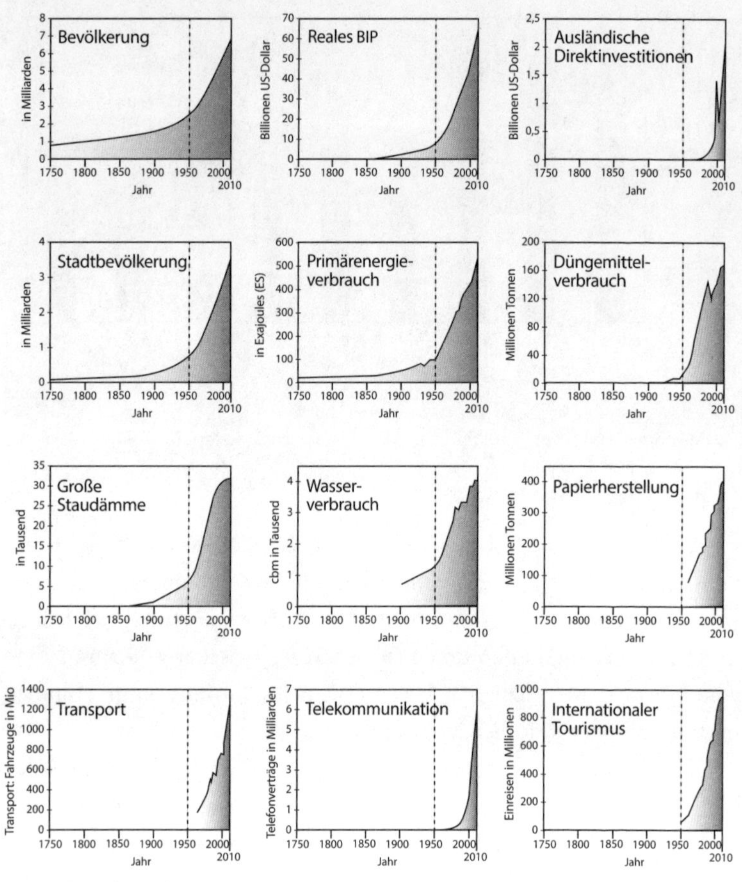

Skaleneffekte

Der Anstieg der globalen Müllmengen ist symptomatisch für eine umwelthistorische Epochengrenze, die sich in den 1950er Jahren verorten lässt und in erster Linie durch einen dynamisch zunehmenden Ressourcenverbrauch charakterisiert werden kann: Ein stark ansteigender Energieverbrauch, die Herstellung energieintensiver Rohmaterialien wie Aluminium, das Transportaufkommen oder auch der internationale Tourismus. Einen großen Effekt hatten aber auch das Bevölkerungswachstum, der Ausstoß von CO_2 oder Methan, die Versauerung der Meere oder der Verlust an Tropenwald als wichtige Parameter des

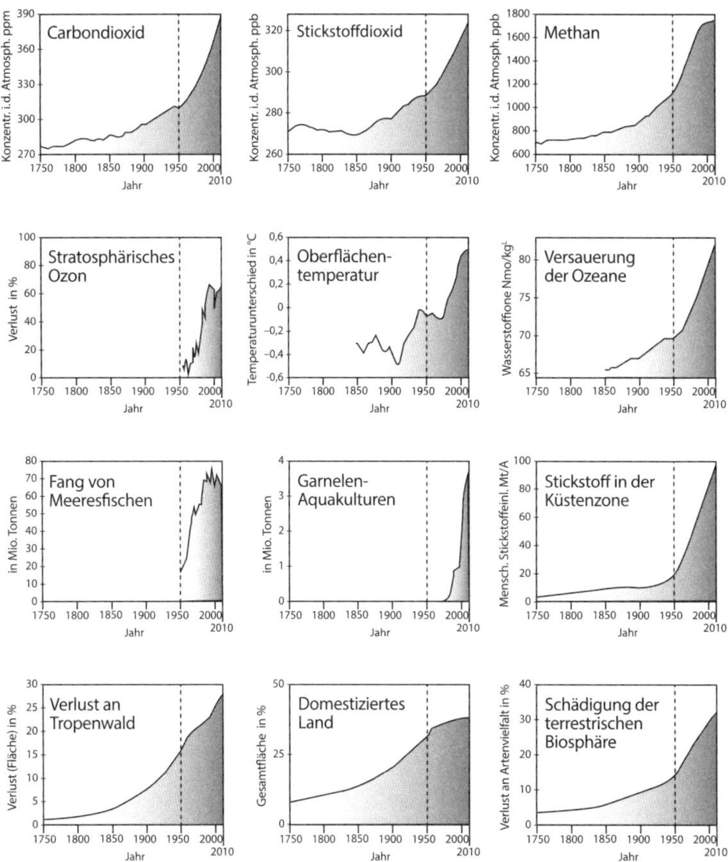

Sozioökonomische Trends und Erdsystemvariablen[17]

Erdsystems. Will Steffen und seine Mitarbeiter der *Anthropocene Working Group* haben diese Entwicklung in einem eindrucksvollen Schaubild zusammengefasst – auffällig ist allerdings das Fehlen der Müllmengen.[15] Mittlerweile haben sich bestimmte Schlagwörter zur Bezeichnung dieser Entwicklung eingebürgert, etwa – wegen der Verlaufsform der Kurven – die Rede vom *Hockeystick*. Analytisch spannender sind jedoch Begriffe wie das *1950er Syndrom* (Christian Pfister) oder *Great Acceleration* (John R. McNeill), weil sie nahelegen, dass sich nach dem Zweiten Weltkrieg auch qualitativ etwas Grundlegendes geändert haben muss.[16]

Allerdings steht die akribische Sammlung empirischer Daten in einem merkwürdigen Missverhältnis zu den eher kurzatmigen Anstrengungen, diese Entwicklung zu erklären. Sowohl bei Steffen wie bei McNeill finden sich dazu nur sehr allgemeine Aussagen, die auf die größere Offenheit der Volkswirtschaften nach 1945 abzielen, nachdem die Lehren aus den Desastern der Zwischenkriegszeit gezogen wurden. Zudem habe ein rapider technischer Fortschritt die Entwicklung getragen.[18] Das erklärt allerdings noch nicht den exponentiell steigenden Ressourcenverbrauch, sondern referiert zunächst lediglich die Gründe des globalen Wirtschaftswachstums nach 1945. Dabei ist jedoch noch keineswegs geklärt, wie Wirtschaftswachstum und exponentieller Ressourcenverbrauch – und schließlich auch die sich verändernde Materialität der Belastung – miteinander zusammenhingen.

Das ist durchaus keine Ausnahme. In den allermeisten Darstellungen zum Anthropozän spielen ökonomische Dynamiken und ihre Wechselwirkung mit der Umwelt kaum eine Rolle, als handele es sich dabei um ein nebensächliches Problem![19] Werden sie doch zum Thema gemacht, sind die Erklärungen oftmals wenig überzeugend. So schrieb die *Anthropocene Working Group* in einem Papier aus dem Jahr 2020 beispielsweise: «Die Steigerung der menschlichen Produktivität führt zu einer steigenden Bevölkerung, die mehr Energie und Materialien verbraucht, was wiederum zu einer Steigerung der Produktivität führt.»[20] Das ist in dieser reduzierten Form schlichtweg nicht richtig. In China oder Indien etwa schuf ein starkes Bevölkerungswachstum lange Zeit eher Anreize für arbeitsintensive – und weniger energieintensive – Produktionsformen. Auch der Zusammenhang zwischen Energieverbrauch und Produktivität lässt sich nicht auf die Formel Energie = Produktivität reduzieren, zumal Produktivitätszuwächse oftmals mit einer deutlich gesteigerten Energieeffizienz einhergehen.[21] Wenn ein Zusammenhang zwischen diesen Größen besteht, dann vor allem wegen einer Veranstaltung, die wir für gewöhnlich als globalen Kapitalismus bezeichnen.

Die Frage bleibt also offen, und der Blick auf die Ursachen der steigenden Müllmengen kann eventuell dabei helfen, der Beziehung zwischen Wirtschaftswachstum und Ressourcenverbrauch genauer nachzugehen. Dafür werden in der Literatur verschiedene Gründe genannt, aber zwei Erklärungen dominieren: Das ist zunächst der nach dem Zweiten Weltkrieg von fortgesetzten Reallohnsteigerungen getragene *Massenkonsum*. Diese Verbindung ist natürlich nicht überraschend: Schlagwörter wie Massenkonsum oder Verschwendung spielten seit den späten 1950er Jahren als Formeln der Kulturkritik eine große Rolle. Vance Packards 1960 veröffentlichtes Werk *The Waste Makers* dürfte vielleicht das bekannteste Beispiel sein, aber die Zahl der entsprechenden Bücher ist kaum zu überblicken.[22] Seit den 1960er Jahren wurde das neue Konsumverhalten in zunehmend apokalyptischen Farben gemalt: Alvin Toffler schrieb in seinem Buch *Future Shock* von 1970, die Menschen seien mit immer mehr Wegwerfprodukten konfrontiert, bloß produziert für den schnellen Tod in einer Zeit «kurzlebiger Produkte, produziert mit kurzlebigen Methoden, zur Erfüllung kurzfristiger Bedürfnisse».[23]

Doch überraschenderweise gibt es Argumente dafür, warum die quantitative Zunahme des Konsums möglicherweise gar nicht so entscheidend für die steigenden Mengen an *Hausmüll* gewesen ist. Dieser besteht nämlich zu einem Großteil aus Dingen, die wir täglich verbrauchen, und das sind hauptsächlich Überreste von Lebensmitteln und deren Verpackungen. Diese repräsentieren allerdings Ausgaben im Haushaltsbudget, die relativ *unelastisch* sind: Man kann nur so viel essen, bis man satt ist. Danach machen zusätzliche Ausgaben für Essen wenig Sinn. Bei steigenden Reallöhnen sank der Anteil der Ausgaben für Lebensmittel am Haushaltsbudget kontinuierlich auf vielerorts deutlich unter 10 Prozent.[24] Eine Entwicklung, die allerdings auch durch sinkende reale Preise für Lebensmittel getragen wurde.[25]

Zugleich wurden so Einkommensanteile für andere Dinge frei: Kraftwagen, Haushaltsgeräte oder die Reihenhausscheibe.[26] Diese Konsumausgaben erzeugen aber – zumindest im Gebrauch – vergleichsweise wenige Abfälle. Zudem lassen sich die entsprechenden Güter häufig gut reparieren und wiederverwerten: Automobile beispielsweise lassen sich zu über 95 % recyceln.[27] Die dann noch verbleibenden Reste sind zwar durchaus problematisch, aber hier geht es ja zunächst lediglich um die Mengen. Ginge es also allein um die Konsumausgaben, hätte die Steigerung der Müllmengen folglich deutlich unter den allgemeinen wirtschaftlichen Wachstumsraten bleiben müssen. Das war aber insbesondere während der 1960er Jahre in Ländern wie den USA, Frankreich, Italien oder Japan ganz sicher nicht der Fall.

Wichtiger ist darum die zweite Erklärung, die vor allem auf die *Formen* des Konsumierens abzielt und den Supermarkt als eine neue Form des Einzelhandels mit Selbstbedienung ins Zentrum stellt, die sich in den 1920er Jahren zunächst in den Vereinigten Staaten durchsetzte und sich seit den späten 1950er Jahren in immer mehr europäischen Ländern etablierte.[28] Hier wurde die Ware nicht mehr vom Verkäufer abgemessen und verkauft, sondern sie stand verpackt im Regal. Victoria de Grazia hat den Supermarkt als Teil der Durchsetzung eines US-amerikanischen Konsummodells interpretiert, das zunehmend lokale Formen des Konsumierens verdrängt habe. Die Durchsetzung sei kulturell bedingt, aber nicht zuletzt auch durch niedrigere Preise. Alternativen wie kleine örtliche Geschäfte verschwanden, weil die Kundschaft wegblieb.[29]

Der Supermarkt spielte für die Steigerung der Müllmengen tatsächlich eine entscheidende Rolle. Allerdings ist auch diese Aussage zu qualifizieren: Sozialhistorisch ist er immer wieder als neue Form des Einkaufens, als neue Form des Konsumerlebens beschrieben worden, bei dem sich Konsumenten nicht mehr über das Verkaufsgespräch, sondern über Informationen auf der Verpackung informierten. Es entwickelte sich ein schnelleres und anonymeres Einkaufserlebnis, woraus sich ganz neue Möglichkeiten für Werbung, Produktkommunikation und Kundenbindung ergaben.[30] Nicht zuletzt äußerte sich das seit den späten 1960er Jahren in stark zunehmenden Verkaufsflächen und einer immer größeren Angebotsvielfalt, besonders ausgeprägt in den US-amerikanischen *Malls* oder den französischen *Supermarchés*.[31]

Darüber ließ sich leicht aus dem Blick verlieren, dass der ökonomische Sinn des Supermarkts eigentlich in etwas anderem lag: Er sollte nämlich nicht das Einkaufen, sondern das *Verkaufen* rationalisieren. Es ließen sich größere Mengen mit weniger Personal verkaufen, was Kostenersparnisse mit sich brachte. Das wiederum beförderte die Ausbildung großer Anbieter, wodurch vergleichsweise wenige Firmen eine große, elastische Nachfrage nach Lebensmitteln und eine entsprechende Marktmacht schufen. Gerade aber Lebensmittel wurden traditionell auf regionalen Märkten produziert und angeboten. Die Steigerung der Produktion und die Ausnutzung von sog. *Skaleneffekten*, also Kostenersparnissen durch Massenproduktion, lohnten sich auf solchen Märkten aber nur sehr bedingt. Vielmehr bestand stets die Gefahr, sich durch Überproduktion selbst die

Preise kaputt zu machen. Am Ende rentierten sich dann die Investitionen, um kostengünstiger zu produzieren, nicht mehr.[32] Bestand aber eine überregionale, elastische Nachfrage – die durch Supermärkte geschaffen wurde –, dann sah das Bild plötzlich ganz anders aus.

Skaleneffekte standen im Grunde am Anfang der industriellen Produktionsweise, als es britischen Herstellern gelang, durch Verfahren der Massenproduktion die Kosten für Baumwollgarne so weit zu drücken, dass kein Konkurrent mehr mithalten konnte.[33] Anfangs gelang das jedoch nur bei vergleichsweise wenigen Gütern: Textil, Eisen, Stahl oder Keramik. Daraus wurde lange Zeit der Schluss gezogen, Verfahren der Massenproduktion seien unflexibel und würden zu einer starken Standardisierung der Güterproduktion führen. Tatsächlich war jedoch nach 1945 das Gegenteil der Fall.[34]

Ein wesentlicher Adaptionsvorgang bestand darin, die erprobten Verfahren auf immer mehr Güter auszuweiten. Bei vielen Produkten, insbesondere Lebensmitteln, gab es aber Grenzen: Ohne geeignete Transport-, Lagerungs- und Verkaufsmöglichkeiten blieben die Märkte für Fleisch, Lebensmittel oder Kleidung notwendigerweise begrenzt. Auf großen Märkten besteht hingegen ein starker Anreiz – und ein entsprechender Druck –, Skaleneffekte stärker auszunutzen. Ein gutes Beispiel dafür ist Bekleidung, die bis in die zweite Hälfte des 19. Jahrhunderts größtenteils noch zuhause genäht wurde und für die sich seit den 1960er Jahren globale Märkte entwickelten.[35] Noch eindrücklicher ist aber die Herstellung von Fleisch: Der Konsum nahm nach dem Zweiten Weltkrieg stark zu und gleichzeitig wurde Fleisch sukzessive billiger.[36] Dahinter standen Techniken der Massentierhaltung, die die Aufzucht der Tiere, das Schlachten, die Verarbeitung und den Verkauf von Fleisch immer stärker rationalisierten. Die Zahl der Tiere, die die einzelnen Höfe hielten, wurde immer größer, immer mehr Kühe oder Schweine wurden in die Ställe gepresst.[37]

Bei keinem Tier wurde Rationalisierung aber so früh und so extrem durchexerziert wie beim Huhn: Vor dem Zweiten Weltkrieg gab es noch praktisch keine Massennachfrage nach Hühnerfleisch, das als minderwertig galt. Seit den 1950er Jahren stieg die Nachfrage jedoch dynamisch an, und allein in Großbritannien wuchs die Hühnerpopulation von etwa einer Million 1950 auf über 150 Millionen im Jahr 1965.[38] Hühner ließen

Britischer Supermarkt, 1960er Jahre[41]

sich in großer Zahl auf extrem geringem Raum halten. Durch ihre geringe Größe waren sie gewissermaßen bereits «portioniert» und konnten verpackt im Supermarktregal verkauft werden. Hingegen brauchte es bei Schweinen und Rindern sog. *Meat boxes* («Fleischschachteln»), die sich seit den späten 1960er Jahren zunächst in den USA durchsetzten.[39] Die Zerteilung, Abpackung und Auszeichnung von Fleisch wurde dann von spezialisierten Betrieben übernommen, und die Kunden mussten im Supermarkt schließlich nicht einmal mehr an die Theke.[40]

Um die Massenproduktion von Fleisch zu ermöglichen, waren verschiedene technische Innovationen nötig. Dazu gehörten besonders Techniken der *Körpersteuerung*, um beispielsweise durch Futtermittel und Antibiotika den Fleischaufbau zu beschleunigen und zugleich die Ausbreitung von Krankheiten bei beengter Haltung zu verhüten. Dazu gehörten auch flexible Transportmöglichkeiten, die vor allem durch LKW und lückenlose Kühlketten geschaffen wurden. Schließlich brauchte es aber auch neue Verpackungen aus Kunststoff und Cellophan, die den Verkauf von Fleisch um Vieles einfacher machten. Diese technischen

Innovationen trugen dazu bei, das Handwerk der Fleischverarbeitung mehr und mehr auszuschalten und damit ein weiteres Hindernis der Totalrationalisierung der Fleischproduktion zu beseitigen.[42]

Ein anderes Beispiel ist die Durchsetzung neuer Verpackungsformen und der Übergang von der Mehr- zur Einwegflasche. Im Getränkehandel hatten lange Zeit Glasflaschen – für Bier und Wein, aber auch Mineralwasser oder Säfte – dominiert. Bei diesen war es, nicht zuletzt aufgrund der hohen Energiekosten bei der Herstellung, sinnvoll, sie wieder einzusammeln. Dafür hatten sich im späten 19. Jahrhundert Pfandsysteme etabliert. Nach dem Zweiten Weltkrieg wurden jedoch zunehmend neue Verpackungsformen entwickelt: Aluminium- und Weißblechdosen sowie vermehrt auch Plastikflaschen. Diese hatten den großen Vorteil, deutlich leichter und billiger in der Herstellung zu sein. Es brauchte zwar einige Zeit, bis Getränkedosen technisch ausgereift waren und insbesondere das Problem des Verschlusses gelöst werden konnte. Als das aber in der zweiten Hälfte der 1960er Jahre gelang, boten sie viele Vorteile: Sie ermöglichten die Abschaffung des aufwendigen Pfandsystems, und durch eine effiziente Logistik ließen sich Kostenvorteile zu erzielen.

Wirklich gut funktionierte das Pfandflaschensystem nur auf regionalen, überschaubaren Märkten, wo man die Flaschenströme gut kontrollieren konnte und wo die Transportkosten nicht zu hoch waren. Bei Massenmärkten wurden Skaleneffekte aber immer relevanter, und das machte nicht zuletzt das Gewicht der Flaschen zu einem zentralen Faktor.[43] Darüber hinaus konnten Skaleneffekte besonders von großen Herstellern realisiert werden, weshalb Einwegflaschen in der Getränkeindustrie dazu führten, dass in den USA und Frankreich die Märkte für Bier oder Mineralwasser bald von wenigen Großunternehmen dominiert wurden.[44]

Diese Beispiele demonstrieren zunächst zwei Dinge: Durch die Nutzung von Skaleneffekten konnte die Produktionsmenge von Konsumgütern stark gesteigert werden. Das ging mit einem zunehmenden Preisdruck einher, der insbesondere während der 1960er und 1970er Jahre zu einer starken Verbilligung von Lebensmitteln und anderen Gütern beitrug. Rationalisierungsmaßnahmen haben ohnehin eine Tendenz zur Ausbildung von Überkapazitäten, was jetzt aber noch durch andere Tendenzen verstärkt wurde: Supermärkte sahen sich vor die Herausforderung gestellt, stets ein volles, flexibel verfügbares Angebot bereitzustellen. Das schuf aber Anreize, deutlich über den tatsächlichen Bedarf hinaus zu produzieren. Wenn heute in wirtschaftlich entwickelten Ländern etwa 50 Prozent der Lebensmittel unverbraucht weggeworfen werden, hat das hier seine Ursache.[45] Dabei handelt es sich wohlgemerkt um Waren, die unter Einsatz von Arbeitskraft, Maschinen und Energie produziert und von den Supermärkten bezahlt wurden – und trotzdem bleibt das System rentabel.

Die komplexe Logistik, welche die Ausnutzung von Skaleneffekten ermöglichte, war in jedem Stadium auf Verpackungen angewiesen. Dazu gehörten längst nicht nur Verkaufsverpackungen, sondern in hohem Maße auch Vorverpackungen. Diese waren an sich nichts Neues: Maschinell hergestellte Papiertaschen kamen in den 1880er Jahren in Gebrauch, Aluminiumfolien wurden 1910 eingeführt. Mit der automatischen Flaschenherstellung wurde 1903 begonnen, Cellophan 1913 das erste Mal hergestellt. In den USA begann sich das Markenkonzept bereits in den 1880er Jahren zu etablieren, bezeichnenderweise bei Konserven und Dosen.[46] Die flächendeckende Ausbreitung von Verpackungen geschah jedoch – zumindest außerhalb der USA – erst nach dem Zweiten Weltkrieg. In Japan benutzte man zumeist Papier und Bambus als Verpackungsmaterialien, wobei Kunststoffe seit den späten 1960er Jahren schnell Anteile dazugewannen.[47] Neue Formen von Verpackungen führten dabei immer wieder zu starken Rationalisierungseffekten. Sei es bei der Umstellung von Holzkisten auf Pappkartons bei kalifornischen Orangen in den 1950er Jahren oder, wie gesehen, bei Getränkedosen und -flaschen.[48]

Am Ende werden hier jedoch viel fundamentalere Veränderungen als Supermarkt und Warenhaus, Selbstbedienung und Registrierkasse sichtbar. Will man die Erklärung für die steigenden Müllmengen auf einen Nenner bringen, dann läuft es auf die Feststellung hinaus: Verschiedene technische Innovationen, Verpackungs- und Transportmöglichkeiten sowie neue Energiequellen eröffneten die *Möglichkeit, Skaleneffekte und Lohnkostendifferenzen in globalem Maßstab bei der Herstellung von immer mehr Waren auszunutzen, für die das früher nicht möglich war.* Das konnte nur funktionieren, weil Wertschöpfungsketten durch eine avancierte Logistik zusammengehalten wurden. Der Verpackungsbedarf und die wirtschaftliche Eigendynamik dieser Logistik – sowie die darin angelegte latente Neigung zur Überproduktion – spielten für das Ansteigen der Müllmengen eine entscheidende Rolle.

Komplexität

Eine Folge der hier beschriebenen Entwicklungen war die Zunahme eines genuinen *Konsums,* eine – in den Worten des Sozialhistorikers Thomas Welskopp – «systemspezifische Regelung der Versorgung unter kapitalistischen Bedingungen»: Der Kauf der Ware wird über Geldzahlungen geregelt und in standardisierten Formen über anonyme Märkte abgewickelt, auf denen sich Produzenten und Konsumenten üblicherweise nicht begegnen. Wenn schließlich immer mehr Lebensbereiche über die Versorgung mit elementaren Gütern hinaus vom Konsum bestimmt bzw. geregelt werden, spricht Welskopp folgerichtig von Massenkonsum.[49] Genau das fand zunächst in den USA und Westeuropa nach dem Zweiten Weltkrieg statt – und sollte sich später nach und nach global ausbreiten. Auf diese Weise war die mengenmäßige Zunahme mit qualitativen Veränderungen des Konsums eng verknüpft.[50]

Diese systemspezifische Regelung des Konsums unter kapitalistischen Bedingungen ging einher mit einer sich rapide verändernden *Materialität* des alltäglichen Lebensvollzugs. Das lief zunächst auf eine zunehmende Bandbreite der verwendeten Materialien hinaus. Immer mehr Elemente des Periodensystems wurden in die Produktion integriert, von denen viele lange Zeit lediglich als Kuriosität gegolten hatten.[51] Die moderne Technologie erwies sich zunehmend als ein Allesfresser.[52] Gleichzeitig wurden chemische Ersatzstoffe für Materialien entwickelt, die lange Zeit aus organischen Stoffen gewonnen und vormals häufig – wie im Abschnitt über das *Industrielle Recycling* beschrieben – in Städten wiederverwertet worden waren.

Das wichtige und bekannteste Beispiel dafür sind Kunststoffe. Nach frühen Entwicklungen wie vulkanisiertem Kautschuk oder Cellulose ermöglichte die Polymerchemie in der Zwischenkriegszeit die Herstellung belastbarer und hitzebeständiger Materialien.[53] Besonders in den 1950er und 60er Jahren wurden zahlreiche Kunststofftypen mit unterschiedlichen Eigenschaften entwickelt. Teilweise konnten sie – wie bei Kunstfasern oder Kunstleder – als Substitute für natürliche Materialien dienen. Sie eröffneten ein weites Spektrum für den Einsatz als Produktions- und Verpackungsmaterial sowie als Baustoffe. Kunststoffe stehen sinnbildlich dafür, wie sich nach dem Zweiten Weltkrieg nicht nur Wertschöpfungsketten und Konsumformen veränderten, sondern die materielle Grundlage unseres Lebensvollzugs insgesamt.

Nicht zuletzt ermöglichten sie zahlreiche Produktinnovationen, die die im vorherigen Abschnitt angesprochenen Entwicklungen unterstützten, teilweise sogar erst ermöglichten. Aus Kunststoffen ließen sich leichte und strapazierfähige Verpackungen herstellen, die zu großen Effizienzgewinnen in der Logistik führten. Für das Beispiel von Flaschen aus Kunststoff wurde das bereits gezeigt. In der zweiten Hälfte der 1960er Jahre setzten sich innerhalb kürzester Zeit Plastiktüten im Supermarkt durch.[54] Ein anderes Beispiel ist die Mikrowelle. Sie ermöglichte den schnellen Konsum von Gerichten, wofür diese häufig nicht einmal aus ihrer Verpackung genommen werden mussten. Typisch dafür war die Einführung der *Instant Noodles* 1971 in Japan.[55] Veränderungen in der Logistik schlugen sich auf vielfältige Weise direkt in den Konsumgewohnheiten der Menschen nieder. In China beispielsweise ist das Essen außerhalb des Hauses seit den 1990er Jahren der am schnellsten wachsende Bestandteil der Ausgaben für Lebensmittel: im Restaurant, sehr häufig aber auch in Form des abfallintensiven *Take-Away*.[56]

Die neuen Technologien der Massenproduktion erreichten dabei schon in den 1950er Jahren zunehmend den Heimkonsum. Kühlschrank und Verpackungen machten es möglich, große Mengen an Lebensmitteln – üblicherweise mit Hilfe eines Autos – erst einzukaufen und dann zu lagern, im Übrigen eine ständige Quelle falscher Bedarfsschätzungen und damit steigender Müllmengen.[57] Die moderne Logistik erreichte mithin die Schwelle unmittelbar zum eigentlichen Konsumakt, bis hin zum geöffneten Mund – und bis dahin war alles mögliches Rationalisierungspotential.

Mit neuen Materialien brach schließlich die große Zeit des Zusatznutzens an. Waren konnten besser eingepackt werden, sodass *Frische* zunehmend nachgefragt wurde.[59] Mit neuen Produkten und Verpackungen ließen sich zudem Hygienestandards steigern.[60] Die Zeit nach 1945

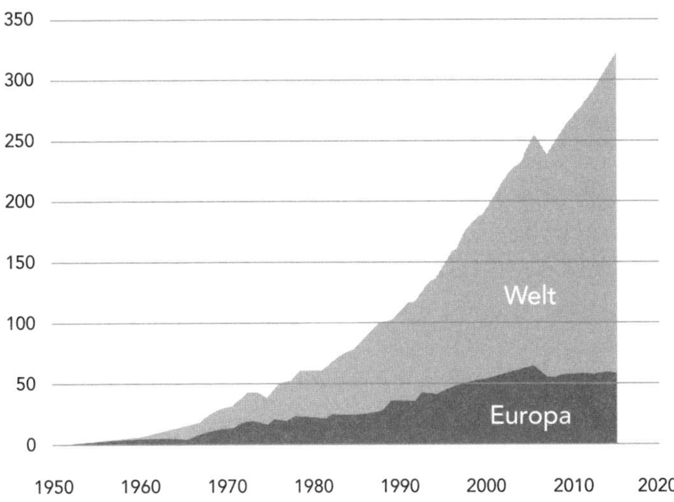

Globale Plastikproduktion 1950–2020 (PlasticsEurope Market Research Group)[58]

war, was die Anforderungen an die Hygiene von Körper, Wohnung, Straßen etc. anging, historisch nahezu beispiellos. Was in den 1930er Jahren noch als *sauber* betrachtet wurde, konnte in den 1960er Jahren leicht als *dreckig* gelten. Spätestens in den 1960er Jahren wurde die tägliche Wohnungs- und Körperpflege obligatorisch, für die bald zahlreiche neue Produkte auf den Markt kamen: Putzmittel, die tatsächlich putzten, Waschmittel, die tatsächlich wuschen, Shampoos, die tatsächlich die Haare reinigten.[61] Der Verbrauch von Seife nahm bereits während der 1960er Jahre in den USA stark zu und sollte im darauf folgenden Jahrzehnt noch stärker steigen. In der Werbung begannen Hygieneartikel eine immer prominentere Rolle zu spielen.[62]

Auf den Anstieg der häuslichen Hygienestandards in den 1950er und 60er Jahren hat besonders die US-amerikanische Sozialhistorikerin Ruth Schwartz Cowan hingewiesen. Möglich wurde das nicht zuletzt durch neue Hausgeräte wie Staubsauger und Waschmaschine, die sich bald bis zur Vollversorgung durchsetzten.[63] Technische Innovationen im Haushalt unterstützten zudem den sich entwickelnden Küchenkult, wie er in der berühmten *Kitchen debate* zwischen Richard Nixon und Nikita

Chruschtschow auf der Weltausstellung 1959 in Moskau zur Sprache kam. Privater Konsum wurde – als Reaktion auf den Sputnik-Schock zwei Jahre zuvor – im Kalten Krieg zu einer politisch scharfen Waffe: Ein piepsender Satellit im All machte das Leben der Menschen nicht besser, ein großer Kühlschrank schon. Und in diesem Kühlschrank landeten die Produkte, die im Supermarkt eingekauft wurden. Besonders in den USA wurden die Einkaufsmöglichkeiten seit den 1960er Jahren zunehmend an Orte verlegt, die praktisch nur noch mit dem Auto erreichbar waren.[64]

Hygiene trug auf vielerlei Weise zu den steigenden Abfallmengen bei. Nicht nur legte sie ein schnelles, sauberes Wegwerfen nahe: Sie brachte auch immer wieder neue Produkte ins Spiel, die zu genuinen Entsorgungsproblemen führten. Ein gutes Beispiel dafür ist die Wegwerfwindel: Diese wurde zwar in der Zwischenkriegszeit erfunden, aber erst in den 1950er Jahren von der US-amerikanischen Firma Procter & Gamble zu einem marktreifen Produkt entwickelt und dann mit großem Werbeaufwand vermarktet. Neben dem Hygieneaspekt spielte auch die enorme Arbeitserleichterung für ihren weltweiten Siegeszug eine große Rolle. Was zu ihren positiven Materialeigenschaften gehörte, nämlich stabil und elastisch zu sein, hatte auf der Deponie aber eine Kehrseite: Kunststoffe brauchten extrem lange, bevor sie sich abbauten. Gerade in kinderreichen Ländern wie Israel schaffen Wegwerfwindeln große Entsorgungsprobleme, zumal sie sich aufgrund ihrer Zusammensetzung nur kompliziert recyceln lassen.[65]

Das Beispiel der Wegwerfwindel zeigt, wie die veränderte materielle Grundlage des Konsums eine neue Qualität der Müllprobleme hervorbrachte. Synthetische Materialien, die in komplexen Kombinationen auftreten, lassen sich nur schwer wiedernutzen. Zugleich wollen sie schlichtweg nicht vergehen: Sie zersetzen sich auf der Kippe oftmals erst nach vielen Jahrzehnten, und der Abbau einer Plastikflasche im Meer kann zwischen 100 und 1000 Jahren dauern.[66] Und zudem waren die Wertschöpfungsketten, um diese Produkte herzustellen, selbst auf immer komplexere Stoffkombinationen angewiesen. Die Chemie- und Elektroindustrie wuchs nach dem Zweiten Weltkrieg auch deshalb immer mehr in eine Schlüsselrolle hinein – und sie erzeugten im Zuge dessen immer komplexere Abfälle, die bald zu einem Umweltproblem aus ganz eigenem Recht wurden.

Konsumlandschaften

Ein wichtiger Aspekt der steigenden Müllmengen waren erneut Veränderungen der Städte – mithin der gebauten Umstände, in denen die Menschen lebten, konsumierten und Dinge wegwarfen. Das 19. Jahrhundert war in vielerlei Hinsicht das Jahrhundert der Stadt gewesen und doch nur ein Vorläufer der Ausprägung von Metropolen, die im 20. und 21. Jahrhundert stattfinden sollte. Der Urbanisierungsgrad erreichte nach 1945 neue Höhen und liegt global mittlerweile bei über 50 Prozent. Ein Großteil dieses Städtewachstums fand in Asien, Afrika und Lateinamerika statt. Besonders China und Indien erlebten eine urbane Revolution: In Indien gab es 1901 noch 25 Städte mit mehr als 100 000 Einwohnern, 2011 waren es bereits mehr als 500.[67] Die Metropolregion Mumbai (vormals Bombay) hat heute allein fast 30 Millionen Einwohner. Die indonesische Hauptstadt Jakarta wuchs von 100 000 um 1900 auf gegenwärtig über neun Millionen Einwohner an.[68] Für China lässt sich die Urbanisierung seit der wirtschaftlichen Öffnung 1978 als größte Migrationsbewegung der Weltgeschichte beschreiben: Etwa 800 Millionen Menschen sollen seitdem ihren Wohnort gewechselt haben.[69]

Schon im 19. Jahrhundert war Städtewachstum mit ökonomischen Entwicklungen eng verknüpft, und das blieb auch nach dem Zweiten Weltkrieg ein bedeutsamer Faktor: In Indien oder China ist der Urbanisierungsgrad in den letzten Jahren nicht zuletzt aufgrund der beträchtlichen Lohnunterschiede zwischen Stadt und Land so stark angestiegen.[71] Signifikant war dabei allerdings zugleich ein besonders starkes Städtewachstum in wirtschaftlich schwächer entwickelten Ländern, insbesondere in Asien, Lateinamerika und Afrika. Lagos gehört heute mit ca. 15 Millionen Einwohnern zu den größten Metropolregionen Afrikas, und für Nairobi, das in den 1950er Jahren noch weniger als 200 000 Einwohner hatte, gilt mit ca. 14 Millionen Einwohnern dasselbe.[72] Große urbane Agglomerationen führten zu einer räumlichen Konzentrierung der Wirtschaftsleistung, die wiederum mehr Menschen anzog. Zugleich schufen Bevölkerungswachstum und die Fähigkeit, Infektionskrankheiten effektiv zu bekämpfen, hervorragende Voraussetzungen für das Wachstum der Städte.[73]

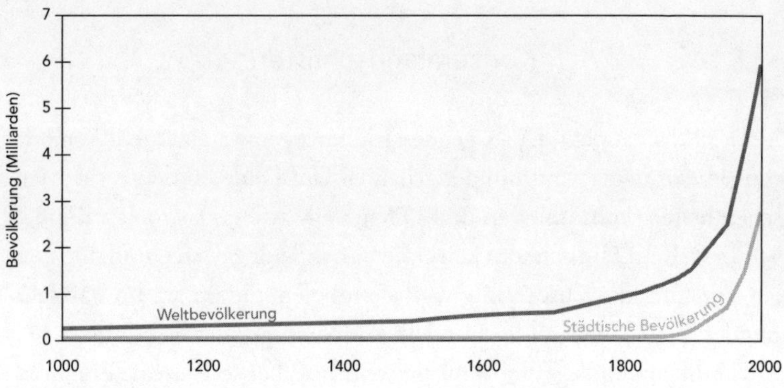

Globales Bevölkerungswachstum und Urbanisierung 1000–2000[70]

Diese Entwicklung hatte für das Wachstum und den Umgang mit Müll erhebliche Konsequenzen. Zunächst verringerten sich dadurch die Möglichkeiten, sich auf «natürliche» Weise des Mülls zu entledigen. Städtewachstum beförderte eine Lebensweise im *Modus des Konsums*, also die Gestaltung des Lebensvollzugs über anonyme Märkte. Die Restbestände einer zumindest halbagrarischen Lebensweise, die das Leben auf dem Land, aber auch in den äußeren Bezirken der Städte lange Zeit noch charakterisiert hatten, verschwanden. Die Selbstversorgung wurde in Nischen abgedrängt, und vielerorts wichen die letzten Nutztiere urbaner infrastruktureller Erschließung.[75]

Auch Stadtstrukturen veränderten sich. Ein Faktor dafür war nicht zuletzt eine fortschreitende *Suburbanisierung*. Äußere Stadtteile hatten etwa in Großbritannien oder Deutschland bis in die 1950er Jahre häufig noch einen eher dörflichen Charakter gehabt, mit Hühnern auf den Straßen und Misthaufen in den Gärten. Solche äußeren Bezirke entwickelten sich dann aber zunehmend zu *Suburbs*, verkehrstechnisch erschlossen und mit Wohnhäusern aus Beton.[76] Aber die Suburbanisierung verlief immer wieder auch ungeplant und geradezu wild. In Japan beispielsweise wurde der unkontrollierte *Suburban Sprawl* am Ende der 1960er Jahre zu einem gravierenden Planungs- und Umweltproblem, weil für die unkontrollierte Ausbreitung von Wohnbauten kaum entsprechende Infrastrukturen in Form von Straßen oder Kanalisationen vorhanden waren.[77]

	Wirtschaftlich stärker entwickelte Regionen	Wirtschaftlich schwächer entwickelte Regionen	Welt
1950–1960	2,46	4,88	3,46
1960–1970	2,04	3,93	2,92
1970–1980	1,33	3,71	2,56
1980–1990	0,94	3,60	2,48

Durchschnittliches Wachstum der Stadtbevölkerung (Prozent pro Jahr)[74]

Zu dieser Entwicklung trug auch der globale Durchbruch von Beton und Asphalt als Baumaterialien nach dem Zweiten Weltkrieg bei und die durch sie ermöglichte Erzielung erheblicher Skaleneffekte im Städtebau. Zugleich erleichterten diese Materialien die verkehrstechnische Anschließung an den Autoverkehr, und asphaltierte Städte ließen sich besser sauber halten. Gerade in China setzte sich eine extrem schnelle und effiziente Form des Städtebaus durch. Zugleich beschleunigten neue Bautechniken auch den Ausbau von Infrastrukturen. Städte wie Tokyo, die noch bis in die Nachkriegszeit auf das traditionelle System der Fäkalienabfuhr vertraut hatten, bauten nun in vergleichsweise kurzer Zeit Kanalisationssysteme.[78]

Städtewachstum beförderte eine Lebensweise im *Modus des Konsums*, der lange Zeit zu den stark steigenden Abfallmengen beitrug. Zugleich schwächte sich dieser Effekt aber mit der Zeit und mit der Durchsetzung neuer Konsumformen ab. In den 1950er Jahren bestanden etwa in den USA, Westdeutschland oder Japan noch signifikante Unterschiede hinsichtlich der Müllmengen zwischen Land und Stadt, die sich für Indien beispielsweise noch heute zeigen lassen. Doch in Volkswirtschaften, die nach dem Zweiten Weltkrieg ein starkes Wirtschaftswachstum und die Expansion des Dienstleistungssektors erlebten, wurden diese Unterschiede immer geringer. Frederick Buell urteilte, das moderne Amerika «habe die Bräuche abgestreift, die früher städtische und ländliche Kulturen voneinander trennten.»[79] Für Westdeutschland lassen sich bei den Müllmengen seit den 1980er Jahren praktisch keine Unterschiede mehr zwischen Stadt und Land nachweisen.[80] Abfall hörte insofern zunehmend auf, *umweltspezifisch* zu sein, denn auch die Zusammensetzung der Abfälle zwischen Stadt und Land glich sich mehr und mehr an.

Insofern hatte das Städtewachstum einen paradoxen Effekt: Es beförderte Konsumformen, deren Ausbreitung schließlich dazu führte, Müll in geringerem Maße zu einem urbanen Phänomen zu machen, als das je zuvor in der Geschichte der Fall war. Lili Lai beschreibt in ihrer Studie über das *Uncanny New Village* in China die Erfahrung von Landbewohnern, die in den 1980ern noch Kuhfladen auflasen, um sie als Dünger zu verwenden. Das hörte auf, als immer mehr Kunstdünger verfügbar wurde. Zugleich waren die Entsorgungsprobleme auf dem Land häufig besonders schwerwiegend, denn es fehlte an Infrastrukturen der Sammlung und Entsorgung.[81] Während Wohnungen sauber gehalten wurden, «vermüllte» der öffentliche Raum. Vielerorts schuf das auch überhaupt erst den Problemdruck, daran etwas zu ändern. Ähnliches lässt sich im Fall der *seasonal suburbanization* in Russland feststellen, wenn sich etwa die Bewohner Moskaus im Sommer auf das Land zurückzogen. Ohne Entsorgungsinfrastrukturen stieg die Zahl der illegalen Müllkippen schnell an.[82]

11. Mülltonnen und «Männerstolz»: Die moderne Müllabfuhr

A city that worked, where the garbage got picked up, the fallen snow was cleared within hours, the traffic moved predictably, and subway trains were frequent and air conditioned. There were parties at every corner.

(Suketu Mehta[1])

Wegwerfen

Auch wenn die Müllmengen seit den 1980er Jahren in den westlichen Wohlstandsgesellschaften für einige Zeit auf hohem Niveau stagnierten oder nur noch geringe Zuwächse erlebten: Die räumliche Ausbreitung des westlichen Konsummodells ließ ihr globales Wachstum nicht abreißen. Am gravierendsten sollte sich auf längere Sicht die Frage erweisen, wie diese riesigen Mengen entsorgt werden sollten, ohne die Umwelt zu vergiften. Zunächst stellte sich aber die eine ganz praktische Frage: nämlich wie sich dieser ganze Müll einsammeln ließ. Die technischen Infrastrukturen, die seit den 1880er Jahren zu diesem Zweck geschaffen worden waren, erwiesen sich mehr und mehr als unzureichend: Nicht nur reichten Mülltonnen und Abholfahrzeuge nicht aus. Durch den langanhaltenden Wirtschaftsaufschwung in Westeuropa und den USA nach dem Zweiten Weltkrieg und die damit einhergehende Vollbeschäftigung wollten immer weniger Menschen die schwere, schlecht angesehene Arbeit der Müllsammlung leisten.

Aus diesen Gründen musste letztere nach dem Zweiten Weltkrieg neue Wege gehen. Es galt, immer mehr Abfälle mit immer weniger Menschen einzusammeln. Warum das so kompliziert war, lässt sich auch daran zeigen, weshalb die *einfachen* Lösungen zumeist nicht funktionierten. So wurden beispielsweise seit den späten 1950er Jahren immer wieder Versuche mit Großcontainern unternommen, zu denen die Bürger ihre Abfälle bringen konnten. Das Prinzip schien einfach und effizient, gelegentlich funktionierte es sogar: In Tokyo beispielsweise dienten Container noch bis in die 1960er Jahre als Basis einer nachbarschaftlich organisierten Müllsammlung, in Kairo sind sie noch heute in vielen Teilen der Stadt wichtig.[2] Von solchen Ausnahme abgesehen – die in Japan möglicherweise aufgrund der langen Tradition der Nachbarschaft als sozialer Bezugsgröße funktionierte – erwiesen sich Container jedoch regelmäßig als Desaster. Vielen Menschen war der Weg zu weit und sie bevorzugten naheliegendere Möglichkeiten, Abfälle loszuwerden. Außerdem ließen sich in die Container nicht nur Hausmüll, sondern auch Möbel und andere sperrige Gegenstände entsorgen, die sie bald verstopften. So erhöhte sich die Sichtbarkeit des Mülls, und die Container fingen leicht an zu brennen. Gelegentlich wurden sie sogar zum Ziel von Menschenaufläufen bis hin zu Krawallen.[3] In Israel stellten öffentliche Müllcontainer darüber hinaus ein großes Sicherheitsrisiko dar, weil in ihnen leicht Bomben deponiert werden konnten.[4]

Das macht deutlich: Trotz ihrer scheinbaren technischen Anspruchslosigkeit stellt die Müllsammlung eine komplizierte Angelegenheit dar. Sie musste ihre vorrangige Aufgabe erfüllen, Abfälle effizient einzusammeln. Sie musste aber zugleich so organisiert sein, dass die Menschen «mitmachten» und ihren eigenen Beitrag leisteten. Die besten Tonnen nutzten wenig, wenn der Müll aus dem Fenster geworfen wurde. Damit das nicht passierte, mussten die Wege kurz und die Tonnen nicht zu schwer sein.[5] Die Menschen mussten in der Müllsammlung einen Sinn sehen und eine *Fürsorge* für den öffentlichen Raum entwickeln. Ob sich das lohnte, hing von vielen Faktoren ab: Galt es beispielsweise, einen sauberen Stadtraum zu erhalten, oder lag so viel Müll herum, dass «korrektes» Wegwerfen gar keinen Unterschied mehr machte? Traute man der Obrigkeit die ordnungsgemäße Beseitigung des Mülls zu? Oder fühlte man sich von ihr erzogen und gegängelt?

Brian Larkin hat mit einem glücklichen Ausdruck von der *Performativität* von Infrastrukturen gesprochen: Kommt die Müllabfuhr jede Woche pünktlich und sammelt den Abfall ein, kommuniziert das wie wenige andere Dinge staatliche Autorität, die sich auf ihr ordnungsstiftendes Handeln berufen kann.[6] Sie kann diese Aufgabe paradoxerweise aber nur erfüllen, wenn die Menschen diese Autorität auch anerkennen. Eine funktionierende Müllsammlung besteht deshalb aus weit mehr als einer Mülltonne und einem Sammelfahrzeug. Vielmehr erforderte sie komplizierte Aushandlungsprozesse, die sich immer wieder in das Design von Mülltonnen einschrieben. Oft genug scheiterten solche Aushandlungsprozesse auch, weshalb die Müllsammlung vielerorts nur schlecht oder überhaupt nicht funktionierte. Dieses Kapitel beschreibt insofern eine Geschichte des Sammelns, aber auch des Nicht-Sammelns von Müll, warum er in vielen Fällen liegen bleibt, verrottet, weggespült wird – am Ende oft genug im Meer landet.

Abfall sammeln...

Der Aufschwung der Städtehygiene während der zweiten Hälfte des 19. Jahrhunderts war auch ein Spiel gegenseitiger Beobachtung gewesen – mit der Tendenz zum permanenten Kulturvergleich, der zu dramatischen Überspitzungen neigte: Berlin erklärte sich zur saubersten Großstadt der Welt, Marseille zur schmutzigsten. Die New Yorker wollten sich selbst wegen ihrer dreckigen Straßen aus dem Kreis der zivilisierten Städte ausschließen, während der Faschismus nicht nur metaphorisch in Italien aufzuräumen gedachte. Nach dem Zweiten Weltkrieg setzte sich das fort, nur konnte Müll jetzt auch als Zeichen des ökonomischen Aufschwungs betrachtet werden. So wunderten sich amerikanische Beobachter in den 1950er Jahren, wie sauber die Straßen in Schweden waren, wo keine Bier- und Softdrink-Flaschen die Straßenränder vermüllten. Doch schon wenige Jahre später war die Konsumgesellschaft auch dort angekommen, und auch in Schweden begannen die Flaschen herumzuliegen.[7]

Tatsächlich war das *Littering* eine der sichtbaren Folgen des frühen Massenkonsums: In der US-amerikanischen Serie *Mad Men*, deren Erzählung in den späten 1950er Jahren einsetzt, gibt es eine ikonische Szene, in der das thematisiert wird: Die scheinbar glückliche Familie picknickt in der heilen Natur bei strahlendem Sonnenschein. Nachdem fertig gegessen wurde, kippen sie den Müll einfach in die Landschaft. Bei aller hyperrealistischen Stilisierung: Das war ein durchaus typisches Verhalten, worauf in den USA bereits 1953 mit der Kampagne *Keep America Beautiful* geantwortet wurde.[8] In China entwickelten sich später ganz ähnliche Phänomene, und sein berüchtigtes Sozialkreditsystem vergibt für gutes Wegwerfen Bonuspunkte.[9]

Worum es bei diesen Kampagnen allerdings kaum ging, war das Aberziehen von Sparsamkeit. Es gab Prozesse der Selbstverständigung, mithin eine Unruhe, inwiefern man sich wirklich und dauerhaft auf den Massenkonsum einlassen sollte.[10] Der Ökonom Simon Patten hatte die Vereinigten Staaten bereits vor dem Ersten Weltkrieg die jahrhundertelange Last der Knappheit abschütteln sehen, doch die beiden Weltkriege und die Große Depression hatten den optimistischen Ausblick eingetrübt.[11] Sparsamkeit und Frugalität waren gerade in den Kriegsgesellschaften alltäglich und wurden auch im Wiederaufbau noch stark propagiert. Doch in den 1950er Jahren streiften die Menschen entsprechende Verhaltensweisen zunehmend ab und begeisterten sich für die neuen Konsummöglichkeiten. Viele waren sich jedoch unsicher, wie man sich in der neuen Konsumwelt richtig verhalten sollte.[12] Familienzeitschriften aus der Zeit vermitteln einen Eindruck der mitunter rührenden Versuche, beim Konsumieren bloß nichts falsch zu machen.[13]

Dass Konsumverhalten sich nicht von selbst ergibt, gewissermaßen «erlernt» werden muss, darauf hat die Forschung immer wieder hingewiesen. Das ging bis hin zu der Feststellung, die Bürger seien nach dem Zweiten Weltkrieg zu guten Wegwerfern erzogen worden, etwa indem man ihnen Mülltonnen mit immer mehr Inhalt zur Verfügung stellte.[14] Tatsächlich reagierte aber die Entwicklung neuer Behältermodelle auf die wachsenden Müllmengen immer verspätet. Überhaupt erscheint es schwer vorstellbar, warum die vom Abfall bald komplett überforderten Städte die Bürger zusätzlich hätten ermutigen sollen, noch mehr wegzuwerfen, als sie es ohnehin schon taten. Was letztere am Ende zum Wegwerfen *erzog*, war letztlich kein politisches Programm, sondern das steigende Angebot und die billigen Preise.[15] Der Konsum war gewollt, nur das *Wie* des Konsumierens eine offene Frage.[16]

Die schnell steigenden Abfallmengen warfen für die Städte zunächst eine große Frage auf, nämlich wie sie sich einsammeln und abfahren ließen. Das Modell der Müllabfuhr setzte sich nach dem Zweiten Weltkrieg immer mehr durch und ersetzte zunehmend die Selbstorganisation. Aber Müllabfuhr war nicht gleich Müllabfuhr. Es machte einen Unterschied, ob die Abfuhr mit Pferdewagen oder mit Automobilen erfolgte, aus welchem Material die Mülltonnen waren und nicht zuletzt

Trapera, Madrid 1960er Jahre[17]

auch: welche Gebiete der Stadt tatsächlich von der Müllabfuhr erfasst wurden. Üblich war in Europa und den USA noch bis in die 1950er Jahre, lediglich die Stadtzentren zu bedienen. Deshalb spielten die in Spanien *Traperos* genannten Lumpensammler in Madrid noch bis in die 1970er Jahre eine so große Rolle, weil die Müllabfuhr viele Teile der Stadt gar nicht erfasste.

Das änderte sich im Laufe der 1960er und 1970er Jahre, und das hatte wesentlich mit urbanen Veränderungen zu tun: Besaßen äußere Stadtteile in Westeuropa vor dem Zweiten Weltkrieg häufig noch einen eher dörflichen Charakter, wurden sie jetzt mehr und mehr zu echten *Suburbs*, die ganz ähnliche Müllprobleme erzeugten wie die Innenstädte. Asphaltierte und breitere Straßen machten die Häuser leichter zugänglich. Die Verbreitung von Beton als Baumaterial erleichterte den Siedlungsbau, während die Stadtplanung darauf zielte, die Zentren baulich aufzulockern und für den Autoverkehr aufzuschließen.[18] Damit fielen nicht zuletzt Entsorgungsmöglichkeiten weg: Es gab immer weniger Hühner, an die man Abfälle verfüttern konnte, und immer weniger Misthaufen in den Gärten. Die neue Stadt nach dem Zweiten Weltkrieg hatte den Anspruch, eine *Sanitary City* zu sein.[19]

Die Müllabfuhr geriet seit den späten 1950er Jahren jedoch gerade dort in die Krise, wo man sich eigentlich als städtehygienische Speerspitze betrachtete. Während in ärmeren Teilen der Welt die bestehenden Abfuhrsysteme noch längere Zeit beibehalten werden konnten, begannen in den USA und vielen Ländern Westeuropas in der zweiten Hälfte der 1950er Jahre die Tonnen überzuquellen. Es waren dabei vor allem die Vereinigten Staaten, die den anderen Ländern ein Bild ihrer eigenen Zukunft zeigten: Die Müllmengen pro Kopf lagen dort deutlich höher als in den westeuropäischen Ländern – und sie stiegen weiter an. Wenn Ende der 1960er Jahre hier damit gedroht wurde, die Müllmengen könnten sich in den nächsten Jahren und Jahrzehnten verdrei-, vervier- oder gar verfünffachen, dann wurde das stets mit dem Hinweis auf die USA begründet – der modernen Müll- und Wegwerfnation schlechthin.[20]

Die steigenden Abfallmengen waren aber nur eine Seite des Problems. Auch die Infrastrukturen der Sammlung verweigerten sich einer Rationalisierung, denn sie waren auf andere Anforderungen ausgerichtet: Die Mülltonnen waren zumeist Stahlblechbehälter, die Ratten und Ungeziefer fernhielten, vor allem aber die heiße Asche aus dem Hausbrand aufnehmen konnten. Dadurch waren sie äußerst schwer. Eine volle 110-Liter-Mülltonne konnte aufgrund ihres Gewichts von bis zu 85 Kilogramm von einem Müllmann alleine kaum getragen werden. Oftmals mussten die Arbeiter sie unter lautem Getöse aus den Kellern holen, was die Sammlung langsam und vor allem körperlich auszehrend machte. In Berlin schätzte man in den 1920er Jahren, ein Arbeiter in der Müllabfuhr würde spätestens nach 20 Jahren «stumpf» werden.[21] Der Arbeitskräftemangel, mit dem die Entsorgungsbetriebe vielerorts zu kämpfen hatten, war darum kaum verwunderlich. In Zeiten einer boomenden Wirtschaft mit nahezu Vollbeschäftigung wollte kaum noch jemand diese «nun einmal schwere und ekelerregende» Arbeit leisten.[22]

Die Antwort auf die Krise der Müllabfuhr bestand in technischer Rationalisierung, der Entwicklung von neuen Sammelfahrzeugen und Umladestationen, vor allem aber von neuen Mülltonnen. Ein wichtiges Ziel war dabei, die Behälter leichter zu machen. Das war allerdings schwierig, solange der Hausbrand vorherrschte und heiße Asche ent-

Einführung Plastikmülltonne in München 1968[26]

sorgt werden musste. In Florenz wurde die Müllabfuhr in den 1960er Jahren auf mit Zink legierte Papiersäcke umgestellt, was die Sammlung deutlich erleichterte, in anderen Städten aber als unhygienisch kritisiert wurde.[23] Den Verantwortlichen in die Hände spielte indes die Durchsetzung von Öl- und Gasheizungen und der dadurch bedingte sinkende Aschenanteil. Das beförderte die Nutzung stabiler Kunststoffe als Material für die Mülltonnen. In den USA und Japan wurden erste Plastikmülltonnen bereits Ende der 1950er Jahre eingeführt.[24] In Westeuropa unternahm man erste Versuche um die Mitte der 1960er Jahre; die Behälter erwiesen sich schnell als so praktikabel, dass sie bald die alten Stahlblechbehälter ersetzten. Plastikmülltonnen waren zwar weniger haltbar, dafür aber um Vieles leichter und billiger.[25] Der Bevölkerung konnte jetzt zugemutet werden, bei der Müllsammlung mitzuhelfen, etwa indem man die Tonne am Abend vor der Sammlung an den Straßenrand stellte.

Eine weitere Neuerung, die 1964 das erste Mal in Wiesbaden erprobt wurde, sollte sich überraschenderweise als großer Wurf erweisen. Die dafür verantwortliche Firma Zöller war eigentlich auf Kipper spezialisiert, also hydraulische Einrichtungen, um die Abfallbehälter anzuheben

Der MGB 1,1 in seinem Habitat. Augsburg 1960er Jahre[29]

und ihren Inhalt mechanisch in das Sammelfahrzeug zu entleeren. Der von ihr entwickelte Müllbehälter sollte nicht nur die Vorzüge des hydraulischen Kippers verdeutlichen, sondern einen erheblichen Rationalisierungsschub der Sammlung mit sich bringen: Der schlicht MGB 1,1 betitelte Behälter (Müllgroßbehälter mit 1,1 Kubikmeter Inhalt) stand auf Rollen. Er wurde mittels eines hydraulischen Kippers angehoben, um den Inhalt in das Sammelfahrzeug zu entleeren. Das Schiebedach verhinderte den Einwurf sperriger Teile. Weil es der Firma nicht darum ging, in das Mülltonnengeschäft einzusteigen, sondern sie vor allem Kipper verkaufen wollte, gab sie das Patent frei, was zum Erfolg des Containers beitrug.[27]

Der globale Siegeszug der Müllgroßbehälter seit den 1970er Jahren war damals kaum vorherzusehen. Mittelgroße Container waren während der 1960er Jahre auch anderswo entwickelt worden: so etwa ein 800-Liter-Container der Schweizer Firma Ochsner oder verschiedene, etwas größere Containermodelle in den USA. Der MGB 1,1 erwies sich aber durch seine Größe und seine Schließvorrichtung als die ideale Standardmülltonne für große Apartmenthäuser und Gewerbebetriebe. Seit Mitte der 1970er Jahre fingen beispielsweise italienische und französische Städte nach und nach damit an, solche Container einzuführen. Seitdem haben sie sich – in vielen Variationen – fast überall durchgesetzt und sind weltweit zu einem gewohnten Anblick geworden.[28]

Interessant ist in diesem Zusammenhang ein genauerer Blick darauf, warum der MGB 1,1 am Ende zumeist nur Teil eines *Tonnenmixes* wurde. Gelegentlich wurde versucht, die Container als Standardmülltonnen einzuführen, etwa im Rahmen der Privatisierungswellen der 1980er Jahre. Doch oft genug, wie beim Versuch seiner Einführung 1983 in Marseille, erwiesen sie sich bei enger Bebauung als sperrig. Aufgrund des Gemeinschaftscharakters führten sie immer wieder zu Konflikten zwischen den Nachbarn, wer genau was und wie viel weggeworfen hatte.[30] Schon bei seiner Einführung in Westdeutschland hatten sich viele Menschen gegen die *Gemeinschaftsmülltonne* mit dem Argument gewehrt, sie wünschten in ihrem frisch erworbenen Eigenheim «keine Gemeinschaft».[31] Insofern blieben die Container zumeist eine Lösung für Apartmentwohnhäuser und Gewerbebetriebe, während auch die kleineren Tonnen weiterhin benutzt wurden.

Die dritte große Mülltonnen-Innovation war schließlich eine größere Version der üblicherweise um die 100 Liter fassenden Standardtonne. Diese war nicht mehr rund, sondern rechteckig, damit sie mehr Verpackungen aufnehmen konnte. Vor allem aber war sie mit zwei Rädern ausgestattet und ließ sich dadurch leichter bewegen.[32] Einige Firmen haben sich die Entwicklung dieses Tonnentyps auf die Fahnen geschrieben, aber zu Beginn der 1970er Jahre waren verschiedene Ausführungen der *Wheely Bin*, des MGB *240* oder wie auch immer die Tonne genannt wurde, in den USA, Westdeutschland, Frankreich oder Großbritannien auf den Straßen zu finden. In gewisser Weise lag das in der Natur der Technikentwicklungen beschlossen: Die soziale Dimension des Mülltonnendesigns war – wie gesehen – kompliziert, die Technik selbst aber einfach und leicht zu imitieren. Innovationen, zumal sie sofort ausgiebig

Son of Godzilla, Scottsdale/Arizona[36]

bebildert in den Fachzeitschriften dokumentiert wurden, verbreiteten sich schnell – mitunter so schnell, dass sich kaum nachvollziehen ließ, wer die Idee zuerst gehabt hatte.[33]

Das zweite große Feld der technischen Rationalisierung waren die Sammelfahrzeuge. Es wurden moderne Müllautos entwickelt, mit mehr Staufläche und insbesondere hydraulischen Kippern, sodass die Tonnen nicht länger von Hand angehoben werden mussten. In den 1960er Jahren setzten sich zudem Apparate durch, die den Müll in den Sammelfahrzeugen verdichteten, um so mehr Abfälle aufnehmen zu können. Die Erneuerung des Fahrzeugparks hatte darüber hinaus den positiven Nebeneffekt, die Wartungs- und Reparaturkosten zu verringern, die immer wieder einen Großteil des Budgets der Stadtreinigungsbetriebe aufgezehrt hatten.[34]

Gelegentlich schien bei diesen technischen Entwicklungen sogar der Traum einer vollständigen Mechanisierung der Müllabfuhr greifbar: Scottsdale/Arizona hatte während der 1960er Jahre wie viele Kommunen mit Arbeitskräftemangel zu kämpfen. In den Sommermonaten war die Arbeit bei sengender Hitze kaum erträglich. Dort wurde 1969 ein *Godzilla* getauftes Sammelfahrzeug eingeführt, welches die Tonnen mit einem Greifarm erfasste und über Kopf in das Fahrzeug entleerte. Godzilla sowie das Nachfolgemodell *Son of Godzilla* erbrachten Arbeitsersparnis aber nur bei breiten, locker bebauten Straßen. Eine vollständig mechanisierte Müllabfuhr ergibt bis heute in den Städten keinen Sinn.[35]

Wie grundlegend diese Innovationen waren, zeigt sich vielleicht am eindrucksvollsten daran, dass sie bis heute Standard geblieben sind und nur noch eine graduelle Weiterentwicklung erfahren haben. Ihre Durchsetzung brauchte freilich Zeit, zumal es weltweit um hunderte Millionen von Mülltonnen und Sammelfahrzeugen ging. Zugleich ermöglichten sie erstaunliche Effizienzzuwächse. Noch in den 1960er Jahren betrug die Besatzung eines Müllfahrzeugs bis zu sieben Personen, heute sind es lediglich zwei oder drei. Die Arbeit ist weiterhin beschwerlich, aber doch kein Vergleich mehr zu der Zeit, als die Mülltonnen noch aus verzinktem Stahlblech gefertigt wurden, mit Asche gefüllt waren und die Körper der Müllarbeiter ruinierten.

Diese Innovationen hatten aber noch einen anderen Effekt: Sie bildeten die Basis für eine Privatisierung der Müllsammlung, die spätestens seit den späten 1960er Jahren in immer mehr Ländern Einzug hielt. Damit wurde ein Trend umgekehrt, der seit der zweiten Hälfte des 19. Jahrhunderts die Übernahme der Müllsammlung in die kommunale Hand bewirkt hatte. Sie sollte sich nicht an Profitinteressen orientieren, sondern einen hohen städtehygienischen Standard gewährleisten. Die Vereinigten Staaten galten unter den Industrieländern beinahe schon als Außenseiter, weil dort vielerorts noch Privatbetriebe vorherrschten. Aber auch hier war in den meisten großen Städten, wie etwa in New York, die Müllabfuhr in kommunaler Hand. Eine Ausnahme war San Francisco, wo die längste Zeit die private Sunset-Cooperative die Sammlung übernahm.[37] Häufig handelte es sich um *Closed-Shop*-Betriebe, die fast ausschließlich italienische oder irische Einwanderer beschäftigten. Die enge Beziehung zur Mafia, wie in der Populärkultur oft beschrieben, war durchaus nicht immer nur ein Klischee.[38]

Die Dominanz des Kommunalbetriebs wurde in den 1970er Jahren nicht nur in den Vereinigten Staaten in Frage gestellt, und das hing ganz wesentlich mit den beschriebenen Neuerungen zusammen. In den 1950er Jahren brauchten viele Dörfer und Kleinstädte noch nicht einmal eine reguläre Müllabfuhr, weil die Bürger die Entsorgung selbst organisieren konnten. Durch die Abnahme der landwirtschaftlichen Beschäftigung und der zunehmenden Versorgung über Supermärkte stiegen aber auch dort die Müllmengen an. Das schuf einen Wachstumsmarkt für private Abfallwirtschaftsbetriebe, der sich auch in den technologischen Innovationen abbildete: Die Wheely Bin war vor allem für ländliche Regionen entwickelt worden, wo der große Abstand zwischen den Häusern die Müllsammlung erschwerte. Gerade in ländlichen Regionen übernahmen jedoch zumeist Privatfirmen die Sammlung.[39]

Die private Abfallwirtschaft war in den 1960er Jahren ein zersplittertes Feld. In den Vereinigten Staaten befand sie sich zwar am Ende des Jahrzehnts bereits zu etwa zwei Dritteln in privater Hand, aber die Firmen waren klein und häufig auf Aufgaben spezialisiert, die weit entfernt von der städtischen Müllabfuhr lagen.[40] Seitdem sollte sich die Branche allerdings fundamental verändern: Sie erlebte in den USA einen starken Konzentrationsprozess, und immer mehr kleinere Abfallbetriebe wurden übernommen.[41] Insbesondere die 1968 gegründete Firma *Browning Ferries Industries* aus Houston/Texas wurde zum Vorreiter einer neuen Unternehmensstrategie in der Abfallwirtschaft. Durch das Aufkaufen regionaler Betriebe im großen Stil erweiterte sie ihr Geschäftsgebiet und konnte Rationalisierungseffekte bei Sammlung und Entsorgung erzielen.[42] Andererseits bot Browning Ferries Industries genauso wie ihr großer Konkurrent, die 1968 in Chicago gegründete Firma *Waste Management*, eine Vielzahl von Dienstleistungen aus dem Bereich der Industrieabfallentsorgung sowie des Recyclings an; sie waren also gewissermaßen für den problematischsten und den hoffnungsvollsten Bereich zugleich zuständig.[43]

Waste Management wurde durch eine aggressive Expansions- und Übernahmepolitik in den 1980er Jahren nicht nur zum zeitweise größten Müllunternehmen der Welt, sondern zum Inbegriff der Branche überhaupt. Die Firma übernahm zahllose Konkurrenten und fing systematisch damit an, die gesamte «Wertschöpfungskette» der Müllentsorgung zu integrieren: Sie besaß nicht nur eigene Fahrzeuge, sondern betrieb auch eigene Deponien. Der eigentliche Kern des Geschäfts der privaten

Abfallwirtschaft bestand in der Verfügung über vergleichsweise billige Sanitary Landfills.[44] Der über viele Jahre extrem schlechte Leumund der Firma resultierte dann aber auch daraus, dass die Strategien der Kostensenkung und Effizienzsteigerung, die bei der Sammlung so gut funktionierten, problematisch wurden, wenn es um die Entsorgung ging. Den Firmen wurde – nicht selten mit Recht – vorgeworfen, Kosteneffizienz würde zu einem laxen Umgang mit Umweltrisiken führen. Waste Management blieb für lange Zeit eine *Bête Noire* der US-amerikanischen Umweltbewegung.[45]

Waren die USA in den 1950er Jahren mit der schwachen Stellung des Kommunalbetriebs noch ein Sonderfall, wurden sie in den 1970er Jahren zum Vorreiter der Privatisierung. Dafür gab es eine ganze Reihe von Gründen, wobei der wichtigste bereits erwähnt wurde: Die technischen Innovationen, die seit den 1960er Jahren zu einer Rationalisierung der Müllsammlung führten, bevorteilten Privatfirmen, deren Tätigkeit nicht auf einzelne Städte beschränkt war, sondern die Skaleneffekte durch eine großflächige Organisation der Abfallwirtschaft erzielen konnten. Darum waren sie in der Lage, ihre Leistungen billiger anzubieten als die «stehenden Heere» der Kommunen.[46] Tatsächlich verloren letztere jetzt zunehmend die Innovationsführerschaft. Der US-amerikanische Ökonom Emanuel Savas, in den 1970er Jahren ein lautstarker Advokat der Privatisierung, behauptete, die öffentliche Müllabfuhr würde im Durchschnitt das Dreifache der Privaten kosten. Ähnliche Rechnungen wurden auch in der BRD oder in Frankreich angestellt, wobei die Kostenvorteile privater Unternehmen allerdings häufig stark übertrieben wurden.[47]

Seit den späten 1960er Jahren erlebte die Abfallsammlung eine *Reprivatisierung*. Zu Beginn der 1980er Jahre übernahmen Privatfirmen in Japan bereits 40 Prozent der Abfallsammlung, in Westdeutschland waren es sogar 60.[48] Gleichzeitig wurde sie mehr und mehr zu einem globalen Geschäft. Browning Ferris Industries und Waste Management hatten bereits versucht, sich international aufzustellen, doch anderen Firmen gelang das deutlich besser. Das galt insbesondere für zwei französische Unternehmen, nämlich *Veolia* und *Suez*. Erstere Firma, hervorgegangen aus der 1853 von Napoleon III. gegründeten Wasserversorgungsgesellschaft *Compagnie Générale des Eaux*, übernahm in den 1970er Jahren nicht nur zahllose kleinere Konkurrenten. Vor allem bot die Firma ihre Dienstleistungen bald auf der ganzen Welt an, insbesondere in Afrika. Sie profitierte von den zahlreichen Abfallkrisen, die aus dem rapiden Städtewachstum resultierten und die Anreize dafür schufen, die Sammlungsverantwortung einem Dienstleister zu übertragen.[49]

Im Feld der privaten Müllsammlung tummelte sich bald eine Vielzahl an Unternehmen. In Dakar beispielsweise übernahm die private SOADIP-company von 1971 bis 1984 die Müllsammlung, nachdem der kommunale Regiebetrieb nach der politischen Krise im Jahr 1968 die Sammlung nicht mehr organisieren konnte und die Stadt im Müll zu versinken drohte.[50] In Lagos war in den 1970er Jahren die britische Firma Powell Duffryn, eigentlich ein Bergbauunternehmen, für die Müllsammlung verantwortlich. Seitdem pendelte die Verantwortung zwischen privaten und kommunalen Betrieben hin und her.[51] In vielen Ländern konkurrierten aber auch einheimische Firmen um die entsprechenden Aufträge, sodass beispielsweise in marokkanischen Großstädten die Müllsammlung gegenwärtig zu etwa 70 Prozent in privater Hand ist.[52] Sind die Zeiten einer kommunalen Müllsammlung damit Geschichte? Für Abgesänge ist es sicherlich noch zu früh, wie im nächsten Abschnitt gezeigt wird.

... und nicht sammeln

Die Technologien der Abfallsammlung haben seit den späten 1960er Jahren eine bemerkenswerte Rationalisierung erfahren. Müll lässt sich heute viel effizienter und mit viel weniger Arbeitern einsammeln, ohne dabei grundlegende Standards der Hygiene zu gefährden. Aber wenn dem so ist: Warum werden dann global gesehen große Abfallmengen nicht eingesammelt, so dass in Extremfällen nur etwa zehn Prozent des urbanen Mülls erfasst werden? Der meiste Müll, der in den Weltmeeren schwimmt, ist sog. *Mismanaged Waste*, der von Deponien weggespült oder ins Wasser geworfen wurde, sich seinen Weg über brach liegende Flächen, Wege, Straßen ins Meer bahnte. Das Nichtsammeln des Mülls ist in den letzten Jahrzehnten zu einem Umweltproblem von größter Dringlichkeit geworden.[53]

Gelegentlich war das Nichteinsammeln des Mülls ein bewusster Akt, nämlich als er als eine wirksame Waffe in Arbeitskonflikten entdeckt wurde. Im September 1911 streikten etwa die Müllarbeiter in der indischen Stadt Ahmedabad, weil sie seit zwei Monaten keinen Lohn mehr erhalten hatten. Die Straßen und Latrinen blieben für Tage ungereinigt. Ein solcher Streik stellte allerdings aus Sicht der Obrigkeit eine erhebliche Gefährdung der öffentlichen Gesundheit dar und wurde entsprechend hart beantwortet: Die Streikführer wurden verhaftet und bestraft.[54] 1922 stellte die Berliner Müllabfuhr für mehrere Monate die Arbeit ein, sodass sich in den Straßen die Müllhaufen türmten und die Stadtverwaltung die Gefahr von Seuchen heraufbeschwor. Solche frühen Arbeitskonflikte blieben die Ausnahme, erst ab den späten 1960er Jahren wurden sie häufiger.[55]

Einige der frühesten Einsätze des Mülls als Streikwaffe datieren aus den USA in den späten 1960er Jahren. In New York gab es 1968 einen großen Streik der Müllabfuhr für bessere Löhne.[56] Auch in der Bürgerrechtsbewegung spielte die Müllabfuhr eine große Rolle, was auch damit zu tun hatte, dass sie in vielen hauptsächlich von Schwarzen bewohnten Stadtvierteln oftmals sehr dürftig ausfiel. Hier vermischten sich früh Fragen von *Racial Equality* und *Environmental Justice* – und bezeichnenderweise wurde Martin Luther King bei einer Solidaritätsveranstaltung für streikende Müllwerker in Memphis erschossen.[57] Das Problem der unzureichenden Sammlung betraf aber auch andere Minderheiten in den USA. So errichteten die *Young Lords*, eine ursprünglich aus Chicago stammende Protestbewegung von Puerto Ricanern, 1969 in East Harlem Straßenbarrieren und warfen Müll, den sie selbst eingesammelt hatten, auf die Straße. Damit reagierten sie auf massive hygienische Probleme, weil die Müllabfuhr bestimmte, als *Slums* betrachtete Viertel und Häuserblocks nicht ordnungsgemäß entsorgte.[58]

In den 1970er Jahren wurde es mehr und mehr üblich, die Müllabfuhr in Arbeitskonflikten und Tarifauseinandersetzungen einzusetzen. Gerade in den westlichen Industrieländern waren die 1970er Jahre eine Zeit hoher Inflationsraten, was Lohnkonflikte immer wieder anheizte. In Westdeutschland war das etwa beim großen Tarifkonflikt 1973/74 im Öffentlichen Dienst der Fall. Der wochenlang nicht gesammelte Müll half der Gewerkschaft dabei, Lohnerhöhungen von über zehn Prozent auszuhandeln. In Frankreich kam es während der 1970er Jahre bei Konflikten um soziale Sicherheit und Gerechtigkeit immer wieder zu

London Leicester Square 1979[62]

Streiks der Müllabfuhr.[59] Einen Höhepunkt erreicht der Einsatz der Müllwaffe in Großbritannien im sog. *Winter of Discontent*. Seit langem schwelende Arbeitskonflikte, eine zum Sparen gezwungene Regierung und eine bei über 20 Prozent liegende Inflationsrate verdichteten sich zu einer gravierenden Streikwelle, die das Land über Wochen lahmlegte.[60] Die Bilder des sich auf den großen Plätzen stapelnden Mülls wurden geradezu ikonisch und trugen wesentlich zur Wahl von Margaret Thatcher zur britischen Premierministerin bei, die sich mit einer gewerkschaftsfeindlichen Politik profilierte.[61]

Streiks der Müllabfuhr wirkten schockierend, denn sie stellten eine drastische Störung des öffentlichen Lebens dar. Kaum etwas anderes war so geeignet, die Abhängigkeit von technischen Infrastrukturen zu verdeutlichen. Die staatliche Autorität wurde herausgefordert, ob sie nämlich die Mittel fand, die Provokation in den Griff zu bekommen. Aber selbst wenn der auf den Plätzen dahinrottende Müll bestialisch stank, Ratten und Insekten anzog: Der Einsatz der *Müllwaffe* war eigentlich nur möglich, weil vom Abfall keine echte Gefahr mehr ausging. Durch Infektionskrankheiten ausgelöste Epidemien wie die Cholera oder der Typhus hatten ihr Drohpotential verloren. Noch in den 1950er Jahren hätten hin-

Boulevard Dial Diop, Dakar 2007[65]

gegen wenige Gewerkschaften ihren Einsatz gewagt. Seitdem ist die Müllwaffe aber in der Welt und dient – mit Konjunkturen – als Mittel des politischen Protests. In Dakar beispielsweise wurde das *Dumping* des Mülls auf großen Boulevards in den 2000er Jahren häufig genutzt, um gegen Korruption zu protestieren.[63] Anderswo, wie bei dem Müllstreik im mexikanischen Oaxaca im Jahr 2000, ging es hingegen vor allem darum, auf die schlechte Qualität der Müllsammlung aufmerksam zu machen.[64]

Unterbrechungen der Müllsammlung wirken zwar schockierend, viel ernster sind jedoch die Fälle, wo sie überhaupt nicht funktioniert und der Abfall dauerhaft auf den Straßen liegen bleibt. Die Folgen sind keineswegs nur die Verschandelung des Straßenbildes und ekelerregende Gerüche. Vielmehr bringt wild abgelagerter Müll erhebliche Krankheitsrisiken mit sich. Vom Müll austretende Säuren können Erkrankungen der Haut und der Atemwege auslösen. Er zieht Ratten und Insekten an, die wiederum Krankheiten übertragen. Wenn Städte wie Buenos Aires zeitweise den Kampf gegen die Ratten aufgegeben hatten, dann hing das mit der nichtvorhandenen Müllsammlung in vielen Teilen der Stadt und den bis zu drei Meter hohen Abfallhaufen zusammen.[66]

Solche Defizite der Sammlung stehen besonders in vielen Großstädten in Asien, Lateinamerika und Afrika auf der Tagesordnung. Zahlenangaben sind dabei mit Vorsicht zu genießen, aber Fälle wie Dar es Salaam, wo nach Angaben von Gareth Myers lediglich zehn Prozent des anfallenden Hausmülls ordnungsgemäß auf der Deponie landen, dürften (hoffentlich) eine Ausnahme sein.[67] Für Ghana gibt es Schätzungen, die Städte würden 30 bis 50 Prozent ihres Jahresbudgets für die Müllsammlung ausgeben, damit aber nur 50 bis 80 Prozent des anfallenden Mülls einsammeln.[68] Theophane Ayigbédé gibt für Porto Novo (Benin) ähnliche Sammelquoten an, wobei ihm zufolge aber eher die großen Unterschiede zwischen den Stadtbezirken das Problem sind.[69]

Warum fällt die Einrichtung einer funktionierenden Müllsammlung so schwer? Eine erste Antwort auf diese Frage lässt sich im rapiden Städtewachstum nach dem Zweiten Weltkrieg finden, dem die Infrastrukturen kaum hinterherkamen. Letztere brauchen Zeit, um geplant und aufgebaut zu werden, auch aufgrund der Eigenheiten kommunaler Haushaltsplanung: Üblicherweise gibt es einen bestimmten Posten für die Neuanschaffung von Fahrzeugen oder Geräten, die bei einer rasch zunehmenden Bevölkerung hohe zusätzliche Investitionen erforderlich machen würden. Da viele Städte aber bereits stark verschuldet sind, gibt es dafür immer wieder große Hindernisse.

Tatsächlich gelang es häufig noch nicht einmal, die Bewohner bürokratisch zu erfassen, was mitunter auch daran lag, dass diese sich aufgrund von Steuern und Bürokratie gar nicht erfassen lassen wollten. Auf diese Weise bildete sich in vielen schnell wachsenden Metropolen eine Trennung zwischen einer *Formal* und einer *Informal City* heraus. Kairo ist dafür ein gutes Beispiel: Um 1950 war eigentlich die gesamte Stadt noch «formell» gewesen. Im Laufe der nächsten Jahrzehnte wuchs die größte Stadt Afrikas jedoch in einem Tempo, das die Stadtplanung vollständig überforderte. Die Anlage von Trabantenstädten seit den 1970er Jahren wurde zumeist nicht angenommen. Stattdessen entstanden informelle Siedlungen und Stadtteile, die heute ungefähr die Hälfte der 16 Millionen Einwohner Kairos beherbergen. Wie David Sims schreibt, muss man sich diese informellen Stadtteile nicht als Slums vorstellen: Häufig entstanden dort solide Bauten mit Anschluss an Strom und Wasser. Die Abfallsammlung beschränkt sich häufig jedoch auf einen Container, der am Eingang der Straßen platziert und nur unregelmäßig entleert wird. An den Stadträndern sieht es oftmals noch düsterer aus, wo zum Teil gar keine Müllabfuhr existiert. Die Abfälle landen dann häufig in den Bewässerungskanälen. Je informeller die Viertel einer Metropole wie Kairo sind, umso geringer ist die Wahrscheinlichkeit, dass der Müll zuverlässig eingesammelt wird.[70]

Für viele afrikanische Städte gehören Krisen der Abfallsammlung seit Jahrzehnten zu den großen Problemen. In Nairobi beispielsweise verschärfte sich das Problem seit den 1980er Jahren immer mehr.[71] Teilweise verweigern sich aber auch die Städte durch ihre gebaute Umwelt selbst einer effizienten Sammlung des Mülls. Aufgrund der katastrophalen Verkehrssituation in Lagos mit ständigen kilometerlangen Staus brauchen die Müllfahrzeuge viele Stunden auf dem Weg zur Müllkippe.[72] Die Einrichtung neuer, verbesserter Entsorgungsanlagen konnte vergleichbare Probleme erzeugen: In Gaborone in Botswana führte die Eröffnung einer neuen Deponie im Jahr 2009 dazu, dass sich der Weg der Sammelfahrzeuge zur Kippe auf zwei Stunden verlängerte, während sie vorher gerade einmal 30 Minuten benötigt hatten. Das kostete nicht nur Zeit, sondern erhöhte auch Reparatur- und Wartungskosten der Fahrzeuge.[73]

Die oftmals schwierige Verkehrslage trug zu den großen Unterschieden in den Sammelquoten von Viertel zu Viertel bei. Sandra Cointreau hat das in den 1980er Jahren für Onitsha in Nigeria beschrieben: Dort existierten zu Beginn der 1980er Jahre sieben Sammelbezirke: Zwar war die Zahl der Fahrzeuge und der zugewiesenen Arbeiter zu der jeweiligen Bevölkerung proportional. Trotzdem war die Müllsammlung überall dort unzureichend, wo die Straßen schlecht waren, der Verkehr dicht und wo sich die Bewohner nicht an die Regeln hielten.[74]

Häufig machte man die, etwa im Rahmen von Strukturanpassungsprogrammen vom Westen aufgezwungene, neoliberale Politik afrikanischer Regierungen für die Sammlungsprobleme verantwortlich. Und immer wieder wurde die Profitorientierung privater Müllfirmen als Ursache schlechter Sammelquoten identifiziert: Häufig verwendeten internationale Abfallfirmen gebrauchte und abgenutzte Müllfahrzeuge aus Europa, was Argwohn erwecken musste.[75] Ein gravierender Mangel an Mülltonnen und Fahrzeugen behinderte die Sammlung außerdem immer wieder.[76]

Die Strukturprobleme der Abfallsammlung lassen sich jedoch durch Privatisierung allein nicht erklären. In den meisten Fällen stellte diese überhaupt erst eine Antwort auf bereits existierende Krisen dar. Das war schon in den 1970er Jahren in vielen afrikanischen Städten der Fall, als diese einen starken Bevölkerungszuwachs erlebten. Zu Beginn der 1990er Jahre wurde in der ecuadorianischen Großstadt Guayaquil die Abfallsammlung privatisiert, weil ein äußerst schnelles urbanes Wachstum und eine dysfunktionale Stadtverwaltung dazu geführt hatten, dass nur noch 20 Prozent des Stadtgebietes ordnungsgemäß entsorgt wurden.[77] Die Frage der finanziellen Vergütung blieb dabei stets höchst umstritten.[78] Oftmals war die Bezahlung unregelmäßig, teilweise erfolgte sie überhaupt nicht.[79] Das machte es für jede Firma schwer, die Sammlung zu verbessern.[80]

Dahinter stehen indes tiefergehende Probleme, die auf die eingangs vorgestellte *Performativität* von Infrastrukturen (Brian Larkin) zurückverweisen: Eine Müllabfuhr kann die staatliche Kontrolle des öffentlichen Raums demonstrieren. In Surabaya beispielsweise wurde in den 1970er Jahren die *Pasukan Kuning*, die Gelbe Armee geschaffen, die sich durch ihre leuchtend gelben Arbeitsmonturen auszeichnete und eine explizite Antwort auf jahrzehntelange Probleme der Müllsammlung darstellte.[81] In Dakar übernahm zeitweise sogar die Armee die Abfallsammlung.[82] Das bedeutet andersherum aber auch, dass Defizite der Müllsammlung Ausdruck einer Krise von Staatlichkeit sind. Damit funktionierende Infrastrukturen geschaffen werden können, braucht es am Ende ein Mindestmaß an staatlicher Legitimität. Ist das nicht der Fall, laufen selbst gut gemeinte Anstrengungen ins Leere. In Rom beispielsweise ist außerhalb des historischen Stadtzentrums der ungetrennt vor den Sammelcontainern abgelegte Müll ein übliches Bild.[83] Die Infrastruktur ermöglicht hier eigentlich die sorgfältige Trennung der Abfälle, doch wenn die Bürger nicht mitmachen, nutzt das wenig. Das zeigt aber eben auch, wie schwierig und unzureichend Schuldzuweisungen am Ende sind – und wie fragil die sozialen Kompromisse, die eine funktionierende Abfallsammlung erst ermöglichen.

Müllarbeit

«Meine Familie lebte in Ibadan, während ich hier in Lagos meinem ‹Scheiß›-Geschäft nachging. Ich sorgte dafür, dass das, womit ich meinen Lebensunterhalt verdiente, vor meiner Familie und meinen Schwiegereltern streng geheim gehalten wurde, aus Angst, dass sie mich ächteten und auf mich herabblickten [...] Ich wagte nicht, ihnen die wahre Natur meines Geschäfts zu erzählen [...] Ich hatte zu viel Angst, um es meiner Frau zu sagen.»[84] So beschrieb ein ehemaliger Müllsammler aus Lagos, später Inhaber einer Kanalisationsfirma, wie er seinen Beruf sogar vor der eigenen Familie geheim hielt. Jedenfalls ist das Zitat bezeichnend für eine Stigmatisierung, die das Einsammeln von Abfällen und Fäkalien durch die Geschichte begleitet hat. In Indien gehörten die meisten Beschäftigten in der Müllabfuhr zur Kaste der *Unberührbaren*.[85] Im Japan der Samurai wurden Menschen, die ein schweres Verbrechen begangen hatten, von den Dorfältesten als *Hinin* oder *Eta* stigmatisiert; sie mussten in abgegrenzten Bezirken wohnen und durften nur Tätigkeiten ausführen, die als unrein galten: Leichen begraben, Senkgruben entleeren, Abfälle sammeln.[86]

An dieser überall anzutreffenden Geringschätzung der Müllarbeit konnten auch zahllose Imagekampagnen nichts ändern. Doch sie konnte auch zu einer Romantisierung führen. So entdeckte eine linke Stadtsoziologie in den 1970er Jahren die Müllmänner als letzte Proletarier, nachdem in vielen Wohlstandsgesellschaften die Zahl der Arbeiter generell sank und das Eigenheim in der Vorstadt das Radikalisierungspotential schwinden ließ. Dichter literarisierten die Müllabfuhr wie etwa der tschechische Schriftsteller Ivan Klíma, der nach dem Prager Frühling 1968 eine Zeit lang als Straßenfeger arbeiten musste. Später portraitierte Zygmunt Baumann den Müllmann als vergessenen Helden der Geschichte, wobei er hier aber wirklich allein als Metapher seinen Auftritt hatte.[87]

Was ist mit *Müllarbeit* gemeint? Die Arbeit in der Müllsammlung ist nicht deckungsgleich mit den *Scavengern*. Zumeist handelt es sich um reguläre Arbeitsverhältnisse – und in der großen Mehrheit um Männerarbeit.[88] Wenn sich in Dakar während der sozialen Proteste 2007 auch

Frauen in der Müllsammlung engagierten, hatte das darum eine Signalwirkung im öffentlichen Raum.[89] Zugleich handelte es sich üblicherweise um eine schlecht qualifizierte Tätigkeit, was von den Arbeitgebern auch so gewollt war. Wie sollte man sich sonst einigermaßen sicher sein können, die Arbeiter würden das Sammeln nicht nur übergangsweise betreiben und verschwinden, sobald sich etwas Besseres ergab? Nicht immer war Müllarbeit in dem Sinne *professionell*. Überlegungen, Bettler, Kriminelle und andere unbeliebte Personen zur Abfallsammlung einzusetzen, gab es bereits seit dem 18. Jahrhundert.[90] Solche Versuche wurden auch später immer wieder unternommen, gerade in politisch unruhigen Zeiten. In Tianjin wurden um 1900 häufig Bettler zur Abfallsammlung und Straßenreinigung zwangsverpflichtet.[91] In München wurden nach dem Zweiten Weltkrieg exponierte Nationalsozialisten eine kurze Zeit zur Müllsammlung eingesetzt.[92] Mit der generellen Professionalisierung der Müllsammlung setzte sich aber die Abfuhr als Beruf durch, im Angestelltenverhältnis und mit fester Entlohnung.

Häufig handelte es sich um migrantische Arbeit. In Madagaskar wurde die Müllsammlung bis nach dem Zweiten Weltkrieg hauptsächlich von Ausländern geleistet, weil die Einheimischen die Arbeit als unter ihrer Würde betrachteten, was auch in vielen westafrikanischen Städten der Fall war.[93] In französischen Städten war es am Ende des 19. Jahrhunderts umgekehrt: Einwanderer aus den Kolonien betrachtete man als nicht zuverlässig genug, um für die Städtehygiene zu garantieren.[94] Im Laufe der 1960er Jahre jedoch wurde migrantische Arbeit, etwa im Rahmen der innereuropäischen Arbeitswanderung, in vielen Ländern zunehmend verbreitet und prägt bis heute die Müllabfuhr in vielen Ländern.[95]

Das Sammeln von Müll war durch die Geschichte hindurch vor allem eines, nämlich beschwerlich. Das lag vor allem an den äußerst schweren Mülltonnen, aber auch sonst waren die Arbeitsbedingungen schlecht und der Krankenstand hoch. Die Arbeit begann früh, teilweise mitten in der Nacht, und fand größtenteils inmitten des Verkehrs statt, was immer wieder zu Unfällen führte. Auch deswegen wurde seit den 1960er Jahren eine auffällige Berufsbekleidung üblich. Aber auch jenseits dieser Härten war die Müllabfuhr nichts für sanfte Gemüter. Die Umgangsformen waren traditionell rau und noch in den 1960er Jahren geprägt von Alkohol und Gewalt.[96] Tatsächlich spielte es bis in die 1980er Jahre bei der Tourenplanung eine große Rolle, den Arbeitern möglichst wenig Gelegenheit zum Konsum von Alkohol zu geben.[97]

Eine notwendige Arbeit, die anstrengend und auszehrend war, die aufgrund des niedrigen sozialen Ansehens nur wenige leisten wollten, warf ein delikates Problem auf: nämlich wie hoch man sie entlohnen sollte. In Berlin wurden die Arbeiter während der 1920er Jahre so gut bezahlt, dass es zu einem regelrechten Skandal wurde und mehrfach Thema im Parlament war.[98] Auch später diskutierte man die Frage der Entlohnung immer wieder kontrovers: Bezahlte man zu wenig, fand man keine Arbeiter, bezahlte man zu viel, stellte sich die Frage der Verhältnismäßigkeit. Was sagte es über eine Gesellschaft aus, in der Müllmänner mehr verdienten als Universitätsprofessoren? Gleichwohl verfügten Müllwerker vor den großen Privatisierungswellen seit den 1980er und 90er Jahren in den USA und vielen anderen westlichen Ländern nicht nur über eine hohe Arbeitsplatzsicherheit, sondern sie verdienten auch nicht schlecht. Mitunter hatte das skurrile Nebenwirkungen. Wurde etwa das zu Weihnachten übliche Trinkgeld verweigert, kippten die Müllmänner in Mannheim während der 1960er Jahre den Leuten häufig ihren Abfall in den Vorgarten. Zu mehr als einer Ermahnung sah sich das Stadtreinigungsamt aber nicht in der Lage, denn wer hätte sie ersetzen sollen?[99]

Die Arbeitskultur in der Müllabfuhr war – soweit es sich für die besser erforschten Fälle sagen lässt – stark durch etwas geprägt, was ein Buchtitel aus den 1990er Jahren bildhaft als «Dreckarbeit und Männerstolz» bezeichnete.[100] In der soziologischen Literatur firmiert das unter dem Begriff der *Hypermasculinity*: Eine testosteronschwangere Corporate Identity, die sich aus dem Bewusstsein nährte, eine schmutzige aber notwendige Arbeit zu leisten. Für Soziologen, die in den 1970er und 80er Jahren im Rahmen teilnehmender Beobachtung auf den Sammelfahrzeugen mitfuhren, war das nicht selten schockierend: Sie erwarteten die Solidarität der Unterdrückten und bekamen Herrenwitz und Hinterherpfeifen.[101] Diese kulturellen Eigentümlichkeiten der Müllsammlung verblassten allerdings in dem Maße, wie sie mehr und mehr zu einer hektischen und einsamen Arbeit wurde. Wenn vielerorts ein Fahrer und ein Lader als Besatzung ausreichten, blieb von Kleingruppenritualen nichts mehr übrig.

12. Beseitigen, entsorgen, behandeln, vergraben, verbrennen

The garbage has to go somewhere.

(US-amerikanischer Abfallexperte[1])

Pfadabhängigkeiten

Am 28. September 1997 kam es auf *Doña Juana*, der auf gewaltige Ausmaße angewachsenen Hauptdeponie der kolumbianischen Hauptstadt Bogotá, zu einer gewaltigen, durch Sickerwasser und Deponiegase ausgelösten Explosion. Diese führte zum Abrutsch von bis zu einer Million Tonnen Abfällen in das Bett des nahegelegenen Flusses Tunjuelito. Obwohl der Abrutsch, anders als bei vergleichbaren Fällen, selbst nur wenige Todesopfer forderte, entwickelte er sich mittelfristig zu einem der größten Umweltskandale in der Geschichte Kolumbiens. Hunderttausende Menschen in der Umgebung hatten unter Vergiftungen, Verätzungen oder einer Schädigung der Atemwege zu leiden. Die Aufarbeitung des Desasters beschäftigt die Gerichte bis heute.

Dieser Fall ist in vielerlei Hinsicht charakteristisch dafür, wie sich die globalen Müllprobleme nach dem Zweiten Weltkrieg verändert haben. Vormals war die *Sammlung* des Mülls das große Problem gewesen. Die gewaltige Zunahme an Abfällen, die zunächst in den westlichen Massenkonsumgesellschaften stattfand, wurde mit der Entwicklung neuer Technologien und Organisationsmodelle beantwortet. Doch seit den 1960er Jahren trat zunehmend die Frage nach der *Last Sink*, der letzten Ruhestätte für den Abfall in den Vordergrund. Die Zusammensetzung der Abfälle veränderte sich, das Wissen über den Müll wuchs an – und neue Risiken wurden sichtbar, die die Welt der Städtehygiene in dieser Form noch nicht gekannt hatte. War der Müll aus dem Stadtraum weggeschafft, war das Problem nun gerade *nicht* mehr gelöst.

Insofern stand die Entsorgung spätestens seit den 1960er Jahren weltweit vor neuen Herausforderungen. Das Wissen über die Risiken und Gefahren der Abfallentsorgung wuchs rapide, und das führte mittelbar dazu, dass sich vielerorts eine prekäre Knappheit an Entsorgungsanlagen entwickelte. Gegen den Widerstand der Bevölkerung ließen sich zeitweise kaum noch neue Deponien und Verbrennungsanlagen durchsetzen. Gerade letztere standen zunehmend im Fokus der Umweltbewegung, sodass nicht nur immer wieder der Bau neuer Anlagen verhindert, sondern teilweise sogar bestehende geschlossen wurden.[2] Trotzdem sind Deponie und Verbrennung bis heute die beiden wichtigsten Verfahren zur Entsorgung von Abfällen geblieben. Das erscheint zumindest erklärungsbedürftig angesichts der scharfen Kritik, die sie erfahren haben, und angesichts der zahlreichen Protestbewegungen, die sich gegen sie richteten.

Tatsächlich hatte das vor allem mit dem Mangel an Alternativen zu tun. Bis heute wurden – abgesehen vom Recycling – keine brauchbaren Verfahren entwickelt, die die Lagerung und Behandlung großer Abfallmengen zu vertretbaren Kosten zulassen. Und das liegt sicher nicht daran, dass es nicht versucht worden wäre. Die Geschichte der modernen Abfallwirtschaft ist auch ein Friedhof der Innovationen: Von Versuchen, aus Müll Baumaterialien herzustellen, Stadtmüll zur Klärung von Brauchwasser zu verwenden, ihn zu Brennstoffen zu verarbeiten oder Bakterien Plastik verdauen zu lassen, war fast alles dabei.[3] Am Ende gab es aber fast immer drei große Hindernisse, an denen solche Ansätze scheiterten: Die vorgeschlagenen Verfahren verbrauchten zu viel Energie, die Schadstoffemissionen erwiesen sich als zu hoch, um als umweltfreundliche Alternative gegenüber Deponie und Verbrennung gelten zu können, oder die Verfahren funktionierten zwar in Versuchsanordnungen, ließen sich aber nicht großtechnisch umsetzen.[4] So wurden zeitweise auf die Pyrolyse große Hoffnungen gesetzt, bei der Müll unter Hitzewirkung verflüssigt wurde. Am Ende erwiesen sich aber auch hier die Emissionen und die verfahrenstechnischen Probleme als zu hohe Hürden. Über einige Versuchsanlagen kam die Pyrolyse – bislang jedenfalls – nicht hinaus.[5]

Eine Ausnahme gab es jedoch: Bei der *Müllkompostierung* wurde der Abfall zerkleinert und in speziellen Behältern kompostiert, wodurch am Ende, wenn schon kein leistungsfähiger Dünger, doch ein Mittel zur Bodenverbesserung entstehen sollte. Diese Technologie war in der Zeit zwischen den Kriegen entwickelt worden und in den 1950er und 60er Jahren in manchen Ländern populär: So wurden zum Beispiel in Italien und Westdeutschland einige Testanlagen errichtet, und innerhalb des noch jungen Feldes der wissenschaftlichen Abfallwirtschaft gab es einen Kreis lautstarker Befürworter.[6] Jedoch stellte sich bereits zu Beginn der 1960er Jahre heraus, dass sich die Müllprobleme der Städte mit der Kompostierung allein nicht würden lösen lassen. Darüber hinaus harrte auch das Problem der Schwermetalle einer Lösung, die über den Kompost in den Boden gelangten. In der zweiten Hälfte der 1960er Jahre befürwortete darum nur noch eine Minderheit diese Technik.[7]

Vergleichsweise lange wurde die Müllkompostierung in Israel angewendet. Dieses Land war aufgrund seiner komplizierten geopolitischen Lage und des stetigen Wassermangels auf einen besonders sparsamen Umgang mit Ressourcen abonniert. So wurde Mitte der 1950er Jahre in der alten Tel Aviver Mülldeponie bei Mikveh Yisrael eine Testkompostanlage eingerichtet. Danach setzten auch Jerusalem und Ramla auf diese Technik. Am Ende der 1960er Jahre wurden erstaunliche 40 Prozent des israelischen Mülls kompostiert und als Dünger im Citrus-Anbau eingesetzt. Ab diesem Zeitpunkt bereiteten allerdings fallende Preise für künstliche Düngemittel und der zunehmende Plastikanteil im Müll der Kompostierung nach und nach ein Ende.[8] Ähnlich sah es in vielen ärmeren Ländern Afrikas und Südostasiens aus: Aufgrund der hohen organischen Anteile im Müll war dort die Kompostierung noch länger eine attraktive Alternative. Die 1912 gegründete dänische Firma Dano, die schon in den 1930er und 40er Jahren einen sog. Biostabilisator entwickelt hatte, wurde in den 1970er Jahren zu einem *Global Player* in Sachen Müllkompostierung.[9] Doch je mehr Kunststoffe und andere schwer kompostierbare Materialien im Müll zu finden waren – und das ging häufig mit urbanen Lebensformen einher –, umso weniger erwies sich dieses Verfahren als tauglich für die Entsorgung insgesamt. Kompostiert wurde dann höchstens noch das, was sich problemlos kompostieren ließ.[10]

Zu den beiden Haupttechnologien der Entsorgung – Deponie und Verbrennung – bestand und besteht also keine echte Alternative. Das trug zu der starken Pfadabhängigkeit bei, welche die Geschichte der Entsorgung kennzeichnet: Wenn einmal eine bestimmte Lösung gewählt wurde, dann blieb es in der Regel dabei. Wo sich einmal Abfall anzusammeln begonnen hatte, kam noch mehr dazu. Wo die Behörden einmal begonnen hatten, eine Deponie zu planen, da blieb sie in der Regel auch. Müll musste beiseitegeschafft werden, und immer wieder stellte sich die Frage: Wenn nicht so, wie dann? Wenn nicht hier, wo dann? Gerade der starke Anstieg der Müllmengen nach dem Zweiten Weltkrieg schuf oftmals einen kaum erträglichen Problemdruck, der dazu nötigte, auf bekannte Technologien zu vertrauen. Für Experimente blieb in den meisten Fällen keine Zeit.

Trotz dieser starken Pfadabhängigkeit ist in der Entsorgung eigentlich fast nichts so geblieben, wie es war: Die Technologien der Ablagerung und Verbrennung haben sich fundamental verändert. Was früher einfache Ablagerungen auf freier Fläche darstellten, wurden zunehmend komplexe Bauwerke mit Bodenabdichtung, Sickerwasserklärung und Gaswäsche. Für Müllverbrennungsanlagen wurden anspruchsvolle Filtersysteme entwickelt, mit denen sich immerhin ein Großteil der gefährlichen Verbindungen, die so viele Bürger in den 1980er Jahren ängstigten, herausfiltern ließ.[11]

Das konnte den Anschein erwecken, als sei Müll eines der wenigen Umweltprobleme, die sich prinzipiell technisch lösen ließen. Ob das wirklich so ist, darüber scheiden sich bis heute die Geister. Gerade aus der Umweltbewegung gibt es Stimmen, die nicht nur kritisieren, Verbrennung würde die Schließung von Stoffkreisläufen behindern. Sie bezweifeln auch, ob sich die Schadstoffbelastung durch Müllverbrennungsanlagen (MVAs) wirklich durch Filter ausreichend eindämmen lässt, zumal diese selbstverständlich auch CO_2 emittieren.[12] Jedoch scheint, wie schon bei der Sammlung, auch bei der Entsorgung das vorrangige Problem zunächst in der mangelnden Umsetzung prinzipiell vorhandener technischer Möglichkeiten zu bestehen. Die Frage, ob Deponien die Bodenabdichtung ausreichend leisten oder ob Filter wirklich alle gefährlichen chemischen Verbindungen herausfiltern, tritt dahinter zurück, wenn Deponien einfach nur Abfallaufschüttungen darstellen oder wenn – wie in China immer noch häufig der Fall – Verbrennungsanlagen auf Filter weitgehend verzichten.[13]

Deponieren

Deponien können auf sehr verschiedene Weise entstehen. Ein akzeptabler Weg verliefe über die *Planung*: Danach würde zunächst ein geeignetes Gelände danach ausgewählt, ob das jeweilige Terrain wasserwirtschaftlich und von der geographischen Situation her geeignet ist. Dann würde ein Planfeststellungsverfahren beginnen, bei dem die Bürger und Bürgerinnen ihre Einwände vorbringen dürfen. Wenn dieses abgeschlossen ist, könnten die Bauarbeiten beginnen.[14] Historisch gesehen entstanden die meisten Deponien (oder Kippen) jedoch anders: gewissermaßen *spontan* dort, wo bereits Abfälle abgelagert wurden, wo sich eine freie Fläche anbot. Müll hat eine gefährliche Neigung zum Ansammeln, und ein Stück Abfall kam selten allein. Oftmals waren auch Schüttkanten wichtig, die es ermöglichten, Müll leichter aufzustapeln. Die Nutzung von Steinbrüchen, Tagebaugruben oder vergleichbaren Vertiefungen für die Entsorgung erklärt sich vor allem daraus.

Die moderne, geplante, technische Deponie als Bauwerk war nicht zuletzt Resultat eines vermehrten Wissens um die Risiken und Gefahren der Ablagerung von Abfällen. Dabei ging es zunächst darum, die hygienischen Probleme in den Griff zu bekommen. Schon bevor Kunststoffe, Haushaltschemikalien und andere problematische Substanzen im Müll immer mehr wurden, war es wenig erfreulich, im Umkreis einer Deponie zu leben. Regelmäßig wurde darüber geklagt, das Trinkwasser würde faulig und bitter schmecken – was bei nicht vorhandener Abdichtung keine Überraschung war. Daneben entwickelten Kippen im wahrsten Sinne des Wortes ein Eigenleben. Der erschöpfte Anreiner einer Frankfurter Kippe beschrieb das am Ende der 1940er Jahre anschaulich:

> Waren es erst Grillen, die sich in großer Zahl in den Wohnungen unangenehm bemerkbar machten, sind es neuerdings auch Schaben, Kakerlaken, Ohrschlitzer, Fliegen aller Farben und Ameisen […] Bei warmer Witterung zwitschert es abends und nachts aus allen Fugen und Ritzen der Wohnung. Auf den Bettsimsen und Kopfkissen spaziert dieses ekelhafte Viehzeug herum und in abgestellten Speiseresten findet man sie mitunter. Die Vertilgungsjagden dauern oft bis nachts zwei Uhr und noch länger und morgens kriecht man dann todmüde und zerschlagen aus seinem Bett um seiner Tagesbeschäftigung nachzugehen […].[15]

Solche Erfahrungen legten es nahe, Deponien nach Möglichkeit weit entfernt vom Stadtraum anzulegen. In Tel Aviv erzeugte die erste, nach dem Unabhängigkeitskrieg 1947 bei Mikveh Yisrael eingerichtete Müllkippe einen fürchterlichen Gestank und regelmäßige Fliegenplagen, bevor in den frühen 1960er Jahren ein Ausweichstandort in einem verlassenen arabischen Dorf im Südosten der Stadt gefunden wurde.[16] Eine solche Strategie der Entfernung erzeugte aber neue Probleme: Der Weg für die Sammelfahrzeuge wurde zu weit und erzeugte große Zeitverluste. Den Bau von Eisenbahnlinien mit Umladestationen konnten sich viele Städte nicht leisten, zumal auch dieses Verfahren umständlich war. Zudem fand die Deponierung dann häufig nicht mehr auf dem Stadtgebiet statt, was komplizierte Verhandlungen mit den Gemeinden notwendig machte, die den Müll schlussendlich aufnehmen sollten.

Am Ende rückten Deponien auf vielfältige Weise ganz von selbst näher an den Stadtraum heran: durch Ausweitungen des Siedlungsraums, aber auch deshalb, weil in urbanen Räumen zahllose Behelfsdeponien entstanden, insbesondere auf Brachflächen oder an den Stadträndern. Auch Flussufer waren zur wilden Entsorgung von Sperrmüll oder Autowracks beliebt. Die daraus resultierende Abfallkrise war in den 1960er Jahren in vielen Massenkonsumgesellschaften ein sicht- und riechbares Phänomen, und gerade auf den Behelfskippen machte sich die neue Zusammensetzung des Mülls bemerkbar. Nicht nur Verpackungsmaterialien hatten stark zugenommen, sondern auch Haushaltschemikalien. Erstere schufen zudem auf den Kippen zahlreiche Hohlräume, die eine hervorragende Brutstätte für Ratten und andere Kleintiere waren und die Kippen leicht Feuer fangen ließen.[17] Deponiebrände wurden während der 1960er Jahre alltäglich, und immer wieder musste die Feuerwehr ausrücken. Wenn die Frankfurter Zentraldeponie *Monte Scherbelino* brannte, stank die ganze Stadt nach Müll.[18]

Solche Probleme erzwangen Anpassungen der Deponietechnik. Die zentrale Lösung bestand zunächst im Konzept der Sanitary Landfill, das, wie beschrieben, nach dem Zweiten Weltkrieg zuerst in Großbritannien und in den USA seinen Durchbruch erlebte: der Einbau des Mülls in die Deponie, indem er mit Erdschichten bedeckt und mit schwerem Gerät verdichtet wurde, um die Hohlräume zu beseitigen. Die Sanitary Landfill ermöglichte es, die Belästigungen deutlich zu verringern und Deponien näher an den Stadtraum heranzubringen.[19]

In vielen Ländern, in denen die Müllmengen nach dem Zweiten Weltkrieg stark anstiegen, setzte sich die Sanitary Landfill während der 1960er Jahre durch. Und doch schlich sich nach und nach eine unangenehme Erkenntnis ein: Der Müll der Massenkonsumgesellschaft war nicht mehr der Müll, mit dem die Städtehygiene um 1900 zurechtkommen musste. Wie es ein Zeitungsbericht 1961 bildhaft ausdrückte, steckte mittlerweile der «Teufel» im Müll: unzählige Chemikalien, Abfallprodukte von Fabriken, Farbenreste, Öle, Wasch- und Spülmittel oder Kunststoffe, die auf den Deponien unkontrolliert neue Verbindungen eingingen.[20] Nicht allein, dass sich Verpackungsmaterialien wie Glas oder Kunststoffe nicht zersetzten. Vielmehr lagerten zahllose Stoffe auf den Deponien, von denen man nicht wusste, wie giftig sie tatsächlich waren und wie sie miteinander reagierten. Bis zum stärkeren Durchgriff der umweltpolitischen Regulierung in den 1970er Jahren landeten auf den Kippen überdies große Mengen Industrieabfälle. Was bislang für die fachgerechte Entsorgung kaum eine Rolle gespielt hatte, wurde nun zu einem großen Thema: nämlich der Wasserschutz. Am Ende der 1950er Jahre wurde die Belastung der Gewässer und des Grundwassers zum Gegenstand einer umfangreichen Gesetzgebung.[21] Hier gerieten rasch auch Deponien ins Visier, zumal sich diese in den 1960er Jahren noch oftmals nahe an Gewässern, teilweise sogar *in* Gewässern befanden. In Japan zum Beispiel befanden sich zu Beginn der 1980er Jahre noch zehn Prozent der Deponien tatsächlich *im* Wasser.[22]

Auf diese Probleme war die Deponietechnik nicht eingestellt, und sie wurden auch von den Sanitary Landfills nur bedingt adressiert. Ein westdeutscher Leitfaden zur fachgerechten Deponierung empfahl 1967 etwa die gemeinsame Ablagerung von Haus- und Industriemüll, was nach Einschätzung des Deponieexperten Klaus Stief eine Arbeitsbeschaffungsmaßnahme für Generationen von Altlastenforschern darstellte. Als Abdichtung wurde vorgeschlagen, einen Abstand von wenigen Metern gegenüber dem Grundwasserspiegel zu gewährleisten und den Deponieboden mit immerhin einem (!) Meter gesiebten Mülls zu bedecken.[23] Dieser sollte als Barriere dienen, um die Kontaminierung des Grundwassers mit giftigen Substanzen zu verhindern. Aus der Rück-

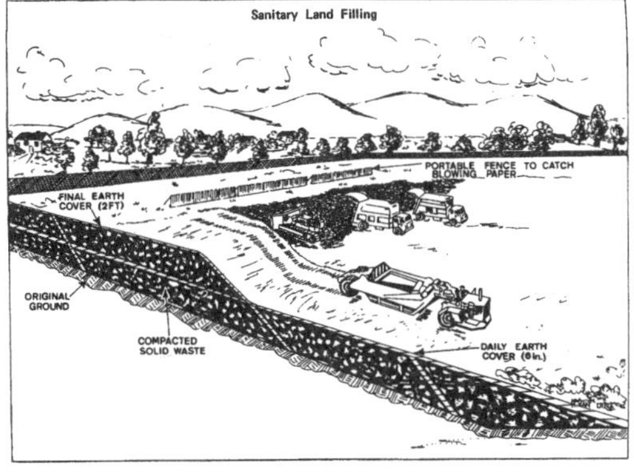

Offene Ablagerung vs. Geordnete Deponie (1973)[26]

schau lässt sich freilich leicht urteilen, zumal erst zu diesem Zeitpunkt die intensive wissenschaftliche Auseinandersetzung mit den Risiken der Entsorgung einsetzte. Wurde Mitte der 1960er Jahre lediglich vor wenigen Problemstoffen gewarnt, waren es Mitte der 1970er Jahre oftmals schon mehrere tausend.[24] Damit ging zugleich eine große Verunsicherung und eine zunehmende Selbstreflexivität der Wahrnehmung von Umweltrisiken einher: Denn wenn man wenige Jahre zuvor noch fast nichts über sie gewusst hatte, wer garantierte dafür, dass der Lernprozess jetzt abgeschlossen war – oder zumindest so weit gediehen, um realistisch einschätzen zu können, welche Gefahren die Ablagerung von Abfällen mit sich brachte?

Das war ein schmerzhafter Lernprozess, und er war nicht zuletzt deshalb so kompliziert, weil das Problem einerseits gesetzlich geregelt werden musste, andererseits ein dringender Bedarf an neuen Anlagen bestand, die aber nur nach dem aktuellen Stand des Wissens gebaut werden konnten. Darum liefen der Ausbau der Infrastruktur und die Erforschung des Mülls gewissermaßen parallel, und genau das musste die Proteste gegen Deponien und Verbrennungsanlagen befeuern: Anlagen, die bei ihrer Planung *State of the Art* gewesen waren, genügten bei ihrer Fertigstellung den umwelttechnischen Anforderungen häufig bereits nicht mehr. In den 1960er Jahren hatte man das vor der Bevölkerung noch mehr oder weniger verbergen können. Doch es dauerte nicht allzu lange, bis sich die Gegner neuer Entsorgungsanlagen ein substantielles abfalltechnisches Wissen aneigneten und anfingen, mit den Planern auf Augenhöhe zu debattieren.[25]

Zur Lösung der Abfallkrise wurden verschiedene Maßnahmen ergriffen. Das war zunächst die gesetzliche Regelung der Entsorgung. Der US-amerikanische *Solid Waste Disposal Act* von 1965 läutete in gewisser Weise ein Goldenes Zeitalter der Müllgesetzgebung ein.[27] Gesundheitsgesetze hatte es zwar schon lange gegeben, angefangen mit dem 1848 erlassenen *Public Health Act* in Großbritannien oder dem *Dirt Cleaning Law* 1899 in Japan, das die Kontrolle von Abfällen und Abwässern zur Grundlage nationaler Hygiene erklärte.[28] Doch diese Gesetze beließen die Verantwortung für den Müll auf kommunaler Ebene und waren inhaltlich und sprachlich noch tief in der Welt der Städtehygiene verwurzelt. So bestand in Japan beispielsweise ein signifikanter Gegensatz zwischen dem 1954 erlassenen *Public Cleansing Law* und dem *Waste Disposal and Public Cleansing Law* 1974, das eben nicht länger ein Städtehygienegesetz, sondern ein Umweltgesetz darstellte.[29] Dem US-amerikanischen Solid Waste-Disposal Act folgten verschiedene skandinavischen Länder sowie Westdeutschland 1972 mit spezifischen Abfallgesetzen, die wiederum im Zusammenhang mit Gesetzen etwa zum Schutz des Wassers und der Luft standen.[30] Eine 1973 geschaffene europäische Richtlinie diente schließlich den 1975 erlassenen Abfallgesetzen in Italien und Frankreich zum Vorbild.[31]

Zu den wesentlichen Zielen der Abfallpolitik gehörte zudem, den technischen Standard der existierenden und neu geschaffenen Deponien zu erhöhen. Die unter dem Begriff Sanitary Landfill zusammengefassten Maßnahmen erwiesen sich immer mehr als unzureichend. Das betraf besonders die Abdichtung der Deponien, wobei aber gerade hier die dynamische Entwicklung des Wissens Planungen immer wieder misslingen ließ. Erst langsam wurde verstanden, wie schwer sich die Kontaminierung von Böden und Grundwasser durch Sickerwasser verhindern ließ. Noch bis weit in die 1980er Jahre war die Auswahl wasserwirtschaftlich geeigneter Standorte häufig einfach Glückssache.[32]

Und schließlich ging es um die Reduzierung der Zahl der bestehenden Deponien. Mit der Zunahme des Mülls erlebten die Massenkonsumgesellschaften auch eine starke Vermehrung wilder Kippen.[33] Deren Zahl ließ sich in den meisten Fällen nur schätzungsweise ermitteln. In den USA wurde beispielsweise 1970 die *Mission 5000* gestartet mit dem Ziel, die Zahl der offenen *Dumps* um 5000 zu reduzieren.[34] Das setzte man in den folgenden Jahrzehnten stetig fort: Allein zwischen 1978 und 1988 wurden dort etwa 14 000 Deponien geschlossen und ihre Zahl auf etwa 5500 reduziert. Seit 1990 konnte ihre Zahl auf gegenwärtig etwa 1300 gesenkt werden.[35] In Westdeutschland sank die Zahl der Deponien von geschätzten 50 000 um 1970 auf etwa 2800 im Jahr 1980.[36] Diese Entwicklung war ganz sicher Zeichen einer zunehmenden Umweltsicherheit, denn diese Schließungen betrafen vor allem Ablagerungsplätze, die noch nicht einmal über grundlegende Einrichtungen wie eine Bodenabdichtung verfügten. In Florida war das besonders ausgeprägt, wo die Entsorgungsinfrastruktur erst am Ende der 1980er Jahre mit dem starken Zuzug der Bevölkerung in den *Sunshine State* einigermaßen Schritt zu halten anfing.[37]

Mit diesen Schließungen wurden tatsächlich viele ungeeignete Ablagerungsstätten beseitigt, aber zugleich handelte man sich neue Probleme ein: Mit der Reduzierung der Zahl wurden die Deponien – zumal angesichts steigender Müllmengen – immer größer. Die Rede von den Pyramiden des Massenkonsums kam auf, die aber eigentlich ja erst das Resultat einer Reformpolitik im Zeichen des Umweltschutzes waren.[38] Zugleich wurde ihr Standort immer stärker zum Politikum. Stets hatte es einen Beigeschmack, wenn eine Deponie nicht nur den Müll der näheren Umgebung aufnahm, sondern den großer Gebiete, frei nach dem Motto: *the loser takes it all.* Seit den 1970er Jahren wurde das auch vermehrt zum Anlass für Fragen der Environmental Justice. Gerade in den Vereinigten Staaten wählte man immer wieder Standorte aus, in deren Umgebung zumeist Arme und Schwarze lebten. Wie schon die Defizite der Abfallsammlung zum Katalysator sozialer Konflikte werden konnten, besaß auch die Frage der Entsorgung große Sprengkraft.[39]

Diese Politik warf aber noch weitere Probleme auf. Was beispielsweise sollte mit stillgelegten Deponien geschehen? Städte waren aufgrund ihrer räumlichen Ausweitung – durch Bevölkerungswachstum oder den Bau von Vorstädten und Siedlungen – immer näher an sie herangerückt.[40] Gerade das schuf aber Anreize, Kippen in Grünflächen zu verwandeln. Hier verfügte man plötzlich über große Freiflächen, für die kein wertvoller Baugrund geopfert werden musste.[41] Seit der Erfindung des Müllbergs in den 1890er Jahren hatte es immer wieder Phantasien gegeben, Deponien in Freizeitanlagen zu verwandeln. Die Stadt Leipzig berichtete 1895 stolz, der örtliche Müllberg würde der Jugend die Möglichkeit zum Wintersport geben. Die New Yorker Stadtplanungskommission schrieb noch 1969 in einem Bericht: «Auf der Mülldeponie Fresh Kills auf Staten Island wäre es zum Beispiel nicht unpraktisch, einen kleinen Berg zum Skifahren zu errichten. Mit der Zeit könnte es sogar unpraktisch sein, das nicht zu tun.»[42] Bekannt ist etwa die *Insel der Träume* Yumenoshima, die 1967 geschlossene Deponie vor der Küste Tokyos. Hier gelang die Umwandlung in einen Freizeitpark noch vergleichsweise unproblematisch, zumal dadurch eine *Nuisance* beseitigt wurde.[43]

Das erschien verlockend und praktisch: So sind zum Beispiel in Mexiko Stadt ein Großteil der städtischen Grünflächen ehemalige Mülldeponien.[44] Doch der Giftaufruhr der 1970er Jahre forderte solche Nutzungsträume heraus. Die Umwandlung der Frankfurter Zentraldeponie *Monte Scherbelino* in einen Romantikpark am Ende der 1970er Jahre überlebte beispielsweise nur kurze Zeit. Bereits die Schwierigkeiten, sie zu bepflanzen, warfen die Frage auf, ob auf dieser Hexenküche tatsächlich verliebte Paare flanieren sollten. Zu Beginn der 1980er Jahre wurde die Kippe geschlossen und einer viele Jahre andauernden Sanierung unterzogen.[45] Ohne das ging es in den 1990er Jahren vielerorts kaum noch: Die *Hiriya*-Deponie, die seit den 1960er Jahren den Müll Tel-Avivs aufnahm, entwickelte sich in den 1990er Jahren immer mehr zu einem Ärgernis. 1998 kollabierte der obere Teil der Deponie und rutschte in den Ayalon-Fluss ab. Zudem gefährdete die Masse an Vögeln, die die Kippe anzog, zunehmend den Flugverkehr am nahegelegenen Flughafen

Ben Gurion.[46] In den 2000er Jahren wurde Hiriya aufwendig saniert und in den Ariel-Sharon-Park umgewandelt.[47] Die Sanierung der New Yorker Zentraldeponie *Fresh Kills* wird erst in den 2030er Jahren abgeschlossen sein.[48]

Der Faktor Pfadabhängigkeit spielt bei Mülldeponien immer wieder eine entscheidende Rolle. Wurde eine Kippe einmal ins Leben gerufen, dann war sie immerhin da. Der Vorgang, der die meisten Konflikte erzeugte, erschien damit bereits als gelöst. Das galt für arme wie für reiche Länder gleichermaßen: Will man beispielsweise verstehen, wie Fresh Kills zur (zumindest zeitweise) größten Mülldeponie der Welt werden konnte, kommt man um diesen Faktor nicht herum: Die Deponie wurde 1948 auf Staten Islands im Süden New Yorks eröffnet, zu einer Zeit, als es noch andere Deponien und Verbrennungsanlagen in der Stadt gab. Diese Einrichtungen wurden aber aufgrund von Kapazitätsproblemen, Anwohnerprotesten oder weil sie technisch veraltet waren, nach und nach außer Betrieb genommen. Übrig blieb die Deponie, die noch Kapazitäten hatte und wo sich die Beschwerden der Anwohner in Grenzen hielten. Ab 1991 war Fresh Kills New Yorks einzige große Entsorgungsanlage, und bis zu ihrer Schließung am Ende des Jahrzehnts wurde sie immer größer. In Los Angeles gab es mit *Puente Hills* eine ganz ähnliche Entwicklung: Entsorgungseinrichtungen wurden nach und nach geschlossen, bis nur noch eine übrig war.[49]

Vergleichbare Mechanismen lassen sich überall auf der Welt beobachten. War eine Kippe vorhanden, zog sie weiteren Müll geradezu magisch an. Gerade in ärmeren Ländern begannen Menschen vielerorts vom Müll zu leben. Die Frage, ob der jeweilige Standort umwelttechnisch geeignet war, rückte dann leicht in den Hintergrund, zumal sich wirklich viel ohnehin nicht mehr ändern ließ. Im mexikanischen Oaxaca beispielsweise wurde in den 1980er Jahren öffentlichkeitswirksam eine städtische Zentraldeponie eröffnet, allerdings an einer Stelle, wo bereits seit Jahrzehnten Müll abgekippt wurde.[50] Indonesiens größte Müllkippe *Bantar Gebang* wurde 1989 auf einem Waldstück eingerichtet und wuchs vor allem aus Mangel an Alternativen zu einer Megadeponie an.[51]

Neben der Belastung von Boden und Atmosphäre entzündeten sich solche Müllkippen immer wieder schnell. Das hatte mit vielen leicht brennbaren Substanzen zu tun, aber auch die Fermentierung organischer Materie erzeugte Hitze, die häufig zu einer Selbstentzündung führte. Manilas über viele Jahrzehnte berühmt-berüchtigte Deponie *Smokey Montain* trug ihren Namen sehr zu Recht.[52] Manche Probleme resultierten auch schlicht aus atemberaubender Größe. 1993 rutschten auf der Istanbuler Großdeponie *Ümraniye* 350 000 Tonnen Abfälle ab und töteten 32 Menschen. Die riesige Deponie *Doña Juana* in Bogotá erlebte 1997 wie beschrieben Ähnliches.[53] Bei einem Erdrutsch auf dem Smokey Mountain im Jahr 2000 kamen mindestens 200 Menschen ums Leben, wahrscheinlich deutlich mehr. Immerhin führten solch schockierende Ereignisse dazu, die Verhältnisse zu verbessern. So wurden in Istanbul in der Folge des Ümraniye-Unglücks zwei moderne Deponien errichtet.[54]

Unkontrolliertes Städtewachstum führte regelmäßig zu wilder Deponierung. Bei räumlicher Ausbreitung und unzureichender infrastruktureller Erschließung entstanden Müllkippen häufig *on the spot*. Zahllose Deponien sind zu keinem Zeitpunkt geplant worden, sondern einfach entstanden, weil sich irgendwo Müll anzusammeln begonnen hatte – und wo einmal Müll liegt, ist der Anreiz groß, noch weiteren dazuzuwerfen.[55] Eine schnelle urbane Expansion warf einer geordneten Abfallwirtschaft immer wieder Knüppel zwischen die Beine. Ein gutes Beispiel dafür ist der Iran, der seit den 1970er Jahren ein massives urbanes Wachstum erlebte. Das musste die Abfallwirtschaft an vielen Stellen heillos überfordern und zum Entstehen zahlreicher schlecht geplanter Deponien führen.[56] In Lagos sind viele Kippen auf diese Weise entstanden, und manche von ihnen dienen sogar als Landmarken für Leute, die neu in der Gegend sind.[57]

Deponien sind aufgrund ihrer Lage und des Schmutzes eigentlich abgesonderte Orte, die besser nicht Teil der urbanen Verwertungskreisläufe sein sollten.[58] Tatsächlich war aber gerade letzteres immer wieder der Fall: Städtewachstum schuf Deponien, die dann aber selbst immer wieder zum Anziehungspunkt für Menschen wurden. Ein gutes Beispiel dafür ist Dharavi. Dieser gigantische Slum Mumbais entstand nach dem Zweiten Weltkrieg um eine illegale Müllkippe herum. Dabei gab es in der indischen Großstadt sogar eine ausgewiesene Deponie, die aber von den meisten Gewerben zu weit entfernt lag. Deshalb wurde die Kippe in Dharavi bevorzugt, um die herum sich bald viele Menschen neu ansiedelten, die auf die eine oder andere Weise vom Müll lebten. Deponie und Slum wuchsen gewissermaßen gemeinsam.[59]

Die technischen Möglichkeiten, Deponien umweltsicher zu bauen, sind heute viel größer als noch in den 1960er Jahren. Sie können heute – nach dem technologischen *State of the Art* – eine mehr oder weniger vernünftige Müllentsorgung gewährleisten. Dabei haben moderne Deponiekonzepte längst auch die Metropolen ärmerer Länder erreicht. Das große Problem besteht vielmehr darin, wie viele Deponien die prinzipiell möglichen Standards an Umweltsicherheit verfehlen. Das hat nicht nur mit schlechter Planung zu tun, sondern insbesondere mit Dynamiken der Stadtentwicklung, die jede Abfallpolitik am Ende überfordern müssen.

Und Müll berührt schließlich das große Thema der Environmental Justice. In den USA wurde der Abfall seit den 1970er Jahren etwa beständig von Bundesstaat zu Bundesstaat geschickt: in Staaten mit geringerer Bevölkerungsdichte, von reich zu arm, von Staaten mit geringer Umweltbelastung hin zu solchen mit hoher.[60] Vorrangig werden Deponien dort angelegt, wo arme Menschen wohnen. Das hat zwar auch mit niedrigeren Landpreisen zu tun, aber der Zusammenhang ist zu offensichtlich, als dass sich sein systematischer Charakter leugnen ließe. Müllkippen sind ein Schandfleck – es gab immer wieder Versuche, sie in der Geographie einer Stadt gewissermaßen zu verstecken, sie beispielsweise nicht auf Karten anzuzeigen oder durch bestimmte rhetorische Strategien ihre Existenz zu verschleiern.[61] Auch dieser Aspekt gehört zur Geschichte der Deponierung hinzu.

Verbrennung

Seit den späten 1950er Jahren trat eine neue, alte Technologie in Konkurrenz zur Deponierung, und das war die Verbrennung. Wie im siebten Kapitel beschrieben, hatten zunächst britische Städte in den 1870er Jahren damit angefangen, zumindest Teile der städtischen Abfälle zu verfeuern. Während der 1920er und 1930er Jahre war die Verbrennung eine vor allem in Metropolen eingesetzte Technologie geworden, die aber bald ihre gravierenden Nachteile offenbarte: Sie funktionierte oftmals nur schlecht, belastete die Umwelt, und die Hoffnungen, die Überreste wirtschaftlich zu nutzen, erfüllten sich in den meisten Fällen nicht. Die Verbrennung auf die *alte Art* erwies sich zunehmend als eine technologische Sackgasse und war keine echte Konkurrenz zur Deponie.

Seit den späten 1950er Jahren sollte sich das Bild dann aber wieder ändern, und gerade Großstädte begannen, viel Geld für Verbrennungsanlagen auszugeben. Dafür gab es zunächst zwei Voraussetzungen: Zum einen hatte sich die Technik signifikant weiterentwickelt. MVAs operierten jetzt zunehmend auf der Basis einer Ölfeuerung, und es wurden bessere Verfahren entwickelt, um den Müll zu verbrennen.[62] Zum anderen führte die sich verändernde Zusammensetzung des Mülls – besonders die Zunahme an Verpackungen und der langsame Abschied vom Hausbrand – dazu, ihn leichter brennbar zu machen. Vor allem aber hatte eine MVA einen unbestreitbaren Vorteil: Im Gegensatz zu Deponien verbrauchte sie wenig Platz. Sie konnte näher zum Stadtraum gebaut werden, was die Fahrtzeiten der Sammelfahrzeuge reduzierte. Hinzu kam noch die Möglichkeit, Strom und Wärme zu produzieren. Gerade Ingenieure und andere technische Experten befürworteten zumeist die Verbrennung: Es handelte sich um ein geschlossenes technisches System – mit einer problematischen Öffnung allerdings: dem Schornstein. Es waren Großanlagen, die – zumindest in der Theorie – geplant, kontrolliert und nach dem jeweiligen Stand des Wissens nachgerüstet werden konnten. War der Abfall einmal verbrannt, war sein Volumen nicht nur auf 10 bis 30 Prozent reduziert, sondern die Asche ließ sich vergleichsweise unproblematisch deponieren. Diese Vorteile erschienen zu Beginn der 1960er Jahre unbestreitbar.[63]

Verbrennungsanlagen hatten aber einen Nachteil, sie waren nämlich deutlich teurer als Deponien. Deshalb brauchte es vor allem zwei Voraussetzungen: Mangel an Platz und ausreichend Geld. In Japan wuchs die Bevölkerung zwischen 1950 und 1985 von 83 auf 120 Millionen, wobei sich allein 45 Prozent der Bevölkerung in den Ballungszentren Tokyo, Osaka und Nagoya konzentrierten. Wenn überhaupt nur 20 Prozent der Fläche eines Landes besiedelt werden konnten und sich die Bevölkerung so dicht konzentrierte, war die Verbrennung als platzsparende Lösung sinnvoll. Im Jahr 1983 verbrannte Japan bereits zwei Drittel des Hausmülls, ein für die damalige Zeit außergewöhnlicher Wert.[64] In der

Schweiz gab es eine ganz ähnliche Konstellation, und keineswegs zufällig gehörte das Land zu den Pionieren der Müllverbrennung, denn dort wurden bereits während der 1960er Jahre zahlreiche Kehrichtverbrennungsanlagen geplant und gebaut. Im Jahr 1980 verbrannten die Eidgenossen rekordverdächtige 80 Prozent ihres Hausmülls.[65]

Mangel an Platz hieß konkret, dass Müllverbrennungsanlagen vor allem eine Lösung für Großstädte waren. Gleichwohl war es gerade während der 1960er Jahre noch sehr kompliziert, solche Anlagen zu errichten. Ein gutes Beispiel dafür ist Hong Kong. Die britische Kronkolonie war wegen der eng begrenzten Siedlungsfläche und gleichzeitig extrem schnellen Zunahme der Bevölkerung eigentlich prädestiniert für die Verbrennung. Doch der Bau zweier solcher Anlagen erwies sich als kompliziert, weil die Kosten hoch waren und die meisten Komponenten aus Europa importiert werden mussten. Funktionieren taten sie dann ebenfalls nicht besonders gut: Der relativ feuchte Müll Hong Kongs brannte schlecht. Hoffnungen, mit *Waste-to-Energy*-Konzepten Geld zu verdienen, mussten schnell begraben werden. Als die Anlagen zu Beginn der 2000er Jahre geschlossen wurden, war das angesichts des enormen Schadstoffausstoßes ein Segen für die Stadt. Zugleich stellte sich weiterhin das Problem der Entsorgung, die nun auf den Schultern der verbliebenen Deponien lag.[66]

Neben solchen verfahrenstechnischen Problemen waren die Anlagen vor allem aber sehr teuer. Als in Miami 1955 die damals größte Verbrennungsanlage der Welt eröffnet wurde, kostete diese immerhin bereits 3,3 Mio. Dollar.[67] Bei den vielen Verbrennungsanlagen, die westdeutsche Städte seit den frühen 1960er Jahren errichteten, lagen die Anlagekosten nicht unter 25 Mio. DM – und sie stiegen weiter. In den 1980er Jahren hatte sich der Nominalwert der Kosten – auch aufgrund höherer Umweltauflagen – etwa verzehnfacht.[68] Trotzdem wurde die Verbrennung zur bevorzugten Entsorgungslösung für Metropolen in wohlhabenden Ländern. Frankreich eröffnete die erste moderne Verbrennungsanlage 1967 in Rennes, und ihr folgten viele weitere nach. In Italien wurde 1972 eine Verbrennungsanlage in Genua und 1975 eine in Florenz eröffnet, was einem Dammbruch gleichkam: Während der Hochphase zwischen 1975 und 1984 wurden 245 – zumeist kleinere – MVAs errichtet.[69] In Japan wurde die erste moderne Verbrennungsanlage 1955 in Tokyo errichtet, und 1978 gab es davon dort bereits 344.[70] Auch ärmere Länder konnten MVAs als großstädtische Entsorgungslösungen nutzen. So nahm Guayaquil 1982 eine von dem schweizerisch-italienischen Konsortium PIMAR S. A. für 24 Mio. Dollar gebaute Verbrennungs- und Mülltrennungsanlage in Betrieb.[71]

Im Alltagsgeschäft der Entsorgung hatte die Verbrennung unbestreitbare Vorteile. Sie war eine Lösung auf dem technischen Stand der Zeit, vermied die Belastungen einer Deponie und reduzierte die Fahrtzeiten der Müllfahrzeuge. Das war im Übrigen bis Mitte der 1970er Jahre nicht nur die Meinung der Techniker: Sogar Bürgerinitiativen forderten, Deponien durch moderne Verbrennungsanlagen zu ersetzen.[72] Zu diesem Zeitpunkt hätte man kaum ahnen können, was für eine umstrittene Technologie letztere im Laufe der 1970er Jahre werden sollte. In den 1980er Jahren stand sie dann schließlich sinnbildlich für alles, was in der Müllentsorgung falsch lief.[73]

Bis in die frühen 1970er Jahre schienen sich die technischen Probleme der Verbrennungsanlagen noch weitgehend mit den von ihnen ausgelösten Umweltgefährdungen zu überlappen. So wurde über lange Zeit vor allem Salzsäure als Problem wahrgenommen, die für eine Korrosion in den Kesseln sorgte. Zugleich beobachtete man Schäden an Wohngebäuden in der Nähe von MVAs genauso wie an der Vegetation, wofür man ebenfalls den Ausstoß von Salzsäure verantwortlich machte.[74] Hatten die Verantwortlichen am Ende der 1960er Jahre noch optimistisch verkündet, man könne Verbrennungsanlagen ohne Weiteres in Wohngebieten und sogar in der Nähe von Krankenhäusern errichten, so wurde man diesbezüglich jetzt vorsichtiger. Ganz so unproblematisch, wie gedacht, war die Technologie offensichtlich nicht.[75]

Das war aber erst das Vorspiel zu der eigentlichen Wende in der Wahrnehmung, die sich um die Mitte der 1970er Jahre verorten lässt. Bereits zu Beginn des Jahrzehnts waren durch verschiedene Giftmüllskandale neue Angstbegriffe in die Debatte gekommen, von denen die meisten Menschen vormals noch nie etwas gehört hatten: Chloride, Furane, Cyanide.[76] Als im Jahr 1976 dann im italienischen Seveso ein Chemiewerk brannte, wurde der Begriff *Dioxin* zum ersten Mal einer breiteren Öffentlichkeit bekannt, der offensichtlich bereits in geringster Konzentration Krebs auslösen konnte.[77] Auch hier problematisierte vermehrtes Wissen die Entsorgung: 1977 wurde in einer holländischen Anlage das erste Mal Dioxin in den Filteranlagen gefunden, und der Nachweis zahlreicher toxischer Verbindungen in den Filtern und der Asche von MVAs befeuerte die Proteste.[78]

Dahinter standen grundlegende Veränderungen der Umweltwahrnehmung. Noch in den 1960er Jahren hatte es viele Vertreter der Städtehygiene in der Abfallwirtschaft gegeben, denen es vor allem um die Beseitigung von Schmutz und die Abwehr von Infektionskrankheiten zu tun war. Die Umweltgesetzgebung seit den späten 1960er Jahren zielte aber gerade nicht mehr auf diese Probleme ab, die als weitgehend gelöst galten. Jetzt ging es vielmehr um spezifische Umweltrisiken, die durch die Belastung von Wasser, Luft und Boden erzeugt wurden. Damit veränderte sich grundlegend die Phänomenologie der Gefährdung: Bakterien und Viren machten krank oder auch nicht. Sie entfalteten ihre Wirkung aber sofort, lagerten sich nicht im Körper ab und machten nicht erst nach Jahrzehnten krank. An die Stelle von Cholera oder Typhus trat jetzt der Krebs als genuine Krankheit des Umweltzeitalters, die durch ihren oft langwierigen und schmerzhaften Verlauf besonders große Ängste weckte.[79]

Eines der großen Probleme von Krebs bestand darin, nicht wissen zu können, wie stark einzelne Körper mit Schadstoffen belastet waren, wie groß das individuelle Risiko, zu erkranken, tatsächlich war.[80] Diese Unsicherheit traf auf ein zunehmend Ängste weckendes *Nichtwissen*, welche chemischen Verbindungen beim Verbrennungsprozess entstanden.[81] Abfallwirtschaftliche Experten wiesen zwar immer wieder darauf hin, dass 2,3,7,8 TCDD – das sog. *Seveso-Gift* – nur eine von hunderten Verbindungen sei, die unter dem Sammelbegriff Dioxine zusammengefasst wurden; dass es überdies in so geringer Konzentration auftrat, dass eine Gefährdung der Bevölkerung nicht bestände.[82] Aber was sollte das schon bedeuten, wenn diese Experten gar keine verlässliche Aussage über die geschätzt 50 000 chemischen Verbindungen treffen konnten, die im Verbrennungsprozess entstanden.[83] Ein prominenter westdeutscher Toxikologe fasste das 1985 pointiert zusammen:

> In einem großen Saal sind die Wände in kleiner Schrift – Schreibmaschinenschrift – dicht mit den Namen der in Emissionen, Chemiemüll, Abwässern etc. enthaltenen Stoffe – anorganischen (auch radioaktiven) und organischen –

> beschrieben. Die Chemiker stehen im Dunkeln. Sie sind mit einigen Stabtaschenlampen ausgerüstet, die auf der Wand nur eng begrenzte Flächen ausleuchten, auf denen sie einige Namen mit chemischen Stoffen erkennen können. Die Lampen sind ihre verschiedenen analytischen Methoden. Nur für einen kleinen Teil der vorhandenen Stoffe haben sie Methoden. Die außerhalb des beleuchteten Feldes im ‹Dunkeln› liegenden Stoffe sehen sie nicht. Toxikologisch sind jedoch auch diese relevant, denn sie wirken selbstverständlich auch ohne analytisch erkannt worden zu sein.[84]

Tatsächlich wurde Nichtwissen zu *dem* zentralen Argument in den umweltpolitischen Debatten, die stark mit Ängsten verkoppelt waren und ihren Höhepunkt in der Dioxin-Angst des Jahres 1985 erreichten. Ein Buch stellte damals fest, «bereits ein einziges Dioxin-Molekül [könne] Krebs verursachen».[85] Überhaupt gilt die Zeit um die Mitte der 1980er Jahre als globaler Höhepunkt der Proteste gegen Verbrennungsanlagen. Das hing mit dem Bau zahlreicher neuer Anlagen zusammen; in Italien, Frankreich und Westdeutschland war der Höhepunkt der Neubauwelle von MVAs Ende der 1970er Jahre erreicht. Das hatte aber auch schlicht damit zu tun, dass viele Projekte durch Bürgerproteste verhindert werden konnten. Teilweise wurden sogar – trotz gravierender Entsorgungsengpässe – Anlagen geschlossen, wie das in Florenz 1986 der Fall war.[86] In den USA entwickelten sich zahllose *Grassroots*-Initiativen gegen neue Anlagen. Hier kam noch verschärfend der Mülltourismus zwischen den einzelnen Bundesstaaten hinzu. Pennsylvania wurde am Ende der 1980er Jahre als «Trashsylvania» bezeichnet, weil der Staat riesige Mengen Müll aus New York und anderen Bundesstaaten aufnahm, wofür dann wieder entsprechende Anlagen geschaffen werden mussten. Auch in Japan gab es scharfe Proteste, besonders nachdem 1983 Dioxine in der Asche von Verbrennungsanlagen nachgewiesen wurden.[87]

Müllverbrennungsanlagen wurden in dieser Zeit zum Sinnbild für alles, was in der Entsorgung falsch lief. In den USA beklagte man, dass sie nicht nur die Luft verpesteten und Recycling verhinderten, sondern auch der Mafia – die in vielen Städten tatsächlich einen Großteil der Müllsammlung kontrollierte – ein risikoloses Geschäft bescherte.[88] Auch das Feld des Großanlagenbaus war in hohem Maße verfilzt, und immer wieder wurden seit den 1970er Jahren teilweise groteske Korruptionsfälle bekannt. Dass die entsprechenden Firmen in der BRD häufig auch noch im Feld von Atomkraft und Wiederaufbereitungsanlagen aktiv waren, setzte der Misere aus Sicht von Aktivisten noch die Krone auf.[89] Auch Entschädigungen fühlten sich oftmals schal an: Die Eröffnung einer großen Verbrennungsanlage in Tokyo 1982 wurde am Standort Suinami mit neuen Spielplätzen, einem Altenheim und einem Gemeindezentrum kompensiert. Aber war es das wert, wenn die Anlage die Gesundheit ruinierte?[90]

Angesichts der Intensität des Widerstands gegen die Verbrennung erscheint das Abebben der Proteste während der 1990er Jahre umso erstaunlicher. Neue MVAs brachten plötzlich kaum noch Menschen auf die Straße. Vielleicht hing das tatsächlich mit technischen Verbesserungen zusammen. So gelang es beispielsweise, durch die Optimierung des Verbrennungsprozesses die Bildung schädlicher Verbindungen zu reduzieren. In den 1970er Jahren besaßen die meisten Anlagen noch lediglich einfache Elektrofilter, während im Laufe der 1980er und 90er Jahre deren Technik deutlich verbessert wurde und bald den größten Kostenpunkt bei der Errichtung einer neuen MVA ausmachte. Das löste zwar nicht das Problem, wie die hochgiftigen Filter entsorgt werden sollten, aber die Luftbelastung mit schädlichen Substanzen wurde auf diese Weise tatsächlich geringer.[91]

Aus der Logik von Wissen und Nichtwissen heraus wären solche Fortschritte während der 1980er Jahre aber gewiss auf große Skepsis gestoßen. Insofern waren es ganz sicher nicht nur «objektive» Faktoren, die einen Beitrag zum Abschwellen der Proteste leisteten. Vielmehr fand eine Aufmerksamkeitsverschiebung zu anderen Feldern der Umweltgefährdung wie etwa der globalen Erwärmung statt. In manchen Ländern sind Müllverbrennungsanlagen allerdings bis heute hoch umstritten. Die meisten Experten sind sich heute zwar einig, dass die Verbrennung – bei allen Problemen, die die Anlagen weiterhin bereiten – klare Vorteile gegenüber der Deponierung besitzt. Ob die Filter jedoch wirklich alle relevanten Schadstoffe herausfiltern, wird von vielen angezweifelt.[92]

Und schließlich handelt es sich um kostspielige Anlagen, und oft bleibt die Frage offen, wer daran verdient und ob bei Auftragsvergabe und Durchführung alles mit rechten Dingen zuging. In Deutschland schlug der Skandal um die Firma Trienekens und die Errichtung einer neuen, überdimensionierten MVA in Köln 2002 hohe Wellen. In Frank-

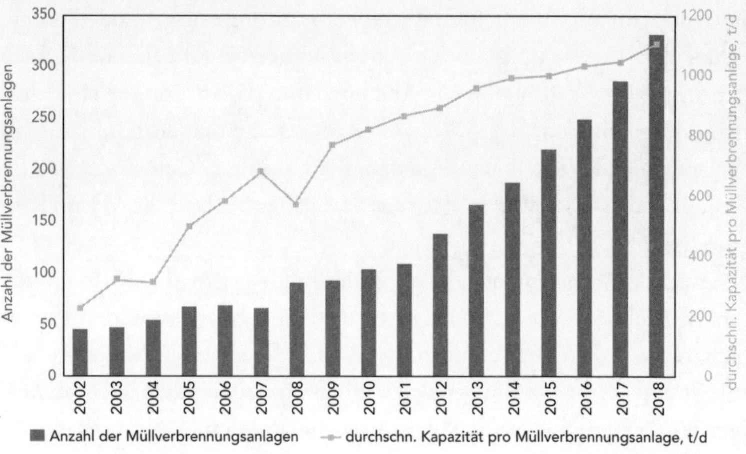

Müllverbrennungsanlagen in China seit 2000[98]

reich kam es etwa bis 2007 bei der Planung der Müllverbrennungsanlage Fos-sur-Mer in der Nähe von Marseille zu schweren Konflikten und teils drastischen Korruptionsvorwürfen.[93] Die Mischung aus Umweltbedenken und dem undurchsichtigen Feld des Großanlagenbaus nährt bis heute die Konflikte, wenn es um den Bau neuer Anlagen geht. In Italien lehnen Parteien wie die *Cinque Stelle* die Verbrennung weiterhin vehement ab.[94]

Global indes gewinnt die Müllverbrennung seit vielen Jahrzehnten an Bedeutung. 2018 wurde in Addis Abeba die erste moderne Verbrennungsanlage Afrikas eröffnet.[95] In Asien endeten um 1990 noch etwa 90 Prozent der Abfälle Asiens auf offenen Kippen.[96] Seitdem hat jedoch insbesondere China die Müllverbrennung für sich entdeckt und seit den 2000er Jahren stark gefördert.[97] Die Zahl der Anlagen und ihre durchschnittliche Verbrennungskapazität stiegen in raschem Tempo an, was die Planer immer wieder unter großen Zeitdruck setzte.

Der umwelttechnische Standard der meisten dieser Anlagen ist allerdings niedrig. In China ging es um den Aufbau einer Entsorgungsinfrastruktur, die mit äußerst schnell steigenden Abfallmengen konfrontiert war. Das ließ den Umweltschutz in den Hintergrund rücken.[99] Zugleich gerieten diese Anlagen jedoch zunehmend in den Fokus der noch jungen chinesischen Umweltbewegung und führten zur Gründung zahlreicher

Protestinitiativen.[100] Insofern sind die Konflikte um Verbrennungsanlagen keine Erzählungen aus der fernen Vergangenheit des Umweltaktivismus, sondern vielerorts so aktuell wie nie zuvor.

Die Welt als «Last Sink»

Müll als städtehygienisches Problem umfasste lange Zeit einen begrenzten Rahmen darüber, wo Risiken und Gefährdungen lagen, nämlich in Schmutz, Keimen, Ungeziefer und Ratten. Die Abwehr von Seuchen stand über allem. Dieser Denkrahmen verlor in den 1960er Jahren zunehmend an Überzeugungskraft und wurde abgelöst von einer Sprache der Umweltgefährdung, die Müll als Ursache für die Vergiftung von Luft, Wasser und Boden identifizierte. Das nahm einen selbstverstärkenden Charakter an, indem jedes Umweltproblem zugleich auf andere verwies. Dafür standen populäre Metaphern wie das *Spaceship Earth*, und überhaupt spielte das Bild der Erde – in den frühen Recyclingsymbolen häufig nachgebildet – spätestens seit der Mondlandung 1969 und dem *Earth Day* 1970 eine große Rolle: Es handelte sich nicht länger um abgrenzbare Probleme, sondern um verschiedene Aspekte einer Gesamtgefährdung des Planeten.[101]

In Bezug auf den Müll standen zunächst vor allem die Risiken der Abfallentsorgung im Vordergrund, wie das gerade im Hinblick auf Deponierung und Verbrennung beschrieben wurde. Das vermehrte Wissen über die Risiken und Gefahren der Entsorgung betraf aber zunehmend auch Abfallfraktionen, die bis in die 1960er Jahre zumeist überhaupt nicht als eigenständig in den Blick geraten waren, nämlich Industrieabfälle. So war es bis in die frühen 1970er Jahre noch üblich – und behördlich oft empfohlen –, Haus- und Industriemüll zusammen abzulagern. So landeten tatsächlich die meisten dieser Abfälle auf Behelfs- oder regulären Hausmülldeponien. Das musste jedoch irgendwann an seine Grenzen stoßen, zumal sich durch den Bedeutungsgewinn der Chemischen Industrie nach dem Zweiten Weltkrieg nicht nur die absolute Menge, sondern auch die der gefährlichen Abfälle drastisch vermehrt hatte.[102]

Dass Industriebetriebe gefährlichen Müll erzeugten, war in den 1960er Jahren nicht neu. Neben der *Rauchfrage* und der schweren Verschmutzung von Gewässern wurde spätestens seit der Wende zum 20. Jahrhundert auch die Frage problematischer Abfälle diskutiert.[103] Gelegentlich gab es die optimistische Einschätzung, Chemiemüll würde als Bakterizid wirken, aber dem widersprach die praktische Erfahrung. In den Vereinigten Staaten existierte jedenfalls schon in den 1930er Jahren eine reichhaltige Literatur, die sich mit der Kontamination des Grundwassers durch die Industrie beschäftigte. Als wirksames Desensibilisierungsmittel erwies sich allerdings der Zweite Weltkrieg, der zwar in vielen Ländern große Mengen an giftigen Abfällen produzierte, die insbesondere aus der Treibstoff- und Munitionsindustrie stammten. Zugleich konnten Umweltgefährdungen durch diese Abfälle im Kontext der Kriegsgesellschaften praktisch nicht thematisiert werden.[104]

Das Wissen um potentielle Umweltgefährdungen entwickelte sich jedoch weiter. In den 1950er Jahren waren Grundwasserbewegungen und Kontaminationen generell bekannt, und keinesfalls zufällig war der Wasserschutz immer wieder das erste Gebiet, für das eine nationale Gesetzgebung geschaffen wurde.[105] Auch als Reaktion auf die stetig wachsende Menge an Abfällen fingen Chemieunternehmen in den USA, Großbritannien oder Westdeutschland zunehmend damit an, sie zu verbrennen. Eine Lösung, die seit den 1960er Jahren von vielen anderen Industrieunternehmen übernommen wurde. Volkswagen zum Beispiel eröffnete in den 1960er Jahren in Wolfsburg eine werkseigene Verbrennungsanlage für seine Kunststoffabfälle.[106]

Ein Problembewusstsein war vielerorts zumindest in Ansätzen vorhanden, auch wenn sich das zumeist nicht in einer umweltgerechten Entsorgung niederschlug. Doch auch hier trug das zunehmende Wissen über die Komplexität des Abfalls dazu bei, ein Problem *sichtbar* zu machen. Eine große Rolle spielten dafür zunächst die zahlreichen Giftmüllskandale, die seit Beginn der 1970er Jahre bekannt wurden. So entdeckte man beispielsweise 1971 auf einem Grundstück in Bochum zahllose rostige Fässer mit Natriumcyanid, das bereits das Grundwasser zu kontaminieren drohte. 1972 wurden Fässer mit Cyanid-Müll auf einem Spielplatz in Nuneaton in der Nähe von Birmingham entdeckt, wonach Großbritannien eilig den *Deposit of Poisonous Waste Act* verabschiedete. Ein typischer Skandal war in Frankreich die Deponie Montchanin. In diesem kleinen Ort im Departement Saône-et-Loire wurde 1976 eine

Sondermülldeponie eingerichtet, für die die Gemeinde mit einer Geldspritze und einem Grüngürtel kompensiert wurde. Bereits nach kurzer Zeit begannen die Bewohner des Ortes unter Gestank und Atemwegserkrankungen zu leiden. Nach Bürgerprotesten wurde die Deponie 1988 geschlossen und musste anschließend für viele Millionen Franc saniert werden.[107]

Zu den zahllosen Anlagen für Hausmüll kamen also noch Deponien und Verbrennungsanlagen für besonders problematische Rückstände von Chemie- und anderen Industrieunternehmen hinzu. Angesichts der damit verbundenen Risiken musste es gerade auch dagegen scharfe Proteste geben. Insofern handelte es sich keineswegs um ein neues Problem, als 1978 der Fall publik wurde, der bis heute der wohl bekannteste Giftmüllskandal überhaupt sein dürfte: Ein nicht fertig gebauter Schiffskanal in der Nähe der Niagara-Fälle war bis in die 1960er Jahre von der Firma Hooker Chemicals als Deponie benutzt worden, bevor das Gelände für einen symbolischen Dollar an die örtliche Schulbehörde verkauft wurde, die darauf anschließend ein Schulzentrum errichtete. Bei den Schulkindern begannen jedoch nach einiger Zeit schwere gesundheitliche Probleme aufzutreten, die schließlich zu einer genaueren Untersuchung des Geländes führten. Nachdem eine gravierende Belastung des Bodens festgestellt worden war, wurde die Schule geschlossen.

Der Love-Canal-Skandal machte den wenig umweltgerechten Umgang mit Industriemüll bewusst, der über Jahrzehnte, trotz eines durchaus vorhandenen Wissens um mögliche Gefährdungen, die Regel gewesen war.[108] Dieser Fall führte in den Vereinigten Staaten zur Superfund-Gesetzgebung, die enorme Mittel für die Sanierung von Altlasten bereitstellte.[109] Das wurde seitdem zu einem großen Thema: Auf zahllosen Kippen war Müll unsachgemäß entsorgt worden, was besonders dann zum Problem wurde, wenn an den entsprechenden Stellen Wohnhäuser gebaut worden waren. Damit hatte beispielsweise Florida zu kämpfen: Der Sunshine State erlebte in den 1980er Jahren ein starkes Bevölkerungswachstum, und der daraus folgende Siedlungsbau machte die Altlastenfrage besonders dramatisch.[110]

In vielen wohlhabenden Ländern nahmen folglich die Anstrengungen, eine adäquate Infrastruktur für die Entsorgung problematischer Industrieabfälle und eine entsprechende Gesetzgebung zu schaffen, seit dem Ende der 1960er Jahre zu. So beschäftigten sich viele Abfallgesetze insbesondere mit der Frage des Transports und der Entsorgung problematischer Abfälle. Zugleich fingen internationale Organisationen wie die OECD und auch die NATO damit an, Studien zu erstellen, welche die Problemdimension der Abfälle darstellen und Vorschläge zu einer gesetzlichen Regulierung erarbeiten sollten.[111] Die Abkommen von Stockholm und Oslo 1972/73 stellten wichtige Marksteine zu einem besseren Schutz der Meere dar, die immer wieder zur Entsorgung gefährlicher Abfälle benutzt worden waren.[112] Seit Mitte der 1960er Jahre explodierte das Wissen um gefährliche Abfälle geradezu. Gefahrenkataloge, die in den 1960er Jahren eher kurze Listen gewesen waren, wurden nun zu echten *Katalogen*. Und wie bei der Verbrennung bestand auch hier das Problem, dass man nicht wusste, *was* man nicht wusste. Das Thema Giftmüll weckte in der Öffentlichkeit auch deshalb große Ängste.[113]

Die daraus resultierende Situation war insofern prekär, weil hier offensichtlich ein großer Handlungsbedarf bestand, der sich aber kaum im Erlassen oder Verfeinern von Gesetzen erschöpfte. Eine gesteigerte Sensibilität für problematische Abfälle traf auf bis dahin kaum vorhandene Infrastrukturen, die einen angemessenen Umgang mit diesen Rückständen erlaubt hätten. Das war der Nährboden für die zahllosen Giftmüllskandale der frühen 1970er Jahre. Das Geschäftsmodell bestand zumeist darin, dass eine Müllfirma gegen eine Geldzahlung dem Unternehmen die Verantwortung für seine Abfälle abnahm. Letztere konnten dabei kaum als arglose Opfer gesehen werden: Bei zahllosen Prozessen zu illegalen Ablagerungen von Giftmüll wurde deutlich, dass die Firmen genau wussten, dass ihr Müll nicht adäquat entsorgt wurde. Teilweise war es schlicht eine Kostenfrage, oft genug wussten sie aber auch einfach nicht, wohin damit. Zudem verlangte die Umweltgesetzgebung zumeist den Nachweis einer konkreten Verantwortung für einen bestimmten Schaden. Das war aber schwierig, wenn illegale Entsorgungspraktiken allgemein üblich waren. Gerade die Allgegenwart der Umweltverschmutzung schützte viele Produzenten gefährlicher Abfälle.[114]

Gesetzgebung und Infrastrukturen wurden während der 1970er Jahre langsam entwickelt. Das machte die Entsorgung jedoch teuer; in den USA stiegen die Entsorgungskosten für gefährliche Abfälle von 15$ pro Tonne 1980 auf 250$ zehn Jahre später.[115] Das schuf Anreize für illegale

Handlungen: In Süditalien verdiente die Mafia seit den 1970er Jahren viel Geld damit, die giftigen Abfälle insbesondere aus dem Norden des Landes billig abzunehmen und dabei die Entsorgungskosten seriöser Firmen spektakulär zu unterbieten. Nicht zuletzt nutzte sie ihre eigenen Ländereien, um giftige Abfälle abzulagern. Diese waren bald als Land der Feuer – *Terra dei fuochi* – bekannt, weil die Abfälle ständig brannten und giftige Dämpfe verströmten.[116] Roberto Saviano berichtet in seinem Bestseller *Gomorrha* von einem Mafioso, der sich damit brüstete, man habe auf diese Weise Italien erst für Europa fit gemacht.[117] Die Resultate waren freilich eine sukzessive Vergiftung der Landschaften Kampaniens und eine stark erhöhte Krebsrate der Bevölkerung.[118]

Oft drückten die Behörden mehr als ein Auge zu. 1975 gründete sich beispielsweise in Japan eine Firma mit dem spannenden Namen *Teshima Comprehensive Tourism Development*, die illegale Ablagerungen von Müll auf der Insel Teshima organisierte. Darunter befanden sich auch viele problematische Abfälle wie geschredderte Autoreste, Öle, PCB und andere giftige Materialien. Das alles geschah mit dem Einverständnis der Regionalregierung, die der Firma immer neue Lizenzen für alle möglichen Formen der «Abfallverwertung» garantierte. Erst in den 1990er Jahren hatten Bürgerproteste dagegen schließlich Erfolg.[119] Vielerorts sorgte das Fehlen von angemessenen Entsorgungsinfrastrukturen auch für *Second-Worst-Solutions*, die wiederum starke Proteste nach sich zogen. So war es ausgerechnet die Environmental Protection Agency, die – zusammen mit der Regierung von North Carolina – Ende der 1970er Jahre entschied, illegal entsorgte Überreste von PCB auf einer Deponie in Warren County abzulagern. Dort lebte eine mehrheitlich arme und schwarze Bevölkerung. Mit Protesten rechnete man nicht, jedoch wurde der Widerstand gegen diese Ablagerung zu einem der Ausgangspunkte der Environmental-Justice-Bewegung.[120]

Spätestens seit den 1980er Jahren gerieten immer mehr Länder unter Druck, ihrer teilweise sogar durchaus fortschrittlichen Umweltgesetzgebung Taten folgen zu lassen und die Vollzugsprobleme zu verringern. Großbritannien beispielsweise versuchte am Ende des Jahrzehnts mit dem Programm *Waste Strategy 2000* sein Image als *Dirty man of Europe* abzustreifen.[121] Zugleich geriet damit aber auch ein Phänomen verstärkt in den Fokus der Öffentlichkeit, das in gewisser Weise eine Nebenfolge einer strikteren Kontrolle und Regulierung der Entsorgung gefährlicher Abfälle darstellte: Wenn nämlich Gesetze erlassen, Infrastrukturen geschaffen und die Entsorgung stärker kontrolliert wurden, dann griffen Firmen oftmals zu dem Mittel, Abfälle in Länder mit einer schwächer ausgeprägten Umweltgesetzgebung zu exportieren. Im Zweifelsfall wurden über Geldzahlungen Anreize für die Entsorgung geschaffen.[122]

Besonders eindrücklich war das im Fall des bereits erwähnten innerdeutschen Müllhandels: In den späten 1960er Jahren hatten westdeutsche Städte damit angefangen, Hausmüll gegen Devisen in die DDR zu schicken.[123] West-Berlin, das über wenig Platz für die Entsorgung verfügte, übernahm dabei eine Vorreiterrolle, aber andere Großstädte wie Hamburg folgten und benutzten ebenfalls den Osten als Müllventil, was für die DDR einen dringend benötigten Zufluss an Geldmitteln bedeutete. Zunehmend wurden jedoch im Lauf der 1970er Jahre auch gefährliche Abfälle in die DDR und andere Ostblockstaaten exportiert, was in den 1980er Jahren schließlich zu einer üblichen Praxis nicht nur westdeutscher Firmen wurde. Insbesondere die in Mecklenburg gelegene Deponie Schönberg wurde nach dem Fall des Eisernen Vorhangs zum Inbegriff dieser prekären Entsorgungspraxis.[124]

Der Müllexport war ein wichtiger Grund, dass die Umweltpolitik der DDR auch bei der Entsorgung als ein ziemliches Desaster zu bewerten ist. Noch im Jahr der Wiedervereinigung wurden in Ostdeutschland 9668 Deponien und Kleinkippen geschlossen und bis 1993 die Zahl der Ablagerungsstätten in der DDR von ca. 11 000 auf 291 reduziert.[125] Die meisten dieser Deponien waren bis dahin nur notdürftig gesichert. In gewisser Weise hatte in der DDR eine schleichende Selbstvergiftung durch industrielle Abfälle aus halb Europa stattgefunden. Diese Geschichte hatte allerdings, wie so oft beim Müll der Fall, am Ende eine zynische Pointe: Nach 1989 war der im Osten entsorgte Abfall nämlich plötzlich wieder das Problem der BRD, und wahrscheinlich haben sich die Verantwortlichen der Abfallwirtschaft am wenigsten über den Fall der Mauer gefreut. Die Sanierung der DDR-Altlasten stellte mit einem Aufwand von etwa 80 Mrd. DM bis heute die finanziell gesehen größte Umweltaktion der Welt dar.[126]

In den 1980er Jahren intensivierte sich der Handel mit problematischen Abfällen und wurde mehr und mehr zu einem globalen Geschäft.

In den USA etwa hatte der *Resource Recovery Act* zunächst den Nebeneffekt, dass kurz vor seinem Inkrafttreten im Jahr 1980 Firmen noch schnell alle möglichen problematischen Abfälle in Wasserläufe entsorgten, was temporär zu einem enormen Anstieg der Belastung führte. Jedoch wurde auch hier die Gesetzgebung zum Nährboden für zwielichtige Geschäftsmodelle, wie Simone Müller am Beispiel der Colbert-Brüder aus New Jersey gezeigt hat. Diese kauften seit den 1970er Jahren von Firmen sog. *Surplus Chemicals* wie Pestizide an, die diese loswerden wollten, weil sie zunehmend verboten wurden. Die Colbert-Büder lagerten sie auf unsachgemäße Weise und verkauften sie dann vor allem an afrikanische Länder. Als sie 1986 schließlich zu langen Haftstrafen verurteilt wurden, zeigte sich auch hier das alte Muster solcher Skandale: Die abfallproduzierenden Firmen wussten in der Regel ganz genau, dass die Brüder nicht seriös waren. Doch waren sie froh gewesen, dass ihnen jemand die Verantwortung für die Abfälle abnahm. Verurteilt wurden die Colbert-Brüder auch nicht wegen der Umweltgefährdung in Afrika, für die eine nationale Gesetzgebung gar nicht zuständig war, sondern wegen Betrugs, weil sie beim Abfallexport nach Zimbabwe Hilfsgelder der US-Regierung veruntreut hatten.[127]

In den 1980er Jahren häuften sich die Ereignisse, die den Handel mit problematischen Abfällen in den Fokus der Öffentlichkeit brachten. Die Gefühle kochten besonders hoch im Fall des Frachters *Khian Sea*, der 1986, mit 14 000 Tonnen Asche aus einer Verbrennungsanlage für Sondermüll aus Philadelphia beladen, eine atemberaubende Odyssee über die Weltmeere antrat. Die Stadt hatte die Asche vormals auf einer Deponie in New Jersey entsorgt, wo sich der Staat ab 1984 allerdings weigerte, sie weiter anzunehmen. Die Vertragsnehmer versuchten zunächst, sie auf den Bahamas zu deponieren, doch auch die dortige Regierung weigerte sich. In den nächsten 16 Monaten unternahm die *Khian Sea* eine Irrfahrt über den Atlantik, um ihre Fracht loszuwerden. Schließlich entsorgte die Crew 4,000 Tonnen der Asche zunächst in der Nähe von Gonaïves in Haiti an einem Strand. Danach versuchte man, den Rest der Asche in Senegal, Marokko, Jugoslawien, Sri Lanka und Singapur loszuwerden. Als aber auch das nicht funktionierte, wurden die restlichen 10 000 Tonnen schließlich zwischen Singapur und Sri Lanka im Indischen Ozean verklappt.[128]

Dieser Fall – genauso wie der des Frachters *Mobro 4000*, der im Jahr 1987 New Yorker Müll durch die halbe Welt verschiffte – fand nicht nur ein starkes Echo in der Presse, sondern wurde auch umfassend gerichtlich aufgearbeitet.[129] Er bot einen Einblick in die gut vernetzte und globalisierte Welt des internationalen Müllhandels. Er zeugte von der Variationsbreite zwielichtiger Praktiken; so wurde der Frachter etwa, um die Rückverfolgung zu erschweren, mehrfach umbenannt. Zugleich machte der Fall aber auch das prekäre Verhältnis von Umweltgesetzgebung und globaler Entsorgungspraxis deutlich. Denn warum wurde die Asche nicht dort entsorgt, wo sie produziert worden war? Auf der Hand lagen auch die Handlungszwänge der Crew, die bei aller vorhandenen kriminellen Energie schlichtweg nicht wusste, wie sie ihre Ladung loswerden sollte.

Nicht zuletzt, um solche Fälle zu erschweren, wurde 1989 das Baseler Abkommen abgeschlossen, das 1992 in Kraft trat und mittlerweile zu einem von 190 Staaten ratifizierten Rahmenwerk zur Regulierung des internationalen Müllhandels geworden ist.[130] Seit 2006 gehören zu den erfassten Abfällen auch elektronischer Müll und seit 2019 Plastik. Allerdings haben die Vereinigten Staaten als wichtiger Abfallproduzent das Baseler Abkommen bislang nicht ratifiziert.

Haben sich die Verhältnisse mittlerweile gebessert? Das ist eine schwierig zu beantwortende Frage. Viele Geschäfte sind entweder illegal oder bewegen sich zumindest in einer Grauzone. Vieles wurde nun kurzerhand als Recycling deklariert, was vorher als Sondermüll bezeichnet worden wäre.[131] Die Vollzugsprobleme bei der Kontrolle des Exports problematischer Abfälle sind weiterhin groß, und Giftmüllskandale deshalb leider noch lange nicht Geschichte. Prominent ist etwa der Fall des Schiffs *Probo Koala* der multinationalen Entsorgungsfirma Trafigura, das im Jahr 2006 500 Tonnen Giftmüll im Hafen von Abidjan entsorgte. Ein Zwischenhändler verteilte die Abfälle anschließend auf verschiedenen Müllkippen der Hauptstadt der Elfenbeinküste. Durch die direkten Folgen dieser Aktion starben mindestens zehn Menschen, zahllose weitere wurden kontaminiert und hatten unter schweren Spätfolgen zu leiden. Nach einem Monat wurden die Chemikalien wieder abtransportiert und in Frankreich in einer Sondermüllanlage behandelt. Trafigura erklärte sich im Rahmen der gerichtlichen Aufarbeitung bereit, eine Entschädigung von 150 Millionen Euro zu zahlen.[132]

Zudem hat die Menge an gefährlichen Abfällen sicher nicht abgenommen. Neben den Rückständen von besonders sensiblen Branchen wie der Chemie- oder Schwerindustrie sind insbesondere ausrangierte Elektrogeräte – der sog. E-Waste – in den letzten 20 Jahren zu einem immer größeren Problem geworden. Mit der oben erwähnten zunehmenden materiellen Komplexität der industriellen Produktion und immer komplexeren Verbindungen haben auch die potentiellen Belastungen zugenommen. Zu Beginn der 1980er Jahre war *High-Tech Pollution* und das Problem der Entsorgung von Elektronik beispielsweise noch kaum ein Thema. Das änderte erst der Fairchild-Camera-Skandal 1982, bei dem die Produktion von Halbleitern in Kalifornien schwere Altlasten hinterließ.[133] Das Hauptproblem besteht mittlerweile in der Schwierigkeit, die in komplexen Verbindungen verbauten Materialien mechanisch wiederzuverwerten, weshalb sie oftmals als Sondermüll auf Kippen wie der berüchtigten Deponie Agbogbloshie in Ghana enden.[134]

Trotzdem gibt es Anlass zur Hoffnung. So existiert mittlerweile eine viel größere Sensibilität der Öffentlichkeit gegenüber dem Export von Giftmüll, und die staatlichen Kontrollen haben sich stark verbessert. Die Vollzugsdefizite sind aber immer noch vorhanden, denn Abfall ist schlichtweg schwer zu kontrollieren. Doch das einfache Abkippen von Giftmüll ist heute insgesamt viel schwerer geworden, als das noch in den 1980er Jahren der Fall war.[135] Firmen haben mittlerweile mit einer erheblichen Beschädigung ihres Images zu rechnen, sollten ihnen Verwicklungen in illegale Entsorgungspraktiken nachgewiesen werden. Zudem sind sie ja auch ein Teil der Gesellschaft, durchleben Lernprozesse und entwickeln mitunter selbst so etwas wie ein Umweltbewusstsein.[136] Die Frage, ob das beispielsweise auch für China gilt, ist sehr berechtigt. Aber auch dort gibt es zumindest Anzeichen dafür, dass die Zeiten rücksichtsloser Entsorgungspraktiken langsam zu Ende gehen.

13. Arm und reich: Recycling als Politik und Überlebensstrategie

Recycling hin, Kreislauf her, sprich Zukunft gestalten.
(Wolf Haas[1])

Eine Kultur der Obsoleszenz

Mit ihrer allerersten Aktion überhaupt machte die Umweltorganisation *Friends of the Earth*, ein Zusammenschluss verschiedener Aktivistengruppen, im Jahr 1971 spektakulär auf sich aufmerksam. Aktivisten deponierten 1500 Schweppesflaschen, auf die das Pfand kürzlich abgeschafft worden war, vor dem Hauptquartier von Cadbury Schweppes in London. Die Bilder waren eindrucksvoll, das Medienecho groß und die Botschaft eindeutig: Anstatt immer noch mehr Müll zu produzieren, sollte ein achtsamerer Umgang mit der natürlichen Umwelt entwickelt werden. Dazu gehörte nicht zuletzt die Forderung nach einem verstärkten Recycling.

Das wurde in den 1970er Jahren ein großes Thema, und tatsächlich stand das Recycling nach dem Zweiten Weltkrieg vor großen Herausforderungen. Wie gesehen gab es durch die Geschichte hindurch umfangreiche Praktiken des Wiederverwendens und Wiederverwertens. Mit Ausnahme der Zeit der Weltkriege hatten sie aber stets eine große Gemeinsamkeit: Dinge und Materialien wurden wiedergenutzt, weil sie – wie es der Anthropologe Daniel T. Sicular ausgedrückt hat – ein *Erz* waren: Ein verborgener Wertstoff, den es auszugraben, freizulegen galt, und für den eine Nachfrage existierte. Dafür brauchte es keine Politikprogramme und keine Ermahnungen, dafür brauchte es auch keine besondere Ethik. Das geschah tatsächlich in der Regel ganz von selbst.[3]

Das wurde – zumindest in den USA und den wohlhabenden Ländern Westeuropas – nach dem Zweiten Weltkrieg anders. Die ökonomischen Anreize für das Sammeln und Wiederverwerten von Hausmüll wurden immer geringer, sodass es während der 1960er Jahre zunehmend zum Erliegen kam. Das führte, gerade angesichts anschwellender Müllmengen,

Protestaktion Friends of the Earth, 1971 Cadbury Schweppes Hauptquartier in London[2]

immer wieder zu beißender Kritik: Der US-amerikanische Soziologe Vance Packard sprach bereits 1960 vom *Throwaway Age*, und vergleichbare Formulierungen sind seitdem aus der öffentlichen Debatte nicht mehr verschwunden.[4] Immer wieder wurde eine Wegwerf- und Konsummentalität beklagt, die nicht allein den starken Anstieg der Müllmassen bewirkt habe, sondern auch Möglichkeiten des Wiedernutzens und Recyclings achtlos verstreichen ließ. Bedauert wurden auch die schwindenden Möglichkeiten, Dinge zu reparieren oder auf andere Weise weiter zu nutzen.

Diese Argumente sind in der gegenwärtigen Debatte um Recycling, *Zero Waste* oder die *Kultur der Reparatur* gängig, aber sind sie auch schlüssig? Gelegentlich scheint es so, als ginge es darum, den Konsum zu beklagen und zugleich die Konsumenten freizusprechen – als wollten sie gar nicht so viel wegwerfen, würden aber durch Strategien und Sabotageakte der Industrie dazu verführt und gezwungen. So wird häufig von *Geplanter Obsoleszenz* gesprochen und behauptet, Elektrogeräte würden so konzipiert und gebaut, dass sie nach kurzer Zeit kaputtgehen und durch neue ersetzt werden müssten. Als Beleg dafür werden allerdings fast immer dieselben Beispiele angeführt: Dazu gehört etwa das globale

Kartell der Hersteller von Glühlampen – das sog. Phoebus-Kartell – aus dem Jahr 1924, welches die Lebensdauer von Glühlampen konstruktionstechnisch auf 1000 Stunden begrenzte.[5] Doch diese Maßnahme war unter dem Gesichtspunkt der Energieeffizienz durchaus sinnvoll, weil länger haltbare Glühlampen dickere Drähte und darum auch mehr Strom benötigten. Außerdem wird fast immer übersehen, worum es sich bei dieser Regelung handelte: nämlich um eine Kartellvereinbarung. Kartelle machen aber eine Normierung der Produkte erforderlich, deren Preise durch Absprache geregelt werden sollen – und die Zahl der Kartelle war in der Zwischenkriegszeit kaum zu überblicken.[6]

Tatsächlich kann auch von einem Bedeutungsverlust der Reparatur nur bedingt – wenn überhaupt – gesprochen werden. Zwar ist sie in vielen Bereichen tatsächlich verschwunden: So gab es in den 1950er Jahren noch Laufmaschendienste, bei denen man sich Nylonstrümpfe ausbessern lassen konnte – die einige Jahre später dann einfach weggeworfen wurden.[7] Trotzdem hat die Reparatur eher eine Formveränderung und Professionalisierung als einen Bedeutungsverlust erfahren. Seit dem späten 18. Jahrhundert ist immer wieder der Niedergang des Handwerks prognostiziert worden, weil es gegen die Kostenvorteile der industriellen Massenproduktion keine Chance hätte. Es überlebte aber nicht zuletzt deswegen, weil es zu einem Dienstleister für Reparaturen aller Art wurde: Vom Schuhmeister über den Fahrradmechaniker bis hin zum Installateur. Sicher unterliegen die Reparaturgewerbe Konjunkturen und technischen Veränderungen: Beispielsweise hat die Zahl der KFZ-Werkstätten in den USA genauso abgenommen wie die der Reparaturgeschäfte für Fernseher. Allein für sich besagen diese Zahlen aber noch nicht viel, zumal neue Reparaturgewerbe, etwa für Mobiltelefone, hinzugekommen sind.[8]

Dieser Punkt lässt sich noch umfassender anlegen: Reparatur – oder genauer formuliert: Wartung – gehört in zahllosen Bereichen zu den Grundvoraussetzungen, damit unsere Welt überhaupt funktionieren kann.[9] Ein Flugzeug erzeugt während der Dauer seines Betriebs annähernd so viel Kosten für die Wartung, wie für seine Anschaffung benötigt wurden. Bei Autos dürfte das nicht viel anders aussehen, und bei Fahrrädern liegen die Wartungs- und Reparaturkosten häufig um ein Vielfaches über dem Kaufpreis. Die Professionalisierung der Reparatur, die dadurch immer mehr zu einer Dienstleistung – mit einem oft teuren Preis – wurde, ist nicht zuletzt eine Reaktion auf die zunehmende materielle Komplexität der Technikwelt, in der wir leben: Sie zu begreifen und zu manipulieren entzieht sich mehr und mehr unserer Privatexpertise.[10] Das erzeugt viel Frustration in Reparaturcafés, wo es zwar gelingt, den Schalter der Schreibtischlampe zu reparieren, nicht jedoch den Festplattenspeicher des Mobiltelefons. Es war zunächst ein großer Vorteil des Benzinautos, dass es eine große Reichweite hatte und selbst repariert werden konnte. Aber bereits in den 1920er Jahren setzten sich mehr und mehr professionelle Werkstätten durch.[11] Dennoch ließ sich die Reparatur – anders als die Neuproduktion – nur unzureichend rationalisieren. Wenn sie weiterhin zahllosen Menschen Arbeit gibt, dann liegt genau darin der Grund.[12]

Was aber ist das Problem, wenn der Bedeutungsverlust der Reparatur in dieser Form gar nicht stattgefunden hat? Vielleicht geht es darum, sie nicht mehr selbst ausführen zu können. Der marktvermittelte Konsum stellt die Menschen nicht nur in ein abstraktes Verhältnis zur Ware, weil sie ihre Hersteller nicht kennen. Zugleich wird ihnen auch die Möglichkeit genommen, sich die Produkte durch Reparatur anzueignen. Alfred Sohn-Rethel hatte das in den 1920er Jahren in seinen Berichten aus Neapel scharfsinnig erkannt: Nur mit kaputter Technik ließ sich etwas anfangen, denn sie stellte eine Aufgabe und ermöglichte Aneignung. Was bedeutet es aber für eine Welt, wenn die Dinge funktionieren, und falls sie es nicht tun, dass man selbst wenig daran ändern kann? Es ist oft vermutet worden, der Aufschwung des Heimwerkens seit den 1950er Jahren zunächst in den Vereinigten Staaten habe mit der Kompensation dieser Form der Entfremdung zu tun.[13]

Diese Fragen sind berechtigt, und doch tut eine Geschichte des Recyclings nach dem Zweiten Weltkrieg gut daran, sich von Schlagworten wie Geplanter Obsoleszenz und Ähnlichem fernzuhalten. Die empirischen Belege dafür sind dünn, und sie adressieren den Großteil des produzierten Mülls und des Recyclinggeschäfts nicht korrekt: Die meisten Dinge, die wir wegwerfen und die dann recycelt werden können, werfen wir unmittelbar nach Gebrauch weg. Verpackungen, Lebensmittel oder Kleidungsstücke produzieren sehr viel mehr Müll als das Auto, das auf den Schrottplatz kommt. In vielen Bereichen – etwa bei der Verwertung von Tierkörpern – ist man zudem heute auf einem Niveau angelangt, von dem die Vormoderne weit entfernt war.[14] Die Nutzung tierischen Darmschleims für Kosmetika hat zwar sicherlich wenig mit Umweltschutz zu tun. Doch ist es nicht gleich das nächste Klischee, Recycling sei automatisch umweltfreundlich? Gerade solche Fragen machen einen genaueren Blick auf die Praktiken der Wiederverwertung notwendig.

Recycling in der Massenkonsumgesellschaft

Massenkonsumgesellschaften zeichnet ein typischer Entwicklungsverlauf des Recyclings aus: In den 1950er Jahren wurde noch vielerorts eine durchaus ausgeprägte Wiederverwertung von Haushaltsabfällen betrieben, die dann aber während der 1960er Jahre zunehmend verschwand. Erst im Laufe der 1970er Jahre wurde – nicht zuletzt getrieben von einer größeren Aufmerksamkeit für den Umweltschutz – das Recycling von Hausmüll wieder verstärkt, blieb aber lange Zeit in lokalen Ansätzen stecken. Zur Etablierung dauerhafter Infrastrukturen – etwa in Form von Altglascontainern – kam es in der Regel erst seit den späten 1970er Jahren. Seitdem ist das Recycling von Hausmüll nicht mehr von der Agenda der Politik verschwunden und stellt bis heute eines der wichtigsten Felder der Umweltpolitik dar.

Dass sich das Recycling von Hausmüll seit den 1950er Jahren auf dem Rückzug befand, hing wesentlich mit dem steigenden Wohlstand zusammen. Hausmüll war aufwändig zu sammeln und zu sortieren. Es fanden sich immer weniger Menschen, die diese anstrengende, wenig einträgliche Arbeit leisten wollten – oder leisten mussten, wenn praktisch Vollbeschäftigung herrschte. Auch die Pfandhäuser verschwanden nach und nach. Teilweise spielten aber auch neue Deponierungskonzepte eine Rolle: Um die Sanitary Landfills wurde oft ein Zaun gezogen, und das mit gutem Grund. Die schweren Planierfahrzeuge, die den Müll auf der Kippe verdichteten, brachten jeden Sammler in große Gefahr.

Es gab jedoch Unterschiede. So wurde beispielsweise in schottischen und nordenglischen Städten die getrennte Sammlung von Papier und Glas teilweise noch bis in die zweite Hälfte der 1960er Jahre betrieben, während in Westdeutschland zu diesem Zeitpunkt kaum noch Haus-

Altpapier-Recycling in Manchester 1966[17]

haltsabfälle wiederverwertet wurden. Solche Ungleichzeitigkeiten lassen sich zunächst über Wohlstandsdifferenzen erklären – so wurden die nordenglischen Städte hart vom industriellen Strukturwandel getroffen. Aber es kamen noch andere Faktoren hinzu: So erzeugte der massive Interventionismus des NS-Staats in Sachen Wiederverwertung noch Jahrzehnte später einen Widerwillen. Der Philosoph Hans Blumenberg, als sog. Halbjude Opfer der nationalsozialistischen Verfolgungspolitik, sah sich noch 1990 anlässlich verstärkter Recyclingmaßnahmen unangenehm an die Sammlungen des Winterhilfswerks erinnert und fühlte sich zum Müllsortieren gedemütigt.[15] In Großbritannien gab es hingegen nicht nur eine lange Recyclingtradition, sondern auch ein Kriegsrecycling, das trotz mancher Probleme und Kontroversen als Beitrag zum Triumph über Hitlerdeutschland empfunden wurde. Zudem brach die nationalsozialistische Infrastruktur des Recyclings nach dem Ende des Zweiten Weltkriegs zusammen, was in Großbritannien nicht in diesem Maße der Fall war.[16]

Bei diesem Rückzug darf man allerdings einen wichtigen Aspekt nicht außer Acht lassen: Was in den 1960er Jahren in den Massenkonsumgesellschaften aufhörte, war das Recycling von *Hausmüll*, nicht aber von Papier oder Glas, deren Wiederverwertung sich vielmehr in andere

Bereiche verschob. So wurde während der 1950er und 1960er Jahre nun vermehrt in gewerblichen Betrieben oder Supermärkten gesammelt, die den großen Vorteil hatten, dass hier größere Mengen anfielen, die nicht aufwendig sortiert werden mussten. Papier ist nicht gleich Papier und Glas ist nicht gleich Glas. Weil aber die Sortierung mit dem Problem steigender Arbeitskosten konfrontiert war, lag es nahe, sich stärker auf das gewerbliche Recycling zu konzentrieren. Dabei wurden etwa bei Papier schon vor den 1970er Jahre teilweise durchaus beachtliche Recyclingquoten von 25 Prozent oder mehr erreicht. Das Recycling im Zeichen des Umweltschutzes kam also keineswegs aus dem Nichts.[18]

Ab den 1970er Jahren wurde das Recycling zu einem großen Thema in den umweltpolitischen Debatten: Zu den drängenden Themen, welche diese Diskussionen prägten, gehörte nun auch der Müll. Die Folgen der stark steigenden Abfallmengen waren sicht- und riechbar. Giftmüllskandale begannen die Öffentlichkeit für die Folgen des achtlosen Wegwerfens zu sensibilisieren, das in seinem Ausmaß vielen Menschen persönlich einfach zu viel wurde, zumal viele Prognosen damals einen fortgesetzten starken Anstieg der Müllmengen vorhersagten.[19] Und schließlich war Recycling selbst in gewisser Weise *alternativlos*, denn sonst gab es eigentlich nichts, was als Alternative zum Verbrennen oder Abkippen getaugt hätte.

Einige Aktivierungsereignisse kamen hinzu. So startete 1967 der westdeutsche Getränkehandel eine Kampagne zur Abschaffung des Flaschenpfands, die seitdem sprichwörtlich geworden ist: Der Vorteil von Einwegflaschen wurde gerade damit angepriesen, sie ließen sich einfach wegwerfen, wofür der Slogan «Ex-und-Hopp» entwickelt wurde. Der Aufschrei war jedoch heftig. Die Verantwortlichen in den Stadtreinigungsämtern, die ohnehin nicht wussten, wie sie den ganzen Müll wegschaffen sollten, rechneten mit der Erhöhung der Müllmenge um etwa ein Drittel. Da Glas nicht brannte, hätte eine solche Maßnahme zudem die ohnehin von technischen Problemen geplagten Verbrennungsanlagen zusätzlich belastet.[20] Allerdings waren es nicht in erster Linie umweltpolitische Bedenken, an denen dieser Vorstoß zunächst scheiterte. Entscheidend war vor allem der Widerstand der Brauindustrie, die mit der Einführung der Einwegflaschen das Verschwinden vieler kleiner Brauereien kommen sah.[21]

Plakat: Ex-und-Hopp (1967)[25]

Der Blick nach Frankreich oder in die USA zeigt das Ergebnis, wenn man die Dinge laufen ließ: Dort setzten sich seit den späten 1960er Jahren Dosen und Kunststoffflaschen flächendeckend durch, und das ist ein Grund dafür, warum dort die Getränkeindustrie von wenigen Großkonzernen dominiert wird.[22] Robert Friedel hat gezeigt, wie Mehrwegflaschen im Laufe der 1960er Jahre mehr und mehr von Einwegbehältern – zunächst vor allem Dosen – verdrängt wurden. Das Pfandsystem für Glasflaschen wurde damit immer mehr zurückgedrängt.[23] In Westdeutschland ging die Ex-und-Hopp-Kampagne hingegen einen Schritt zu weit. *Convenience* hatte in den Wirtschaftswunderjahren eine zentrale Rolle als Verkaufsargument gespielt, dennoch stieß eine Maßnahme, die offensichtlich zu immer mehr Müll führen musste, jetzt auf scharfe Kritik. Auch wenn es noch etwas dauern sollte, bis Recycling permanent in der Öffentlichkeit thematisiert wurde, so kündigte sich hier doch eine Veränderung des gesellschaftlichen Klimas an. Produktinnovationen, die zu immer noch mehr Müll führen mussten, wurden nicht mehr ohne Weiteres akzeptiert.[24]

In den späten 1960er Jahren häuften sich in vielen Ländern die Recyclinginitiativen. Zahllose Bürgerinitiativen machten Vorschläge für das Recycling. Vielleicht war dieses – nachdem die mit den Protestbewegungen im Jahr 1968 verbundenen Hoffnungen auf eine grundlegende Umgestaltung der Gesellschaft abgeflaut waren – auch eine Möglichkeit, die Verhältnisse im Kleinen und im Alltag zu verbessern. Oftmals waren es junge Familien, die Briefe an die Behörden schickten und in einem selbstbewussten – aus Sicht der Behörden: «frechen» – Ton ein stärkeres Recycling verlangten.[26] In den Niederlanden waren es Hausfrauenverbände, bei denen die Müllströme der Massenkonsumgesellschaft mit einer traditionellen Sparsamkeitsethik in Konflikt gerieten.[27]

Immer wieder stand am Beginn die Initiative von Menschen, die die Umwelt schützen wollten und denen die Müllströme Angst machten. Das genügte jedoch nicht, damit Recycling stattfinden konnte. Dafür brauchte es Infrastrukturen, Menschen, die Papier oder Glas einsammelten, und das nicht nur am letzten Sonntag im Monat, sondern permanent. Es brauchte Betriebe, die diese Materialien dann verarbeiteten und wieder in den Stoffkreislauf rückführten. Haltungen materialisieren sich nicht einfach in Infrastrukturen, und die Firmen, die Glas, Papier etc. einsammelten, kamen kaum jemals aus den Reihen der Bürgerinitiativen. Vielmehr handelte es sich um private Abfallfirmen, die Recycling als ein potentiell profitables Geschäftsfeld entdeckten und bei denen nicht primär Umweltschutz im Vordergrund stand. Daraus entwickelten sich Spannungen und Widersprüche, die das Feld bis heute prägen.

Dabei gab es eine kurze Zeit, in der eine Versöhnung zwischen Ökonomie und Ökologie möglich schien. 1973 reagierten die arabischen Staaten, die einen immer größeren Anteil an der globalen Ölproduktion besaßen, auf den Jom-Kippur-Krieg und die westliche Unterstützung Israels mit einem Boykott und erprobten auf diese Weise zugleich die Möglichkeiten der Kartellbildung. Es kam zu einer dauerhaften Erhöhung des Ölpreises, der anschließend nie wieder das niedrige Niveau der 1950er und 1960er Jahre erreichen sollte. Im Zuge der Ölkrise stiegen aber auch die Weltmarktpreise für viele andere Rohmaterialien an. Dazu gehörten nicht zuletzt auch Glas und Papier.[28] Privatfirmen veröffentlichten in Westdeutschland Aufrufe, Zeitungspapier gebündelt vor die Tür zu stellen. Zahlreiche Unternehmen zur Sammlung von Altmaterialien wurden gegründet.

Der daraus resultierende Schub, der nicht nur die Sammlung, sondern auch den Handel mit Sekundärrohstoffen betraf, schlug besonders hohe Wellen in den USA: Dort kam es sogar zu Klagen, der Export von Stahlschrott sei unpatriotisch und könne in einem zukünftigen Krieg auf die Vereinigten Staaten zurückfallen.[29] Doch die Recycling-Euphorie war ohnehin nur kurz. Bereits nach wenigen Monaten fingen die Preise wieder an zu sinken und machten das Geschäft mit Altpapier oder -glas unprofitabel. Die Recycling-Center, die in den USA wie Pilze aus dem Boden geschossen waren, sahen sich nun mit einem schwindenden Geschäftsmodell konfrontiert.[30]

Gerade das Beispiel des Papiers macht deutlich, wie kompliziert das Geschäft während der 1970er Jahre war und wie unrealistisch eine Versöhnung von Marktrationalität und Umweltschutz: Denn der Preis für Altpapier hängt von verschiedenen Faktoren ab wie etwa dem Preis für Neupapier, den Transportkosten oder der Nachfrage. Gerade in den 1970er Jahren, als der globale Handel mit Sekundärrohstoffen an Dynamik gewann, kam es zu starken Preisschwankungen, die für das Feld des Altpapierrecyclings große Konsequenzen hatten: Mal ließ sich aus der Sammlung ein gutes Geschäft machen, mal rechtfertigten die niedrigen Preise nicht einmal die Kosten der Lagerung. Nach und nach wurde klar, wie schwierig sich dauerhafte Lösungen für das Recycling von Hausmüllfraktionen etablieren ließen, wollte man sich allein auf die Kräfte des Marktes verlassen.[31]

Trotzdem deuteten sich Veränderungen an, und es entwickelte sich eine andere Einstellung zum Müll, die sich auch sprachlich zeigte: In den USA trat langsam der Ausdruck *Solid Waste Management* an die Stelle von *Solid Waste Disposal*.[32] In Deutschland wurde seit Mitte der 1970er Jahre der Begriff der *Abfallwirtschaft* populär, der vormals eher das Steckenpferd der Kompost-Apostel gewesen war.[33] Es wurden verschiedene Recycling-Symbole entwickelt, die in der öffentlichen Wahrnehmung bald für einen anderen Umgang mit Müll standen.[34] Das beinhaltete nicht zuletzt die Bereitschaft, politisch stärker zu intervenieren, Recyclingprogramme zu fördern und sie im Zweifelsfall zu subventionieren.

Auch die technischen Voraussetzungen des Recyclings verbesserten sich: nicht nur durch neue Verwertungstechnologien, sondern beispielsweise auch durch Flaschenautomaten, die Pfandsysteme bei Glas- und Plastikflaschen deutlich effizienter machten.[35]

Insofern fand der Aufbau von dauerhaften Recyclinginfrastrukturen mit Altglascontainern, Papiertonnen oder auch der Sammlung von organischem Müll zur Kompostierung, die seit den späten 1970er Jahren verstärkt betrieben wurden, nicht zuletzt mit Hilfe politischer Initiativen statt. Das schloss im Fall Westdeutschlands und anderswo auch die Garantie von Mindestpreisen ein, um Preisschwankungen abzumildern. Auch die skandinavischen Länder starteten in den 1970er Jahren Recyclinginitiativen, die das Sammeln und Sortieren von Altglas und Verpackungen unterstützten.[36] Gerade solche politischen Initiativen erhöhten oftmals die Rentabilität des Recyclings: Empirische Untersuchungen zeigten, dass es einige Zeit dauerte, bevor die Menschen Recyclingmöglichkeiten annahmen. Diese wurden dann aber immer intensiver genutzt.[37] Infrastrukturen haben insofern nicht nur Beharrungskräfte, sondern sie brauchen auch Zeit, sich zu etablieren.

Als ein Vorreiter des modernen Recyclings von Hausmüll erwies sich insbesondere Japan. Aufbauend auf Traditionen sparsamen Wirtschaftens, fanden dort bereits in den 1970er Jahren Sammelaktionen von Papier und anderen verwertbaren Reststoffen statt. Die Recyclingquote bei Papier von etwa 50 Prozent war zu Beginn der 1980er Jahre deutlich höher als die ähnlich wohlhabender Länder. Zudem wurden bereits in den 1970er Jahren verschiedenfarbige Behälter eingeführt, in denen der Müll im Haushalt getrennt gesammelt wurde.[38] Hinzu kamen Aufklärungskampagnen: In Machida in der Nähe von Tokyo bekamen die Bewohner einmal im Jahr Besuch von einem Mitarbeiter des Stadtreinigungsamtes, der ihnen Sinn und Zweck der kommunalen Recyclingprogramme erklärte. Zudem gab es bereits in den 1980er Jahren intensive Anstrengungen zum Recycling von Plastik, als darüber anderswo noch nicht einmal nachgedacht wurde.[39] Ein großes Hindernis für diese Recyclingpraktiken waren allerdings die zumeist sehr kleinen Wohnungen. Für das getrennte Sammeln insbesondere von kompostierbaren Abfällen gab es häufig zu wenig Platz.[40]

In den 1980er Jahren stand Recycling aber auch in den USA und Westeuropa zunehmend oben auf der Agenda der Politik und galt in Massenkonsumgesellschaften als wichtigste Strategie, um das Problem wachsender Müllmengen und beklemmender Entsorgungsengpässe in den Griff zu bekommen. Die Umsetzung war freilich komplizierter, als es politische Slogans suggerierten: Es brauchte nicht nur neue Mülltonnen und Container, sondern auch die entsprechenden Firmen und Anlagen zur Verwertung der Reststoffe. Das ambitionierte Recycling-Programm des Grünen Punktes in Westdeutschland, mit dem der Umweltminister Klaus Töpfer 1990 auf eine langjährige Entsorgungskrise und den Fall der Mauer reagierte, litt darunter, dass zur Verwertung der Kunststoffe kaum Infrastrukturen vorhanden waren. Es dauerte viele Jahre und bedurfte zahlreicher Umstrukturierungen, bevor das System wenigstens halbwegs funktionierte.[41]

Auch wenn es häufig provisorisch blieb und so sehr die Umsetzung oftmals im Tagesgeschäft versandete: Aus der aktuellen Müll- und Umweltpolitik ist Recycling nicht mehr wegzudenken. Das liegt nicht nur daran, dass es bislang keinen anderen Weg gibt, die Müllmengen zur Entsorgung zu reduzieren, ohne am Konsumverhalten etwas Grundsätzliches zu ändern. Einmal etablierte Infrastrukturen entfalteten vielmehr eine *Performativität*, die Recycling überhaupt erst zu einem Massenverhalten machte: Der Glascontainer brachte die Möglichkeit der Wiederverwertung jeden Tag in Erinnerung. Ähnlich war es später mit den verschiedenen Tonnen, welche den Bürgern zur Verfügung gestellt wurden.[42] Nicht zuletzt diese Alltäglichkeit machte Recycling mehr und mehr unverzichtbar.

Armutsstrategien

Wäre es rein nach ökonomischen Kriterien gegangen, hätte seit den 1960er Jahren das Recycling von Hausmüll kaum mehr stattgefunden. Es war nicht zuletzt politischer Wille, der das Recycling zurück auf die Agenda brachte und damit in gewisser Weise erst einen Markt schuf. In zahllosen ärmeren Ländern war das jedoch anders. Hier gab es weiterhin ein «marktgetriebenes» Recycling, bei dem Altmaterialien gesammelt wurden, um sie anschließend zu verkaufen und damit den Lebensunterhalt zu verdienen. Was Pariser Chiffonniers im 19. Jahrhundert motiviert hatte, findet sich heute noch an zahllosen Orten auf der Welt, nämlich Recycling als Strategie zur Bewältigung von Armut. Wie es ein Müllsammler in Togo ausdrückte: «Die Deponie ist die Rettung!»[43]

Diese Form des Recyclings ist – wenig überraschend – besonders in armen Ländern wichtig, und auch Defizite der Müllsammlung spielen eine Rolle. Doch mindestens genauso relevant wie absolute Armut ist soziale Ungleichheit, die oftmals haarsträubenden Unterschiede zwischen Arm und Reich. So gibt es in vielen, vergleichsweise wohlhabenden Städten zahllose Müllsammler. Buenos Aires ist dafür bekannt, aber gerade auch viele chinesische Städte.[44] Zugleich produzieren viele Metropolen neue Formen von Ungleichheit: Saskia Sassen hat die durch die Großstadt vorangetriebene Spaltung zwischen einer gut ausgebildeten, wohlhabenden und einer wirtschaftlich prekären Klasse beschrieben, die zumeist vorgeblich unqualifizierte Tätigkeiten ausübt.[45]

Besonders das Recycling in chinesischen Städten ist ein interessanter Fall. Trotz des rasanten wirtschaftlichen Aufschwungs ist das Land bis heute von enormer sozialer Ungleichheit geprägt. Die Abfallsammler rekrutieren sich zum größten Teil aus «Landbewohnern», die zwar in der Stadt leben und arbeiten, durch das *Hukou*-System jedoch keinen Zugang zu Wohnungen oder Schulen besitzen und damit von vornherein als urbane Unterschicht abgestempelt werden.[46] Die dadurch markierten Unterschiede in der Wahrnehmung der chinesischen Stadt demonstriert der Erlebnisbericht eines Pekinger Abfallsammlers:

> «Ich hätte nie gedacht, dass eine Stadt wie Peking so viel Dreck produzieren kann», sagt Chunming. Im Fernsehen wurde das nie erwähnt. Er dachte einfach, dass die Hauptstadt eine Oase des Luxus und des Fortschritts sei. Aber um das blühende Zentrum der Macht herum lagen Inseln von verrottendem Müll. Und die Menschen, die darin wie Schweine wühlten, sogar seine Dorfgenossen, schienen sich an all dem nicht zu stören! ... Auf diese Weise wurde Chunming ein vollwertiges Mitglied der Müllkolonie. Tag für Tag durchsuchten vierzig von ihnen den Inhalt von etwa hundert großen Müllwagen – mit einem Stahlhaken in der rechten Hand und einem Korb um die linke Schulter. Styropor, Flaschen, Dosen, Glas, Pappe – Chunming suchte alles heraus, was noch einen Wert hatte, und harkte

> es geschickt in seinen Korb... Genau wie die anderen nutzte er alles, was einen gewissen Wert hatte, um sich in seiner provisorischen Pappunterkunft einen Haushalt einzurichten. Sein Bett war eine alte Tür, er hatte sich einen Tisch aus dem Müll geholt, und am Kopfende seines Bettes stand eine Stereoanlage, die er geschickt aus reparierten Teilen zusammengebaut hatte, die die früheren Besitzer weggeworfen hatten. Und sie funktionierte![47]

Wie im 19. Jahrhundert gibt es hauptsächlich zwei Arenen, in denen die Sammlung stattfindet: die Straße und die Kippe. Auf der Straße konnten verwertbare Materialien vom Boden ausgelesen, aus Mülltonnen und Papierkörben aufgesammelt oder aus Müllablagerungen aussortiert werden. Dabei handelt es sich um Stahlwaren, Glas, Plastik, Papier, Pappe, Textilien, Aluminium, Blei oder was sonst noch alles denkbar ist.[48] Die Grenzen zwischen Müllabfuhr und Scavenging verschwammen dabei mitunter. So übernahmen in Mexiko Stadt beispielsweise Freiwillige eine Vorsortierung der Abfälle im Müllwagen. Was dann noch übrig blieb, landete auf den Deponien, wo weiter gesammelt und sortiert wurde.[49]

Ein faszinierendes Beispiel für ein solches Zusammenspiel sind die *Zabaleen* in Kairo. Diese übernahmen nicht nur eine große Rolle für die Müllsammlung und das Plastikrecycling, sondern hielten auch Schweine in der Stadt, um organische Abfälle zu verwerten.[50] Was manche Beobachter als eines der effizientesten Recyclingsysteme der Welt betrachteten, war der Obrigkeit jedoch bereits seit den 1980er Jahren zunehmend ein Dorn im Auge.[51] 2009 gerieten die Zabaleen in den Fokus einer Regierungskampagne, die nach außen hin auf einen Ausbruch der Hühnergrippe reagierte und die Haltung von Schweinen in der Stadt verbot. Im Hintergrund ging es aber wohl eher darum, die von Muslimen als unrein angesehenen Tiere aus dem öffentlichen Raum zu verbannen, zumal die Zabaleen koptische Christen sind, die in Ägypten diskriminiert und teilweise verfolgt werden. Bis heute schwelt dieser Konflikt weiter, zumal in den letzten Jahren immer klarer wurde, wie sehr die Stadt auf das informelle Recycling angewiesen ist, um nicht völlig im Müll zu ersticken.[52]

Gerade weil die Müllsammlung so oft große Probleme hat, entwickelt sich – gewollt oder ungewollt – immer wieder eine Kooperation zwischen der öffentlichen Müllabfuhr und Abfallsammlern.[53] Das Scavenging wird in vielen Großstädten geduldet oder sogar unterstützt, weil der Abfall sonst nicht abgeholt und auf die Straße gekehrt wird.[54] Das erscheint umso plausibler, wenn man die große Zahl an informellen Abfallsammlern in Rechnung stellt, die Martin Medina für indische Städte zusammengetragen hat.[55]

Stadt	Bevölkerung 2005 (in Millionen)	Geschätzte Zahl an *Scavengers* (tausend)	Jahr
Neu Delhi	15	167	2000
Mumbai	18	135	2004
Kolkata	13	80	2004
Bangalore	5,5	70	2004
Ahmedabad	4,8	50	2003
Pune	3,5	10	1993

Geschätzte Zahl der im informellen Recycling engagierten Personen[56]

Die Sammlungs- und Sortierarbeit findet allerdings nicht nur auf der Straße statt, sondern auch auf Kippen, die gleichermaßen zu Arbeits- und Lebensräumen wurden. Die Ethnologin Martine Camacho hat das bereits in den 1980er Jahren in einer faszinierenden Fallstudie für die Deponie *Kianja* am Rand von Madagaskars Hauptstadt Antananarivo dargestellt.[57] Sie verschwieg keineswegs die Gefahren des Alltags: Krankheiten, Gifte oder verwesende Tierkadaver verkürzten die Lebenserwartung und schädigten die vielen Kinder, die auf der Kippe lebten. Zugleich beschrieb sie aber einen sozioökonomischen Mikrokosmos, von dem die eigentliche Sammlung und Sortierung des Mülls nur einen Teil darstellt. Nur etwa die Hälfte der Bewohner sammelte tatsächlich Müll, während die andere Hälfte von Handwerk und Reparaturarbeiten lebte. Auch die zahlreichen Schweine, die mit den Menschen zusammenlebten, waren Teil dieser Wirtschaftsgemeinschaft. Während die Autorin selbst das Gefühl hatte, mit Kianja eine andere Welt zu betreten, war sie zugleich über die zahlreichen Außenbeziehungen und die Vielzahl an Orten erstaunt, an denen Gesammeltes von der Kippe verkauft wurde. Ihre Bewohner wurden von den Dörfern in der Umgebung für ihren kleinen Wohlstand sogar beneidet.[58]

Smokey Mountain, Manila (1992)[61]

Deponien sind Lebensräume, aber auch hochgradig ungesunde Orte. Berühmt-berüchtigt war lange der *Smokey Mountain* (Tambakan) – die Hauptdeponie der philippinischen Hauptstadt Manila, die nach dem Zweiten Weltkrieg zu den am schnellsten wachsenden Metropolen Südostasiens gehörte und am Ende der 1980er Jahre bereits etwa zehn Millionen Einwohner hatte. Der Smokey Mountain wurde 1954 als Deponie ausgewiesen, und bald eskalierten die Konflikte um seine Nutzung und Schürfrechte zu einem regelrechten Bandenkrieg, der erst durch die Aufteilung der Kippe befriedet werden konnte. In den 1990er Jahren ernährte die Deponie nahezu eine Kleinstadt von bis zu 30 000 Menschen, die am und vom Müll lebten sowie Schweine hielten.[59] Der Preis, den sie dafür bezahlten, war allerdings hoch. Beständig waren sie giftigen Dämpfen ausgesetzt. Infektionsgefahren, Vitaminmangel, Parasiten und Unterernährung gehörten zu den ständigen Begleiterscheinungen des Lebens auf der Kippe. Auch die Verletzungs- und Sturzgefahr bei der Arbeit war groß. Die wenigsten Müllsammler erreichten ein höheres Alter.[60]

Vieles an der Müllsammlung erinnert an die Recyclingpraktiken aus dem 19. Jahrhundert. Auf dem Smokey Mountain gehörte dazu etwa der Tornister auf den Schultern und der *Kalahig*, der Stock zum Sortieren und Aufpicken verwertbarer Materialien, die bis heute Teil der Standardausrüstung sind.[62] Dazu gehörte auch die Flexibilität und Kreativität der Armutsstrategien, wie das Juan Rusque-Alcaino und Ray Bromley am Ende der 1970er Jahre am Beispiel der Biographie eines Flaschenkäufers aus Cali in Kolumbien beschrieben haben: Dieser übte während seines Lebens über zwanzig verschiedene Tätigkeiten aus, vom Marihuana-Dealer über die Ausbesserung von Kleidung bis hin zum Betrieb eines Bordells. Erst dann konnte er sich mit dem Flaschensammeln ein Geschäft aufbauen.[63]

Scavenger müssen sich exzellent mit den Materialien auskennen, die sie sammeln. Im Gegensatz zum Recycling in den Massenkonsumgesellschaften spielt die Handsortierung eine unverzichtbare Rolle.[64] Zugleich mussten sie sich immer wieder an eine neue Materialität gewöhnen, wobei Plastik eine besondere Bedeutung zukam. Das erscheint auf den ersten Blick durchaus überraschend angesichts der enormen Schwierigkeiten von Ländern wie den USA, Kunststoffe wiederzuverwerten. Aber tatsächlich sind (bestimmte) Kunststoffe flexibel einsetzbar und immer wieder auch knapp. Wie Assa Doron und Robin Jeffrey feststellten: «Plastik veränderte das Lumpensammeln in Indien sobald es während der 1990er Jahre im Alltag üblich wurde. Kleine Handwerksbetriebe, die vormals mit Metall gearbeitet hatten, gingen zu Kunststoffen über und andere folgten ihnen.»[65] Das bedeutet aber zugleich, dass die Sammler in der Lage sein müssen, verschiedene Arten von Plastik auseinanderzuhalten. Immer wieder eigneten sie sich ein hochspezialisiertes Wissen an, das sie noch feinste Unterschiede erkennen ließ.[66]

Je nachdem, welchem Zweck die Sammlung diente – etwa um die Materialien zu verkaufen oder für ein Handwerk zu verwenden –, stellte sich die Frage, wie man sein Geschäft organisierte und wie man Geschäftsbeziehungen anbahnte.[67] Die fast schon wilde Unabhängigkeit war ein Charaktermerkmal der Chiffonniers, und auch heute spielt die Arbeit auf eigene Rechnung eine große Rolle. Ein Anreiz für das Recyclinggeschäft in chinesischen Städten bestand auch darin, der Disziplinierung im Fabriksystem zu entgehen. Doch wirtschaftliche Unabhängigkeit hatte auch Nachteile, was nicht zuletzt damit zusammenhing, wie sich die Materialien verkaufen ließen. Fehlten beispielsweise in einem Land professionelle Recyclingstrukturen oder gab es nur wenige Abnehmer, führte das im Zweifelsfall zu schlechten Preisen.[68]

Eine mögliche Antwort darauf bestand darin, sich zusammenzuschließen. Das konnte freilich unterschiedliche Formen annehmen – freundliche und weniger freundliche. Immer wieder konzentrierten sich Abfallsammler in bestimmten Gegenden. So entstand in Tokyo beispielsweise nach dem Zweiten Weltkrieg – auch hier wieder auf durch Abfallaufschüttungen geschaffenem Land – die *Ants Villa*, ein Zusammenschluss von 50 Familien, die von der Abfallsammlung lebten; als Ants – Ameisen – wurden dabei die Scavenger bezeichnet.[69] Eher freundlich waren auch die Kooperativen von Abfallsammlern, die sich seit den 1980er Jahren in Bogotá oder Rio de Janeiro entwickelt haben.[70] In Mexiko Stadt hingegen nahm die Müllsammlung in den 1970er und 1980er Jahren nahezu die Form einer Mafia an, bei der die zumeist noch sehr jungen Müllsammler ihre Erträge zu einem guten Teil an die Organisation abgeben mussten. Diese Form, die *Pepenadores* zu organisieren, erhielt auch aufgrund der Ermordung von Rafael Gutiérrez Moreno 1986 viel Aufmerksamkeit, der über viele Jahre straff seine Organisation der Abfallsammler geführt hatte – mit großer Brutalität, aber auch mit Großzügigkeit: So ließ er beispielsweise zahlreiche Wohnhäuser errichten und unterstützte Sozialprojekte. Am Ende ließ ihn eine seiner Ehefrauen umbringen, die anschließend seinen Platz einnahm.[71]

Das Scavenging übernimmt häufig eine wichtige Rolle, um urbane Räume vom Müll zu befreien – und häufig kompensiert es Defizite der «offiziellen» Müllabfuhr. Und doch waren es oft genug Anstrengungen für den Umweltschutz, die diesen Formen selbständiger Müllarbeit den Garaus machten.[72] Eine Deponie, auf der sich vergleichsweise einfach Materialien herauslesen ließen, war idealerweise ungeordnet. Das bedeutete, es durften sich Menschen auf ihr bewegen, der Müll wurde nicht ständig durch Planierraupen verdichtet. Eine solche Deponie erzeugte aber auch große Umweltrisiken. Das betraf längst nicht nur die Kontamination von Boden, Grundwasser und Luft, sondern auch – gerade in heißen Ländern – die ständige Brandgefahr. Die Einführung einer Sanitary Landfill musste das Sammeln noch nicht unmöglich machen, veränderte es aber stark, indem sich alles auf den Augenblick zuspitzte, wenn der Müll am Eingang der Deponie abgeladen wurde und noch nicht durch schweres Gerät verdichtet war.

Häufig wurden Deponien jedoch irgendwann geschlossen – nicht nur, weil sie Umweltstandards nicht genügten, sondern weil sie schlicht zu groß geworden waren. Das war beim Smokey Montain Anfang der 2000er Jahre der Fall oder auch bei vielen Megadeponien in Lateinamerika.[73] Die Gemeinschaft der Müllsammler überlebte die Schließung in den meisten Fällen nicht. Die Formen ihrer sozialen Gliederung und Vergemeinschaftung, die Verteilung der Sammelbezirke – all das war an den konkreten Ort, die Deponie gebunden. Mit ihrer Schließung lösten sich diese sozialen Zusammenhänge auf. Viele suchten sich dann neue Jobs, was auch noch einmal demonstriert, dass sie vielerorts nicht ganz unten in der sozialen Hierarchie ärmerer Länder standen und es sich teilweise um eine ganz bewusste Berufswahl handelte. Auch hier zeigt sich die Kopplung von Gemeinschaft an einen bestimmten Ort. Soziale Strukturen verflüchtigten sich, wenn die Deponie nicht mehr begehbar war und nichts mehr hergab.

In den letzten Jahren hat die Forschung zur informellen Müllsammlung stark zugenommen. Gerade die Ethnologie ist fasziniert von der Gemeinschaftsbildung der Ausgestoßenen, eine Reaktion auf die Unterdrückungs- und Ausbeutungsmechanismen des modernen Kapitalismus. Aber stellt das Armutsrecycling tatsächlich eine besondere soziale Sphäre mit spezifischen Regeln innerhalb kapitalistischer Ökonomien dar? In diese Richtung zielte etwa Oscar Lewis mit seinem in den 1960er Jahren entwickelten Konzept einer *Culture of Poverty*.[74] Andere meinten, die Abfallsammler würden der kapitalistischen Wirtschaft zwar zuarbeiten, seien aber selbst kein Teil davon.[75] Tatsächlich kommt zu der sozialen Marginalisierung der Abfallsammler oftmals die soziale Abgeschiedenheit hinzu: Genauso wie die Müllkippe häufig nicht als Territorium der Stadt anerkannt wird, genauso stellen die Sammler oftmals eine separate Gemeinschaft dar, deren Angehörige weitgehend unter sich bleiben.[76]

Doch mit einer solchen Feststellung verschließt man vielleicht die Augen vor einer unbequemen Frage: ob sich nämlich in der Abfallsammlung nicht ein «spontanes» Marktverhalten zeigt, eine aktive Integration in ökonomische Kreisläufe. Die ethnologische Forschung verneint das oftmals im Grundsatz, weil es kapitalistischen Wirtschaftsformen stets um machtbasierte Zusammenhänge gehe.[77] Aber es fällt doch auf, wie sensibel Abfallsammler auf Preisverschiebungen reagieren und welch kreative Strategien sich immer wieder beobachten lassen, um Käufer für die gesammelten Materialien zu finden. Es zeigt sich auch daran, welche Herausforderungen Wirtschaftskrisen für das informelle Recycling darstellen: nicht nur, weil sie die Preise drücken, sondern auch, weil immer mehr Menschen in diesen Bereich drängen, die etwas von dem trockenen Kuchen urbaner Überreste abhaben wollen.[78] Während der großen Wirtschaftskrise in Argentinien im Jahr 2002 vermehrte sich die Zahl der *Cartoneros* in Buenos Aires beispielsweise innerhalb kürzester Zeit von etwa 10 000 auf über 40 000.[79]

Für Romantisierung ist kein Platz. Wie Chris Birbeck zu Recht geschrieben hat: «Der Müllsammler mag hart arbeiten, einen genauen Blick für Materialien haben, die sich verkaufen lassen, lange nach dem richtigen Käufer suchen. Kurz gesagt: er mag ein perfektes Beispiel für ein unternehmerisches Individuum sein. Weit bringen wird es ihn nicht.»[80] Doch zugleich ist Abfallsammeln nicht nur Elend, und oft bestätigt sich das, was weiter oben schon für das 19. Jahrhundert festgestellt wurde: Die Scavenger befinden sich zwar am unteren Rand der Gesellschaft, zumeist aber nicht ganz unten.[81] Es ist ein hartes Geschäft mit der Verteidigung von Revieren, dem Kampf um Materialien und Verkaufsmöglichkeiten. Mit der Vorstellung eines Umweltschutzes von unten hat das wenig zu tun.[82]

Recycling im Sozialismus

Neben dem Wohlstands- und dem Armutsrecycling gab es auch noch die Fälle, in denen die Wiederverwertung zum unverzichtbaren Bestandteil eines Wirtschaftssystems gemacht wurde, das sich zum Ziel gesetzt hatte, die ineffiziente und verschwenderische Ressourcennutzung des Kapitalismus zu überwinden. Die Rede ist von den sozialistischen Planwirtschaften, die ein umfangreiches Recycling betrieben, Sammelstellen für benutzte Flaschen, Verpackungen oder Papier einrichteten,

Betriebe dazu verpflichteten, Metalle und andere Überreste zu sammeln, sowie die Haushalte aufforderten, Küchenabfälle zu trennen und abzuliefern.

Konzeptionen sozialistischen Wirtschaftens hatten stets eine doppelte Stoßrichtung: Es ging darum, die Menschen in ein besseres Verhältnis zu den Erzeugnissen ihrer Arbeit zu setzen und die durch die Lohnarbeit verursachte Entfremdung zu bekämpfen. Auf der anderen Seite sollte aber auch die große Schwäche kapitalistischer Ökonomien ausgemerzt werden, nämlich ihre Krisenanfälligkeit und die von ihnen erzeugte Verschwendung. Manchmal ist das dahingehend gedeutet worden, die sozialistischen Länder hätten sich im Grunde nie vom Kapitalismus verabschiedet, diesen vielmehr durch eine Art von Staatskapitalismus ersetzt.[83] Doch die Produktivitätskonkurrenz stand eigentlich immer im Zentrum des Systemwettstreits, und im Zweifel standen Humanisierung der Arbeit oder Umweltschutz dahinter zurück.

Gerade aus dieser Perspektive erschien der Massenkonsum verdächtig. Die produktiven Kapazitäten einer Gesellschaft wurden für im Grunde unnötige Dinge verschwendet, statt sie im Bereich wirklich wichtiger Herstellungsprozesse zusammenzuziehen.[84] Das Produktivitätsparadigma war insofern nicht genuin «kapitalistisch», sondern genau das, was der Sozialismus besser machen wollte.[85] Sozialistische Planwirtschaften folgten dabei prinzipiell einem großtechnischen Paradigma, demzufolge sich wirtschaftlicher Erfolg über Produktionsmengen – später als Tonnenideologie bezeichnet – vor allem in den schwerindustriellen Schlüsselbranchen bestimmen ließ.[86] Es ging um die Überwindung des Mangels, und die Leistungsfähigkeit des Sozialismus zeigte sich an keiner Kennzahl so klar wie an der Produktion von Stahl. Doch auch die Herstellung von Kleidung und Fleisch waren Bereiche, die den Triumph über die Knappheit anzeigten und wo über die Jahre immer wieder übertrieben hohe Produktionskapazitäten aufgebaut wurden.[87]

Recycling sollte folgerichtig zunächst dabei helfen, den kriegsbedingten Mangel zu bekämpfen. Dahinter stand jedoch die weitergehende Absicht, die Ressourcen der Volkswirtschaft möglichst effizient zu nutzen. Der Kampf gegen die Verschwendung war ein erklärtes Ziel. Das sozialistische Recycling ist dabei als Fortsetzung des Kriegsrecyclings interpretiert worden, und tatsächlich sind die Ähnlichkeiten kaum zu

Streichholzschachtel mit Werbung für eine Sammelaktion für Küchenabfälle in der DDR[92]

übersehen: Diese bestanden etwa in dem mobilisierenden Charakter in Form von öffentlichen Aufrufen oder Sammelaktionen.[88] Ähnlich war auch die Mobilisierung der Kinder. So durchsuchten Gruppen der Freien Deutschen Jugend seit den 1950er Jahren immer wieder wilde Müllkippen nach verwertbaren Altstoffen. Zwar stand statt des Kriegserfolges jetzt der Aufbau des Sozialismus im Vordergrund, doch auch für dieses Ziel eignete sich eine kriegerische Rhetorik hervorragend. Zugleich sollten viele Recyclingkampagnen den Bürgern das Gefühl geben, aktiv am Aufbau des Sozialismus mitwirken zu können.[89]

Und noch eine weitere Ähnlichkeit zum Kriegsrecycling war vorhanden, nämlich das Ziel, die Abhängigkeit vom Außenhandel zu verringern. Es fehlte an vielen Materialien, und diese einzuführen hätte Devisen gefordert, an denen aber ein permanenter Mangel herrschte. Zsuzsa Gille hat für Ungarn für die Zeit bis Mitte der 1970er Jahre von einem

Metallic Waste Regime gesprochen, weil das vorrangige Ziel in der Sammlung von Metallen bestand, die für den Aufbau der Industrieproduktion benötigt wurden.[90] In der DDR wurde in den 1950er Jahren die Comicfigur *Rumpelmännchen* eingeführt, die Betriebe und Bürger zum Sammeln von Altstoffen aufforderte. Aber auch Küchenabfälle wurden aus diesem Grund gesammelt. Seit den 1950er Jahren gab es entsprechende Kampagnen, und in Ost-Berlin startete 1975 die reguläre Sammlung von Küchenabfällen, die man zur Ergänzung des Schweinefutters benötigte.[91]

Stand in den 1950er Jahren noch zumeist der Aktionscharakter im Vordergrund, wurden seit den 1960er Jahren nach und nach Infrastrukturen für die reguläre Verwertung von Hausmüll geschaffen. In der Tschechoslowakei gab es seit Mitte der 1960er Jahre allein in Prag über 100 Annahmestellen für Altstoffe.[93] In der DDR wurden mit den SERO-Sammelstellen ab 1981 spezielle Läden eingerichtet, in denen die Bürger alte Flaschen, Verpackungen oder Metalle gegen ein kleines Entgelt abgeben konnten. Auch in China folgte man lange einer staatlichen Recyclingideologie. Der «Große Sprung» (1958–1962) wurde von intensiven Anstrengungen begleitet, Wertstoffe nach Möglichkeit vollständig zu erfassen und Verschwendung auszumerzen.[94] Während der Kulturrevolution ab 1966 erschienen zahlreiche Artikel, welche die «drei Verschwendungen» anprangerten – von Gas, Flüssigkeit und Rohstoffen –, die sich aber in die «drei Vorteile» verwandeln ließen.[95] So gab es beispielsweise noch Mitte der 1980er Jahre in Shanghai in jedem Häuserblock Abgabestellen für Glas, Papier, Metalle oder Textilien. Die Recyclingquoten lagen dabei nach Behördenangaben durchweg bei über 60 Prozent.[96] Allerdings ließ das staatlich organisierte Recycling danach sukzessive nach, während es sich auf den Straßen der Metropolen zugleich selbst organisierte und in den vielen Landarbeitern immer wieder Nachschub fand. In den sozialistischen Ländern bildeten sich so aber tatsächlich Umgangsformen mit Abfällen heraus, die sich stark von der kapitalistischen Konkurrenz unterschieden.

Allein, der Produktionswettlauf ging verloren: Sozialistische Planwirtschaften blieben deutlich hinter kapitalistischen Ländern wie den USA oder den schnell wachsenden Volkswirtschaften Westeuropas zurück. Sie produzierten pro Kopf weniger und boten weniger Konsummöglichkeiten. Das hing mit Steuerungsproblemen zusammen, aber auch mit einer ineffizienten Ressourcennutzung und viel Leerlauf, etwa langen Stillstandszeiten aufgrund des Fehlens von Ersatzteilen. Energie wurde ebenfalls ineffizient genutzt, was zu den enormen Umweltproblemen im Ostblock beitrug. Bis Mitte der 1960er Jahre bestand noch die Hoffnung, mit den kapitalistischen Volkswirtschaften mithalten zu können. Seit den späten 1960er Jahren wurde jedoch immer weniger von *Konvergenz* gesprochen, weil das Ergebnis des Systemwettstreits ziemlich eindeutig erschien. Daraus ergab sich ein Legitimitätsdefizit, weshalb sich die Debatte dann auch stärker auf Sozialsysteme und Arbeitsplatzsicherheit konzentrierte.

Interessanterweise war es aber gerade der vorherrschende Mangel, der mannigfaltige Formen der Wiederverwendung und -verwertung anregte. Sozialistische Länder entwickelten eine faszinierende *Kultur der Reparatur*, die nach dem Zweiten Weltkrieg die mangelnde Flexibilität der Wirtschaftsplanung kompensierte. Wobei die Bastelkultur, um insbesondere Autos und Elektrogeräte mit viel Improvisation und Phantasie am Laufen zu halten, vor allem aus einer schlecht funktionierenden *professionellen* Reparatur und Wartung resultierte, die an einem Mangel an Ersatzteilen krankte.[97] Die Erinnerung daran schwankt heute häufig zwischen Scham und Stolz, auf ständiges Improvisieren und Reparieren angewiesen gewesen zu sein, zugleich aber diese Widrigkeiten einfallsreich gemeistert zu haben.

Aber auch jenseits des Autos gehörten Selbermachen und Reparatur zur Alltagskultur dazu.[98] Gerade die DDR zeichnete sich im Übrigen auch durch andere Praktiken aus, die an den von Michael Prinz beschriebenen *Sozialstaat hinter dem Haus* gemahnen: So wurden noch in den 1980er Jahren zahllose Schweine in Kleingärten gehalten. Auch wenn das Fleisch sicher um Vieles gesünder war als das aus Massenbetrieben wie der VVB Eberswalde, so brachte das gerade für Städter auch manche Probleme mit sich: vor allem, wie man Schweine schlachten und verarbeiten sollte.[99] Von offizieller Seite hingegen wurde aus der Not eine Tugend gemacht: Die Sowjetunion idealisierte den flexiblen Sowjetmenschen, der mit den Widrigkeiten staatlicher Planung kreativ zurechtkam.[100] Mitunter konnte Reparierbarkeit und flexible Anpassung sogar als spezifische Leistungsfähigkeit der Planwirtschaft erscheinen, als

Inbegriff einer sozialistischen Moderne, wie das etwa sowjetische Designer in den frühen 1980er Jahren propagierten.[101] Aber es liegt doch nahe zu vermuten, dass hier lediglich das Scheitern dessen kompensiert wurde, was der Planung stets am wichtigsten gewesen war: den ökonomischen Systemwettstreit zu gewinnen.

Noch 1989, im Zeichen eines damals gerade herrschenden abfallwirtschaftlichen Notstandes in Westdeutschland, schrieb die Hamburger Fraktion der *Grünen* einen Brief nach Ostberlin, in dem sie sich bei der DDR-Führung nach ihren Erfahrungen mit Recycling erkundigte. Bezeichnenderweise blieb er unbeantwortet. Aber was hätte sie auch schreiben sollen? SERO war tatsächlich keine Erfolgsgeschichte. In der DDR häuften sich während der 1980er Jahre Millionen Tonnen nicht verwerteter Altmaterialien, die die Lagerhallen verstopften und schließlich auf ungeeigneten, schlecht ausgestatteten Deponien landeten. Ähnliches geschah mit dem Dung aus der Massentierhaltung, der aufgrund der Belastungen der Intensivviehhaltung bald ein gewaltiges Entsorgungsproblem darstellte.[102]

Am Ende erwiesen sich die Planwirtschaften auch beim Wiederverwerten als wenig effizient. Auf der einen Seite entwickelte die Verwertungsideologie sozialistischer Planwirtschaften mitunter Eigendynamiken, die geradezu in «Idiotie» (Christian Möller) mündeten.[103] Wenn etwa in Ungarn toxische Chemikalien für eine völlig unklare spätere Verwertung gehortet wurden oder in der DDR 1982 der Antrag einer Emailleschmelze zur Entsorgung von Natriumsalzen mit der Begründung abgelehnt wurde, daraus ließen sich Holzschutzmittel und Fluortabletten gegen Karies herstellen.[104] Auf der anderen Seite gab es häufig große Probleme, das Gesammelte tatsächlich in den Produktionskreislauf zurückzuführen. Das hatte durchaus seine innere Logik, weil es den Planwirtschaften am Ende weniger an Rohmaterialen mangelte als an einer flexiblen Produktionsplanung und Ersatzteilen. Diese Probleme konnte auch das Recycling nicht lösen, und deswegen ist es am Ende wenig erstaunlich, dass sich auf diesem Gebiet dieselben Probleme zeigten wie in anderen Bereichen der Planwirtschaft auch: insbesondere das von dem ungarischen Ökonomen János Kornai eindrucksvoll beschriebene Nebeneinander von Knappheit und Verschwendung.[105]

Wenige Monate nach dem Fall des Eisernen Vorhangs waren die sozialistischen Planwirtschaften Geschichte und damit auch ihre Recyclinginfrastrukturen. Für viele Menschen in Ostdeutschland gehörten die SERO-Sammelstellen zu den typischen Einrichtungen des Staatssozialismus, von denen man direkt nach dem Fall der Mauer nichts mehr wissen wollte. Stattdessen erreichten die Müllmengen in Ostdeutschland innerhalb weniger Monate Westniveau – eines der wenigen Gebiete mithin, wo sich die Anpassung schnell als «erfolgreich» erwies.[106]

Globaler Handel

Auf dem Recycling liegen oftmals große Hoffnungen, tatsächlich etwas für den Umweltschutz tun zu können. Diese werden aber leicht enttäuscht, wenn die vielfältigen globalen Verknüpfungen der modernen Recyclingwirtschaft zu Bewusstsein kommen. So ist der *Plastic-Boy* Tom Szaky mit seiner Firma *Terracycle* zum Star aufgestiegen, indem er eine Wiederverwertung auch extrem komplexer Materialien versprach.[107] Umso peinlicher dann, wenn der zu recycelnde Plastikmüll in Bulgarien auftaucht, um dort im Zementwerk verbrannt zu werden. Doch ist diese Geschichte nicht untypisch: Heute existieren globale Netzwerke der Wiederverwertung, auf die nationale Recyclinginfrastrukturen zwingend angewiesen sind, wenn Verwertungsziele erreicht werden sollen. Nur ist das ganz sicher nicht das, was sich viele Menschen unter Umweltschutz vorstellen. Bevor China im Jahr 2018 einen Importstopp für Plastikabfälle beschloss, dürfte den meisten Menschen nicht bewusst gewesen sein, wie viele Kunststoffabfälle aus den USA, Deutschland und anderen reichen Ländern gewissermaßen am anderen Ende der Welt recycelt wurden. Häufig rücken erst Krisen die weltweite Vernetzung des Altstoffhandels ins Bewusstsein, während Infrastrukturen, die «funktionieren», in der öffentlichen Wahrnehmung weitgehend unsichtbar bleiben.[108]

Der globale Recyclinghandel hat seit den 1970er Jahren stark zugenommen und ist heute zu einem *Big Business* geworden. Aber steht das nicht im Widerspruch zu der oben getätigten Aussage, das Recycling in Wohlstandsgesellschaften sei gerade nicht marktgetrieben gewesen? «Wiederverwertung ist in den meisten Entwicklungsländern ein wesentlich marktgesteuertes Phänomen mit einem umfassenden Binnenhandel. Sie expandiert und entwickelt sich ohne jegliche staatliche Unterstützung. Im Gegensatz dazu ist Wiederverwertung in den Industrieländern hauptsächlich durch den Umweltschutz motiviert. Die Beteiligung der Öffentlichkeit und die Mitwirkung der Regierung spielen eine viel wichtigere Rolle.»[109] Das betrifft allerdings nicht das industrielle Recycling, das – wie beschrieben – eine andere Geschichte hat als das Recycling von Hausmüll. Und wurden die Materialien einmal ausgelesen und sortiert, so stellt sich die Frage der Verwertung. Hier suchen sich die Materialien dann wieder einen Markt, denn ansonsten hätte man sie auch einfach wegwerfen können. Nicht zuletzt umweltpolitische Regulierung schafft und formt die Märkte für Recycling.[110]

Diese «zweite Welle» der Globalisierung des Recyclings seit den 1970er Jahren wurde zunächst durch die Intensivierung der weltwirtschaftlichen Verflechtungen seit den späten 1960er Jahren ermöglicht.[111] Das führte nach und nach zu einer Verlagerung eines Großteils der globalen Industrieproduktion nach Ostasien. Dadurch nahmen die Transportkapazitäten stark zu, und größere Märkte leisteten durchaus das, was ihnen von der volkswirtschaftlichen Lehrmeinung zugeschrieben wird: nämlich Angebot und Nachfrage flexibler aufeinander abzustimmen. Mit der Globalisierung, neu etablierten Wertschöpfungsketten und einer dynamischen Urbanisierung stieg auch der Materialhunger der Weltwirtschaft.[112]

Der wahrscheinlich am besten funktionierende globale Recyclingmarkt ist dabei – nach wie vor – der für Metallschrott. Das hat mit einer globalen Nachfrage zu tun, die sich durch Urproduktion in vielen Fällen nicht mehr befriedigen lässt. Ein besonderes Beispiel dafür ist Aluminium: Aufgrund seines vergleichsweise geringen spezifischen Gewichts lässt es sich gut transportieren und mit wenig Materialverlust (ca. 5 bis 8 Prozent) wiederverwerten. Zudem ist seine Herstellung äußerst energieintensiv und darum teuer.[113] Bei Aluminimum werden vielerorts Recyclingquoten von über 90 Prozent erreicht – ein Wert, an die andere Metalle nur selten herankommen.[114] Es hat durchaus eine gewisse Ironie, wenn sich plötzlich eine Branche als nachhaltig präsentieren kann, die aufgrund der energieintensiven Produktion und der giftigen Abfallstoffe (*Red Mud*) über lange Zeit als ausgesprochen schmutzig galt.[115]

Für Aluminium und Stahl existieren, genauso wie für zahlreiche Buntmetalle, im Recycling Massenmärkte. Bei vielen anderen Metallen sieht es allerdings schlechter aus, was mit der eingangs angesprochenen zunehmenden materiellen Komplexität der Technikwelt zu tun hat. Gerade im Elektronikbereich werden viele Metalle in kleinsten Mengen und dabei zugleich in Kombination mit anderen – etwa in Form von Legierungen – verwendet. Dadurch lassen sie sich häufig nur schwer trennen, obwohl sie sehr stark nachgefragt werden. Das ist einer der Faktoren, die zu dem großen Problem des E-Waste geführt haben. Weil sich zahllose Elektrogeräte nicht rentabel mechanisch wiederverwerten ließen, entstand etwa im chinesischen Guiyu ein Zentrum des Recyclings von elektronischem Müll. Oft genug landete letzterer aber auch auf schlecht gesicherten Deponien und wurde dort zu einem Gesundheitsrisiko.[116]

Ein anderes wichtiges Feld des internationalen Recyclings ist der Handel mit Altpapier, der in den 1970er Jahren stark expandierte. Hier zeigte sich jedoch, dass der internationale Handel keineswegs die Wiederverwertung fördern musste, was vor allem mit der komplizierten Preisgestaltung und der Lücke zwischen der Produktion von Altpapier und den Wiederverwertungsmöglichkeiten zusammenhing. Tatsächlich sind Angebot und Nachfrage nach Sekundärrohstoffen von einer großen Menge an Faktoren beeinflusst: Das beginnt mit dem Angebot und Preis der Primärrohstoffe, wobei die Nachfrage steigt, wenn dieser Preis besonders hoch ist. Dann spielen die Kosten – insbesondere Arbeitskosten – der Verarbeitung und Aufbereitung eine große Rolle. Umweltauflagen sind ebenfalls wichtig, weil sie die Kosten der Verarbeitung erhöhen können. Diese Vielzahl an preisbeeinflussenden Faktoren führte immer wieder zu starken Preisschwankungen auf den Recyclingmärkten, die sich – wie oben gezeigt – bis in die alltäglichen Sammlungen auswirken konnten.[117]

Der Handel mit Sekundärrohstoffen spielte sich in den 1970er und 80er Jahren noch größtenteils zwischen den wohlhabenden Ländern ab. Seitdem ist der Handel aber deutlich diverser geworden. So entwickelten Indien und China, die hier eine vergleichsweise schwache natürliche Ressourcenbasis besitzen, eine starke Papiernachfrage. Gerade aber der zunehmende Export von Hausmüllfraktionen – der nicht zuletzt eine Folge neuer Recyclingprogramme war – verstärkte den globalen Handel

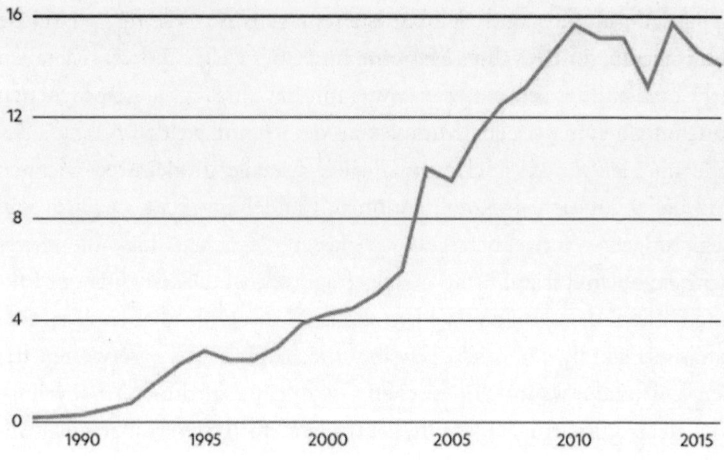

Weltweiter Export von Plastikabfällen 1990–2015 (Mio. Tonnen)[118]

auch zwischen reichen und vergleichsweise armen Ländern. Besonders deutlich wird das bei der Entwicklung des Plastikexports, der seit den 1990er Jahren stark gewachsen ist. Ein Großteil dieser Handelsströme ging in verschiedene ostasiatische Länder; bis zu dem erwähnten Importbann 2018 vor allem nach China.

Tatsächlich lassen sich die verschiedenen Felder des internationalen Recyclings hier kaum angemessen beschreiben. Allein über die globalen Märkte für Alttextilien wäre noch viel zu sagen genauso wie über die komplexen Wertschöpfungsketten, die mit dem Abwracken von Schiffen verbunden sind.[119] Die Technologien des Recyclings sind nach dem Zweiten Weltkrieg um Vieles anspruchsvoller geworden, was zahllose neue Märkte für Sekundärrohstoffe schuf. So wurde in der Chemischen Industrie in den 1920er Jahren der Begriff «Recycling» geprägt, und dort wurden zahllose Wege der Nutzung von Nebenprodukten entwickelt.[120] Neues biochemisches Wissen ermöglichte seit den 1950er Jahren eine Totalverwertung von Tierkörpern bis hin zur erwähnten Separierung des Darmschleims, die es vorher in dieser Form nicht gegeben hatte.[121]

Es liegt aber auf der Hand, dass viele dieser Recyclingpraktiken kaum als besonders umweltfreundlich gelten können. Das war bei der industriellen Wiederverwertung schon im späten 19. Jahrhundert ein Problem: Sie sparte den Firmen Geld, aber trug wenig dazu bei, die Belastungen der Städte zu verringern.[122] Wie Nicky Gregson und ihre Mitstreiter pointiert festgestellt haben, sind Kreislaufwirtschaften oftmals «schmutzig» und umweltbelastend, statt hochtechnisiert, sauber und grün.[123] Beim globalen Recycling lassen sich zudem Handel und Entsorgung nur schwer voneinander abgrenzen: Vieles, was als «Recycling» deklariert wird, ist in Wirklichkeit bloß getarnter Giftmüllexport. Recycling bietet insofern zahllose Möglichkeiten, illegale und umweltschädliche Handlungen zu verschleiern.

Epilog: Ins Meer

Garbage In, Garbage Out.
(Sprichwort)

Einer der ersten Fälle, in denen Kunststoffe im Meer zu einem Thema in der Öffentlichkeit wurden, war eher obskur: Der Schriftsteller Aldous Huxley – bekannt durch seinen dystopischen Roman *Brave New World* – berichtete in den frühen 1960er Jahren, wie er 1938 mit Thomas Mann am Strand von Santa Monica entlangschlenderte. Vertieft in ein Gespräch über Shakespeare wurden sie plötzlich gewahr, dass soweit das Auge reichte, der Strand mit kleinen weißlichen Objekten übersät war, die wie tote Raupen aussahen. In Wirklichkeit waren es aber Millionen benutzter Kondome, an den Strand gespült von Los Angeles' großem Abflussrohr am Hyperion Beach.[1] Das ist einer der ersten Berichte über die Verschmutzung des Meeres mit Plastikmüll, der aber vor allem sozialgeschichtlich interessant erscheint: Offensichtlich spülten die Leute die Kondome nach ihrem Gebrauch die Toilette herunter und entsorgten sie nicht im Hausmüll. Der Akt sollte offensichtlich keine Spuren hinterlassen.

Seit den späten 1960er Jahren wurde das Problem von Plastikabfällen im Meer verschiedentlich thematisiert. 1969 machte der norwegische Experimentalarchäologe Thor Heyerdahl in einem selbstgebauten Kajak eine Reise über den Pazifik. Anschließend berichtete er davon, dass sich seit seiner letzten Reise über den Ozean während der 1950er Jahre etwas verändert hätte: Vor allem sei ihm das viele im Meer schwimmende Plastik aufgefallen, das 15 Jahre zuvor noch nicht dagewesen wäre.[2] Ähnliche Beobachtungen häuften sich seitdem: So fand der Biologe Theodore Merell in den frühen 1970er Jahren Plastikmüll an den Stränden unbewohnter Inseln westlich von Hawaii, die offensichtlich das Meer herangespült hatte. Es stellte sich heraus, dass dieses Plastik von der japanischen Küste ins Meer gelangt war und über 1000 Kilometer zurückgelegt hatte.[3]

Plastik schien allerdings lange Zeit das geringste Problem zu sein im Vergleich zu anderen Abfällen, die im Meer landeten. Bei dem 1973 abgeschlossenen Marpol-Abkommen für einen besseren Schutz der Meere ging es vor allem um die Versenkung unmittelbar gefährlicher Abfälle im Meer.[4] So versenkten die Briten beispielsweise seit den 1960er Jahren die radioaktiven Überreste ihrer Atomkraftwerke in der Irischen See, und Fischer fanden immer wieder deren Behälter in ihren Netzen. Die Sowjetunion wiederum hatte die Arktische See als ihren *Dumping Ground* auserkoren, aber auch verschiedene Seen, die zu sprichwörtlichen Todeszonen wurden.[5] In den 1980er Jahren startete Greenpeace verschiedene, vielbeachtete Kampagnen gegen die Versenkung von radioaktiven und chemischen Abfällen. Seit den 1970er Jahren wurden zunehmend internationale Konferenzen zum Schutz der Meere abgehalten.[6] Tatsächlich gelang es seit den 1980er Jahren, zumindest die gröbsten Auswüchse der Verklappung gefährlicher Abfälle einzudämmen. Eine vollständige Kontrolle wird jedoch aufgrund der schieren Größe der Weltmeere vielleicht niemals möglich sein.

Anders sieht es mit dem «normalen» Müll aus, der in den Weltmeeren landet. Hier konnte von einer Eindämmung keine Rede sein, vielmehr nahmen die Mengen an Plastikmüll seit den 1970er Jahren immer stärker zu. In den späten 1980er Jahren wurde dabei eine neue Dimension deutlich, als erstmals eine gigantische Ansammlung von Müll – in der öffentlichen Debatte war anschließend häufig von Müllstrudeln die Rede – anhand der Auswertung von Satellitenbildern beschrieben wurde. 1997 machte der Ozeanograph Charles J. Moore auf eine Zusammenballung von Abfällen im Meer aufmerksam, die seitdem als das *Great Pacific Garbage Patch* bekannt geworden ist.[7] Dieser «Müllstrudel» besteht größtenteils aus schwimmenden Plastikteilen und stellt sprichwörtlich nur die Spitze des Eisberges dar: Mit der Zeit lagern sich Bakterien auf dem Plastik ab, lassen es zerbröseln und absinken. Nur etwa ein Fünftel des Abfalls schwimmt darum an der Oberfläche. Mittlerweile wurden insgesamt fünf dieser großflächigen Müllstrudel in den Weltmeeren identifiziert.

Im Vergleich zu der Verklappung radioaktiver oder chemischer Abfälle gab es aber einen großen Unterschied: Die Entsorgung dieses Mülls im Meer war prekär, illegal und umweltschädlich – aber eben doch: *beabsichtigt*. Der meiste Müll, der heute in den Weltmeeren schwimmt, landet dort hingegen einfach so. Zwar spielen die Abfälle von Schiffen – insbesondere von Fischereiflotten – ebenfalls eine große Rolle; was im

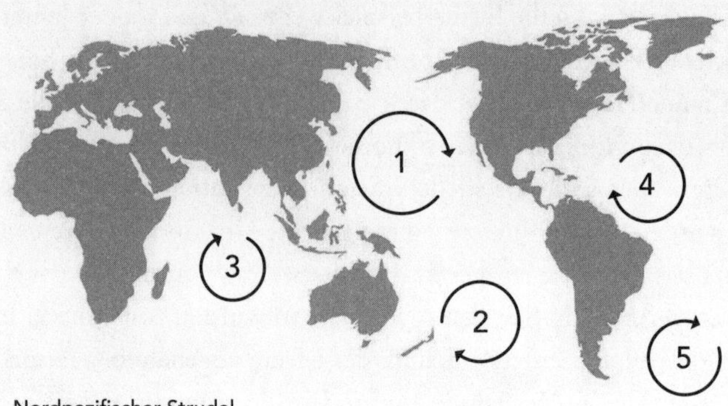

1. Nordpazifischer Strudel
2. Südpazifischer Strudel
3. Indischer Strudel
4. Nordatlantischer Strudel
5. Südatlantischer Strudel

«Müllstrudel» in den Weltmeeren[8]

Übrigen zeigt, wie sehr die Logik der Skaleneffekte mittlerweile auch die weltweite Fischerei dominiert. Zu 60 Prozent ist der Müll im Meer jedoch Mismanaged Waste – also Müll, der nicht richtig eingesammelt und entsorgt wird. In erster Linie ist er ein Resultat der weiterhin vorhandenen Schwierigkeiten, mit den Überresten des Konsums angemessen umzugehen. Das Ausmaß, in dem diese Mengen insbesondere seit den 1990er Jahren angestiegen sind, zeigt das deutlich.

Lange Zeit dachte man, das Müllproblem durch technische Maßnahmen in den Griff bekommen zu können. Seit den intensiven Protesten der 1980er Jahre herrschte gerade im Westen eher ein technologischer Lösungsoptimismus vor, dem der Umweltaktivismus jetzt nur noch gelegentlich in die Quere kam. Der Müll im Meer ließ diesen Optimismus verblassen und war durchaus typisch für etwas, was sich gewissermaßen als freudianische Interpretation der Konsumgesellschaft bezeichnen ließe: Man kann den Müll sammeln, entsorgen, vergraben oder verbrennen – los bekam man ihn trotzdem nicht. Am Ende kehrte er in Form von Altlasten, Grundwasserkontaminationen oder eben Müllstrudeln in die gesellschaftliche Wahrnehmung zurück. Sicher ließe sich darauf hinweisen, dass eine solche Diagnose zu den empirischen Befunden nicht

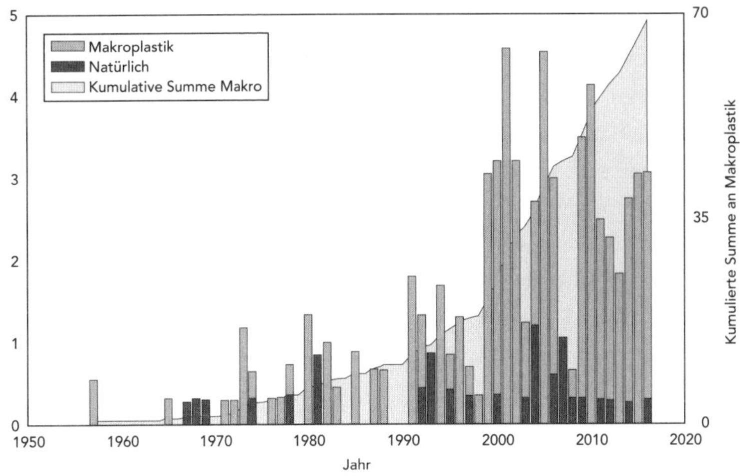

Zunahme der Kunstoffmengen im Meer seit den 1950er Jahren[9]

wirklich passt – schließlich ist gerade der Müll im Meer ja das Resultat einer fehlenden «Verdrängung» des Mülls. Trotzdem wird deutlich, wie wenig die Menschheit insgesamt darauf eingestellt ist, mit den Überresten ihres Konsums adäquat umzugehen.

Das wirft die drängende Frage auf, was sich anders machen lässt, welche Wege eingeschlagen werden können, um hier Verbesserungen zu erzielen. Es sind ganz offensichtlich zwei Strategien, die sich anbieten: Die erste liefe darauf hinaus, die Infrastrukturen der Sammlung und Entsorgung zu verbessern, um die Umweltbelastungen durch Müll zu verringern. Prinzipiell sind dafür die geeigneten technischen Mittel vorhanden. Die Einrichtung entsprechender Infrastrukturen kostet allerdings sehr viel Geld und sie ist an bestimmte Voraussetzungen gebunden, die vielerorts kaum erfüllbar scheinen. Insbesondere große urbane Ballungsräume kommen mit der Entsorgung ihres Mülls kaum hinterher. Das liegt nicht zuletzt am Gegensatz zwischen der «formellen» und der «informellen» Stadt, in der häufig selbst rudimentäre Formen der Abfallsammlung fehlen. Oftmals behindern auch die Verkehrslage und kilometerlange Staus die Entsorgung. Infrastrukturen sind eben längst nicht nur eine Sache von Sammelfahrzeugen und Mülltonnen, sondern auch der Gebauten Umwelt und staatlichen Autorität.

Tatsächlich sind diese Probleme lange bekannt, die Hindernisse für eine Verbesserung aber groß. Das liegt nicht zuletzt an dem starken Urbanisierungsschub, den die Welt nach dem Zweiten Weltkrieg erlebt hat. Schnell wachsende Megacities infrastrukturell zu erschließen hat sich als äußerst schwierig erwiesen. Seit den 1970er Jahren wurden stetig Programme aufgelegt, die Sammlung und Entsorgung zu verbessern, die heute von verschiedenen internationalen Organisationen getragen und bezahlt werden. Auch wenn diese vielerorts zu Verbesserungen geführt haben, so bleibt jedoch weiterhin viel zu tun. Viel wäre bereits gewonnen, wenn die Infrastrukturen diesem Städtewachstum angepasst würden – aber auch davon ist man momentan noch weit entfernt.

Doch so wichtig und begrüßenswert diese Versuche sind, erscheinen sie zugleich unbefriedigend. Mit Recht ließe sich kritisieren, hier würde lediglich – genauso wie beim Recycling – ein Problem zu mildern versucht, anstatt es an der Wurzel zu packen: das hieße, grundsätzlich etwas an der Art und Weise zu ändern, wie wir konsumieren und wie wir Dinge wegwerfen. Das vorliegende Buch ist ganz sicher kein Ratgeber zur Müllreduzierung – dafür gibt es auch sehr viel bessere Ansprechpartner. Gleichwohl lassen sich aus der Müllgeschichte bestimmte Lehren ziehen, die dabei helfen können, das Problem genauer zu umreißen, das es zu lösen gilt.

So gibt es verschiedene Studien, die sich mit den Möglichkeiten beschäftigen, Müll durch ein geändertes Verbraucherverhalten zu reduzieren. Die Ergebnisse sind leider recht ernüchternd. So werden die entsprechenden Spielräume – ohne die eigene Lebensweise vollständig auf den Kopf zu stellen – auf etwa 20 Prozent geschätzt, wobei bereits dieses Fünftel viel Aufmerksamkeit und Einschränkungen im Alltag erfordert.[10] Das unterstützt eine Aussage, die mir in diesem Buch besonders wichtig ist: Welcher Müll produziert wird, hängt in hohem Maße von Art und Weise des Wirtschaftens ab, wie Güter produziert werden, wie sie in den Handel kommen und wie sie in unseren Verfügungsbereich gelangen. Das soll ganz sicher kein Plädoyer gegen die Müllvermeidung sein, die richtig und wichtig ist! Aber doch der Hinweis darauf, dass – auch wenn sich die Reduzierungsmöglichkeiten noch steigern lassen – Verbrauchererziehung allein das Problem nicht lösen wird. Dafür braucht es fundamentalere Ansätze.

Oft wird bei möglichen Lösungsstrategien auf die Vergangenheit verwiesen: Etwa auf ein vormodernes Nachhaltigkeitswissen, das den Menschen heutzutage verloren gegangen sei, sich aber wieder erlernen ließe. Tatsächlich gab es in der Vormoderne eine ausgeprägte Praxis des Reparierens, Ausbesserns, Wiedernutzens. Damals wurde jedoch anders gewirtschaftet, es gab andere Güter und größere Knappheiten, die Güterherstellung beruhte auf anderen Materialien und einer handwerklichen Technikbasis. Dahin können wir nicht einfach zurück, und es macht wenig Sinn, auf ein vormodernes Nachhaltigkeitswissen zur Lösung unserer Müllprobleme zu hoffen, wenn dieses Wissen untrennbar mit ebenjener Wirtschaftsweise verbunden war.

Wer das nicht berücksichtigt, gerät schnell in Gefahr, bloß Klischees zu wiederholen: Das gilt etwa für die häufig zu lesende Aussage, früher sei alles wiederverwertet und repariert worden, während die Menschen heute alles wegwürfen. In diesem Buch wurde gezeigt, dass das so nicht stimmt: Im 19. Jahrhundert konnten in vielerlei Hinsicht die Engstellen beseitigt werden, die die Wiederverwertung in der Vormoderne behindert hatten. Und auch heute noch existieren vielfältige Formen der Reparatur und der Wartung, es gibt globale Recyclingmärkte, die bei vielen Materialien gut funktionieren.

Die Probleme liegen eher in einer Wirtschaftsweise, die aufgrund ihrer Fokussierung auf Effizienzsteigerung zwingend auf Verpackungen angewiesen ist und die deshalb fortlaufend Artefakte schafft, deren «Reparatur» sinnlos ist. Eine Wirtschaftsweise, deren immer komplexere materielle Grundlage zahllose Formen der Umweltbelastung hervorbringt. Gerade das ist im Übrigen auch der Grund, warum Recycling nicht per se umweltfreundlich ist: Es erzeugt Emissionen beim Transport, aber auch zahllose chemischen Verbindungen und Reste im Zuge der Aufbereitung der Altstoffe, die nicht vergehen und sich nur sehr kompliziert in Stoffkreisläufe zurückführen lassen.

Das lässt sich mit guten Gründen kritisieren und verweist zugleich auf das eigentliche Problem: Wir profitieren in vielerlei Weise davon, dass es so viel Müll gibt. Er ermöglicht die Massenproduktion zahlloser Güter, die dadurch für uns billiger und problemlos verfügbar werden. In unzähligen Lebensumständen macht Müll uns das Leben einfacher, erspart uns Zeit und Arbeit. Die Mechanismen moderner Logistik spielen sich dabei nicht nur hinter unserem Rücken ab, sondern wir rationalisieren unser Verhalten gemäß der von ihr geschaffenen Möglichkeiten – etwa, indem wir wie beim Versandhandel oder beim Fastfood ständig Gelegenheiten ergreifen, anders, bequemer, schneller zu konsumieren. Das macht uns zu Komplizen in der großen globalen Müllmaschinerie. Logistik ist letztlich eine entscheidende Voraussetzung dafür, warum in den letzten Jahrzehnten – zumindest in vielen Teilen der Welt – die jahrhundertelange Last der Knappheit abgeschüttelt wurde.

Die Knappheit der Güterversorgung ist mehr und mehr geschwunden, doch dafür sind andere Dinge knapp geworden: eine unbelastete Natur, saubere Meere, mithin auch die Flächen und Kapazitäten, um Müll loszuwerden, ohne dass er die Umwelt kontaminiert und die Gesundheit von Mensch und Tier gefährdet. Insbesondere die zunehmende Belastung der Weltmeere mit Plastikmüll zeigt, wie drängend die Probleme sind. Wer daran etwas ändern möchte, sollte nicht auf einfache Lösungen setzen und auch nicht auf den technischen Fortschritt vertrauen: Eine technische Lösung für die Müllprobleme mag früher oder später kommen – etwa in Form umweltverträglicher Verwertungstechnologien bei Plastik. Damit kalkulieren sollte man aber besser nicht. Stattdessen sollte man sich auf harte Debatten einstellen: Müllmengen an der Quelle zu reduzieren heißt – zumindest beim gegenwärtigen Stand der Technik – das Leben für die Menschen teurer, langsamer, unbequemer zu machen. Eventuell trifft das insbesondere arme Menschen, die sich teurere Lebensmittel nur schwer leisten können.

Trotzdem sollte man sich auf diese Debatten einlassen. Um sie besser führen zu können, sollte man sich klarmachen, wie stark Müll mit uns, unserem Alltag und unserer Lebensweise verzahnt ist – und man sollte sich klarmachen, dass die Vergangenheit nicht die Rezepte bereithält, um heute die Müllmengen dauerhaft zu reduzieren. Damit wäre meiner Meinung nach in den gegenwärtigen Diskussionen bereits viel gewonnen.

Anmerkungen

Einleitung

1 John E. Young, Reducing Waste, Saving Materials, in: L. R. Brown u. a. (Hg.), State of the World, 1991: A Worldwatch Institute Report on Progress Toward a Sustainable Society, New York 1991, S. 40–55, 44.
2 William Rathje, Cullen Murphy, Rubbish! The Archaeology of Garbage, New York 1992.
3 Zinyange Antony / AFP via Getty Images
4 https://www.spektrum.de/news/plastikmuell-jeden-tag-das-gewicht-von-100-eiffeltuermen/1990567?utm_source=pocket-newtab-global-de-DE [abgerufen 25.2.2022].
5 Silpa Kasa u. a., What a Waste 2.0. A Global Snapshot of Solid Waste Management to 2050, Washington 2018, S. 17.
6 Ebd., S. 17.
7 Vgl. Kapil Dev Sharma, Siddharth Jain, Municipal solid waste generation, composition, and management: the global scenario. *Social Responsibility Journal* 16,6 (2020), S. 917–948.
8 Marco Armiero, L'era degli scarti. Cronache dal Wasteocene, la discarica globale, Turin 2021.
9 Heather R. Perry, Recycling the Disabled. Army, medicine, and modernity in WWI Germany, Manchester 2014.
10 Jacob Doherty, Waste Worlds. Inhabiting Kampala's Infrastructures of Disposability, Berkeley 2021, S. 6.
11 Richard Girling, Rubbish! Dirt On Our Hands And Crisis Ahead, London 2005.
12 Er besitzt etwas Beunruhigendes, weil sein Vorhandensein auf die Exklusions- und Inklusionsmechanismen der Gesellschaft verweist. Aber ist er für sich selbst genommen tatsächlich von Interesse? Und lässt sich das alles dann noch empirisch überprüfen, wenn es sich bloß um eine soziale Operation handelt?
13 Sabine Barles, L'invention des déchets urbains. France: 1790–1970, Seyssel 2005, S. 9.
14 So klassisch: Mary Douglas, Purity and Danger. An analysis of concept of pollution and taboo, London, New York 2002 (1966). Vgl. auch das Buch von John Scanlan, für den «Garbage» in erster Linie eine Unterscheidungsoperation darstellt, die zwar einen Bereich der eindeutigen Logik abzugrenzen hilft, der anderen Seite gleichzeitig aber ein Eigenleben zugestehen muss. John Scanlan, On Garbage, London 2005. Vor allem auf unser Verhältnis zum Abfall abzielend: Gay Hawkins, The Ethics of Waste. How we relate to Rubbish, Lanham, Maryland 2006. Michael Thompson weist darauf hin, dass wir Müll als soziale Unterscheidungsoperation brauchen, nicht zuletzt, um Wertverschiebungen sichtbar zu machen. Michael Thompson, Rubbish Theory. The Creation and Destruction of Value, London 2017 (1979). Für eine Diskussion dieser Ansätze: Tim Cooper, Recycling Modernity: Waste and Environmental History. *History Compass* 8/9 (2010), S. 1114–1125.
15 Susan Strasser, Waste and Want. A Social History of Trash, New York 1999, S. 21–67.

16 Z. B. Annette Kehnel, Wir konnten auch anders. Eine kurze Geschichte der Nachhaltigkeit, München 2021.
17 Georges Bataille, Das obszöne Werk, Reinbek b. Hamburg 1977, S. 59.
18 Entgegen der schönen Studie von Gay Hawkins möchte ich an dieser Stelle behaupten, dass die massive Zunahme des Konsums «waste habits» fundamental verändert hat. Vgl. Hawkins, The Ethics of Waste, S. 27.
19 Der Ausdruck des «Herandrängens» ist entlehnt von: Manfred Sommer, Sammeln. Ein philosophischer Versuch, Frankfurt/M. 1999.
20 Hardin, Garbage In, Garbage Out. *Social Research* 65,1 (198), S. 10 f.
21 Für eine solche Interpretation vgl. Franck Aggeri, From waste to urban mines: a historical perspective on the circular economy. Field Actions Science Reports, Institut Veolia, 2021, Industry and Waste: toward a Circular Economy, S. 10–13.

1. Frühgeschichte: Erste Erfahrungen mit dem Müll

1 William L. Rathje, The History of Garbage. *Garbage. The Practical Journal of the Environment* 11 (1990), S. 32–39, 33.
2 Es ist insofern nicht ganz richtig, wenn der Ägyptologe Barry Kemp Grabräuberei als «Recycling» bezeichnet: Grabbeigaben waren weder nutzlos noch wurden sie weggeworfen. Deswegen handelte es sich strenggenommen um Diebstahl. Vgl. Barry J. Kemp, Ancient Egypt. Anatomy of a Civilization, London, New York [3]2018, S. 301.
3 Ulrike Sommer, Dirt theory, or archaeological sites seen as rubbish heaps. *Journal of Theoretical Archaeology* 1 (1990), S. 47–60.
4 Nicolas Lyon-Caen, Raphaël Morera, À vos poubelles citoyens! Environnement urbain, salubrité publique et investissement civique (Paris, XVIe–XVIIIe siècle), Paris 2020, S. 27 f.
5 Ian Douglas, Cities. An Environmental History, London 2012, S. 157.
6 Stefanie Jacomet, Christoph Brombacher, Abfälle und Kuhfladen: Leben im neolithischen Dorf. Zu Forschungsergebnissen, Methoden und zukünftigen Forschungsstrategien archäobotanischer Untersuchungen von neolithischen Seeufer- und Moorsiedlungen. *Jahrbuch der Schweizerischen Gesellschaft für Ur- und Frühgeschichte* 88 (2005), S. 7–39.
7 Tania Hardy-Smith, Phillip C. Edwards, The Garbage Crisis in prehistory: artefact discard patterns at the Early Natufian site of Wadi Hammeh 27 and the origins of household refuse disposal strategies. *Journal of Anthropological Archaeology* 23 (2004), S. 253–289.
8 Middens waren dabei tatsächlich ein globales Phänomen und lassen sich z. B. auch in Japan finden. Vgl. James L. Huffman, Japan in World History, Oxford 2010, S. 6.
9 Heinrich Erhard, Aus der Geschichte der Städtereinigung, Stuttgart 1954, S. 6.
10 Stella Macheridis, Waste management, animals and society. A social zooarchaeological study of Bronze Age Asine, Lund 2018, S. 94 f., 119 f.
11 William E. Doolittle, Gardens are us, we are Nature: Transcending Antiquity and Modernity. *Geographical Review* 94 (2004), S. 391–404, 392.

12 Wendy Matthews, Humans and fire: Changing relations in early agricultural and built environments in the Zagros, Iran, Iraq. *The Anthropocene review* 3,2 (2016), S. 107–139.

13 Brian Fagan, Fishing. How the Sea Fed Civilization, Yale 2017, S. 15.

14 Vgl. Greger Larson u. a., Current Views on Sus phylogeography and pig domestication as seen through modern mDNA studies, in: Umberto Albarell, Keith Dobney, Anton Ervynck, Peter Rowley-Conwy (Hg.), Pigs and Humans. 10,000 Years of Interaction, Oxford 2007, S. 30–41, 31 f.

15 Bezeugt für China und die Amerikas. Vgl. Marion Schwartz, A History of Dogs in the early Americas, New Haven, London 1997, S. 62.

16 Larson u. a., Current Views on Sus phylogeography and pig domestication as seen through modern mDNA studies, S. 30 f.; Max Price, Hitomo Hongo, The Archaeology of Pig Domestication in Eurasia. *Journal of Archaeological Research* 28 (2020), S. 557–615, 576.

17 Brian Lander, Mindi Schneider, Katherine Brunson, A History of Pigs in China: From Curious Omnivores to Industrial Pork. *The Journal of Asian studies* 79,4 (2020), S. 865–889, 868.

18 Vgl. Ningning Dong, Jing Yuan, Rethinking pig domestication in China: regional trajectories in central China and the lower Yangtse Valley. *Antiquity* 94 (2020), S. 864–879.

19 Wilson J. Warren, Meat Makes People Powerful. A Global History of the Modern Era, Iowa City 2018, S. 30.

20 Vaclav Smil, Energy and Civilization. A History, Cambridge/Mass. 2017, S. 66–76.

21 Caroline Grigson, Culture, ecology, and pigs from the 5th to the 3rd millennium BC around the Fertile Crescent, in: Albarell u. a., Pigs and Humans. 10,000 Years of Interaction, S. 83–108, 99.

22 Price, Hongo, The Archaeology of Pig Domestication in Eurasia, S. 561–564; Joseph L. Anderson, Capitalist Pigs. Pigs, Pork, and Power in America, Morgantown 2019, S. 7–10.

23 Umberto Albarell u. a., Introduction, in: Albarell u. a., Pigs and Humans. 10,000 Years of Interaction, S. 1–12, 5.

24 Vgl. die Diskussion verschiedener Erklärungen für das Schweinetabu bei Max D. Price, Evolution of a Taboo. Pigs and People in the Ancient Near East, Oxford 2020, S. 92–115. Vgl. dazu Douglas, Purity and Danger, S. 51–71.

25 Vgl. auch Rob Meens, Eating Animals in the Early Middle Ages: Classifying the Animal World and Building Group Identities, in: Angela N. H. Creager, William Chester Jordan (Hg.), The Animal/Human Boundary. Historical Perspectives, Rochester 2002, S. 3–28, 12 f.

26 Zu dieser Problematik umfassend: Price, Evolution of a Taboo; Michel Pastoureau, Le roi tué par un cochon. Une mort infâme aux origines des emblèmes de la France?, Paris 2018, S. 87–89.

27 Albarell u. a., Introduction, S. 6.

28 Vgl. Price, Evolution of a Taboo, S. 172–194.

29 Madagaskar ist auch ein Beispiel dafür, dass menschliche Fäkalien (ähnlich wie in Indien) aus religiösen Gründen nicht als Dünger verwendet wurden. Tasha Rijke-

Epstein, The Politics of Filth: Sanitation, Work, and Competing Moralities in Urban Madagascar 1890s–1977. *Journal of African History* 60,2 (2019), S. 229–256, 237.

30 Macheridis, Waste management, animals and society, S. 116–132.

31 Juliet Clutton-Brock, A Natural History of Domesticated Animals, Cambridge 1999, S. 186 f.

32 Ian Morris, Wer regiert die Welt? Warum Zivilisationen herrschen oder beherrscht werden, Frankfurt/M. 2011, S. 93–96.

33 Vgl. Jared Diamond, Guns, Germs and Steel. The Fates of Human Societies, New York 1997.

34 Das Argument zum Zusammenleben mit Tieren bei Eric L. Jones, The European Miracle. Environments, Economies, and Geopolitics in the History of Europe and Asia, Cambridge 2003[3], S. 9 f. Im Übrigen spielte die Epidemiologie auch für die Kolonialisierung Sibiriens eine zentrale Rolle. Vgl. Donald Ostrowski, Russian in the Early Modern World. The Continuity of Change, Lanham 2022, S. 69.

35 Sarah Hill, Making garbage, making land, making cities: A global history of waste in and out of place. *Global Environment* 9,1 (2016), S. 166–195, 169 f.

36 Rafał Szmytka, Pollution in Early Modern Krakow, in: Adam Izdebski, Rafał Szmytka (Hg.), Krakow. An Ecobiography, Pittsburgh 2021, S. 108–131, 110.

37 Lukas Thommen, Umweltgeschichte der Antike, München 2009, S. 113; Paolo Cutolo, Breve storia della Monnezza a Napoli, Neapel 2014, S. 32; Günther E. Thüry, Müll und Marmorsäulen, Siedlungshygiene in der römischen Antike, Mainz 2001, S. 24 f.

38 Travis W. Stanton, M. Kathryn Brown, Jonathan B. Pagliaro, Garbage of the Gods? Squatters, Refuse Disposal, and Termination Rituals among the Ancient Maya. *Latin American Antiquity* 19,3 (2008), S. 227–247, 228–231; Thüry, Müll und Marmorsäulen, S. 33; Martin Medina, The World's Scavengers. Salvaging for Sustainable Consumption and Production, Lanham 2007, S. 22 f.

39 Ben Wilson, Metropolis. A History of Humankinds Greatest Invention, London 2020, S. 44 f.

40 E. J. Owens, The Koprologoi at Athens in the Fifth and Fourth Centuries B. C. *Classical Quarterly* 33,1 (1983), S. 44–50; Douglas, Cities, S. 158; Medina, The World's Scavengers, S. 19 f.

41 Clive Ponting, A Green History of the World. The Environment and the Collapse of Civilizations, New York 1991, S. 226.

42 Michael Jansen, Water supply and sewage disposal at Mohenjo-Daro. *World Archaeology* 21,2 (1989), S. 177–192.

43 Wilson, Metropolis, S. 44 f.

2. Die Stadt: Ungesunder Ort und Evolutionsbeschleunigerin

1 Zitiert in: Graeme Wynn, Foreword, in Jamie Benidickson, The Culture of Flushing. A Social and Legal History of Sewage, Vancouver 2007, S. vii–xxii, xxii.

2 Jarrett A. Lobell, Trash Talks. *Archaeology* 62,2 (2009), S. 20–25.

3 Emilio Rodriguez Almeida, Il Monte Testaccio: ambiente, storia, materiali, Rom 1984.

4 www.flick-river.com.
5 Vgl. Paul M. Hohenberg, Lynn Hollen Lees, The Making of Urban Europe 1000–1994, Cambridge/Mass. 1999, S. 84; Paul Bairoch, Gary Goertz, Factors of Urbanisation in the Nineteenth Century Developed Countries: A Descriptive and Econometric Analysis. *Urban Studies* 23,4 (1986), S. 285–305, 286.
6 Gemeint ist: Üblicherweise wurden zuerst die oberen Schichten auf die Felder aufgetragen, während eigentlich die unteren Schichten der bessere Dünger und in ihnen die Infektionsgefahren geringer waren. Vgl. Miriam Gross, Farewell to the God of Plague. Chairman Mao's Campaign to Deworm China, Oakland 2016, S. 125.
7 https://ourworldindata.org/urbanization.
8 Martin V. Melosi, The Place of the City in Environmental History. *Environmental history review* 17,1 (1993), S. 1–23; ders., Humans, Cities, and Nature. How Do Cities Fit in the Material World. *Journal of Urban History* 36,1 (2010), S. 3–21.
9 Zur Diskussion dieser Frage vgl. Joachim Radkau, Natur und Macht. Eine Weltgeschichte der Umwelt, München 2000, S. 11–51.
10 Jan de Vries, European Urbanization, 1500–1800, Cambridge/Mass 1984, S. 179–182; für Japan vgl. Totman, Japan, S. 164; Donald Filtzer, The Hazards of Urban Life in Late Stalinist Russia. Health, hygiene, and living standards, 1943–1953, Cambridge 2010, S. 260 f.; eine Ausnahme scheint China gewesen zu sein, wo die Lebenserwartung in der Stadt lange Zeit über der auf dem Land lag. Vgl. Wilson, Metropolis, S. 154.
11 Lewis Mumford, What is a city? *Architectural Record* 82 (1937), S. 93–96, 93.
12 Dolly Jørgensen, «All Good Rule of the Citee»: Sanitation and Civic Government in England, 1400–1600. *Journal of Urban History* 36,3 (2010), S. 301–315, 303 f.
13 J. Theodore Peña, Recycling in the Roman World. Concepts, Questions, Materials, and Organization, in: Chloë N. Duckworth, Andrew Wilson (Hg.), Recycling and Reuse in the Roman Economy, Oxford 2020, S. 9–58, 20.
14 Szmytka, Pollution in Early Modern Krakow, S. 121, 123.
15 Ebd., S. 125; Alexander M. Martin, Enlightened Metropolis. Constructing Imperial Moscow, 1762–1855, Oxford 2013, S. 45.
16 John Henderson, Public Health, Pollution and the Problem of Waste Disposal, in: Simonetta Cavaciocchi (Hg.), Le interazioni fra economia e ambiente biologico nell'Europa preindustriale Secc. XIII–XVIII, Florenz 2010, S. 373–382, 379.
17 Ronald Edward Zupko, Robert Anthony Laures, Straws in the Wind. Medieval Urban Environmental Law – The Case of Northern Italy, Boulder/Colorado 1996, S. 52.
18 Das ist ein Grund, warum die Begriffsgeschichte des Abfalls oftmals kein besonders ergiebiges Feld ist. Vgl. Ansgar Schanbacher, «Eine der nöthigsten und wichtigsten Polizey-Anstalten». Abfälle und ihre Entsorgung in der frühneuzeitlichen Stadt. *Zeitschrift für Historische Forschung* 48,3 (2021), S. 437–473, 442–445.
19 So waren römische Latrinen häufig mit einem Abwasserkanal verbunden. Ann Olga Koloski-Ostrow, The Archaeology of Sanitation in Roman Italy. Toilets, Sewers and Water Systems, Chapel Hill 2015, S. 27.
20 Der Einfluss der Topographie auf die gebaute Umwelt ist ein bislang noch vergleichsweise wenig bearbeitetes Forschungsfeld. Vgl. aber für das Römische Reich und das mittelalterliche Frankreich: Miko Flohr, Hilltops, heat and precipitation: Roman urban life and the natural environment, in: ders. (Hg.), Urban Space and Urban His-

tory in the Roman World, Milton Park 2021, S. 66–85; Jean-Pierre Leguay, La rue au Moyen Age, Paris 1984, S. 39 f.; Harper weist darauf hin, die Häuser der Wohlhabenden seien zumeist höher gelegen gewesen, weshalb sie mit Abwässern viel weniger Probleme hatten. Kyle Harper, Fatum. Das Klima und der Untergang des Römischen Reiches, München 2020, S. 127 f.

21 Gregory S. Aldrete, Daily Life in the Roman City. Rome, Pompeii, and Ostia, Westport (Conn), London 2004, S. 34 f.

22 Noyan Dinçkal, Istanbul und das Wasser. Zur Geschichte der Wasserversorgung und Abwasserentsorgung von der Mitte des 19. Jahrhunderts bis 1966, München 2004, S. 59 f.

23 Steven T. Rosenthal, The Politics of Dependency. Urban Reform in Istanbul, Westport/Connecticut 1980, S. 188.

24 Michael Zeheter, Epidemics, Empire, and Environments. Cholera in Madras and Quebec City, 1818–1910, Pittsburgh 2015, S. 161; Daniel R. Headrick, The Tentacles of Progress. Technology Transfer in the Age of Imperialism, 1850–1940, Oxford 1988, S. 154.

25 Richard Wines, Fertilizer in America. From Waste Recycling to Resource Exploitation, Philadelphia 1985.

26 Angela Chi Ke Leung, Hygiène et santé publique dans la Chine pré-moderne, in: Patrice Bourdelais (Hg.), Les hygiénistes. Enjeux, modèles et pratiques (XVIIIe–XXe siècles), Paris 2001, S. 343–371, 351 f.

27 Catherine de Silguy, Histoire des Hommes et de leurs Ordures, Paris 2009, S. 33; Douglas, Cities, S. 160; Stéphane Frioux. Les Batailles de l'hygiène. Villes et environnement de Pasteur aux Trente Glorieuses, Paris 2013, S. 51.

28 Steven H. Corey, Gone and Unlamented. Citizen Activism, Ocean Dumping, and Incineration in New York City, 1876–1998, in: Carl A. Zimring, Steven H. Corey (Hg.), Coastal Metropolis. Environmental Histories of Modern New York City, Pittsburgh 2022, S. 146–168, 156; Melosi, Fresh Kills, S. 45.

29 Harold L. Platt, Shock Cities. The Environmental Transformation and Reform of Manchester and Chicago, London 2005, S. 378.

30 Théophane Ayigbédé, Déchets solides ménagers et risques environnementaux au Bénin. Pratiques d'acteurs, inégalités socio-spatiales et gouvernance urbaine à Porto-Novo, Paris 2016, S. 44 f.

31 Leguay, La Rue au Moyen Age, S. 86 f.

32 Fernand Braudel, Sozialgeschichte des 15.–18. Jahrhunderts. Bd. 1: Der Alltag, München 1990, S. 305.

33 Vgl. Alon Tal, Pollution in a Promised Land. An Environmental History of Israel, Berkeley 2002, S. 247.

34 Jean-Pierre Leguay, La pollution au Moyen Age dans le royaume de France et dans les grands fiefs, Paris 1999, S. 40.

35 Jonathan M. Bloom, Walled Cities in Islamic North Africa and Egypt with particular reference to the Fatimids (909–1171), in: James D. Tracy (Hg.), City Walls. The Urban Enceinte in a Global perspective, Cambridge 2000, S. 210–246, 236–246.

36 Braudel, Sozialgeschichte des 15.–18. Jahrhunderts. Bd. 1, S. 536–538.

37 Vijay Prashad, The Technology of Sanitation in Colonial Delhi. *Modern Asian*

Studies 35,1 (2001), S. 113–155, 119 f.; Angel O. Prignano, Crónica de la Basura Porteña. Del fogón indígena al cinturón ecolólogico, Buenos Aires 1998, S. 33 f.

38 Johannes Sachslehner, Anno 1683 – die Türken vor Wien, Wien 2011, S. 33.

39 Philippe Dollinger, Die Hanse (neu bearbeitet von Volker Henn und Nils Jörn), Stuttgart 2012[6], S. 192 f.; Aldo Padovano, La storia della rûmenta. La raccolta dei rifiuti a Genova dall'antichità a oggi, Genua 2009, S. 16.

40 Chonglan Fu, Wenming Cao, Introduction to the Urban History of China, Singapur 2019, S. 32 f.

41 Yu Xinzhong, The Treatment of Night Soil and Waste in Modern China, in: Angela Chi Ke Leung (Hg.), Health and Hygiene in Chinese East Asia. Policies and Publics in the Long Twentieth Century, S. 51–72, 57.

42 Yair Minzker, The Defortification of the German City, 1689–1866, Cambridge 2012, S. 10–41.

43 Braudel, Sozialgeschichte des 15.–18. Jahrhunderts. Bd. 1, S. 557; Ulf Dirlmeier, Bernd Fuhrmann, Räumliche Aspekte sozialer Ungleichheit in der spätmittelalterlichen Stadt. *Vierteljahrhefte für Sozial- und Wirtschaftsgeschichte* 92 (2005), S. 424–439; Ercole Sori, La città e i rifiuti. Ecologia urbane dal Medioevo al primo Novecento, Bologna 2001, S. 223–247.

44 Jing Xie, Urban Form and Life in the Tang-Song Dynasties, Singapur 2020, S. 21.

45 Braudel, Sozialgeschichte des 15.–18. Jahrhunderts. Bd. 1, S. 551.

46 Yinong Xu, The Chinese City in Space and Time. The Development of Urban Form in Suzhou, Honolulu 2000, S. 164.

47 Allison L. C. Emmerson, Life and Death in the Roman Suburb, Oxford 2020.

48 Vgl. Carlo M. Cipolla, Contro un nemico invisibile. Epidemie e strutture sanitarie nell'Italia del Rinascimento, Bologna 1985, S. 68.

49 Janet L. Abu-Lughod, Cairo. 1001 Years of the City Victorious, Princeton 1971, S. 66.

50 Douglas, Cities, S. 141.

51 Andrea Iseli, Gute Polizey. Öffentliche Ordnung in der Frühen Neuzeit, Stuttgart 2009, S. 50–55.

52 Leguay, La pollution au Moyen Age, S. 110–116.

53 Skelton, Sanitation in Urban Britain, S. 24.

54 Hanley, Urban Sanitation, S. 14; Richards, The Unending Frontier, S. 151; Allan Macfarlaine, The Savage Wars of Peace. England, Japan and the Malthusian Trap, Oxford 1997, S. 207 f. (allerdings im Kontrast zu chinesischen Städten, für die das nicht galt).

55 Xie, Urban Form and Life in the Tang-Song Dynasties, S. 29.

56 Carole Rawcliffe, Urban Bodies. Communal Health in Late Medieval English Towns and Cities, Woodbridge 2013, S. 39.

57 Vgl. Für Frankreich: Leguay, La rue au Moyen Age, S. 65 f.

58 Leguay, La pollution au Moyen Age, S. 82.

59 Ebd., S. 79–81.

60 Aldrete, Daily Life in the Roman City, S. 97 f.; Benidickson, The Culture of Flushing, S. 99.

61 Bernd Fuhrmann, Deutschland im Mittelalter. Wirtschaft, Gesellschaft, Umwelt, Darmstadt 2017, S. 245–261.

62 In Dordrecht wurde es 1465 untersagt, mit großen Fuhrwagen bestimmte gepflasterte

Straßen zu befahren, weil diese dadurch beschädigt wurden. Patrick Naaktgeboren, Policing the Environment of Late Medieval Dordrecht, in: Claire Weeda, Carol Rawcliffe (Hg.), Policing the Urban Environment in Premodern Europe, Amsterdam 2019, S. 149–177, 159.

63 Vgl. Caterina Isabella, Giuseppe Rubrichi, Franco Sensi, Dal Canestraro al Netturbino. Per una storia della Nettezza Urbana a Roma dal 1870 al 1960, Bergamo 1997, S. 14 f.

64 Isla Fay, Health and the City. Disease, Environment and Government in Norwich, 1200–1575, York 2015, S. 176 f.; Padovano, La storia della rûmenta, S. 27. Jean-Pierre Leguay weist darauf hin, herrschaftlicher Besuch hätte umgekehrt städtehygienische Maßnahmen leichter durchsetzbar gemacht, wenn etwa der Besuch eine Verordnung erließ. Leguay, La rue au Moyen Age, S. 79.

65 Heng Chye Kiang, Cities of Aristocrats and Bureaucrats. The Development of Medieval Chinese Cityscapes, Honolulu 1999, S. 111; John Ljungkvist u. a., The Urban Anthropocene: Lessons for Sustainability from the Environmental History of Constantinople, in: Paul J. J. Sinclair u. a. (Hg.), The Urban Mind, Cultural and Environmental Dynamics, Uppsala 2010, S. 367–389, 383–386.

66 Fay, Health and the City, S. 122–125.

67 Braudel, Sozialgeschichte des 15.–18. Jahrhunderts. Bd. 1, S. 530; zur Verwendung von Fäkalien in der arabischen Landwirtschaft generell: Daniel Varisco, *Zibl* and *Zirā'a*: Coming to Terms with Manure in Arab Agriculture, in: Richard Jones (Hg.), Manure Matters. Historical, Archaeological and Ethnographic Perspectives, Milton Park 2016, S. 129–143.

68 Macfarlaine, The Savage Wars of Peace, S. 158 f.

69 Wilson, Metropolis, S. 176 f.

70 Bill Freund, The African City. A History, Cambridge 2007, S. 30; Wolf Liebeschuetz, East and West in Late Antiquity. Invasion, Settlement, Ethnogenesis and Conflicts of Religion, Leiden 2015, S. 7–11.

71 In Mexiko Stadt gab es sie teilweise auch in einer mobilen Variante. Marcela Dávalos, Basura e ilustración. La limpieza de la ciudad de México a fines del siglo XVIII, Mexico Stadt 1997, S. 12.

72 Sammlung Erhard, Umweltbundesamt Dessau.

73 Martin Illi, Von der Schîssgruob zur modernen Stadtentwässerung, Zürich 1987, S. 189–192.

74 André Gren, The Grimy 1800s. Waste, Sewage & Sanitation in the Nineteenth Century, Yorkshire 2019, S. 48 f.

75 Michaela Hermann, Aus Latrinen und Müllhalden. Die Augsburger «Warenwelt» im Spätmittelalter und in der Renaissance aus der Sicht der Archäologie, in: Wolfgang Wüst, Gisela Drossbach (Hg.), Umwelt-, Klima- und Konsumgeschichte. Fallstudien zu Süddeutschland, Österreich und der Schweiz, Frankfurt/M. 2018, S. 177–209, 182.

76 Naaktgeboren, Policing the Environment of Late Medieval Dordrecht, S. 161.

77 Als interessante Fallstudie s. Hermann, Aus Latrinen und Müllhalden.

78 Ausführlich beschrieben für eine französische Weinbauregion: Thomas Labbé, Jean-Pierre Garcia, Amendement et Renouvellement des sols dans la viticulture Bourguignonne aux XIVe et XVe siecles, in: Marc Conesa, Nicolas Poirier (Hg.), Fumiers!

Ordures! Gestion et usage des déchets dans les campagnes de l'Occident médiéval et moderne, Toulouse 2019, S. 69–85.

79 Cipolla, Contro un nemico invisibile, S. 68 f.

80 Naaktgeboren, Policing the Environment of Late Medieval Dordrecht, S. 161; Emily Cockayne, Hubbub. Filth, Noise & Stench in England 1600–1770, Yale 2021[2], S. 134 f.; Padovano, La storia della rûmenta, S. 17. Trotzdem gibt es Hinweise auf das Verbrennen von Abfällen in vormodernen Städten etwa für Neapel oder Paris. Cutolo, Breve storia della Monnezza a Napoli, S. 41; Pierre-Denis Boudriot, Essai sur l'ordure milieu urbaine a l'epoque pré-industrielle. Boues, immondices et gadoue à Paris au XVIIIe siècle. *Histoire Économie et Société*, 5,4 (1986), S. 515–528, 517; Douglas, Cities, S. 158.

81 Leona Skelton, Sanitation in Urban Britain, 1560–1700, London 2016, S. 5.

82 Naaktgeboren, Policing the Environment of Late Medieval Dordrecht, S. 161 f.; Cockayne, Hubbub, S. 183–187.

83 Fay, Health and the City, S. 133–135; Lara Sabbionesi, «Pro maiore sanitate hominum civitatis… et borgorum»: Lo smaltimento dei rifiuti nelle città medievali dell'Emilia Romagna, Florenz 2019, S. 233.

84 Cutolo, Breve storia della Monnezza a Napoli, S. 37.

85 Sabbionesi, «Pro maiore sanitate hominum civitatis», S. 153.

86 Catherine Dubé, Geneviéve Dumas, Muddy Waters in Medieval Montpelier, in: Weeda, Rawcliffe, Policing the Urban Environment in Premodern Europe, S. 179–206, 198.

87 Cipolla, Contro un nemico invisibile, S. 68–71.

88 Lyon-Caen, Morera, À vos poubelles citoyens!, S. 50.

89 Cutolo, Breve storia della Monnezza a Napoli, S. 33.

90 Jürgen Schlumbohm, Gesetze, die nicht durchgesetzt werden. Ein Strukturmerkmal des frühneuzeitlichen Staates? *Geschichte und Gesellschaft* 23,4 (1997), S. 647–663.

91 Zupko, Laures, Straws in the Wind, S. 111.

92 Bill Freund, The African City, S. 30.

93 Douglas, Cities, S. 158; Medina, The World's Scavengers, S. 21.

94 Charles D. Benn, China's Golden Age. Everyday Life in the Tang Dynasty, Oxford 2004, S. 49.

95 Sori, La città e i rifiuti, S. 164–168.

96 Carole Rawcliffe, The View from the Street. The Records of Hundred and Lee Courts as Source for Sanitary Policing in late Medieval English Towns, in: Weeda, Rawcliffe, Policing the Urban Environment in Premodern Europe, S. 69–95, 71; Guy Geltner, Urban Viarii and the Prosecution of Public Health Offenders in Late Medieval Italy, in: Weeda, Rawcliffe, Policing the Urban Environment in Premodern Europe, S. 97–119, 100 f.

97 Ernest Sabine, City Cleaning in Mediaeval London. *Speculum* 12,1 (1937), S. 19–43, 24 f., 37 f.; Rawcliffe, Urban Bodies, S. 137

98 Fay, Health and the City, S. 143 f.

99 Rawcliffe, The View from the Street, S. 87.

100 Annemarie Kinzelbach, Policing the Environment in Premodern Imperial Cities and Towns. A Preliminary Approach, in: Weeda, Rawcliffe, Policing the Urban Environment in Premodern Europe, S. 231–270, 240.

101 Walter Lehner, Entsorgungsprobleme der Reichsstadt Nürnberg, in: Jürgen Sydow (Hg.), Städtische Versorgung und Entsorgung im Wandel der Geschichte, Sigmaringen 1981, S. 151–163, 153 f.
102 Naaktgeboren, Policing the Environment of Late Medieval Dordrecht, S. 161.
103 Szmytka, Pollution in Early Modern Krakow, S. 123.
104 Schanbacher, «Eine der nöthigsten und wichtigsten Polizey-Anstalten», S. 447–449.
105 Nelson Olaya Yagual, Guayaquil Futuro. La crisis de la basura en Guayaquil, Calama 1991, S. 16.
106 Naaktgeboren, Policing the Environment of Late Medieval Dordrecht, S. 150.
107 Ebd., S. 171; Arnold Esch, Historische Landschaften Italiens. Wanderungen zwischen Venedig und Syrakus, München 2018, S. 15–30.
108 Cutolo, Breve storia della Monnezza a Napoli, S. 68 f.
109 Pierre Godard, André Donzel, Éboueurs de Marseille. Entre luttes syndicales et pratiques municipales, Paris 2014, S. 22–25.

3. Vom schwierigen und nützlichen Zusammenleben mit Tieren in der Stadt

1 Alois Blumauer, A. Blumauer's sämmtliche Gedichte, Bd. 2., Wien 1827, S. 61.
2 Melanie A. Kiechle, Smell Detectives. An Olfactory History of the Nineteenth Century Urban America, Seattle, London 2017, S. 25.
3 Martin, Enlightened Metropolis, S. 45. Vgl. Allison P. Coudert, Sewers, Cesspools, and Privies. Waste as Reality and Metaphor in Pre-Modern European Cities, in: Albrecht Classen (Hg.), Urban Space in the Early Modern Age, Berlin 2009, S. 713–733, 725 f.
4 Braudel, Sozialgeschichte des 15.–18. Jahrhunderts. Bd. 1, S. 160.
5 Price, Hongo, The Archaeology of Pig Domestication in Eurasia, S. 582; Conrad Totman, Japan. An Environmental History, London, New York 2014, S. 55.
6 Warren, Meat Makes People Powerful, S. 31 f.
7 Ebd., S. 39–42.
8 Alfred W. Crosby, The Columbian Exchange. Biological and Cultural Consequences of 1492, Westport 2003 (1973); Elinor G. K. Melville, A Plague of Sheep. Environmental Consequences of the Conquest of Mexico, Cambridge 1994; John F. Richards. The Unending Frontier. An Environmental History of the Early Modern World, Berkeley 2003, S. 309–333.
9 Robert Hendrickson, More Cunning than a Man. A Social History of Rats and Men, New York 1983, S. 75.
10 Warren, Meat Makes People Powerful, S. 75.
11 In Japan wurden Rinder zum Pflügen domestiziert. Totman, Japan, S. 101.
12 Braudel, Sozialgeschichte des 15.–18. Jahrhunderts. Bd. 1, S. 148; Ponting, A Green History of the World, S. 95.
13 Ausführlich dazu Braudel, Sozialgeschichte des 15.–18. Jahrhunderts. Bd. 1, S. 103; Edwin Gale, The Species that Changed Itself. How Prosperity Reshaped Humanity, London 2020, S. 35–37.
14 Lander, Schneider, Brunson, A History of Pigs in China, S. 870.

15 Auch hier dürfte die relative Autonomie der Schweine eine Rolle gespielt haben sowie, dass sie mit Überresten des Reisanbaus gefüttert werden konnten. Yong Xue, «Treasure Nightsoil as if it were Gold»: Economic and Ecological Links between Urban and Rural Areas in Late Imperial Jiangnan. *Late Imperial China* 26,1 (2005), S. 41–71, 45.
16 De Silguy, Histoire des Hommes et de leurs Ordures, S. 47.
17 Für die Tang-Dynastie: Kiang, Cities of Aristocrats and Bureaucrats, S. 35; für das 19. Jahrhundert: Yong Xue, «Treasure Nightsoil as if it were Gold», S. 48 f.
18 Lander, Schneider, Brunson, A History of Pigs in China, S. 870.
19 Vgl. Susan B. Hanley, Urban Sanitation in Preindustrial Japan. *Journal of Interdisciplinary History* 18 (1987), S. 1–26, 25 f.
20 Robert Shiel, Science and Practice. The Ecology of Manure in Historical Retrospect, in: Jones, Manure Matters, S. 13–23; Braudel, Sozialgeschichte des 15.–18. Jahrhunderts. Bd. 1, S. 116 f.
21 C. Plinius Secundus d. Ä., Naturkunde, Buch XVII, Darmstadt 1994, S. 41–43. Den Wert von Fäkalien als Dünger lobte auch Wahlafrid von der Reichenau (gen. Starbus) schon im 9. Jahrhundert. Vgl. Susan Signe Morrison, Excrement in the Late Middle Ages. Sacred Filth and Chaucers Fecopoetics, New York 2008, S. 10, 27. Vgl. Dominique Laporte, Eine gelehrte Geschichte der Scheiße, Frankfurt/M. 1991, S. 39 f.
22 Ponting, A Green History of the World, S. 95.
23 Braudel, Sozialgeschichte des 15.–18. Jahrhunderts. Bd. 1, S. 122–126.
24 Aldrete, Daily Life in the Roman City, S. 188.
25 Marta E. Szczygiel, Cultural Origins of Japan's Premodern Night Soil Collection System. *Worldwide Waste* 3,1 (2020), S. 1–13; vgl. Cecelia F. Klein, «Divine Excrement». The Significance of «Holy Shit» in Ancient Mexico. *Art Journal* 52,3 (1993), S. 20–27.
26 Yong Xue, «Treasure Nightsoil as if it were Gold», S. 43.
27 Donald Worster, The Good Muck. Towards an Excremental History of China, München 2017, S. 26 f.
28 Louis G. Perez, Daily Life in Early Modern Japan, Westport 2002, S. 222 f.
29 Gemelli Careri, Voyage du tour du monde. Tome quatrieme, de la Chine, Paris 1719, S. 92 f.
30 Totman, Environmental History of Japan, S. 124 f., 134 f., 183; Macfarlaine, The Savage Wars of Peace, S. 156 f.; Kayo Tajima, The Marketing of Urban Human Waste in the Early Modern Edo/Tokyo Metropolitan Area. *Urban Environment* 1 (2007), S. 13–30, 16.
31 Tajima, The Marketing of Urban Human Waste; Vaclav Smil, Enriching the Earth. Fritz Haber, Carl Bosch, and the Transformation of World Food Production, Cambridge/Mass. 2001, S. 28; in Indien scheinen Fäkalien hingegen aus religiösen Gründen nicht als Dünger eingesetzt worden zu sein. Braudel, Sozialgeschichte des 15.–18. Jahrhunderts. Bd. 1, S. 162.
32 Dean T. Ferguson, Nightsoil and the «Great Divergence»: human waste, the urban economy, and economic productivity, 1500–1900. *Journal of Global History* 9 (2014), S. 379–402.
33 Kenneth Pomeranz, The Great Divergence: China, Europe, and the Making of the Modern World Economy, Princeton 2000.
34 Warwick Bray, Everyday Life of the Aztecs, New York 1987, S. 116; Medina, The

World's Scavengers, S. 129; Daniel R. Headrick, Humans versus Nature. A Global Environmental History, New York 2020, S. 80 f.

35 Isabelle Parmentier, L'or et l'ordure. Les initiatives du povoir central dans la gestion des déchets urbains au XVIIIe siècle en Belgique. *Histoire Urbaine* 18 (2007), S. 61–76; Macfarlaine, The Savage Wars of Peace, S. 169; Tajima, The Marketing of Urban Human Waste, S. 17.

36 David L. Howell, Fecal Matters: Prolegomenon to a History of Shit in Japan, in: Ian J. Miller, Julia Adney Thomas, Brett L. Walker (Hg.), Japan at Nature's Edge: The Environmental Context of a Global Power, Honululu 2013, S. 137–151, 143 f. Für die Bedeutung von Dorfnetzwerken: Anne Walthall, Village Networks. *Sōdai* and the Sale of Edo Nightsoil. *Monumenta Nipponica* 43,3 (1988), S. 279–303.

37 Yong Xue, «Treasure Nightsoil as if it were Gold», S. 52–57.

38 Prashad, The Technology of Sanitation in Colonial Delhi, S. 141.

39 Zupko, Laures, Straws in the Wind, S. 75; Braudel, Sozialgeschichte des 15.–18. Jahrhunderts. Bd. 1, S. 209.

40 Warren, Meat Makes People Powerful, S. 109–114.

41 Z. B. Dolly Jørgensen, Running Amuck? Urban Swine Management in Medieval England. *Agricultural History* 87 (2013), S. 429–451, 429 f.

42 Hitimo Hongo u. a., Hunting or Management? The Status of *Sus* in the Jomon period in Japan, in: Albarella u. a., Pigs and Humans. 10,000 Years of Interaction, S. 109–130, 127.

43 Zupko, Laures, Straws in the Wind, S. 78.

44 Michael Prinz, Der Sozialstaat hinter dem Haus: Wirtschaftliche Zukunftserwartungen, Selbstversorgung und regionale Vorbilder: Westfalen und Südwestdeutschland 1920–1960, Paderborn 2012, S. 307.

45 Simon Pirani, Burning Up. A Global History of Fossil Fuel Consumption, London 2018, S. 11.

46 Für die Toskana im 17. Jahrhundert vgl. Carlo M. Cipolla, Miasmi e umori. Ecologia e condizioni sanitarie in Toscana nel Seicento, Bologna 2021 (1989), S. 31.

47 Über die «Freundlichkeit» der Schweine gibt es allerdings unterschiedliche Meinungen. So hat Sam White pointiert argumentiert, erst seit dem 16. Jahrhundert habe sich die «lean, dark, fearsome creature» des Mittelalters, die noch stark den Wildschweinen ähnelte, zunehmend verabschiedet. Die Einführung chinesischer Schweinerassen nach Europa und in die USA am Ende des 18. Jahrhunderts habe aus dem Schwein das dickbäuchige, harmlose Kuriosum gemacht, welches zum Gegenstand von Spott und Satire werden konnte. Zum Spottzweck wurden Schweine allerdings schon lange vorher verwendet, und mir scheint der hier aufgemachte Gegensatz nicht ausreichend durch die Quellen gedeckt. Sam White, From Globalized Pig Breeds to Capitalist Pigs. A Study in Animal Culture and Evolutionary History. *Environmental History* 16 (2011), S. 94–120, 108 f.

48 White, Globalized Pig Breeds, S. 95–97.

49 R. Johanna Regnath, Das Schwein im Wald. Vormoderne Schweinehaltung zwischen Herrschaftsstrukturen, ständischer Ordnung und Subsistenzökonomie, Ostfildern 2008.

50 Anderson, Capitalist Pigs, S. 37–46.

51 Regnath, Das Schwein im Wald, S. 71–79; generell: Jutta Nowosadtko, Zwischen Ausbeutung und Tabu. Nutztiere in der Frühen Neuzeit, in: Paul Münch (Hg.), Tiere und Menschen. Geschichte und Aktualität eines prekären Verhältnisses, Paderborn 1998, S. 247–274, 262 f.
52 Pastoureau, Le roi tué par un cochon.
53 Für englische Städte im Spätmittelalter: Jørgensen, Running Amuck?, S. 42; für Italien: Sori, La città e i rifiuti, S. 176 f.
54 Geltner, Urban Viarii, S. 101; Rawcliffe, Urban Bodies, S. 36 (Verordnung über das Herumlaufen von Schweinen 1293 in Oxford).
55 Naaktgeboren, Policing the Environment of Late Medieval Dordrecht, S. 167.
56 Ottavia Niccoli, Storie di ogni giorno in una città del Seicento, Rom 2021 (2000), S. 47 f.
57 Rawcliffe, The View from the Street, S. 76 f., 83.
58 Kinzelbach, Policing the Environment in Premodern Imperial Cities and Towns, S. 241 f.
59 Macfarlaine, The Savage Wars of Peace, S. 209; aber auch in London: Rawcliffe, Urban Bodies, S. 117.
60 Rosenthal, The Politics of Dependency, S. 9, 188.
61 Naaktgeboren, Policing the Environment of Late Medieval Dordrecht, S. 167.
62 Katherine M. Rogers, First Friend. A History of Dogs and Humans, New York 2005, S. 17.
63 Vgl. Mark S. R. Jenner, The Great Dog Massacre, in: William Naphy, Penny Roberts (Hg.), Fear in Early Modern Society, Manchester 1997, S. 44–61.
64 Leguay, La pollution au Moyen Age, S. 23.
65 Sueton berichtet in seinem Leben des Vespasian von einem Hund, der in die Gemächer Vespasians eindrang und dort eine menschliche Hand ablegte. C. Suetonius Tranquillus, Kaiserbiographien, hg. V. Ursula Blank-Sangmeister, Stuttgart 2018, Leben des Vespasian, 5.4, S. 394.
66 Henderson, Florence under Siege.
67 Zeheter, Epidemics, Empire, and Environments, S. 71.
68 Vgl. William Riguelle, Que la peste soit de l'animal! La législation à l'encontre des animaux en période d'epidémies dans les villes des Pays-Bas méridionaux et de la principauté de Liège (1600–1670), in: Rémi Luglia (Hg.), Sales bêtes! Mauvaises herbes! «Nuisible», une notion en débat, Rennes 2018, S. 109–123, 118 f.
69 Thomas Almeroth-Williams, City of Beasts. How Animals Shaped Georgian London, Manchester 2019, S. 76.
70 Prinz, Der Sozialstaat hinter dem Haus.
71 Ausführlich dazu: Nathalie Blanc, Les animaux et la ville, Paris 2000.
72 So versuchte Henry III. im 13. Jahrhundert in London das Schlachten in der Stadt zu verbieten. Trotz der Androhung von Gefängnisstrafen wurde das aber weitgehend ignoriert. Hannah Velten, Beastly London. A History of Animals in the City, London 2013, S. 34 f.
73 Aldrete, Daily Life in the Roman City, S. 97.
74 Epigramm 10.5. Martial Epigramme hg. von Walter Hoffmann, Frankfurt/M. 2000, S. 404.

75 Prignano, Crónica de la Basura Porteña, S. 48–50; Leung, Hygiène et santé publique dans la Chine pré-moderne, S. 352.
76 Frieder Schmitt, Von der Mühle zur Fabrik. Die Geschichte der Papierherstellung in der württembergischen und badischen Frühindustrialisierung, Ubstadt/Weiher 1994, S. 161.
77 Robert Malcolmson, Stephanos Mastoris, The English Pig. A History, London, Rio Grande 1998, S. 109–127.
78 Frank Huismann, Ländliches Leben im Mittelalter im Paderborner Land, Paderborn 2007, S. 25.
79 Nowosadtko, Zwischen Ausbeutung und Tabu, S. 267 f.
80 Lyon-Caen, Morera, À vos poubelles citoyens!, S. 27.
81 Zur Gelatinegewinnung vgl. Jörg Liesegang, Die Gelatine in der Medizin. Geschichtliches zur Verwendung der Gelatine in der Medizin des ausgehenden 17. bis zu dem beginnenden 20. Jahrhundert. Diss., Heidelberg 2007, S. 5.
82 Zupko, Laures, Straws in the Wind, S. 35.
83 Malcolmson, Mastoris, The English Pig, S. 96 f.
84 Cem Behar, A Neighborhood in Ottoman Istanbul. Fruit vendors and Civil Servants in the Kasap İlyas Mahalle, New York 2003, S. 54 f.; Sydney Watts, Meat Matters. Butchers, Politics, and Market Culture in Eighteenth Century Paris, Suffolk 2006, S. 45–48.
85 Leguay, La pollution au Moyen Age, S. 18 f.
86 Ulf Dirlmeier, Umweltprobleme in deutschen Städten des Spätmittelalters. *Technikgeschichte* 48,3 (1981), S. 191–205.
87 Braudel, Sozialgeschichte des 15.–18. Jahrhunderts. Bd. 1, S. 201.
88 Rawcliffe, Urban Bodies, S. 40.
89 Zupko, Laures, Straws in the Wind, S. 35 f.
90 Vgl. Valentina Costantini, On a red line across Europe: butchers and rebellions in fourteenth-century Siena. *Social History* 41 (2016), S. 72–92.
91 Watts, Meat Matters, S. 63–69.
92 Janna Coomans, Food Offenders. Public Health and the Marketplace in the Late Medieval Low Countries, in: Weeda, Rawcliffe, Policing the Urban Environment in Premodern Europe, S. 121–148, 128. Vgl. auch Cockayne, Hubbub, S. 98 f.
93 Rawcliffe, Urban Bodies, S. 41.
94 Robert Sullivan, Rats. Observations on the History & Habitat of the City's Most Unwanted Inhabitants, New York u. a. 2004, S. 40 f.
95 Hendrickson, More Cunning than a Man, S. 112; Wolfhard Klein, Mausetod. Die Kulturgeschichte der Mäusefalle, Darmstadt, Mainz 2011.
96 Hendrickson, More Cunning than a Man, S. 100 f.
97 Robert Muchembled, Die Erfindung des modernen Menschen. Gefühlsdifferenzierung und kollektive Verhaltensweisen im Zeitalter des Absolutismus, Hamburg 1990, S. 50.
98 Manfred Vasold, Hunger, Rauchen, Ungeziefer. Eine Sozialgeschichte des Alltags in der Neuzeit, Stuttgart 2016, S. 139.
99 Vgl. John R. McNeill, Mosquito Empires. Ecology and War in the Greater Caribbean, 1620–1914, Cambridge 2010.
100 Macfarlaine, The Savage Wars of Peace, S. 208–213.

101 Cipolla, Contro un nemico invisibile, S. 73–79.
102 John F. M. Clark, Bugs and the Victorians, New Haven, London 2009, S. 195–202.
103 Warwick Anderson, Colonial Pathologies. American Tropical Medicine, Race, and Hygiene in the Philippines, Durham, London 2006, S. 62; Dawn Day Biehler, Pests in the City: Flies, Bedbugs, Cockroaches, and Rats, Seattle 2013, S. 114 f.
104 Biehler, Pests in the City.
105 Joanna L. Dyl, The War on Rats versus the Right to Keep Chickens. Plague and Paving of San Francisco, 1907–1908, in: Andrew Isenberg (Hg.), The Nature of Cities, Rochester 2006, S. 38–61, 42 f.
106 Stéphane Frioux, Les insectes, menace pour la ville à la Belle Epoque?, in: ders., Julien Alleau, L' animal sauvage entre nuisance et patrimoine: France, XVIe – XXIe siècles, Lyon 2009, S. 115–130, 123–126.

4. Das Diktat der Knappheit: Recycling in der Vormoderne

1 Charles Baudelaire, Ébauche d'un épilogue pour la deuxième édition des Fleurs du Mal, Paris 1861, S. 12.
2 Strasser, Waste and Want, S. 22.
3 Reinhold Reith, Altgewender, Humpler, Kannenplecker. Recycling im späten Mittelalter und der frühen Neuzeit, in: Roland Ladwig (Hg.), Recycling in Geschichte und Gegenwart, Freiberg 2003, S. 41–79.
4 Peña, Recycling in the Roman World.
5 Ebd., S. 27.
6 Esch, Historische Landschaften Italiens, S. 13–38.
7 Vgl. Anthony Turner, Recycling Early Modern Mathematical Instruments. *Nuncius* 37 (2022), S. 42–58.
8 David Abulafia, The Boundless Sea. A Human History of the Oceans, Oxford 2019, S. 555.
9 Richard Ovenden, Burning the Books. A History of Knowledge under Attack, London 2020, S. 56–59; Anna Reynolds, «Worthy to be reserved»: Bookbinding and the Waste Paper Trade in Early Modern England and Scotland, in: Daniel Bellingradt, Anna Reynolds (Hg.), The Paper Trade in Early Modern Europe. Practices, Materials, Networks, Leiden, Boston 2021, S. 342–368.
10 Peña, Recycling in the Roman World, S. 25 f.
11 Donald Woodward, «Swords into Ploughshares»: Recycling in Pre-Industrial England. *The Economic History Review* 38,2 (1985), S. 175–191, 187–189; vgl. auch Frieder Schmidt, «Ich brauche Hadern zu meiner Mül». Die Lumpenwirtschaft der Papiermacher. *Ferrum* 85 (2013), S. 50–62, 54.
12 Pirani, Burning Up, S. 38 f.
13 Vgl. auch den Hinweis von Thorstein Veblen, dass der Homo Oeconomicus als Theoriefigur gerade in armen Gesellschaften Sinn macht. Vgl. Emily Brownell, Gone to Ground. A History of Environment and Infrastructure in Dar es Salaam, Pittsburgh 2020, S. 10.

14 James L. Huffman, Down and Out in Late Meiji Japan, Honolulu 2018, S. 12.
15 Ebd., S. 113.
16 Wines, Fertilizer in America, S. 22 f.; Strasser, Waste and Want, S. 21.
17 Paul Topping, David Morantz, Glen Lang, Waste Disposal Practices of Fishing Vessels: Canada's East Coast, 1990–1991, in: James M. Coe (Hg.), Marine Debris. Sources, Impacts, and Solutions, New York 1997, S. 253–261, 258.
18 Vgl. Branko Milanović, Haben und Nichthaben. Eine kurze Geschichte der Ungleichheit, Darmstadt 2017, S. 15–45.
19 Barbara Stollberg-Rilinger, Maria Theresia. Die Kaiserin in ihrer Zeit, München 2017, S. 375.
20 Leonhard Horowski, Das Europa der Könige. Macht und Spiel an den Höfen des 17. und 18. Jahrhunderts, Reinbek b. Hamburg 2017, S. 519–592.
21 Natacha Coquery, The Social Circulation of Luxury and Second-Hand Goods in Eighteenth-Century Parisian Shops, in: Ariane Fennetaux, Amélie Junqua, Sophie Vasset (Hg.), The Afterlife of Used Things. Recycling in the Long Eighteenth Century, Milton Park 2015, S. 13–24, 18 f.
22 Für Italien vgl. Patricia Allerston, The Second-Hand Trade in the Arts in Early Modern Italy, in: Marcello Fantoni, Louisa C. Matthew, Sarah Matthews-Grieco (Hg.), The Art Market in Italy, 15th – 17th centuries, Modena 2003, S. 301–312.
23 Coquery, The Social Circulation, S. 17 f.
24 Manuel Charpy, The Auction House and its Surroundings: The Trade in Antiques and Second-Hand-Items in Paris during the Nineteenth Century, in: Bruno Blondé u. a. (Hg.), Fashioning old and new: changing consumer preferences in Europe (seventeenth-nineteenth centuries), Turnhout 2009, S. 217–233. Für die Konstruktion des mittelalterlichen Wohnens durch den Antiquitätenhandel vgl. Elizabeth Emery, Meubles: The Ever Mobile Middle Ages, in: Joseph Shack, Hannah Weaver (Hg.), Recreating the Medieval Globe. Acts of Recycling, Revision, and Relocation, Leeds, 2020, S. 122–154.
25 Lyon-Caen, Morera, À vos poubelles citoyens!, S. 26.
26 Ercole Sori, Il rovescio della produzione. I rifiuti in età pre-industriale e paleotecnica, Bologna 1999, S. 41.
27 Matteo Pompermaier, Credit and Poverty in Early Modern Venice. *Journal of Interdisciplinary History* 52,5 (2022), S. 513–536, 527 f.
28 Georg Stöger, Sekundäre Märkte? Zum Wiener und Salzburger Gebrauchtwarenhandel im 17. und 18. Jahrhundert, Wien 2011.
29 Markus Friedrich, Die Jesuiten: Aufstieg, Niedergang, Neubeginn, München 2016, S. 184.
30 Interessant ist in diesem Zusammenhang, dass Kleiderordnungen in den spanischen Kolonien in den Amerikas noch länger in Kraft blieben, als das in Spanien selbst der Fall war. Das deutet auf den doch eher hilflosen Versuch hin, die sozialen Dynamiken der Kolonialisierung in den Griff zu bekommen. Vgl. Robert DuPlessis, Sartorial Sorting in the Colonial Caribbean and North America, in: Giorgio Riello, Ulinka Rublack (Hg.), The Right to Dress. Sumptuary Laws in a Global Perspective c. 1200–1800, Cambridge 2019, S. 346–371, 370 f.
31 Z. B. Sophie White, Wild Frenchmen and Frenchified Indians. Material Culture

and Race in Colonial Lousiana, Philadelphia 2012, S. 65, 69; Robert DuPlessis, The Material Atlantic. Clothing, Commerce, and Colonization in the Atlantic World, 1650–1800, Cambridge 2015, S. 74–81.

32 Laurence Fontaine, The Moral Economy. Poverty, Credit, and Trust in Early Modern Europe, Cambridge 2014.

33 Betty Naggar, Old-clothes men: 18th and 19th centuries. *Jewish Historical Studies* 31 (1988–1990), S. 171–191.

34 Zit. in: Ariane Fennetaux, Sentimental Economics. Recycling Textiles in Eighteenth-Century Britain, in: Fennetaux, Junqua, Vasset, The Afterlife of Used Things, S. 122–141, 124.

35 Donald Woodward weist auf das umgekehrte Phänomen hin, dass in Großbritannien die Literatur zum *Good Housekeeping* praktisch keine Instruktionen zum Ausbessern von Kleidung enthielt: «Perhaps this was not an occupation commonly undertaken by the class of women addressed by such literature.» Woodward, Swords into Ploughshares, S. 178. Vgl. auch Ariane Fennetaux, Réparation textile, reprisage et faire durer: la consommation industrieuse aux XVIIIe et XIXe siècles en Grande Bretagne, in: Gianenrico Bernasconi u. a. (Hg.), Les Réparations dans l'Histoire. Cultures techniques et savoir-faire dans la longue durée, Paris 2022, S. 119–140, 129–136; Cockayne, Hubbub, S. 76 f.

36 Strasser, Waste and Want, S. 69–109.

37 Robert Darnton, The Great Cat Massacre and other Episodes in French Cultural History, New York 1984, S. 134–137. Interessant wäre in diesem Zusammenhang im Übrigen auch, dem Verhältnis von Kleiderordnungen und dem Handel mit gebrauchter Kleidung nachzugehen. Erstere regulierten zwar die Wahl von Schmuck und Kleidung (oder gaben das zumindest vor), definierten auf der anderen Seite aber zugleich genau, was es zu imitieren galt. Vgl. Ulinka Rublack, The Right to Dress: Sartorial Politics in Germany, c. 1300–1750, in: Riello, Rublack, The Right to Dress, S. 37–73, 43 f. Interessant auch Rublacks Hinweis, in Hannover in der ersten Hälfte des 17. Jahrhunderts sei es Dienstmädchen auf einmal verboten worden, jegliche abgelegte Kleidung ihrer Dienstherrin anzuziehen, was folglich eine verbreitete Praxis gewesen zu sein scheint (S. 68). Vgl. für England Cockayne, Hubbub, S. 41, 74 f.

38 Jean-Claude Bonnet, Mercier et l'art du recyclage. Revue d'Histoire littéraire de la France 118,3 (2018), S. 517–522, 519 f.; Muchembled, Die Erfindung des modernen Menschen, S. 359.

39 Vgl. Joseph P. McDermott, The Making of a New Rural order in South China. Bd. 1: Village, Land, and Lineage in Huizhou 900–1600, Cambridge 2013, S. 94.

40 Sally Ann Hastings, Neighborhood and Nation in Tokyo 1905–1937, Pittsburgh, London 1995, S. 47.

41 Vgl. die Pionierarbeit von Kenneth Hudson, Pawnbroking. An Aspect of British Social History, London 1982.

42 Roberto D'Arienzo, Métabolismes urbains. De l'hygiénisme à la ville durable. Naples 1884–2004, Genf 2017, S. 50.

43 Peter F. Tschudin, Grundzüge der Papiergeschichte, Stuttgart 2002, S. 93–99.

44 Andreas Weber, Material Sensibilities: Writing Paper and Chemistry in the Neth-

erlands and beyond, ca. 1800, in: Bellingradt, Reynolds, The Paper Trade in Early Modern Europe, S. 327–341, 328 f.; Juraj Kittler, From Rags to Riches. The limits of early paper manufacturing and their impact on book print in Renaissance Venice. *Media History* 21,1 (2015), S. 8–22.

45 Fennetaux, Sentimental Economics, S. 125.

46 Simon Werrett, The Sociomateriality of Waste and Scrap Paper in Eighteenth-Century England, in: Carla Bittel, Elaine Leong, Christine von Oertzen (Hg.), Working with Paper. Gendered Practices in the History of Knowledge, Pittsburgh 2019, S. 46–59, 55–58.

47 Kehnel, Wir konnten auch anders, S. 147 f.

48 Naggar, Old-clothes men, S. 178–181.

49 Mengling Cai, Overview of paper and papermaking in Xinjiang, China. *The Studies into the History of the Book and Book Collections* 2020, S. 411–425, 412 f.; Jacob Eyferth, Making and Using Paper in Late Imperial China. Comparative Reflections on Working and Knowing beyond the Page, in: Carla Bittel, Elaine Leong, Christine von Oertzen (Hg.), Working with Paper. Gendered Practices in the History of Knowledge, Pittsburgh 2019, S. 208–223, 212 f.

50 Dagmar Schäfer, The Crafting of the 10,000 Things. Knowledge and Technology in Seventeenth-Century China, Chicago, London 2015, S. 243.

51 Kehnel, Wir konnten auch anders, S. 139 f.

52 mauritius images / Penta Springs Limited / Alamy Stock Photo.

53 Braudel, Sozialgeschichte des 15.–18. Jahrhunderts. Bd. 1, S. 598 f.

54 Zoltán Biedermann, Anne Gerritsen, Giorgio Riello, Introduction: Global Gifts and the Material Culture of Diplomacy in Early Modern Eurasia, in: dies. (Hg.), Global Gifts. The Material Culture of Diplomacy in Early Modern Eurasia, Cambridge 2018, S. 1–34, 16.

55 Carl A. Zimring, Cash for your Trash. Scrap Recycling in America, New Brundwick 2005, S. 15.

56 Woodward, Swords into Ploughshares, S. 184; Zimring, Cash for Your Trash, S. 14 f.

57 Dieser Zusammenhang lässt sich im Übrigen archäologisch bereits für das erste Jahrtausend n. Chr. eindeutig nachweisen. Martin Baumeister, Metallrecycling in der Frühgeschichte. Untersuchungen zur technischen, wirtschaftlichen und gesellschaftlichen Rolle sekundärer Metallverwertung im 1. Jahrtausend n. Chr., Rahden/Westf. 2004, S. 197–208.

58 Woodward, Swords into Ploughshares, S. 185 f.

59 Saul Guerrero, Silver by Fire, Silver by Mercury. A Chemical History of Silver Refining in New Spain and Mexico, 16th to 19th Century, Leiden, Boston 2017.

60 Peña, Recycling in the Roman World, S. 37.

61 Ebd., S. 27.

62 Alan MacFarlaine, Gerry Martin, Glass. A World History, Chicago 2002, S. 14 f.

63 Alessandro Tana, Made of Metal. The Use of Scrap Metal in Africa. *Newsletter Museum Ethnographers Group* 17 (1985), S. 60–66.

64 Carsten Jahnke, Das Silber des Meeres. Fang und Vertrieb von Ostseehering zwischen Norwegen und Italien (12.–16. Jahrhundert), Köln, Wien 2000, S. 221.

65 Vgl. Leguay, La rue au Moyen Age, S. 92–124.

66 Dieses Begriffsverständnis habe ich mir ausgeliehen von: Hans-Christian Petersen, An den Rändern der Stadt? Soziale Räume der Armen in St. Petersburg (1850–1914), Köln 2019, S. 257.
67 Allerdings war der Recyclinghandel noch bis ins 18. Jahrhundert häufig nicht monetarisiert und basierte auf verschiedenen Formen von Naturaltausch. Vgl. die Ausführungen zum «Country Pay» bei: Medina, The World's Scavengers, S. 29.
68 Barrie M. Ratcliffe, Perceptions and Realities of the Urban Margin: The Rag Pickers of Paris in the First Half of the Nineteenth Century. *Canadian Journal of History* 27 (1992), S. 201–233, 220.
69 Naggar, Old-clothes men, S. 172–176.
70 Schmidt, «Ich brauche Hadern zu meiner Mül», S. 55.
71 Sudhir Venkatesh, Gang Leader for a Day. A Rogue Sociologist Takes to the Streets, New York 2008, S. 254–259.

5. Exkurs: Hygiene – eine saubere Geschichte?

1 Wolfgang U. Eckart, Art.: Hygiene, in: Enzyklopädie der Neuzeit, Bd. 5, Stuttgart 2007, Sp. 736–741, 736 f.
2 Katherine Ashenburg, The Dirt on Clean. An Unsanitized History, Toronto 2007, S. 87–95.
3 Packard, History of Global Health, S. 61.
4 Ashenburg, The Dirt on Clean, S. 1–13.
5 Douglas Biow, The Culture of Cleanliness in Renaissance Italy, Ithaca 2006.
6 Ashenburg, The Dirt on Clean, S. 11–13.
7 Angélique G. Panayotatou, L' hygiène chez les anciens Grecs, Paris 1924.
8 Frank Kolb, Rom. Geschichte der Stadt in der Antike, München 2002, S. 15.
9 Wilson, Metropolis, S. 103; Karl-Wilhelm Weeber, Smog über Attika. Umweltverhalten im Altertum, Zürich, München 1990, S. 87–92.
10 Florian Werner, Dunkle Materie. Die Geschichte der Scheiße, Zürich 2011, S. 47.
11 Ann Heirmann, Mathieu Torck, A Pure Mind in a Clean Body. Bodily Care in the Buddhist Monasteries of Ancient India and China, Gent 2012.
12 Dinçkal, Istanbul und das Wasser, S. 54–56.
13 Janet M. Hartley, The Volga. A History of Russia's Greatest River, New Haven, London 2020, S. 25.
14 Muchembled, Die Erfindung des modernen Menschen, S. 44 f.
15 Extracts from Al-Abdari's Travels, or *The Moroccan Journey*, in: Tabish Khair u. a. (Hg), Other Routes. 1500 Years of African and Asian Travel Writing, Oxford 2006, S. 284–288.
16 Hanna Diyab, The Book of Travels, Vol. 1, hg. v. Johannes Stephan, New York 2021, S. 263.
17 Dinçkal, Istanbul und das Wasser, S. 55.
18 Pierre Belon, Voyage au Levant. Les observations de Pierre Belon du Mans de plusieurs singularités & choses mémorables, trouvées en Grèce, Turquie, Judée, Égypte,

Arabie & autres pays étranges, Paris 2001 (1553); Sori, Il rovescio della produzione, S. 97. Braudel, Sozialgeschichte des 15.–18. Jahrhunderts. Bd. 1, S. 554–556.

19 Peter Hersche, Die protestantische Laus und der katholische Floh. Konfessionsspezifische Aspekte der Hygiene, in: Benedikt Bietenhard u. a. (Hg.), Ansichten von der rechten Ordnung. Bilder über Normen und Normenverletzungen in der Geschichte, Bern, Stuttgart 1991, S. 43–60, 54–57.

20 Werner Sombart, Der Bourgeois. Zur Geistesgeschichte des modernen Wirtschaftsmenschen, Leipzig 1913; Max Weber, Die protestantische Ethik und der «Geist» des Kapitalismus, in: ders., Gesammelte Aufsätze zur Religionssoziologie I, Tübingen 1988[7], S. 17–206.

21 Simon Schama, The Embarrassment of Riches. An Interpretation of Dutch Culture in the Golden Age, New York 1987.

22 Zit. in: Macfarlaine, The Savage Wars of Peace, S. 213.

23 Johann Wolfgang Goethe, Italienische Reise, hg. u. komm. v. Herbert von Einem, München 1980 (1816/17), S. 236.

24 Prashad, The Technology of Sanitation in Colonial Delhi, S. 117.

25 Gudrun Krämer, Geschichte Palästinas. Von der osmanischen Eroberung bis zur Gründung des Staates Israel, München 2015 (2002), S. 98.

26 Godard, Donzel, Éboueurs de Marseille, S. 18 f.

27 Claire Weeda, Cleanliness, Civility, and the City in Medieval Ideals and Scripts, in: Weeda, Rawcliffe, Policing the Urban Environment in Premodern Europe, S. 38–68, 38 f.

28 Ebd., S. 58.

29 Macfarlaine, The Savage Wars of Peace, S. 213.

30 Im selben Sammelband: Guy Geltner, Urban Viarii and the Prosecution of Public Health Offenders in Late Medieval Italy, S. 97–119, 113.

31 Annemarie Kinzelbach, Policing the Environment in Premodern Imperial Cities and Towns, S. 239; Cipolla, Contro un nemico invisibile, S. 73.

32 Werner, Dunkle Materie, S. 47 f.

33 Dirlmeier, Umweltprobleme in deutschen Städten des Spätmittelalters, S. 195; Barbara Rajkay, Die Kunst des Machbaren. Die reichsstädtische Wasserwirtschaft, in: Christoph Emmendörffer, Christof Trepesch (Hg.), Wasserkunst Augsburg. Die Reichsstadt in ihrem Element, Augsburg 2018, S. 69–87.

34 Frank Rexroth, Das Milieu der Nacht. Obrigkeit und Randgruppen im spätmittelalterlichen London, Göttingen 1999, S. 117–125.

35 Bas van Bavel, Oscar Gelderblom, The Economic Origins of Cleanliness in the Dutch Golden Age. *Past and Present* 205 (2009), S. 41–69, hier: 59 f.

36 Tessa Morris-Suzuki, The Technological Transformation of Japan. From the Seventeenth to the Twenty-first Century, Cambridge 1994, S. 40.

37 Platt, Shock Cities, S. 266.

38 Vgl. Hersche, Die protestantische Laus und der katholische Floh.

39 Georges Vigarello, Le Propre et le sale: l'hygiéne du corps depuis le Moyen Âge, Paris 1985.

40 Für Norwich im Spätmittelalter: Fay, Health and the City, S. 24 f.; Rawcliffe, Urban Bodies, S. 12–53.

41 Alain Courbin, Le Miasme et la Jonquille, Paris 1986 (1982).
42 Martin, Enlightened Metropolis, S. 50.
43 Sören Urbansky, Beyond the Steppe Frontier. A History of the Sino-Russian Border, Princeton, Oxford 2020, S. 56.
44 Headrick, Tentacles of Progress, S. 153.
45 Ruth Rogaski, Hygienic Modernity. Meanings and Disease in Treaty-Port China, Berkeley 2004.
46 Jean-Jacques Rousseau, Bekenntnisse, Frankfurt/M. 1985 (1782), S. 239 f.
47 David Forgacs, Italy's Margins. Social Exclusion and Nation Formation since 1861, Cambridge 2014, S. 40 f.
48 Roman Köster, Mülldiskurse in der Bundesrepublik 1945–1990, in: David-Christopher Assmann (Hg.), Verwalten – Verwerten – Vernichten. Kulturpoetische Formationen des Abfalls seit 1930, Berlin 2023, S. 70–86, 73 f.

6. Die zweite Revolution: Industrialisierung und ihre Folgen

1 Emma Lazarus, Emma Lazarus. Selected Poems and other Writings, hg. v. Gregory Eiselein, Ontario 2002, S. 233.
2 Arnd Brendecke, Die Jahrhundertwenden. Eine Geschichte ihrer Wahrnehmung und Wirkung, Frankfurt/M. 1999, S. 209.
3 Werner Sombart, Die deutsche Volkswirtschaft im neunzehnten Jahrhundert und im Anfang des 20. Jahrhunderts, Berlin 1921[5], S. 3–20.
4 Massimo Livi Bacci, A Concise History of World Population, Chichester 2017[6], S. 25.
5 Pomeranz, The Great Divergence.
6 John Maynard Keynes, The Economic Consequences of the Peace, London 1920, S. 6.
7 Angus Maddison, Contours of the World Economy, 1–2030 AD: Essays in Macro-Economic History, Oxford 2007, S. 382.
8 Walt W. Rostow, The Stages of Economic Growth. A Non-Communist Manifesto, Cambridge 1960.
9 Ulrich Wengenroth, Igel und Füchse. Zu neueren Verständigungsproblemen über die Industrielle Revolution, in: Wolfgang Benad-Wagenhoff (Hg.), Industrialisierung. Begriffe und Prozesse. Festschrift für Ákos Paulinyi zum 65. Geburtstag, Stuttgart 1994, S. 9–21.
10 Nicholas Crafts, British economic growth during the industrial revolution, Oxford 1985; Nicolas Crafts, Charles K. Harley, Output Growth and the British Industrial Revolution: A Restatement of the Crafts-Harley View. *The Economic History Review* 45 (1992), S. 703–730.
11 Vgl. Jürgen Osterhammel, Die Verwandlung der Welt. Eine Geschichte des 19. Jahrhunderts, München 2009, S. 95–128, 129–180.
12 Joel Mokyr, The Gifts of Athena. Historical Origins of the Knowledge Economy, Princeton 2002, S. 1–27; ders., The Enlightened Economy. An Economic History of Britain 1700–1850, Princeton 2009.

13 Zur Debatte um die Bedeutung der Industrialisierung für die globalen Transformationsprozesse seit der zweiten Hälfte des 18. Jahrhunderts vgl. Wengenroth, Igel und Füchse.

14 Tirthankar Roy, India in the World Economy. From Antiquity to the Present, Cambridge 2018, bes. S. 181–209.

15 Werner Plumpe, Konsum. *Merkur. Deutsche Zeitschrift für Europäisches Denken* 67 (2013), S. 619–627. Vgl. auch: Wendy A. Woloson, Crap. A History of Cheap Stuff in America, Chicago 2020. Die Autorin kann freilich in billigen Gebrauchsgütern kaum etwas anderes als eine Selbstdemütigung der Konsumenten erblicken.

16 Barles, L' invention des déchets urbains, S. 34–53; Ward, The Clean Body, S. 110–123.

17 Dieses Argument bei Douglass C. North, Structure and Change in Economic History, New York 1981.

18 Bairoch, Goertz, Factors of Urbanisation in the Nineteenth Century Developed Countries, S. 288.

19 Joseph Bradley, Muzhik and Muscovite. Urbanization in Late Imperial Russia, Berkeley 1985, S. 21; Peter Ring, Bevölkerung, in: Horst Ulrich, Uwe Prell, Ernst Luuk (Hg.), Berlin Handbuch. Das Lexikon der Bundeshauptstadt, Berlin 1992, S. 236–248.

20 Osterhammel, Die Verwandlung der Welt, S. 371–375.

21 Livi Bacci, A Concise History of World Population, S. 143–146.

22 Vgl. als Überblick aus medizinischer Sicht: Samuel H. Preston, The changing relation between mortality and level of economic development. *International Journal of Epidemiology* 36 (2007), S. 484–490.

23 Ted Steinberg, Gotham Unbound. An Ecological History of Greater New York, from Henry Hudson to Hurricane Sandy, New York 2014; Hastings, Neighborhood and Nation in Tokyo 1905–1937, S. 123.

24 Headrick, Tentacles of Progress, S. 145 f.

25 Für Bengalen: Haraprasad Chattopadhyaya, Internal Migration in India. A Case Study of Bengal, Kalkutta, Neu Delhi 1987, S. 378 f.

26 Mintzker, The Defortification of the German City.

27 Howard Spodek, Ahmedabad. Shock City of Twentieth-Century India, Bloomington 2011, S. 25.

28 Für Indien vgl. Narayani Gupta, Urbanism in South-India: Eighteenth-nineteenth Centuries, in: Indu Banga (Hg.), The City in Indian History. Urban Demography, Society and Politics, New Delhi 1994, S. 121–147, 132; Reeta Grewal, Urban Morphology under Colonial Rule, in: Banga, The City in Indian History, S. 173–190, 179. Surabaya auf Java bekam Anfang der 1840er Jahre überhaupt erst eine Mauer. Howard W. Dick, Surabaya. City of Work. A Socioeconomic History, 1900–2000, Athens/Ohio 2002, S. 334.

29 Anthony S. Wohl, Endangered Lives. Public Health in Victorian Britain, Cambridge 1983, S. 292; Gareth Stedman Jones, Outcast London. A Study in the Relationship between Classes in Victorian Society, Oxford 1971, S. 159–178.

30 Graeme Davison, The Rise and Fall of Marvelous Melbourne, Melbourne 1978, S. 140 f.

31 Martin, Enlightened Metropolis, S. 39.
32 Bradley, Muzhik and Muscovite, S. 59.
33 Jürgen Reulecke, Geschichte der Urbanisierung in Deutschland, Frankfurt/M. 1985, S. 44.
34 Barles, L'invention des déchets urbains, S. 135.
35 William Cronon, Nature's metropolis: Chicago and the Great West, New York 1991.
36 Zum Konzept der Pfadabhängigkeit und «Trajectories» vgl. Christoph Bernhardt, Path-Dependency and Trajectories, in: Sebastian Haumann, Martin Knoll, Detlev Mares (Hg.), Concepts of Urban Environmental History, Bielefeld 2020, S. 65–77, insb. 67–69.
37 Osterhammel, Die Verwandlung der Welt, S. 456–464.
38 Braudel, Sozialgeschichte des 15.–18. Jahrhunderts. Bd. 1, S. 576; Macfarlaine, The Savage Wars of Peace, S. 177.
39 Dieter Schott, Europäische Urbanisierung (1000–2000). Eine umwelthistorische Einführung, Wien, Köln 2014, S. 180 f.
40 Vgl. Jeff Horn, The Path not Taken. French Industrialization in the Age of Revolution, 1750–1830, Cambridge/Mass. 2006.
41 Frioux, Les batailles de l'hygiène, S. 69–73.
42 Jean-Luc Arnaud, Damas. Urbanisme et Architecture 1860–1925, Arles 2006, S. 62 f., 145.
43 Todd A. Henry, Assimilating Seoul. Japanese Rule and the Politics of Public Space in Colonial Korea, 1910–1945, Berkeley 2014; Ihab Morgan, Kairo. Die Entwicklung des modernen Stadtzentrums im 19. und frühen 20. Jahrhundert, Bern 1999, S. 75; Abu-Lughod, Cairo, S. 98–108.
44 Lutz Trettin, Abfallwirtschaft und informeller Sektor in der City of Calcutta, Bochum 2002, S. 34.
45 Bernard Marchand, Paris, histoire d'une ville (XIXe–XXe siècle), Paris 1993, S. 185–192.
46 Carl H. Nightingale, Segregation. A Global History of Divided Cities, Chicago, London 2012, S. 207.
47 Z. B. Frioux, Les Batailles de l'hygiène, S. 210 f.; Platt, Shock Cities, S. 207.
48 Frioux, Les batailles de l'hygiène, S. 211.
49 John Morgan, Financing Public Goods by Means of Lotteries. *The Review of Economic Studies* 67 (2000), S. 761–784.
50 Jonathan Chapman, Interest Rates, Sanitation Infrastructure, and Mortality Decline in Nineteenth Century England and Wales. *EHES Working Paper No. 218, October 2021.*
51 Filtzer, The Hazards of Urban Life in Late Stalinist Russia, S. 22–65.
52 Friedrich Lenger, Metropolen der Moderne. Eine europäische Stadtgeschichte seit 1850, München 2013, S. 167.
53 June E. Hahner, Poverty and Politics. The Urban Poor in Brazil, 1870–1920, Albuquerque 1986, S. 157 f.
54 Ebd., S. 159, 164 f.
55 Wilson, Metropolis, S. 214.
56 Zitiert in: Huffman, Down and Out in Late Meiji Japan, S. 32.

57 Wohl, Endangered Lives, S. 10 f.

58 Vgl Huffmans Feststellung, um 1900 habe in Tokyo und Osaka die Zahl der Geburten die der Sterbefälle übertroffen. Huffman, Down and Out in Late Meiji Japan, S. 29. Für einen allgemeineren demographischen Überblick vgl. Marina Gindelsky, Remi Jedwab, Killer Cities and Industrious Cities? New Data and Evidence on 250 Years of Urban Growth. *Institute for International Economic Policy Working paper Series IIEP-WP-2022–01.*

59 Olaf Briese, Namenszauber: Zum Status medizinischer Begriffsbildung am Beispiel «Cholera». *Archiv für Begriffsgeschichte* 43 (2001), S. 199–219, 211 f.

60 Mark Harrison, A Dreadful Scourge: Cholera in early nineteenth-century India. *Modern Asian Studies* 54,2 (2020), S. 502–553.

61 Yu Xinzhong, Xu Wang, The new plague on the eve of a great change. China's cholera epidemic in the early nineteenth century. *Journal of Modern Chinese History* 14 (2020), S. 205–220.

62 Frank M. Snowden, Naples in the Time of Cholera, 1884–1911, Cambridge 1995, S. 181–230; D'Arienzo, Métabolismes urbains, S. 66–71.

63 Richard J. Evans, Death in Hamburg. Society and Politics in the Cholera Years 1830–1910, Oxford 1987.

64 Sheldon Watts, Epidemics and History. Disease, Power, and Imperialism, New Haven, London 1997, S. 167; Xiaoping Fang, China and the Cholera Pandemic. Restructuring Society Under Mao, Pittsburgh 2021.

65 Frank Uekötter, Im Strudel. Eine Umweltgeschichte der modernen Welt. Frankfurt/M. 2020, S. 326–331.

66 Helga Schultz, Social Differences in Mortality in the Eighteenth Century. An Analysis of Berlin Church Registers. *International Review of Social History* 26 (1991), S. 232–248, 237, 244.

67 Watts, Epidemics and History, S. 192; Evans, Death in Hamburg, S. 180–205; John P. Davies, Russia in the Time of Cholera. Disease under Romanovs and Soviets, London, New York 2018, S. 43. Allerdings hatte selbst die britische Königin Victoria eine Typhus-Erkrankung zu überstehen. In Städten, in denen die Bevölkerung sozial stark durchmischt war, wie etwa Teheran, gab es zudem sehr viel geringere soziale Unterschiede in den Sterberaten. Wohl, Endangered Lives, S. 1 f.; Amir A. Afkhami, A Modern Contagion. Imperialism and Public Health in Iran's Age of Cholera, Baltimore 2019, S. 66.

68 Frioux, Les Batailles de l'hygiène, S. 69.

69 Anne Rasmussen, L'hygiène en congrès (1852–1912) : circulation et configurations internationales, in: Bourdelais, Les hygiénistes, S. 213–239, 238 f.

70 Roman Köster, Hausmüll. Abfall und Gesellschaft in Westdeutschland 1945–1990, München 2017, S. 89; Zeheter, Epidemics, Empire, and Environments, S. 272 f.

71 Evans, Death in Hamburg, S. 490–507.

72 Zitiert in: Suellen Hoy, Chasing Dirt. The American Pursuit of Cleanliness, New York, Oxford 1995, S. 107.

73 Jorland, Une société à soigner, S. 226; Anne Hardy, Ärzte, Ingenieure und städtische Gesundheit. Medizinische Theorien in der Hygienebewegung des 19. Jahrhunderts, Frankfurt/M. 2005, S. 373–385.

74 Christopher Hamlin, Cholera. The Biography, Oxford 2009, S. 9.
75 Vgl. Peter Münch, Stadthygiene im 19. und 20. Jahrhundert. Die Wasserversorgung, Abwasser- und Abfallbeseitigung unter besonderer Berücksichtigung Münchens, Göttingen 1993.
76 Leguay, La rue au Moyen Age, S. 62 f.; Johan P. Mackenbach, A History of Population Health. Rise and Fall of Disease in Europe, Leiden, Boston 2020, S. 137.
77 Vgl. auch die steigende Bedeutung der «Environment» bei britischen Medizinern seit dem späten 18. Jahrhundert, während das Verhältnis der Körpersäfte praktisch keine Rolle mehr spielte. Die Bakteriologie hingegen war in erster Linie eine Laboratoriumswissenschaft. Etienne S. Benson, Surroundings. A History of Environments and Environmentalisms, Chicago 2020, S. 51, 71.
78 Vgl. beispielsweise für den russischen Fall Davies, Russia in the Time of Cholera, S. 29–33.
79 Manuela Maggini Arreghini, Nel Paese di Galileo. Vita di Filippo Pacini, Florenz 1987, S. 70–78.
80 Fabienne Chevallier, Le Paris moderne. Histoire des politiques d'hygiène (1855–1898), Rennes 2010, S. 242; Myron Echenberg, Africa in the Time of Cholera. A History of Pandemics from 1817 to the Present, Cambridge 2011, S. 52–64.
81 Maureen Ogle, All the Modern Conveniences. American Household Plumbing, 1840–1890, Baltimore 1996, S. 110.
82 Zitiert in: Anderson, Colonial Pathologies, S. 59.
83 Ebd., S. 181.
84 Maynard W. Swanson, The Sanitation Syndrome: Bubonic Plague and Urban Native Policy in the Cape Colony. Journal of African History 18,3 (1977), S. 387–410, 403; Nightingale, Segregation, S. 161.
85 Z. B. Nancy Tomes, The Gospel of Germs. Men, Women, and the Microbe in American Life, Cambridge/Mass. 1998, S. 113–135; Isabella, Rubrichi, Sensi, Dal Canestraro al Netturbino, S. 126.
86 Zeheter, Epidemics, Empire, and Environment, S. 229.
87 David S. Barnes, The Great Stink of Paris and the Nineteenth-Century Struggle against Filth and Germs, Baltimore 2006, S. 37.

7. Die Erfindung der Müllabfuhr

1 Lewis Mumford, The City in History. Its Origins, Its Transformations, and Its Prospects, London 1961, S. 474.
2 Vgl. Franz-Josef Brüggemeier, Das unendliche Meer der Lüfte. Luftverschmutzung, Industrialisierung und Risikodebatten im 19. Jahrhundert, Göttingen 1996.
3 Ulrich Raulff, Das letzte Jahrhundert der Pferde. Geschichte einer Trennung, München 2015. In Paris stieg die Zahl der Pferde zwischen 1830 und 1880 von ca. 30 000 auf 80 000. S. François Jarrige, Thomas Le Roux, Le rôle des déchets dans l'histoire. *La Découverte* 87,3 (2016), S. 59–68, 61.
4 David Edgerton, The Shock of the Old. Technology and Global History since 1900, London 2008, S. 32–36.

5 Clay McShane, Joel Tarr, The Horse in the City. Living Machines in the Nineteenth Century, Baltimore 2007; Prignano, Crónica de la Basura Porteña, S. 156.

6 Ebd., S. 102.

7 Lyon-Caen, Morera, À vos poubelles citoyens!, S. 164.

8 Anne Hardy, Death and the Environment in London, 1800–2000, in: Bill Luckin, Peter Thorsheim (Hg.), A Mighty Capital under Threat. The Environmental History of London, Pittsburg 2020, S. 69–87, 73.

9 Almeroth-Williams, City of Beasts; Catherine McNeur, Taming Manhattan. Environmental Battles in the Antebellum City, Cambridge/Mass. 2014.

10 Mariano E. Torres Bautista, La basura y sos destinos, Puebla 1878–1925, in: Rosalva Loreto, Francisco J. Cervantes B. (Hg.), Limpiar y obedecer. La basura, el agua y la muerte en la Puebla de los Ángeles, 1650–1925, Mexico City 1994, S. 221–248, 223.

11 Earl B. Shaw, Swine Industry of China. *Economic Geography* 14,4 (1938), S. 381–397, 381.

12 Alan L. Olmstedt, The First Line of Defense: Inventing the Infrastructure to Combat Animal Diseases. *The Journal of Economic History* 69,2 (2006), S. 327–357, 342–349; Andrew Fairbanks, Jennifer Wunderlich, Christoper Meindl, Talking Trash. A Short History of Solid Waste Management in Florida. *The Florida Historical Quaterly* 91 (2013), S. 526–557, 534; Anderson, Capitalist Pigs, S. 95–100, 147 f.

13 Bénédicte Florin, Résister, s'adapter ou disparaître: la corporation des chiffonniers du Caire en question, in: Delphine Corteel, Stéphane Le Lay (Hg.), Les travailleurs des déchets, Toulouse 2011, S. 69–91.

14 In Genua beispielsweise galten freilaufende Tiere im 18. Jahrhundert als «vogelfrei». Padovano, La storia della rûmenta, S. 12; für Brasilien: Hahner, Poverty and Politics, S. 167.

15 Alfred Sohn-Rethel, Das Ideal des Kaputten, hg. und mit einem Nachwort versehen von Carl Freytag, Freiburg, Wien 2018, S. 16–18. Vielleicht lohnt es sich, eine (kurze) Geschichte der akademischen Tierhaltung zu schreiben. So wurden in den 1970er Jahren Universitätsprofessoren in Dar es Salaam beispielsweise als «banana and chicken petty bourgeoisie» bezeichnet, weil sie ihre geringen Gehälter häufig durch Tierhaltung und Kleinlandwirtschaft aufbesserten. Brownell, Gone to Ground, S. 127.

16 Joanna L. Dyl, Seismic City. An Environmental History of San Francisco's 1906 Earthquake, Seattle, London 2017, S. 232 f.

17 Velten, Beastly London, S. 20; Almeroth-Williams, City of Beasts, S. 101 f.; Ian MacLachlan, A Bloody Offal Nuisance. The Persistence of Private Slaughter-houses in Nineteenth Century London. *Urban History* 34 (2007), S. 227–254, 235.

18 Vgl. Jorland, Une société à soigner, S. 59.

19 Thomas Le Roux, Le laboratoire des pollutions industrielles. Paris, 1770–1830, Paris 2011.

20 Steinberg, Gotham Unbound, S. 160–179.

21 Ebd., S. 158.

22 Benidickson, The Culture of Flushing, S. 83, 108; John von Simson, Kanalisation und Städtehygiene im 19. Jahrhundert, Düsseldorf 1983.

23 Steinberg, Gotham Unbound, S. 121 f.; Martin V. Melosi, The Sanitary City. Envi-

ronmental Services in Urban America from Colonial Times to the Present, Pittsburgh 2008, S. 97–112.

24 Ward, The Clean Body, S. 74 f.

25 Ogle, All the Modern Conveniences, S. 96 f.

26 Nightingale, Segregation, S. 257. Dieses Geschäft spielt auch eine Rolle in der kolonialen Erinnerung. Vgl. Stephanie Newell, Histories of Dirt. Media and Urban Life in Colonial and Postcolonial Lagos, Durham NC 2020, S. 126.

27 Eine Ausnahme war hier Großbritannien, wo gerade Mittelstädte eine Vorreiterrolle übernahmen.

28 Zit in: Davison, The Rise and Fall of Marvelous Melbourne, S. 233.

29 Lionel Frost, Water Technology and the Urban Environment: Water, Sewerage, and Disease in San Francisco and Melbourne before 1920. *Journal of Urban History* 46 (2020), S. 15–32, 23 f.

30 Agatha Zysiak u. a., From Cotton and Smoke. Łódź – Industrial City and Discourse of Asynchronous Modernity 1897–1994, Łódź/Krakau 2018, S. 117–121, 155.

31 Benidickson, The Culture of Flushing, S. 59, 233 f; Christopher Hamlin, Imagining the Metropolitan Environment in the Modern Period, in: Luckin, Thorsheim, A Mighty Capital under Threat, S. 46–68, 61.

32 Steinberg, Gotham Unbound, S. 174.

33 Benedickson, Culture of Flushing, S. 220–243, 284; Thomas Bauer, Im Bauch der Stadt. Kanalisation und Hygiene in Frankfurt am Main 16.–19. Jahrhundert, Frankfurt/M. 1998, S. 329–361; Joel A. Tarr, The Search for the Ultimate Sink. Urban Pollution in Historical Perspective, Akron/Ohio 1996.

34 Vgl. Sabine Barles, André Guillerme, L'Urbanisme Souterrain, Paris 1995.

35 Michelle Allen, Cleansing the City. Sanitary Geographies in Victorian London, Athens/Ohio 2008.

36 Barles, L'invention des déchets urbains, S. 89.

37 Benidickson, The Culture of Flushing, S. 96.

38 Ein Vorläufer der Kommunalordnungen kann allerdings in den Verordnungen zur Eindämmung der Cholera aus den 1830er Jahren gesehen werden. Vgl. Cutolo, Breve storia della Monnezza a Napoli, S. 70–76.

39 Martin V. Melosi, Garbage in the Cities. Refuse Reform and the Environment, Pittburgh 2004, S. 20.

40 Susan Strasser, Satisfaction Guaranteed. The Making of the American Mass Market, New York 1989; vgl. auch Sören Flachowsky, Saubere Stadt. Saubere Weste. Die Geschichte der Berliner Stadtreinigung von 1871 bis 1955 mit dem Schwerpunkt Nationalsozialismus, Berlin 2021, S. 35.

41 Dirk Wiegand, Innovation durch Normung. Technische Regelsetzung in der kommunalen Technik, Essen 2020, S. 382 f.

42 Frost, Water Technology and the Urban Environment, S. 23.

43 Sori, Il rovescio della produzione, S. 113.

44 Benidickson, The Culture of Flushing, S. 112.

45 Frank W. Geels, The hygienic transition from cesspools to sewer systems (1840–1930): the dynamics of regime transformations. *Research Policy* 35 (2006), S. 1069–1082.

46 Vgl. Vinay Kumar Srivastava, On Sanitation: A Memory Ethnography. *Social Change* 44,2 (2014), S. 275–290, 276 f.; in Indien sind laut einer Publikation von 2018 gegenwärtig lediglich 30 Prozent der Häuser an eine Kanalisation angebunden. Assa Doron, Robin Jeffrey, Waste of a Nation. Garbage and Growth in India, Cambridge/Mass. 2018, S. 78.

47 Francisco Javier Cervantes Bello, La ciudad de Puebla y sus desechos. Problemas y soluciones del siglo XIX (1810–1876), in: Loreto, Cervantes B., Limpiar y obedecer, S. 127–186, 154; für Mexiko Stadt: Dávalos, Basura e ilustración, S. 86.

48 Yagual, Guayaquil futuro, S. 16 f.

49 D'Arienzo, Métabolismes urbains, S. 61.

50 Godard, Donzel, Éboueurs de Marseille, S. 27. Für Florenz: Andrea Giuntini, Cinquant'anni puliti puliti. I rifiuti a Firenze dall'Ottovento alla Società Quadrifoglio, Mailand 2006, S. 39–41.

51 Ebd. S. 49.

52 Steinberg, Gotham Unbound, S. 111.

53 Melosi, Fresh Kills, S. 40; Medina, The World's Scavengers, S. 35.

54 Köster, Hausmüll, S. 86 f.; Isabella, Rubrichi, Sensi, Dal Canestraro al Netturbino, S. 22; Godard, Donzel, Éboueurs de Marseille, S. 37; Eriksen, Mensch und Müll, S. 83.

55 Mehmet Mazak u. a., Şehr-I İstanbul'un Temizlik Kültürü. Osmanlı'dan Günümüze Temizlik Çalişmalarive Küçükçemece Örnei, Istanbul 2010.

56 Afkhami, A Modern Contagion, S. 189–192.

57 Wilson, Metropolis, S. 226; Björn Blaß, Frauensache: Städtisches Haushalten als moralische Ökonomie in New York (1880–1917). *Geschichte und Gesellschaft* 26 Sonderheft (2019), S. 133–161; Melosi, Garbage in the Cities, S. 98–101.

58 Benidickson, The Culture of Flushing, S. 61.

59 Rasmussen, L'hygiène en congrès, S. 238 f.; Zeheter, Epidemics, Empire, and Environments, S. 272 f.

60 Melosi, Garbage in the Cities, S. 173. Als Fallstudie für St. Louis, New Orleans und einige andere Städte vgl. Patricia Strach, Kathleen S. Sullivan, The Politics of Trash. How Governments used Corruption to Clean Cities, Ithaca, London 2022.

61 Dyl, The War on Rats versus the Right to Keep Chickens, S. 51.

62 Melosi, Garbage in the Cities, S. 24, 170 f.

63 Wiegand, Innovation durch Normung, S. 301.

64 Hoy, Chasing Dirt, S. 79.

65 mauritius images / Niday Picture Library / Alamy Stock Photo.

66 Melosi, Garbage in the Cities, S. 42–65; ders., Fresh Kills, S. 53–63.

67 Zit. in: Flachowsky, Saubere Stadt, S. 77; A. A. Adedibu, A. A. Okekunle, Environmental Sanitation on the Lagos Mainland: Problems and possible Solutions. *International Journal of Environmental Studies* 33,1–2 (1989), S. 99–109, 99.

68 Yong Xue, «Treasure Nightsoil as if it were Gold», S. 57–59; anders: Liping Bu, Public Health and the Modernization of China, London/New York 2017, S. 27–33.

69 Joshua Goldstein, Remains of the Everyday. A Century of Recycling in Beijing, Oakland 2021, S. 46–50, 86 f.

70 Xinzhong, The Treatment of Night Soil and Waste in Modern China, S. 58.

71 Yong Xue, «Treasure Nightsoil as if it were Gold», S. 60; Xinzhong, The Treatment

of Night Soil and Waste in Modern China, S. 51 f.; Luca Gabbiani, Le développement de la santé publique à Pékin 1901–1911: influences et conséquences, in: Bourdelais, Les hygiénistes, S. 373–391, 376 f.; Xuelei Huang, Deodorizing China: Odour, ordure, and colonial (dis)order in Shanghai, 1840s–1940s. *Modern Asian Studies* 50,3 (2016), S. 1092–1122, 1094.

72 Paul Kreitman, Attacked by Excrement: The Political Ecology of Shit in Wartime and Postwar Tokyo. *Environmental History* 23,2 (2018), S. 342–366, 345; Takanori Hoshino, Transition to Municipal Management. Cleaning Human Waste in Tokyo in the Modern Era. *Japan Review* 20 (2008), S. 189–202, 194–197.

73 Bu, Public Health and the Modernization of China, S. 27–33.

74 Xinzhong, The Treatment of Night Soil and Waste in Modern China, S. 67.

75 Dávalos, Basura e ilustración, S. 69.

76 Godard, Donzel, Éboueurs de Marseille, S. 30 f.

77 Isabella, Rubrichi, Sensi, Dal Canestraro al Netturbino, S. 45, 106 f.; Giuntini, Cinquant'anni puliti puliti, S. 65.

78 Sigrid Fährmann, «Denn ein undankbareres Geschäft denn dieses gibt es nicht». Der zunehmende Einfluss der Verwaltung auf den Umgang mit Fäkalien, in: Regina Löneke, Ira Spieker (Hg.), Reinliche Leiber – Schmutzige Geschäfte. Körperhygiene und Reinlichkeitsvorstellungen in zwei Jahrhunderten, Göttingen 1996, S. 35–48, 39.

79 So ein Bericht aus Suzhou aus dem Jahr 1907. Xinzhong, The Treatment of Night Soil and Waste in Modern China, S. 66.

80 Toby Lincoln, Urbanizing China in War and Peace. The Case of Wuxi County, Honolulu 2015, S. 87; Frank Trentmann, Empire of Things. How we became a World of Consumers, from the Fifteenth Century to the Twenty-first, Milton Keynes 2016, S. 634.

81 Die italienische Bildunterschrift ist ein Wortspiel mit der Doppelbedeutung von «rifiuto/rifiuti» («Zurückgewiesener» und «Abfall»). Musei di Risorgimento Turin, mauritius images / PWB Images / Alamy / Alamy Stock Photos.

82 Vgl. dazu Wiegand, Innovation durch Normung, S. 286–302.

83 Sammlung Erhard, Umweltbundesamt Dessau.

84 Gunnar Lundh, Två män bär en soptunna till en sopbil. Stockholm år 1941. https://www.europeana.eu/de/item/91625/nomu_photo_NMA0080579 [Letzter Zugriff, 23.11.2022].

85 Jeanne-Hélène Jugie, Poubelle-Paris: 1883–1896 ; la collecte des ordures ménagères à la fin du XIXe siècle, Paris 1993, S. 58. Vgl. auch die *Escoubiers* in Marseille, die bis zur Junirevolution 1830 immer wieder Aufstände anführten. Godard, Donzel, Éboueurs de Marseille, S. 25.

86 Anne Hardy, Death and the Environment in London, 1800–2000, S. 73.

87 Edward D. Wynot Jr., Warsaw Between the World Wars: Profile of the Capital City in a Developing Land, New York 1983, S. 208 f.

88 Pedro Montoliú, Madrid en los «felices» años 20, 1921–1931, Madrid 2021, S. 416 f.

89 Isabella, Rubrichi, Sensi, Dal Canestraro al Netturbino, S. 100, 129.

90 Henry, Assimilating Seoul, S. 152; Dick, Surabaya, S. 189 f.; Anat Helman, Cleanliness and Squalor in Inter-war Tel-Aviv. *Urban History* 31,1 (2004), S. 72–99, 83.

91 Wiegand, Innovation durch Normung, S. 333–343.

92 Ebd., S. 301, 347–376; Flachowsky, Saubere Stadt, S. 72 f.

93 Jonathan Chapman argumentiert für Großbritannien im späten 19. Jahrhundert, niedrige Zinsen hätten mittelfristig die Kindersterblichkeit gesenkt, indem sie zu einem verstärkten Ausbau sanitärer Infrastrukturen geführt hätten. Chapman, Interest Rates.

94 Paul Einzig, The Economics of Fascism, S. 21: «Even Naples is becoming clean; much to the regret of the lovers of romance.» Vgl. auch Giuntini, Cinquant'anni puliti puliti, S. 61–63.

95 Z. B. Wynot Jr., Warsaw between the World Wars, S. 194 f.

96 Raymond G. Stokes, Roman Köster, Stephen C. Sambrook, The Business of Waste. Great Britain and Germany, 1945 to the Present, Cambridge 2013, S. 160–166.

97 Torres Bautista, La basura y sus destinos, S. 244 f.; vgl. Padovano, La storia della rûmenta, S. 66.

98 Köster, Hausmüll, S. 93; Prignano, Crónica de la Basura Porteña, S. 149–170.

99 Lyon-Caen, Morera, À vos poubelles citoyens!, S. 83–91.

100 Zit. in: McNeur, Taming Manhattan, S. 131.

101 Prashad, The Technology of Sanitation in Colonial Delhi, S. 129.

102 Pavla Šimková, Urban Archipelago. An Environmental History of the Boston Harbor Islands, Amherst, Boston 2021, S. 51–95.

103 Craig E. Colten, Chicago's waste lands: refuse disposal and urban growth, 1840–1990. *Journal of Historical Geography* 20,2 (1994), S. 124–142, 128 f.

104 Craig E. Colten, Chicago's Waste Lands. Refuse Disposal and Urban Growth, 1840–1990, in: Kathleen A. Brosnan, Ann Durkin Keating, William C. Barnett (Hg.), City of Lake and Prairie. Chicago's Environmental History, Pittsburgh 2020, S. 221–239, 228–230.

105 Nele Fabian, Loretta Ieng Tak Lou, The Struggle for Sustainable Waste Management in Hong Kong: 1950s–2010s. *Worldwide Waste. Journal of Interdisciplinary Studies* 2,1 (2019), S. 1–12, 2.

106 Mariko Asano Tamanoi, Suffragist Women, Corrupt Officials, and Waste Control in Prewar Japan: Two Plays by Kaneko Shigeri. *The Journal of Asian Studies* 68,3 (2009), S. 805–834, 806; Abu-Lughod, Cairo, S. 93.

107 Šimková, Urban Archipelago, S. 51–95.

108 Dávalos, Basura e ilustración, S. 87.

109 Abu-Lughod, Cairo, S. 126 f.

110 Wiegand, Innovation durch Normung, S. 270 f.

111 Für die Pariser Deponie Montfaucon: Ann F. La Berge, Mission and Method. The early nineteenth-century French public health movement, Cambridge 1992, S. 216–229.

112 Chevallier, Le Paris moderne, S. 249 f.

113 Godard, Donzel, Éboueurs de Marseille, S. 34 f.; Flachowsky, Saubere Stadt. Saubere Weste?, S. 46 f.

114 Barles, L'invention des déchets urbains, S. 77.

115 Um 1900 wurde in Rom beispielsweise bereits Vergleichbares praktiziert: Isabella, Rubrichi, Sensi, Dal Canestraro al Netturbino, S. 61. Ähnlich für Delhi: Prashad, The Technology of Sanitation in Colonial Delhi, S. 148 f.

116 Douglas, Cities, S. 163 f.

117 Barles, L'invention des déchets urbains, S. 225; Martin V. Melosi, The Fresno

Sanitary Landfill in an American Cultural Context. *The Public Historian* 24,3 (2002), S. 17–35, 24–29.

118 Steinberg, Gotham Unbound, S. 243, 247.

119 Melosi, Garbage in the Cities, S. 39.

120 D. G. Wilson, A Brief History of Solid Waste Management. *International Journal of Environmental Studies* 9 (1976), S. 123–129, 127.

121 Douglas, Cities, S. 163.

122 Evans, Death in Hamburg, S. 529, 532.

123 Barles, L'invention des déchets urbains, S. 185.

124 Wiegand, Innovation durch Normung, S. 273 f.

125 Melosi, Garbage in the Cities, S. 41.

126 Fairbanks, Wunderlich, Meindl, Talking Trash, S. 532.

127 Dyl, Seismic City, S. 228 f.

128 Ellen Stroud, Dead Bodies in Harlem. Environmental History and the Geography of Death, in: Isenberg, Nature of Cities, S. 62–76.

129 A. Senti, R. Hermann, Das Abfuhrwesen der Stadt Zürich. *Zürcher Statistische Nachrichten* 16 (1939), S. 173–224, 187–193.

130 Melosi, Garbage in the Cities, S. 174 f.

131 Yagual, Guayaquil futuro, S. 17.

132 Williams, Health and Welfare in St. Petersburg, S. 134.

133 Padovano, La storia della rûmenta, S. 56.

134 Tamanoi, Suffragist Women, S. 819, 827. Interessant übrigens, dass die Frauenverbände regelmäßig entsetzt darüber waren, wie schmutzig die Räume der Stadtreinigung in Tokyo waren. Zwei Wissenschaftler, die in den 1980er Jahren eine Eloge auf die japanische Abfallwirtschaft hielten, wiesen hingegen darauf hin, in japanischen MVAs könne man vom Fußboden essen. Allen Hershkowitz, Eugene Salerni, Garbage Management in Japan: Leading The Way, New York 1987, S. 69, 73; vgl. O. V., Tokyo's Garbage War. *Japan Quaterly* 19,2 (April 1972), S. 125–129, 128.

135 Jones, Spadafora, Waste, Recycling, and Entrepreneurship, S. 14; Wiegand, Innovation durch Normung, S. 286 f.

136 Zitiert in: Tamanoi, Suffragist Women, S. 807.

137 Godard, Donzel, Éboueurs de Marseille, S. 44 f.

138 Prashad, The Technology of Sanitation in Colonial Delhi, S. 154.

139 Isabella, Rubrichi, Sensi, Dal Canestraro al Netturbino, S. 128 f.

140 Prignano, Crónica de la Basura Porteña, S. 164.

141 Dyl, The War on Rats versus the Right to Keep Chickens, S. 51. Vgl. auch Melosi, Fresh Kills, S. 145–149.

8. Koloniale Städtehygiene: Macht und Modernisierung

1 Paul Farmer u. a., Reimagining Global Health. An Introduction, Berkeley 2013, S. 37.

2 Barnes, The Great Stink of Paris, S. 67, 85 f.

3 Ward, The Clean Body, S. 37.

4 Barnes, The Great Stink of Paris, S. 204.

5 So wurden die Midwesterners in den USA noch im 19. Jahrhundert als «filthy, bordering on the beastly» beschrieben. Besonders die vollständige Abwesenheit von Seife fiel den Beobachtern von der Ostküste negativ ins Auge. Hoy, Chasing Dirt, S. 7.

6 Joseph W. Childers, Foreign Matter: Imperial Filth, in: William A. Cohen, Ryan Johnson (Hg.), Filth. Dirt, disgust, and modern life, Minneapolis 2005, S. 201–221.

7 Jürgen Osterhammel, Die Entzauberung Asiens. Europa und die asiatischen Reiche im 18. Jahrhundert, München 1998.

8 Zitiert in Krämer, Geschichte Palästinas, S. 98. Das war im Übrigen ein Standardargument: Alles, was in Jerusalem nicht funktionierte, wurde der Indolenz des Waqf zur Last gelegt. Vgl. Vincent Lemire, La soif de Jérusalem. Essai d'hydrohistoire (1840–1948), Paris 2011.

9 «There is something paradoxical about the political development of Southeast-Asia. For in spite of the archaic structures of power and patronage, and the overlay of colonial models of exploitation that reinforced them, the struggle for independence in all states of Southeast-Asia in the first decades of the twentieth century involved evocations of modernity […]» Michael Vatikiotis, Blood and Silk. Power and Conflict in Modern Southeast-Asia, London 2017, S. 102.

10 Vgl. Headrick, Tentacles of Progress, S. 145–170.

11 Nightingale, Segregation; Morgan, Kairo, S. 75.

12 Terje Tvedt, Der Nil. Fluss der Geschichte, Berlin 2020, S. 55.

13 Dipesh Chakrabarty, Of Garbage, Modernity and the Citizen's Gaze. *Economic and Political Weekly* 27,10–11 (7–14. März 1992), S. 541–547.

14 Klassisch dazu: Swanson, The Sanitation Syndrome.

15 Farmer u. a., Reimagining Global Health, S. 37.

16 S. Abu-Lughod, Cairo, S. 126. So auch der Hinweis in der Arbeit von Warwick Anderson über die US-amerikanische Public Health-Policy auf den Philippinen, er sei nicht gegen Hygiene. Anderson, Colonial Pathologies, S. 10 f.

17 Dora L. Costa, Matthew E. Kahn, Declining Mortality Inequality within Cities during the Health Transition. *American Economic Review* 105 (2015), S. 564–569.

18 Rana Mitter, State-Building after Disaster: Jiang Tingfu and the Reconstruction of Post-World War II China, 1943–1949. *Comparative Studies in Society and History* 61 (2019), S. 176–206, 192 f., 202 f.; John R. Watt, Saving Lives in Wartime China. How Medical Reformers built Modern Healthcare Systems amid Wars and Epidemics, Leiden, Boston 2014, S. 57–62, 70–72, 94–98.

19 Colin McFarlane, Governing the contaminated city. Infrastructure and Sanitation in Colonial and Post-Colonial Bombay. *International Journal of Urban and Regional Research* 32,2 (2008), S. 415–435, 428.

20 Williams, Health and Welfare in St. Petersburg, S. 67.

21 Tomes, Gospel of Germs, S. 150–154.

22 Sori, Il rovescio della produzione, S. 161–163.

23 Ebd., S. 109.

24 Lemire, Soif de Jérusalem, S. 526–558.

25 Zitiert in Ellen J. Amster, Medicine and the Saints. Science, Islam, and the Colonial Encounter in Morocco, 1877–1956, Austin 2013, S. 115.

26 Julia Csergo, Liberté, egalité, propreté. La morale de l'hygiène au XIXe siecle, Paris 1988, S. 46.

27 Wolfgang Reinhard, Die Unterwerfung der Welt. Globalgeschichte der europäischen Expansion 1415–2015, München 2016, S. 199–205.

28 Dieses Problem betraf allerdings nicht nur Europäer. So hatten die Japaner in Korea mit ganz ähnlichen Problemen zu kämpfen. Vgl. Henry, Assimilating Seoul, S. 148.

29 Erica Charters, Disease, War, and the Imperial State. The Welfare of the British Armed Forces during the Seven Years' War, Chicago 2014, S. 53, 93.

30 Vgl. Jorland, Une société à soigner, S. 55, 286 f. – Der Deutsch-Französische Krieg 1870/71 war in Frankreich der erste, bei dem mehr Menschen auf dem Schlachtfeld als in den Feldlagern starben.

31 Judith Lissauer Cromwell, Florence Nightingale, Feminist, Jefferson (NC), London 2013, S. 136 f., 222 f., 228 f.; Mark Harrison, Public health in British India. Anglo-Indian Preventive Medicine, 1859–1914, Cambridge 1994, S. 60 f.

32 Anderson, Colonial Pathologies, S. 26–28.

33 Randall M. Packard, A History of Global Health. Interventions into the Lives of Other Peoples, Baltimore 2016, S. 22 f.; Benson, Surroundings, S. 52–56.

34 Nightingale, Segregation, S. 66–69, 88–95.

35 Ebd., S. 95–106.

36 Für US-amerikanische Städte vgl. Samuel Kelton Roberts Jr., Infectious Fear. Politics, Disease, and the Health Effects of Segregation, Chapel Hill 2009.

37 Der britische Kolonialoffizier W. E. Stanford drückte das 1905 so aus: «No gainsaying it – the main motive is the health of the community. Yet there is much inconsistency in our action for while we provided a place to locate themselves with little or no means to improve the conditions of life amongst them, because living under insanitary conditions they may become a danger to the health of the community, we at the same time employ them in our business places and our homes [...].» Zit. in: Swanson, The Sanitation Syndrome, S. 407 f.

38 Nightingale, Segregation, S. 125–129.

39 Morgan, Kairo, S. 44.

40 Prashad, The Technology of Sanitation in Colonial Delhi, S. 123 f.

41 Ebd., S. 121; Headrick, The Tentacles of Progress, S. 158 f.

42 Doron, Jeffrey, Waste of a Nation, S. 76 f. Eine ähnliche Dynamik lässt sich während der 1920er Jahre in Lagos beobachten, wo die Briten ebenfalls erst im Zuge von Pestepidemien zu Reformmaßnahmen schritten. Ayodeji Olukoju, Population Pressure, Housing and Sanitation in Colonial Lagos. *The Great Circle* 15,2 (1993), S. 91–106.

43 Trettin, Abfallwirtschaft und informeller Sektor S. 48.

44 Prashad, The Technology of Sanitation in Colonial Delhi, S. 148–153.

45 Sanitation in India / by J. A. Turner; with contributions by B. K. Goldsmith [and others]. Turner, J. A. (John Andrew). Date: 1914. Wellcome Trust London.

46 Prashad, The Technology of Sanitation in Colonial Delhi, S. 129 f.

47 Srivastava, On Sanitation, S. 282.

48 Mathieu Mérino, Management of garbage in Nairobi. Perspectives of restructuring

public action, in: Helene Charton-Bigot, Deyssi Rodriguez-Torres (Hg.), Nairobi Today: The Paradox of a Fragmented City, Dar es Salaam 2010, S. 95–120, 95 f.

49 Rijke-Epstein, The Politics of Filth, S. 240–243.

50 Helga Rathjen, Tsingtau. Eine deutsche Kolonialstadt in China (1897–1914), Wien 2021, S. 165.

51 Vgl. Agnes Kneitz, German Water Infrastructure in China: Colonial Qingdao. *NTM* 24 (2017), S. 421–450; vgl. für Shanghai: Huang, Deodorizing China, S. 1111–1117.

52 Zitiert in Packard, A History of Global Health, S. 19.

53 Ebd.

54 Anderson Colonial Pathologies, S. 48.

55 Ebd., S. 101.

56 Packard, A History of Global Health, S. 30.

57 Ebd., S. 31.

58 Huffman, Japan in World History, S. 81 f.; Howell, Fecal Matters.

59 Vgl. Henry, Assimilating Seoul, S. 42 f., 60 f.

60 Ebd., S. 135.

61 Todd A. Henry, Sanitizing Empire: Japanese Articulations of Korean Otherness and the Construction of Early Colonial Seoul, 1905–1919. *The Journal of Asian Studies* 64, 3 (2005), S. 639–75, 651.

62 Packard, A History of Global Health.

63 Afkhami, A Modern Contagion, S. 90.

64 Jennifer L. Derr, The Lived Nile. Environment, Disease, and Material Colonial Economy in Egypt, Stanford 2019, S. 142; Miriam Gross verweist auf die in Ägypten in den 1920er und 1930er Jahren weitverbreitete Praxis, bei medizinischen Untersuchungen falsche Stuhlproben abzugeben. Vgl. Gross, Farewell to the God of Plague, S. 149.

65 Rogaski, Hygienic Modernity.

66 The Qianlong Emperor's Letter to King George III (1793).

67 Rosenthal, The Politics of Dependency.

68 Dinçkal, Istanbul und das Wasser, S. 57–59.

69 Vgl. auch Davide Deriu, A challenge to the West. British views of Republican Ankara, in: Mohammed Gharipour (Hg.), The City in the Muslim World. Depictions by Western Travel Writers, London 2015, S. 277–301, 286.

70 Cihangir Gündoğdu, The state and the stray dogs in late Ottoman Istanbul: from unruly subjects to servile friends. *Middle Eastern Studies* 54 (2018), S. 555–574, 564 f.

71 Morgan, Kairo, S. 16; Rosenthal, The Politics of Dependency, S. 125.

72 Abu-Lughod, Cairo, S. 86 f., 92.

9. Globale Kreisläufe: Recycling im Industriezeitalter

1 Zit in: D'Arienzo, Métabolismes urbains, S. 51.

2 Klaus Hentschel, 220 Tonnen leichter als Luft. Materialgeschichte des Zeppelins. https://www.hi.uni-stuttgart.de/gnt/ausstellungen/zeppelin/index.html [Zuletzt abgerufen 13.01.2022].

3 Jones, Outcast London, S. 33–51.
4 Upton Sinclair, The Jungle, Chicago 1988 (1906), S. 35.
5 Barles, L'invention des déchets urbains.
6 Für Deutschland vgl. als Überblick: Elisabeth Vaupel, Ersatzstoffe – Geschichte, Bedeutung, Perspektiven, in: dies. (Hg.), Ersatzstoffe im Zeitalter der Weltkriege. Geschichte, Bedeutung, Perspektiven, München 2021, S. 9–81, dies., Florian Preiß, Kinder, sammelt Knochen! Lehr- und Propagandamittel zur Behandlung des Themas Knochenverwertung an deutschen Schulen im «Dritten Reich». *NTM* 26 (2018), S. 151–183.
7 McShane, Tarr, The Horse in the City, S. 124.
8 Wines, Fertilizer in America, S. 25–32.
9 Jan Luiten van Zanden, The Transformation of European Agriculture in the Nineteenth Century. The Case of the Netherlands, Amsterdam 1994, S. 92.
10 Huffman, Down and Out in Late Meiji Japan, S. 72–75; Smil, Enriching the Earth, S. 28. Erst Ende der 1980er Jahre konnte Joseph Whitney feststellen: «The traditional symbiosis of town and country, where the city's wastes became the farming hinterlands resources, has clearly broken down.» Joseph B. R. Whitney, The Waste Economy and the Dispersed Metropolis in China, in: Norton Ginsburg, Bruce Koppel, T. G. McGee (Hg.), The Extended Metropolis. Settlement Transition in Asia, Honolulu 1991, S. 177–191, 188.
11 Werner, Dunkle Materie, S. 147.
12 Johann Heinrich von Thünen, Der isolierte Staat in Beziehung auf Landwirtschaft und Nationalökonomie (hg. und unter Benutzung unveröffentlichter Manuskripte kommentiert von Hermann Lehmann und Lutz Werner), Berlin/O. 1990 (1842), S. 17.
13 Barles, L'invention des déchets urbains, S. 100.
14 Vgl. Liam Brunt, Where there's muck, there's brass: the market for manure in the industrial revolution. *The Economic History Review* 60,2 (2007), S. 333–372.
15 Vgl. Marc Linder, Lawrence S. Zacharias, Of Cabbages and Kings County. Agriculture and the Formation of Modern Brooklyn, Iowa City 1999, S. 35. Die Autoren zeigen anhand der urbanen Expansion im Kings County bei New York, wie urbane Expansion einerseits die Landwirtschaft verdrängte, andererseits neue Möglichkeiten der Kommerzialisierung und Gemüsewirtschaft schuf. Zugleich stiegen dadurch zeitweise auch die Verwertungsmöglichkeiten für städtische Abfälle.
16 Melosi, Garbage in the Cities, S. 33 f.
17 Barles, L'invention des déchets urbains, S. 67.
18 Tajima, The Marketing of Urban Human Waste, S. 22.
19 Henry Nygård, Bara ett ringa obehag? Avfall och renhållning i de finländska städernas profylaktiska strategier 1830–1930, Åbo 2004, S. 100–103, 146–148; Ferdinand Fischer, Die Verwertung der Städtischen und Industrie-Abfallstoffe. Mit besonderer Rücksicht auf Desinfection, Städtereinigung, Leichenverbrennung und Friedhöfe, Leipzig 1875, S. 110–117; auch in Peking wurden Fäkalien zu «Fertilizer Cakes» verarbeitet. Goldstein, Remains of the Everyday, S. 27.
20 Sabine Barles, Laurence Lestel, The Nitrogen Question. Urbanization, Industrialization, and River Quality in Paris 1830–1939. *Journal of Urban History* 33,5 (2007), S. 794–812, 801–806; Kreitman, Attacked by Excrement, S. 353.

21 Wines, Fertilizer in America, S. 107–111; Macfarlaine, The Savage Wars of Peace, S. 173. Das Geheimnis der Wirksamkeit von Guano besteht darin, dass Vögel nicht urinieren und somit alle Wirkstoffe in den Kot wandern. Vgl. Shiel, Science and Practice, S. 19.

22 Gregory T. Cushman, Guano and the Opening of the Pacific World. A Global Ecological History, Cambridge, New York 2013.

23 Frédéric Gannon, La refondation de l'industrie chimique française de l'azote au lendemain du traité de Versailles à travers le parcours de l'un de ses protagonistes: Georges Patart (X 1889).

24 In Rom wurde beispielsweise in den 1920er Jahren der Straßenschlamm umfassend als Dünger verwendet und Abfälle als Schweinefutter benutzt. Isabella, Rubrichi, Sensi, Dal Canestraro al Netturbino, S. 102 f., 122 f.

25 Arnaud Page, «The greatest victory which the chemist has won in the fight (…) against Nature»: Nitrogenous fertilizers in Great Britain and the British Empire, 1910s–1950. *History of Science* 54,4 (2016), S. 383–398. 391 f.

26 Axel Roschen, Thomas Theye (Hg.), Abreise von China. Texte und Photographien von Wilhelm Wilshusen 1901–1919, Basel 1980, S. 136.

27 Kreitman, Attacked by Excrement; S. Ogle, All the Modern Conveniences, S. 112.

28 Chevallier, Le Paris moderne, S. 264. Diese Ängste waren nicht aus der Luft gegriffen. In Shanghai waren während der 1970er Jahre dort, wo die Bauern ihre Felder mit großen Mengen von urbanem Kompost düngten, Darmerkrankungen weit verbreitet. Joseph B. R. Whitney, The Waste Economy and the Dispersed Metropolis in China, in: Norton Ginsburg, Bruce Koppel, T. G. McGee (Hg.), The Extended Metropolis. Settlement Transition in Asia, Honolulu 1991, S. 177–191, 184.

29 Köster, Hausmüll, S. 167.

30 Meijishowa.com (night soil 1880er Jahre, kimbei kusabake]. Meiji Showa / Alamy Stock Photo.

31 Vgl. Erland Mårald, Everything Circulates. Agricultural Chemistry and Recycling Theories in the Second Half of the Nineteenth Century. *Environment and History* 8 (2002), S. 65–84; Lina Zeldovich, The Other Dark Matter. The Science and Business of Turning Waste into Wealth and Health, Chicago 2021, S. 47–58; Nicolas Goddard, «A mine of wealth»? The Victorians and the agricultural value of sewage. *Journal of Historical Geography* 22,3 (1996), S. 274–190.

32 Georg Frederick Kunz, zitiert in: Gotham Unbound, S. 165.

33 Christopher Hamlin, The City as a Chemical System? The Chemist as Urban Environmental Professional in France and Britain, 1780–1880. *Journal of Urban His*tory 33,5 (2007), S. 702–728.

34 Georg Stöger, Reinhold Reith, Western European Recycling in a long-term Perspective. Reconsidering Caesuras and Continuities. *Jahrbuch für Wirtschaftsgeschichte* 56,2 (2015), S. 267–290.

35 Strasser, Waste and Want, S. 107 f.; William Leach, Land of Desire. Merchants, Power, and Rise of a new American Culture, New York 1993, S. 182–189.

36 Woodward, Swords into Ploughshares, S. 178 f.

37 Manuel Charpy, The spoils of war. Use and transformations of secondhand uniforms during the First World War in France, in: Maude Bass-Krueger, Hayley

Edwards-Dujardin, Sophie Kukdijan (Hg.), Fashion, Society, and the First World War. International Perspectives, London 2021, S. 208–228, 212.

38 Afkhami, A Modern Contagion, S. 113. Die umherziehenden Lumpenhändler wurden schließlich aus der Stadt verbannt, um das «Recycling» der Kleidung der Toten auszuschließen. Ebd., S. 116.

39 Tomes, The Gospel of Germs, S. 207.

40 Während gleichzeitig das Materialrecycling mit äußerst schlechten Preisen zu kämpfen hatte. Vgl. Peter Thorsheim, Waste into Weapons. Recycling in Britain during the Second World War, Cambridge 2015, S. 22 f.

41 Die Zunahme des Straßenverkaufs scheint generell ein Kennzeichen der Weltwirtschaftskrise gewesen zu sein. Dick, Surabaya, S. 195.

42 Library of Congress Picture Collection [Anfragen].

43 Hudson, Pawnbroking, S. 61.

44 Goldstein, Remains of the Everyday, S. 56; Woloson, Crap; eine Fallstudie für Schweden, die einen Zusammenhang von sinkender Bedeutung der Pfandhäuser und Reallohnsteigerungen nachweist: Sofia Murhem, Credit for the poor. The decline of pawnbroking 1880–1930. *European Review of Economic History* 20,2 (2016), S. 198–214.

45 Hudson, Pawnbroking, S. 98 f.

46 Ratcliffe, Perceptions, S. 213.

47 Adam M. Mendelsohn, The Rag Race. How Jews sewed their Way to Success in America and the British Empire, New York, London 2015.

48 Walther Rathenau, Von kommenden Dingen, Berlin 1917, S. 118. Der Hinweis auf diese Quelle stammt von Heike Weber (TU Berlin).

49 Frank Dikötter, Things Modern. Material Culture and Everyday Life in China, London 2007, S. 51–64; Goldstein, Remains of the Everyday, S. 50–57.

50 Charpy, Use and Transformations of Secondhand Uniforms, S. 221 f.

51 Albert Londres, Afrika in Ketten. Reportagen aus den Kolonien, Berlin 2020, S. 33.

52 Mildred White, Donn Hutchinson, From «Rag-and-Tatter Town» to Booming-and-Bustling City: Remembering Mildred White and Ramallah. *Jerusalem Quarterly* 80 (2019), S. 92–98, 96.

53 Vgl. Philipp Ther, Die neue Ordnung auf dem alten Kontinent. Eine Geschichte des neoliberalen Europa, Berlin 2016, S. 183–192.

54 Sohn-Rethel, Das Ideal des Kaputten, S. 41–46.

55 Ratcliffe, Perceptions, S. 212.

56 Schmidt, Von der Mühle zur Fabrik, S. 215 ff.; Barles, L'invention des déchets urbains, S. 30 f.; Kehnel, Wir konnten auch anders, S. 148–151.

57 Barles, L'invention des déchets urbains, S. 33.

58 Ebd., S. 165.

59 Ebd., S. 139, 175.

60 Ebd., S. 139.

61 Ebd., S. 29 f. Ein Pariser Beobachter meinte 1860: «Leur prix est coté par une sorte de bourse de chiffonniers, soumise à des fluctuations assez fréquentes, mais qui jusqu'à présent ont toujours progressé vers la hausse.» Barles, L'invention des déchets urbains, S. 57; Zimring, Cash for your Trash, S. 23.

62 Hanna Rose Shell, Shoddy. From the Devil's Dust to the Renaissance of Rags, Chicago, London 2020. Aufgrund der martialischen Anmutung der Maschinen wurde Shoddy auch als «Devil's Dust» bezeichnet.

63 Jacob A. Riis, How the other Half lives, New York 1890.

64 Ulrich Wengenroth, Unternehmensstrategien und technischer Fortschritt. Die deutsche und die britische Stahlindustrie 1865–1895, Göttingen 1986, S. 37–43; Zimring, Cash for your Trash, S. 42 f.

65 Zimring, Cash for your Trash, S. 55 f.

66 Ebd., S. 21.

67 Georg Hafner, Der deutsche Schrotthandel und die Probleme seiner neueren Entwicklung. Ein Beitrag zur Frage der Rohstoffversorgung der deutschen Eisenindustrie, Rostock 1935. Vgl. auch die interessante Fallstudie über den deutsch-britischen Schrotthandel in der Zwischenkriegszeit: Peter Thorsheim, Trading with the enemy? The flow of scrap between Britain and Germany from pre-war rearmament to post-war reconstruction. *Business History* 64,5 (2022), S. 963–983.

68 Jones, Spadafora, Waste, Recycling, and Entrepreneurship, S. 30 f.

69 Edgerton, The Shock of the Old, S. 41.

70 John Iliffe, Geschichte Afrikas, München 1997, S. 288.

71 Photograph, c. 1911. [Wellcome Trust London]

72 Sven Beckert, Empire of Cotton. A Global History, New York 2015.

73 Lynnette Boney Wrenn, Cinderella of the New South. A History of the Cottonseed Industry, 1855–1955, Knoxville 1995.

74 Douglas A. Farnie, The English Cotton Industry and the World Market 1815–1896, Oxford 1979, S. 160.

75 Laurent Herment, Thomas Le Roux, Recycling: the industrial city and its surrounding countryside, 1750–1940. *Journal for the History of Environment and Society* 2 (2017), S. 1–24, 14.

76 Ebd., S. 6 f.

77 Ratcliffe, Perceptions, S. 214.

78 Chevallier, Le Paris moderne, S. 232.

79 Andrea Tanner, Dust-O! Rubbish in Victorian London, in: *The London Journal* 31 (2006), S. 157–178, 160; Barles, L'invention des déchets urbains, S. 103 f.

80 Brian Maidment, Dusty Bob. A cultural history of dustmen, 1780–1870, Manchester 2007. S. 216. Zum breiteren Kontext vgl. Jones, Outcast London, S. 290–314; Antoine Compagnon, Les Chiffonniers de Paris, Paris 2017, S. 171–178.

81 Zit. in: Ratcliffe, Perceptions and Realities of the Urban Margin, S. 204.

82 Ratcliffe Perceptions.

83 Frioux, Les Batailles de l'hygiène, S. 173 f.

84 Ratcliffe, Perceptions, S. 225 f.; Medina, The World's Scavengers, S. 37. Mit einem anderen Akzent für London: Costas A. Velis, David C. Wilson, Christopher R. Cheeseman, 19th Century London Dustyards: A Case Study in Closed Loop Resource Efficiency. [https://spiral.imperial.ac.uk/bitstream/10044/1/39719/5/Dust%20yards%20paper.pdf. Letzter Zugriff: 3.4.2016].

85 Für Moskau: Bradley, Muzhik and Muscovite, S. 184.

86 Ratcliffe, Perceptions, S. 216.

87 Ebd., S. 218.

88 Petersen, An den Rändern der Stadt?, S. 271–273; die spatiale Dimension zeigt sich auch daran, dass gleichzeitig in öffentlichen Parks und Grünflächen Recyclingaktivitäten zunehmend verboten wurden. Vgl. Peter Thorsheim, Green Space and Class in Imperial London, in: Andrew C. Isenberg (Hg.), The Nature of Cities, Rochester 2006, S. 24–37, 31.

89 Huffman, Down and Out in Late Meiji Japan, S. 46.

90 Koji Taira, Urban Poverty, Ragpickers, and the «Ants' Villa» in Tokyo. *Economic development and cultural change* 17,2 (1969), S. 155–177, 163 f.

91 Huffman, Down and Out in Late Meiji Japan, S. 88 f.

92 Zimring, Cash for your Trash, S. 44–53; Medina, The World's Scavengers, S. 36.

93 Mendelsohn, The Rag Race.

94 Frank G. Carpenter, Chiffonniers in Paris. Prints and Photographs division de la Bibliothèque du Congrès des États-Unis.

95 Jones, Spadafora, Waste, Recycling, and Entrepreneurship, S. 16–23.

96 Z. B. Christian Kleinschmidt, Rationalisierung als Unternehmensstrategie: die Eisen- und Stahlindustrie des Ruhrgebiets zwischen Jahrhundertwende und Weltwirtschaftskrise, Essen 1993, S. 41–58.

97 Jones, Spadafora, Waste, Recycling, and Entrepreneurship, S. 20.

98 Daniel Eli Burnstein, Next to Godliness. Confronting Dirt and Despair in Progressive Era New York City, Urbana, Chicago 2006, S. 42.

99 Wiegand, Innovation durch Normung, S. 267–270.

100 Jones, Spadafora, Waste, Recycling, and Entrepreneurship, S. 33, 44.

101 Münch, Stadthygiene, S. 53, 278.

102 Michael Kim, The brassware industry and the salvage campaigns of wartime colonial Korea (1937–1945). *Business History* 64,5 (2022), S. 923–945.

103 Zimring, Cash for your Trash, S. 22 f.; Medina, The World's Scavengers, S. 45 f.

104 Thorsheim, Waste into Weapons, S. 244; Wiegand, Innovation durch Normung, S. 275.

105 Jonas Scherner, Metallbewirtschaftung, in: Marcel Boldorf (Hg.), Deutsche Wirtschaft im Ersten Weltkrieg, Berlin 2020, S. 67–87.

106 Heike Weber, Towards «Total» Recycling: Women, Waste and Food. Waste Recovery in Germany, 1914–1939. *Contemporary European History* 22,3 (2013), S. 371–397, 377–381.

107 Lutz Budrass, Die Professoren und die Kartoffel. Zu den deutschen Vorbereitungen auf die Hungerblockade im Ersten Weltkrieg, in: Jan-Otmar Hesse u. a. (Hg.), Moderner Kapitalismus. Wirtschafts- und unternehmenshistorische Beispiele, Tübingen 2019, S. 283–306.

108 Roger Chickering, The Great War and Urban Life in Germany. Freiburg, 1914–1918, Cambridge 2007, S. 188–193.

109 Ebd., S. 189.; Thorsheim, Waste into Weapons, S. 15–22.

110 Regnath, Das Schwein im Wald, S. 20.

111 «Keep Good Food outside of your Garbage and Kitchen Sink». NARA. U. S. Food Administration. Educational Division. Advertising Section. (3/1918 – 1/1919). Records of the U. S. Food Administration NAID: 512694.

112 Chad B. Denton, Korean kuzuya, «German-style control» and the business of waste in wartime Japan, 1931–1945. *Business History* 64,5 (2022), S. 904–922, 910.

113 Jones, Spadafora, Waste, Recycling, and Entrepreneurship, S. 30.

114 Wiegand, Innovation durch Normung, S. 313.

115 Ole Sparenberg, «Segen des Meeres»: Hochseefischerei und Walfang im Rahmen der nationalsozialistischen Autarkiepolitik, Berlin 2012, S. 47–54.

116 So wurde bereits 1933 der Slogan «Heimstoff geht vor Fremdstoff» ausgegeben. Wiegand, Innovation durch Normung, S. 189.

117 Zitiert in: Anne Sudrow, Der Schuh im Nationalsozialismus. Eine Produktgeschichte im deutsch-britisch-amerikanischen Vergleich, Göttingen 2010, S. 594 f.

118 Vaupel, Ersatzstoffe, S. 64–72; Günther Luxbacher, Roh- und Werkstoffe für die Autarkie. Textilforschung in der Kaiser-Wilhelm-Gesellschaft, Berlin 2004.

119 Jones, Spadafora, Waste, Recycling, and Entrepreneurship, S. 46 f.

120 Weber, Towards «Total» Recycling, S. 391–395.

121 Jonas Scherner, Lernen und Lernversagen. Die «Metallmobilisierung» im Deutschen Reich 1939 bis 1945. *Vierteljahrshefte für Zeitgeschichte* 66 (2018), S. 233–266.

122 Heike Weber, Nazi German waste recovery and the vision of a circular economy: The case of waste paper and rags. *Business History* 64,5 (2022), S. 882–903.

123 Nicholaus Mulder, The Economic Weapon. The Rise of Sanctions as a Tool of Modern War, New Haven, London 2022, S. 213.

124 Der Ausdruck «country without waste» zitiert bei Thorheim, Waste to Weapons, S. 27; Tamanoi, Suffragist Women, S. 828; Michael A. Barnhart, Japan Prepares for Total War. The Search for Economic Security, 1919–1941, Ithaca, London 1987, S. 26.

125 Chad Denton, «Récupérez!» The German Origins of French Wartime Salvage Drives, 1939–1945. *Contemporary European History* 22,3 (2013), S. 399–430.

126 D'Arienzo, Métabolismes urbains, S. 159.

127 Cecilia Gowdy-Wygant, Cultivating Victory. The Women's Land Army and the Victory Garden Movement, Pittsburgh 2013.

128 Für die finnische Stadt Turku s. Rauno Lahtinen, Guerilla Gardening? Urban Agriculture and the Environment, in: Simo Laakonen u. a. (Hg.), The Resilient City in World War II. Urban Environmental Histories, London 2019, S. 105–126.

129 Birgitte Beck Pristed, Point of no return: Soviet paper reuse, 1932–1945. *Business history* 64,5 (2022), S. 946–962, 951.

130 Scherner, Lernen und Lernversagen, S. 244.

131 Zimring, Cash for your Trash, S. 81.

132 Thorsheim, Waste into Weapons, S. 38 f.

133 Ebd., S. 66–70.

134 Ebd., S. 70 f.

135 Ebd., 132 f.

136 Ebd., S. 143–149.

137 https://scalar.usc.edu/works/the-colorado-fuel-and-iron-company/scrap-paper-drive [Letzter Zugriff 22.1.2023].

138 Chickering, The Great War, S. 190; Thorsheim, Waste into Weapons, S. 75 f.

139 Victoria de Grazia, How Fascism Ruled Women. Italy, 1922–1945, Berkeley 1992, S. 77 f.

140 Zitat (übersetzt aus dem Französischen) in: D'Arienzo, Métabolismes urbains, S. 126.

141 Thorsheim, Waste into Weapons, S. 86–97.

142 Henry Irving, «We want everybody's salvage!»: Recycling, Voluntarism, and the People's War. *Cultural and Social History* 16,2 (2019), S. 165–184, 168.
143 Pristed, Point of no return, S. 653.
144 Anne Berg, The Nazi rag-pickers and their wine: the politics of waste and recycling in Nazi Germany. *Social History* 40,4 (2015), S. 446–472, 461–465.
145 Pristed, Point of no return; Karl Schlögel, Das sowjetische Jahrhundert. Archäologie einer untergegangenen Welt, München 2018, S. 215 f.
146 Uekötter, Im Strudel, S. 81 f.; vgl. auch Weber, Nazi German waste recovery, S. 892.

10. Die Entstehung der Wegwerfgesellschaft

1 Zit. in: Robert R. Grinstead, The New Resource. *Environment: Science and Policy for Sustainable Development* 12,10 (1970), S. 2–17, 2.
2 Hershkowitz, Salerni, Garbage Management in Japan, S. xvii; Trentmann, Empire of Things, S. 627.
3 Köster, Hausmüll, S. 28–30.
4 Hershkowitz, Salerni, Garbage Management in Japan, S. xvii; Köster, Hausmüll, S. 31 f.
5 Samantha MacBride, Recycling Reconsidered. The Present Failure and Future Promise of Environmental Action in the United States, Cambridge/Mass. 2011, S. 247.
6 Vgl. Paul R. Josephson u. a., An Environmental History of Russia, Cambridge 2013, S. 214 f.; Hannsjörg F. Buck, Umweltbelastung durch Müllentsorgung und Industrieabfälle in der DDR, in: Eberhard Kuhrt (Hg.), Die Endzeit der DDR-Wirtschaft – Analysen zur Wirtschafts-, Sozial- und Umweltpolitik, Opladen 1999, S. 455–493, 466.
7 Stefan Landsberger, Beijing. A City besieged by Waste, Amsterdam 2019, S. 46–48.
8 Goldstein, Remains of the Everyday, S. 146.
9 Robert J. Gordon, The Rise and Fall of American Growth. The U. S. Standard of Living since the Civil War, Princeton, Oxford 2016, S. 125 f.; Martin Baumert, Energie und Lebensführung, Frankfurt/M. 1995, S. 45 f.
10 Zit. in: Birbeck, Garbage, S. 165.
11 Ted Steinberg, Down to Earth. Nature's Role in American History, New York, Oxford 2019[4], S. 212.
12 Roh Pin Lee u. a., Sustainable waste management for zero waste cities in China: potential, challenges and opportunities. *Clean Energy* 4,3 (2020), S. 169–201, 175.
13 Sandra Johnson Cointreau, Environmental Management of Urban Solid Wastes in Developing Countries, Washington D. C. 1982, S. 10. Diese sind gegenwärtig noch beträchtlich. Um 1980 produzierte ein durchschnittlicher New Yorker etwa 1,80 kg Müll pro Tag, ein Bewohner Hong Kongs 0,85 kg und ein Bewohner Kalkuttas nur etwa ein halbes Kilogramm.
14 Steinberg, Down to Earth, S. 214.
15 Will Steffen u. a., The trajectory of the Anthropocene: The Great Acceleration. *The Anthropocene Review* 2 (2015), S. 81–98, 86 f.
16 Christian Pfister, Das «1950er Syndrom» – die umweltgeschichtliche Epochenschwelle zwischen Industriegesellschaft und Konsumgesellschaft, in: ders. (Hg.),

Das 1950er Syndrom. Der Weg in die Konsumgesellschaft, Bern, Stuttgart, Wien 1995, S. 51–95; John R. McNeill, Peter Engelke, The Great Acceleration. An Environmental History of the Anthropocene since 1945, Cambridge/Mass 2016.

17 Will Steffen u. a., The Trajectory of the Anthropocene: The Great Acceleration. *The Anthropocene Review* 2,1 (2015), S. 81–98, 84, 86 f.

18 Will Steffen, Paul Crutzen, John R. McNeill, The Anthropocene: Are Humans Now Overwhelming the Great Forces of Nature? *Ambio. A Journal of the Human Environment* 36 (2007), S. 614–621, 618; vgl. auch McNeill, Engelke, The Great Acceleration, wo diese Frage praktisch gar nicht diskutiert wird.

19 Z. B. Eva Horn, Hannes Bergthaller, Anthropozän zur Einführung, Hamburg 2019; weniger sprachlos: Vaclav Smil, Grand Transitions. How the Modern World Was Made, Oxford 2021; Christophe Bonneuil, Jean-Baptiste Fressoz, The Shock of the Anthropocene. The Earth, History and Us, London 2017.

20 Jaia Syvitski u. a., Extraordinary human energy consumption and resultant geological impacts beginning around 1950 CE initiated the proposed Anthropocene Epoch. *Communications Earth & Environment* 2020, S. 1–13.

21 Fridolin Krausmann u. a., Global socioeconomic material stocks rise 23–fold over the 20th century and require half of annual resource use. *Proceedings of the National Academy of Science of the United States of America* 114, 8 (2017), S. 1880–1885.

22 Vance Packard, The Waste Makers, New York 1960.

23 Alvin Toffler, Future Shock, New York 1970, S. 66 f.

24 Gordon, Rise and Fall of American Growth, S. 348.

25 Jean Fourastié, Jan Schneider, Warum die Preise sinken. Produktivität und Kaufkraft seit dem Mittelalter, Frankfurt/M. 1989; Sabine Haustein, Vom Mangel zum Massenkonsum. Deutschland, Frankreich und Großbritannien im Vergleich, Frankfurt/M. 2007, S. 55–71; für eine differenzierte Analyse des Zusammenhangs von Reallöhnen, technischer Entwicklung und Konsumausgaben: Gordon, The Rise and Fall of American Growth.

26 Gordon, The Rise and Fall of American Growth, S. 114 f.

27 Zimring, Cash for your Trash, S. 145 f.

28 Rachel Bowlby, Carried Away. The Invention of Modern Shopping, New York 2000, S. 135–147.

29 Victoria de Grazia, Irresistible Empire. America's Advance through Twentieth Century Europe, Cambridge 2005.

30 Ernest Zahn, Soziologie der Prosperität, Köln 1960, S. 101; Bowlby, Carried Away.

31 Lydia Nembach-Langer, Revolution im Einzelhandel. Die Einführung der Selbstbedienung in Lebensmittelgeschäften der Bundesrepublik Deutschland (1949–1973), Köln 2013; Emanuela Scarpellini, La spesa è uguale per tutti: l'avventura dei supermercati in Italia, Venezia 2007; Vicki Howard, A Cultural History of Shopping in the Modern Age, London u. a. 2022.

32 Steinberg, Down to Earth, S. 191.

33 Beckert, Empire of Cotton, S. 164.

34 Zahn, Soziologie der Prosperität, S. 101.

35 Gordon, The Rise and Fall of American Growth, S. 85–90.

36 Vgl. die Übersichten bei Warren, Meat Makes People Powerful, S. 191–197.

37 Mittlerweile existiert dazu eine reichhaltige Literatur. Vgl. Karl Christian Führer, Das Fleisch der Republik. Ein Lebensmittel und die Entstehung der modernen Landwirtschaft in Westdeutschland 1950–1990, München 2022; Paul R. Josephson, Chicken. A History from Farmyard to Factory, Cambridge 2020; Veronika Settele, Revolution im Stall. Landwirtschaftliche Tierhaltung in Deutschland 1945–1990, Göttingen 2020; Roger Horowitz, Putting Meat On the American Table. Taste, Technology, Transformation, Baltimore 2006; Anderson, Capitalist Pigs; Warren, Meat Makes People Powerful.

38 Andrew C. Godley, Bridget Williams, The Chicken, the Factory Farm, and the Supermarket: The Emergence of the Modern Poultry Industry in Britain, in: Warren Belasco, Roger Horowitz (Hg.), Food Chains. From Farmyard to Shopping Cart, Philadelphia 2009, S. 47–61, 59.

39 Steinberg, Down to Earth, S. 267.

40 Führer, Das Fleisch der Republik, S. 121–135.

41 Photographie H. Armstrong Roberts, mauritius images / Classic Stock.

42 Horowitz, Putting Meat on the American Table; Führer, Das Fleisch der Republik.

43 Robert Friedel, American Bottles: The Road to No Return. *Environmental History* 19 (2014), S. 505–527.

44 Nicolas Marty, L'invention de l'eau embouteillée: Qualités, normes et marchés de l'eau en bouteille en Europe, XIXe-XXe siècles, Brüssel 2013; Bartow J. Elmore, The American beverage Industry and the Development of Curbside Recycling programs, 1950–2000. *Business History Review* 86,3 (2012), S. 477–501, 481–486.

45 Z. B. Stefan Kreutzberger, Die Essensvernichter. Warum die Hälfte aller Lebensmittel im Müll landet und wer dafür verantwortlich ist, Bonn 2013.

46 Strasser, Satisfaction Guaranteed, S. 31 f.

47 Tokue Shibata, Land, Waste, and Pollution: Challenging history in creating a sustainable Tokyo Metropolis, in: Hidenori Tamagawa (Hg.), Sustainable Cities. Japanese Perspectives on Physical and Social Structures, Tokyo 2006, S. 96–124, 100.

48 Irwin W. Rust, Kelsey B. Gardner, Sunkist Growers Inc. A California Adventure in Agricultural Cooperation, Washington D. C. 1960, S. 75.

49 Thomas Welskopp, Einleitung und begriffliche Klärungen: Vom Kapitalismus reden, über den Kapitalismus forschen, in: ders., Unternehmen Praxisgeschichte. Historische Perspektiven auf Kapitalismus, Arbeit und Klassengesellschaft, Tübingen 2014, S. 1–23, 18–23.

50 Ebd.

51 Aaron Greenfield, T. E. Graedel, The omnivorous diet of modern technology. *Resources, Conservation and Recycling* 74 (2013), S. 1–7.

52 Ebd., S. 4.

53 Susan Mossman, Introduction, in: dies. (Hg.), Early Plastics. Perspectives 1850–1950, London 1997, S. 1–15; Yasu Furukawa, Inventing Polymer Science. Staudinger, Carothers, and the Emergence of Macromolecular Chemistry, Philadelphia 1998; Jeffrey L. Meikle, American Plastic. A Cultural History, New Brunswick 1995, S. 153–182.

54 Wiegand, Innovation durch Normung, S. 415 f.; Wolfgang König, Geschichte der

Wegwerfgesellschaft. Die Kehrseite des Konsums, Stuttgart 2019, S. 26–30; Uekötter, Im Strudel, S. 604 f.

55 Christina Hardyment, From mangle to microwave: the mechanization of household work, Cambridge 1988; Shibata, Land, Waste, and Pollution, S. 105; Gordon, Rise and Fall of American Growth, S. 333–338.

56 Bryan Lohmar u. a., China's Ongoing Agricultural Modernization: Challenges Remain after 30 Years of Reform, in: Russell H. Jeffries, China's Agricultural Modernization, Hauppauge 2009, S. 1–68, 15.

57 König, Geschichte der Wegwerfgesellschaft, S. 55–57.

58 Plastic Europe Market Research Group 2016. https://www.oceaneye.ch/en/issues/consommation-de-plastique/.

59 Susanne Freidberg, Fresh. A Perishable History, Cambridge/Mass. 2009.

60 König, Geschichte der Wegwerfgesellschaft, S. 40–54.

61 Ward, The Clean Body, S. 183 f., 228–230.

62 Ebd., S. 200, 214 f.

63 Ruth Schwartz Cowan, More Work for Mother. The Ironies of Household Technology from the Open Hearth to the Microwave, New York 1985.

64 Vgl. Jan L. Logemann, Trams or Tailfins? Public and Private Prosperity in Postwar Germany and the United States, Chicago, London 2012; Lizabeth Cohen, A Consumer's Republic. The Politics of Mass Consumption in Postwar America, New York 2003; Ruth Oldenziel, Karin Zachmann (Hg.), Cold War Kitchen. Americanization, Technology, and European Users, Cambridge/Mass. 2011.

65 Davis Dyer, Seven Decades of Disposable Diaper. A Record of Continuous Innovation and Expanding Benefits. Unv. Ms. 2005.

66 Nelly Pons, Océan Plastique. Enquête sur une pollution globale, Arles 2020, S. 17.

67 Kala S. Sridhar, Costs and Benefits of Urbanization. The Indian Case. Guanghua Wan, Ming Lu (Hg), Cities of Dragons and elephants. Urbanization and Urban Development in China and India, Oxford 2019, S. 40–77, 49.

68 Michael P. Oman-Reagan, Bantar Gebang: An Urban-Refuse Waste Picker Community at Indonesia's Largest Landfill. SocArXiv, Open Science Framework.

69 Shunfeng Song, Kevin Honglin Zhang Urbanization and City-Size Distribution in China, in: Ding Lu (Hg.), The Great Urbanization of China, Singapur 2011, S. 11–28, 12; Tom Miller, China's Urban Billion. The Story behind the biggest Migration in Human History, London 2012.

70 Sean Fox, Urbanization as a Global Historical Process: Theory and Evidence from sub-Saharan Africa. *Population and Development Review* 38,2 (2012), S. 285–310, 290.

71 Matt Schiavenza, Mapping China's Income Inequality. The Atlantic (13.9.2013). https://www.theatlantic.com/china/archive/2013/09/mapping-chinas-income-inequality/279637 [Letzter Zugriff 31.1.2015].

72 Mérino, Management of garbage in Nairobi, S. 97–99.

73 Mike Douglass, Mega-urban Regions and World City Formation: Globalisation, the Economic Crisis and Urban Policy Issues in Pacific Asia. *Urban Studies* 37,12 (2000), S. 2315–2334; Fox, Urbanization as a Global Historical Process; John Friedmann, Robert Wulff, The Urban Transition. Comparative Studies of newly Industrializing Societies, London 1976, S. 18–21.

74 Nick Devas, Carole Radoki, The Urban Challenge, in: dies (Hg.), Managing fast growing cities. New Approaches to Urban Planning and Management in the Developing World, Burnt Mill 1993, S. 1–40, 3.
75 Rita Gudermann, «Bereitschaft zur totalen Verantwortung». Zur Ideengeschichte der Selbstversorgung, in: Michael Prinz (Hg.), Der lange Weg in den Überfluss. Anfänge und Entwicklung der Konsumgesellschaft seit der Vormoderne, Paderborn 2003, S. 375–411, 403 f.
76 Kramper, Neue Heimat, S. 154; Giuntini, Cinquant'anni puliti puliti, S. 99 f.; Jon C. Teaford, The Metropolitan Revolution. The Rise of Post-Urban America, New York 2006, S. 242 f.
77 André Sorensen, The Making of Urban Japan. Cities and planning from Edo to the twenty-first century, London 2002, S. 200–207.
78 Shinichiro Nakamura, Taikan Oki, Shinjiro Kanae, Lost Rivers. Tokyo's Sewage Problem in the High-Growth Period, 1953–73. *Technology and Culture* 63,2 (2022), S. 427–449.
79 Frederick Buell, From Apocalypse to Way of Life. Environmental Crisis in the American Century, New York, London 2004, S. 63.
80 Köster, Hausmüll, S. 35.
81 Lili Lai, Hygiene, Sociality, and Culture in Contemporary Rural China: The Uncanny New Village, Amsterdam 2017.
82 Maria Gunko, Andrey Medvedev, «Seasonal Suburbanization» in Moscow Oblast': Challenges of Household Waste Management. *Geographica Polonica* 89,4 (2018), S. 473–484. Das war allerdings auch schon zu Sowjetzeiten zu beobachten. Vgl. Schlögel, Das sowjetische Jahrhundert, S. 245 f.

11. Mülltonnen und «Männerstolz»: Die moderne Müllabfuhr

1 Suketu Mehta, Maximum City. Bombay Lost and Found, New York 2014, S. 13.
2 O. V., Tokyo's Garbage War, S. 126; Lise Debout, Bénédicte Florin, Chiffonniers et entreprises privées internationales Stratégies d'adaptation des acteurs formels et informels face à la reforme de la gestion des déchets au Caire. *Égypte/Monde Arabe* 8 (2011), S. 31–57, 50; Goldstein, Remains of the Everyday, S. 87.
3 Sarah A. Moore, The Excess of Modernity: Garbage Politics in Oaxaca. *The Professional Geographer* 61,4 (2009), S. 426–437, 432; Köster, Hausmüll, S. 112.
4 Tal, Pollution in a Promised Land, S. 248 f.
5 Vgl. Claudia Cirelli, Fabrizio Maccaglia, Patrice Melé, «L'incinérateur est trop près, la poubelle trop loin» : gérer les déchets en régime de proximité. *Flux* 109–110 (2017), S. 61–72.
6 Brian Larkin, The Politics and Poetics of Infrastructure. *Annual Review of Anthropology* 42,1 (2013), S. 327–343.
7 Toffin, Future Shock, S. 49.
8 Friedel, American Bottles, S. 521.

9 Craig James Calcaterra, Wulf Alexander Kaal, Decentralization. Technology's Impact on Organizational and Societal Structure, Berlin 2021, S. 83.
10 Für Japan vgl. Eiko Maruko Siniawer, Waste: Consuming Postwar Japan, Ithaca 2018, S. 44–88.
11 Leach, Land of Desire, S. 234 f.
12 Vgl. De Grazia, Irresistible Empire, S. 336–375.
13 Kirsten Petrak u. a., Adenauers Welt. Ein Lesebuch zur Alltags- und Sozialgeschichte der frühen Republik, Essen 2006.
14 Z. B. Goldstein, Remains of the Everyday, S. 9.
15 Eine sehr gute Darstellung der affektiven, sozialdynamischen Wirkung des Konsums: Don Slater, Consumer Culture & Modernity, Cambridge 1997.
16 George Katona, Die Macht des Verbrauchers, Düsseldorf 1962, S. 53.
17 Enrique Fidel, Traperos de Madrid (2. Oktober 2009). [https://urbancidades.wordpress.com/2009/10/02/traperos-de-madrid, letzter Zugriff, 20. 11.2019.]
18 Peter Kramper, Neue Heimat. Unternehmenspolitik und Unternehmensentwicklung im gewerkschaftlichen Wohnungs- und Städtebau 1950–1982, Stuttgart 2008, S. 154.
19 Melosi, Sanitary City.
20 O. V., Tokyo's Garbage War, S. 16.
21 Flachowsky, Saubere Stadt, S. 202.
22 So der Leiter des Wiesbadener Stadtreinigungsamtes 1964. Zit. in: Köster, Hausmüll, S. 138.
23 Giuntini, Cinquant'anni puliti puliti, S. 138.
24 Benson, Surroundings, S. 139.
25 Stokes, Köster, Sambrook, The Business of Waste, S. 64–67.
26 Stadtarchiv München.
27 Wiegand, Innovation durch Normung, S. 467–480.
28 Godard, Donzel, Éboueurs de Marseille, S. 90.
29 Abdruck mit freundlicher Genehmigung des Archivs der SASE GmbH Iserlohn.
30 Ebd., S. 90.
31 Zit. in Köster, Hausmüll, S. 116.
32 Wiegand, Innovation durch Normung, S. 492–504.
33 Hanskarl Willms, Stephan Mlodoch, Wiederaufbau, Wirtschaftswunder, Konsumgesellschaft. Stadtentwicklung, Stadthygiene und Abfallwirtschaft in Deutschland 1945 bis 1975, Selm 2014, S. 179.
34 Otto Hermann Schwabe, Müllabfuhr, ihre Fahrzeuge und Geräte, in: K. Giesen (Hg.), Stadthygiene und Kommunalfahrzeuge, Essen 1967, S. 51–56.
35 Eric Voytko, City of Scottsdale Arizona, Solid Waste Management Division. Refuse Collection Vehicles. https://www.classicrefusetrucks.com/albums/albumpool/CS.html. [Letzter Zugriff, 23.09.2018].
36 Eric Voytko, City of Scottsdale Arizona, Solid Waste Management Division. Refuse Collection Vehicles. [https://www.classicrefusetrucks.com/albums/albumpool/CS.html. Letzter Zugriff, 23.09.2018].
37 Stewart E. Perry, San Francisco Scavengers. Dirty work and the pride of ownership, Berkeley 1978.

38 Melosi, Garbage in the Cities, S. 172 f.
39 Köster, Hausmüll, S. 124 f.
40 David Naguib Pellow, Garbage Wars. The Struggle for Environmental Justice in Chicago, Cambridge/Mass. 2002, S. 47.
41 Ebd., S. 47.
42 Harold Crooks, Giants of Garbage. The Rise of the Global Waste Industry and the Politics of Pollution Control, Toronto 1993, S. 37–72.
43 Ebd., S. 33 f. Zur Firmengeschichte von Waste Management: Timothy Jacobson, Waste Management. An American Corporate Success Story, Washington D. C. 1993.
44 Crooks, Giants of Garbage, S. 17–22; Jones, Spadafora, Waste, Recycling, and Entrepreneurship, S. 4.
45 Pellow, Garbage Wars, S. 142.
46 Berkenhoff, Der VPS-Part an der Stadtreinigung in der Bundesrepublik. *Kommunalwirtschaft* 8 (1980), S. 220–222, 222.
47 Crooks, Giants of Garbage, S. 14–19.
48 Hershkowitz, Salerni, Garbage Management in Japan, S. 24; Giuntini, Cinquant'anni puliti puliti, S. 255.
49 O. V., Véolia environnement – Historique. [https://ww2.ac-poitiers.fr ' Veolia_environnement. Letzter Zugriff 3.2.2019].
50 Rosalind Fredericks, Garbage Citizenship. Vital Infrastructures of Labor in Dakar, Senegal, Durham, London 2018, S. 38.
51 Ebd., S. 30 f.; Adedibu, Okekunle, Environmental Sanitation, S. 108.
52 Anna Karin Giannotta, Il valore sociale dei rifiuti, L'intreccio tra istituzioni e pratiche di recupero nello spazio urbano di Casablanca (Marocco). *Archivio antropologico mediterraneo* 22,2 (2020), S. 1–13, 10 f.
53 Clare Ostle u. a., The rise in Ocean plastics evidenced from a 60–year time series. *Nature Communications* 10 (2019), S. 1–6, 1.
54 Spodek, Ahmedabad, S. 59.
55 Flachowsky, Saubere Stadt, S. 86 f.
56 Melosi, Fresh Kills, S. 248–250.
57 Anne Berg, A Rubbished World: White Supremacy's Complicated Love Affair with Garbage. *Journal of Genocide Research* 25,1 (2023), S. 46–61, 51 f.
58 Darrel Enck-Wanzer (Hg.), The Young Lords. A Reader, New York, London 2010, S. 185–187.
59 Godard, Donzel, Éboueurs de Marseille, S. 74 f.
60 Dominik Geppert, Thatchers konservative Revolution: der Richtungswandel der britischen Tories (1975–1979), München 2002.
61 Stokes, Köster, Sambrook, The Business of Waste, S. 163.
62 Dennis Oulds / Hulton Archive via getty images.
63 Fredericks, Garbage Citizenship, S. 1 f.
64 Moore, The Excess of Modernity, S. 434.
65 Fredericks, Garbage Citizenship, S. 2.
66 Eileen Stillwaggon, Stunted Lives, Stagnant Economies. Poverty, Disease, and Underdevelopment, New Brunswick u. a. 1998, S. 77, 110–113.

67 Myers, Disposable Cities, S. 110.

68 Samuel Yaw Lissah u. a., Managing urban solid waste in Ghana: Perspectives and experiences of municipal waste company managers and supervisors in an urban municipality. *Plus One* (März 2021), S. 1–18, 2.

69 Ayigbédé, Déchets solides ménagers, S. 221.

70 David Sims, Understanding Cairo. The Logic of a City out of Control, Cairo 2010, S. 106 f.

71 Mérino, Management of garbage in Nairobi, S. 95–120.

72 Wilson, Metropolis, S. 365; Adedibu, Okekunle, Environmental sanitation on the Lagos mainland, S. 108; Newell, Histories of Dirt, S. 115–141.

73 Haferburg, Krüger, Domestic Waste Management in Mid-sized Cities of Botswana, S. 33.

74 Sandra Johnson Cointreau, Environmental Management of Urban Solid Wastes in Developing Countries, Washington D. C. 1982, S. 33.

75 Fredericks, Garbage Citizenship, S. 90.

76 Lissah u. a., Managing Urban Solid Waste in Ghana, S. 8.

77 Yagual, Guayaquil futuro, S. 19, 35.

78 Ogunyebi Anuoluwapo Folakemi, Waste Management and Sanitation Practice in Lagos: Towards Improving Wellbeing and Sustainable Economic Development, Eberswalde 2020, S. 37–44.

79 Lissah u. a., Managing urban solid waste in Ghana, S. 8.

80 Randi Solhjell, Garbage Collection in Bakavu. «The Political Class Does Not Take Care of Garbage Here», in: Tom De Heerd, Kristof Titeca (Hg.), Negotiating Public Services in the Congo. State, Society and Governance, London 2019, S. 168–189, 178.

81 Dick, Surabaya, S. 230 f.; Daniel T. Sicular, Scavengers, Recyclers, and Solutions for Solid Waste Management in Indonesia, Berkeley 1992, S. 132.

82 Fredericks, Garbage Citizenship, S. 30.

83 Andrea Bortolotti, Refuse of the city: Rethinking waste management in Brussels. *Brussels Studies* (2021), S. 1–18, 3–5.

84 Zit. in: Newell, Histories of Dirt, S. 133.

85 François Jarrige, Thomas Le Roux, La contamination du monde. Une histoire des pollutions à l'âge industriel, Paris 2017, S. 28 f.; Medina, The World's Scavengers, S. 201 f.; für Bangladesch vgl. Habiba Sultana, D. B. Subedi, Caste System and Resistance. The Case of Untouchable Hindu Sweepers in Bangladesh. *International Journal of Politics, Culture and Society* 29,1 (2016), S. 19–32.

86 Louis Fréderic, Daily Life in Japan at the Time of the Samurai 1185–1603, London 1972, S. 67.

87 Zygmunt Bauman, Verworfenes Leben. Die Ausgegrenzten der Moderne, Hamburg 2005; Ivan Klíma, Liebe und Müll (orig.: Láska a smetí), München 1991.

88 Es gibt allerdings Ausnahmen wie etwa Neapel oder New York, wo Frauen immerhin bis zu 20 Prozent der Belegschaft stellen. Robin Nagle, Picking Up. On the Streets and Behind the Trucks with the Sanitation Workers of New York City, New York 2014.

89 Fredericks, Garbage Citizenship, S. 78–81.

90 De Silguy, Histoire des Hommes et de leurs Ordures, S. 24.
91 Janet Y. Chen, Guilty of Indigence. The Urban Poor in China, 1900–1953, Princeton 2012, S. 25.
92 Münch, Stadthygiene, S. 323.
93 Rijke-Epstein, The Politics of Filth, S. 247 f.; Newell, Histories of Dirt, S. 128.
94 Frioux. Les Batailles de l'hygiène, S. 179.
95 Nicky Gregson u. a., Doing the «dirty work» of the green economy: Resource recovery and migrant labour in the EU. *European Urban and Regional Studies* 23,4 (2016), S. 541–555.
96 Crooks, Giants of Garbage, S. 40 f.
97 Köster, Hausmüll, S. 137.
98 Flachowsky, Saubere Stadt, S. 188–212.
99 Köster, Hausmüll, S. 140 f.
100 Ulrich Billerbeck, Dreckarbeit und Männerstolz. Müllmänner im Kampf um Anerkennung, Münster 1998.
101 Frédéric Michel, Quand tout un univers prend sens dans son rapport à la pénibilité de la tâche. Étude d'une entreprise privée d'éboueurs en Belgique, in: Corteel, Le Lay, Les travailleurs des déchets, S. 169–190, 181–185.

12. Beseitigen, entsorgen, behandeln, vergraben, verbrennen

1 Pellow, Garbage Wars, S. 1.
2 Giuntini, Cinquant'anni puliti puliti, S. 164 f.; Edward J. Walsh, Rex Warland, D. Clayton Smith, Don't Burn it Here. Grassroots Challenges to Trash Incinerators, Pennsylvania 1997, S. 53–68; Köster, Hausmüll, S. 289–299.
3 Z. B. Giuntini, Cinquant'anni puliti puliti, S. 65; Köster, Hausmüll, S. 170.
4 Konrad Fichtel, Hausmüll-Pyrolyse: Vier Verfahren können erprobt werden. *Umwelt-Magazin* 5,4 (1975), S. 42–50.
5 Jinhee Park, Von der Müllkippe zur Abfallwirtschaft. Die Entwicklung der Hausmüllentsorgung in Berlin (West) von 1945 bis 1990, Berlin 2004, S. 118 f.
6 Arnaud Page, Fertility from Urban Wastes? The Case for Composting in Great Britain, 1920s-1960s. *Environment and History* 25 (2019), S. 3–22; Isabella, Rubrichi, Sensi, Dal Canestraro al Netturbino, S. 191; Samantha MacBride, Composting and Garbage in New York City, in: Zimring, Corey, Coastal Metropolis, S. 184–201, 188–191.
7 Köster, Hausmüll, S. 159–170.
8 Tal, Pollution in a Promised Land, S. 248 f.
9 Sicular, Scavengers, S. 137 f. Zur Geschichte von Dano s. Jones, Spadafora, Waste, Recycling, and Entrepreneurship, S. 24–27.
10 J. E, Dziejowski, J. Kazanowska, Heat Production During Thermophilic Decomposition of Municipal Wastes in the Dano Composting Plant, in: Herbert Insam, Nuntavun Riddech, Susanne Klammer (Hg.), Microbiology of Composting, Berlin u. a. 2002, S. 111–118, 111 f.

11 Bernhard Jäger, Gutachten für das Bayerische Staatsministerium für Landesentwicklung und Umweltfragen: Die thermische Behandlung von Hausmüll und hausmüllähnlichen Abfällen in Müllverbrennungsanlagen, München 1985, S. 37; Stadtreinigung Hamburg, 100 Jahre Müllverbrennung in Hamburg 1896–1996, Hamburg 1996, S. 13, 15.

12 Z. B. Günter Dehoust, Holger Alwast, Kapazitäten der energetischen Verwertung von Abfällen in Deutschland und ihre zukünftige Entwicklung in einer Kreislaufwirtschaft. Strukturanalyse thermischer Anlagen innerhalb der deutschen Kreislaufwirtschaft, Berlin 2019.

13 Bondes, Chinese environmental contention, S. 53–86.

14 Vgl. zeitgenössisch Samuel Weiss, Sanitary Landfill Technology, Park Ridge 1974, S. 17–22.

15 Zit. in: Köster, Hausmüll, S. 158.

16 Tal, Pollution in a Promised Land, S. 247 f.

17 Melosi, Fresh Kills, S. 207.

18 Stadt Frankfurt/M., Das Stadtreinigungsamt Frankfurt am Main. 15 Jahre Wiederaufbau, Frankfurt/M. 1960, S. 18.

19 Melosi, Garbage in the Cities, S. 190 f.

20 O. V., Die Konjunktur hat auch eine Kehrseite. Ersticken wir im Wohlstandsmüll? *Rhein-Neckar Zeitung* (1.9.1960).

21 Craig E. Colten, Peter N. Skinner, The Road to Love Canal. Managing Industrial Waste before EPA, Austin 1996, S. 81; Karl Boyd Brooks, Before Earth Day. The Origins of American Environmental Law, 1945–1970, Kansas City 2009, S. 58 f.; Ralf Herbold, Ralf Wienken, Experimentelle Technikgestaltung und offene Planung. Strategien zur sozialen Bewältigung von Unsicherheit am Beispiel der Abfallbeseitigung, Bielefeld 1993, S. 32–41.

22 Hershkowitz, Salerni, Garbage Management in Japan, S. 104.

23 James Marshall, Going to Waste. Where will all the Garbage Go?, New York 1972, S. 43–49. Ein englisches Buch zur Abfallwirtschaft bezog sich 1972 beim *Controlled Tipping* noch wesentlich auf Standards der 1930er Jahre: John Skitt, Disposal of Refuse and other Waste, London 1972, S. 26–34.

24 Köster, Hausmüll, S. 189, 244.

25 Stokes, Köster, Sambrook, The Business of Waste, S. 184–187.

26 Weiss, Sanitary Landfill Technology, S. 2 f.

27 Melosi, Garbage in the Cities, S. 200 f.

28 Tamanoi, Suffragist Women, S. 806; Frioux, Les Batailles de l'hygiène, S. 359 f.; Stokes, Köster, Sambrook, The Business of Waste, S. 25 f.

29 Hershkowitz, Salerni, Garbage Management in Japan, S. 15.

30 Kai F. Hünemörder, Die Frühgeschichte der globalen Umweltkrise und die Formierung der deutschen Umweltpolitik (1950–1973), Stuttgart 2004, S. 124–144.

31 Giuntini, Cinquant'anni puliti puliti, S. 144 f.

32 Stief, 40 Jahre Deponietechnik.

33 Steinberg, Back to Earth, S. 215.

34 Thomas J. Sorg, Mission 5000: A National Program to Eliminate Dumps. *Milk and Food Technology* 35,5 (1972), S. 291–294.

35 Fairbanks, Wunderlich, Meindl, Talking Trash, S. 553 f.; https://www.statista.com/statistics/193813/number-of-municipal-solid-waste-landfills-in-the-us-since-1990 [Letzter Zugriff, 3.2.2021].
36 Hansjürgen Hoffmann, Moderne Deponietechnik. *Umwelt-Magazin* 13, 6 (1983), S. 42–44, 42.
37 Fairbanks, Wunderlich, Meindl, Talking Trash, S. 553 f.
38 Herbold, Wienken, Experimentelle Technikgestaltung, S. 27.
39 Pellow, Garbage Wars, S. 68.
40 Beate Lohnert, Waste Management in Zambia. Actors and Structure of the Waste Management Sector in Mazabuka and Livingstone, in: Krüger, Haferburg, Waste Management in Southern Africa, S. 67–93, 76 f.
41 Colten, Chicago's waste lands, S. 133.
42 Zitiert in: Steinberg, Gotham Unbound, S. 253; Köster, Hausmüll, S. 156.
43 Siniawer, Waste. Consuming Postwar Japan, S. 85 f.; Shibata, Land, Waste, and Pollution, S. 101.
44 Astrid Erhartt-Perez Castro, Tlatel – Die Stadt am Müll: Müll als Ressource für eine nachhaltige Stadtteilentwicklung in Mexiko-Stadt, Münster 2009, S. 54.
45 Matthias Gather, Kommunale Handlungsspielräume in der öffentlichen Abfallentsorgung. Möglichkeiten und Grenzen einer aktiven Umweltplanung auf kommunaler Ebene im Raum Frankfurt am Main, Frankfurt/M. 1992, S. 90.
46 Tal, Pollution in a Promised Land, S. 314–316.
47 Tal Alon-Mozes, Ariel Sharon Park and the Emergence of Israel's Environmentalism. *Journal of Urban Design* 17,2 (2012), S. 279–300.
48 Melosi, Fresh Kills, S. 545 f.
49 Edward Humes, Garbology: Our Dirty Love Affair with Trash, New York 2012, S. 91; Jessica Grosh, Waste Management in La-La Land. An Analysis of the Loaded Words surrounding Sanitation in the City of Angels, Los Angeles 2015, S. 130–153, 144–146. https://scholarworks.calstate.edu/downloads/xs55mg584 [zuletzt abgerufen: 3.11.2021].
50 Moore, The Excess of Modernity, S. 432 f.
51 Oman-Reagan, Bantar Gebang.
52 Medina, The World's Scavengers, S. 186.
53 Frank Molano Camargo, El relleno sanitario Doña Juana en Bogotá: la producción política de un paisaje tóxico, 1988–2019. *Historia Critica* 74 (2019), S. 127–149, 142.
54 Douglas, Cities, S. 177; Medina, The World's Scavengers, S. 186 f. Zu Entwicklungen der Abfallgesetzgebung z. B. O. Baloyi, K. Masinga, The new national environmental management: Waste Act; a shift in the waste management approach in South Africa. *The Sustainable World* 142 (2010), S. 311–322.
55 Ayigbédé, Déchets solides ménagers, S. 239.
56 Haniyeh Jalalipour, Sustainable Municipal Organic Waste Management in Shiraz, Iran, Rostock 2021, S. 13–17.
57 Adewole A. Atere, Akeem Ayofe Akinwale, Gender, Urbanization and Socio-Economic Development, in: Hakeem Ibikunle Tijani (Hg.), Nigeria's Urban History. Past and Present, Lanham 2006, S. 27–44, 30 f.
58 Newell, Histories of Dirt, S. 122.

59 Liza Weinstein, Durable Slum. Dharavi and the Right to Stay Put in Globalizing Mumbai, Minneapolis 2014, S. 25–53.

60 Steinberg, Back to Earth, S. 217.

61 Katherine M. Millar, Reclaiming the discarded. Life and Labor on Rio's Garbage Dump, Durham, London 2018, S. 19 f.

62 Thomas Rahn, Garbage Incineration. Lessons from Europe and the United States, Toronto 1987, S. 11 f.

63 Rolf Pohle, Reinhard Arndt, Thermische Abfallbehandlung in Nürnberg – Rückblick auf 25 Jahre Müllverbrennung, Nürnberg 1992, S. 11.

64 Blaise Farina, World Historical Production and Waste. *Review (Fernand Braudel Center)* 30,3 (2007), S. 177–213, 198; Hershkowitz, Salerni, Garbage Management in Japan, S. 11, 15–17.

65 Giuntini, Cinquant'anni puliti puliti, S. 159.

66 Fabian, Tak Lou, The Struggle for Sustainable Waste Management in Hong Kong, S. 4.

67 Fairbanks, Wunderlich, Meindl, Talking Trash, S. 538.

68 Köster, Hausmüll, S. 296 f.

69 Padovano, La storia della rûmenta, S. 58; Giuntini, Cinquant'anni puliti puliti, S. 139.

70 Hershkowitz, Salerni, Garbage Management in Japan, S. 67; Shibata, Land, Waste, and Pollution, S. 102.

71 Yagual, Guayaquil futuro, S. 24; Was sich insbesondere in lateinamerikanischen Städten wie Buenos Aires verbreitete, war allerdings die Müllverbrennung zuhause. Diese erwies sich jedoch – auch angesichts steigender Mengen von Kunststoffen im Müll – als zunehmend problematisch und wurde in Buenos Aires 1976 verboten. Prignano, Crónica de la Basura Porteña, S. 311 f.

72 Köster, Hausmüll, S. 254.

73 J. Tevere MacFadyen, Where Will All the Garbage Go?, in: Robert Emmet Long (Hg.), The Problem of Waste Disposal, New York 1989, S. 8–17; Walsh, Warland, Smith, Don't Burn it Here.

74 Park, Von der Müllkippe zur Abfallwirtschaft, S. 103 f.

75 O. V., Großstädte ersticken im Müll. Verbrennung oder Kompostierung? Jeder Großstädter produziert 1 cbm Abfall im Jahr. *Frankfurter Allgemeine Zeitung* (7.2.1961).

76 Köster, Hausmüll, S. 208 f.

77 Nachdem die Dioxine in den 1950er Jahren erstmals fachlich beschrieben wurden, fand 1973 ein großes Symposium zur Dioxinproblematik in den USA statt. Thomas Whiteside, The Pendulum and the Toxic Cloud. The Course of Dioxin Contamination, New Haven, London 1979, S. 1–15; Joachim Radkau, Die Ära der Ökologie. Eine Weltgeschichte, München 2011, S. 153.

78 J. Jäger, Organische Stoffe im Hausmüll als Vorprodukte zur Dioxin-Entstehung bei der Verbrennung, Dessau 1984.

79 Bettina Hitzer, Krebs fühlen. Eine Emotionsgeschichte des 20. Jahrhunderts, Stuttgart 2020; vgl. auch Susan Sontag, Illness as Metaphor, New York 1988.

80 Ulrich Beck, Risikogesellschaft. Auf dem Weg in eine andere Moderne, Frankfurt/M. 1986, S. 34.

81 O.V. (Newsday), Rush to Burn. Solving America's Garbage Crisis, Washington D.C. 1989, S. 104–110.
82 Calvin R. Brunner, Hazardous Air Emissions from Incineration, New York 1985, S. 54–65.
83 Volker Grassmuck, Christian Unverzagt, Das Müll-System. Eine metarealistische Bestandsaufnahme, Frankfurt/M. 1991.
84 Otmar Wassermann, Toxikologische Bewertung von Emissionen aus Deponien und Müllverbrennungsanlagen, in: Reiner Schiller-Dickhut, Harald Friedrich (Hg.), Müllverbrennung. Ein Spiel mit dem Feuer, Bielefeld 1989, S. 69–84, 76.
85 Hans-Dieter Degler, Dieter Uentzelmann, Supergift Dioxin. Der unheimliche Killer, Hamburg 1984, S. 18.
86 Giuntini, Cinquant'anni puliti puliti, S. 164 f.
87 Walsh u. a., Don't Burn it here, S. 122; Hershkowitz, Salerni, Garbage Management in Japan, S. 72, 82 f.
88 Walsh u. a., Don't Burn it here, S. 79.
89 K.A. Gourlay, World of Waste. Dilemmas of Industrial Development, New Jersey 1992, S. 86.
90 Shibata, Land, Waste, and Pollution, S. 105.
91 Committee on Health Effects of Waste Incineration (Hg.), Incineration & Public Health, Washington D.C. 2000, S. 30–32; Park, Von der Müllkippe zur Abfallwirtschaft, S. 177; Lothar Barniske, Horst Voßköhler, Stand der Abfallverbrennung in der Bundesrepublik Deutschland. *Müll und Abfall* 10,5 (1978), S. 157–166.
92 Tim Schauenberg, Müllverbrennung in Deutschland: Entsorgung mit Risiken? (28.10.2019). https://www.dw.com/de/m%C3%BCllverbrennung-in-deutschland-entsorgung-mit-risiken/a-50759483 [Letzter Zugriff 24.12.2020].
93 Tobias Girard, Singuliers débordements. Un incinérateur, des hommes et… des catégories à déconstruire, in: Thomas Le Roux, Michel Letté (Hg.), Débordements industriels. Environnement, territoire et conflit XVIIIe-XXIe siècle, Rennes 2013, S. 41–56.
94 Andrea Bachstein, Von den Sternen in den Staub. *Süddeutsche Zeitung* (17. Juli 2022).
95 https://www.gemeinsam-fuer-afrika.de/aethiopien-nimmt-erste-muellverbrennungsanlage-in-afrika-in-betrieb [Letzter Zugriff, 23.11.2022].
96 Medina, The World's Scavengers, S. 51.
97 Bondes, Chinese environmental contention, S. 53–86.
98 Lee u. a., Sustainable waste management for zero waste cities in China, S. 175.
99 Xiaodu Huang, Dali L. Yang, NIMByism, waste incineration, and environmental governance in China. *China Information* 34,3 (2020), S. 342–360, 346 f.
100 Bondes, Chinese environmental contention.
101 Sabine Höhler, Spaceship Earth in the Environmental Age, 1960–1990, London 2015, S. 70, 83.
102 Michael R. Greenberg, Richard F. Anderson, Hazardous Waste Sites. The Credibility Gap, New Jersey 1984, S. 1–29.
103 Für Japan z. B.: Shibata, Land, Waste, and Pollution, S. 98 f.
104 Colten, Skinner, The Road to Love Canal, S. 138 f.; Joshua O. Reno, Military Waste.

The Unexpected Consequences of Permanent War Readiness, Berkeley 2020, S. 1–19.

105 Brooks, Before Earth Day, S. 58 f.

106 Manfred Grieger, Going Round in Circles? The Disposal of PVC and Plastic at the Volkswagen Plant in Wolfsburg between Industrial Incineration and Landfilling since 1955. *Jahrbuch für Wirtschaftsgeschichte* 50,2 (2009), S. 81–98.

107 Köster, Hausmüll, S. 203–206; Iris Borowy, Hazardous Waste: The Beginning of International Organizations Addressing a Growing Global Challenge in the 1970s. *Worldwide Waste: Journal of Interdisciplinary Studies* 2, 1 (2019), S. 1–10, 2; Anne-Claude Ambroise-Rendu u. a., Une histoire des luttes pour l'environnement. 18e-20e, trois siècles de débats et de combats, Paris 2021, S. 208.

108 Colten, Skinner, The Road to Love Canal, S. 53, 68, 147.

109 Robert W. Collin, The Environmental Protection Agency. Cleaning Up America's Act, Westport 2006, S. 29 f.

110 Fairbanks, Wunderlich, Meindl, Talking Trash, S. 530.

111 Borowy, Hazardous Waste, S. 7 f.

112 Thorsten Schulz-Walden, Anfänge globaler Umweltpolitik. Umweltsicherheit in der internationalen Politik (1969–1975), München 2013, S. 235–243.

113 Z. B. Allen Stenstrup, Hazardous Waste, Chicago 1991, S. 29–33.

114 Köster, Hausmüll, S. 207 f.

115 Jennifer Clapp, Toxic Exports. The Transfer of Hazardous Wastes from Rich to Poor Countries, Ithaca 2018, S. 23.

116 Cutolo, Breve storia della Monnezza a Napoli, S. 85.

117 Roberto Saviano, Gomorrha. Reise in das Reich der Camorra, München 2009, S. 354.

118 Annette Langer, Roberto Salomone, «Der Krebs ist wie ein Schatten» (9.2.2020). www.spiegel.de/panorama/gesellschaft/neapel-giftmuellverbrennung-und-krebs-tote-im-land-der-feuer-a-60a150dc-1260–4241–921e-eb89c899de79 [Letzter Zugriff 24.1.2023].

119 Fumikazu Yoshida, The Economics of Waste and Pollution Management in Japan, Tokyo 2002, S. 32; Justin McCurry, Garbage island no more: how one Japanese community triumphed over a toxic waste dump. *The Guardian* (27.6.2022).

120 Benson, Surroundings, S. 157.

121 Girling, Rubbish!, S. 180; Tal, Pollution in a Promised Land, S. 306–316.

122 Z. B. Clapp, Toxic Waste, S. 35 f.

123 Vgl. Park, Von der Müllkippe zur Abfallwirtschaft, S. 84–92; Hildegard Frilling, Olaf Mischer, Pütt un Pann'n. Geschichte der Hamburger Hausmüllbeseitigung, Hamburg 1994, S. 168.

124 Matthias Baerens, Ulrich von Arnswald, Die Müll-Connection. Entsorger und ihre Geschäfte, München 1993.

125 Buck, Umweltbelastung durch Müllentsorgung, S. 467 f.

126 Radkau, Die Ära der Ökologie, S. 535.

127 Simone M. Müller, Hidden Externalities: The Globalization of Hazardous Waste. *Business History Review* 93,1 (2019), S. 51–74.

128 Steinberg, Down to Earth, S. 218.

129 Zur Mobro 4000 s. Melosi, Fresh Kills, S. 328–332.
130 Aus der reichhaltigen Literatur: Christoph Hilz, The International Toxic Waste Trade, New York 1992; Michikazu Kojima, Issues relating to the international trade of second-hand goods, recyclable waste, and hazardous waste, in: ders., Etsujo Michida (Hg.), International trade in recyclable and hazardous waste in Asia, Northampton 2013, S. 1–13.
131 Clapp, Toxic Exports, S. 31.
132 Thomas MacManus, State-Corporate Crime and the Commodification of Victimhood. The Toxic Legacy of Trafigura's Ship of Death, London, New York 2018.
133 Yoshida, The Economics of Waste and Pollution Management, S. 55 f.
134 John Ebotui Yajalin, Understanding Political Participation From the Margins: The Perspectives of Migrant Slum Dwellers in Agbogbloshie, Ghana. *Journal of Asian and African Studies* (2022), S. 1–15.
135 Crooks, Giants of Garbage, S. 88–93.
136 Vgl. Ann Kristin Bergquist, Dilemmas of Going Green: Environmental Strategies in the Swedish Mining Company Boliden, 1960–2000, in: Hartmut Berghoff, Adam Rome (Hg.), Green Capitalism. Business and the Environment in the Twentieth Century, Philadelphia 2017, S. 149–171; Andre J. Hoffmann, From Heresy to Dogma. An Institutional History of Corporate Environmentalism, San Francisco 1997.

13. Arm und reich: Recycling als Politik und Überlebensstrategie

1 Wolf Haas, Müll, München 2022, S. 29.
2 PA Images / Alamy Stock Photo.
3 Sicular, Scavengers, S. 19.
4 Packard, The Waste Makers, S. 43.
5 Markus Krajewski, Fehler-Planungen. Geschichte und Theorie der industriellen Obsoleszenz. *Technikgeschichte* 81,1 (2014), S. 91–114. Für einen Überblick: Roman Köster, Geplante Obsoleszenz, in: *Merkur* 69 (2015), S. 60–66.
6 Horst Wagenführ, Kartelle in Deutschland, Nürnberg 1931, S. XIII.
7 Heike Weber, Recycling Europe's Domestic Wastes: The Hope of «Greening» Mass Consumption through Recycling, in: Anna-Katharina Wöbse, Patrick Kupper (Hg.), Greening Europe. Environmental Protection in the long Twentieth Century – A Handbook, Berlin 2022, S. 269–301, 272; König, Geschichte der Wegwerfgesellschaft, S. 77 f.
8 Trentmann, Empire of Things, S. 659 f. Stefan Krebs, Thomas Hoppenheit, Questioning the Decline of Repair in the Late 20th Century: The Case of Luxembourg, in: Bernasconi, Les Réparations dans l'Histoire, S. 185–199
9 Stephen Graham, When Infrastructures Fail, in: ders. (Hg.), Disrupted cities: when infrastructure fails, New York 2009, S. 1–26, 10.
10 Edgerton, The Shock of the Old, S. 75–102.
11 Stefan Krebs, «Notschrei eines Automobilisten» oder die Herausbildung des deut-

schen Kfz-Handwerks in der Zwischenkriegszeit. *Technikgeschichte* 79,3 (2012), S. 185–206.

12 Edgerton, The Shock of the Old, S. 82 f.

13 Vgl. Jonathan Voges, «Selbst ist der Mann». Do-it-yourself und Heimwerken in der Bundesrepublik Deutschland, Göttingen 2017, S. 81–97.

14 Führer, Das Fleisch der Republik, S. 222.

15 Rüdiger Zill, Der absolute Leser. Hans Blumenberg – eine intellektuelle Biographie, Berlin 2020, S. 360.

16 Thorsheim, Waste into Weapons, S. 256–262; Stokes, Köster, Sambrook, The Business of Waste, 125 f.

17 Stokes, Köster, Sambrook, The Business of Waste, S. 119.

18 Wolfgang Schneider, Sekundärrohstoff Altpapier. Markt – und Marktentwicklung in der Bundesrepublik Deutschland, Dortmund 1988, S. 74.

19 Köster, Hausmüll. S. 349 f.

20 Ebd.

21 Nancy Bodden, Business as usual? Die Dortmunder Brauindustrie, der Flaschenbierboom und die Nachfragemacht des Handels 1950 bis 1980, Dortmund 2019, S. 156–165.

22 Marty, L'invention de l'eau embouteillée.

23 Friedel, American Bottles, S. 521–523.

24 Weber, Recycling Europe's Domestic Wastes, S. 279–284.

25 https://www.wirtschaftswundermuseum.de/werbung-bilder-1967.html [Letzter Zugriff, 23.1.2022].

26 Andrea Westermann, When Consumer Citizens spoke up. West Germany's early Dealings with Plastic Waste. *Contemporary European History* 22,3 (2013), S. 477–498.

27 Ruth Oldenziel, Mikael Hård, Consumers, Tinkerers, Rebels: The People who Shaped Europe, Basingstoke 2013, S. 238–244.

28 Emily Brownell, Negotiating the New Economic Order of Waste. *Environmental History* 16 (2011), S. 262–289, 265.

29 Ebd., S. 267.

30 Ebd., S. 267 f.

31 Köster, Hausmüll, S. 357.

32 Fairbanks, Wunderlich, Meindl, Talking Trash, S. 543.

33 Köster, Hausmüll, S. 164, 235.

34 Finis Dunaway, Seeing Green. The Use and Abuse of American Environmental Images, Chicago 2015, S. 96–106.

35 Finn Arne Jørgensen, Making a Green Machine. The Infrastructure of Beverage Container Recycling, New Brunswick 2011.

36 Ebd., S. 29–48.

37 Bernhard Gallenkemper, Heiko Doedens, Getrennte Sammlung von Wertstoffen des Hausmülls. Planungshilfen zur Bewertung und Anwendung von Systemen der getrennten Sammlung, Düsseldorf 1987, S. 33, 176.

38 Hershkowitz, Salerni, Garbage Management in Japan, S. 30–34, 40.

39 Ebd., S. 54 f.

40 Shibata, Land, Waste, and Pollution, S. 106 f.

41 Agnes Bünemann, Duales System Deutschland. Ein Rückblick über die Entwick-

lung in Deutschland, in: Peter Kurth (Hg.), Ressource Abfall. Politische und wirtschaftliche Betrachtungen anlässlich des 50-jährigen Bestehens des BDE, Neuruppin 2011, S. 18–31.

42 Hershkowitz, Salerni, Garbage Management in Japan, S. 30–34, 40.

43 Akouété Galé Ékoué, Représentations socioculturelles du sale et du propre et modes de gestion domestiques des déchets en milieu urbain Togolais. Étude du cas à Lomé, Lomé 2020, S. 205.

44 Fox, Urbanization as a Global Historical Process.

45 Saskia Sassen, Expulsions. Brutality and Complexity in the Global Economy, Cambridge/Mass. 2014.

46 Jason Young, China's Hukou System. Markets, Migrants and Institutional Change, New York 2013.

47 Zit. in: Toby Lincoln, An Urban History of China, Cambridge 2021, S. 252.

48 Medina, The World's Scavengers, S. 62.

49 Erhartt-Perez Castro, Tlatel – Die Stadt am Müll, S. 30–35.

50 Medina, The World's Scavengers, S. 214–220.

51 Debout, Florin, Chiffonniers et entreprises privées internationales, S. 44.

52 Vgl. Wael Salah Fahmia, Keith Sutton, Cairo's Contested Garbage: Sustainable Solid Waste Management and the Zabaleen's Right to the City. *Sustainability* 2 (2010), S. 1765–1783, 1775.

53 Medina, The World's Scavengers, S. 74.

54 Ebd., S. 200.

55 In Peking wird die Zahl der Scavenger auf beeindruckende 150–300 000 geschätzt. Vgl. Goldstein, Remains of the Everyday, S. 3.

56 Medina, The World's Scavengers, S. 202.

57 Martine Camacho, Les Poubelles de la Survie. La décharge municipale de Tananarive, Paris 1986.

58 Ebd., S. 19, 40 f.

59 Medina, The World's Scavengers, S. 188 f.

60 Werner Raffetseder, Leben im Müll, Wien 1994, S. 11–23; Stephan Kunz, Erwachsenenbildung als soziale Überlebensstrategie. Eine ethnologische Studie am Beispiel der Müllmenschen von Smokey Mountain/Tondo/Manila, Frankfurt/M. 1998, S. 164–169.

61 Philippines, Manila: Smokey mountain. Rubbish dump. © 1992 Didier Ruef.

62 Ebd., S. 11–23; Kunz, Erwachsenenbildung als soziale Überlebensstrategie, S. 164–169; Giannotta, Il valore sociale die rifiuti, S. 8.

63 Juan Rusque-Alcaino, Ray Bromley, The Bottle Buyer: An Occupational Autobiography, in: Ray Bromley, Chris Gerry (Hg.), Casual Work and Poverty in Third World Cities, Chichester 1979, S. 185–215, 209 f.

64 Vgl. Sebastián Carenzo, Desfetichizar para producer valor. Refetichizar para producer el colectivo: Cultura material en una cooperativa de «Cartoneros» del Gran Buenos Aires. *Horizontes Antropológicos* 36 (2011), S. 15–42, 24 f.

65 Doron, Jeffrey, Waste of a Nation, S. 133.

66 Cyrille Harpet, Brigitte Le Lin, Vivre sur la décharge d'Antananarivo. Regards anthropologiques, Paris 2001, S. 66–68.

67 Medina, The World's Scavengers, S. 58 f.
68 Für den Fall von Botswana, wo die gesammelten Materialien nach Südafrika zum Recycling geschickt wurden: Christoph Haferburg, Fred Krüger, Waste management in Southern Africa: actors, institutions and organisations in mid-sized cities in Botswana and Zambia, Erlangen 2014, S. 47; Rusque-Alcaino, Bromley, The Bottle Buyer, S. 209 f.
69 Taira, Urban Poverty.
70 Medina, The World's Scavengers, S. 82, 156 f.
71 Ana Cecilia Terviño, Basura de oro. El asesinato de Rafael Gutiérrez Moreno, líder de los pepenadores, Mexiko Stadt 1990; Medina, The World's Scavengers, S. 133.
72 Gelegentlich findet sich in der Literatur die Ansicht, Scavenger als Agenten des Umweltschutzes zu betrachten. Das führt meines Erachtens auf die falsche Fährte. Vgl. Johanna Kramm, Nicolas Schlitz, Müll, Macht, Materialität: Politische Ökologien des Abfalls, in: Daniela Gottschlich (Hg.), Handbuch Politische Ökologie. Theorien, Konflikte, Begriffe, Methoden, Bielefeld 2022, S. 235–244, 239 f.
73 Z. B. für Rio de Janeiro und Jardim Gramacho: Millar, Reclaiming the Discarded, S. 177 f.
74 Oscar Lewis, Five Families. Mexican Case Studies in the Culture of Poverty, New York 1959.
75 Sicular, Scavengers, S. 40–42.
76 Newell, Histories of Dirt, S. 121 f.
77 David Graeber, Debt. The first 5000 Years, New York 2011.
78 Medina, The World's Scavengers, S. 46.
79 Risa Whitson, Negotiating Place and Value: Geographies of Waste and Scavenging in Buenos Aires. *Antipode* 43,4 (2011), S. 1404–1433, 1404; Medina, The World's Scavengers, S. 171 f.; Christine Furedy, Strategies of the Urban Poor – Scavenging and Recuperation in Calcutta. *GeoJournal* 8,2 (1984), S. 129–136, 130 f.
80 Chris Birbeck, Garbage, Industry, and the «Vultures» of Cali, Colombia, in: Bromley, Gerry, Casual Work and Poverty, S. 161–183, 182.
81 Medina, The World's Scavengers, S. 64 f.
82 Jutta Gutberlet, Sebastián Carenzo, Waste Pickers at the Heart of the Circular Economy: A Perspective of Inclusive Recycling from the Global South. *Worldwide Waste* 3,1 (2020), S. 1–6.
83 Thomas Fleischman, Communist Pigs. An Animal History of East Germany's Rise and Fall, Washington D. C. 2020, S. 13–16.
84 Natalie Moszkowska, Zur Dynamik des Spätkapitalismus, Zürich 1943, S. 26 f.
85 Francesco Boldizzoni, Foretelling the End of Capitalism. Intellectual Misadventures since Karl Marx, Cambridge/Mass. 2020, S. 74 f.
86 Vgl. dazu Roman Köster, Transformationen der Kapitalismusanalyse und Kapitalismuskritik in Deutschland im 20. Jahrhundert. *Geschichte und Gesellschaft*, Sonderheft 24 (2012), S. 284–303.
87 André Steiner, Von Plan zu Plan. Eine Wirtschaftsgeschichte der DDR, Berlin 2007, S. 71 f., 110–115.

88 Verena Winiwarter, History of Waste, in: Katy Bisson, John Proops (Hg.), Waste in Ecological Economics, Cheltenham 2002, S. 38–54, 51.

89 Christian Möller, Der Traum vom ewigen Kreislauf. Abprodukte, Sekundärrohstoffe und Stoffkreisläufe im «Abfall-Regime» der DDR (1945–1990). *Technikgeschichte* 81 (2014), S. 61–89; Dirk Maier, «Mehr Achtung für den Lumpenmann» – Altstofferfassung und Materialwirtschaft in der DDR der 1950er und 1960er Jahre, in: Mamoun Fansa (Hg.), Müll: Facetten von der Steinzeit bis zum Gelben Sack, Mainz 2003, S. 131–139.

90 Zsuzsa Gille, From the Cult of Waste to the Trash Heap of History: The Politics of Waste in Socialist and Postsocialist Hungary, Bloomington 2007.

91 Fleischman, Communist Pigs, S. 84.

92 https://www.berlinplaene.de/store/index.php?route=product/product&product_id=226 [Letzter Zugriff 3.2.2020].

93 Radio Free Europe Research: Situation Report Czechoslovakia (5. Februar 1975).

94 Goldstein, Remains of the Everyday, S. 77–82.

95 Whitney, The Waste Economy, S. 180.

96 Ebd., S. 187.

97 Z. B. Ekaterina Gerasimova, Sof'ia Chuikina, The Repair Society. *Russian Studies in History* 48,1 (2009), S. 58–74.

98 Für die Sowjetunion: Ol'ga Gurova, The Life Span of Things in Soviet Society. Notes on the Sociology of Underwear. *Russian Social Science Review* 50,4 (2009), S. 49–60, 54 f.

99 Fleischman, Communist Pigs, S. 118–144.

100 Alexey Golubev, The Things of Life. Materiality in Late Soviet Russia, Ithaca/NY 2020, S. 30–34, 42 f.

101 Yulia Karpova, Visions and Visualization of Sustainability: Leningrad Designers in Search of Soviet Recycling System, 1981–1984, in: Aga Skrodzka, Xiaoning Lu, Katarzyna Marciniak (Hg.), The Oxford Handbook of Communist Visual Cultures, Oxford 2020, S. 1–27.

102 Fleischman, Communist Pigs, S. 97 f.

103 Möller, Der Traum vom ewigen Kreislauf, S. 85.

104 Ebd., S. 85 f.; Gille, From the Cult of Waste, S. 133–136.

105 Steiner, Von Plan zu Plan, S. 203–215.

106 Hans-Peter Jährig, SERO – Recycling à la DDR. *Jahrbuch Ökologie* (1992), S. 266–272, 272.

107 Tom Szaky, Revolution in a Bottle. How Terracycle is Eliminating the Idea of Waste, London 2013[2].

108 Graham, When Infrastructures Fail, S. 7 f.; Goldstein, Remains of the Everyday, S. 13 f.

109 Pieter J. H. van Beukering, Anantha Duraiappah, The Economic and Environmental Impact of Wastepaper Trade and Recycling in India. *Journal of Industrial Ecology* 2 (1998), S. 23–42, 24.

110 Nicky Gregson, Helen Watkins, Melania Calestani, Political markets: recycling, economization, marketization. *Economy and Society* 42,1 (2013), S. 1–25.

111 Brownell, Negotiating the New Economic Order of Waste, S. 267 f.

112 Nicky Gregson, Mike Crang, From Waste to Resource: The Trade in Wastes and

Global Recycling Economies. *Annual Review of Environment and Resources* 40 (2015), S. 151–762.

113 Pieter J. H. van Beukering, Recycling, International Trade and the Environment: An Empirical Analysis, Dordrecht u. a. 2001, S. 51.

114 Wei-Qiang Chen, T. E. Graedel, Dynamic analysis of aluminum stocks and flows in the United States: 1900–2009. *Ecological Economics* 81 (2012), S. 92–102.

115 Mimi Sheller, Aluminum Dreams. The Making of Light Modernity, Cambridge/ Mass. 2014, S. 223–234; Zsuzsa Gille, Paprika, Foie Gras, and Red Mud: The Politics of Materiality in the European Union, Bloomington 2016, S. 61–64.

116 Davor Mujezinovic, Electronic Waste in Guiyu: A City under Change? *Environment & Society Portal, Arcadia* (Summer 2019), no. 29. Rachel Carson Center for Environment and Society. doi.org/10.5282/rcc/8805.

117 Beukering, Recycling, S. 89.

118 Martina Igini, What Are the Consequences of China's Import Ban on Global Plastic Waste? Earth.Org (7.4.2022). https://earth.org/chinas-import-ban/ [Letzter Zugriff, 12.1.2022].

119 Gregson, Crang, From Waste to Resource; Gregson, Watkins, Calestani, Political markets.

120 Herment, Le Roux, Recycling, S. 2.

121 Führer, Das Fleisch der Republik, S. 222.

122 Herment, Le Roux, Recycling, S. 9 f.

123 Gregson u. a., Doing the «dirty work» of the green economy, S. 543.

Epilog: Ins Meer

1 Mike Davis. City of Quartz. Excavating the Future in Los Angeles, London u. a. 2006, S. 196. Die Kondome waren höchstwahrscheinlich aus künstlich produziertem Latex.

2 Thor Heyerdahl, Atlantic Ocean pollution and biota observed by the Ra Expeditions. *Biological Conservation* 3 (1971), S. 164–167.

3 Theodore R. Merrell Jr., Accumulation of plastic litter on beaches of Amchitka Island, Alaska. *Marine Environmental Research* 3 (1980), S. 171–184.

4 Stefan W. Douvier, MARPOL: technische Möglichkeiten, rechtliche und politische Grenzen eines internationalen Übereinkommens, Bremen 2004, S. 12–20.

5 Jacob D. Hamblin, Poison in the well. Radioactive Waste in the Oceans at the Dawn of the Nuclear Age, New Brunswick 2008.

6 Peter G. Ryan, A Brief History of Marine Litter Research, in: Melanie Bergmann u. a. (Hg.), Marine Anthropogenic Litter, Heidelberg u. a. 2015, S. 1–25.

7 Pons, Océan Plastique, S. 66 f.

8 https://sinplastic.com/plastikinseln [Letzter Zugriff, 5.12.2022].

9 Clare Ostle u. a., The rise in ocean plastics evidenced from a 60–year time series. *Nature Communications* 10,1622 (2019), S. 1–6, 3.

10 D. Kolb, Möglichkeiten durch das persönliche Verhalten der Konsumenten, in: Ministerium für Umwelt Baden-Württemberg (Hg.), Leben ohne Müll. Wunsch oder Wirklichkeit? Kongress Abfallvermeidung/verminderung am 10. und 11. Oktober 1988, Stuttgart 1988, S. 321–328, 326.

Literaturverzeichnis

Janet L. Abu-Lughod, Cairo. 1001 Years of the City Victorious, Princeton 1971.

David Abulafia, The Boundless Sea. A Human History of the Oceans, Oxford 2019.

A. A. Adedibu, A. A. Okekunle, Environmental Sanitation on the Lagos Mainland: Problems and possible Solutions. International Journal of Environmental Studies 33,1–2 (1989), S. 99–109.

Amir A. Afkhami, A Modern Contagion. Imperialism and Public Health in Iran's Age of Cholera, Baltimore 2019.

Franck Aggeri, From waste to urban mines: a historical perspective on the circular economy. Field Actions Science Reports, Institut Veolia, 2021, Industry and Waste: Toward a Circular Economy, S. 10–13.

Al-Abdari. Extracts from Al-Abdari's Travels, or The Moroccan Journey, in: Tabish Khair u. a. (Hg), Other Routes. 1500 Years of African and Asian Travel Writing, Oxford 2006, S. 284–288.

Umberto Albarella (Hg.), Pigs and Humans. 10,000 Years of Interaction, Oxford 2007.

Umberto Albarella u. a., Introduction, in: Albarella u. a., Pigs and Humans. 10,000 Years of Interaction, S. 1–12.

Gregory S. Aldrete, Daily Life in the Roman City. Rome, Pompeii, and Ostia, Westport (Conn), London 2004.

Michelle Allen, Cleansing the City. Sanitary Geographies in Victorian London, Athens, Ohio 2008.

Patricia Allerston, The Second-Hand Trade in the Arts in Early Modern Italy, in: Marcello Fantoni, Louisa C. Matthew, Sarah Matthews-Grieco (Hg.), The Art Market in Italy, 15th-17th Centuries, Modena 2003, S. 301–312.

Emilio R. Almeida, Il Monte Testaccio: ambiente, storia, materiali, Rom 1984.

Thomas Almeroth-Williams, City of Beasts. How Animals Shaped Georgian London, Manchester 2019.

Tal Alon-Mozes, Ariel Sharon Park and the Emergence of Israel's Environmentalism. Journal of Urban Design 17,2 (2012), S. 279–300.

Anne-Claude Ambroise-Rendu u. a., Une histoire des luttes pour l'environnement. 18e-20e trois siècles de débats et de combats, Paris 2021.

Ellen J. Amster, Medicine and the Saints. Science, Islam, and the Colonial Encounter in Morocco, 1877–1956, Austin 2013.

Joseph L. Anderson, Capitalist Pigs. Pigs, Pork, and Power in America, Morgantown 2019.

Warwick Anderson, Colonial Pathologies. American Tropical Medicine, Race, and Hygiene in the Philippines, Durham, London 2006.

Marco Armiero, L'era degli scarti. Cronache dal Wasteocene, la discarica globale, Turin 2021.

Jean-Luc Arnaud, Damas. Urbanisme et Architecture 1860–1925, Arles 2006.

Manuela Maggini Arreghini, Nel Paese di Galileo. Vita di Filippo Pacini, Florenz 1987.

Katherine Ashenburg, The Dirt on Clean. An Unsanitized History, Toronto 2007.

Adewole A. Atere, Akeem Ayofe Akinwale, Gender, Urbanization and Socio-Economic

Development, in: Hakeem Ibikunle Tijani (Hg.), Nigeria's Urban History. Past and Present, Lanham 2006, S. 27–44.

Théophane Ayigbédé, Déchets solides ménagers et risques environnementaux au Bénin. Pratiques d'acteurs, inégalités socio-spatiales et gouvernance urbaine à Porto-Novo, Paris 2016.

Andrea Bachstein, Von den Sternen in den Staub. Süddeutsche Zeitung (17. Juli 2022).

Matthias Baerens, Ulrich von Arnswald, Die Müll-Connection. Entsorger und ihre Geschäfte, München 1993.

Paul Bairoch, Gary Goertz, Factors of Urbanisation in the Nineteenth Century Developed Countries: A Descriptive and Econometric Analysis. Urban Studies 23,4 (1986), S. 285–305.

O. Baloyi, K. Masinga, The new national environmental management: Waste Act; a shift in the waste management approach in South Africa. The Sustainable World 142 (2010), S. 311–322.

Sabine Barles, L'invention des déchets urbains. France: 1790–1970, Seyssel 2005.

Sabine Barles, André Guillerme, L'Urbanisme Souterrain, Paris 1995.

Sabine Barles, Laurence Lestel, The Nitrogen Question. Urbanization, Industrialization, and River Quality in Paris 1830–1939. Journal of Urban History 33,5 (2007), S. 794–812.

David S. Barnes, The Great Stink of Paris and the Nineteenth-Century Struggle against Filth and Germs, Baltimore 2006.

Michael A. Barnhart, Japan Prepares for Total War. The Search for Economic Security, 1919–1941, Ithaca, London 1987.

Lothar Barniske, Horst Voßköhler, Stand der Abfallverbrennung in der Bundesrepublik Deutschland. Müll und Abfall 10,5 (1978), S. 157–166.

Georges Bataille, Das obszöne Werk, Reinbek b. Hamburg 1977.

Thomas Bauer, Im Bauch der Stadt. Kanalisation und Hygiene in Frankfurt am Main 16.–19. Jahrhundert, Frankfurt/M. 1998.

Zygmunt Bauman, Verworfenes Leben. Die Ausgegrenzten der Moderne, Hamburg 2005.

Martin Baumeister, Metallrecycling in der Frühgeschichte. Untersuchungen zur technischen, wirtschaftlichen und gesellschaftlichen Rolle sekundärer Metallverwertung im 1. Jahrtausend n. Chr., Rahden/Westf. 2004.

Martin Baumert, Energie und Lebensführung, Frankfurt/M. 1995.

Mariano E. Torres Bautista, La basura y sos destinos, Puebla 1878–1925, in: Loreto, Cervantes B., Limpiar y obedecer, S. 221–248.

Bas van Bavel, Oscar Gelderblom, The Economic Origins of Cleanliness in the Dutch Golden Age. Past and Present 205 (2009), S. 41–69.

Birgitte Beck Pristed, Point of no return: Soviet paper reuse, 1932–1945. Business history 64,5 (2022), S. 946–962.

Ulrich Beck, Risikogesellschaft. Auf dem Weg in eine andere Moderne, Frankfurt/M. 1986.

Sven Beckert, Empire of Cotton. A Global History, New York 2015.

Cem Behar, A Neighborhood in Ottoman Istanbul. Fruit Vendors and Civil Servants in the Kasap İlyas Mahalle, New York 2003.

Francisco Javier Cervantes Bello, La ciudad de Puebla y sus desechos. Problemas y

soluciones del siglo XIX (1810–1876), in: Loreto, Cervantes B., Limpiar y obedecer, S. 127–186.
Pierre Belon, Voyage au Levant. Les observations de Pierre Belon du Mans de plusieurs singularités & choses mémorables, trouvées en Grèce, Turquie, Judée, Égypte, Arabie & autres pays étranges, Paris 2001 (1553).
Jamie Benidickson, The Culture of Flushing. A Social and Legal History of Sewage, Vancouver 2007.
Charles D. Benn, China's Golden Age. Everyday Life in the Tang Dynasty, Oxford 2004.
Etienne S. Benson, Surroundings. A History of Environments and Environmentalisms, Chicago 2020.
Anne Berg, The Nazi rag-pickers and their wine: the politics of waste and recycling in Nazi Germany. Social History 40,4 (2015), S. 446–472.
Anne Berg, A Rubbished World: White Supremacy's Complicated Love Affair with Garbage. Journal of Genocide Research 25,1 (2023), S. 46–61.
Ann Kristin Bergquist, Dilemmas of Going Green: Environmental Strategies in the Swedish Mining Company Boliden, 1960–2000, in: Hartmut Berghoff, Adam Rome (Hg.), Green Capitalism. Business and the Environment in the Twentieth Century, Philadelphia 2017, S. 149–171.
Christoph Bernhardt, Path-Dependency and Trajectories, in: Sebastian Haumann, Martin Knoll, Detlev Mares (Hg.), Concepts of Urban Environmental History, Bielefeld 2020, S. 65–77.
Pieter J. H. van Beukering, Anantha Duraiappah, The Economic and Environmental Impact of Wastepaper Trade and Recycling in India. Journal of Industrial Ecology 2 (1998), S. 23–42.
Pieter J. H. van Beukering, Recycling, International Trade and the Environment: An Empirical Analysis, Dordrecht u. a. 2001.
Zoltán Biedermann, Anne Gerritsen, Giorgio Riello, Introduction: Global Gifts and the Material Culture of Diplomacy in Early Modern Eurasia, in: dies. (Hg.), Global Gifts. The Material Culture of Diplomacy in Early Modern Eurasia, Cambridge 2018, S. 1–34.
Dawn Day Biehler, Pests in the City: Flies, Bedbugs, Cockroaches, and Rats, Seattle 2013.
Ulrich Billerbeck, Dreckarbeit und Männerstolz. Müllmänner im Kampf um Anerkennung, Münster 1998.
Douglas Biow, The Culture of Cleanliness in Renaissance Italy, Ithaca 2006.
Chris Birbeck, Garbage, Industry, and the «Vultures» of Cali, Colombia, in: Bromley, Gerry, Casual Work and Poverty, S. 161–183.
Nathalie Blanc, Les animaux et la ville, Paris 2000.
Björn Blaß, Frauensache: Städtisches Haushalten als moralische Ökonomie in New York (1880–1917). Geschichte und Gesellschaft 26 Sonderheft (2019), S. 133–161.
Jonathan M. Bloom, Walled Cities in Islamic North Africa and Egypt with particular reference to the Fatimids (909–1171), in: Tracy, City Walls, S. 210–246.
Nancy Bodden, Business as usual? Die Dortmunder Brauindustrie, der Flaschenbierboom und die Nachfragemacht des Handels 1950 bis 1980, Dortmund 2019.
Francesco Boldizzoni, Foretelling the End of Capitalism. Intellectual Misadventures since Karl Marx, Cambridge/Mass. 2020.

Maria Bondes, Chinese Environmental Contention. Linking Up against Waste Incineration, Amsterdam 2019.

Jean-Claude Bonnet, Mercier et l'art du recyclage. Revue d'Histoire littéraire de la France 118,3 (2018), S. 517–522.

Christophe Bonneuil, Jean-Baptiste Fressoz, The Shock of the Anthropocene. The Earth, History and Us, London 2017.

Iris Borowy, Hazardous Waste: The Beginning of International Organizations Addressing a Growing Global Challenge in the 1970s. Worldwide Waste: Journal of Interdisciplinary Studies 2, 1 (2019), S. 1–10.

Andrea Bortolotti, Refuse of the city: Rethinking waste management in Brussels. Brussels Studies (2021), S. 1–18.

Pierre-Denis Boudriot, Essai sur l'ordure en milieu urbain à l'époque pré-industrielle. Boues, immondices et gadoue á Paris au XVIIIe siècle. Histoire Économie et Société, 5,4 (1986), S. 515–528.

Patrice Bourdelais (Hg.), Les hygiénistes. Enjeux, modèles et pratiques (XVIIIe–XXe siècles), Paris 2001.

Rachel Bowlby, Carried Away. The Invention of Modern Shopping, New York 2000, S. 135–147.

Joseph Bradley, Muzhik and Muscovite. Urbanization in Late Imperial Russia, Berkeley 1985.

Fernand Braudel, Sozialgeschichte des 15.–18. Jahrhunderts. Bd. 1: Der Alltag, München 1990.

Warwick Bray, Everyday Life of the Aztecs, New York 1987.

Arnd Brendecke, Die Jahrhundertwenden. Eine Geschichte ihrer Wahrnehmung und Wirkung, Frankfurt/M. 1999.

Olaf Briese, Namenszauber: Zum Status medizinischer Begriffsbildung am Beispiel «Cholera». Archiv für Begriffsgeschichte 43 (2001), S. 199–219.

Karl Boyd Brooks, Before Earth Day. The Origins of American Environmental Law, 1945–1970, Kansas City 2009.

Emily Brownell, Negotiating the New Economic Order of Waste. Environmental History 16 (2011), S. 262–289.

Emily Brownell, Gone to Ground. A History of Environment and Infrastructure in Dar es Salaam, Pittsburgh 2020.

Franz-Josef Brüggemeier, Das unendliche Meer der Lüfte. Luftverschmutzung, Industrialisierung und Risikodebatten im 19. Jahrhundert, Göttingen 1996.

Calvin R. Brunner, Hazardous Air Emissions from Incineration, New York 1985.

Liam Brunt, Where there's muck, there's brass: the market for manure in the industrial revolution. The Economic History Review 60,2 (2007), S. 333–372.

Liping Bu, Public Health and the Modernization of China, London, New York 2017.

Hannsjörg F. Buck, Umweltbelastung durch Müllentsorgung und Industrieabfälle in der DDR, in: Eberhard Kuhrt (Hg.), Die Endzeit der DDR-Wirtschaft – Analysen zur Wirtschafts-, Sozial- und Umweltpolitik, Opladen 1999, S. 455–493.

Lutz Budrass, Die Professoren und die Kartoffel. Zu den deutschen Vorbereitungen auf die Hungerblockade im Ersten Weltkrieg, in: Jan-Otmar Hesse u. a. (Hg.),

Moderner Kapitalismus. Wirtschafts- und unternehmenshistorische Beispiele, Tübingen 2019, S. 283–306.

Frederick Buell, From Apocalypse to Way of Life. Environmental Crisis in the American Century, New York, London 2004.

Agnes Bünemann, Duales System Deutschland. Ein Rückblick über die Entwicklung in Deutschland, in: Peter Kurth (Hg.), Ressource Abfall. Politische und wirtschaftliche Betrachtungen anlässlich des 50-jährigen Bestehens des BDE, Neuruppin 2011, S. 18–31.

Daniel Eli Burnstein, Next to Godliness. Confronting Dirt and Despair in Progressive Era New York City, Urbana, Chicago 2006.

Mengling Cai, Overview of paper and papermaking in Xinjiang, China. The Studies into the History of the Book and Book Collections 2020, S. 411–425.

Craig James Calcaterra, Wulf Alexander Kaal, Decentralization. Technology's Impact on Organizational and Societal Structure, Berlin 2021.

Martine Camacho, Les Poubelles de la Survie. La décharge municipale de Tananarive, Paris 1986.

Sebastián Carenzo, Desfetichizar para producer valor. Refetichizar para producer el collectivo: Cultura material en una cooperativa de «Cartoneros» del Gran Buenos Aires. Horizontes Antropológicos 36 (2011), S. 15–42.

Gemelli Careri, Voyage du tour du monde. Tome quatrieme, de la Chine, Paris 1719.

Dipesh Chakrabarty, Of Garbage, Modernity and the Citizen's Gaze. Economic and Political Weekly 27,10–11 (7–14. März 1992), S. 541–547.

Jonathan Chapman, Interest Rates, Sanitation Infrastructure, and Mortality Decline in Nineteenth Century England and Wales. EHES Working Paper No. 218, October 2021.

Manuel Charpy, The Auction House and its Surroundings: The Trade in Antiques and Second-Hand-Items in Paris during the Nineteenth Century, in: Bruno Blondé u. a. (Hg.), Fashioning old and new: changing consumer preferences in Europe (seventeenth-nineteenth centuries), Turnhout 2009, S. 217–233.

Manuel Charpy, The spoils of war. Use and transformations of secondhand uniforms during the First World War in France, in: Maude Bass-Krueger, Hayley Edwards-Dujardin, Sophie Kukdijan (Hg.), Fashion, Society, and the First World War. International Perspectives, London 2021, S. 208–228.

Erica Charters, Disease, War, and the Imperial State. The Welfare of the British Armed Forces during the Seven Years' War, Chicago 2014.

Haraprasad Chattopadhyaya, Internal Migration in India. A Case Study of Bengal, Kalkutta, Neu Delhi 1987.

Janet Y. Chen, Guilty of Indigence. The Urban Poor in China, 1900–1953, Princeton 2012.

Wei-Qiang Chen, T. E. Graedel, Dynamic analysis of aluminum stocks and flows in the United States: 1900–2009. Ecological Economics 81 (2012), S. 92–102.

Fabienne Chevallier, Le Paris moderne. Histoire des politiques d'hygiènes (1855–1898), Rennes 2010.

Roger Chickering, The Great War and Urban Life in Germany. Freiburg, 1914–1918, Cambridge 2007.

Joseph W. Childers, Foreign Matter: Imperial Filth, in: William A. Cohen, Ryan Johnson (Hg.), Filth. Dirt, disgust, and modern life, Minneapolis 2005, S. 201–221.

Carlo M. Cipolla, Contro un nemico invisibile. Epidemie e strutture sanitarie nell'Italia del Rinascimento, Bologna 1985.

Carlo M. Cipolla, Miasmi e umori. Ecologia e condizioni sanitarie in Toscana nel Seicento, Bologna 2021 (1989).

Claudia Cirelli, Fabrizio Maccaglia, Patrice Melé, «L'incineratuer est trop près, la poubelle trop loin»: gérer les déchets en régime de proximité. Flux 109–110 (2017), S. 61–72.

Jennifer Clapp, Toxic Exports. The Transfer of Hazardous Wastes from Rich to Poor Countries, Ithaca 2018.

John F. M. Clark, Bugs and the Victorians, New Haven, London 2009.

Juliet Clutton-Brock, A Natural History of Domesticated Animals, Cambridge 1999.

Emily Cockayne, Hubbub. Filth, Noise & Stench in England 1600–1770, Yale [2]2021.

Lizabeth Cohen, A Consumer's Republic. The Politics of Mass Consumption in Postwar America, New York 2003.

Sandra J. Cointreau, Environmental Management of Urban Solid Wastes in Developing Countries, Washington D. C. 1982.

Robert W. Collin, The Environmental Protection Agency. Cleaning Up America's Act, Westport 2006.

Craig E. Colten, Chicago's waste lands: refuse disposal and urban growth, 1840–1990. Journal of Historical Geography 20,2 (1994), S. 124–142.

Craig E. Colten, Chicago's Waste Lands. Refuse Disposal and Urban Growth, 1840–1990, in: Kathleen A. Brosnan, Ann Durkin Keating, William C. Barnett (Hg.), City of Lake and Prairie. Chicago's Environmental History, Pittsburgh 2020, S. 221–239.

Craig E. Colten, Peter N. Skinner, The Road to Love Canal. Managing Industrial Waste before EPA, Austin 1996.

Committee on Health Effects of Waste Incineration (Hg.), Incineration & Public Health, Washington D. C. 2000.

Antoine Compagnon, Les Chiffonniers de Paris, Paris 2017.

Janna Coomans, Food Offenders. Public Health and the Marketplace in the Late Medieval Low Countries, in: Weeda, Rawcliffe, Policing the Urban Environment in Premodern Europe, S. 121–148.

Tim Cooper, Recycling Modernity: Waste and Environmental History. History Compass 8/9 (2010), S. 1114–1125.

Natacha Coquery, The Social Circulation of Luxury and Second-Hand Goods in Eighteenth-Century Parisian Shops, in: Fennetaux, Junqua, Vasset, The Afterlife of Used Things, S. 13–24.

Steven H. Corey, Gone and Unlamented. Citizen Activism, Ocean Dumping, and Incineration in New York City, 1876–1998, in: Zimring, Corey, Coastal Metropolis, S. 146–168.

Delphine Corteel, Sabine Barles (Hg.), Les Travailleurs des déchets, Toulouse 2011.

Dora L. Costa, Matthew E. Kahn, Declining Mortality Inequality within Cities during the Health Transition. American Economic Review 105 (2015), S. 564–569.

Valentina Costantini, On a red line across Europe: butchers and rebellions in fourteenth-century Siena. Social History 41 (2016), S. 72–92.

Allison P. Coudert, Sewers, Cesspools, and Privies. Waste as Reality and Metaphor in Pre-Modern European Cities, in: Albrecht Classen (Hg.), Urban Space in the Early Modern Age, Berlin 2009, S. 713–733.
Alain Courbin, Le Miasme et la Jonquilee, Paris 1986 (1982).
Nicholas Crafts, British economic growth during the industrial revolution, Oxford 1985.
Nicholas Crafts, Charles K. Harley, Output Growth and the British Industrial Revolution: A Restatement of the Crafts-Harley View. The Economic History Review 45 (1992), S. 703–730.
Judith Lissauer Cromwell, Florence Nightingale, Feminist, Jefferson (NC), London 2013.
William Cronon, Nature's Metropolis: Chicago and the Great West, New York 1991.
Harold Crooks, Giants of Garbage. The Rise of the Global Waste Industry and the Politics of Pollution Control, Toronto 1993.
Alfred W. Crosby, The Columbian Exchange. Biological and Cultural Consequences of 1492, Westport 2003 (1973).
Julia Csergo, Liberté, egalité, propreté. La morale de l'hygiène au XIXe siecle, Paris 1988.
Gregory T. Cushman, Guano and the Opening of the Pacific World. A Global Ecological History, Cambridge, New York 2013.
Paolo Cutolo, Breve storia della Monnezza a Napoli, Neapel 2014.
Roberto D'Arienzo, Métabolismes urbains. De l'hygiénisme à la ville durable. Naples 1884–2004, Genf 2017.
Robert Darnton, The Great Cat Massacre and other Episodes in French Cultural History, New York 1984
Marcela Dávalos, Basura e ilustración. La limpieza de la ciudad de México a fines del siglo XVIII, Mexico Stadt 1997.
John P. Davies, Russia in the Time of Cholera. Disease under Romanovs and Soviets, London, New York 2018.
Mike Davis, City of Quartz. Excavating the Future in Los Angeles, London u. a. 2006.
Graeme Davison, The Rise and Fall of Marvelous Melbourne, Melbourne 1978.
Lise Debout, Bénédicte Florin, Chiffonniers et entreprises privées internationales Stratégies d'adaptation des acteurs formels et informels face à la réforme de la gestion des déchets au Caire. Égypte/Monde Arabe 8 (2011), S. 31–57.
Hans-Dieter Degler, Dieter Uentzelmann, Supergift Dioxin. Der unheimliche Killer, Hamburg 1984.
Günter Dehoust, Holger Alwast, Kapazitäten der energetischen Verwertung von Abfällen in Deutschland und ihre zukünftige Entwicklung in einer Kreislaufwirtschaft. Strukturanalyse thermischer Anlagen innerhalb der deutschen Kreislaufwirtschaft, Berlin 2019.
Chad B. Denton, «Récupérez!» The German Origins of French Wartime Salvage Drives, 1939–1945. Contemporary European History 22,3 (2013), S. 399–430.
Chad B. Denton, Korean kuzuya, «German-style control» and the business of waste in wartime Japan, 1931–1945. Business History 64,5 (2022), S. 904–922.
Davide Deriu, A challenge to the West. British views of Republican Ankara, in:

Mohammed Gharipour (Hg.), The City in the Muslim World. Depictions by Western Travel Writers, London 2015, S. 277–301.

Jennifer L. Derr, The Lived Nile. Environment, Disease, and Material Colonial Economy in Egypt, Stanford 2019.

Nick Devas, Carole Radoki, The Urban Challenge, in: dies. (Hg.), Managing fast growing cities. New Approaches to Urban Planning and Management in the Developing World, Burnt Mill 1993, S. 1–40.

Jared Diamond, Guns, Germs and Steel. The Fates of Human Societies, New York 1997.

Howard W. Dick, Surabaya. City of Work. A Socioeconomic History, 1900–2000, Athens, Ohio 2002.

Frank Dikötter, Things Modern. Material Culture and Everyday Life in China, London 2007.

Noyan Dinçkal, Istanbul und das Wasser. Zur Geschichte der Wasserversorgung und Abwasserentsorgung von der Mitte des 19. Jahrhunderts bis 1966, München 2004.

Ulf Dirlmeier, Umweltprobleme in deutschen Städten des Spätmittelalters. Technikgeschichte 48,3 (1981), S. 191–205.

Ulf Dirlmeier, Bernd Fuhrmann, Räumliche Aspekte sozialer Ungleichheit in der spätmittelalterlichen Stadt. Vierteljahrhefte für Sozial- und Wirtschaftsgeschichte 92 (2005), S. 424–439.

Hanna Diyab, The Book of Travels, Vol. 1, hg. von Johannes Stephan, New York 2021.

Jacob Doherty, Waste Worlds. Inhabiting Kampala's Infrastructures of Disposability, Berkeley 2021.

Philippe Dollinger, Die Hanse (neu bearbeitet von Volker Henn und Nils Jörn), Stuttgart 2012[6].

Ningning Dong, Jing Yuan, Rethinking pig domestication in China: regional trajectories in central China and the lower Yangtse Valley. Antiquity 94 (2020), S. 864–879.

William E. Doolittle, Gardens are us, we are Nature: Transcending Antiquity and Modernity. Geographical Review 94 (2004), S. 391–404.

Assa Doron, Robin Jeffrey, Waste of a Nation. Garbage and Growth in India, Cambridge/Mass. 2018.

Ian Douglas, Cities. An Environmental History, London 2012.

Mary Douglas, Purity and Danger. An analysis of concept of pollution and taboo, London, New York 2002 (1966).

Mike Douglass, Mega-Urban Regions and World City Formation: Globalisation, the Economic Crisis and Urban Policy Issues in Pacific Asia. Urban Studies 37,12 (2000), S. 2315–2334.

Stefan W. Douvier, MARPOL: technische Möglichkeiten, rechtliche und politische Grenzen eines internationalen Übereinkommens, Bremen 2004.

Catherine Dubé, Geneviéve Dumas, Muddy Waters in Medieval Montpelier, in: Weeda, Rawcliffe, Policing the Urban Environment in Premodern Europe, S. 179–206.

Finis Dunaway, Seeing Green. The Use and Abuse of American Environmental Images, Chicago 2015.

Robert DuPlessis, The Material Atlantic. Clothing, Commerce, and Colonization in the Atlantic World, 1650–1800, Cambridge 2015.

Robert DuPlessis, Sartorial Sorting in the Colonial Caribbean and North America, in: Riello, Rublack, The Right to Dress, S. 346–371.

Davis Dyer, Seven Decades of Disposable Diaper. A Record of Continuous Innovation and Expanding Benefits. Unv. Ms. 2005.

Joanna L. Dyl, The War on Rats versus the Right to Keep Chickens. Plague and Paving of San Francisco, 1907–1908, in: Isenberg, The Nature of Cities, S. 38–61.

Joanna L. Dyl, Seismic City. An Environmental History of San Francisco's 1906 Earthquake, Seattle, London 2017.

J. E, Dziejowski, J. Kazanowska, Heat Production During Thermophilic Decomposition of Municipal Wastes in the Dano Composting Plant, in: Herbert Insam, Nuntavun Riddech, Susanne Klammer (Hg.), Microbiology of Composting, Berlin u. a. 2002, S. 111–118.

Myron Echenberg, Africa in the Time of Cholera. A History of Pandemics from 1817 to the Present, Cambridge 2011.

Wolfgang U. Eckart, Art.: Hygiene, in: Enzyklopädie der Neuzeit, Bd. 5, Stuttgart 2007, Sp. 736–741.

David Edgerton, The Shock of the Old. Technology and Global History since 1900, London 2008.

Akouété Galé Ékoué, Représentations socioculturelles du sale et du propre et modes de gestion domestiques des déchets en milieu urbain Togolais. Étude du cas à Lomé, Lomé 2020.

Bartow J. Elmore, The American beverage Industry and the Development of Curbside Recycling programs, 1950–2000. Business History Review 86,3 (2012), S. 477–501.

Elizabeth Emery, Meubles: The Ever Mobile Middle Ages, in: Joseph Shack, Hannah Weaver (Hg.), Recreating the Medieval Globe. Acts of Recycling, Revision, and Relocation, Leeds 2020, S. 122–154.

Allison L. C. Emmerson, Life and Death in the Roman Suburb, Oxford 2020.

Darrel Enck-Wanzer (Hg.), The Young Lords. A Reader. New York, London 2010.

Heinrich Erhard, Aus der Geschichte der Städtereinigung, Stuttgart 1954.

Astrid Erhartt-Perez Castro, Tlatel – Die Stadt am Müll: Müll als Ressource für eine nachhaltige Stadtteilentwicklung in Mexiko-Stadt, Münster 2009.

Arnold Esch, Historische Landschaften Italiens. Wanderungen zwischen Venedig und Syrakus, München 2018.

Richard J. Evans, Death in Hamburg. Society and Politics in the Cholera Years 1830–1910, Oxford 1987.

Jacob Eyferth, Making and Using Paper in Late Imperial China. Comparative Reflections on Working and Knowing beyond the Page, in: Carla Bittel, Elaine Leong, Christine von Oertzen (Hg.), Working with Paper. Gendered Practices in the History of Knowledge, Pittsburgh 2019, S. 208–223.

Nele Fabian, Loretta Ieng Tak Lou, The Struggle for Sustainable Waste Management in Hong Kong: 1950s–2010s. Worldwide Waste 2,1 (2019), S. 1–12.

Sigrid Fährmann, «Denn ein undankbareres Geschäft denn dieses gibt es nicht». Der zunehmende Einfluss der Verwaltung auf den Umgang mit Fäkalien, in: Regina Löneke, Ira Spieker (Hg.), Reinliche Leiber – Schmutzige Geschäfte. Körperhygiene und Reinlichkeitsvorstellungen in zwei Jahrhunderten, Göttingen 1996, S. 35–48.

Brian Fagan, Fishing. How the Sea Fed Civilization, Yale 2017.
Wael Salah Fahmia, Keith Sutton, Cairo's Contested Garbage: Sustainable Solid Waste Management and the Zabaleen's Right to the City. Sustainability 2 (2010), S. 1765–1783.
Andrew Fairbanks, Jennifer Wunderlich, Christopher Meindl, Talking Trash. A Short History of Solid Waste Management in Florida. The Florida Historical Quarterly 91 (2013), S. 526–557.
Blaise Farina, World Historical Production and Waste. Review (Fernand Braudel Center) 30,3 (2007), S. 177–213.
Paul Farmer u. a., Reimagining Global Health. An Introduction, Berkeley 2013.
Douglas A. Farnie, The English Cotton Industry and the World Market 1815–1896, Oxford 1979.
Isla Fay, Health and the City. Disease, Environment and Government in Norwich, 1200–1575, York 2015.
Ariane Fennetaux, Amélie Junqua, Sophie Vasset (Hg.), The Afterlife of Used Things. Recycling in the Long Eighteenth Century, Milton Park 2015.
Ariane Fennetaux, Sentimental Economics. Recycling Textiles in Eighteenth-Century Britain, in: Fennetaux, Junqua, Vasset, The Afterlife of Used Things, S. 122–141.
Dean T. Ferguson, Nightsoil and the «Great Divergence». Human Waste, the Urban Economy, and Economic Productivity, 1500–1900. Journal of Global History 9 (2014), S. 379–402.
Konrad Fichtel, Hausmüll-Pyrolyse: Vier Verfahren können erprobt werden. Umwelt-Magazin 5,4 (1975), S. 42–50.
Donald Filtzer, The Hazards of Urban Life in Late Stalinist Russia. Health, hygiene, and living standards, 1943–1953, Cambridge 2010.
Ferdinand Fischer, Die Verwertung der Städtischen und Industrie-Abfallstoffe. Mit besonderer Rücksicht auf Desinfection, Städtereinigung, Leichenverbrennung und Friedhöfe, Leipzig 1875.
Sören Flachowsky, Saubere Stadt. Saubere Weste. Die Geschichte der Berliner Stadtreinigung von 1871 bis 1955 mit dem Schwerpunkt Nationalsozialismus, Berlin 2021.
Thomas Fleischman, Communist Pigs. An Animal History of East Germany's Rise and Fall, Washington D. C. 2020.
Miko Flohr, Hilltops, heat and precipitation: Roman urban life and the natural environment, in: ders. (Hg.), Urban Space and Urban History in the Roman World, Milton Park 2021, S. 66–85.
Bénédicte Florin, Résister, s'adapter ou disparaître: la corporation des chiffonniers du Caire en question, in: Corteel, Barles, Les Travailleurs des déchets, S. 69–91.
Ogunyebi Anuoluwapo Folakemi, Waste Management and Sanitation Practice in Lagos: Towards Improving Wellbeing and Sustainable Economic Development, Eberswalde 2020.
Laurence Fontaine, The Moral Economy. Poverty, Credit, and Trust in Early Modern Europe, Cambridge 2014.
David Forgacs, Italy's Margins. Social Exclusion and Nation Formation since 1861, Cambridge 2014.
Jean Fourastié, Jan Schneider, Warum die Preise sinken. Produktivität und Kaufkraft seit dem Mittelalter, Frankfurt/M. 1989.

Sean Fox, Urbanization as a Global Historical Process: Theory and Evidence from sub-Saharan Africa. Population and Development Review 38,2 (2012), S. 285–310.

Louis Fréderic, Daily Life in Japan at the Time of the Samurai 1185–1603, London 1972.

Rosalind Fredericks, Garbage Citizenship. Vital Infrastructures of Labor in Dakar, Senegal, Durham, London 2018.

Susanne Freidberg, Fresh. A Perishable History, Cambridge/Mass. 2009.

Bill Freund, The African City. A History, Cambridge 2007.

Robert Friedel, American Bottles: The Road to No Return. Environmental History 19 (2014), S. 505–527.

John Friedmann, Robert Wulff, The Urban Transition. Comparative Studies of newly Industrializing Societies, London 1976.

Markus Friedrich, Die Jesuiten: Aufstieg, Niedergang, Neubeginn, München 2016.

Hildegard Frilling, Olaf Mischer, Pütt un Pann'n. Geschichte der Hamburger Hausmüllbeseitigung, Hamburg 1994.

Stéphane Frioux, Les insectes, menace pour la ville à la Belle Epoque?, in: ders., Julien Alleau, L' animal sauvage entre nuisance et patrimoine: France, XVIe – XXIe siècles, Lyon 2009, S. 115–130.

Stéphane Frioux, Les Batailles de l'hygiène. Villes et environnement de Pasteur aux Trente Glorieuses, Paris 2013.

Lionel Frost, Water Technology and the Urban Environment: Water, Sewerage, and Disease in San Francisco and Melbourne before 1920. Journal of Urban History 46 (2020), S. 15–32.

Chonglan Fu, Wenming Cao, Introduction to the Urban History of China, Singapur 2019.

Karl Christian Führer, Das Fleisch der Republik. Ein Lebensmittel und die Entstehung der modernen Landwirtschaft in Westdeutschland 1950–1990, München 2022.

Bernd Fuhrmann, Deutschland im Mittelalter. Wirtschaft, Gesellschaft, Umwelt, Darmstadt 2017.

Christine Furedy, Strategies of the Urban Poor – Scavenging and Recuperation in Calcutta. GeoJournal 8,2 (1984), S. 129–136.

Yasu Furukawa, Inventing Polymer Science. Staudinger, Carothers, and the Emergence of Macromolecular Chemistry, Philadelphia 1998.

Luca Gabbiani, Le développement de la santé publique à Pékin 1901–1911: influences et conséquences, in: Bourdelais, Les hygienistes, S. 373–391.

Edwin Gale, The Species that Changed Itself. How Prosperity Reshaped Humanity, London 2020.

Bernhard Gallenkemper, Heiko Doedens, Getrennte Sammlung von Wertstoffen des Hausmülls. Planungshilfen zur Bewertung und Anwendung von Systemen der getrennten Sammlung, Düsseldorf 1987.

Frédéric Gannon, La refondation de l'industrie chimique française de l'azote au lendemain du traité de Versailles à travers le parcours de l'un de ses protagonistes: Georges Patart (X 1889).

Matthias Gather, Kommunale Handlungsspielräume in der öffentlichen Abfallentsorgung. Möglichkeiten und Grenzen einer aktiven Umweltplanung auf kommunaler Ebene im Raum Frankfurt am Main, Frankfurt/M. 1992.

Frank W. Geels, The hygienic transition from cesspools to sewer systems (1840–1930): the dynamics of regime transformations. Research Policy 35 (2006), S. 1069–1082.

Guy Geltner, Urban Viarii and the Prosecution of Public Health Offenders in Late Medieval Italy, in: Weeda, Rawcliffe, Policing the Urban Environment in Premodern Europe, S. 97–119.

Dominik Geppert, Thatchers konservative Revolution: der Richtungswandel der britischen Tories (1975–1979), München 2002.

Ekaterina Gerasimova, Sof'ia Chuikina, The Repair Society. Russian Studies in History 48,1 (2009), S. 58–74.

Anna Karin Giannotta, Il valore sociale dei rifiuti, L'intreccio tra istituzioni e pratiche di recupero nello spazio urbano di Casablanca (Marocco). Archivio antropologico mediterraneo 22,2 (2020), S. 1–13.

Zsuzsa Gille, From the Cult of Waste to the Trash Heap of History: The Politics of Waste in Socialist and Postsocialist Hungary, Bloomington 2007.

Zsuzsa Gille, Paprika, Foie Gras, and Red Mud: The Politics of Materiality in the European Union, Bloomington 2016.

Marina Gindelsky, Remi Jedwab, Killer Cities and Industrious Cities? New Data and Evidence on 250 Years of Urban Growth. Institute for International Economic Policy Working paper Series IIEP-WP-2022-01.

Tobias Girard, Singuliers débordements. Un incinérateur, des hommes et… des catégories à déconstruire, in: Thomas Le Roux, Michel Letté (Hg.), Débordements industriels. Environnement, territoire et conflit XVIIIie–XXIe siècle, Rennes 2013, S. 41–56.

Richard Girling, Rubbish! Dirt On Our Hands And Crisis Ahead, London 2005.

Andrea Giuntini, Cinquant'anni puliti puliti. I rifiuti a Firenze dall'Ottovento alla Società Quadrifoglio, Mailand 2006.

Pierre Godard, André Donzel, Éboueurs de Marseille. Entre luttes syndicales et pratiques municipales, Paris 2014.

Nicolas Goddard, «A mine of wealth»? The Victorians and the agricultural value of sewage. Journal of Historical Geography 22,3 (1996), S. 274–290.

Andrew C. Godley, Bridget Williams, The Chicken, the Factory Farm, and the Supermarket: The Emergence of the Modern Poultry Industry in Britain, in: Warren Belasco, Roger Horowitz (Hg.), Food Chains. From Farmyard to Shopping Cart, Philadelphia 2009, S. 47–61.

Johann Wolfgang Goethe, Italienische Reise, hg. u. komm. v. Herbert von Einem, München 1980 (1816/17).

Joshua Goldstein, Remains of the Everyday. A Century of Recycling in Beijing, Oakland 2021.

Alexey Golubev, The Things of Life. Materiality in Late Soviet Russia, Ithaca/NY 2020.

Robert J. Gordon, The Rise and Fall of American Growth. The U. S. Standard of Living since the Civil War, Princeton, Oxford 2016.

K. A. Gourlay, World of Waste. Dilemmas of Industrial Development, New Jersey 1992.

Cecilia Gowdy-Wygant, Cultivating Victory. The Women's Land Army and the Victory Garden Movement, Pittsburgh 2013.

David Graeber, Debt. The first 5000 Years, New York 2011.
Stephen Graham, When Infrastructures Fail, in: ders. (Hg.), Disrupted cities: when infrastructure fails, New York 2009, S. 1–26.
Volker Grassmuck, Christian Unverzagt, Das Müll-System. Eine metarealistische Bestandsaufnahme, Frankfurt/M. 1991.
Victoria de Grazia, How Fascism Ruled Women. Italy, 1922–1945, Berkeley 1992.
Victoria de Grazia, Irresistible Empire. America's Advance through Twentieth Century Europe, Cambridge 2005.
Michael R. Greenberg, Richard F. Anderson, Hazardous Waste Sites. The Credibility Gap, New Jersey 1984.
Aaron Greenfield, T. E. Graedel, The omnivorous diet of modern technology. Resources, Conservation and Recycling 74 (2013), S. 1–7.
Nicky Gregson, Helen Watkins, Melania Calestani, Political markets: recycling, economization, marketization. Economy and Society 42,1 (2013), S. 1–25.
Nicky Gregson, Mike Crang, From Waste to Resource: The Trade in Wastes and Global Recycling Economies. Annual Review of Environment and Resources 40 (2015), S. 151–762.
Nicky Gregson u. a., Doing the «dirty work» of the green economy: Resource recovery and migrant labour in the EU. European Urban and Regional Studies 23,4 (2016), S. 541–555.
André Gren, The Grimy 1800s. Waste, Sewage & Sanitation in the Nineteenth Century, Yorkshire 2019.
Reeta Grewal, Urban Morphology under Colonial Rule, in: Banga, The City in Indian History, S. 173–190.
Manfred Grieger, Going Round in Circles? The Disposal of PVC and Plastic at the Volkswagen Plant in Wolfsburg between Industrial Incineration and Landfilling since 1955. Jahrbuch für Wirtschaftsgeschichte 50,2 (2009), S. 81–98.
Caroline Grigson, Culture, ecology, and pigs from the 5th to the 3rd millennium BC around the Fertile Crescent, in: Albarella u. a., Pigs and Humans. 10,000 Years of Interaction, S. 83–108.
Robert R. Grinstead, The New Resource Environment: Science and Policy for Sustainable Development 12,10 (1970), S. 2–17.
Jessica Grosh, Waste Management in La-La Land. An Analysis of the Loaded Words surrounding Sanitation in the City of Angels, Los Angeles 2015, S. 130–153. https://scholarworks.calstate.edu/downloads/xs55mg584 [zuletzt abgerufen: 3.11.2021].
Miriam Gross, Farewell to the God of Plague. Chairman Mao's Campaign to Deworm China, Oakland 2016.
Rita Gudermann, «Bereitschaft zur totalen Verantwortung». Zur Ideengeschichte der Selbstversorgung, in: Michael Prinz (Hg.), Der lange Weg in den Überfluss. Anfänge und Entwicklung der Konsumgesellschaft seit der Vormoderne, Paderborn 2003, S. 375–411.
Cihangir Gündoğdu, The state and the stray dogs in late Ottoman Istanbul: from unruly subjects to servile friends. Middle Eastern Studies 54 (2018), S. 555–574.
Saul Guerrero, Silver by Fire, Silver by Mercury. A Chemical History of Silver Refining in New Spain and Mexico, 16th to 19th Century, Leiden, Boston 2017.

Maria Gunko, Andrey Medvedev, «Seasonal Suburbanization» in Moscow Oblast': Challenges of Household Waste Management. Geographica Polonica 89,4 (2018), S. 473–484.

Narayani Gupta, Urbanism in South-India: Eighteenth-nineteenth Centuries, in: Indu Banga (Hg.), The City in Indian History. Urban Demography, Society and Politics, New Delhi 1994, S. 121–147.

Ol'ga Gurova, The Life Span of Things in Soviet Society. Notes on the Sociology of Underwear. Russian Social Science Review 50,4 (2009), S. 49–60.

Jutta Gutberlet, Sebastián Carenzo, Waste Pickers at the Heart of the Circular Economy: A Perspective of Inclusive Recycling from the Global South. Worldwide Waste 3,1 (2020), S. 1–6.

Wolf Haas, Müll, Hamburg 2022.

Christoph Haferburg, Fred Krüger, Waste management in Southern Africa: actors, institutions and organisations in mid-sized cities in Botswana and Zambia, Erlangen 2014.

Christoph Haferburg, Fred Krüger, Domestic Waste Management in Mid-sized Cities of Botswana, in: dies., Waste Management in Southern Africa, S. 17–66.

Georg Hafner, Der deutsche Schrotthandel und die Probleme seiner neueren Entwicklung. Ein Beitrag zur Frage der Rohstoffversorgung der deutschen Eisenindustrie, Rostock 1935.

June E. Hahner, Poverty and Politics. The Urban Poor in Brazil, 1870–1920, Albuquerque 1986.

Jacob D. Hamblin, Poison in the well. Radioactive Waste in the Oceans at the Dawn of the Nuclear Age, New Brunswick 2008.

Christopher Hamlin, The City as a Chemical System? The Chemist as Urban Environmental Professional in France and Britain, 1780–1880. Journal of Urban History 33,5 (2007), S. 702–728.

Christopher Hamlin, Cholera. The Biography, Oxford 2009.

Christopher Hamlin, Imagining the Metropolitan Environment in the Modern Period, in: Luckin, Thorsheim, A Mighty Capital under Threat, S. 46–68.

Susan B. Hanley, Urban Sanitation in Preindustrial Japan. Journal of Interdisciplinary History 18 (1987), S. 1–26.

Russell Hardin, Garbage In, Garbage Out. Social Research 65,1 (1998), S. 9–30.

Anne Hardy, Ärzte, Ingenieure und städtische Gesundheit. Medizinische Theorien in der Hygienebewegung des 19. Jahrhunderts, Frankfurt/M. 2005.

Anne Hardy, Death and the Environment in London, 1800–2000, in: Luckin, Thorsheim, A Mighty Capital under Threat, S. 69–87.

Christina Hardyment, From mangle to microwave: the mechanization of household work, Cambridge 1988.

Tania Hardy-Smith, Phillip C. Edwards, The Garbage Crisis in prehistory: artefact discard patterns at the Early Natufian site of Wadi Hammeh 27 and the origins of household refuse disposal strategies. Journal of Anthropological Archaeology 23 (2004), S. 253–289.

Kyle Harper, Fatum. Das Klima und der Untergang des Römischen Reiches, München 2020.

Cyrille Harpet, Brigitte Le Lin, Vivre sur la décharge d'Antananarivo. Regards anthropologiques, Paris 2001.
Mark Harrison, Public health in British India. Anglo-Indian Preventive Medicine, 1859–1914, Cambridge 1994.
Mark Harrison, A Dreadful Scourge: Cholera in early nineteenth-century India. Modern Asian Studies 54,2 (2020), S. 502–553.
Janet M. Hartley, The Volga. A History of Russia's Greatest River, New Haven, London 2020.
Sally Ann Hastings, Neighborhood and Nation in Tokyo 1905–1937, Pittsburgh, London 1995.
Sabine Haustein, Vom Mangel zum Massenkonsum. Deutschland, Frankreich und Großbritannien im Vergleich, Frankfurt/M. 2007.
Gay Hawkins, The Ethics of Waste. How we relate to Rubbish, Lanham, Maryland 2006.
Daniel R. Headrick, The Tentacles of Progress. Technology Transfer in the Age of Imperialism, 1850–1940, Oxford 1988.
Daniel R. Headrick, Humans versus Nature. A Global Environmental History, New York 2020.
Ann Heirmann, Mathieu Torck, A Pure Mind in a Clean Body. Bodily Care in the Buddhist Monasteries of Ancient India and China, Gent 2012.
Anat Helman, Cleanliness and Squalor in Inter-war Tel-Aviv. Urban History 31,1 (2004), S. 72–99.
John Henderson, Public Health, Pollution and the Problem of Waste Disposal, in: Simonetta Cavaciocchi (Hg.), Le interazioni fra economia e ambiente biologico nell'Europa preindustriale Secc. XIII–XVIII, Florenz 2010, S. 373–382.
Robert Hendrickson, More Cunning than a Man. A Social History of Rats and Men, New York 1983.
Todd A. Henry, Sanitizing Empire: Japanese Articulations of Korean Otherness and the Construction of Early Colonial Seoul, 1905–1919. The Journal of Asian Studies 64, 3 (2005), S. 639–675.
Todd A. Henry, Assimilating Seoul. Japanese Rule and the Politics of Public Space in Colonial Korea, 1910–1945, Berkeley 2014.
Klaus Hentschel, 220 Tonnen leichter als Luft. Materialgeschichte des Zeppelins. https://www.hi.uni-stuttgart.de/gnt/ausstellungen/zeppelin/index.html [Zuletzt abgerufen 13.01.2022].
Ralf Herbold, Ralf Wienken, Experimentelle Technikgestaltung und offene Planung. Strategien zur sozialen Bewältigung von Unsicherheit am Beispiel der Abfallbeseitigung, Bielefeld 1993.
Michaela Hermann, Aus Latrinen und Müllhalden. Die Augsburger «Warenwelt» im Spätmittelalter und in der Renaissance aus der Sicht der Archäologie, in: Wolfgang Wüst, Gisela Drossbach (Hg.), Umwelt-, Klima- und Konsumgeschichte. Fallstudien zu Süddeutschland, Österreich und der Schweiz, Frankfurt/M. 2018, S. 177–209.
Laurent Herment, Thomas Le Roux, Recycling: the industrial city and its surrounding countryside, 1750–1940. Journal for the History of Environment and Society 2 (2017), S. 1–24.
Peter Hersche, Die protestantische Laus und der katholische Floh. Konfessionsspezifi-

sche Aspekte der Hygiene, in: Benedikt Bietenhard u. a. (Hg.), Ansichten von der rechten Ordnung. Bilder über Normen und Normenverletzungen in der Geschichte, Bern, Stuttgart 1991, S. 43–60.

Allen Hershkowitz, Eugene Salerni, Garbage Management in Japan: Leading The Way, New York 1987.

Thor Heyerdahl, Atlantic Ocean pollution and biota observed by the Ra Expeditions. Biological Conservation 3 (1971), S. 164–167.

Sarah Hill, Making garbage, making land, making cities: A global history of waste in and out of place. Global Environment 9,1 (2016), S. 166–195.

Christoph Hilz, The International Toxic Waste Trade, New York 1992.

Bettina Hitzer, Krebs fühlen. Eine Emotionsgeschichte des 20. Jahrhunderts, Stuttgart 2020.

Sabine Höhler, Spaceship Earth in the Environmental Age, 1960–1990, London 2015.

Gottfried Hösel, Unser Abfall aller Zeiten. Eine Kulturgeschichte der Städtreinigung, München 1990[2].

Andre J. Hoffmann, From Heresy to Dogma. An Institutional History of Corporate Environmentalism, San Francisco 1997.

Hansjürgen Hoffmann, Moderne Deponietechnik. Umwelt-Magazin 13, 6 (1983), S. 42–44.

Paul M. Hohenberg, Lynn Hollen Lees, The Making of Urban Europe 1000–1994, Cambridge/Mass. 1999.

Hitimo Hongo u. a., Hunting or Management? The Status of Sus in the Jomon Period in Japan, in: Albarella u. a., Pigs and Humans. 10,000 Years of Interaction, S. 109–130.

Eva Horn, Hannes Bergthaller, Anthropozän zur Einführung, Hamburg 2019.

Jeff Horn, The Path not Taken. French Industrialization in the Age of Revolution, 1750–1830, Cambridge/Mass. 2006.

Roger Horowitz, Putting Meat On the American Table. Taste, Technology, Transformation, Baltimore 2006.

Leonhard Horowski, Das Europa der Könige. Macht und Spiel an den Höfen des 17. und 18. Jahrhunderts, Reinbek b. Hamburg 2017.

Takanori Hoshino, Transition to Municipal Management. Cleaning Human Waste in Tokyo in the Modern Era. Japan Review 20 (2008), S. 189–202.

Vicki Howard, A Cultural History of Shopping in the Modern Age, London u. a. 2022.

David L. Howell, Fecal Matters: Prolegomenon to a History of Shit in Japan, in: Ian J. Miller, Julia Adney Thomas, Brett L. Walker (Hg.), Japan at Nature's Edge: The Environmental Context of a Global Power, Honolulu 2013, S. 137–151.

Suellen Hoy, Chasing Dirt. The American Pursuit of Cleanliness, New York, Oxford 1995.

Xiaodu Huang, Dali L. Yang, NIMByism, waste incineration, and environmental governance in China. China Information 34,3 (2020), S. 342–360.

Xuelei Huang, Deodorizing China: Odour, ordure, and colonial (dis)order in Shanghai, 1840s–1940s. Modern Asian Studies 50,3 (2016), S. 1092–1122.

Kenneth Hudson, Pawnbroking. An Aspect of British Social History, London 1982.

Kai F. Hünemörder, Die Frühgeschichte der globalen Umweltkrise und die Formierung der deutschen Umweltpolitik (1950–1973), Stuttgart 2004.

James L. Huffman, Japan in World History, Oxford 2010.
James L. Huffman, Down and Out in Late Meiji Japan, Honolulu 2018.
Frank Huismann, Ländliches Leben im Mittelalter im Paderborner Land, Paderborn 2007.
Edward Humes, Garbology: Our Dirty Love Affair with Trash, New York 2012.
Thomas Hylland Eriksen, Mensch und Müll. Die Kehrseite des Konsums, Basel 2013.
Martina Igini, What Are the Consequences of China's Import Ban on Global Plastic Waste? Earth.Org (7.4.2022). https://earth.org/chinas-import-ban/ [Letzter Zugriff, 12.1.2022].
John Iliffe, Geschichte Afrikas, München 1997.
Martin Illi, Von der Schîssgruob zur modernen Stadtentwässerung, Zürich 1987.
Henry Irving, «We want everybody's salvage!»: Recycling, Voluntarism, and the People's War. Cultural and Social History 16,2 (2019), S. 165–184.
Caterina Isabella, Giuseppe Rubrichi, Franco Sensi, Dal Canestraro al Netturbino. Per una storia della Nettezza Urbana a Roma dal 1870 al 1960, Bergamo 1997.
Andrea Iseli, Gute Polizey. Öffentliche Ordnung in der Frühen Neuzeit, Stuttgart 2009.
Andrew Isenberg (Hg.), The Nature of Cities, Rochester 2006.
Timothy Jacobson, Waste Management. An American Corporate Success Story, Washington D. C. 1993.
Stefanie Jacomet, Christoph Brombacher, Abfälle und Kuhfladen: Leben im neolithischen Dorf. Zu Forschungsergebnissen, Methoden und zukünftigen Forschungsstrategien archäobotanischer Untersuchungen von neolithischen Seeufer- und Moorsiedlungen. Jahrbuch der Schweizerischen Gesellschaft für Ur- und Frühgeschichte 88 (2005), S. 7–39.
Bernhard Jäger, Gutachten für das Bayerische Staatsministerium für Landesentwicklung und Umweltfragen: Die thermische Behandlung von Hausmüll und hausmüllähnlichen Abfällen in Müllverbrennungsanlagen, München 1985.
Hans-Peter Jährig, SERO – Recycling à la DDR. Jahrbuch Ökologie (1992), S. 266–272.
Carsten Jahnke, Das Silber des Meeres. Fang und Vertrieb von Ostseehering zwischen Norwegen und Italien (12.–16. Jahrhundert), Köln, Wien 2000.
Haniyeh Jalalipour, Sustainable Municipal Organic Waste Management in Shiraz, Iran, Rostock 2021.
Michael Jansen, Water supply and sewage disposal at Mohenjo-Daro. World Archaeology 21,2 (1989), S. 177–192.
François Jarrige, Thomas Le Roux, Le rôle des déchets dans l'histoire. *La Découverte* 87,3 (2016), S. 59–68.
François Jarrige, Thomas Le Roux, La contamination du monde. Une histoire des pollutions à l'âge industriel, Paris 2017.
Mark S. R. Jenner, The Great Dog Massacre, in: William Naphy, Penny Roberts (Hg.), Fear in Early Modern Society, Manchester 1997, S. 44–61.
Dolly Jørgensen, Running Amuck? Urban Swine Management in Medieval England. Agricultural History 87 (2013), S. 429–451.
Dolly Jørgensen, «All Good Rule of the Citee»: Sanitation and Civic Government in England, 1400–1600. Journal of Urban History 36,3 (2010), S. 301–315.
Finn Arne Jørgensen, Making a Green Machine. The Infrastructure of Beverage Container Recycling, New Brunswick 2011.

Eric L. Jones, The European Miracle. Environments, Economies, and Geopolitics in the History of Europe and Asia, Cambridge 2003[3].

Gareth Stedman Jones, Outcast London. A Study in the Relationship between Classes in Victorian Society, Oxford 1971.

Gérard Jorland, Une société à soigner: Hygiène et salubrité publiques en France au XIXe siècle, Paris 2010.

Paul R. Josephson u. a., An Environmental History of Russia, Cambridge 2013.

Paul R. Josephson, Chicken. A History from Farmyard to Factory, Cambridge 2020.

Jeanne-Hélène Jugie, Poubelle-Paris: 1883–1896; la collecte des ordures ménagères à la fin du XIXe siècle, Paris 1993.

Yulia Karpova, Visions and Visualization of Sustainability: Leningrad Designers in Search of Soviet Recycling System, 1981–1984, in: Aga Skrodzka, Xiaoning Lu, Katarzyna Marciniak (Hg.), The Oxford Handbook of Communist Visual Cultures, Oxford 2020, S. 1–27.

Silpa Kasa u. a., What a Waste 2.0. A Global Snapshot of Solid Waste Management to 2050, Washington 2018.

George Katona, Die Macht des Verbrauchers, Düsseldorf 1962.

Annette Kehnel, Wir konnten auch anders. Eine kurze Geschichte der Nachhaltigkeit, München 2021.

Barry J. Kemp, Ancient Egypt. Anatomy of a Civilization, London, New York 2018[3].

John Maynard Keynes, The Economic Consequences of the Peace, London 1920.

Heng Chye Kiang, Cities of Aristocrats and Bureaucrats. The Development of Medieval Chinese Cityscapes, Honolulu 1999.

Melanie A. Kiechle, Smell Detectives. An Olfactory History of the Nineteenth Century Urban America, Seattle, London 2017.

Michael Kim, The brassware industry and the salvage campaigns of wartime colonial Korea (1937–1945). Business History 64,5 (2022), S. 923–945.

Annemarie Kinzelbach, Policing the Environment in Premodern Imperial Cities and Towns. A Preliminary Approach, in: Weeda, Rawcliffe, Policing the Urban Environment in Premodern Europe, S. 231–270.

Juraj Kittler, From Rags to Riches. The limits of early paper manufacturing and their impact on book print in Renaissance Venice. Media History 21,1 (2015), S. 8–22.

Cecelia F. Klein, «Divine Excrement». The Significance of «Holy Shit» in Ancient Mexico. Art Journal 52,3 (1993), S. 20–27.

Wolfhard Klein, Mausetod. Die Kulturgeschichte der Mäusefalle, Darmstadt, Mainz 2011.

Christian Kleinschmidt, Rationalisierung als Unternehmensstrategie: die Eisen- und Stahlindustrie des Ruhrgebiets zwischen Jahrhundertwende und Weltwirtschaftskrise, Essen 1993.

Ivan Klíma, Liebe und Müll (orig.: Láska a smetí), München 1991.

Agnes Kneitz, German Water Infrastructure in China: Colonial Qingdao. NTM 24 (2017), S. 421–450.

Wolfgang König, Geschichte der Wegwerfgesellschaft. Die Kehrseite des Konsums, Stuttgart 2019.

Roman Köster, Transformationen der Kapitalismusanalyse und Kapitalismuskritik in

Deutschland im 20. Jahrhundert. Geschichte und Gesellschaft, Sonderheft 24 (2012), S. 284–303.

Roman Köster, Geplante Obsoleszenz, in: Merkur 69 (2015), S. 60–66.

Roman Köster, Hausmüll. Abfall und Gesellschaft in Westdeutschland 1945–1990, München 2017.

Roman Köster, Mülldiskurse in der Bundesrepublik 1945–1990, in: David-Christopher Assmann (Hg.), Verwalten – Verwerten – Vernichten. Kulturpoetische Formationen des Abfalls seit 1930, Berlin 2023, S. 70–86.

Michikazu Kojima, Issues relating to the international trade of second-hand goods, recyclable waste, and hazardous waste, in: ders., Etsujo Michida (Hg.), International trade in recyclable and hazardous waste in Asia, Northampton 2013, S. 1–13.

D. Kolb, Möglichkeiten durch das persönliche Verhalten der Konsumenten, in: Ministerium für Umwelt Baden-Württemberg (Hg.), Leben ohne Müll. Wunsch oder Wirklichkeit? Kongress Abfallvermeidung/verminderung am 10. und 11. Oktober 1988, Stuttgart 1988, S. 321–328.

Frank Kolb, Rom. Geschichte der Stadt in der Antike, München 2002.

Ann Olga Koloski-Ostrow, The Archaeology of Sanitation in Roman Italy. Toilets, Sewers and Water Systems, Chapel Hill 2015.

Gudrun Krämer, Geschichte Palästinas. Von der osmanischen Eroberung bis zur Gründung des Staates Israel, München 2015.

Markus Krajewski, Fehler-Planungen. Geschichte und Theorie der industriellen Obsoleszenz. Technikgeschichte 81,1 (2014), S. 91–114.

Johanna Kramm, Nicolas Schlitz, Müll, Macht, Materialität: Politische Ökologien des Abfalls, in: Daniela Gottschlich (Hg.), Handbuch Politische Ökologie. Theorien, Konflikte, Begriffe, Methoden, Bielefeld 2022, S. 235–244.

Peter Kramper, Neue Heimat. Unternehmenspolitik und Unternehmensentwicklung im gewerkschaftlichen Wohnungs- und Städtebau 1950–1982, Stuttgart 2008.

Fridolin Krausmann u. a., Global socioeconomic material stocks rise 23-fold over the 20th century and require half of annual resource use. Proceedings of the National Academy of Science of the United States of America 114,8 (2017), S. 1880–1885.

Stefan Krebs, «Notschrei eines Automobilisten» oder die Herausbildung des deutschen Kfz-Handwerks in der Zwischenkriegszeit. Technikgeschichte 79,3 (2012), S. 185–206.

Paul Kreitman, Attacked by Excrement: The Political Ecology of Shit in Wartime and Postwar Tokyo. Environmental History 23,2 (2018), S. 342–366.

Stefan Kreutzberger, Die Essensvernichter. Warum die Hälfte aller Lebensmittel im Müll landet und wer dafür verantwortlich ist, Bonn 2013.

Stephan Kunz, Erwachsenenbildung als soziale Überlebensstrategie. Eine ethnologische Studie am Beispiel der Müllmenschen von Smokey Mountain/Tondo/Manila, Frankfurt/M. 1998.

Ann F. La Berge, Mission and Method. The early nineteenth-century French public health movement, Cambridge 1992.

Thomas Labbé, Jean-Pierre Garcia, Amendement et renouvellement des sols dans la viticulture bourguignonne aux XIVe et XVe siecles, in: Marc Conesa, Nicolas Poirier (Hg.), Fumiers! Ordures! Gestion et usage des déchets dans les campagnes de l'Occident médiéval et moderne, Toulouse 2019, S. 69–85.

Rauno Lahtinen, Guerilla Gardening? Urban Agriculture and the Environment, in: Simo Laakonen u. a. (Hg.), The Resilient City in World War II. Urban Environmental Histories, London 2019, S. 105–126.

Lili Lai, Hygiene, Sociality, and Culture in Contemporary Rural China: The Uncanny New Village, Amsterdam 2017.

Brian Lander, Mindi Schneider, Katherine Brunson, A History of Pigs in China: From Curious Omnivores to Industrial Pork. The Journal of Asian studies 79,4 (2020), S. 865–889.

Stefan Landsberger, Beijing. A City besieged by Waste, Amsterdam 2019.

Annette Langer, Roberto Salomone, «Der Krebs ist wie ein Schatten» (9.2.2020). www.spiegel.de/panorama/gesellschaft/neapel-giftmuellverbrennung-und-krebstote-im-land-der-feuer-a-60a150dc-1260-4241-921e-eb89c899de79 [Letzter Zugriff, 24.1.2023].

Dominique Laporte, Eine gelehrte Geschichte der Scheisse, Frankfurt/M. 1991.

Brian Larkin, The Politics and Poetics of Infrastructure. Annual Review of Anthropology 42,1 (2013), S. 327–343.

Greger Larson u. a., Current Views on Sus phylogeography and pig domestication as seen through modern mtDNA studies, in: Albarella u. a., Pigs and Humans. 10,000 Years of Interaction, Oxford 2007, S. 30–41.

Emma Lazarus, Emma Lazarus. Selected Poems and other Writings, hg. v. Gregory Eiselein, Ontario 2002.

Thomas Le Roux, Le laboratoire des pollutions industrielles. Paris, 1770–1830, Paris 2011.

William Leach, Land of Desire. Merchants, Power, and Rise of a new American Culture, New York 1993.

Roh Pin Lee u. a., Sustainable waste management for zero waste cities in China: potential, challenges and opportunities. Clean Energy 4,3 (2020), S. 169–201.

Jean-Pierre Leguay, La rue au Moyen Age, Paris 1984.

Jean-Pierre Leguay, La pollution au Moyen Age dans le royaume de France et dans les grands fiefs, Paris 1999.

Walter Lehner, Entsorgungsprobleme der Reichsstadt Nürnberg, in: Jürgen Sydow (Hg.), Städtische Versorgung und Entsorgung im Wandel der Geschichte, Sigmaringen 1981, S. 151–163.

Vincent Lemire, La soif de Jérusalem. Essai d'hydrohistoire (1840–1948), Paris 2011.

Friedrich Lenger, Metropolen der Moderne. Eine europäische Stadtgeschichte seit 1850, München 2013.

Angela Chi Ke Leung, Hygiène et santé publique dans la Chine pré-moderne, in: Bourdelais, Les hygiénistes, S. 343–371.

Oscar Lewis, Five Families. Mexican Case Studies in the Culture of Poverty, New York 1959.

Wolf Liebeschuetz, East and West in Late Antiquity. Invasion, Settlement, Ethnogenesis and Conflicts of Religion, Leiden 2015.

Jörg Liesegang, Die Gelatine in der Medizin. Geschichtliches zur Verwendung der Gelatine in der Medizin des ausgehenden 17. bis zu dem beginnenden 20. Jahrhundert. Diss. Heidelberg 2007.

Toby Lincoln, Urbanizing China in War and Peace. The Case of Wuxi County, Honolulu 2015.

Toby Lincoln, An Urban History of China, Cambridge 2021.

Marc Linder, Lawrence S. Zacharias, Of Cabbages and Kings County. Agriculture and the Formation of Modern Brooklyn, Iowa City 1999.

Samuel Yaw Lissah u. a., Managing urban solid waste in Ghana: Perspectives and experiences of municipal waste company managers and supervisors in an urban municipality. Plus One (März 2021), S. 1–18.

Massimo Livi Bacci, A Concise History of World Population, Chichester 2017[6].

John Ljungkvist u. a., The Urban Anthropocene: Lessons for Sustainability from the Environmental History of Constantinople, in: Paul J. J. Sinclair u. a. (Hg.), The Urban Mind, Cultural and Environmental Dynamics, Uppsala 2010, S. 367–389.

Jarrett A. Lobell, Trash Talks. Archaeology 62,2 (2009), S. 20–25.

Jan L. Logemann, Trams or Tailfins? Public and Private Prosperity in Postwar Germany and the United States, Chicago, London 2012.

Bryan Lohmar u. a., China's Ongoing Agricultural Modernization: Challenges Remain after 30 Years of Reform, in: Russell H. Jeffries, China's Agricultural Modernization, Hauppauge 2009, S. 1–68.

Beate Lohnert, Waste Management in Zambia. Actors and Structure of the Waste Management Sector in Mazabuka and Livingstone, in: Krüger, Haferburg, Waste Management in Southern Africa, S. 67–93.

Albert Londres, Afrika in Ketten. Reportagen aus den Kolonien, Berlin 2020.

Rosalva Loreto, Francisco J. Cervantes B. (Hg.), Limpiar y obedecer. La basura, el agua y la muerte en la Puebla de los Ángeles, 1650–1925, Mexiko Stadt 1994.

Bill Luckin, Peter Thorsheim (Hg.), A Mighty Capital under Threat. The Environmental History of London, Pittsburg 2020.

Günther Luxbacher, Roh- und Werkstoffe für die Autarkie. Textilforschung in der Kaiser-Wilhelm-Gesellschaft, Berlin 2004.

Nicolas Lyon-Caen, Raphaël Morera, À vos poubelles citoyens! Environnement urbain, salubrité publique et investissement civique (Paris, XVIe–XVIIIe siècle), Paris 2020.

Samantha MacBride, Recycling Reconsidered. The Present Failure and Future Promise of Environmental Action in the United States, Cambridge/Mass. 2011.

Samantha MacBride, Composting and Garbage in New York City, in: Zimring, Corey, Coastal Metropolis, S. 184–201.

J. Tevere MacFadyen, Where Will All the Garbage Go?, in: Robert Emmet Long (Hg.), The Problem of Waste Disposal, New York 1989, S. 8–17.

Alan Macfarlane, The Savage Wars of Peace. England, Japan and the Malthusian Trap, Oxford 1997.

Alan Macfarlane, Gerry Martin, Glass. A World History, Chicago 2002.

Stella Macheridis, Waste management, animals and society. A social zooarchaeological study of Bronze Age Asine, Lund 2018.

Johan P. Mackenbach, A History of Population Health. Rise and Fall of Disease in Europe, Leiden, Boston 2020.

Ian MacLachlan, A Bloody Offal Nuisance. The Persistence of Private Slaughter-houses in Nineteenth Century London. Urban History 34 (2007), S. 227–254.

Thomas MacManus, State-Corporate Crime and the Commodification of Victimhood. The Toxic Legacy of Trafigura's Ship of Death, London, New York 2018.

Angus Maddison, Contours of the World Economy, 1–2030 AD: Essays in Macro-Economic History, Oxford 2007.

Brian Maidment, Dusty Bob. A cultural history of dustmen, 1780–1870, Manchester 2007.

Dirk Maier, «Mehr Achtung für den Lumpenmann» – Altstofferfassung und Materialwirtschaft in der DDR der 1950er und 1960er Jahre, in: Mamoun Fansa (Hg.), Müll: Facetten von der Steinzeit bis zum Gelben Sack, Mainz 2003, S. 131–139.

Robert Malcolmson, Stephanos Mastoris, The English Pig. A History, London, Rio Grande 1998.

Bernard Marchand, Paris, histoire d'une ville (XIXe–XXe siècle), Paris 1993.

James Marshall, Going to Waste. Where will all the Garbage Go?, New York 1972.

Martial, Epigramme, hg. von Walter Hoffmann, Frankfurt/M. 2000.

Alexander M. Martin, Enlightened Metropolis. Constructing Imperial Moscow, 1762–1855, Oxford 2013.

Nicolas Marty, L'invention de l'eau embouteillée: Qualités, normes et marchés de l'eau en bouteille en Europe, XIXe–XXe siècles, Brüssel 2013.

Wendy Matthews, Humans and fire: Changing relations in early agricultural and built environments in the Zagros, Iran, Iraq. The Anthropocene review 3,2 (2016), S. 107–139.

Mehmet Mazak u. a., Şehr-I İstanbul'un Temizlik Kültürü. Osmanlı'dan Günümüze Temizlik Çalişmalarive Küçükçemece Örnei, Istanbul 2010.

Erland Mårald, Everything Circulates. Agricultural Chemistry and Recycling Theories in the Second Half of the Nineteenth Century. Environment and History 8 (2002), S. 65–84.

Justin McCurry, Garbage island no more: how one Japanese community triumphed over a toxic waste dump. The Guardian (27.6.2022).

Joseph P. McDermott, The Making of a New Rural order in South China. Bd. 1: Village, Land, and Lineage in Huizhou 900–1600, Cambridge 2013.

Colin McFarlane, Governing the contaminated city. Infrastructure and Sanitation in Colonial and Post-Colonial Bombay. International Journal of Urban and Regional Research 32,2 (2008), S. 415–435.

John R. McNeill, Mosquito Empires. Ecology and War in the Greater Caribbean, 1620–1914, Cambridge 2010.

John R. McNeill, Peter Engelke, The Great Acceleration. An Environmental History of the Anthropocene since 1945, Cambridge/Mass 2016.

Catherine McNeur, Taming Manhattan. Environmental Battles in the Antebellum City, Cambridge/Mass. 2014.

Clay McShane, Joel Tarr, The Horse in the City. Living Machines in the Nineteenth Century, Baltimore 2007.

Martin Medina, The World's Scavengers. Salvaging for Sustainable Consumption and Production, Lanham 2007.

Rob Meens, Eating Animals in the Early Middle Ages: Classifying the Animal World and Building Group Identities, in: Angela N. H. Creager, William Chester Jordan (Hg.), The Animal/Human Boundary. Historical Perspectives, Rochester 2002, S. 3–28.

Suketu Mehta, Maximum City. Bombay Lost and Found, New York 2014.

Jeffrey L. Meikle, American Plastic. A Cultural History, New Brunswick 1995.
Martin V. Melosi, The Place of the City in Environmental History. Environmental history review 17,1 (1993), S. 1–23.
Martin V. Melosi, Humans, Cities, and Nature. How Do Cities Fit in the Material World. Journal of Urban History 36,1 (2010), S. 3–21.
Martin V. Melosi, Fresh Kills. A History of Consuming and Discarding in New York City, New York 2020.
Martin V. Melosi, Garbage in the Cities. Refuse Reform and the Environment, Pittsburgh 2004.
Martin V. Melosi, The Sanitary City. Environmental Services in Urban America from Colonial Times to the Present, Pittsburgh 2008.
Martin V. Melosi, The Fresno Sanitary Landfill in an American Cultural Context. The Public Historian 24,3 (2002), S. 17–35.
Elinor G. K. Melville, A Plague of Sheep. Environmental Consequences of the Conquest of Mexico, Cambridge 1994.
Adam M. Mendelsohn, The Rag Race. How Jews sewed their Way to Success in America and the British Empire, New York, London 2015.
Mathieu Mérino, Management of garbage in Nairobi. Perspectives of restructuring public action, in: Helene Charton-Bigot, Deyssi Rodriguez-Torres (Hg.), Nairobi Today: The Paradox of a Fragmented City, Dar es Salaam 2010, S. 95–120.
Theodore R. Merrell Jr., Accumulation of plastic litter on beaches of Amchitka Island, Alaska. Marine Environmental Research 3 (1980), S. 171–184.
Frédéric Michel, Quand tout un univers prend sens dans son rapport à la pénibilité de la tâche. Étude d'une entreprise privée d'eboueurs en Belgique, in: Corteel, Barles, Les travailleurs des déchets, S. 169–190.
Branko Milanović, Haben und Nichthaben. Eine kurze Geschichte der Ungleichheit, Darmstadt 2017.
Kathleen M. Millar, Reclaiming the Discarded. Life and Labor on Rio's Garbage Dump, Durham, London 2018.
Tom Miller, China's Urban Billion. The Story behind the Biggest Migration in Human History, London 2012.
Yair Minzker, The Defortification of the German City, 1689–1866, Cambridge 2012.
Rana Mitter, State-Building after Disaster: Jiang Tingfu and the Reconstruction of Post-World War II China, 1943–1949. Comparative Studies in Society and History 61 (2019), S. 176–206.
Christian Möller, Der Traum vom ewigen Kreislauf. Abprodukte, Sekundärrohstoffe und Stoffkreisläufe im «Abfall-Regime» der DDR (1945–1990). Technikgeschichte 81 (2014), S. 61–89.
Joel Mokyr, The Gifts of Athena. Historical Origins of the Knowledge Economy, Princeton 2002.
Joel Mokyr, The Enlightened Economy. An Economic History of Britain 1700–1850, Princeton 2009.
Frank Molano Camargo, El relleno sanitario Doña Juana en Bogotá: la producción política de un paisaje tóxico, 1988–2019. Historia Critica 74 (2019), S. 127–149.
Pedro Montoliú, Madrid en los «felices» años 20, 1921–1931, Madrid 2021.

Sarah A. Moore, The Excess of Modernity: Garbage Politics in Oaxaca. The Professional Geographer 61,4 (2009), S. 426–437.

Ihab Morgan, Kairo. Die Entwicklung des modernen Stadtzentrums im 19. und frühen 20. Jahrhundert, Bern 1999, S. 16.

John Morgan, Financing Public Goods by Means of Lotteries. The Review of Economic Studies 67 (2000), S. 761–784.

Ian Morris, Wer regiert die Welt? Warum Zivilisationen herrschen oder beherrscht werden, Frankfurt/M. 2011.

Tessa Morris-Suzuki, The Technological Transformation of Japan. From the Seventeenth to the Twenty-first Century, Cambridge 1994.

Susan Signe Morrison, Excrement in the Late Middle Ages. Sacred Filth and Chaucers Fecopoetics, New York 2008.

Susan Mossman, Introduction, in: dies. (Hg.), Early Plastics. Perspectives 1850–1950, London 1997, S. 1–15.

Natalie Moszkowska, Zur Dynamik des Spätkapitalismus, Zürich 1943.

Robert Muchembled, Die Erfindung des modernen Menschen. Gefühlsdifferenzierung und kollektive Verhaltensweisen im Zeitalter des Absolutismus, Hamburg 1990.

Simone M. Müller, Hidden Externalities: The Globalization of Hazardous Waste. Business History Review 93,1 (2019), S. 51–74.

Peter Münch, Stadthygiene im 19. und 20. Jahrhundert. Die Wasserversorgung, Abwasser- und Abfallbeseitigung unter besonderer Berücksichtigung Münchens, Göttingen 1993.

Davor Mujezinovic, Electronic Waste in Guiyu: A City under Change? Environment & Society Portal, Arcadia (Summer 2019), no. 29. Rachel Carson Center for Environment and Society. doi.org/10.5282/rcc/8805.

Nicholaus Mulder, The Economic Weapon. The Rise of Sanctions as a Tool of Modern War, New Haven, London 2022.

Lewis Mumford, What is a city? Architectural Record 82 (1937), S. 93–96.

Lewis Mumford, The City in History. Its Origins, Its Transformations, and Its Prospects, London 1961.

Sofia Murhem, Credit for the poor. The decline of pawnbroking 1880–1930. European Review of Economic History 20,2 (2016), S. 198–214.

Garth Andrew Myers, Disposable Cities. Garbage, Governance and Sustainable Development in Urban Africa, Hampshire 2005.

Patrick Naaktgeboren, Policing the Environment of Late Medieval Dordrecht, in: Weeda, Rawcliffe, Policing the Urban Environment in Premodern Europe, S. 149–177.

Betty Naggar, Old-clothes men: 18th and 19th centuries. Jewish Historical Studies 31 (1988–1990), S. 171–191.

Robin Nagle, Picking Up. On the Streets and Behind the Trucks with the Sanitation Workers of New York City, New York 2014.

Shinichiro Nakamura, Taikan Oki, Shinjiro Kanae, Lost Rivers. Tokyo's Sewage Problem in the High-Growth Period, 1953–73. Technology and Culture 63,2 (2022), S. 427–449.

Lydia Nembach-Langer, Revolution im Einzelhandel. Die Einführung der Selbstbedienung in Lebensmittelgeschäften der Bundesrepublik Deutschland (1949–1973), Köln 2013.

Stephanie Newell, Histories of Dirt. Media and Urban Life in Colonial and Postcolonial Lagos, Durham NC 2020.
Ottavia Niccoli, Storie di ogni giorno in una città del Seicento, Rom 2021 (2000).
Carl H. Nightingale, Segregation. A Global History of Divided Cities, Chicago, London 2012.
Douglass C. North, Structure and Change in Economic History, New York 1981.
Jutta Nowosadtko, Zwischen Ausbeutung und Tabu. Nutztiere in der Frühen Neuzeit, in: Paul Münch (Hg.), Tiere und Menschen. Geschichte und Aktualität eines prekären Verhältnisses, Paderborn 1998, S. 247–274.
Henry Nygård, Bara ett ringa obehag? Avfall och renhållning i de finländska städernas profylaktiska strategier 1830–1930, Åbo 2004.
O. V., Die Konjunktur hat auch eine Kehrseite. Ersticken wir im Wohlstandsmüll? Rhein-Neckar Zeitung (1.9.1960).
O. V., Großstädte ersticken im Müll. Verbrennung oder Kompostierung? Jeder Großstädter produziert 1 cbm Abfall im Jahr. Frankfurter Allgemeine Zeitung (7.2.1961).
O. V., Tokyo's Garbage War. Japan Quaterly 19,2 (April 1972), S. 125–129.
O. V. (Newsday), Rush to Burn. Solving America's Garbage Crisis, Washington D. C. 1989.
O. V., Véolia environnement – Historique. https://ww2.ac-poitiers.fr ' Veolia environnement. [Letzter Zugriff 3.2.2019].
Maureen Ogle, All the Modern Conveniences. American Household Plumbing, 1840–1890, Baltimore 1996.
Ruth Oldenziel, Karin Zachmann (Hg.), Cold War Kitchen. Americanization, Technology, and European Users, Cambridge/Mass. 2011.
Ruth Oldenziel, Mikael Hård, Consumers, Tinkerers, Rebels: The People who Shaped Europe, Basingstoke 2013.
Alan L. Olmstedt, The First Line of Defense: Inventing the Infrastructure to Combat Animal Diseases. The Journal of Economic History 69,2 (2006), S. 327–357.
Ayodeji Olukoju, Population Pressure, Housing and Sanitation in Colonial Lagos. The Great Circle 15,2 (1993), S. 91–106.
Michael P. Oman-Reagan, Bantar Gebang: An Urban-Refuse Waste Picker Community at Indonesia's Largest Landfill. SocArXiv, Open Science Framework.
Jürgen Osterhammel, Die Entzauberung Asiens. Europa und die asiatischen Reiche im 18. Jahrhundert, München 1998.
Jürgen Osterhammel, Die Verwandlung der Welt. Eine Geschichte des 19. Jahrhunderts, München 2009.
Clare Ostle u. a., The rise in Ocean plastics evidenced from a 60-year time series. Nature Communications 10 (2019), S. 1–6.
Donald Ostrowski, Russian in the Early Modern World. The Continuity of Change, Lanham 2022.
Richard Ovenden, Burning the Books. A History of Knowledge under Attack, London 2020.
E. J. Owens, The Koprologoi at Athens in the Fifth and Fourth Centuries B. C. Classical Quarterly 33,1 (1983), S. 44–50.

Randall M. Packard, A History of Global Health. Interventions into the Lives of Other Peoples, Baltimore 2016.

Vance Packard, The Waste Makers, New York 1960.

Aldo Padovano, La storia della rûmenta. La raccolta die rifiuti a Genova dall'antichita a oggi, Genua 2009.

Arnaud Page, «The greatest victory which the chemist has won in the fight (…) against Nature». Nitrogenous fertilizers in Great Britain and the British Empire, 1910s–1950. History of Science 54,4 (2016), S. 383–398.

Arnaud Page, Fertility from Urban Wastes? The Case for Composting in Great Britain, 1920s–1960s. Environment and History 25 (2019), S. 3–22.

Angélique G. Panayotatou, L' hygiène chez les anciens Grecs, Paris 1924.

Jinhee Park, Von der Müllkippe zur Abfallwirtschaft. Die Entwicklung der Hausmüllentsorgung in Berlin (West) von 1945 bis 1990, Berlin 2004.

Isabelle Parmentier, L'or et l'ordure. Les initiatives du povoir central dans la gestion des déchets urbains au XVIIIe siècle en Belgique. Histoire Urbaine 18 (2007), S. 61–76.

Michel Pastoureau, Le roi tué par un cochon. Une mort infâme aux origines des emblèmes de la France?, Paris 2018.

David Naguib Pellow, Garbage Wars. The Struggle for Environmental Justice in Chicago, Cambridge/Mass. 2002.

Louis G. Perez, Daily Life in Early Modern Japan, Westport 2002.

Heather R. Perry, Recycling the Disabled. Army, medicine, and modernity in WWI Germany, Manchester 2014.

Stewart E. Perry, San Francisco Scavengers. Dirty work and the pride of ownership, Berkeley 1978.

Robbie Peters, Capturing the City. International Journal of Urban and Regional Research 2019, S. 743–754.

Hans-Christian Petersen, An den Rändern der Stadt? Soziale Räume der Armen in St. Petersburg (1850–1914), Köln 2019.

Kirsten Petrak u. a., Adenauers Welt. Ein Lesebuch zur Alltags- und Sozialgeschichte der frühen Republik, Essen 2006.

Christian Pfister, Das «1950er Syndrom» – die umweltgeschichtliche Epochenschwelle zwischen Industriegesellschaft und Konsumgesellschaft, in: ders. (Hg.), Das 1950er Syndrom. Der Weg in die Konsumgesellschaft, Bern, Stuttgart, Wien 1995, S. 51–95.

Simon Pirani, Burning Up. A Global History of Fossil Fuel Consumption, London 2018.

Harold L. Platt, Shock Cities. The Environmental Transformation and Reform of Manchester and Chicago, London 2005.

C. Plinius Secundus d. Ä., Naturkunde, Buch XVII, Darmstadt 1994.

Rolf Pohle, Reinhard Arndt, Thermische Abfallbehandlung in Nürnberg – Rückblick auf 25 Jahre Müllverbrennung, Nürnberg 1992.

Kenneth Pomeranz, The Great Divergence: China, Europe, and the Making of the Modern World Economy, Princeton 2000.

Matteo Pompermaier, Credit and Poverty in Early Modern Venice. Journal of Interdisciplinary History 52,5 (2022), S. 513–536.

Nelly Pons, Océan Plastique. Enquête sur une pollution globale, Arles 2020.

Clive Ponting, A Green History of the World. The Environment and the Collapse of Civilizations, New York 1991.
Vijay Prashad, The Technology of Sanitation in Colonial Delhi. Modern Asian Studies 35,1 (2001), S. 113–155.
Samuel H. Preston, The changing relation between mortality and level of economic development. International Journal of Epidemiology 36 (2007), S. 484–490.
Max D. Price, Evolution of a Taboo. Pigs and people in the Ancient Near East, Oxford 2020.
Max Price, Hitomo Hongo, The Archaeology of Pig Domestication in Eurasia. Journal of Archaeological Research 28 (2020), S. 557–615.
Angel O. Prignano, Crónica de la Basura Porteña. Del fogón indígena al cinturón ecológico, Buenos Aires 1998.
Michael Prinz, Der Sozialstaat hinter dem Haus: Wirtschaftliche Zukunftserwartungen, Selbstversorgung und regionale Vorbilder: Westfalen und Südwestdeutschland 1920–1960, Paderborn 2012.
Joachim Radkau, Natur und Macht. Eine Weltgeschichte der Umwelt, München 2000.
Joachim Radkau, Die Ära der Ökologie. Eine Weltgeschichte, München 2011.
Werner Raffetseder, Leben im Müll, Wien 1994.
Thomas Rahn, Garbage Incineration. Lessons from Europe and the United States, Toronto 1987.
Barbara Rajkay, Die Kunst des Machbaren. Die reichsstädtische Wasserwirtschaft, in: Christoph Emmendörffer, Christof Trepesch (Hg.), Wasserkunst Augsburg. Die Reichsstadt in ihrem Element, Augsburg 2018, S. 69–87.
Anne Rasmussen, L'hygiène en congrès (1852–1912): circulation et configurations internationales, in: Bourdelais, Les hygiénistes, S. 213–239.
Barrie M. Ratcliffe, Perceptions and Realities of the Urban Margin: The Rag Pickers of Paris in the First Half of the Nineteenth Century. Canadian Journal of History 27 (1992), S. 201–233.
Walther Rathenau, Von kommenden Dingen, Berlin 1917.
William L. Rathje, The History of Garbage. Garbage. The Practical Journal of the Environment 11 (1990), S. 32–39.
William Rathje, Cullen Murphy, Rubbish! The Archaeology of Garbage, New York 1992.
Helga Rathjen, Tsingtau. Eine deutsche Kolonialstadt in China (1897–1914), Wien 2021.
Ulrich Raulff, Das letzte Jahrhundert der Pferde. Geschichte einer Trennung, München 2015.
Carole Rawcliffe, Urban Bodies. Communal Health in Late Medieval English Towns and Cities, Woodbridge 2013.
Carole Rawcliffe, The View from the Street. The Records of Hundred and Lee Courts as Source for Sanitary Policing in late Medieval English Towns, in: Weeda, Rawcliffe, Policing the Urban Environment in Premodern Europe, S. 69–95.
R. Johanna Regnath, Das Schwein im Wald. Vormoderne Schweinehaltung zwischen Herrschaftsstrukturen, ständischer Ordnung und Subsistenzökonomie, Ostfildern 2008.
Wolfgang Reinhard, Die Unterwerfung der Welt. Globalgeschichte der europäischen Expansion 1415–2015, München 2016.

Reinhold Reith, Altgewender, Humpler, Kannenplecker. Recycling im späten Mittelalter und der frühen Neuzeit, in: Roland Ladwig (Hg.), Recycling in Geschichte und Gegenwart, Freiberg 2003, S. 41–79.

Joshua O. Reno, Military Waste. The Unexpected Consequences of Permanent War Readiness, Berkeley 2020.

Jürgen Reulecke, Geschichte der Urbanisierung in Deutschland, Frankfurt/M. 1985.

Frank Rexroth, Das Milieu der Nacht. Obrigkeit und Randgruppen im spätmittelalterlichen London, Göttingen 1999.

Anna Reynolds, «Worthy to be reserved»: Bookbinding and the Waste Paper Trade in Early Modern England and Scotland, in: Daniel Bellingradt, Anna Reynolds (Hg.), The Paper Trade in Early Modern Europe. Practices, Materials, Networks, Leiden, Boston 2021, S. 342–368.

John F. Richards. The Unending Frontier. An Environmental History of the Early Modern World, Berkeley 2003.

Giorgio Riello, Ulinka Rublack (Hg.), The Right to Dress. Sumptuary Laws in a Global Perspective c. 1200–1800, Cambridge 2019.

William Riguelle, Que la peste soit de l'animal! La législation à l'encontre des animaux en période d'epidémies dans les villes de Pays-Bas méridionaux et de la principauté de Liège (1600–1670), in: Rémi Luglia (Hg.), Sales bêtes! Mauvaises herbes! «Nuisible», une notion en débat, Rennes 2018, S. 109–123.

Tasha Rijke-Epstein, The Politics of Filth: Sanitation, Work, and Competing Moralities in Urban Madagascar 1890s–1977. Journal of African History 60,2 (2019), S. 229–256.

Peter Ring, Bevölkerung, in: Horst Ulrich, Uwe Prell, Ernst Luuk (Hg.), Berlin Handbuch. Das Lexikon der Bundeshauptstadt, Berlin 1992, S. 236–248.

Samuel Kelton Roberts Jr., Infectious Fear. Politics, Disease, and the Health Effects of Segregation, Chapel Hill 2009.

Ruth Rogaski, Hygienic Modernity. Meanings and Disease in Treaty-Port China, Berkeley 2004.

Katherine M. Rogers, First Friend. A History of Dogs and Humans, New York 2005.

Axel Roschen, Thomas Theye (Hg.), Abreise von China. Texte und Photographien von Wilhelm Wilshusen 1901–1919, Basel 1980.

Steven T. Rosenthal, The Politics of Dependency. Urban Reform in Istanbul, Westport, Connecticut 1980.

Walt W. Rostow, The Stages of Economic Growth. A Non-Communist Manifesto, Cambridge 1960.

Jean-Jacques Rousseau, Bekenntnisse, Frankfurt/M. 1985 (1782).

Tirthankar Roy, India in the World Economy. From Antiquity to the Present, Cambridge 2018.

Ulinka Rublack, The Right to Dress: Sartorial Politics in Germany, c. 1300–1750, in: Riello, Rublack, The Right to Dress, S. 37–73.

Irwin W. Rust, Kelsey B. Gardner, Sunkist Growers Inc. A California Adventure in Agricultural Cooperation, Washington D. C. 1960.

Peter G. Ryan, A Brief History of Marine Litter Research, in: Melanie Bergmann u. a. (Hg.), Marine Anthropogenic Litter, Heidelberg u. a. 2015, S. 1–25.

Lara Sabbionesi, «Pro maiore sanitate hominum civitatis… et borgorum»: Lo smaltimento dei rifiuti nelle città medievali dell'Emilia Romagna, Florenz 2019.

Ernest Sabine, City Cleaning in Mediaeval London. Speculum 12,1 (1937), S. 19–43.

Johannes Sachslehner, Anno 1683 – die Türken vor Wien, Wien 2011.

Saskia Sassen, Expulsions. Brutality and Complexity in the Global Economy, Cambridge/Mass. 2014.

Roberto Saviano, Gomorrha. Reise in das Reich der Camorra, München 2009.

John Scanlan, On Garbage, London 2005.

Emanuela Scarpellini, La spesa è uguale per tutti: l'avventura dei supermercati in Italia, Venezia 2007.

Dagmar Schäfer, The Crafting of the 10,000 Things. Knowledge and Technology in Seventeenth-Century China, Chicago, London 2015.

Simon Schama, The Embarrassment of Riches. An Interpretation of Dutch Culture in the Golden Age, New York 1987.

Ansgar Schanbacher, «Eine der nöthigsten und wichtigsten Polizey-Anstalten». Abfälle und ihre Entsorgung in der frühneuzeitlichen Stadt. Zeitschrift für Historische Forschung 48,3 (2021), S. 437–473.

Tim Schauenberg, Müllverbrennung in Deutschland: Entsorgung mit Risiken? (28.10.2019). https://www.dw.com/de/m%C3%BCllverbrennung-in-deutschland-entsorgung-mit-risiken/a-50759483 [Letzter Zugriff 24.12.2020].

Jonas Scherner, Lernen und Lernversagen. Die «Metallmobilisierung» im Deutschen Reich 1939 bis 1945. Vierteljahrshefte für Zeitgeschichte 66 (2018), S. 233–266.

Jonas Scherner, Metallbewirtschaftung, in: Marcel Boldorf (Hg.), Deutsche Wirtschaft im Ersten Weltkrieg, Berlin 2020, S. 67–87.

Matt Schiavenza, Mapping China's Income Inequality. The Atlantic (13.9.2013). https://www.theatlantic.com/china/archive/2013/09/mapping-chinas-income-inequality/279637 [Letzter Zugriff 31.1.2015].

Karl Schlögel, Das sowjetische Jahrhundert. Archäologie einer untergegangenen Welt, München 2018.

Jürgen Schlumbohm, Gesetze, die nicht durchgesetzt werden. Ein Strukturmerkmal des frühneuzeitlichen Staates? Geschichte und Gesellschaft 23,4 (1997), S. 647–663.

Frieder Schmidt, «Ich brauche Hadern zu meiner Mül». Die Lumpenwirtschaft der Papiermacher. Ferrum 85 (2013), S. 50–62.

Frieder Schmidt, Von der Mühle zur Fabrik. Die Geschichte der Papierherstellung in der württembergischen und badischen Frühindustrialisierung, Ubstadt, Weiher 1994.

Wolfgang Schneider, Sekundärrohstoff Altpapier. Markt- und Marktentwicklung in der Bundesrepublik Deutschland, Dortmund 1988.

Dieter Schott, Europäische Urbanisierung (1000–2000). Eine umwelthistorische Einführung, Wien, Köln 2014.

Helga Schultz, Social Differences in Mortality in the Eighteenth Century. An Analysis of Berlin Church Registers. International Review of Social History 26 (1991), S. 232–248.

Thorsten Schulz-Walden, Anfänge globaler Umweltpolitik. Umweltsicherheit in der internationalen Politik (1969–1975), München 2013.

Otto Hermann Schwabe, Müllabfuhr, ihre Fahrzeuge und Geräte, in: K. Giesen (Hg.), Stadthygiene und Kommunalfahrzeuge, Essen 1967, S. 51–56.
Marion Schwartz, A History of Dogs in the early Americas, New Haven, London 1997.
Ruth Schwartz Cowan, More Work For Mother. The Ironies of Household Technology from the Open Hearth to the Microwave, New York 1985.
A. Senti, R. Hermann, Das Abfuhrwesen der Stadt Zürich. Zürcher Statistische Nachrichten 16 (1939), S. 173–224.
Veronika Settele, Revolution im Stall. Landwirtschaftliche Tierhaltung in Deutschland 1945–1990, Göttingen 2020.
Kapil Dev Sharma, Siddharth Jain, Municipal solid waste generation, composition, and management: the global scenario. Social Responsibility Journal 16,6 (2020), S. 917–948.
Earl B. Shaw, Swine Industry of China. Economic Geography 14,4 (1938), S. 381–397.
Hanna Rose Shell, Shoddy. From the Devil's Dust to the Renaissance of Rags, Chicago, London 2020.
Mimi Sheller, Aluminum Dreams. The Making of Light Modernity, Cambridge/Mass. 2014.
Tokue Shibata, Land, Waste, and Pollution: Challenging history in creating a sustainable Tokyo Metropolis, in: Hidenori Tamagawa (Hg.), Sustainable Cities. Japanese Perspectives on Physical and Social Structures, Tokyo 2006, S. 96–124.
Robert Shiel, Science and Practice. The Ecology of Manure in Historical Retrospect, in: Jones, Manure Matters, S. 13–23.
Daniel T. Sicular, Scavengers, Recyclers, and Solutions for Solid Waste Management in Indonesia, Berkeley 1992.
Catherine de Silguy, Histoire des hommes et de leurs ordures. Du Moyen-âge à nos jours, Paris 2009.
Pavla Šimková, Urban Archipelago. An Environmental History of the Boston Harbor Islands, Amherst, Boston 2021.
David Sims, Understanding Cairo. The Logic of a City out of Control, Cairo 2010.
John von Simson, Kanalisation und Städtehygiene im 19. Jahrhundert, Düsseldorf 1983.
Upton Sinclair, The Jungle, Chicago 1988 (1906).
Leona Skelton, Sanitation in Urban Britain, 1560–1700, London 2016.
John Skitt, Disposal of Refuse and other Waste, London 1972.
Eiko Maruko Siniawer, Waste: Consuming Postwar Japan, Ithaca 2018.
Don Slater, Consumer Culture & Modernity, Cambridge 1997.
Vaclav Smil, Enriching the Earth. Fritz Haber, Carl Bosch, and the Transformation of World Food Production, Cambridge/Mass. 2001.
Vaclav Smil, Energy and Civilization. A History, Cambridge/Mass. 2017.
Vaclav Smil, Grand Transitions. How the Modern World Was Made, Oxford 2021.
Frank M. Snowden, Naples in the Time of Cholera, 1884–1911, Cambridge 1995.
Alfred Sohn-Rethel, Das Ideal des Kaputten, hg. und mit einem Nachwort versehen von Carl Freytag, Freiburg, Wien 2018.
Randi Solhjell, Garbage Collection in Bakavu. «The Political Class Does Not Take Care of Garbage Here», in: Tom De Heerd, Kristof Titeca (Hg.), Negotiating Public Services in the Congo. State, Society and Governance, London 2019, S. 168–189.

Werner Sombart, Der Bourgeois. Zur Geistesgeschichte des modernen Wirtschaftsmenschen, Leipzig 1913.
Werner Sombart, Die deutsche Volkswirtschaft im neunzehnten Jahrhundert und im Anfang des 20. Jahrhunderts, Berlin 1921[5].
Manfred Sommer, Sammeln. Ein philosophischer Versuch, Frankfurt/M. 1999.
Ulrike Sommer, Dirt theory, or archaeological sites seen as rubbish heaps. Journal of Theoretical Archaeology 1 (1990), S. 47–60.
Shunfeng Song, Kevin Honglin Zhang, Urbanization and City-Size Distribution in China, in: Ding Lu (Hg.), The Great Urbanization of China, Singapur 2011, S. 11–28.
Susan Sontag, Illness as Metaphor, New York 1988.
André Sorensen, The Making of Urban Japan. Cities and planning from Edo to the Twenty-first century, London 2002.
Thomas J. Sorg, Mission 5000: A National Program to Eliminate Dumps. Milk and Food Technology 35,5 (1972), S. 291–294.
Ercole Sori, Il rovescio della produzione. I rifiuti in età pre-industriale e paleotecnica, Bologna 1999.
Ercole Sori, La città e i rifiuti. Ecologia urbane dal Medioevo al primo Novecento, Bologna 2001.
Ole Sparenberg, «Segen des Meeres»: Hochseefischerei und Walfang im Rahmen der nationalsozialistischen Autarkiepolitik, Berlin 2012.
Howard Spodek, Ahmedabad. Shock City of Twentieth-Century India, Bloomington 2011.
Kala S. Sridhar, Costs and Benefits of Urbanization. The Indian Case, in: Guanghua Wan, Ming Lu (Hg), Cities of Dragons and Elephants. Urbanization and Urban Development in China and India, Oxford 2019, S. 40–77.
Vinay Kumar Srivastava, On Sanitation: A Memory Ethnography. Social Change 44,2 (2014), S. 275–290.
Stadt Frankfurt/M., Das Stadtreinigungsamt Frankfurt am Main. 15 Jahre Wiederaufbau, Frankfurt/M. 1960.
Stadtreinigung Hamburg, 100 Jahre Müllverbrennung in Hamburg 1896–1996, Hamburg 1996.
Travis W. Stanton, M. Kathryn Brown, Jonathan B. Pagliaro, Garbage of the Gods? Squatters, Refuse Disposal, and Termination Rituals among the Ancient Maya. Latin American Antiquity 19,3 (2008), S. 227–247.
Will Steffen, Paul Crutzen, John R. McNeill, The Anthropocene: Are Humans Now Overwhelming the Great Forces of Nature? Ambio. A Journal of the Human Environment 36 (2007), S. 614–621.
Will Steffen u. a., The Trajectory of the Anthropocene: The Great Acceleration. The Anthropocene Review 2 (2015), S. 81–98.
Ted Steinberg, Gotham Unbound. An Ecological History of Greater New York, from Henry Hudson to Hurricane Sandy, New York 2014.
Ted Steinberg, Down to Earth. Nature's Role in American History, New York, Oxford 2019[4].
André Steiner, Von Plan zu Plan. Eine Wirtschaftsgeschichte der DDR, Berlin 2007.
Allen Stenstrup, Hazardous Waste, Chicago 1991.

Klaus Stief, 40 Jahre Deponietechnik. Ein subjektiver Rückblick. http://www.deponiestief.de/pdf/litstief_pdf/2009icp_stief_rueckblick2_www.pdf. [Letzter Zugriff 5.6.2015].

Eileen Stillwaggon, Stunted Lives, Stagnant Economies. Poverty, Disease, and Underdevelopment, New Brunswick u. a. 1998.

Georg Stöger, Sekundäre Märkte? Zum Wiener und Salzburger Gebrauchtwarenhandel im 17. und 18. Jahrhundert, Wien 2011.

Georg Stöger, Reinhold Reith, Western European Recycling in a long-term Perspective. Reconsidering Caesuras and Continuities. Jahrbuch für Wirtschaftsgeschichte 56,2 (2015), S. 267–290.

Raymond G. Stokes, Roman Köster, Stephen C. Sambrook, The Business of Waste. Great Britain and Germany, 1945 to the Present, Cambridge 2013.

Barbara Stollberg-Rilinger, Maria Theresia. Die Kaiserin in ihrer Zeit, München 2017.

Patricia Strach, Kathleen S. Sullivan, The Politics of Trash. How Governments used Corruption to Clean Cities, Ithaca, London 2022.

Susan Strasser, Satisfaction Guaranteed. The Making of the American Mass Market, New York 1989.

Susan Strasser, Waste and Want. A Social History of Trash, New York 1999.

Ellen Stroud, Dead Bodies in Harlem. Environmental History and the Geography of Death, in: Isenberg, Nature of Cities, S. 62–76.

Anne Sudrow, Der Schuh im Nationalsozialismus. Eine Produktgeschichte im deutsch-britisch-amerikanischen Vergleich, Göttingen 2010.

C. Suetonius Tranquillus, Kaiserbiographien, hg. v. Ursula Blank-Sangmeister, Stuttgart 2018.

Robert Sullivan, Rats. Observations on the History & Habitat of the City's Most Unwanted Inhabitants, New York u. a. 2004.

Habiba Sultana, D. B. Subedi, Caste System and Resistance. The Case of Untouchable Hindu Sweepers in Bangladesh. International Journal of Politics, Culture and Society 29,1 (2016), S. 19–32.

Maynard W. Swanson, The Sanitation Syndrome: Bubonic Plague and Urban Native Policy in the Cape Colony. Journal of African History 18,3 (1977), S. 387–410.

Jaia Syvitski u. a., Extraordinary human energy consumption and resultant geological impacts beginning around 1950 CE initiated the proposed Anthropocene Epoch. Communications Earth & Environment (2020), S. 1–13.

Tom Szaky, Revolution in a Bottle. How Terracycle is Eliminating the Idea of Waste, London 2013².

Marta E. Szczygiel, Cultural Origins of Japan's Premodern Night Soil Collection System. Worldwide Waste 3,1 (2020), S. 1–13.

Rafał Szmytka, Pollution in Early Modern Krakow, in: Adam Izdebski, Rafał Szmytka (Hg.), Krakow. An Ecobiography, Pittsburgh 2021, S. 108–131.

Koji Taira, Urban Poverty, Ragpickers, and the «Ants' Villa» in Tokyo. Economic development and cultural change 17,2 (1969), S. 155–177.

Kayo Tajima, The Marketing of Urban Human Waste in the Early Modern Edo/Tokyo Metropolitan Area. Urban Environment 1 (2007), S. 13–30.

Alon Tal, Pollution in a Promised Land. An Environmental History of Israel, Berkeley 2002.

Mariko Asano Tamanoi, Suffragist Women, Corrupt Officials, and Waste Control in Prewar Japan: Two Plays by Kaneko Shigeri. The Journal of Asian Studies 68,3 (2009), S. 805–834.

Alessandro Tana, Made of Metal. The Use of Scrap Metal in Africa. Newsletter Museum Ethnographers Group 17 (1985), S. 60–66.

Andrea Tanner, Dust-O! Rubbish in Victorian London. The London Journal 31 (2006), S. 157–178.

Jon C. Teaford, The Metropolitan Revolution. The Rise of Post-Urban America, New York 2006.

Ana Cecilia Terviño, Basura de oro. El asesinato de Rafael Gutiérrez Moreno, el líder de los pepenadores, Mexiko Stadt 1990.

Philipp Ther, Die neue Ordnung auf dem alten Kontinent. Eine Geschichte des neoliberalen Europa, Berlin 2016.

Lukas Thommen, Umweltgeschichte der Antike, München 2009.

Michael Thompson, Rubbish Theory. The Creation and Destruction of Value, London 2017 (1979).

Peter Thorsheim, Green Space and Class in Imperial London, in: Isenberg, The Nature of Cities, S. 24–37.

Peter Thorsheim, Waste into Weapons. Recycling in Britain during the Second World War, Cambridge 2015.

Peter Thorsheim, Trading with the enemy? The flow of scrap between Britain and Germany from pre-war rearmament to post-war reconstruction. Business History 64,5 (2022), S. 963–983.

Johann Heinrich von Thünen, Der isolierte Staat in Beziehung auf Landwirtschaft und Nationalökonomie (hg. und unter Benutzung unveröffentlichter Manuskripte kommentiert von Hermann Lehmann und Lutz Werner), Berlin/O. 1990 (1842).

Günther E. Thüry, Müll und Marmorsäulen. Siedlungshygiene in der römischen Antike, Mainz 2001.

Alvin Toffler, Future Shock, New York 1970.

Nancy Tomes, The Gospel of Germs. Men, Women, and the Microbe in American Life, Cambridge/Mass. 1998.

Paul Topping, David Morantz, Glen Lang, Waste Disposal Practices of Fishing Vessels: Canada's East Coast, 1990–1991, in: James M. Coe (Hg.), Marine Debris. Sources, Impacts, and Solutions, New York 1997, S. 253–261.

Conrad Totman, Japan. An Environmental History, London, New York 2014.

James D. Tracy (Hg.), City Walls. The Urban Enceinte in Global Perspective, Cambridge 2000.

Frank Trentmann, Empire of Things. How we became a World of Consumers, from the Fifteenth Century to the Twenty-first, Milton Keynes 2016.

Peter F. Tschudin, Grundzüge der Papiergeschichte, Stuttgart 2002.

Lutz Trettin, Abfallwirtschaft und informeller Sektor in der City of Calcutta, Bochum 2002.

Anthony Turner, Recycling Early Modern Mathematical Instruments. Nuncius 37 (2022), S. 42–58.

Terje Tvedt, Der Nil. Fluss der Geschichte, Berlin 2020.

Frank Uekötter, Im Strudel. Eine Umweltgeschichte der modernen Welt, Frankfurt/M. 2020.

Sören Urbansky, Beyond the Steppe Frontier. A History of the Sino-Russian Border, Princeton, Oxford 2020.

Daniel Varisco, Zibl and Zirā'a: Coming to Terms with Manure in Arab Agriculture, in: Richard Jones (Hg.), Manure Matters. Historical, Archaeological and Ethnographic Perspectives, Milton Park 2016, S. 129–143.

Manfred Vasold, Hunger, Rauchen, Ungeziefer. Eine Sozialgeschichte des Alltags in der Neuzeit, Stuttgart 2016.

Michael Vatikiotis, Blood and Silk. Power and Conflict in Modern Southeast-Asia, London 2017.

Elisabeth Vaupel, Ersatzstoffe – Geschichte, Bedeutung, Perspektiven, in: dies. (Hg.), Ersatzstoffe im Zeitalter der Weltkriege. Geschichte, Bedeutung, Perspektiven, München 2021, S. 9–81.

Elisabeth Vaupel, Florian Preiß, Kinder, sammelt Knochen! Lehr- und Propagandamittel zur Behandlung des Themas Knochenverwertung an deutschen Schulen im «Dritten Reich». NTM 26 (2018), S. 151–183.

Costas A. Velis, David C. Wilson, Christopher R. Cheeseman, 19th Century London Dustyards: A Case Study in Closed Loop Resource Efficiency. https://spiral.imperial.ac.uk/bitstream/10044/1/39719/5/Dust%20yards%20paper.pdf. [Letzter Zugriff: 3.4.2016].

Hannah Velten, Beastly London. A History of Animals in the City, London 2013.

Sudhir Venkatesh, Gang Leader for a Day. A Rogue Sociologist Takes to the Streets, New York 2008.

Georges Vigarello, Le Propre et le sale: l'hygiéne du corps depuis le Moyen Âge, Paris 1985.

Jonathan Voges, «Selbst ist der Mann». Do-it-yourself und Heimwerken in der Bundesrepublik Deutschland, Göttingen 2017.

Jan de Vries, European Urbanization, 1500–1800, Cambridge/Mass 1984.

Horst Wagenführ, Kartelle in Deutschland, Nürnberg 1931.

Edward J. Walsh, Rex Warland, D. Clayton Smith, Don't Burn it Here. Grassroots Challenges to Trash Incinerators, Pennsylvania 1997.

Anne Walthall, Village Networks. Sōdai and the Sale of Edo Nightsoil. Monumenta Nipponica 43,3 (1988), S. 279–303.

Wilson J. Warren, Meat Makes People Powerful. A Global History of the Modern Era, Iowa City 2018.

Otmar Wassermann, Toxikologische Bewertung von Emissionen aus Deponien und Müllverbrennungsanlagen, in: Reiner Schiller-Dickhut, Harald Friedrich (Hg.), Müllverbrennung. Ein Spiel mit dem Feuer, Bielefeld 1989, S. 69–84.

John R. Watt, Saving Lives in Wartime China. How Medical Reformers built Modern Healthcare Systems amid Wars and Epidemics, Leiden, Boston 2014.

Sydney Watts, Meat Matters. Butchers, Politics, and Market Culture in Eighteenth Century Paris, Suffolk 2006.

Andreas Weber, Material Sensibilities: Writing Paper and Chemistry in the Netherlands and beyond, ca. 1800, in: Bellingradt, Reynolds, The Paper Trade in Early Modern Europe, S. 327–341.

Heike Weber, Towards «Total» Recycling: Women, Waste and Food. Waste Recovery in Germany, 1914–1939. Contemporary European History 22,3 (2013), S. 371–397.

Heike Weber, Nazi German waste recovery and the vision of a circular economy: The case of waste paper and rags. Business History 64,5 (2022), S. 882–903.

Heike Weber, Recycling Europe's Domestic Wastes: The Hope of «Greening» Mass Consumption through Recycling, in: Anna-Katharina Wöbse, Patrick Kupper (Hg.), Greening Europe. Environmental Protection in the long Twentieth Century – A Handbook, Berlin 2022, S. 269–301.

Max Weber, Die protestantische Ethik und der «Geist» des Kapitalismus, in: ders., Gesammelte Aufsätze zur Religionssoziologie I, Tübingen 1988[7], S. 17–206.

Karl-Wilhelm Weeber, Smog über Attika. Umweltverhalten im Altertum, Zürich, München 1990.

Claire Weeda, Carol Rawcliffe (Hg.), Policing the Urban Environment in Premodern Europe, Amsterdam 2019.

Claire Weeda, Cleanliness, Civility, and the City in Medieval Ideals and Scripts, in: Weeda, Rawcliffe, Policing the Urban Environment in Premodern Europe, S. 38–68.

Liza Weinstein, Durable Slum. Dharavi and the Right to Stay Put in Globalizing Mumbai, Minneapolis 2014.

Samuel Weiss, Sanitary Landfill Technology, Park Ridge 1974.

Thomas Welskopp, Einleitung und begriffliche Klärungen: Vom Kapitalismus reden, über den Kapitalismus forschen, in: ders., Unternehmen Praxisgeschichte. Historische Perspektiven auf Kapitalismus, Arbeit und Klassengesellschaft, Tübingen 2014, S. 1–23.

Ulrich Wengenroth, Igel und Füchse. Zu neueren Verständigungsproblemen über die Industrielle Revolution, in: Wolfgang Benad-Wagenhoff (Hg.), Industrialisierung. Begriffe und Prozesse, Stuttgart 1994, S. 9–21.

Ulrich Wengenroth, Unternehmensstrategien und technischer Fortschritt. Die deutsche und die britische Stahlindustrie 1865–1895, Göttingen 1986.

Florian Werner, Dunkle Materie. Die Geschichte der Scheiße, Zürich 2011.

Simon Werrett, The Sociomateriality of Waste and Scrap Paper in Eighteenth-Century England, in: Carla Bittel, Elaine Leong, Christine von Oertzen (Hg.), Working with Paper. Gendered Practices in the History of Knowledge, Pittsburgh 2019, S. 46–59.

Andrea Westermann, When Consumer Citizens spoke up. West Germany's early Dealings with Plastic Waste. Contemporary European History 22,3 (2013), S. 477–498.

Mildred White, Donn Hutchinson, From «Rag-and-Tatter Town» to Booming-and-Bustling City: Remembering Mildred White and Ramallah. Jerusalem Quarterly 80 (2019), S. 92–98.

Sam White, From Globalized Pig Breeds to Capitalist Pigs. A Study in Animal Culture and Evolutionary History. Environmental History 16 (2011), S. 94–120.

Sophie White, Wild Frenchmen and Frenchified Indians. Material Culture and Race in Colonial Lousiana, Philadelphia 2012.

Thomas Whiteside, The Pendulum and the Toxic Cloud. The Course of Dioxin Contamination, New Haven, London 1979.

Joseph B. R. Whitney, The Waste Economy and the Dispersed Metropolis in China, in:

Norton Ginsburg, Bruce Koppel, T. G. McGee (Hg.), The Extended Metropolis. Settlement Transition in Asia, Honolulu 1991, S. 177–191.

Risa Whitson, Negotiating Place and Value: Geographies of Waste and Scavenging in Buenos Aires. Antipode 43,4 (2011), S. 1404–1433.

Dirk Wiegand, Innovation durch Normung. Technische Regelsetzung in der kommunalen Technik, Essen 2020.

Hanskarl Willms, Stephan Mlodoch, Wiederaufbau, Wirtschaftswunder, Konsumgesellschaft. Stadtentwicklung, Stadthygiene und Abfallwirtschaft in Deutschland 1945 bis 1975, Selm 2014.

Ben Wilson, Metropolis. A History of Humankinds Greatest Invention, London 2020.

D. G. Wilson, A Brief History of Solid Waste Management. International Journal of Environmental Studies 9 (1976), S. 123–129.

Richard Wines, Fertilizer in America. From Waste Recycling to Resource Exploitation, Philadelphia 1985.

Verena Winiwarter, History of Waste, in: Katy Bisson, John Proops (Hg.), Waste in Ecological Economics, Cheltenham 2002, S. 38–54.

Anthony S. Wohl, Endangered Lives. Public Health in Victorian Britain, Cambridge 1983.

Wendy A. Woloson, Crap. A History of Cheap Stuff in America, Chicago 2020.

Donald Woodward, «Swords into Ploughshares»: Recycling in Pre-Industrial England. The Economic History Review 38,2 (1985), S. 175–191.

Donald Worster, The Good Muck. Towards an Excremental History of China, München 2017.

Lynnette Boney Wrenn, Cinderella of the New South. A History of the Cottonseed Industry, 1855–1955, Knoxville 1995.

Edward D. Wynot Jr., Warsaw Between the World Wars: Profile of the Capital City in a Developing Land, New York 1983.

Jing Xie, Urban Form and Life in the Tang-Song Dynasties, Singapur 2020.

Yu Xinzhong, The Treatment of Night Soil and Waste in Modern China, in: Angela Chi Ke Leung (Hg.), Health and Hygiene in Chinese East Asia. Policies and Publics in the Long Twentieth Century, S. 51–72.

Yu Xinzhong, Xu Wang, The new plague on the eve of a great change. China's cholera epidemic in the early nineteenth century. Journal of Modern Chinese History 14 (2020), S. 205–220.

Yinong Xu, The Chinese City in Space and Time. The Development of Urban Form in Suzhou, Honolulu 2000.

Yong Xue, «Treasure Nightsoil as if it were Gold»: Economic and Ecological Links between Urban and Rural Areas in Late Imperial Jiangnan. Late Imperial China 26,1 (2005), S. 41–71.

Nelson Olaya Yagual, Guayaquil Futuro. La crisis de la basura en Guayaquil, Calama 1991.

John Ebotui Yajalin, Understanding Political Participation From the Margins: The Perspectives of Migrant Slum Dwellers in Agbogbloshie, Ghana. Journal of Asian and African Studies (2022), S. 1–15.

Fumikazu Yoshida, The Economics of Waste and Pollution Management in Japan, Tokyo 2002.

Jason Young, China's Hukou System. Markets, Migrants and Institutional Change, New York 2013.
John E. Young, Reducing Waste, Saving Materials, in: L. R. Brown u. a. (Hg.), State of the World, 1991: A Worldwatch Institute Report on Progress Toward a Sustainable Society, New York 1991, S. 40–55, 44.
John E. Young, Discarding the Throwaway Society, Washington D. C. 1991.
John E. Young, Aaron Sachs, The Next Efficiency Revolution: Creating a Sustainable Materials Economy, New York 1994.
Yu Youtai, Three Hundred Million Pigs, in: Sylvan Wittwer u. a. (Hg.), Feeding a Billion. Frontiers of Chinese Agriculture, East Lansing 1987, S. 309–323.
Ernest Zahn, Soziologie der Prosperität, Köln 1960.
Jan Luiten van Zanden, The transformation of European Agriculture in the Nineteenth Century. The Case of the Netherlands, Amsterdam 1994.
Michael Zeheter, Epidemics, Empire, and Environments. Cholera in Madras and Quebec City, 1818–1910, Pittsburgh 2015.
Lina Zeldovich, The Other Dark Matter. The Science and Business of Turning Waste into Wealth and Health, Chicago 2021, S. 47–58.
Rüdiger Zill, Der absolute Leser. Hans Blumenberg – eine intellektuelle Biographie, Berlin 2020.
Carl A. Zimring, Cash for your Trash. Scrap Recycling in America, New Brunswick 2005.
Carl A. Zimring, Steven H. Corey (Hg.), Coastal Metropolis. Environmental Histories of Modern New York City, Pittsburgh 2021.
Ronald Edward Zupko, Robert Anthony Laures, Straws in the Wind. Medieval Urban Environmental Law – The Case of Northern Italy, Boulder/Colorado 1996.
Agatha Zysiak u. a., From Cotton and Smoke. Łódź – Industrial City and Discourse of Asynchronous Modernity 1897–1994, Łódź, Krakau 2018.

Abbildungsnachweis

S. 9: Zinyange Auntony / AFP via getty images
S. 34: www.flickriver.com
S. 35: https://ourworldindata.org/urbanization
S. 51: Sammlung Erhard, Umweltbundesamt Dessau
S. 86: mauritius images / Penta Springs Limited / Alamy Stock Photo
S. 139: mauritius images / Niday Picture Library / Alamy Stock Photo
S. 141: mauritius images / PWB Images / Alamy / Alamy Stock Photos
S. 143: Sammlung Erhard, Umweltbundesamt Dessau
S. 144: Gunnar Lundh, Nordiska Museet
S. 165: Sanitation in India, by J. A. Turner ; with contributions by B. K. Goldsmith [and others], 1914, Wellcome Collection
S. 179: Axel Roschen, Thomas Theye (Hg.), Abreise von China. Texte und Photographien von Wilhelm Wilshusen 1901–1919, Basel 1980
S. 180: MeijiShowa / Alamy Stock Photo
S. 183: mauritius images / Alpha Stock / Alamy / Alamy Stock Photos
S. 187: Alexander Alland: Jacob A. Riis. Photograhper and Citizen, New York 1993
S. 189: Men in Freetown, Sierra Leone, with a device for removing rubbish, which they balance on their heads. Photograph, c. 1911. Wellcome Collection
S. 193: Wikimedia Commons
S. 202: https://scalar.usc.edu/works/the-colorado-fuel-and-iron-company/scrap-paper-drive
S. 209: Selbst erstellter Graph aus den Zahlen bei Samantha MacBride, Recycling Reconsidered. The Present Failure and Future Promise of Environmental Action in the United States, Cambridge/Mass. 2011
S. 210: Selbst erstellter Graph aus den Zahlen bei Joshua Goldstein, Remains of the Everyday. A Century of Recycling in Beijing, Oakland 2021
S. 211: Roh Pin Lee u. a., Sustainable waste management for zero waste cities in China: potential, challenges and opportunities. Clean Energy 4,3 (2020)
S. 212/213: Will Steffen u. a., The Trajectory of the Anthropocene: The Great Acceleration. The Anthropocene Review 2,1 (2015)
S. 218: mauritius images / ClassicStock / H. Armstrong Roberts
S. 223: PlasticEurope Market Research Group 2016. https://www.oceaneye.ch/en/issues/consommation-de-plastique/
S. 226: Sean Fox, Urbanization as a Global Historical Process: Theory and Evidence from sub-Saharan Africa. Population and Development Review 38,2 (2012)
S. 233: Enrique Fidel, Traperos de Madrid (2. Oktober 2009). https://urbancidades.wordpress.com/2009/10/02/traperos-de-madrid
S. 235: Stadtarchiv München
S. 236: Abdruck mit freundlicher Genehmigung des Archivs der SASE GmbH Iserlohn
S. 238: Scottsdale Public Library, Scottsdale History Collection
S. 244: Dennis Oulds/Hulton Archive via getty images
S. 245: © Rosalind Fredericks

S. 259: Samuel Weiss, Sanitary Landfill Technology, Park Ridge 1974
S. 272: Lee u. a., Sustainable waste management for zero waste cities in China
S. 283: PA Images / Alamy Stock Photo
S. 287: Stokes, Köster, Sambrook, The Business of Waste: Great Britain and Germany, 1945 to the Present. 2013
S. 289: https://www.wirtschaftswundermuseum.de/werbung-bilder-1967.html
S. 297: Philippines, Manila. Smokey mountain. Rubbish dump. © 1992 Didier Ruef
S. 303: Streichholzschachtel, DDR-Werbung
S. 310: https://earth.org/chinas-import-ban/
S. 314: https://sinplastic.com/plastikinseln
S. 315: Clare Ostle u. a., The rise in ocean plastics evidenced from a 60-year time series. Nature Communications 10, 1622 (2019)

Sachregister

Aus dem Verlagsprogramm

Globalgeschichte

Ulrike von Hirschhausen und Jörn Leonhard
Empires
Eine globale Geschichte 1780–1920
2023. 736 Seiten mit 30 Abbildungen und 14 Karten. Gebunden

Friedrich Lenger
Der Preis der Welt
Eine Globalgeschichte des Kapitalismus
672 Seiten mit 10 Karten. Gebunden

Andreas Rödder
21.1
Eine kurze Geschichte der Gegenwart
2023. 510 Seiten mit 1 Abbildung und 8 Grafiken. Gebunden

James Suzman
Sie nannten es Arbeit
Eine andere Geschichte der Menschheit
Aus dem Englischen von Karl Heinz Siber
4. Auflage. 2022. 398 Seiten mit 20 Abbildungen. Gebunden

Emmanuel Todd
Traurige Moderne
Eine Geschichte der Menschheit von der Steinzeit
bis zum Homo americanus
Aus dem Französischen von Werner Damson und Enrico Heinemann
2018. 537 Seiten mit 15 Karten und 17 Grafiken. Gebunden

Naturwissenschaften

Rachel Carson

Der stumme Frühling

Mit einem Vorwort von Jill Lepore.
Aus dem Amerikanischen von Margaret Auer
6. Auflage. 2021. 443 Seiten. Broschiert
Beck Paperback Band 144

Karl-Heinz Ludwig

Eine kurze Geschichte des Klimas

Von der Entstehung der Erde bis heute

3., vollständig überarbeitete und ergänzte Auflage. 2021.
251 Seiten mit 10 Abbildungen. Broschiert
Beck Paperback Band 1729

James Bridle

Die unfassbare Vielfalt des Seins

Jenseits menschlicher Intelligenz

Aus dem Englischen von Andreas Wirthensohn
3. Auflage. 2023. 432 Seiten mit 46 Abbildungen. Gebunden

Bill François

Die Eloquenz der Sardine

Unglaubliche Geschichten aus der Welt der Flüsse und Meere

Aus dem Französischen von Frank Sievers
2023. 234 Seiten mit 17 Zeichnungen. Broschiert
Beck Paperback Band 6509

Walter A. Sontag

Das wilde Leben der Vögel

Von Nachtschwärmern, Kuckuckskindern und leidenschaftlichen Sängern

2020. 240 Seiten mit 45 Farbabbildungen und
2 Schwarz-Weiß-Abbildungen. Gebunden

Naturwissenschaften

Vaclav Smil

Wie die Welt wirklich funktioniert

Die fossilen Grundlagen unserer Zivilisation und die Zukunft der Menschheit

Aus dem Englischen übersetzt von Karl Heinz Siber

2023. 392 Seiten. Gebunden

Frank Wilczek

Fundamentals

Die zehn Prinzipien der modernen Physik

Aus dem Englischen von Jens Hagestedt

2021. 255 Seiten mit 1 Grafik. Gebunden

James Lovelock

Novozän

Das kommende Zeitalter der Hyperintelligenz

Aus dem Englischen von Annabel Zettel

2021. 159 Seiten. Broschiert

Beck Paperback Band 6440

Gérald Bronner

Kognitive Apokalypse

Eine Pathologie der digitalen Gesellschaft

Aus dem Französischen von Michael Bischoff

2022. 285 Seiten mit 15 Grafiken. Gebunden

James Bridle

New Dark Age

Der Sieg der Technologie und das Ende der Zukunft

Aus dem Englischen von Andreas Wirthensohn

2020. 320 Seiten mit 25 Abbildungen. Broschiert

Beck Paperback Band 6391

C.H.BECK HARVARD UP · GESCHICHTE DER WELT

Herausgegeben von Akira Irye und
Jürgen Osterhammel

Band 1
Hans-Joachim Gehrke (Hrsg.)
Die Welt vor 600
Frühe Zivilisationen
2017. 1082 Seiten mit 88 Abbildungen, 25 Karten und 7 Zeittafeln. Leinen

Band 2
Daniel G. König (Hrsg.)
600–1350
Geteilte Welten
2023. 1191 Seiten mit 71 Abbildungen, 45 Karten, 4 Diagrammen und 2 Tabellen. Leinen

Band 3
Wolfgang Reinhard (Hrsg.)
1350–1750
Weltreiche und Weltmeere
2014. 1008 Seiten mit 55 Abbildungen und 34 Karten. Leinen

Band 4
Sebastian Conrad und Jürgen Osterhammel (Hrsg.)
1750–1870
Wege zur modernen Welt
2016. 1002 Seiten mit 54 Abbildungen und 24 Karten. Leinen

Band 5
Emily S.Rosenberg (Hrsg.)
1870–1945
Weltmärkte und Weltkriege
2. Auflage. 2018. 1152 Seiten mit 62 Abbildungen und 16 Karten. Leinen

Band 6
Akira Iriye (Hrsg.)
1945 bis heute
Die globalisierte Welt
2013. 955 Seiten mit 62 Abbildungen und 9 Karten.Leinen